KB004901

개정판

더불어 사는 세상을 위한 소중한 첫걸음

국제개발협력

심화편

더불어 사는 세상을 위한 소중한 첫걸음

국제개발협력 심화편 (개정판)

ⓒ KOICA ODA교육원, 2023

1쇄 펴낸날 | 2023년 5월 4일
4쇄 펴낸날 | 2024년 8월 30일

엮은이 | KOICA ODA교육원
펴낸이 | 허주환

펴낸곳 | ㈜아이스크림미디어
출판등록 | 2007년 3월 3일(제2011-000095호)
주소 | 13494 경기도 성남시 분당구 판교역로 225-20(삼평동)
전화 | 031-785-8988
팩스 | 02-6280-5222
전자우편 | books@i-screammedia.com
홈페이지 | https://www.i-screammedia.com

ISBN 979-11-5929-245-3 03300

※ 이 책에 실린 내용, 디자인, 이미지는 저작권법에 의하여 보호를 받는 저작물이므로
　복제를 금지하며 모든 저작권은 ㈜아이스크림미디어와 저작권자에게 있습니다.

※ 책 내용의 일부 또는 전체를 재사용할 때는 ㈜아이스크림미디어와 저작권자 양측의
　동의를 받아야 합니다.

개정판

더불어 사는 세상을 위한 소중한 첫걸음

국제개발협력

심화편

KOICA ODA교육원 엮음

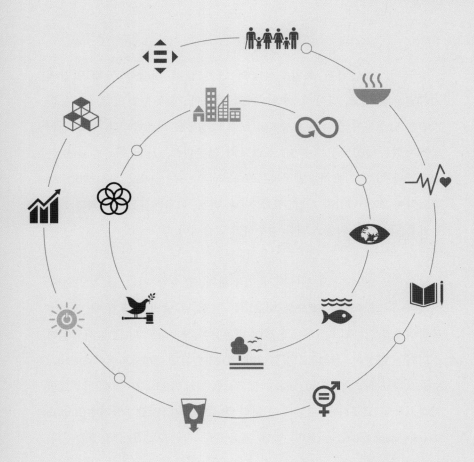

| 서문 |

국제개발협력은 개발도상국의 빈곤 문제 해결을 통해 인간의 기본권을 지키고, 나아가 개발격차의 감소와 경제·사회의 지속가능한 발전을 달성하기 위한 국제사회의 노력과 행동을 의미합니다. 이를 위해 국제사회는 2015년 '누구도 소외되지 않는다(Leave no one behind)'는 슬로건과 함께 지속가능발전목표(Sustainable Development Goals, SDGs)를 결의하여 2030년까지 사람, 평화, 번영, 환경, 파트너십 5개 영역의 17개 목표를 달성하기 위한 노력을 경주하고 있습니다.

하지만 코로나19 팬데믹과 기후위기, 홍수와 지진 등 자연재해, 러시아-우크라이나 전쟁으로 대표되는 분쟁 및 난민의 증가 등 글로벌 복합위기가 심화되고, 그 결과 절대 빈곤층이 증가하고 더 많은 사람들이 소외되는 현상이 나타나고 있습니다. 2023년 유엔경제사회이사회(United Nations Economic and Social Council) 보고서에 따르면 노동자 중 60퍼센트의 실질소득이 코로나19 팬데믹 전보다 감소했으며, 인간개발지수(Human Development Index)는 30년 만에 처음으로 지난 2년간 감소했습니다.

이처럼 갈수록 급변하는 환경은 국제사회에 새로운 도전 과제를 안겨주고 있습니다.

이러한 다양한 위기와 도전 속에서도, KOICA는 '선진국형 개발협력 추진을 통한 글로벌 중추국가 실현'을 비전 목표로 정하고 변화하는 국제정세와 개발환경에 부합하는 사업을 추진하고자 노력하고 있습니다. 코로나19 보건 위기 지원, 개발도상국의 디지털 전환을 지원하는 디지털 ODA, 탄소 감축 및 기후변화 적응을 지원하는 그린 ODA를 중점 추진하고, 민간의 재원·기술을 활용한 ESG(환경·사회·지배구조) 플랫폼 이니셔티브 사업을 론칭하였으며, 2023년 튀르키예 지진 재난 현장에는 민·관 합동 긴급구호대를 신속 파견하여 구조활동을 실시하고 재건지원사업을 기획하였습니다. 아울러, 녹색기후기금(Green Climate Fund, GCF) 등 국제기구 협업, 미국 국제개발처(USAID) 등 전통·신흥공여국과의 협업과 같은 글로벌 파트너십을 확대하여, 복잡다단한 인도적 위기와 개발수요에 통합적으로 대응하고 있습니다.

세계 최빈개발도상국에서 불과 한 세대 만에 경제성장과 민주화를 동시에 이룬 한국은 경제발전의 성공 사례이자 국제개발협력의 모범 사례로서 국제사회로부터 주목받고 있습니다. 과거 선진 공여국의 사례를 따라가던 위치에서 벗어나, 경제협력개발기구(Organization for Economic Cooperation and Development, OECD)에서 개발협력 우수사례로 KOICA가 소개되는 등 이제 타 공여국의 귀감이 되는 위치에까지 이르렀습니다. 이렇듯 국제개발협력은 국제사회의 책임을 다하여 우리의 국격을 높이는 일일 뿐 아니라, 상호연결성이 높아진 국제사회에서 상생의 국익을 달성하는 첩경입니다.

KOICA는 최근의 동향을 반영하여 국민들의 개발협력 분야에 대한 이해 및 지식을 증대시키고자 국제개발협력 입문편과 심화편을 개정하였습니다. 먼저 '입문편'은 국제개발협력에 처음 관심을 가지는 독자가 전반적인 내용을 포괄적으로 파악할 수 있도록 기획되었으며, '심화편'에서는 각 분야별 이슈와 개념을 심층적으로 이해하고자 하는 독자를 위하여 국제개발협력의 주요 담론과 현황을 분야별로 다루었습니다.

전 세계의 더 나은 미래를 고민하며, 국제개발협력의 길을 찾아가는 여러분의 여정에 이 책이 좋은 동반자가 되길 기대합니다.

한국국제협력단 이사장 직무대행

이윤영

차례

국제개발협력
심화편

서문   4

책을 펴내며   16

제1장   교육

1. 교육의 이해   23

　(1) 교육 분야 정의   23

　(2) 교육 분야와 개발의 관계   26

　(3) 교육 분야 주요 개념   39

2. 세계 교육 현황   45

　(1) 세계 교육 불평등 현황   45

　(2) 교육 분야 개발 과제와 개선 방향   60

3. 교육 분야 국제개발협력 동향   62

　(1) 교육 분야 주요 이슈 및 이니셔티브   62

　(2) 교육 분야 주요 주체의 전략, 지원 현황   75

4. 교육 분야 KOICA 지원 전략과 현황   82

　(1) 비전과 미션   82

　(2) 지원 실적   87

　(3) 교육 분야 성과 사례   88

5. 교육 분야 개발협력 과제   100

제2장 **보건**

1. 보건의 이해　　　　　　　　　　　113
(1) 국제보건의 정의　　　　　　　　　113
(2) 국제보건의 윤리　　　　　　　　　117
(3) 보건과 개발　　　　　　　　　　　120
(4) 국제보건 주요 개념　　　　　　　　121

2. 국제보건 현황　　　　　　　　　　126
(1) 건강 불형평 현황　　　　　　　　　126
(2) 보건 분야 현황　　　　　　　　　　127
(3) 코로나19 팬데믹 시대의 국제보건　135
(4) 보건 분야 개발 과제와 개선 방향　136

3. 보건 분야 국제개발협력 동향　　　141
(1) 국제보건의 방향성　　　　　　　　141

4. 보건 분야 KOICA 지원 현황과 전략　162
(1) KOICA 보건 분야 중기전략　　　　162
(2) 지원 현황　　　　　　　　　　　　167
(3) 지원 사례　　　　　　　　　　　　169

5. 보건 분야 성과와 과제　　　　　　175
(1) 국제보건의 성과　　　　　　　　　175
(2) 국제보건의 과제　　　　　　　　　178

제3장　**농촌개발**

1. 농림수산업 및 농촌개발의 이해　　　189
　　(1) 농림수산업 및 농촌개발의 개념　　　189
　　(2) 농업과 농촌개발의 기능과 역할　　　190

2. 세계 농업 현황　　　195
　　(1) 세계 식량안보 현황　　　195
　　(2) 세계 농산업 현황　　　199
　　(3) 지역별 농업환경 및 현황　　　201
　　(4) 농림수산 분야 공적개발원조(ODA) 지원 현황　　　205

3. 농촌개발 분야 국제개발협력 동향　　　209
　　(1) 개발도상국 농업·농촌개발의 중요성　　　209
　　(2) 농림수산 분야 주요 주체의 지원 현황 및 전략　　　218

4. 농촌개발 분야 KOICA 지원 현황과 전략　　　226
　　(1) KOICA 농촌개발 중기전략(2021-2025)　　　226
　　(2) KOICA 농림수산 분야 지원 현황　　　232
　　(3) 농촌개발 분야 우수 사업 사례 소개　　　235

5. 농촌개발 분야 주안점과 과제　　　240
　　(1) 농림수산 분야 사업 추진 애로사항과 주안점　　　240
　　(2) 지속가능발전을 위한 도전 과제　　　244

제4장 거버넌스·평화

1. 거버넌스·평화의 이해 257
(1) 거버넌스·평화 분야의 중요성 257
(2) 거버넌스·평화 분야 주요 개념 259
(3) 거버넌스·평화와 개발의 관계 270

2. 세계 거버넌스·평화 현황 276
(1) 지표를 통해 보는 세계 거버넌스 현황 276
(2) 지표를 통해 보는 세계 평화 현황 281
(3) 거버넌스·평화 분야 개발 과제와 개선 방향 283

3. 거버넌스·평화 분야 국제개발협력 동향 286
(1) 거버넌스·평화 분야 주요 이니셔티브 286
(2) 거버넌스·평화 분야 주요 주체의 전략 및 291
지원 현황

4. 거버넌스·평화 분야 KOICA 지원 전략과 현황 302
(1) KOICA 거버넌스·평화 중기전략(2021-2025) 302
(2) KOICA 거버넌스·평화 분야 지원 현황 305
(3) KOICA 거버넌스·평화 분야 사업 사례 307

5. 거버넌스·평화 분야 성과와 과제 316
(1) 거버넌스·평화 분야의 성과와 한계 316
(2) 지속가능발전을 위한 과제 317

제5장 기후행동

1. 기후위기와 기후행동의 이해   **329**
  (1) 기후행동 분야의 정의   **330**
  (2) 기후행동 관련 주요 개념   **334**
  (3) 기후위기와 개발의 관계   **339**

2. 세계 기후행동 현황   **345**
  (1) 세계 기후위기 및 기후 불평등 현황   **345**
  (2) 세계 기후위기 대응 현황   **352**

3. 기후행동 분야 국제개발협력 동향   **367**
  (1) 주요 이슈와 사례   **367**
  (2) 주요 국제개발협력 주체의 기후행동 현황   **374**

4. 기후행동 분야 KOICA 지원 현황과 전략   **391**
  (1) 정부 정책과 KOICA 전략 및 이행계획과의 연계   **391**
  (2) 기후행동 중기전략   **393**
  (3) 기후행동 지원 현황   **396**
  (4) 기후행동 지원 사례   **399**

5. 기후행동 분야 성과와 과제   **402**
  (1) 성과와 한계   **402**
  (2) 기회와 과제   **406**

제6장　과학기술혁신

1. 과학기술혁신의 이해 421

　(1) 과학기술혁신이란 무엇인가 423

　(2) 과학기술혁신과 발전 425

　(3) 과학기술혁신 분야 개발협력의 이해를 위한 437
　　　주요 개념

2. 세계의 과학기술혁신 현황과 도전과제 444

　(1) 세계 과학기술혁신 관련 현황 444

　(2) 과학기술혁신 분야 새로운 도전과제와 개선 방향 451

3. 과학기술혁신 분야 국제개발협력 동향 455

　(1) 과학기술혁신 분야 주요 이슈와 이니셔티브 455

　(2) 주요국의 과학기술혁신 ODA 지원 전략과 460
　　　프로그램

4. 과학기술혁신 분야 KOICA 지원 전략과 현황 465

　(1) 과학기술혁신 및 디지털 전환 전략 465

　(2) 과학기술혁신 분야 ODA 지원 현황 474

　(3) 개발도상국 과학기술혁신 지원 사례 480

5. 과학기술혁신 분야 성과와 과제 485

제7장　성평등

1. 성평등(Gender Equality)의 이해　　495
　(1) 성평등과 젠더의 개념　　495
　(2) 성평등과 개발의 관계　　499

2. 세계 성평등 현황　　504
　(1) 세계 성평등 지수　　504
　(2) 성평등을 통합한 국제개발의 과제와 개선 방향　　507

3. 성평등과 국제개발협력 동향　　520
　(1) 성평등 관련 국제 규범　　520
　(2) 국제개발협력 규범과 성평등　　525
　(3) 성평등 달성을 위한 주요 국제기구의 전략　　530

4. 성평등 분야 KOICA 지원 전략과 현황　　542
　(1) KOICA 성평등 분야 중기전략　　542
　(2) 지원 현황　　544
　(3) 국내외 성평등 ODA 사례　　549

5. 성평등 분야 성과와 과제　　565

제8장 인권

1. 인권의 이해   581
   (1) 인권의 정의 및 주요 개념   581
   (2) 인권과 개발의 관계   588

2. 세계 인권 현황   594
   (1) 인권 분야 불평등 현황   594

3. 인권 분야 국제개발협력 동향   611
   (1) 인권 분야 주요 이슈   611
   (2) 인권 분야 주요 주체의 전략 및 지원 현황   617

4. 인권 분야 KOICA 지원 전략과 현황   624
   (1) 인권 관련 KOICA 전략   624
   (2) 지원 현황   628

5. 인권 분야 성과와 과제   638
   (1) 2021년까지의 성과   638
   (2) 이후 과제   640

약어집   654
참고문헌   660

더불어 사는 세상을 위한
소중한 첫걸음

책을 펴내며

한 나라가 빈곤에서 벗어나기 위해서는 다양한 방면의 노력이 동시에 이루어져야 합니다. 발전의 대표적 토대인 교육, 감염병 시대에 날로 중요성을 더해 가는 보건, 생존과 지역 간 균형 발전에 필요한 농촌개발, 국가 간·국가 내 안정을 위한 거버넌스 및 평화, 세계적으로 시급한 과제인 기후행동, 디지털 격차 완화를 비롯하여 발전의 필수 요소가 된 과학기술혁신, 모든 인간의 평등과 존엄을 위한 성평등과 인권 등 다양한 방면에서의 노력이 통합적으로 이루어져야 빈곤을 극복할 수 있습니다.

개정판 『국제개발협력 심화편』에서는 국제개발협력 분야에서 주요하게 다루어지는 분야 8가지를 선별하여 집중적으로 다루었습니다. 이 책의 장이 되는 분야 선정은 기존 심화편을 기본 틀로 『KOICA 분야별 중기전략 2021-2025』과 국제개발협력 최신 동향을 반영하여 조정하였습니다. 개정판에서는 지면의 제한 및 난이도를 고려하여 기존 빈곤 장은 입문편의 내용으로 대체하고, 과학기술혁신의 중요성이 점점 더 커지는 점을 반영하여 과학기술혁신을 독립된 장으로 격상하여 다루었습니다. 각

장에서는 해당 분야의 주요 개념 정의에서 시작하여 관련 현황, 국제사회의 주요 주체와 동향, KOICA의 전략과 현황, 사업 사례 및 성과와 과제를 포함하고, 토론해 볼 만한 주제와 함께 읽으면 좋은 자료들을 소개하였습니다.

심화편에서 가장 먼저 소개하는 분야는 1장 교육입니다. 교육은 해방 이후 황폐했던 한국이 현재의 괄목할 만한 성장을 이루는 데 매우 중요한 역할을 한 것으로 대내외에 잘 알려져 있습니다. 교육의 주요 개념과 발전과의 관계 등을 조명하며, 현황 등 인용 자료를 최신화하였습니다. 2장 보건 분야에서는 전통적으로 주요 대상이었던 질병들과 코로나19 팬데믹과 관련된 현황, 이에 대한 KOICA와 국제사회의 개선 방향과 사업 사례를 소개하였습니다. 이후 3장에서는 식량 위기로 그 중요성이 다시 부각되는 농촌개발분야 현황과 주요 주체, 구체적인 사업 성과를 확인할 수 있습니다. 4장은 기존의 거버넌스를 KOICA 분야별 중기전략 구분에 맞추어 거버넌스·평화로 개편하여 거버넌스(공공행정)로 분류되는 개념 및 사업 사례뿐 아니라 평화의 개념 및 사례를 함께 볼 수 있게 하였습니다. 이어지는 5장은 기존의 환경 분야를 기후행동으로 개편하여 기후행동의 주요 개념 및 개발과의 관계, 현황, 사업 사례를 다루었습니다. 6장 과학기술혁신은 기존의 부록을 확대하여, 코로나19 팬데믹을 계기로 중요성이 급부상한 디지털 전환 내용을 포함하여 과학기술혁신 현황 및 앞으로의 과제를 기술하였습니다. 7장은 젠더를 성평등으로 개편하여 이 분야에 입문하는 독자가 주요 개념과 현황, 국제사회의 주요 규범과 전략, 사업 사례를 확인할 수 있도록 하였습니다. 8장 인권 장에서는 기존판 대비 이론적인 설명을 줄이고 사업 사례를 보강하였습니다. 이를 통해 독자는 개발협력분야의 주요 개념을 한눈에 이해하고 현장에서의 사례들을 접할 수 있을 것입니다.

개정판 『국제개발협력 심화편』을 통해 국제개발협력의 주요 개념과 역사, SDGs 및 주요 주체에 대해 개괄적인 이해를 가진 독자들이 분야별 국제사회의 노력과 방향성을 이해하고, 진로와 사업 참여 등 독자들이 필요로 하는 삶의 역할에서도 시사점을 찾을 수 있기를 기대합니다.

KOICA ODA교육원

- 학습목표 -

1. 개발도상국의 발전과 교육의 상관관계를 이해한다.

2. 전 세계 교육 현황과 교육 및 인적자원개발을 통한 빈곤 감소, 소득 증대 및
경제발전을 위한 국제사회의 노력과 한계에 대해 이해한다.

3. 한국의 교육 분야 지원전략과 현황을 이해한다.

4. 사례 분석을 통해 교육 분야 개발협력 사업 수행 시 고려해야 할 점을 파악한다.

1. 교육의 이해

(1) 교육 분야 정의

교육은 피교육자 속에 있는 잠재 능력을 끌어내 발현, 실현하게 하는 것을 의미한다. 따라서 교육은 교육 대상에게 사회가 갖고 있는 가치와 지식, 기술을 습득하도록 계획된 일련의 과정이라고 설명한다. 이는 경험주의에 바탕을 둔 것으로, 인간은 태어날 때 백지(tabula rasa)[1]와 같은 상태이기 때문에 백지에 글이나 그림을 그리듯이 학습을 통해서 인간으로 다시 태어날 수 있다고 이해하면 될 것이다.

이와 같이 교육은 인간 행동을 의도적, 계획적으로 변화시키는 것을

---

1 존 로크(John Locke)의 견해로, 인간의 타고난 마음은 백지와 같다는 것이며, 이는 성무선악설(性無善惡說)과 상통한다. 인간의 본성은 선하지도 악하지도 않다는 의미이다.

지향하고 있으나, 넓은 범위의 교육은 인간 행동의 무의도적 변화도 지향하고 있다. 단순히 인간으로 태어난 것보다 교육을 통해서 인간으로 태어난다는 것을 보여 주는 좋은 사례가 있다. 1920년 10월 17일 인도의 밀림지대에 있는 야생의 늑대 굴에서 2명의 여자아이, 아말라(2세)와 카말라(8세)가 발견되었다. 이들은 구출된 후 싱(Singh) 부부에 의해 양육되었는데, 아말라는 채 1년도 지나지 않아 죽었고, 카말라는 8년 정도 더 살았다. 그런데 카말라는 거의 6년 동안이나 늑대와 같은 소리와 행동을 했으며, 그 이후에야 비로소 사람과 같은 행동과 말을 하기 시작하였다. 이 사례는 인간의 성장에 대한 환경조건과 교육의 중요성을 보여 준다.

교육은 형식(formal) 교육, 무형식(informal) 교육, 비형식(non-formal) 교육으로 구분한다. 첫째, 형식 교육은 학교교육과 같이 일정한 틀과 목표를 가지고 통상 교사가 학생을 대상으로 수업 내용, 교재 등을 통해 지식, 기술을 습득하게 한다. 둘째, 무형식 교육은 학습자의 자기 선택에 의해 이루어지며 가정, 직장, 독서, 여행 등 일상생활의 경험에서 지식과 기술을 습득하는 것이다. 마지막으로, 비형식 교육은 형식 교육과 무형식 교육의 중간 단계로, 학습 대상자의 학습 요구에 부응하여 제공되는 조직적이고 체계적인 교육 활동을 의미한다. 통상적으로 평생교육원, 사설 교육기관(학원), 평생교육시설, 문화센터와 같은 기관에서 이뤄지는 교육이 여기에 해당한다.

또한 일반교육(general education)과 직업기술 교육훈련(technical and vocational education and training, TVET)(UNESCO, 2015a) 모두 의도한 행동 변화[2]를 지향하는 부분은 동일하지만, '일반교육'은 가치지향적 활동, 인간 신념 체계의 변화, 전인적인 변화, 지적이고 창의적인 변화를 도모하고, '직업기술훈련'은 가치중립적 활동, 인간 특성이 제한된 특수기술 연마,

전인적 변화에 비해 일부 변화, 단순한 기계적 학습을 요구한다는 측면에서 차이가 있다.

이처럼 교육을 통해 학습자인 인간의 개인 잠재 능력을 발현시키고 국가와 사회의 발전, 경제개발, 빈곤 감소에 끼치는 큰 영향력을 고려하여 1948년 12월 파리에서 개최된 제3차 국제연합총회에서 생존권, 교육권, 노동권, 사회보장권 등이 포함된 세계인권선언이 채택되었다. 또한 대한민국 헌법 제31조 1항은 "모든 국민은 능력에 따라 균등하게 교육을 받을 권리를 가진다"라고 밝히고 있으며, 교육은 인격과 존엄성이 존중받고, 모든 사회 구성원이 사회에 자유롭게 참여할 수 있게 하는 기본권리로 인정받고 있다.

교육의 의미를 요약하면 교육 활동은 의도성, 목적성을 갖고 있으며, 의도한 바를 달성하기 위해 계획된 교육과정, 교육 절차, 교육 방법에 따라 진행된다. 교육이 이루고자 하는 가치는 국가마다 다르며, 해당 국가가 구성원들이 합의한 가치를 추구하고 학습자의 전인적 개발을 실현하기 위한 것으로 이해할 수 있다.

그러면 인간의 잠재 능력을 발현하고 실현하는 데 필수적인 교육과 개발과의 관계에 대해 알아보도록 하겠다.

---

2 교육을 통한 행동 변화는 다양한 분야에서 가능한데, 과거 한국의 경우에는 학교교육 중 바른생활, 도덕, 윤리, 사회 과목을 통해 공중도덕, 질서, 시간 개념, 저축의 필요성, 세금의 성실한 납부 필요성에 대해 교육하고, 이에 따른 학생과 그 가족의 태도 및 행동 변화를 의도하였다.

(2) 교육 분야와 개발의 관계

전 세계 인구의 약 10%, 7억 명이 넘는 사람들이 하루 1.9달러 미만으로 생존(박영실 외, 2021)하고 있을 뿐 아니라 극심한 빈곤 상태에 놓여 있으며, 이들이 사회경제적으로 빈곤의 악순환에서 벗어나기 위한 기회도 매우 제한적이다. 이런 악순환을 타개하기 위해 2015년 제70차 UN 총회에서 지속가능발전목표(Sustainable Development Goals, SDGs)가 결의되었고, 2030년까지 세계가 이를 달성하기 위해 노력 중이다. 특히 SDGs는 기본인권으로서의 교육받을 권리와 공평한 교육 기회 제공을 지속가능한 미래 비전에 필수적인 것으로 여기고, 누구도 소외되지 않은 포용적인 교육 기회를 제공해 우리 모두의 잠재 능력을 충분히 실현할 기회를 부여받아야 한다고 교육의 중요성을 강조하고 있다.

양질의 교육 기회를 어디서나 성별, 소득, 각종 장애와 상관없이 공평하게 제공받는다면 다양한 개발목표 달성을 촉진할 수 있다. 그러면 교육이 견인할 수 있는 여러 변화와 효과에 대해 알아보도록 하겠다.

첫째, 교육은 빈곤을 감소시키고 고용과 경제적 성장을 촉진한다. 양질의 교육은 양질의 학습 결과를 도출하고, 이는 경제성장에 기여하게 된다(Hanushek and Woessmann, 2012). 양질의 학습 결과로 급여가 상승하거나 농민 혹은 자영업자의 소득이 증가하게 되고, 이는 경제성장으로 연결되어 만성적 빈곤을 감소시키게 된다. 유엔교육과학문화기구(UN Educational, Scientific and Cultural Organization, UNESCO)가 매년 발간하는 세계 교육 현황 보고서(Global Education Monitoring Report, GEM)에 따르면 저소득국 학생들이 기초 읽기 능력을 충분히 갖추고 졸업한다면 1억 7,100만 명이 빈곤에서 벗어날 수 있으며, 이는 전 세계 빈곤 인구의 약 12%를 감소시키는 효과라고 밝히고 있다.

구체적인 사례로 탄자니아에서 소득이 빈곤선[3] 이하인 사람들의 82%가 초등교육 미만의 교육을 받았으나 초등교육을 마친 사람이 빈곤선 이하 소득자가 될 가능성은 20%가량 더 낮았고, 중등교육을 마친 사람은 60%가량 더 낮았다(UNESCO, 2014). 더 좋은 교육을 받은 사람은 더 높은 생산성에 대한 보상으로 더 많은 급여를 받게 된다. 평균적으로 1년의 교육 기간마다 약 10%의 임금 증가를 기대할 수 있으며 사하라 이남 아프리카에서는 13%까지 증가할 수 있다(Paul Gertler et, al., 2012). <표 1-1>을 보면 전 세계 교육 투자에 대한 사적 수익률은 라틴아메리카, 사하라 이남 아프리카, 동아시아순으로 높으며, 전 세계 평균도 8.8%로 매우 높다는 것을 알 수 있다.

<표 1-1> 지역별 학교교육 사적 수익률

지역 구분	사적 수익률(%)	학교교육 평균 이수기간(년)
라틴아메리카, 카리브해	11.0	7.3
사하라 이남 아프리카	10.5	5.2
동아시아, 태평양	8.7	6.9
남아시아	8.1	4.9
고소득국	8.0	9.5
유럽, 중앙아시아	7.3	9.1
중동, 북아프리카	5.7	7.5
세계 평균	8.8	8.0

출처 : Psacharopoulos and Patrinos(2018: 10)

3 빈곤선은 해당 국가에서 적절한 생활수준을 수행하는 데 필요한 최소 소득수준을 의미한다. 국제 빈곤선은 과거 하루 1달러 수준이었으나 2009년 세계은행은 구매력 평가에서 1.25달러의 개정된 수치를 제시했으며 2015년 1.9 달러로 상향 제시하였다.

아울러 초등교육, 중등교육, 고등교육[4]별 사적 수익률과 사회적 수익률을 보면 사적 수익률은 초등교육, 고등교육, 중등교육, 사회적 수익률은 초등교육, 중등교육, 고등교육순으로 높다는 것을 알 수 있다.

<표 1-2> 학교교육 수준별 수익률

구분	사적 수익률(%)	사회적 수익률(%)
초등	25.4	17.5
중등	15.1	11.8
고등	15.8	10.5
평균	18.8	13.3

출처 : Psacharopoulos and Patrinos(2018: 11)

교육에 투자함으로써 얻을 수 있는 수익은 ① 교육 이수자와 비이수자 간의 소득격차, ② 교육을 통해 발생하는 비금전적 수익(생산성 향상을 통한 가정과 사회 공동체에 다양한 방식으로 기여), ③ 교육을 더 받는 사람은 수명이 길어지는 경향이 있음에 따라 수명 연장에 따른 금전적 혹은 비금전적 수익 증대가 있다.

반면 교육투자로 인해 감수해야 하는 비용은 ① 교육으로 인해 발생하는 직접적 비용(학비, 학용품, 교복 구매 등), ② 교육 기간 동안 소득 손실에 대한 기회비용이 발생하게 되며 이를 계산하여 수익률을 추정하게 된다.

아울러 사적 수익률과 사회적 수익률은 교육투자 수익과 비용을 개

---

4 교육 단계를 초등교육(primary education), 중등교육(secondary education), 고등교육(tertiary education)으로 구분하는데 한국에서는 초등학교, 중학교, 고등학교, 대학교로 구분하면서 고등교육이 고등학교부터 해당하는 것으로 오해하는 경우가 있다. 국제 분류에 따르면 한국의 중학교, 고등학교는 모두 중등교육에 해당한다.

인 관점에서 계산하는 방법과 사회 전체적 관점에서 계산하는 방법에 따라 차이가 발생한다. ① 사회적 수익률을 계산할 때는 세전 소득을 사용하고, ② 사적 수익률을 계산할 때는 세후 소득을 사용하며, 정부 지출(교사 급여, 학교 건축비, 학교 운영관리비), 사회적 기부 등에 근거한 교육비를 모두 포함한다. 이에 따라 교육투자 비용 계산 시 상당한 정부 지출을 토대로 계산하기 때문에 사적 수익률보다 사회적 수익률이 통상적으로 낮게 나오는 경향이 있다.

<그림 1-1> 저소득국 학교교육 수준별 수익률

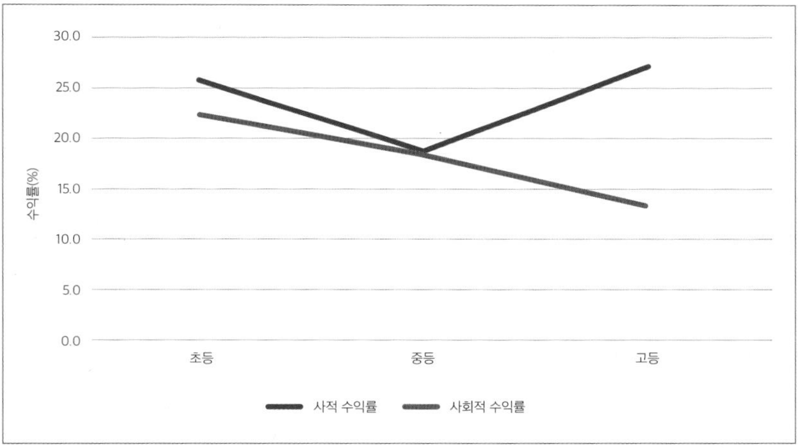

출처 : Psacharopoulos and Patrinos(2018: 12)

하지만 사회적 수익률에 건강한 삶 증가, 범죄 감소, 민주적 사회로의 진전 등과 같이 양적으로 계산하기 어려운 부분이 많기 때문에 사회적 수익률 추정치에 포함되지 않는 더 많은 사회적 이익(social gains)이 발생한다. 특히 저소득국에서의 교육 수익률은 고소득국보다 사적 수익률, 사회적 수익률이 모두 높으며, 보건의료, 정치, 사회, 문화적 측면에서의 사회적 이익은 저소득국에서 더 큰 영향을 끼치며 사회 안정에도 기여하게 된다.

\<표 1-3\> 저소득국 교육 수익률

구분	사적 수익률(%)	사회적 수익률(%)
초등	25.4	22.1
중등	18.7	18.1
고등	26.8	13.2
평균	23.6	17.8

출처 : Psacharopoulos and Patrinos(2018: 57)

경제적인 측면에서 교육투자 수익률은 우리가 왜 저소득국의 초등교육, 중등교육, 고등교육을 지원하는지에 대한 매우 중요한 근거가 되는 것에는 이론의 여지가 없다. 하지만 정량적인 자료로 활용되는 수익률과는 별개로 교육의 효과로 인해 학생 개개인에게 발생하는 인지적 능력 증가를 기대할 수 있으며 이를 측정한 연구도 있다.

\<표 1-4\> 교육투자가 인지적 능력 표준편차 증가에 기여한 비율

국가 구분	영향 추정치(%)	연구자료
칠레	0.17	Patrinos and Sakellarious, 2007
가나	0.14~0.30	Glewwe, 1996
케냐	0.19~0.22	Boissiere et, al., 1985; Knight and Sabot, 1990
파키스탄	0.12~0.28	Alderman Behrman et, al., 1996
파키스탄	0.25	Behrman et, al., 2008
남아프리카공화국	0.34~0.48	Moll, 1998
탄자니아	0.07~0.13	Boissiere et, al., 1985; Knight and Sabot, 1990

출처 : Patrinos and Psacharopoulos(2020: 61)

UNESCO가 작성한 GEM 2013/4는 교육이 개인과 사회를 변화시키는 다양한 사례를 조사, 분석하고 있다. 특히 교육을 통해 가장 효과적으로 만성적인 빈곤의 악순환을 끊을 수 있는 사례를 제시하고 있다. 모친의 교육 기간이 1년 증가할수록 15~18세 자녀의 교육 기간이 0.32년 증가한다는 사실을 파악한 과테말라 사례는 여성이 더 많은 교육을 받을수록 인지적 능력이 향상되고 자녀의 학교 이수 기간이 증가함을 확인해 주었다. 학업을 완료한 학년이 올라갈수록 성인이 되면 이수 학년별로 10%씩 증가한 임금을 받는다는 것을 파악하였다. 이수 학년이 높아질수록 읽기 능력 학업성취도가 14~36점 향상하고 향후 성인이 되면 36%가량 증가한 임금을 지급받는 것을 확인하였다.

태국을 대상으로 한 연구에서 교육 기간이 1년씩 증가할수록 가구 재산이 약 7%씩 증가함을 확인했으며, 이는 교육받은 가구일수록 수익 상품에 효과적으로 투자하는 것으로 분석된다(UNESCO, 2014).

저소득국의 다수 국민은 농업에 종사하고 있는데, 교육은 농부들이 새로운 정보와 기술을 습득하는 데 기여한다. 많은 연구를 통해 더 많은 교육을 받은 농부일수록 적절히 비료를 사용하고 다양한 품종 씨앗을 활용하여 고부가가치 농산물을 재배하게 되며, 이로써 더 높은 생산성과 소득을 창출하게 된 것을 알 수 있었다. 교육은 농부들이 농업 내 소득 증대에 기여할 뿐만 아니라 농업 외 활동에 종사하며 소득 활동을 하게 한다. 저소득국의 수많은 농부가 빈곤한 생활에서 벗어날 수 없는 주요 원인 중 하나가 소규모 농작과 별도의 관개시설 없이 천수답 농업 방식을 따르다 보니 가뭄, 홍수와 같은 자연재해의 영향을 직접 받게 되는 것이다. 매년 가뭄, 홍수에서 벗어나지 못하며, 자연재해의 직접적 피해로 인해 빈곤의 악순환이 불가피하게 반복된다. 하지만 적절한 교육 기회를 통해 농업 종

사자와 그 가족들도 비농업 분야에서 종사할 수 있게 된다. 인도네시아의
연구에서는 인구의 약 50%가 농업 지역에서 거주하고 있으며 남성 거주
자의 15%, 여성 거주자의 17%는 교육을 받은 적이 없는 것으로 조사되었
다(UNESCO, 2014).

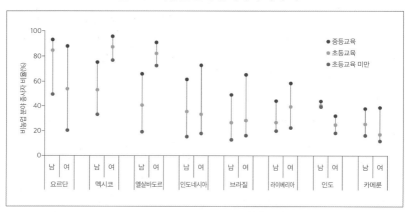

<그림 1-2> 비농업 분야 종사자의 학력 비교

출처 : UNESCO GEM 2013/4, 2014: 147 재인용

교육은 단순히 고용기회 혹은 창업 기회를 제공할 뿐만 아니라 더 안
정적이고 더 나은 급여를 받을 가능성을 높이게 한다. 특히 여성들이 교
육을 통해 더 나은 고용과 지속가능한 소득을 창출할 기회를 받게 되면
그 영향이 여성들의 가정 내 안정적인 지위 확보와 의사 결정권을 강화하
고 자신과 가족의 안정적인 삶의 영위에 기여하게 된다.

요르단 농촌 여성의 25%는 초등교육만 이수하고 별다른 보상 없이
일하고 있으며, 중등교육 이수자는 농촌 여성의 7%에 불과하다.

교육은 여성들이 노동시장에 진입하는 확실한 방법이지만 저소득국

에서는 문화적 요인과 적절한 유아 보육 시설이 크게 부족하여 여성들이 노동시장에 진입하는 데에 큰 걸림돌이 되고 있다. 따라서 어린 자녀를 키우는 여성들에게 적절한 교육을 제공하는 것뿐 아니라 자녀를 안심하고 맡길 수 있는 보육 시설 확충도 매우 중요하다.

위와 같이 교육은 경제성장을 견인하는 데 가장 효과적이며, 국가별로 약 1년의 교육 기간이 증가하면 국내총생산(Gross Domestic Product, GDP)이 2~2.5%가량 증가한다는 연구가 있다(Castello-Climent, 2010). 과거 1965년에 동아시아·태평양 지역과 사하라 이남 아프리카 국가들의 학교 교육 이수 기간 차이는 2.7년에 불과하였다. 50년이 지나면서 동아시아·태평양 지역은 연평균 3.4% 성장하였으나 사하라 이남 아프리카 지역은 0.8%에 불과하였다. 현재 사하라 이남 아프리카 국가들의 GDP는 1.68조 달러로 우리나라 총 GDP 1.63조 달러와 비슷한 수준이며, 아시아의 총 GDP(36.8조 달러)의 약 5%에 불과할 정도로 매우 큰 차이를 보이고 있다.

일례로, 1960년대 한국과 가나 경제는 비슷한 수준이었지만 현재 한국의 1인당 GDP는 3만 5천 달러, 가나는 2천 달러로 한국의 약 5% 수준이다.

이렇게 약 60년 만에 한국, 가나 양국이 경제적으로 큰 차이가 발생한 이유로 한국인들의 근검절약형 경제생활과 교육 중시 등의 문화에 기인한다고 새뮤얼 헌팅턴(Samuel Huntington)[5]은 분석한 바 있다. 한국은 1960년대까지 가나에 비해 높은 교육수준을 유지했으며, 정부가 학교교

---

5 문명충돌론(The Clash of Civilization)으로 유명한 새뮤얼 헌팅턴(Samuel Huntington)은 1990년대 초 아시아에 있는 한국과 아프리카에 있는 가나의 30년 전 경제 자료들을 검토하면서, 1960년대 초 유사한 경제 수준이었던 한국이 가나보다 현재 크게 발전한 이유로 한국인들이 근검절약, 투자, 근면, 교육, 조직, 기강 등을 하나의 가치로 생각했으며 이런 것을 중시한 문화의 영향이 크다고 『문화가 중요하다(Culture matters)』에서 밝히고 있다.

육을 초등교육, 중등교육, 고등교육으로 순차적으로 확대하며 보편화를 달성하고 전후 시기에 광범위한 교육 개발을 이루어 냈다는 것이 전 세계의 평가이기도 하다.

<그림 1-3> 대한민국 vs 가나 경제 비교

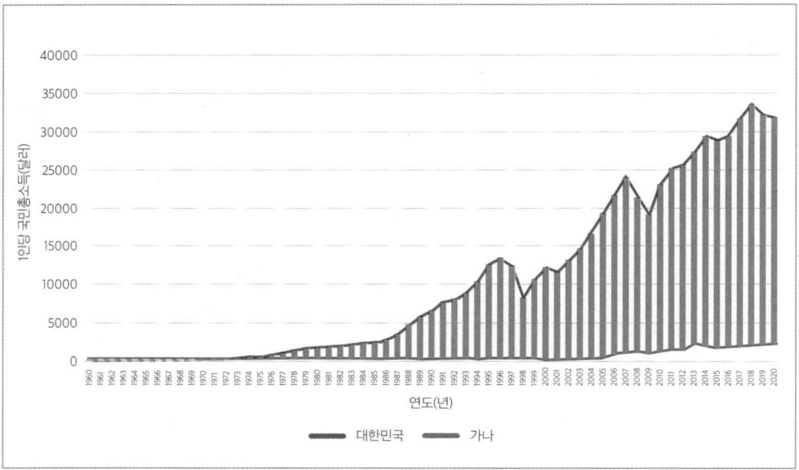

출처 : 한국은행[6]; 세계은행[7]; UN[8]; 대만통계청[9] 참고하여 저자 재구성

둘째, 교육은 개인이 더 건강한 삶을 살 수 있도록 한다. 교육은 사람들이 더 건강하게 사는 데 필요한 정보를 제공하며 각종 질병을 예방하는 효과가 있다. 대표적으로 학력 수준이 낮을수록 흡연 비율이 더 높으

---

6 한국은행경제통계시스템. 출처: https://ecos.bok.or.kr(2021.8.검색)
7 World Bank. 출처: https://www.worldbank.org(2021.7.검색)
8 "World Population Prospects". 출처: https://population.un.org/wpp
9 대만통계청. 출처: https://www.stat.gov.tw(2021.8.검색)

며 흡연으로 인해 발생하는 각종 질병에 더 많이 노출되는 경향이 있다. 특히 모친의 교육 수준이 높을수록 본인의 건강을 더 효과적으로 관리할 뿐만 아니라 자녀 건강에도 더 신경을 쓰며 질병 감염률과 기아 가능성이 낮아지는 경향이 있다.[10]

UNESCO GEM 2013/4에 따르면 1990~2009년간 가임기에 해당하는 여성들의 교육 등록이 이전보다 점차 증가함에 따라 임신 중 건강 관리에 대한 지식이 증가하여 안전하게 출산하고, 영유아의 건강과 관련한 지식이 증가한 덕분에 이 기간에 약 210만 명의 5세 미만 영유아가 사망하지 않았다고 분석하고 있다. 또한 전 세계 모든 여성이 초등교육을 이수하게 된다면 5세 미만 영유아 사망률이 저소득국과 중저소득국에서 15%가량 감소하는데, 이는 매년 100만 명의 영유아를 살려 내는 것과 같다. 전 세계 모든 여성이 중등교육을 이수하게 된다면 5세 미만 영유아 사망률은 49%가량 대폭 감소하게 되고 이는 매년 300만 명의 영유아를 살려 내는 것과 같다. 부모 모두가 중등교육을 이수하게 되면 5세 미만 영유아 사망률이 54%가량 감소할 수 있다.

사하라 이남 아프리카 국가들에서는 매일 9,000여 명의 어린이가 각종 질병으로 사망하고 있는데, 이 지역은 전 세계에서 중등교육 이수율이 가장 낮은 곳이기도 하다.

이러한 교육의 효과가 다양한 측면에서 발생하고 있음에도 불구하고, UNESCO가 2015년 발간한 보고서(UNESCO, 2015c)에 따르면 전 세계 저소득국은 2100년경에 초등교육은 100% 이수율을 달성할 것으로 보이

---

10 Damien de Walque, "Does education affect smoking behavior? Evidence using the Vietnam draft as an instrument for college education",(2007: 877-895)

나, 전기 중등교육 이수율은 2100년에도 80%, 후기 중등교육 이수율은 2100년도 75%에도 미치지 못할 것으로 예측된다.

<그림 1-4> 초등교육 및 중등교육 보편화 달성 시기 예측

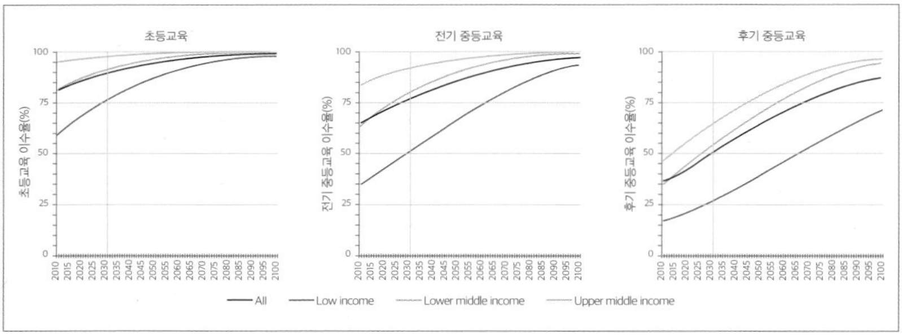

출처 : UNESCO(2015c: 3)

셋째, 교육은 사회가 더 건전하고 민주적으로 되게 한다. 교육은 사회가 좀 더 민주적으로 변화하도록 기여하는데, UNESCO 보고서(2015a)에 따르면 1960~2000년간 중등교육 등록이 10% 증가함에 따라 민주주의 수준을 측정하는 지표(1~10)가 약 1.8점 향상되는 효과가 측정되었다. 교육을 받은 사람은 민주주의를 지지하는 데 더 적극적인 것으로 연구된 바 있다. 2010년 진행된 샤픽(M. Najeeb Shafiq)의 연구에 따르면, 요르단, 레바논, 파키스탄처럼 무슬림 국가를 대상으로 민주주의에 대한 의식을 조사한 결과 중등교육을 이수한 사람은 초등교육 미만의 교육을 이수한 사람보다 민주주의 제도 지지율이 15%가량 더 높은 것으로 분석되었다. 또한 17개 라틴아메리카 국가들을 대상으로 한 민주주의에 대한 의식조사 결과 초등교육 이수자보다 중등교육 이수자가 남성은 5%가량 더 높았고 여성은 8%가량 더 높았다. 사하라 이남 국가에서도 투표 연령자 대상으로 한 의식 조사 결과 초등교육 이수자가 미이수자보다 1.5배가량 더 높았다.

<그림 1-5> 교육수준에 따른 민주주의 지지 비율

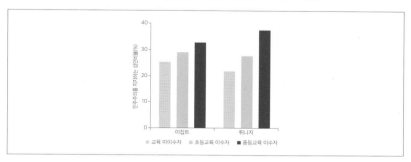

출처 : UNESCO(2014: 171)

교육은 여성이 각종 차별과 억압적인 환경을 극복하고 자신의 문제를 스스로 선택할 수 있도록 도와준다. 특히 여성 본인의 조혼 가능성을 낮추고 자녀 임신 시기를 늦추며 자신의 인생을 위한 선택과 결정을 스스로 할 수 있게 도와준다. 여성들이 교육을 받을수록 가정 내 의사결정권을 가지고 중요한 결정을 내릴 때 주도적으로 할 수 있는 역량을 갖출 수 있게 되는 것이다.

유엔아동기금(UN Children's Fund, UNICEF)에 따르면 전 세계적으로 18세 이전에 결혼하는 여성의 비율이 21%에 달하며, 매년 1,200만 명의 여성 청소년이 18세 이전에 결혼하며, 약 6억 5,000만 명의 여성이 조혼을 하였다(UNICEF, 2020). 전 세계 조혼 여성 중 37%가 사하라 이남 국가에서 거주하고 있고, 그중 니제르(76%), 중앙아프리카공화국(68%), 차드(67%)는 매우 높은 조혼 비율을 보여 주고 있다.

조혼을 하는 여성은 일생 중 유년기를 잃게 되며, 조혼 이후 교육 기회가 박탈되는 경우가 대부분이다. 아울러 동 보고서는 만약에 모든 여성이 초등교육을 이수하게 되면 290만 명의 조혼 여성이 14% 줄어 250만 명으로 감소하게 되며, 모든 여성이 중등교육을 이수하게 되면 조혼 여성이 64% 감소하게 되어 100만 명으로 대폭 줄어들 것으로 예측하였다. 하지만 현재 사하라 이남 아프리카 국가들에서 조혼을 하는 여성 중 4%만이 문해력을 갖추고 있으며, 서남아시아 조혼 여성 중 8%만 문해력을 갖추고 있다. 그리고 사하라 이남 아프리카 국가들 내에서 교육받지 못한 여성은 평균 6.8명을 출산하지만 초등교육 이수자는 5.8명, 중등교육 이수자는 3.9명으로 출산율이 대폭 감소하게 된다. 높은 출산율은 사하라 이남 아프리카 국가들의 각종 교육, 보건 관련 수요를 지속해서 증가시키는 요인이 되며 빈곤 감소, 경제성장에 걸림돌이 되고 있으므로 교육 이수율 증가와 출산율 감소는 저소득국의 국가개발을 위해 필요하다.

이처럼 교육에 대한 투자는 사회적으로 여러 불평등을 완화하고 보건의료, 농촌개발, 성평등, 민주주의 등에 미치는 긍정적인 영향이 매우 크다는 것을 알 수 있다. 교육에 대한 투자와 장기 채권에 대한 투자, 예금, 주식투자, 주택에 대한 투자와 비교한 아래 표를 보면 교육에 대한 투자가 2배에서 5배 이상 수익률이 높다는 것을 알 수 있다.

<표 1-5> 중장기 교육투자와 금융, 주택투자 수익률 간 비교

투자 구분	수익률(%)
교육	12.0~17.0
장기채권(bonds)	2.7
은행 예금	4.6

투자 구분	수익률(%)
주식	4.6
주택	2.8

출처 : http://money.cnn.com/calculator/pf/home-rate-of-return/(2023.1.1.검색);
http://data.worldbank.org/indicator/FR.INR.DPST(2023.1.1.검색)

(3) 교육 분야 주요 개념

교육은 지식, 기술과 가치, 태도를 습득하는 것으로 인간의 생산적인 삶을 준비하는 과정일 뿐만 아니라 삶 그 자체라고 존 듀이(John Dewey)는 정의한 바 있으며, 교육은 인간 행동의 계획적인 변화라고도 하였다(정범모, 1997). 여기에서 변화란 육성, 조성, 양육, 계발, 교정, 개선, 성숙, 발달, 증대 등을 포함하는 포괄적인 개념이다. 교육은 인간 행동의 변화, 즉 육성, 교정, 개선에 관심을 둔다. 교육은 이런 성장, 발달, 조성 등의 변화가 개인에게 선천적으로 결정되어 있지 않다고 전제한다. 교육은 인간 행동이 자연적으로 변화해 가는 것에 관심이 있는 것이 아니라 그것을 의도적으로 변화시키는 데 있기 때문이다. 계획적이란 기르고자 하는, 또는 길러야 할 인간 행동에 관한 명확한 교육 목적이 있다는 말이다. 길러야 할 인간 행동으로서의 교육 목적에 관한 명확한 의식이 없거나 이론적으로나 실증적으로 아무런 교육계획이 없다면 그곳에는 교육이 없다고 말할 수 있다. 따라서 국제개발협력은 개인의 여가 활동, 가사, 취미활동처럼 무형식 형태의 교육보다 명확한 교육 목적을 가지고 있는 학교 또는 기관처럼 구체적인 공간에서 지식, 기술, 가치 등의 습득을 위한 교육 목적을 가지고 이루어지는 형식 교육과 비형식 교육을 중심으로 진행되고 있다.

1) 교육의 구성 요소

교육은 ① 교육자(교사), ② 교육받는 피교육자(학생), ③ 교육 콘텐츠로 이루어지며, 이를 교육의 3요소로 부른다. 아울러 ① 교사, ② 학생, ③ 학부모를 교육의 3주체로 부른다(정범모, 1997). 이는 교육학 기반의 정의이며 개발협력을 통한 교육 지원 활동에는 이들 3주체 이외에도 지역사회, 관련 정부 부처, 지역정부 등 여러 주체들을 고려할 필요가 있다.

2) 형태별 구분

① 형식(formal) 교육

형식 교육은 교수과정에 의한 학습으로 학교 안에서 이루어지는 방식을 의미한다. 초등학교, 중학교, 고등학교, 대학원(석사, 박사) 교육처럼 졸업장이나 학위 취득이 가능한 교육이다.

② 비형식(non-formal) 교육

비형식 교육은 교육프로그램을 통한 교육 활동이지만 공식적으로 평가되어 학위나 자격증으로 인정되지 않는 교육을 의미한다. 비형식 교육은 형식 교육(초등·중등·고등교육 제도)에 포함되지 않는 교육 활동을 의미하며 모든 연령을 대상으로 교육기관 내 혹은 외에서 교육 활동을 제공한다. 비형식 교육은 교육 수요에 다양한 형태로 부응하며 내용을 제공하는데 교육 방식도 융통성 있게 조직할 수 있다. 우리나라의 경우는 각종 학원 수강, 주민자치센터나 백화점 문화센터 프로그램, 영농 교육, 인터넷 강좌 등이 해당하며 개발도상국의 경우는 성인 대상 문해·수리 교육, 학교 중퇴자를 위한 교육프로그램, 방과후 교육프로그램 등이 있으며, 비형식 교육을 이수하고 형식 교육프로그램에 편입될 수 있으므로 'secondchance education'이라고도 부른다.

③ 무형식(informal) 교육

무형식 교육은 일상적인 직업 관련 활동이나 가사, 여가처럼 의도하지 않은 활동을 통해 이루어지는 교육을 의미한다. 가령 우리나라의 경우 직장 상사, 직장 동료의 도움이나 조언을 통한 학습, 인쇄 매체(서적)를 통한 학습이 해당하며, 개발도상국의 경우 교육 분야 프로젝트를 통해 다양한 주제(과학, 수학, ICT 등)의 학생 클럽을 구성해서 학생들의 자발적인 조직 및 참여를 유도하는데, 이런 학생 클럽 활동을 통해 의도치 않은 학습이 자주 발생할 수 있기 때문이다.

3) 교육 수준별 구분

유아교육(Early Childhood Education)은 유아, 어린이를 대상으로 인지, 신체, 사회, 감각 개발을 위해 구성된 교육프로그램이며, 가정 밖에서 조직된 지도로 도입된 교육프로그램이다.

기초교육(Basic Education)은 ① 문해, 수리 및 기초 기술 능력을 갖추도록 교육하여 개인이 사회의 생산적인 구성원이 될 수 있도록 능력을 개발하는 것, ② 노동시장의 실시간 수요에 부응하는 노동능력 개발, 직업교육, 디지털 문해 능력을 갖추도록 교육하여 고용 관련 능력을 개발하는 것, ③ 유아교육, 취학전교육, 초등교육, 중등교육을 아우르며 형식 교육 혹은 비형식 교육 환경에서 전달되는 것, ④ 교사, 교직원, 상담교사, 청소년 지도자의 역량을 강화해 학생들의 문해, 수리, 취업에 기여하는 것을 포함한다.

초등교육 프로그램(Primary Education Programs)은 학생들에게 읽기, 쓰기, 수학과 관련된 기초 지식과 능력을 갖추도록 기획되어 제공한다. 이런 지식과 능력은 중등교육을 이수받는 데 필요한 기초가 된다.

전기 중등교육 프로그램(Lower Secondary Education Programs)은 초등교육에서 습득한 학습 결과를 토대로 상위의 학습 내용을 이어 나갈 수 있도록 구성된 교육프로그램이다. 통상적으로 전기 중등교육 프로그램은 평생학습과 인간 개발의 기초가 되는 내용과 기회로 구성된다. 일부 전기 중등교육 제도상에서는 고용과 연계된 직업기술교육을 제공하기 시작하며 전기 중등교육은 특성상 이론적 개념을 소개하고, 과목(subject) 중심의 교육과정으로 구성된다. 중등학교 교사는 과목별 교육학적인 훈련을 받는데, 이는 초등학교 교사와 구별되는 부분이다.

후기 중등교육 프로그램(Upper Secondary Education Programs)은 고등교육을 받기 위한 준비 차원에서 후기 중등교육 내용이 조직되고 구성된다. 직업기술 교육훈련도 고용을 목적으로 제공되며 학생들은 전기 중등교육 프로그램보다 더 특화되고 심화된 교수법을 통해 교육을 받게 된다. 교사도 전기 중등교육 프로그램 교사보다 해당 과목에 대한 지식과 기술에 더 높은 능력과 자격을 요구하는 경우가 있다. 통상 전기 중등교육 프로그램은 우리나라의 중학교, 후기 중등교육 프로그램은 우리나라의 고등학교와 비교할 수 있는데 탄자니아의 경우 초등교육은 7년, 전기 중등교육은 4년, 후기 중등교육은 2년으로 구성되어 있는 반면, 케냐의 경우는 초등교육 8년, 중등교육 4년으로 구성되어 있어 100% 일치한다고 볼 수는 없다.

중등교육 후 프로그램(Post-Secondary Education Programs)은 후기 중등교육 이후의 교육프로그램을 의미한다. Tertiary Education, Higher Education을 의미하며 통상 대학교육을 의미한다. 다만 Tertiray Education은 비학위 과정, 평생교육 과정을 포함하며, Higher Education에는 의학전문대학원,

치의학전문대학원, 로스쿨 등 전문 직업교육 프로그램이 포함된 학위 과정 중심의 고등교육을 의미한다.

4) 문해 및 생활 기술

문해(literacy)는 문자 해독 능력을 의미하며, UNESCO가 1958년에 정의한 바에 따르면 개인이 일상생활과 연관된 간단하고 짧은 문장을 읽고, 쓸 수 있는 능력을 일컫는다. 문해 개념은 여러 기술 분야를 포함하며 문해 능력은 숙련도를 측정할 수 있도록 고안되어 있다.

문해율(literacy rate)은 특정 연령대에 해당하는 인구 중에 문해 능력을 보유하는 비율을 의미한다. 성인은 15세 이상, 청년은 15~24세로 분리하여 조사한다.

생활 기술(life skills)은 일상생활에서 발생하는 각종 상황에 효과적으로 대응, 행동할 수 있도록 하는 심리적이고 사회적인 능력이다. 생활 기술에는 세 가지 카테고리가 있는데, ① 정보를 활용하여 상황을 분석하는 인지적 기술, ② 개인 동인, 자신을 스스로 관리할 수 있는 개인 기술, ③ 타인과 효과적으로 소통, 교류, 상호작용하기 위한 대인관계 기술이다.

5) 세계시민교육

세계시민교육(Global Citizenship Education, GCED)은 인류의 보편적인 가치인 세계 평화, 인권, 문화 다양성 등에 대해 폭넓게 이해하고 실천하는 책임 있는 시민을 양성하는 교육이다. 반기문 전 UN 사무총장은 "교육은 우리가 지구촌 공동체의 시민으로서 하나로 결합해 있으며 우리 앞에 놓인 도전과제들이 서로 연결되어 있다는 점을 진정으로 이해할 수 있게 해 준다"라고 말한 바 있다.

세계시민성은 광범위한 공동체와 보편적 인류에 대한 소속감을 일
컬으며, 지역·국가·세계적으로 정치·경제·사회·문화가 상호 의존적
이며 서로 연계되어 있음을 강조한다(유네스코 아시아태평양 국제이해교육원,
2015). 세계시민교육은 세 가지 핵심 개념 영역을 수반하는데 ① 인지적
(cognitive) 영역, ② 사회·정서적(socio-emotional) 영역, ③ 행동적(behavioral)
영역으로 구성되어 있다. 첫째, 인지적 영역은 지역사회, 국가, 범지역, 세
계의 이슈를 비롯해 다양한 국가 및 사람들 간의 상호 연계성, 상호 의존
성에 대한 지식, 이해, 비판적 사고를 습득한다. 둘째, 사회·정서적 영역은
개인, 문화, 가치에 대한 차이와 다양성에 대한 존중, 연대 및 공감, 가치
와 책임을 공유하여 인류애를 함양한다. 셋째, 행동적 영역은 더 평화롭고
지속가능한 세상을 위해 지역·국가·세계적 차원에서 효과적이고 책임감
있게 행동한다.

2. 세계 교육 현황

(1) 세계 교육 불평등 현황

전 세계적으로 경제, 사회 전반에 걸쳐 불평등이 해소되지 않고 있으며 교육 분야 역시 예외가 아니다. 특히 2020년 초 전 세계를 강타한 전대미문의 코로나19 팬데믹으로 인해 세계 경제뿐만 아니라 교육에 미친 직간접적인 영향은 아직도 정확히 측정하는 것이 쉽지 않아 보인다. 코로나19 팬데믹의 막대한 경제, 사회적인 악영향으로 인해 전 세계 교육 불평등이 더욱 악화할 것으로 예상된다.

UNESCO GEM 2021/2(2022)에 따르면, 사하라 이남 아프리카 국가 내 초등학교의 총 등록률은 85%, 순 등록률은 69%, 전기 중등학교 이수율은 41%, 후기 중등학교 이수율은 28%에 불과하다.

<표 1-6> 2019년 기준 전 세계 초중등학교 주요 지표

구분	이수율(%)			초등 총 등록률 (%)	초등 순 등록률 (%)	초등 여학생 최종 학년 진급률(%)	전기 중등 여학생 최종 학년 진급률(%)
	초등	전기 중등	후기 중등				
	SDG 4.1.2					SDG 4.1.3	SDG 4.1.3
전 세계	84	72	51	93	90	86	65
사하라 이남 아프리카	64	41	28	85	69	64	43
북아프리카, 서아시아	87	68	39	92	88	78	70
중앙아시아, 남아시아	87	79	52	-	91	91	55
라틴아메리카	94	81	63	98	98	87	79
유럽, 북아메리카	100	99	94	99	99	99	94
동아시아, 동남아시아	95	83	58	-	99	88	80

출처 : UNESCO(2022: 419-428) 참고하여 저자 재구성

1990년과 비교하면 초등교육 총 등록률과 순 등록률, 초등교육 최종 학년 총 진급률은 2008년까지 증가하다가 이후 다소 정체된 상황이다. 이와 대조적으로 성평등에 대한 목표와 관련해서는 2005년까지 취학에 있어서는 균등의 목표는 달성하지 못했지만 1990년대와 2000년대에 지속 발전해 2009년 초등교육과 중등교육에서 균등 비율을 달성했고, 2015년에는 청소년 문해에서 거의 균등 비율을 달성하였다. 비문해자의 63%가 여성인 성인 문해에서 여전히 남녀 격차가 존재하지만 고등교육에서는 여성의 비율이 더 높다.

<그림 1-6> 초등교육 접근, 참여, 이수 지표(1990~2015)

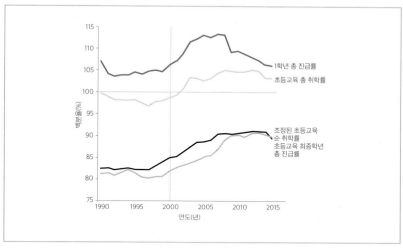

출처 : 유네스코한국위원회(2019: 42)

<그림 1-7> 총 등록률과 문해율의 조정된 성평등지수(1990~2015)

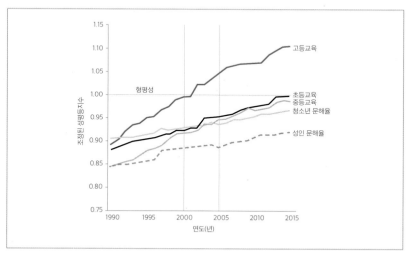

출처 : 유네스코한국위원회(2019: 42)

1) 개발도상국 교육환경 및 현황

① 유아교육 및 보육

영유아 교육과 보육은 인지와 사회 정서발달에 매우 중요하다. 정규 초등교육 입학 1년 전에 조직화한 학습 참여에 대한 지표는 저소득국의 42%에서 고소득국의 93%에 이르기까지 다양하고 그 격차도 상당히 크다. 국가별로 1~4년가량 지속되는 취학 전 교육 총 등록률은 2017년 50%에 달하였다.

<그림 1-8> 조직화된 취학 전 학습 참여율 및 교육 총 등록률(2000~2016)

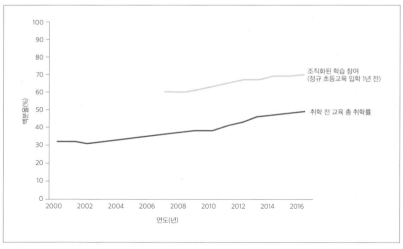

출처 : 유네스코한국위원회(2019: 45)

② 초등 및 중등교육

2017년에는 초등학교 연령 아동의 9%인 6,400만 명의 아동이 학교에 등록하지 않았고 전기 중등학교 연령의 청소년 6,100만 명(16%)과 후기 중등학교 연령의 청소년 1억 3,800만 명(36%)이 학교에 등록하지 않았다.

이수율은 초등학교에서 85%, 전기 중등학교에서 73%, 후기 중등학교에서 49%를 보여주고 있다. 이수율은 2000년부터 느리지만 점차 증가하고 있다. 2018년 사하라 이남 아프리카 국가의 학교 밖 아동, 청소년, 청년의 수가 가장 많았으며 이러한 추세는 인구 증가율을 고려하면 더욱 심화할 것으로 보인다. 사하라 이남 아프리카는 2030년까지 학령 인구의 25%를 차지할 것으로 보이며, 이 비율은 1990년의 12%에서 2배 이상 증가한 수치이다.

<그림 1-9> 지역별 학교 밖 인구 분포(2000~2015)

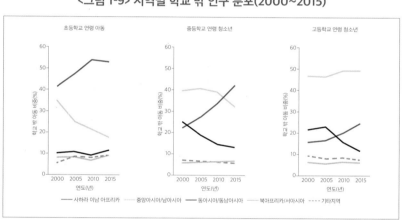

출처 : 유네스코한국위원회(2019: 44)

<표 1-7> 연령 집단별 학교 참여 지표(2018)

구분	초등교육		전기 중등교육		후기 중등교육	
	학교 밖 아동		학교 밖 청소년		학교 밖 청년	
	(1,000명)	(%)	(1,000명)	(%)	(1,000명)	(%)
전 세계	59,141	8	61,478	16	137,796	35
사하라 이남 아프리카	32,214	19	28,251	37	37,026	58
북아프리카, 서아시아	5,032	9	3,998	14	8,084	30
중앙아시아, 남아시아	12,588	7	16,829	15	64,745	45
동아시아, 동남아시아	5,697	3	9,016	10	17,870	21
중남미	2,267	4	2,544	7	7,159	23
오세아니아	210	5	109	5	408	25
유럽, 북미	1,133	2	731	2	2,503	7
저소득국	20,797	19	21,243	39	26,176	61
중저소득국	30,444	9	30,706	17	87,730	44
중고소득국	6,570	3	8,444	7	20,615	20
고소득국	1,330	2	1,085	3	3,275	8

출처 : UNESCO(2020: 213)

<표 1-8> 전 세계 초중등학교 이수율

구분	초등학교(%)	전기 중등학교(%)	후기 중등학교(%)
전 세계	85	73	49
사하라 이남 아프리카	65	40	28
북아프리카, 서아시아	85	76	53
중앙아시아, 남아시아	85	74	37
동아시아, 동남아시아	95	82	59
중남미	90	80	60

구분	초등학교(%)	전기 중등학교(%)	후기 중등학교(%)
오세아니아	–	83	48
유럽, 북미	99	97	88
저소득국	56	28	13
중저소득국	84	71	42
중고소득국	94	84	59
고소득국	99	97	88

출처 : UNESCO(2020: 354)

③ 직업기술교육, 고등교육 및 성인교육

북아프리카와 서아시아는 최근 고등교육 참여가 빠르게 확대된 지역에 속하지만 국가마다 큰 차이가 있다. 2010년경 모로코와 수단에서는 청소년의 15% 정도가 고등교육에 진학하였다. 이후 수단은 정체되었지만 모로코는 36%까지 참여도가 급격히 증가하기도 하였다. <그림 1-10>에서 지난 1개월간, 지난 1년간 교육 기회를 중고소득국과 저소득국 간 비교할 경우 저소득국의 직업기술교육 기회가 현격히 부족한 것을 볼 수 있다.

국제노동기구(International Labour Organization, ILO) 데이터베이스에서 제공하는 노동력 조사는 성인교육 및 훈련의 참여에 대한 지표 데이터와 연관된다. 2022년 기준 적용 범위는 45개국에서 106개국으로 유럽 외 지역으로 확대되었다.

<그림 1-10> 성인교육 참여율(2018)

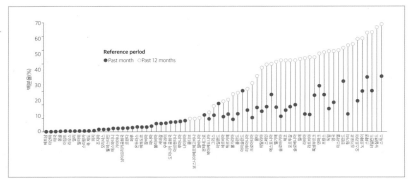

출처 : UNESCO(2020: 239)

④ 양성 균등

UNESCO는 모든 사람, 특히 소녀들과 젊은 여성들이 교육의 혜택을 누릴 수 있도록 교육의 양성 균등에서 양성평등으로 초점이 전환되어야 한다고 강조하며 ▲성평등한 교육에의 참여 확대(in education), ▲교육 내용에서의 성평등 강화(within education), ▲교육을 통한(through education) 삶의 기회 확대 및 노동의 기회 확장 등을 통해 여성들의 삶의 질 개선을 전략으로 제시하고 있다(UNESCO, 2019).

평균적으로 초등 및 중등교육의 취학에서는 전 세계적으로 양성 균등이 이루어지고 있다. 하지만 특정 지역에서는 양성 불균등이 지속되고 있다. 2016년 UNESCO GEM에 따르면 전기 중등학교에서 54%, 후기 중등학교에서 22%만 남학생과 여학생의 비율이 균등한 것으로 조사됐다.

양성 비율은 과거보다 크게 개선되었으나 가구소득 격차에 따른 교육 이수율은 여전히 큰 격차를 보여주고 있다. 중저소득국에서 농촌 지역에 거주하는 학생들은 후기 중등학교를 정상적으로 마칠 수 있는 확률이 도시 학생들의 50%에 불과한 수준이다. 경제적 수준에 따른 교육격차는 하위 20% 가구와 상위 20% 가구를 비교하고 있다. 다만 빈곤 가구가 자녀를 더 많이 가지는 경향이 있으므로 한 국가의 가장 가난한 20%의 아동과 다른 국가의 가장 가난한 20%를 비교하게 되면 국가 간 비교가 일부 왜곡될 수도 있다.

<그림 1-11> 성별, 지역, 경제적 수준에 따른 초·중등교육 형평성 지수(2014~2017)

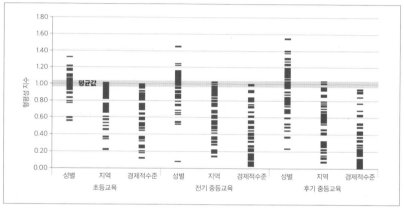

출처 : UNESCO(2018: 171)

⑤ 성인 문해

과거보다 성인 문해교육에 대한 투자가 감소하였는데, 특히 사하라 이남 아프리카 국가에서는 성인 여성 문해율이 59%로 낮은 수준이고 문해율의 증가 속도도 느린 편이다. 전 세계적으로는 초등학교 취학, 등록, 이수율이 점차 향상되며 청소년 비문해 수가 절대적으로 감소하였으며, 이러한 현상은 주로 아시아 지역에서 주도하고 있다. 하지만 65세 이상 비문해 노인의 수는 계속해서 증가하고 있으며 2017년 기준 비문해 노인이 비문해 청소년보다 거의 40%가 더 많다.

저소득국 비문해자는 주로 농촌 거주자들 중에 많으며 대부분 다세대 가정에서 사는 것으로 조사된바, 문해 개인의 대상은 농촌에 사는 사회·경제적으로 소외된 청소년이 효과적일 것으로 보인다.

국제성인역량조사(Programme for the International Assessment of Adult Competencies, PIAAC) 3차 결과에 따르면 2017년 멕시코 성인의 51%, 페루 71%, 에콰도르 72%가 최소 문해 숙달 수준에 도달하였다.

⑥ 교육 시설과 학습 환경

2019년의 UNESCO GEM에 따르면 전 세계적으로 69%의 학교가 식수 시설을 확보하고 있고, 66%가 위생 시설(성별이 분리된 화장실 등)을 갖추고 있으며, 53%는 기본 서비스 수준 또는 그 이상의 위생 서비스를 제공하고 있다.

무력으로부터의 교육권 보호 연대(Global Coalition to Protect Education from Attack, GCPEA)에 따르면 2013~2017년간 교육 관련 폭력 사건이 1만 2,700건 이상 발생했으며, 이로 인해 2만 1,000명이 넘는 학생과 교사가 피해를 받았다고 밝혔다. 보고된 사건으로는 학교, 학생과 교직원에 대한 물리적 공격 또는 위협, 학교 건물의 군사적 사용, 학교나 대학에서 이동 중인 무장 단체에 의한 아동 모집과 성폭력, 고등교육기관에 대한 공격 등이 있었다. 28개국이 최소 20회 이상의 공격을 받았고, 나이지리아, 필리핀, 예멘 등을 비롯한 일부 국가들은 1,000회 이상의 공격을 받았다.

<그림 1-12> 학교 WASH[11] 시설 분포(2016)

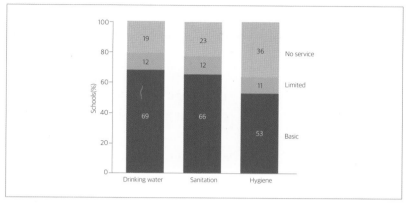

출처 : UNESCO(2018: 199)

⑦ 교사

중저소득국은 적절한 교육과 훈련을 받고 자격을 갖춘 초등학교 교사의 부족을 지속해서 겪고 있다. 일부 사하라 이남 아프리카 국가들은 높은 채용률을 보이고 있지만 교사에 대한 교육이 미흡하고 단기간에 대량으로 양성하는 경우 양질의 교육 제공이 제한적일 수밖에 없다. 교사의 높은 채용률은 교육 확대 정책에 따른 것으로 분석될 수 있지만 교사 처우나 근무 조건에 만족하지 못하고 이직한 교사를 대체하기 위해 채용률이 높을 수도 있기 때문이다. 하지만 대부분의 저소득국에서는 교사 관리(퇴직자, 취업자, 재취업자)를 위한 시스템이 구축되어 있지 않다.

---

11 Water, Sanitation and Hygiene

<표 1-9> 훈련받은 교사 대 학생 비율(2015~2020)

구분	취학 전 교육(%)		초등교육(%)		중등교육(%)	
	2015년	2020년	2015년	2020년	2015년	2020년
전 세계	–	–	27.1	27.3	19.8	19.6
사하라 이남 아프리카	62.5	60.0	58.0	55.8	36.6	33.9
북아프리카, 서아시아	22.7	24.1	22.0	23.8	17.7	17.1
중앙아시아, 남아시아	–	–	41.9	36.7	31.5	24.9
동아시아, 동남아시아	–	–	–	–	–	–
중남미	25.1	24.1	26.0	25.2	19.5	20.7
오세아니아	–	–	–	–	–	–
유럽, 북미	–	–	–	–	–	–
저소득국	72.6	67.3	56.0	53.0	37.1	34.3
중저소득국	–	–	35.1	33.6	27.3	24.1
중고소득국	–	–	–	–	–	–
고소득국	–	–	–	–	–	–

출처 : UNESCO(2021: 353)

<그림 1-13> 훈련 이수 교사 및 신규 채용 교사 비율

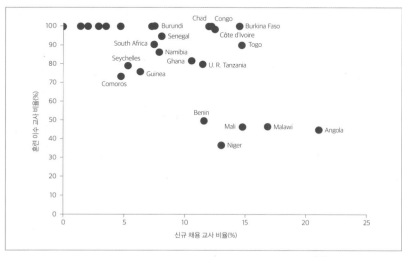

출처 : UNESCO(2018: 217)

⑧ 코로나19로 인한 학업 중단

2019년 말 발생한 코로나19는 전 세계 모든 국가에서 보건의료 시스템을 무력화하고 수많은 사망자와 감염자를 발생시켰다. 2022년 11월 기준 코로나19는 완전히 종식되지 않았지만 전 세계가 정상화되고 있다.

코로나19 팬데믹으로 인하여 우리나라를 포함한 수많은 국가의 초·중·고등학교와 대학교가 감염 확산을 저지하기 위해 전체 교육 일수의 50% 이상을 부분적으로 폐쇄한 경우가 대부분이었다.

<그림 1-14> 전 세계 학교 정상 운영 여부(2020.2.~2021.10.)

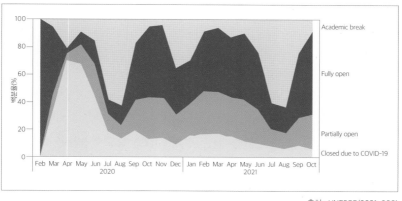

출처 : UNESCO(2021: 208)

고소득국 초·중등학생은 인터넷을 통해 재택 학습, 또는 대체 학습을 통해 학습 결손을 최소화하였으나 코로나19 팬데믹 이전보다 학업성취도 저하와 같은 각종 교육 문제[12]가 곳곳에서 발생하고 있으며 고소득

---

12 2022년 1월 6일 경기도교육연구원은 '코로나19 이후 학습 결손에 대한 인식 및 해소 방안' 연구 조사를 통해 60% 이상의 학습 결손이 발생한 것으로 나타났다는 교사 설문조사 결과를 발표하였다.

국 내 소득격차에 따라 학업성취도 격차도 발생하고 있다. 따라서 코로나 19 기간 동안 발생한 학습 결손을 어떻게 보완하고 극복할지에 대해 전 세계 모든 국가가 고민 중이다.

여전히 코로나19가 완전히 종식되지 않은 상황에서 향후 발생할 교육 분야의 여파를 정확하게 측정하는 것은 쉽지 않지만, UNESCO, UNICEF, 세계은행(World Bank)의 2021년 긴급 조사한 보고서(The State of the Global Education Crisis)에 따르면 코로나19로 발생한 각종 학습 결손은 중장기적인 소득에도 영향을 끼쳐 약 17조 달러의 손실을 가져올 수 있다고 밝혔다(UNESCO et, al., 2021).

또한, 중저소득국 코로나19 팬데믹의 여파에 따른 교육 분야의 각종 학습 결손 조사가 발표되고 있는데, 멕시코 청소년(10~15세)을 대상으로 읽기와 수학을 테스트한 결과 표준편차 기준 읽기에서는 0.34~0.45가량, 수학에서는 0.62~0.82가량 하락한 것이 확인되었으며, 특히 저소득층에서 하락 폭이 더 큰 것을 알 수 있었다. 파키스탄의 농촌 지역에 거주하는 학생 대상으로 조사한 학습 결손 결과도 초등학교 1~5학년 학생들의 읽기, 수학 과목의 학업성취도가 모두 하락하였다. 에티오피아 초등학생들도 코로나19로 인해 정상적으로 운영된 학기와 비교하면 수학 내용의 30~40%만 학습하였으며, 도시 거주 학생과 농촌 거주 학생 간의 학습 격차가 더 커진 것을 확인하였다.

코로나19 팬데믹으로 인해 학습 결손이 발생한 것은 자명해 보인다. 농촌 거주 학생들의 학습 결손이 더 큰 것으로 보이며, 소득 격차로 인해 전기 접근성, 인터넷 접근성, 양질의 대체 학습 콘텐츠 접근성 등에서 차이가 발생하고 이는 학업성취도 차이로 연결되는 것으로 보인다.

<그림 1-15> 전 세계 각 지역별 학령기 아동의 가정 내 인터넷 접근성

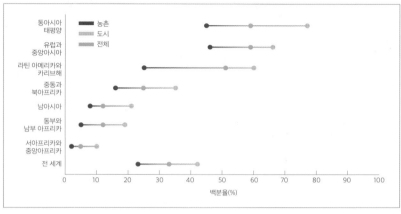

출처 : Azevedo et, al.(2021: 23)

<그림 1-16> 전 세계 각 지역별 도시 vs 농촌의 전기 사용 비율

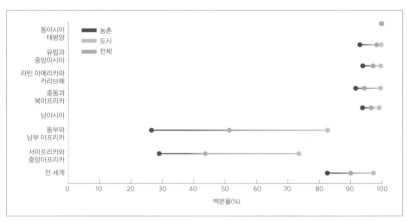

출처 : Azevedo et, al.(2021: 24)

나라별 산업 기술 인력 양성에 필요한 직업기술 교육훈련도 코로나19의 여파에서 벗어날 수 없었다. 우선 직업기술 교육훈련을 제공한 기관들이 정상적으로 운영되지 않으며 입학생과 수료생의 감소가 있었다. 대부분의 직업기술 교육훈련은 초·중등학교 교육과는 달리 실습 중심으로 과정이 운영되기 때문에 재택 학습 및 대체 학습으로는 기술 능력을 체득하기 어려운 특성이 반영된 결과로 보인다.

<그림 1-17> 콜롬비아 기술직업교육훈련 등록 학생 및 수료생 추이(2010~2020)

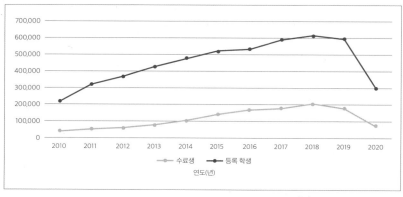

출처 : Azevedo et, al.(2021: 28)

(2) 교육 분야 개발 과제와 개선 방향

인천선언은 공동 의제를 성공적으로 이행하기 위해 각 정부가 교육에 대해 우선 책임을 지고 이를 위한 정책이나 참여형 거버넌스, 재정지원, 개발협력, 국제사회의 조정이 필요하다고 제시하고 있다.

개발도상국의 교육 개발 과제는 정치, 경제, 사회, 문화적으로 연결된 부분이 많아 수많은 공여국, 공여 기관이 수원국 정부와 협력하여 수많은 개발협력 프로젝트를 통해 점차 해결하기 위해 노력하고 있다.

앞서 코로나19 팬데믹 여파로 인해 발생한 농촌 지역 학생들의 학습 결손을 완화하기 위해서는 전기 및 통신 공급, 인터넷 공급, 온라인 콘텐츠 개발 및 공급, 교사들의 ICT 활용 역량 강화 같은 것을 생각할 수 있지만 현실적으로는 막대한 예산과 시간이 소요되며 필요한 인적 역량이 수반되어야 가능하다.

개발도상국의 교육 문제로 제시할 수 있는 것은 ① 적절한 교육개발 전략 부재, ② 교육재정의 비효율적 집행, ③ 학교교육 결과에 대한 모니터링 부실, ④ 학업성취도 평가시스템 취약, ⑤ 학교시설 및 실험실 부족, ⑥ 적격 교사 부족과 교수 역량 미흡, ⑦ 적절한 교육과정 부족, ⑧ 교과서 및 각종 교구 부족 등 일일이 나열하다 보면 끝없이 나오게 된다. SDG 4는 전 세계의 교육개발 과제 달성을 위해 11개의 글로벌 지표가 있으며 UNESCO 통계연구소(UNESCO Institute for Statistics, UIS)를 통해 8개 지표를 관리하고 있다. 여기에 32개 주제별 지표를 추가하면 총 43개의 지표를, 국제전기통신연합(International Telecommunication Union, ITU), UNESCO, UNICEF, 경제협력개발기구(Organization for Economic Cooperation and Development, OECD)가 역할을 분배하여 모니터링을 하고 있다.

SDG 4에 대한 상세 내용은 이후에 설명하고 ① 초등 및 중등교육, ② 영유아 교육, ③ 기술교육, 직업교육, 고등교육 및 성인교육, ④ 직업을 위한 기술(ICT 문해), ⑤ 각종 형평성, ⑥ 문해와 수리력, ⑦ 지속가능발전과 세계시민 역량, ⑧ 교육 시설과 학습환경(WASH), ⑨ 장학금, ⑩ 교사와 관련된 문제와 지표들을 UNESCO에서는 지속적으로 모니터링하며 세계 교육 현황 보고서(GEM)를 제작하고 있다.

제1장

3. 교육 분야 국제개발협력 동향

(1) 교육 분야 주요 이슈 및 이니셔티브

모두를 위한 교육(Education for all, EFA)은 '보편적 인권으로서의 교육권' 실현을 목표로 유아교육부터 초등교육, 문해교육, 직업기술교육훈련을 포괄하는 전 세계적 교육 운동이다.

1990년 태국 좀티엔 회의에서 전 세계 교육 관계자들이 '모두를 위한 교육 세계선언(World Declaration on Education for All)'을 채택하고, 전 세계의 비문해자 퇴치와 초등교육 보편화를 위해 국제사회가 공동으로 노력할 것을 결의하며 전 세계적으로 확산되기 시작하였다.

EFA는 UNESCO가 전개한 1950년대 성인 문해교육 운동, 1960년대 초등교육 보편화 사업, 1970년대 평생교육 사업, 1990년 태국 좀티엔

회의 등 다양한 교육 분야 활동들이 집약된 선언이며 활동이다.

하지만 1990년 좀티엔 EFA 선언은 목표 설정에서 추상적인 부분이 있었고, 달성 여부를 판단하기 어려운 부분도 있어 보완이 필요하다는 지적을 받았다. 이에 따라 10년 후인 2000년 세네갈 다카르에서 개최된 세계교육포럼에서 '다카르 실행계획'을 통해 다음과 같은 EFA 6대 목표를 제시하였다. 첫째, 영유아 보육, 교육 확대와 개선, 둘째, 2015년까지 전 세계 모든 아동에게 보편적 초등교육 제공, 셋째, 모든 청소년과 성인의 학습, 교육 욕구 충족, 넷째, 2015년까지 성인 문해율 50% 개선, 모든 성인 대상 기초교육과 평생교육의 공평한 기회 보장, 다섯째, 2005년까지 초·중등학교에서 성별 격차 해소 및 2015년까지 초중등교육기관 등록생의 양성평등 실현, 여섯째, 교육의 질적 수준 향상이다.

EFA는 2001년 UN이 제시한 새천년개발목표(Millennium Development Goals, MDGs) 의제 중 교육 목표를 제시하는 데 매우 중요한 역할을 하였다. EFA 6대 목표에서 '초등교육 보편화', '성평등'은 MDGs 8개 목표의 두 번째 목표와 세 번째 목표로 직접 반영되었다. 아울러 2015년 MDGs가 종료되고 이어 제시된 SDGs에도 '기초교육 보편화' 교육 단계별 '성평등'은 SDG 4에서 주요 지표로 여전히 포함되어 있다.

1) 글로벌 교육우선구상/글로벌시민교육

2012년 9월 제67차 UN 총회를 계기로 반기문 전 UN 사무총장은 글로벌 교육우선구상(Global Education First Initiative, GEFI)을 제시하였다. GEFI는 3대 목표로서 첫째, 모든 아동에게 보편적 교육 제공(Put Every Child in School), 둘째, 교육의 질 개선(Improve the Quality of Learning), 셋째, 글로벌시민의식 함양(Foster Global Citizenship)을 제시하고 있다.

여기에서 글로벌시민의식 함양을 위한 글로벌시민교육(Global Citizenship Education, GCED)의 목표는 첫째, 인류 공동의 문제에 관심을 갖고, 둘째, 글로벌 공동체에 대한 소속감을 바탕으로 책임의식을 가지며, 셋째, 인권, 사회정의, 다양성 존중, 평등, 평화, 지속가능발전 등 인류 보편의 가치들을 내재화하고, 넷째, 현재 우리가 직면하고 있는 글로벌 지역 이슈들과 지구촌의 상호 의존성에 대해 비판적이고 심층적으로 이해하고, 다섯째, 인류 공동의 문제를 평화롭고 지속가능하게 해결해 나갈 수 있는 소통, 협력, 창의 및 실천의 기술을 습득하고 역량을 키워 나가도록 교육하는 것이다.

글로벌시민교육이 강조하는 핵심 역량으로는 세 가지를 제시하고 있다. 첫째, 인지 영역으로 각종 분쟁 및 안보, 개발 격차와 같은 글로벌 이슈와 전 세계의 상호 의존성, 상호 연계성에 대해 이해하고, 이에 대한 지식을 가지고 비판적으로 사고할 수 있도록 교육한다. 둘째, 사회·정서 영역으로 인류 공동체의 소속감을 바탕으로 다름과 다양성에 대한 존중, 연대의식, 공감, 가치와 책임감을 공유하도록 교육한다. 셋째, 행동 영역으로 평화롭고 정의로운 세상을 위해 지역, 국가, 그리고 글로벌 차원에서 책임감 있게 행동할 수 있도록 교육하는 것을 제시하고 있다.

아울러 글로벌시민교육의 관점과 영역으로 네 가지를 제시하고 있다. 첫째, 세계화로 우리의 삶은 세계와 밀접한 관련이 있음을 인식하고, 이러한 상호연계성 속에서 살아가는 데 필요한 지식과 태도를 학습하며, 아울러 우리의 정체성을 인식하여 글로벌시민으로서 인류 발전에 기여하려는 자세를 갖도록 한다. 둘째, 평화로운 세상으로 전 세계 곳곳의 분쟁과 갈등을 새롭게 인식하고 이러한 문제들을 관용과 협력, 대화와 중재 등 다양하고 평화로운 방법으로 해결해야 할 필요성을 부각시킨다. 또한 평화적 감수성을 기르고 학생들 스스로 창의적이고 합리적으로 문제를 해결하기 위해 노력하는 자세를 갖도록 한다. 셋째, 문화 다양성으로 문화는 항상 변화하는 것이며 '살아서 움직이는' 것임을 이해하고 여러 문화가 공존하는 오늘날의 문화적 환경에서 다른 문화를 이해하는 문화적 감수성 계발을 통해 문화 상대주의적 태도를 익히고, 익숙한 우리 문화를 새롭게 바라보고 객관적으로 이해하는 관점을 갖도록 한다. 넷째, 지속가능한 발전으로 글로벌 차원에서 도전 과제들(경제, 사회, 환경, 자원, 문화 등)이 인류에게 미치는 영향에 초점을 맞추고 문제를 해결하기 위해 가져야 할 자세와 가치관을 도모하는 데 중점을 둔다.

2) 2015 세계교육포럼[13]과 포스트 EFA

UNESCO가 전개한 교육 분야 선언과 활동은 2015년 우리나라에서 개최된 세계교육포럼으로 이어졌다. UNESCO가 2015년 5월 19일부터 22일까지 대한민국 인천에서 개최한 '2015 세계교육포럼(World Education Forum, WEF)'은 전 세계에서 가장 큰 규모의 교육 분야 국제회의였다.

우리나라에서 개최된 세계교육포럼에 참석한 공여국, 공여기관과 교육부 장관 및 차관들은 2030년까지 성차별, 빈부격차, 장애 여부와 관계없이 교육받을 권리(right to education)를 보장해 모두에게 최소 9년간 양질의 보편적 교육을 제공하고, 평생학습 진흥을 통해 고등교육과 직업기술

---

13 UNESCO가 주최하고 교육부가 주관한 '2015 세계교육포럼(World Education Forum)'이 2015년 5월 19~22일까지 인천 송도에서 개최되었다. 이 포럼은 '교육을 통한 삶의 변화(Transforming lives through education)'라는 슬로건을 제시했으며, 개회식에 박근혜 전 대통령과 반기문 전 UN 사무총장, 이리나 보코바(Irina Georgieva Bokova) 전 UNESCO 사무총장, 김용 전 세계은행 총재를 비롯해 150여 개국의 교육 분야 장차관 100여 명 등 세계 각국에서 1,500여 명이 참석하였다. 박근혜 전 대통령은 5월 19일 개회식 축사를 통해 "한강의 기적으로 불리는 놀라운 성장의 길을 걸어온 한국의 저력도 교육으로부터 나온 것"이라고 경제발전에서 교육의 중요성을 역설하였다.

교육훈련을 강화하자고 결의하였다.

    WEF에 참석한 UNESCO 회원국 대표들과 전문가들은 5월 22일 열린 폐회식에서 '교육 2030 : 모두를 위한 포용적, 평등한 교육과 평생학습을 향하여'라는 제목으로 구성된 인천선언(Incheon Declaration)을 채택하였다.

    인천선언은 지난 25년간 지속된 EFA의 주요 성과를 평가하고, 2030년까지 교육이 지향해야 할 방향을 모색하여 그 실행 방안을 제시하였다.

    인천선언의 주요 내용은 다음의 <표 1-10>과 같다.

<표 1-10> 교육 2030 인천선언과 실행계획[14]

구분	주요 내용
1. 교육 접근성	2030년까지 평등하고 의미 있는 학습 성취로 이어지는 12년의 수준 높은 초중등교육을 무상으로 제공한다. 이 가운데 최소 9년은 무상교육을 보장할 것이다. 또한 양질의 영유아 발달 및 보육, 교육에 대한 접근성을 높이도록 최소 1년의 취학 전 무상 의무교육을 장려하고, 학교 미등록 청소년들에게도 의미 있는 교육과 훈련의 기회를 제공할 것이다.
2. 형평성과 포용	교육에 있어 모든 형태의 배제와 소외, 불평등과 접근성, 참여, 학습 성취에서의 격차 문제를 해결한다. 또한 모두를 위한 교육받을 권리를 실현하기 위해 장애를 가진 사람들을 포함, 가장 취약한 이들에게 교육을 제공하기 위해 노력한다.

---

14 UNESCO, UNDP, UNPF, UNHCR, UNICEF, UN WOMEN, World Bank, "교육 2030 인천선언과 실행계획: 포용적이고 공평한 양질의 교육과 모두를 위한 평생학습을 향해",(2015)

구분	주요 내용
3. 양성평등	양성평등의 중요성을 인식하고, 여성을 배려하는 정책, 계획 및 학습환경과 교사 훈련을 지원하며 교육과정 내 성별 이슈의 주류화, 교내 성차별 기반 폭력의 제거를 지지한다.
4. 양질의 교육	교육과 학습 성과를 개선하기 위해 투입 과정, 결과 평가 및 측정 등 일련의 과정을 강화하고, 교사 및 교육행정 인력의 권익 향상과 적합한 채용과 훈련 등 이들이 전문적인 자격을 바탕으로 동기부여를 할 수 있도록 한다. 또한 지속가능발전 교육과 글로벌시민교육을 통해 지역적, 글로벌 해결 과제에 대응할 수 있는 지식, 기술, 가치, 태도를 개발한다.
5. 평생학습 기회	모든 상황과 수준에서 모두를 위한 평생학습 기회를 증진한다. 이는 양질의 직업기술교육훈련, 고등교육과 연구에 대한 접근성을 공평하게 확대하는 것을 포함한다. 학습 경로를 유연하게 제공하고 비형식, 무형식 교육을 통해 획득한 지식, 기술, 역량에 대한 인정, 검정, 인증을 실시한다. 모든 청년과 성인, 특히 여성에게 적절하고 공인된 실용적 문해력, 수리력 수준을 갖출 수 있도록 학습 기회를 보장해야 한다. 또한 정보통신기술을 적극적으로 활용하여 지식 전파, 정보 접근성 향상, 양질의 효과적 학습, 더 효과적인 서비스를 제공하도록 한다. 이 밖에도 분쟁 지역의 난민 아동, 청년, 성인들의 교육 수요를 만족시키기 위해 더 포용적이고 대응적이며 탄력 있는 교육정책과 제도를 수립할 것이다.

출처 : UNESCO et, al.(2015)

인천선언은 전 세계 정부가 교육에 대해 우선 책임을 지고 이를 위한 정책이나 참여형 거버넌스, 재정 지원을 해야 하며, 개발협력 실시와 국제사회의 조정 역시 필요하다는 의견을 제시하였다. 특히 정부 차원에서 최소한 GDP의 4~6%를 교육재정으로 확보하고, 공공지출의 15~20%를 투입하는 재원 배분이 필요하다고 강조하였다.

교육정책을 수립할 때 교육통계자료 등 정보화 인프라를 구축하여 구체적인 지표에 근거해 투명성을 높일 것을 제안했고, EFA 목표 달성을 위한 재정 및 자원 확보 측면에서 공적개발원조(Official Development Assistance, ODA)의 중요성을 다시 한번 강조하였다. 최빈개발도상국에 대한 선진국의 ODA 지원 확대 없이 이들 국가에서의 개발과 발전이 없음을 언급하고, 이를 위해 선진국은 국민총소득(Gross National Income, GNI)의 0.7%를 ODA에 투입할 것을 권고하였다.

인천선언에서 제시하고 있는 실행계획을 실천하기 위해 UNESCO가 주도적인 책임을 맡고 국제적인 조정자 역할을 수행하도록 결의하였다. 인천선언에서 가장 주목할 부분은 '모두를 위한 교육'을 계승, 전 세계 모든 국가가 9년의 초중등교육을 보장하며, 청년과 성인기 등 전 생애에 걸친 평생학습 기회를 강조하고 있다는 점이다.

기존 MDGs가 보편적 초등교육 실현에 초점을 맞추었다면, 포스트(Post)-2015 교육 비전은 '평등한 양질의 교육과 모두를 위한 평생학습(inclusive and equitable quality education and promote lifelong learning opportunities for all)'으로 더욱 포괄적으로 전환되었다.

3) 새천년개발목표(MDGs)와 지속가능발전목표(SDGs)

① MDGs

MDGs는 1996년 OECD 개발원조위원회(Development Assistance Committee, DAC)가 작성한 21세기 개발협력전략인 'Shaping the 21st Century'에 기반을 두고 있으며, EFA의 목표를 포함한 교육발전 목표를 제시하고 있다.

MDGs에서 교육 관련 내용은 MDG 2(보편적 초등교육 제공), MDG 3(성평등과 여성 자력화 촉진)이 해당된다.

MDG 2는 보편적 초등교육을 제공하기 위해 ▲MDG 2.6 초등학교 등록률, ▲MDG 2.7 초등학교 1학년 입학생의 5학년까지의 이수 비율, ▲MDG 2.8 청소년(15~24세) 인구의 문해율을 지표로 제시하고 있다.

MDG 3은 성평등과 여성 자력화 촉진을 위해 ▲MDG 3.9 초·중·고 등교육기관 등록생의 남녀 성별 비율, ▲MDG 3.10 청소년(15~24세) 문해 자의 남녀 비율을 지표로 제시하고 있다.

② SDGs

MDGs가 제시한 목표 달성 시한은 2015년까지였고, 2016~2030년 간 새로운 개발목표로서 SDGs가 2015년 9월 25일부터 27일까지 UN 본부에서 열린 UN 정상회의에서 제시되었으며, SDGs에서 교육 관련 목표 는 <표 1-11>과 같다.

<표 1-11> SDG 4 세부 목표

세부목표	목표 내용
SDG 4.1	2030년까지 모든 여아와 남아가 적절하고 효과적인 학습성과를 거둘 수 있도록 무상으로 공평한 양질의 초등 및 중등교육 이수를 보장
SDG 4.2	2030년까지 모든 여아와 남아가 양질의 영유아 발달과 보호, 취학 전 교육에 접근하도록 보장하여 초등교육을 받을 준비가 되도록 보장
SDG 4.3	2030년까지 모든 여성과 남성이 적정비용의 양질의 기술훈련, 직업훈련, 대학을 포함한 고등교육에 평등하게 접근하도록 보장

세부목표	목표 내용
SDG 4.4	2030년까지 취업, 양질의 일자리, 창업활동에 필요한 전문기술 및 직업기술을 포함하는 적절한 기술을 보유한 청소년과 성인의 수 대폭 증대
SDG 4.5	2030년까지 교육에서의 성별격차를 해소하고, 장애인, 원주민, 취약한 상황에 처한 아동을 포함한 취약계층이 모든 수준의 교육과 직업훈련에 평등하게 접근하도록 보장
SDG 4.6	2030년까지 남녀불문 모든 청소년과 상당한 비율의 성인이 문해력과 수리력을 성취하도록 보장
SDG 4.7	2030년까지 지속가능발전, 지속 가능한 생활양식, 인권, 성평등, 평화와 비폭력 문화 확산, 세계시민권, 문화다양성 및 지속가능발전을 위한 문화의 기여에 대한 존중 등에 대한 교육을 통해, 모든 학습자들이 지속가능발전을 증진하기 위해 필요한 지식과 기술을 습득하도록 보장

출처 : 한국국제협력단(2021b)

SDG 4의 성과 지표 프레임워크는 <표 1-12>와 같으며, 총 10개의 성과 지표와 43개의 하위 지표로 구성되어 있다.

SDG 4 지표 중 글로벌 지표는 SDGs 이행 현황을 모든 회원국이 공통으로 모니터링하여 전 세계적 추세를 확인할 수 있도록 고안되었다. 주제별 지표는 각 회원국이 자국의 상황, 정책 우선순위, 전문적 역량, 데이터 이용 가능성 등을 바탕으로 추가적 모니터링을 수행할 수 있도록 고안되었다.

글로벌 지표가 SDGs의 모든 목표와 세부 목표를 포함하는 반면 주제별 지표는 글로벌 지표와의 연관성을 유지하면서도 현실에 맞게 일부 특정 주제에 대한 지표를 국가별로 추가하거나 삭제할 수 있다. 이런 작업은 각 국가 통계청을 중심으로 법적·제도적 장치에 기반한 다양한 이해

관계자와 데이터의 가용성과 난제, 개선 방안 등에 대한 논의를 이어 가게 된다.

<표 1-12> SDG 4 성과 지표 프레임워크

파란색: 글로벌 지표, 검은색: 주제별 지표

측정지표	
Target 4.1	
4.1.0	미래를 위한 준비를 갖춘 아동·청소년 비율(성별)
4.1.1	(a) 초등학교 2학년 혹은 3학년 시점, (b) 초등학교 졸업 학년, (c) 중학교 졸업 학년에 (i) 읽기와 (ii) 수학 분야에서 최소 숙달 기준을 달성한 아동 및 청소년의 비율(성별)
4.1.2	교육 이수율(초등, 전기 중등, 후기 중등)
4.1.3	최종 학년 진급률(초등, 전기 중등)
4.1.4	학교 밖 아동 및 청소년 비율(초등, 전기 중등, 후기 중등)
4.1.5	학년별 과연령 아동 비율(초등, 전기 중등)
4.1.6	(a) 초등학교 2~3학년 (b) 초등학교 졸업 학년 (c) 중학교 졸업 학년의 국가 학습평가 시행
4.1.7	법적으로 보장하는 (a) 무상, (b) 의무 초등 및 전기 중등교육 연수(年數)
Target 4.2	
4.2.1	신체적 건강, 학습, 심리사회적 웰빙의 측면에서 발달 정도가 정상적인 24~59개월 아동의 비율(성별)
4.2.2	정규 초등학교 입학연령 전 1년 동안 체계적 학습 참여율(성별)
4.2.3	긍정적, 고무적 가정학습환경을 경험한 5세 이하 아동 비율
4.2.4	유아교육, 보육 총 등록률
4.2.5	법적으로 보장하는 (a) 무상, (b) 의무 유아교육 연수(年數)

측정지표

Target 4.3

4.3.1	지난 12개월 동안 형식 및 비형식 교육, 훈련에 참여한 청소년 및 성인의 비율 (성별)
4.3.2	고등교육 총 등록률(성별)
4.3.3	직업교육훈련 프로그램 참여 비율(15~24세)(성별)

Target 4.4

4.4.1	ICT 역량을 보유한 청소년 및 성인의 비율(역량 유형별)
4.4.2	디지털 문해력의 최소 숙달 기준을 달성한 청소년·성인 비율
4.4.3	청소년·성인의 교육 이수율(연령 집단별, 교육 단계별)

Target 4.5

4.5.1	모든 교육지표에 대한 형평성 지수 산출(성별, 지역 규모, 소득, 장애 여부, 토착민 여부, 분쟁 발생 여부 등의 가용 데이터가 있는 경우 세분화)
4.5.2	(a) 초등학교 저학년 (b) 초등학교 최종 학년 (c) 중학교 졸업 학년 교육에서 수업 언어가 제1언어 혹은 모국어인 학생 비율
4.5.3	소외계층에 교육 자원을 재분배하는 재정 메커니즘의 존재 여부
4.5.4	교육 단계 및 교육 재원별, 학생 1인당 교육 지출
4.5.5	전체 원조 중 최저 소득 국가 대상 교육 원조 비율

Target 4.6

4.6.1	활용 가능한 (a) 문해력과 (b) 수리력 측면에서 일정 수준의 숙련도를 달성한 특정 연령 인구 비율(성별)
4.6.2	청소년·성인 문해율
4.6.3	청소년·성인의 문해교육 프로그램 참여율

Target 4.7

4.7.1	i) 세계시민교육, ii) 지속가능발전교육이 (a) 국가 교육정책, (b) 교육과정, (c) 교사 교육, (d) 학생평가에서 주류화되어 있는 정도
4.7.2	지난 학년도에 생활 기술 기반의 인간면역결핍 바이러스(HIV) 및 성교육을 제공한 학교 비율
4.7.3	인권교육에 관한 세계 프로그램이 국가적으로 시행되는 정도(UN 총회 결의 59/113에 따름)

측정지표	
4.7.4	세계시민 및 지속가능성 관련 이슈에 대한 적절한 이해를 보이는 중학생 비율
4.7.5	환경과학 및 지구과학에 관한 숙달된 지식을 보이는 중학생 비율
4.7.6	국가 교육정책 및 교육 분야 계획이 향후 국가 교육체계에서 향상되어야 할 기술(skills)을 인식하고 있는 정도
Target 4.a	
4.a.1	기초 서비스를 제공하는 학교의 비율(서비스별)
4.a.2	최근 12개월에 괴롭힘을 경험한 (a) 초등학교 (b) 중학교 학생 비율
4.a.3	학생, 교사, 기관 등에 대한 공격 발생 수
Target 4.b	
4.b.1	장학금 명목의 공적개발원조 규모(학문 영역 및 분야별)
Target 4.c	
4.c.1	최소 자격을 충족한 교사의 비율(교육 단계별)
4.c.2	교육단계별 학생 대비 훈련된 교사 비율
4.c.3	교육단계 및 기관 유형에 따른 국가 기준에 부합하는 자격을 갖춘 교사의 비율
4.c.4	교육단계별 학생 대비 자격을 갖춘 교사 비율
4.c.5	유사한 교육 수준을 요하는 타 직업 대비 교사의 평균 급여
4.c.6	교육단계별 교사 감소율
4.c.7	연수 유형에 따른 최근 12개월 동안 직무 연수를 받은 교사 비율

출처 : UNESCO UIS(2022.6.15.검색)[15]

SDG 4 이행이 본격적으로 이루어지는 중에 2020년 전 세계에서 코로나19로 인한 휴교 장기화로 그간 달성한 교육 분야의 성과를 유지하지 못하는 상황이 발생하게 되었다. 2020 세계교육회의는 SDG 4 이행 촉진

---

15 UNESCO. "Official List of SDG 4 Indicators".
출처: http://tcg.uis.unesco.org/wp-content/uploads/sites/4/2020/09/SDG4_indicator_list.pdf(2022.6.15.검색)

을 위해 더욱더 효과적이고 효율적인 국제교육 협력체계 모색을 요청하고 교육 분야의 국제협력 강화를 위해 세계교육 협력을 견인했던 'SDG-교육 2030 운영위원회'에 대한 개편 논의에 본격적으로 착수하였다.

UNESCO와 지역 대표 회원국, 국제기구, 전문가들로 구성된 작업반이 2021년 상반기 개편안을 제출했는데, 핵심은 '세계교육최고기구(Global Education Apex Body)'를 만드는 것으로, 소규모 저명인사로 구성하거나 회원국, 다자, 지역 기구, 비정부기관 등 고위인사로 구성하는 계획이 제시되었다. 지역별 자문회의, 제211차 유네스코 집행이사회 등에서 다수 회원국은 SDG 4 이행의 책임이 각 국가에 있는바 많은 회원국이 참여할 수 있는 포용적 국제교육 협력체계의 필요성에 대해 강조하였다. 2021년 세계교육회의 장관회의(2021.7.13.)는 장관급 그룹과 고위 실무자 그룹으로 구분된 'SDG 4-교육 2030 고위급 운영위원회(SDG 4-Education 2030 High Level Steering Committee)' 구성을 승인하였다. SDG 4-교육 2030 고위급 운영위원회는 전체 위원 수를 기존 44인에서 28인으로 축소하고 각 회원국 교육부 장관, 국제기구 대표 등 고위급 인사와 해당 국가, 기관의 고위 실무자가 SDG 4 논의 과정에 참여하도록 구성되었다. 2021 세계교육회의 고위급회의(2021.11.10.)를 통해 SDG 4-교육 2030 고위급 운영위원회가 출범하였다.

SDG 4-교육 2030 고위급 운영위원회는 SDG 4 이행 우선순위 및 방향성을 설정하여 증거에 기반한 정책 수립과 이행을 지원하고, SDG 4 이행 모니터링을 개선하며, 교육재정 확보 효과성 증진을 통한 SDG 4 이행을 촉진할 계획이다.

(2) 교육 분야 주요 주체의 전략, 지원 현황

1) OECD DAC 교육 분야 지원 현황

전 세계 주요 공여국(29개국) 및 공여기관으로 구성된 OECD DAC 회원은 주요 ODA 정책 및 통계자료를 관리하고 있다. OECD DAC 공통 보고기준(Common Reporting Standard, CRS) 정보에 따르면, DAC 회원국·기관의 2018~2020년간 원조 규모는 1,973억 달러, 1,971억 달러, 2,379억 달러순으로 완만히 증가하고 있다.

<표 1-13> DAC 회원국·기관 ODA 규모 추이

(단위 : 100만 달러)

구분	2018년	2019년	2020년
양자	126,465.32	130,703.61	139,884.37
다자	70,843.48	66,492.28	98,089.15
합계	197,308.8	197,195.89	237,973.52

출처 : OECD Statistics(2022.6.19.검색)

DAC 회원국·기관의 교육 분야 ODA는 2018~2020년간 154.31억 달러, 144.51억 달러, 159.15억 달러순으로, ODA 전체 규모에서 7.82%, 7.32%, 6.68%순으로 다소 감소하고 있다.

<표 1-14> DAC 회원국·기관 교육 분야 ODA 규모 추이

(단위 : 100만 달러)

구분	2018년	2019년	2020년
양자	9,853.19	10,367.02	9,265.71
다자	5,578.76	4,084.69	6,650.13
합계	15,431.95	14,451.71	15,915.84

출처 : OECD Statistics(2022.6.19.검색)

OECD DAC는 교육 분야를 총 4개, ① 미정의(▲교육정책, 행정, 관리, ▲ 교육시설 및 훈련, ▲교사 훈련, ▲교육 연구), ② 기초교육(▲유아교육, ▲초등교육, ▲ 청소년 및 성인의 기초생활기술), ③ 중등교육(▲중등교육, ▲직업훈련), ④ 고등교육 (▲고등교육, ▲고급기술 및 경영교육)으로 구분하고 있다.

교육 분야 내 4개 세부 구분에 따라 정리하면, 2020년 기준으로 고등교육(30.9%), 기초교육(27.1%), 미정의(24.1%), 중등교육(17.9%)순으로 지원하고 있다.

<표 1-15> 교육 분야 세부 구분별 ODA 규모 추이(2020)

(단위 : 100만 달러)

구분	미정의	기초	중등	고등	합계
양자	1,482.40	2,262.97	1,063.78	4,456.56	9,265.71
다자	2,363.11	2,042.13	1,777.29	467.60	6,650.13
합계	3,845.51	4,305.1	2,841.07	4,924.16	15,915.84

출처 : OECD Statistics(2022.6.19.검색)

교육 분야 지원 규모가 가장 큰 OECD DAC 회원국·기관은 독일로, 2018~2020년간 지속적으로 대규모 지원을 하고 있으며, 세계은행, 프랑스, 미국, 유럽연합(European Union, EU), 일본이 그 뒤를 잇고 있고, 우리나라도 2.26억~3.41억 달러를 지원하고 있다.

<표 1-16> 교육 분야 지원 상위 DAC 회원국·기관(2018~2020)

(단위 : 100만 달러)

구분	2018년	2019년	2020년
1	독일(8,374.46)	독일(9,435.16)	독일(12,059.84)
2	세계은행(2,000.30)	프랑스(1,774.93)	세계은행(4,419.98)
3	EU(1,711.89)	세계은행(1,744.29)	프랑스(1,653.11)
4	미국(1,545.24)	미국(1,455.30)	미국(1,352.68)
5	프랑스(1,188.60)	EU(1,125.32)	EU(1,187.34)
6	영국(1,161.67)	일본(584.62)	일본(622.90)
7	ADB(1,026.23)	영국(650.97)	한국(226.99)
8	일본(692.51)	ADB(459.29)	영국(119.80)
…	한국(341.11)	한국(259.93)	ADB(118.56)

출처 : OECD Statistics(2022.6.19.검색)

<그림 1-18> 저소득국 기초교육 지원 최상위 5개 국가·기관

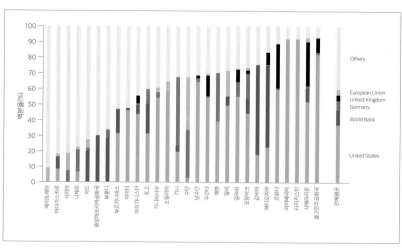

출처 : UNESCO(2021: 395)

2) 주요 공여 기관별 전략 및 지원 현황

<표 1-17> 주요 기관별 교육 분야 전략 우선 순위

주요 공여 기관	교육 분야 전략 우선순위
일본국제협력기구 (JICA)	• 학습 개선을 위한 양질의 교육 제공 • 공평하고 지속가능 성장을 위한 교육 • 지식 공동 창조를 위한 교육 • 포용적이고 평화로운 사회 건설을 위한 교육
미국(US)[16]	• 학습 결과의 개선 • 모두를 위한 양질의 기초교육 접근성 확대(취약계층 중심)
외교영연방개발부 (FCDO)	• 모두를 위한 양질의 교육 실현을 위한 전략적 우선순위 • 초등-중등교육 접근성 강화(분쟁 취약국, 여학생 우선) • 양질의 교수-학습, 특히 문해, 수리 교육 중심 • 청년들이 고용, 성장 혜택을 받을 수 있도록 직업기술교육 지원
프랑스 개발청 (AFD)	• 기초교육 내 남학생:여학생 양성평등 실현 • 노동시장에서 변화하는 수요에 부합하는 생산적이고, 적절한 고용 접근성 강화 • 정부 대상 역량 강화 기술협력 지원
아시아개발은행 (ADB)	• 교육 분야와 연계된 지원 확대 • quality, 포용성, 관련 기술 강화 강조 • 서비스 전달 및 재정지원의 새로운 모델, 혁신적 모델 적용 • 지역 협력 및 국경 지역 협력

---

16 미국 정부는 국무부(Ministry of State), 미국국제개발처(USAID), 평화봉사단(Peace Corps)을 아우르는 국제교육 전략을 수립하였다.

주요 공여 기관	교육 분야 전략 우선순위
아프리카개발은행 (AfDB)	• 아프리카의 고등교육 개혁 및 변화(transform) • 국가, 지역 중점 분야 우수 교육시설을 통한 교육 강화 • 과학기술 인프라 시설 설립 및 업그레이드 • 고등교육-고용과 연계 강화

출처 : JICA(2015); The International Bank for Reconstruction and Development/The World Bank(2020: 84)

타 공여국의 교육 분야 프로젝트 성과 사례를 소개하고자 한다. 개발도상국 초중등교육의 주요 문제 중 하나로 중도 탈락자의 빈번한 발생이 있다. 미국국제개발처(United States Agency for International Development, USAID)와 세계은행의 경우 학업 중도 탈락을 줄이기 위해 여러 나라에서 조기경보시스템(early warning system)을 도입한 바 있다. 학교의 식수 및 위생시설 사업은 예상과 달리 중도 탈락에 미치는 영향은 크지 않은 것으로 분석되었고, 학부모 참여 활동과 학교위원회 보조금 지원이 중도 탈락률 감소에 기여한 것으로 분석되었다.

<표 1-18> 학업 중도 탈락 감소를 위한 활동과 효과

국가	분야	사업내용	사업효과
캄보디아	조기경보시스템 및 학생 참여 활동	조기경보시스템 (학업 중도 탈락 위험 학생 파악, 초기 대응, 지역사회 참여), 컴퓨터실 운영	중도 탈락률 개선 (2.1%)

국가	분야	사업내용	사업효과
인도	조기경보시스템 및 학교 만족 활동	조기경보시스템, 예체능 활동(체육, 놀이, 미술 등)	취약계층 학생 비율이 낮은 학교만 중도 탈락률 개선(3.8%)
타지키스탄	조기경보시스템 및 방과후 개별 지도	조기경보시스템, 방과후 개별지도(학과 보충수업)	여학생 및 과연령 학생만 중도 탈락률 개선(4.1%, 7.7%)
동티모르	조기경보시스템 및 과외활동	조기경보시스템, 과외활동 (예체능 활동)	유의미한 변화 없음
멕시코	학교운영위원회 보조금 지원	현금 보조금	중도 탈락률 개선 (1.6%)
라오스	학교 WASH 사업	학교 식수 제공, 위생 시설, 세면 시설, 식수 필터 제공, 행동 변화 교육	유의미한 변화 없음
과테말라	조기경보시스템	조기경보시스템(학교 관계자 교육, 학교 차원의 예방 전략 수립, 정기 알람)	중도 탈락률 개선 (3%)

출처 : USAID; Gertler et, al.(2012); Chard et, al.(2019); Paul R.(2021)

3) 우리나라 기관별 지원 현황

정부가 발표한 2022년도 국제개발협력 종합시행계획에 따르면 2022년도 우리나라의 ODA 확정액 규모는 약 4조 425억 원으로 총 44개 기관(11개 지방자치단체 포함)이 1,765개 사업을 추진 중이다. 무상과 유상 전체 예산 중 보건(13.2%), 교통(13.1%), 인도적지원(9.8%), 교육(9.1%)순이며,

교육 분야를 지원하는 곳은 한국국제협력단(Korea International Cooperation Agency, KOICA) 외에도 유상 차관 원조를 지원하는 대외경제협력기금(Economic Development Cooperation Fund, EDCF), 교육부(교육청 포함), 고용노동부 등이 있다. 교육부는 저소득국 학생들을 대상으로 한국의 대학 및 대학원 석박사 과정을 지원하는 Global Korea Scholarship을 지원하고 있으며, 저소득국에서 우리 대학과 협력하여 국제협력 선도대학 육성을 지원하고 있다. 교육청은 협력국 대상으로 교육 정보화 프로그램 등을 지원하고 있다. 고용노동부는 개발도상국 노동시장 수요 기반 직업기술교육훈련 역량 강화 프로젝트와 더불어 직업기술교육훈련과 연계한 기능대회 역량강화를 라오스, 아제르바이잔, 필리핀 등에서 지원하고 있다.

제1장

4. 교육 분야 KOICA 지원 전략과 현황

(1) 비전과 미션

KOICA는 5년 단위로 교육 분야를 포함한 분야별 전략을 수립하여 지원 방향을 설정하고 사업 발굴, 형성에 기본 방향으로 활용한다. 2021~2025년 교육 분야 전략으로 '양질의 교육을 통한 포용적 발전'이라는 비전과 'KOICA는 협력국 교육시스템 개선 및 교육 주체 참여 제고를 통해 모든 인간의 교육권 향상에 기여한다'는 미션을 제시하고 있다.

<표 1-19> 교육 분야 중기전략 체계도

VISION	양질의 교육을 통한 포용적 발전

MISSION
협력대상국 교육시스템 개선 및 교육주체 참여 제고를 통해
모든 인간의 교육권 향상에 기여

전략목표	학습성과 제고를 위한 양질의 교육	미래 역량 개발을 위한 디지털교육	인재 양성을 위한 직업·고등교육
프로그램	기초교육 질 제고 프로그램	디지털 교육 역량 강화 프로그램	청년 인재 양성 프로그램
중점사업	• 기초교육 학습 성과 제고 • 취약계층 교육 접근성 확대	• 디지털 기반 교육환경 구축 • 디지털 역량 개발	• 직업기술교육훈련 역량 강화 • 고등교육 접근성 제고
접근방식			

① 취약계층 우선지원을 통한 형평성 제고
② 인권과 국제규범(2030 의제, 아디스아바바 행동계획, 파리 기후변화협약 등) 기반 접근
③ 디지털 주류화 및 범분야 내재화
④ 사업 품질제고 및 성과관리 강화를 통한 근거 기반 사업 추진

출처 : 한국국제협력단(2021a: 21)

1) 전략 목표 및 프로그램

KOICA의 교육 분야 전략 목표(2021~2025)는 ① 학습성과 제고를 위한 양질의 교육, ② 미래 역량 개발을 위한 디지털 교육, ③ 인재 양성을

위한 직업·고등교육이며, 전략 목표별 프로그램은 ① 기초교육 질 제고 프로그램, ② 디지털 교육 역량 강화 프로그램, ③ 청년 인재 양성 프로그램으로 구성되어 있다.

2) 전략 프로그램 및 성과 프레임워크

첫째, 기초교육 질 제고 프로그램은 초등 및 중등교육 수준의 기초교육 분야에서 양질의 교육 제공을 통한 학습성과 향상을 위해 교사 역량 강화, 교육과정 개선, 안전하고 건강한 학습 환경 구축을 지원한다. 또한 다양한 경제사회적 취약계층의 교육 단절 방지 및 성별 격차 해소를 위한 문해 수리력 증진, 생활 기술을 포함하는 기초 직업교육 및 성생식 보건 교육을 지원한다.

주요 성과 지표로, ① SDG 4.1.1 (a) 초등학교 2~3학년 (b) 초등학교 졸업 학년 (c) 중학교 말에 (i) 읽기와 (ii) 수학 분야에서 최소 숙달 수준에 도달한 아동, 청소년의 비율(수)-성별 분리, ② SDG 4.1.2 초등학교, 중학교, 고등학교 졸업률-성별 분리, ③ SDG 4.6.1 직접수혜자 집단 중 기능적 (a) 문해력과 (b) 수리력이 일정 수준에 도달한 인구 비율(수)-성별 분리, ④ (UNESCO) SDG 4.6.3 문맹 청소년 및 성인의 문해수리 프로그램 참여율-성별 분리, ⑤ (UNESCO) SDG 4.7.2 생활기술 기반 성생식보건 교육 프로그램 제공 학교 비율을 개선하거나 달성하고자 한다.

둘째, 디지털교육 역량강화 프로그램은 SDGs에서 제시한 21세기 학습자의 필수 역량인 ICT 역량 강화를 지원한다. 개발도상국 디지털 격차 해소와 포스트 코로나19 시대의 교육격차 해소를 위해 협력국의 교육체제를 디지털 교육으로 전환할 수 있도록 지원하고, 미래세대인 청소년의 ICT 역량을 강화하고 디지털 전문가로 성장할 수 있도록 지원한다.

주요 성과 지표로, SDG 4.4.1 정보통신기술(ICT)을 보유한 청소년과 성인의 비율(기술유형별)을 증가시키고 개선하고자 한다.

셋째, 청년인재 양성 프로그램은 개발도상국 청년들이 교육을 받은 후 현재 및 미래 산업에 종사할 수 있는 인재를 양성하도록 지원한다. 개발도상국 교육 수요 및 발전단계에 따라 청년층을 대상으로 양질의 직업기술교육훈련 또는 고등교육 참여를 지원한다. 취약계층의 형평성을 고려한 접근성 확대와 교수(교사) 역량 강화를 통한 질 제고를 추구한다.

주요 성과지표로, SDG 4.3.1 최근 12개월 내 형식·비형식 교육 및 훈련에 참여한 청소년 및 성인 비율(수)-성별 분리, 학습자 자격 취득률, 졸업생 취업률의 증가 및 개선이 있다.

<표 1-20> 성과 프레임워크

전략목표 | SO1. 학습성과 제고를 위한 양질의 교육

프로그램	성과(Outcome) 지표	산출물(Output) 지표
기초교육 질 제고 프로그램	1. (a)초등학교 2-3학년 (b)초등학교 말 (c)중학교 말에 (i)읽기와 (ii)수학 분야에서 최소 숙달 수준에 도달한 아동, 청소년의 비율(수)-성별 분리(SDG 4.1.1) 2. 초등학교, 중학교, 고등학교 졸업률-성별 분리(SDG 4.1.2) 3. 직접수혜자 집단 중 기능적 (a)문해력과 (b)수리력이 일정 수준에 도달한 인구 비율(수)-성별 분리(SDG 4.6.1) 4. 문맹 청소년 및 성인의 문해수리 프로그램 참여율-성별 분리(UNESCO/SDG 4.6.3) 5. 생활기술 기반 성생식보건 교육 프로그램 제공 학교 비율(UNESCO/SDG 4.7.2)	a. 교육프로그램 수혜 학습자 수(명-성별 분리) b. 연수받은 교사 수(명-성별 분리) c. 지원받은 교육 시설 수 d. 개발된 교육과정 수(건), e. 개발된 교보재 수(종) f. 공인 학업성취도 평가등급 취득 학습자 수 (명-성별 분리)

전략목표 | SO2. 미래 역량 개발을 위한 디지털 교육

프로그램	성과(Outcome) 지표	산출물(Output) 지표
디지털교육 역량강화 프로그램	6. 기술 유형별 ICT 활용능력을 보유한 청소년과 성인의 비율(수)-성별 분리(SDG 4.4.1)	a. 교육프로그램 수혜 학습자 수(명-성별 분리) b. 연수받은 교사 수(명-성별 분리) c. 지원받은 교육 시설 수 g. 개발된 디지털콘텐츠 수(종) h. 지원한 디지털교육 이용자 수(명-성별 분리)

전략목표	SO3. 인재 양성을 위한 직업·고등교육		
프로그램	성과(Outcome) 지표	산출물(Output) 지표
청년인재 양성 프로그램	7. 최근 12개월 내 형식·비형식 교육·훈련에 참여한 청소년, 성인 비율(수)-성별 분리(SDG 4.3.1) 8. 학습자 자격 취득률 9. 졸업생 취업률	c. 지원받은 교육 시설 수 d. 개발된 교육과정 수(건) e. 개발된 교보재 수(종)

출처 : 한국국제협력단(2021a: 28)

(2) 지원 실적

KOICA는 2000년부터 2019년까지 총 16억 4,000만 달러 규모의 교육 분야 ODA 사업을 추진하였는데, 이는 같은 기간 KOICA 지원 중 평균 23.6%의 비중을 차지하였다.[17] 사업 유형별로는 프로젝트 비중이 가장 높아 전체 교육 사업 중 49.6%를 차지하며 월드프렌즈코리아(World Friends Korea, WFK) 봉사단 파견 36.1%, 민관협력 5.8%, 연수 3.9%, 다자협력 3.1% 순으로 지원되었다. MDGs 기간(2000~2015)에 비해 SDGs 기간(2016~2019)에는 다자협력 사업과 민관협력 사업 유형의 비중이 상대적으로 증가[18]하였다.

2016년 이후 추진된 교육 분야 프로젝트 총 41건 중, 국제기구나 공여기관 협력 및 수원국 시스템 활용 사업이 절반 수준인 총 21건으로 국

---

[17] 2016~2019년 지원액은 총 5억 4,700만 달러 규모로 2016년도 KOICA 총 지원액은 20.6%였으며, 2019년도에는 24.6%로 증가함

[18] 2016년 교육 분야 민관협력은 260만 달러에서 2019년 1,300만 달러, 같은 기간 다자협력은 320만 달러에서 1,700만 달러로 5배 수준으로 규모가 증가함

제원조 규범과 원조 다각화, 수원국 참여와 주인의식을 강화한 사업으로 추진되었다. 또한 프로젝트 사업은 분야 중기전략에서 제시한 SDGs 기반 성과 프레임워크를 모두 반영하고 있으며, 가장 많이 적용된 성과지표는 SDG 4.3.1 최근 12개월 내 형식·비형식 교육·훈련에 참여한 청소년, 성인의 비율(수)과 SDG 4.c.1[19] 해당 국가에서 필요한 최소 수준의 예비교사 연수 및 직무연수(예: 교수법 연수)를 받은 (a) 취학 전 교육 (b) 초등학교 (c) 중학교 (d) 고등학교 교사 비율(수)로 나타났다(한국국제협력단, 2021a).

(3) 교육 분야 성과 사례

1) 탄자니아 교육 분야 결과 기반 재정 지원사업[20]

동 사업은 여러 기구가 탄자니아 정부의 정책을 공동 지원하는 방식으로 이루어진다. 탄자니아 정부는 '기초 교육(초·중등 교육)의 질 향상'을 목적으로 2013년 2월 범국가 이니셔티브(Big Results Now! In Education, BRNEd Program)를 개시하였다. 그 일환으로 교육비 무료, 부족한 교육 시설 보강 등을 통해 교육 접근성을 확대하고자 하였다. 또한, "제2차 교육 분야개발계획(ESDP: 2016/2017~2020/2021)인 ▲교육에 대한 공평한 참여 기회 제공, ▲교육 품질 및 학습 수준 향상, ▲교육 시스템 개선"(한국국제

---

19 SDG 4.c.1은 2017년 7월 6일 UN 총회 결의에 제시된 지표 기준으로 분석하였고, 2021년 3월 기준으로 '학교급별 자격을 갖춘 교사 비율'로 변경될 예정이었으나, 본 보고서에서는 2016~2019년 실적에 적용된 이전 지표 기준으로 분석하였다.
20 박상백(2021) 참고하여 저자 재구성

협력단 2019: 36)을 수립하여 기초 교육의 질을 향상하고자 하였다.

국제개발협회(International Development Association, IDA), 영국국제개발부(Department for International Development, DFID), 스웨덴 국제개발협력청(Swedish International Development Cooperation Agency, SIDA)은 PforR[21] 지원 형태로 BRNEd의 사업목표를 달성하고자 하였다(World Bank 2014: 20). 성과 목표 지출 연계 결과(Disbursement-Linked Result, DLR)는 ① 기본 교육개발계획 내 주요 정부 우선순위에 인센티브를 연계, ② 핵심 관계자가 인센티브 달성에 최대한 책무 부과 가능, ③ 숫자와 설명 정보가 단순, 관리 측면에서 용이, ④ 정부가 통제할 수 있는 범위 내 일정 기간 중 달성 가능한 것으로 설정하는 것을 기본 지침으로 하고 있다(MoEST and PO-RALG, 2021: 27). 이를 바탕으로 당초 6개의 성과 목표인 ① 초기 4개년 BRNEd[22] 예산안 합의, ② 학교 단위 교육 정보 시스템 구축, ③ 보조금 이체 방식 마련, ④ 출석 정보 구축, PTR 기초선 및 목표치 작성, ⑤ 적절한 교사 배치, 학교 보조금 수급, ⑥ 3R(Reading, WRiting, ARithmetic) 툴킷 구축 등과 16개의 하위 지표가 설정되었다. BRNEd 사업은 2016년에 종료되었고 그해 탄자니아 정부, 개발 파트너가 공동 중간 평가(Mid-term review)를 실시하여 그간의 성과를 점검하였다.

2017년 EPforR로 사업명을 변경함과 동시에 탄자니아 정부의 요청으로 세계은행, SIDA, 외교영연방개발부(Foreign, Commonwealth and Development Office, FCDO)가 지원 규모를 증액하고 사업 기간을 2020

---

21 구체적 성과와 예산을 연동하는 재정 운영 방식
22 KOICA 탄자니아 사무소의 탄자니아 전역 교육 분야 결과 기반 재정 지원 프로그램

년까지 연장하였다. 2019년에는 글로벌교육파트너십(Global Partnership for Education, GPE)이 합류하였으며, 2020년에 KOICA는 7백만 달러 지원을 약정하였다. 코로나19 팬데믹을 겪으며 파트너들은 추가 연장에 합의하여, 2023년에 사업은 종료될 예정이며, 양성평등, 통합 교육체계 구축, 취약계층 아동 지원 등에 집중하는 EPforR 2차 프로그램도 2021/22~2025/26 회계연도 기간 진행 예정이다. 당초 사업의 투입 예상액은 약 2억 4,700만 달러였으나 중간점검이후 사업확대(예산, 기간)로 인해 2020년까지의 지원 규모는 약 5억 천5백만 달러 수준으로 증가하였다.

<사진 1-1> EPforR로 설립된 탄자니아 송궤(Songwe) 중등학교 학생들

출처 : 탄자니아 EPforR 사무국

① 성과관리

EPforR은 개발 파트너가 선정한 독립 검증 기관의 합의된 검증 방식에 따라 성과를 관리하고 있다. 매년 4월, 독립 검증 기관과 개발 파트너 간 합의를 거쳐 검증에 필요한 표본 수집 디자인과 방문할 지역·학교를 선정하여 탄자니아 정부와 소통한다. 개발 파트너와 탄자니아 정부,

독립 검증 기관의 검증 절차가 합의된 후, 5~6월경 현장을 방문하여 샘플을 수집한다. 데이터는 연간 발행되는 교육관리정보시스템(Education Management Information System, EMIS) 정보와 대조 검토한다. 검증 기관은 8월 말 내 데이터 분석을 완료하고 9월 중순 내 보고서 초안을 작성한다. 탄자니아 정부와 개발 파트너의 검토 의견을 취합한 후 연간 검토 시 수정안을 제출한다. 연간 검토 기술 회의 시 수정안 재검토 작업이 이루어지며 이를 바탕으로 보고서를 완성한다(MoEST and PO-RALG, 2021: 19).

초기 설정한 기반활동 DLR[23]의 목표치를 모두 달성했으며 배정되었던 2,400만 달러 전액이 지원되었다. 2020년 계속 DLR(Recurrent DLR)의 성과와 지원 규모는 아래와 같다(MoEST and PO-RALG, 2020: 13-17).

<표 1-21> 6차 연도 DLR 성과 달성도와 개발 파트너별 지원 규모(2020)[24]

(단위 : 백분율, 1,000 XDR, 1,000 SEK, 1,000 GBP, 1,000 USD)

DLRs	성과 달성율 (%)	World Bank (in XDR)	SIDA (in SEK)	FCDO (in GBP)	GPE (in USD)	KOICA (in USD)	총액 (USD)
2.1	89.88	19,201	22,470	-	-	-	5,281
2.2	84.5	903	21,124	-	4,732	-	8,450
2.3	95.64	-	23,910	1,243	-	-	4,358
3.1	100	-	10,000	-	3,300	-	4,444

23 DLR 1.1~1.5까지를 말한다. 4개년 BRNEd 예산 프레임워크 합의, 학교 단위의 교육관리정보시스템(EMIS) 구축, 학교 보조금 이체 방식 마련, 초등 및 중등학교 명부 마련, 초등학교 교사당 학생 비율 기초선 및 목표치 작성, 학교 인센티브 그랜트 작업을 위한 프레임워크 마련, STEP 프레임워크 마련, 학업성취도 3R 툴킷 마련(MoEST and PO-RALG, 2020: 17)
24 2020년 8월 기준 환율이므로 지급 환율에 따라 상이할 수 있음

DLRs	성과 달성율 (%)	World Bank (in XDR)	SIDA (in SEK)	FCDO (in GBP)	GPE (in USD)	KOICA (in USD)	총액 (USD)
3.2	100	348	10,000	-	3,300	-	4,935
4.1	37.2	-	3,723	558	-	-	1,155
4.2	25.1	-	6,302	252	-	-	1,050
5.2	100	708	10,000	-	1,300	-	3,444
6.2	130	-	25,000	2,000	3,550	-	9,021
6.3	181.4	-	25,000	1,500	-	-	4,818
7.1	78.5	891	23,333	1,167	3,530	778	9,757
7.2	100	1,069	25,000	2,100	6,000	1,000	14,110
8.1	100	-	10,000	500	3,300	-	4,730
8.2	100	-	10,000	700	-	-	2,058
합계	88.2	5,840	225,862	10,020	29,012	1,778	77,611

출처 : MoEST and PO-RALG(2020)

② 사업성과 분석

스웨덴국제개발협력청(SIDA)은 EPforR 프로그램의 적절성, 효과성 (주요 시사점, 사업을 통해 거둔 성과, 문제점), 지속가능성을 두고 2020년 4~10월 간 평가를 실시한 바 있다.

적절성 항목 주요 평가 결과

SIDA가 평가한 사업 기간 동안 나타난 정책 변화는 다음과 같다.

첫째, 2016년 교육비 무료 정책 도입

교육비 무료 정책 도입으로 학생-교사 비율, 학생-교과서 비율, 잔존율과 진학률, 읽기 유창성 및 산수 유창성과 관련된 DLI 달성에 문제를 가져왔다. 공무원 신규 채용 과정이 지연되었으며, 교사 채용 계획과 실질적으로 채용된 교사 수 간 격차가 매우 컸다.

둘째, 제2차 교육 분야 개발계획(Education Sector Development Plan, ESDP II : 2016/2017~2020/2021) 도입

2차 교육 분야 개발계획의 우선순위 변동이 수차례 있었으며 이 과정에서 개발 파트너와 기술지원팀이 개정 작업을 요청하는 등, 2차 계획과 EPforR 간의 관계에 지속적인 변화가 있었다. 그럼에도 불구하고 2차 계획에는 EPforR이 초점을 맞추고 있는 교실·교사·교과서 수의 부족과 부적절한 교사 배치, 높은 교사당 학생 비율과 젠더·지리·포괄적인 교육 등을 고려한 공평한 교육 참여 기회의 제공 등, 기초교육 전반을 다루는 계획을 포함하고 있다. 따라서 SIDA는 동 사업에 대해 EPforR이 정부 최고 수준의 교육정책 방향과 일치한다고 평가하였다.

SIDA는 "섹터 내 긴급한 문제에 지속적으로 초점을 맞추어 가며 시간이 지남에 따라 대체로 관련성을 유지"한 것으로 사업의 적절성을 평가하였다(Greg Moran et, al., 2020: 7).

효과성 항목 주요 평가 결과

SIDA는 DLR과 DLI별 성과 개요와 사업을 진행하며 나타난 문제 사항을 짚었다. 기반활동 DLR의 목표치를 달성했으며 이는 정기 DLR의 목표치 달성에 기여한 것으로 평가하였다. EPforR 사업을 다수의 정부 부처와 개발 파트너가 함께 일하는 데서 오는 강점을 명시하며, 정부 시스템 활용, 수원국 정부의 높은 주인의식, ESDP의 우선순위와 연계한 점, 개발 파트너 간의 조화, 결과에 집중하는 사업 방식 등이 원조효과성에 대한 파리선언과 아크라 행동계획에 부합된다고 평가하였다.

<사진 1-2> EPforR로 설립된 탄자니아 모로고로 소재 이푼다(Ifunda) 기술중등학교

출처 : 탄자니아 EPforR 사무국

지속가능성 항목 주요 평가 결과

SIDA는 EPforR을 수원국 정부의 제도적 구조를 잘 활용한 사업으로, 정부의 고취된 주인의식을 높게 평가하였다. 특히 수원국의 주인의식이 사업의 지속가능성을 좌우하는 열쇠로 전제에 두며, 향후 재정지원이 없더라도 사업의 혜택이 지속될 수 있을 것으로 보았다. EPforR은 제도적 발전과 강화에 중점을 두어 더 나은 기초교육을 제공하기 위한 전략, 시스템, 프로세스 및 구조를 발전시키는 데 기여하고 있는 것으로 평가하였다. SIDA 평가보고서에 영향(impact)은 다루지 않았으나 향후 SIDA의 지원을 고려하여 DLR별 제언 사항을 다루었고, 코로나19 팬데믹을 경험하며 온라인 학습 및 교육자료, 인터넷 및 모바일 기술에의 접근을 확대하고, 라디오 및 가정학습환경 개선에 집중할 필요가 있다고 제언하였다.

2) 우즈베키스탄 사마르칸트 직업훈련교육 역량 강화 사업[25]

① 사업 개요

2005년 이후 2010년대 초까지 우즈베키스탄은 연평균 8%대의 경제성장률을 기록하며 정치적 안정과 함께 지속적인 경제성장을 기록하고 있었다. 1차 국민후생개발전략(Welfare Improvement Strategy 2008~2010, WIS)에 이어 2차 WIS(2013~2015)를 2012년 승인하고 추진하였다. 아울러 기 추진 중인 '산업발전 5개년 계획(2011~2015)'에서 제조업 육성에 초점을 둔 산업구조 다각화를 시도하고 있었다. 그러나 우즈베키스탄은 경제계획 추진에 필요한 인력 공급에 애로를 겪고 있었으며 직업교육훈련기관의 교육 내용은 이론 중심이고 실습 교육 시설이 열악하여 산업현장의 기술 수요에 부응하지 못하고 있었다.

우즈베키스탄 정부는 산업계의 수요에 부응할 수 있는 기능, 기술 인력 양성과 공급을 통해 실업 문제를 해결하고 국가 경제 발전에 기여하고자 사마르칸트 지역에 직업교육훈련기관을 설립해 줄 것을 KOICA에 요청하였고 KOICA는 2013~2017년 5년간 640만 달러를 지원하여 사마르칸트 직업훈련원을 건립하고 운영에 필요한 기자재 및 교보재 공급, 훈련교사 연수를 지원하였다.

---

25 한국국제협력단, "우즈베키스탄 사마르칸트 직업훈련교육 역량강화 사업(2011~2016/800만 달러) 종료 평가 결과 보고서(프로젝트)",(2019)

<사진 1-3> 우즈베키스탄 사마르칸트 직업훈련원 전경

출처 : KOICA 우즈베키스탄사무소 페이스북

② 주요 사업 내용

이 프로젝트는 ① 직업훈련원 건축, ② 장비 및 기자재 지원, ③ 전문가 파견, ④ 사업관리로 구성되었으며, 건축 부분은 본관동, 실습동, 기숙사동의 3개 동 건물과 부대시설을 포함해 약 4,453㎡ 규모의 교육용 건축물을 건립하였다. 장비 및 기자재 지원은 행정 기자재와 전기공과, 용접공과, IT공과, 자동차공과에 대한 기자재를 지원하고 사용법 교육을 지원하였다. 전문가 파견은 사마르칸트 직업훈련원의 마스터플랜 수립, 교과과정과 교재 개발, 기술교육, 시설 운영에 필요한 자문을 지원하였다.

③ 성과 관리

우즈베키스탄 사마르칸트 직업훈련원 프로젝트의 주요 성과 목표는 우수 기술 인력 양성과 직업훈련원 교육, 운영 역량 강화가 있었다. 이를 위해 직업훈련원 기반 시설 구축과 교육, 운영 시스템 수립, 관리자 및 교사 역량 강화와 양성평등 차원에서 여성에게 교육 기회 제공을 산출물(output)로 제시하였다. 프로젝트의 주요 활동으로는 직업훈련원 신축, 기자재 설치, 운영계획 수립, 산학협력 계획 수립, 교재 개발, 공과별 실무교육, 교사 초청 연수, 관리자 초청 연수가 있었다.

<사진 1-4> 우즈베키스탄 사마르칸트 직업훈련원 ICT 공과 학생들

출처 : KOICA 우즈베키스탄사무소 페이스북

④ 사업성과 분석

우즈베키스탄 사마르칸트 직업훈련원의 성과는 첫째, 사마르칸트 직업훈련원 기관장의 적극적인 리더십, 둘째 우즈베키스탄 정부의 주인의식과 정책 의지의 중요성, 셋째, 핵심 주체들 간의 파트너십과 상호 신뢰가 있었기 때문에 가능하였다.

사마르칸트 직업훈련원 사례는 수원기관의 역할과 책임이 매우 중요함을 보여 주고 있다. 사마르칸트 직업훈련원은 산학협력, 훈련 교사 연수, 자체 예산 확보와 활용, 직업훈련 기자재 유지와 관리 및 기술 수요에 근거한 직업훈련 제공, 미래 발전 계획 등 중요한 모든 면에서 우수한 것으로 평가를 받았다.[26] 직업훈련원 원장의 리더십, 헌신, 전문성이 성과 도출에 가장 중요한 요인으로 분석되었다.

그리고 우즈베키스탄은 2016년 샵카트 미르지요예프(Shavkat Mirziyoyev) 대통령 취임 후 경제개발에 진력하고 있어 이에 필요한 인력 개발에 대한 관심이 매우 높았다. 직업훈련의 경우 대통령 명령(2018.8.20.)에 따라 타슈켄트 직업훈련원에 통합 관리 기능을 부여하고 타슈켄트 직업훈련원, 사마르칸트 직업훈련원, 그리고 샤흐리삽스 직업훈련원 등 3개 직업훈련원과 다수의 전문기술고등학교의 운영권을 부여하였다. 이는 우즈베키스탄 정부가 직업교육훈련 정책을 KOICA 지원 직업훈련원 모델에 근거하여 수립, 집행하겠다는 것으로 KOICA 직업교육훈련 사업의 지속가능성이 제도적으로 높아졌다.

사마르칸트 직업훈련원 훈련생, 졸업생, 그리고 졸업생을 채용한 고용주들의 높은 만족도는 직업훈련원, 현장 실습 참여 기업, 그리고 중앙 정부 등 주요 핵심 주체들의 강한 파트너십을 통해서 가능하였다고 분석되었다. 중앙 정부는 직업훈련원을 신뢰하고 필요한 정부 예산을 지원하고 협력 기업들은 직업훈련원의 훈련 내용의 질적 수준을 신뢰하고 훈련생을 받아 현장 교육을 제공하고 있다. 직업훈련원 또한 기업들이 훈련생들에게 필요한 현장 실습 기회를 제공해 줄 것을 믿고 훈련생을 위탁하고 있다. 이는 3자들 간 사회적 자본이 형성되어 있음을 의미한다고 분석되었다.

---

26 한국국제협력단, "우즈베키스탄 사마르칸트 직업훈련교육 역량강화 사업(2011~2016/800만 달러) 종료 평가 결과 보고서(프로젝트)",(2019)

특히 사마르칸트 직업훈련원은 18개 비정규 유료 훈련 과정을 개설, 운영함으로써 자체 수입을 창출하고 있다. 비정규 과정 운영을 통해 조성한 수입은 훈련교사의 인건비와 직업훈련 기자재 관리 비용으로 사용하며 우수 훈련교사의 이직을 방지하고 지원한 기자재의 효과적인 유지, 관리에도 기여하고 있다. 사마르칸트 지역 소재 주요 기업체들과의 긴밀한 산학협력 체제의 구축, 유지는 훈련생들에게 현장 실습 기회를 제공하고 이를 통한 취업률 제고에도 기여하고 있다. 이 밖에 계명문화대학교, 부천대학교, 아주자동차대학교 등 한국 대학들과 협약을 체결, 재정적·기술적 지원을 받는 노력을 이어 가고 있다. 그 결과 사마르칸트 직업훈련원은 계명문화대학교와 협약을 통해 KOICA 민관협력사업으로 2019년부터 CNC 및 컴퓨터응용디자인 교육과정을 운영하고 있다.

제1장

5. 교육 분야 개발협력 과제

공여국과 공여 기관에서 원조 제공 시 수원국 정부의 재정 시스템을 활용하도록 2005년 파리선언, 2011년 부산선언[27]을 통해 국제사회가 합의한 바 있다. 하지만 <그림 1-19>가 보여 주는 2017~2019년간의 원조 흐름을 살펴보면 전체 교육 분야 양자 원조 중 12%만이 정부 예산 시스템을 통해 교육 분야를 지원했으며, 정부 예산 시스템을 통해 지원한 교육 분야 지원 금액 중 8%가 기초교육을 지원하여, 양자 원조에서는 수원국의 재정 시스템 활용이 자리 잡지 못했다는 것을 볼 수 있다.

---

27 부산 세계개발원조총회(Fourth High Level Forum on Aid Effectiveness)는 2003년 로마, 2005년 파리, 2008년 아크라에 이어 원조효과성 제고를 위한 국제적 노력을 점검하고 평가하는 마지막 총회 성격으로 2011.11.29.~12.1. 대한민국 부산에서 추진되었으며, '효과적 개발협력을 위한 부산 파트너십(Busan Partnership for Effective Development Cooperation)'을 채택하고 부산선언을 발표하였다.

<표 1-22> 파리선언과 부산선언 주요 내용

파리선언(2005)	부산선언(2011)
1. 각 국가는 구체적인 전략 우선순위가 포함된 국가개발전략을 제시한다. 2. 각 국가는 신뢰할 수 있는 정부 재정 시스템 혹은 이를 달성할 개혁프로그램을 개발한다. 4. 국가개발전략과 연계된 프로그램이 역량 개발을 위한 지원을 제공한다. 3. 국가개발 우선순위에 부합하도록 공여국·기관은 지원하고 수원국 재정에 포함될 수 있도록 필요한 예산 정보를 제공한다. 6. 수원국 시스템을 활용하여 지원하며 공여 기관이 별도로 만든 구조를 통해 지원하는 것을 지양한다.	**주인의식 및 결과** 1. 개발협력은 수원국 우선순위에 부합하는 결과에 중점을 둔다. 6. 원조는 국회 검토와 감시를 따르는 예산을 적용한다.
5a. 공여국·기관은 우선적으로 수원국에 존재하는 재정 시스템을 사용한다. 5b. 우선적으로 공여국·기관은 수원국에 존재하는 조달 시스템을 사용한다. 8. 양자 간 공여국·기관이 구속성 원조를 제공하지 않는다.	9a. 질(quality) 9b. 수원국의 공공 재정 관리 조달 시스템의 사용 10. 원조는 비구속성을 따른다.

파리선언(2005)	부산선언(2011)
11. 각 국가는 진행 상황과 결과를 측정할 수 있도록 투명하고 측정 가능한 평가 프레임워크를 사용한다. 7. 원조는 양측이 동의한 일정 계획에 따라 진행한다.	**투명성 및 상호 책무성** 4. 투명성: 개발협력 정보는 일반에게 모두 공개한다. 5. 개발협력은 더욱 예상 가능해야 한다. 5a. 연간 예측 가능성 　공여국·기관에 따라 일정을 수립한 회계연도 내 집행된 원조의 비율·정보 제공 5b. 중기 예측 가능성 　국가 단위에서 향후 집행될 예산 계획을 표기한 원조의 비율
12. 정기적으로 원조 추진 활동과 노력의 진행 상황을 평가한다.	7. 포용적 검토를 통해 강화된 상호 책무성 **포용적 개발협력 파트너십** 2. 시민사회가 개발에 참여, 기여할 수 있도록 기회를 최대화할 수 있는 환경에서 조성한다. 3. 민간기업도 개발에 참여, 기여할 수 있도록 한다. 8. 양성평등과 여성의 권한을 강화한다.
9. 원조는 공여국·기관 간 조정을 거쳐 원조 조화가 이루어진 프로그램을 통해 제공한다. 10a. 공여국·기관은 수원국과 공동 현장 출장을 실시한다. 10b. 공여국·기관은 수원국과 함께 각종 분석작업(전략 수립 등)을 실시한다.	

출처 : 박은하(2011) 참고하여 저자 재구성

<그림 1-19> 원조 중 교육 분야 지원 비율 및 기초교육 분야 지원 비율

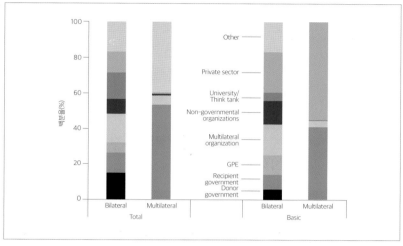

출처 : UNESCO(2021: 389)

교육을 위한 글로벌 파트너십(Global Partnership for Education, GPE)에 의하면 정부 예산 시스템을 통해 지원한 교육 분야 지원 금액 중 다자 원조에는 54%를, 기초교육에는 41%를 지원하였다(UNESCO GEM 2021/2, 2021: 389).

필수개념 정리

유아보육 및 교육: 사람이 태어나서 초등학교에 입학하기 전까지 생존, 성장, 학습을 위하여 받는 각종 지원 프로그램으로 보건, 영양, 위생, 지적, 사회적 및 신체적 개발 프로그램이 포함된다.

초등교육: 국제교육표준분류 1단계에 해당하며, 읽기, 쓰기 및 셈하기와 역사, 지리, 자연과학, 사회과학, 음악 및 예술에 대한 기초적인 이해를 갖출 수 있도록 구성된 교육프로그램을 제공한다.

중등교육: 국제교육표준분류 2~3단계에 해당하며, 일반적으로 전기 중등교육(lower secondary)와 후기 중등교육(upper secondary)으로 구분하게 된다. 전기 중등교육은 초등학교에서 학습한 교육 내용을 과목별로 심화학습 할 수 있도록 구성된다. 이에 따라, 과목별로 심화 교육을 제공할 전공교사가 필요하며, 많은 국가에서 전기 중등교육까지 의무교육으로 제공하고 있다. 후기 중등교육은 전기 중등교육보다 과목별로 더욱 심화한 교육이 필요하며, 대부분 국가에서 후기 중등교육 교사 채용도 과목별 전문지식을 보유한 사람을 자격 조건으로 제시하고 있다. 4단계로는 중등 후 비고등교육이 있다.

고등교육: 국제교육표준분류 5~6단계에 해당된다. 고등교육은 대학 교육 이상을 의미하며, 국제교육표준분류 5A와 5B로 구분한다. 5A는 고등 지식을 바탕으로 이론 중심의 교육 내용으로 구성되고, 연구할 수 있는 기초 능력을 배우기 시작하며, 5B는 실용적이고 기술 중심, 직업 중심의 기

술을 배우게 된다. 국제교육표준분류 6단계는 가장 수준 높은 고등 연구 및 새로운 연구를 수행할 수 있는 교육 내용으로 구성된다.

문해: 1958년 UNESCO의 정의에 따르면 개인이 읽고, 쓸 수 있는 능력과 일상생활에 필요한 간단한 문장을 이해할 수 있는 능력을 의미한다.

직업기술교육훈련(TVET): 등록한 사람이 특정 직업, 직무를 작업할 수 있는 기술과 지식을 교육하도록 구성된 프로그램을 의미한다.

토론점

1. 코로나19 팬데믹이 개발도상국 교육에 끼친 영향, 가령 학습결손으로 인한 학업성취도 저하 등을 어떻게 효과적으로 회복할 수 있을지에 관해 토론한다. 아울러 코로나19와 같은 질병이 다시 발생할 가능성을 염두에 두고 양질의 교육효과를 유지하기 위해 효과적으로 대응할 수 있는 방안에 관해 토론한다.

2. 나라별로 상이한 교육 환경과 교육 관련 이슈에 효과적으로 대응하기 위해 취학 전 교육, 초등교육, 중등교육, 고등교육과 비형식 교육(직업기술교육훈련)의 우선순위 및 예산 배분을 어떻게 부여하면 효과적인 인적 자원 개발과 국가 경제 발전을 도모할 수 있을지에 관해 토론한다. 가령 우리나라는 1950~1970년대 초등교육 보편화 작업을 우선하였으며, 1970~1980년대 중등교육 보편화, 1990년대 이후 고등교육 기회 확충

순으로 순차적으로 접근했지만 중국과 인도 같은 국가들은 고등교육을 중심으로 인재 양성을 위한 정책과 제도를 우선하였다.

 읽을거리

국제교육개발협력(이론과 쟁점)

유성상, 정봉근, 강규원 등 지음 | 교육과학사 | 2017

교육과 국제개발의 역사를 체계적으로 이해할 수 있으며 국제개발협력을 바라보는 다양한 관점을 제시하고 있다. 이를 통해, 전 세계 다양한 원조 국가, 다양한 수원 국가와의 관계를 여러 시각에서 비판적으로 이해할 수 있다. 아울러 교육과 관련한 다양한 주제(학교교육, 세계시민교육, 인권, 분쟁 후 교육, 교육과 경제성장, 인적자본론, 성장이론, 교육 불평등, 교사 교육 등)를 조망할 수 있다.

문해교육: 파울로 프레이리의 글읽기와 세계 읽기

파울로 프레이리, 도날도 마세도 지음 | 허준 옮김 | 학이시습 | 2014

전 세계 대표적인 교육사상가이자 실천가인 파울로 프레이리(Paulo Freire) 의 대표 저작으로, 과거 중남미에서 실시됐던 미국 중심 시각의 문해교육을 비판적으로 바라보고 프레이리만의 문해교육 이론과 실천 방법을 대안으로 제시하고 있다.

세계시민교육-주요 개념과 논쟁에 대한 비판적 접근

에다 샌트, 이언 데이비스, 캐런 패시비, 리넷 슐츠 지음 | 심성보, 조우진, 유성상 옮김 | 다봄교육 | 2021

전 세계에서 점차 그 중요성이 강조되고 있는 세계시민교육에 관한 핵심 아이디어를 설명하며 세계시민교육에 대한 논쟁거리도 제시하고 있다. 특히 학생들을 위한 연구 활동 사항을 더하고 있어 다양한 교육용으로 유용하며, 해외에 단기, 중기 파견되는 대학생, 일반인들에게도 현지 교육 기획 시 유용한 내용을 제공하고 있다.

교육이 희망이다: 우간다 교사 성장 프로젝트

유성상, 조현아 엮음 | 박영스토리 | 2019

과거 호이(Hope Is Education) 활동에 참여했던 한국 교육 전문가와 교사들이 제작했으며 우간다뿐만 아니라 아프리카 사회, 학교, 교사 아동의 현실을 이해하는 데 도움이 된다. 또한 호이 프로젝트에 대한 내용을 통해 독자가 아프리카 교사 교육에 대한 고민을 하는 데 도움이 된다.

밤이 제아무리 길어도

에이미 몰로이 지음 | 조경실 옮김 | 김효은 감수 | 엘컴퍼니 | 2019

여성 교육과 관련해 유용한 서적이다. 여성 할례 위기에 처한 수백만의 아프리카 소녀들을 구한 인권운동가 몰리 멜칭(Molly Melching)의 용기와 활동, 성과를 볼 수 있다.

가난한 사람이 더 합리적이다: MIT 경제학자들이 밝혀낸 빈곤의 비밀

아비지트 배너지, 에스테르 뒤플로 지음 | 이순희 옮김 | 생각연구소 | 2012

2019년 노벨경제학상 수상자인 아비지트 배너지(Abhijit V. Banerjee)가 개발도상국 빈곤층이 뭔가를 선택할 때 더 신중하게 생각하고 행동한다는 것을 실증적으로 분석한 내용이다. 자연과학의 무작위 대조실험(Randomized Controlled Trial)을 경제학에 적용하였고 효과적인 원조 방법을 과학적, 실증적으로 증명하였다. 향후 교육 프로젝트 기획 시 착안할 수 있는 다양한 현장 중심의 넛지 아이디어를 받을 수 있다.

아프리카 깊이 읽기: 오천년 역사와 문화, 대외관계를 읽다

송금영 지음 | 민속원 | 2020

아프리카의 기원과 발전을 이해하는 데 도움이 되며 유럽, 중동의 식민지 지배 역사를 조망할 수 있다. 아프리카의 비동맹 외교 노선과 제3세계화 과정, 경제침체와 성장의 비극을 넘어 21세기 아프리카의 부상과 경제발전에 대한 비전을 제시하고 있다. 특히 한국을 포함한 미국, 일본, 중국, 유럽, 러시아, 인도, 아랍 국가들의 아프리카 진출 전략에 관해서도 설명하고 있다.

김선표 대사의 국제정치학과 국제법 & 경제학 핵심이론 강의

김선표 지음 | 박영사 | 2022

오늘날 계속 증가하고 있는 국제개발협력을 이해하기 위해서 국제정치에 대한 지식을 반드시 쌓을 필요가 있다. 국제정치학이 과거 국제사회에서 분쟁을 막고 평화를 유지하기 위한 다양한 관점을 제시하고 있는데 국제정치학의 기초 지식을 토대로 국가별로 어떤 대외정책을 추진하였고, 대외정책 추진 성공 사례, 실패 사례를 통해 국제개발협력의 국가 간, 지역 간 국제정치, 경제 역학 관계를 이해하는 데 도움이 된다.

보건

오충현 KOICA 글로벌협력의사(피지 국립의과대학 교수)
차승만 한동대학교 국제개발협력대학원 교수, 런던위생열대의학대학원 연구원

1. 보건의 이해   113

2. 국제보건 현황   126

3. 보건 분야 국제개발협력 동향   141

4. 보건 분야 KOICA 지원 현황과 전략   162

5. 보건 분야 성과와 과제   175

- 학습목표 -

1. 국제보건의 개념을 이해한다.

2. 보건 분야 국제개발협력의 현황을 이해한다.

3. 한국의 국제보건 지원전략 및 사례를 이해한다.

4. 국제보건의 성공 사례를 통해 교훈을 도출한다.

1. 보건의 이해

(1) 국제보건의 정의

　　의료는 좁은 의미에서는 개인의 병을 치료하는 개념으로 사용되고, 광범위한 의미로는 인간의 건강을 유지, 회복, 증진하는 행위를 말한다. 이와 구별되는 개념으로, 찰스 에드워드 아모리 윈슬로우(Charles-Edward Amory Winslow)에 따르면 보건 또는 공중보건은 조직적인 노력을 통해 지역사회의 질병 예방, 수명 연장, 건강증진을 추구하는 행위이다(Winslow, 1923). 현대적 의미의 공중보건(public health)은 19세기 중반 영국을 비롯하여 유럽과 미국에서 태동하였다. 공중보건 운동은 '감염병의 원인과 관리 방법을 찾는 것'을 주된 목적으로 삼는 생물학과 의학의 발전에 큰 자극을 받았다. 공중보건에 포함된 기본적인 개념은 다음과 같다. 첫째, 개

인보다는 인구 집단을 초점으로 하며, 둘째, 치료보다 예방을 더 강조한
다. 셋째, 사회정의와 형평을 실현하는 것을 중요하게 여기며, 넷째, 데이
터와 근거를 바탕으로 한 의사결정을 강조한다. 『역학사전(A dictionary of
epidemiology)』은 공중보건을 다음과 같이 정의한다.

> "공중보건은 사람들의 건강을 보호하고, 증진하며 회복하고
> 자 하는 노력이다. 즉 공중보건은 집단적이고 사회적인 활동을 통
> 해 모든 사람의 건강을 유지하고 증진하기 위한, 과학과 기술과 신
> 념의 조합이라고 할 수 있다(Last, 2001)."

국제보건(global health)의 개념을 이해하려면 이에 앞서 등장한 세계
보건(international health)의 개념을 먼저 이해할 필요가 있다. 국제보건의
개념이 정립되기 이전까지 세계보건은 과거 수십 년 동안 감염병, 식수
위생, 영양, 모자보건을 중심으로 중저소득국의 건강 문제를 다루는 것을
통칭해 왔다(Brown et, al., 2006). 한편, 코플란(Jeffrey Koplan) 등은 국제보건
을 다음과 같이 정의하고 있다(Koplan et, al., 2009).

> "국제보건은 세계 모든 사람의 건강 증진을 목적으로 하는 학
> 문, 연구 및 사업 영역을 의미한다. 국제보건은 건강뿐 아니라 건강
> 을 결정짓는 원인과 해결 방법의 초국적성을 강조하며, 건강과 관
> 련된 불평등의 문제를 해결하고 건강 형평성을 추구하는 데 높은
> 가치를 둔다. 이를 위해 보건 분야를 넘어선 다학제적인 요소를 두
> 루 다루며, 다부문 간의 협력을 다음과 같이 강조한다."

<표 2-1> 국제보건, 세계보건, 공중보건의 비교

	국제보건	세계보건	공중보건
지리적 범위	국가 간 경계를 넘는 보건 문제에 관심	다른 나라, 특히 중저소득국에 관심	지역이나 국가의 인구 집단에 관심
협력의 수준	전 지구적 협력	주로 두 국가 간 협력	주로 한 국가 내 자체적 노력
개인과 집단	인구 집단과 개인 모두 포함	인구 집단과 개인 모두 포함	주로 인구 집단의 예방 사업에 주력
건강에 대한 접근	국가 내, 국가 간 건강 형평성 증진이 주요 목표	중저소득국의 건강 증진을 도모하는 것이 주요 목표	국가 혹은 지역 내 건강 형평성에 관심
분야의 범위	보건과 의학을 넘는 다분야 간 협력	일부 분야, 다분야 접근은 약함	다분야 접근 강조, 특히 건강 향상을 위한 사회과학과 협력

출처 : Koplan et, al.(2009: 373) 참고하여 저자 재구성

아직 공중보건, 세계보건, 국제보건에 대한 정의와 구분에 대해 명확하게 일치된 의견은 없지만, 코플란(Jeffrey Koplan) 등은 <표 2-1>과 같이 국제보건이 공공보건, 세계보건과 차별성을 두고 있다고 설명하고 있다. 국제보건은 보건의 영역으로 그 주제를 제한하지 않고 기후변화, 도시화, 담배 규제와 비만, 교통사고나 그 밖의 재해, 이주노동자 문제에도 관심을 갖는다. 말하자면 국제보건의 '국제적인 범주'는 결국 어떤 문제가 발생하는 '장소'나 '위치'보다는 그 '규모'에 관심을 두는 것이다(Koplan et, al., 2009). 또한 국제보건은 세계보건이 건강 증진을 주목적으로 하는 것과는

달리 건강 증진뿐 아니라 건강 형평성 향상을 목적으로 한다. 아울러 세계보건이 그 대상을 주로 중저소득국으로 한정했다면, 국제보건은 전 세계 모든 사람의 건강으로 그 대상을 확장한다.

코플란(Jeffrey Koplan) 등이 공중보건, 세계보건, 국제보건에 대해 내린 정의에 대해 이견이 없는 것은 아니다. 예를 들어 맥길대학교 교수 니콜라스 킹(Nicholas B. King) 등은 여전히 국제사회가 국제보건과 세계보건이라는 용어를 혼용하고 있으며, 공중보건을 한 국가 내의 문제로 인식하는 것에 문제를 제기하고 있다(King and Koski, 2020). 또한 국제보건에 대한 새로운 정의를 주장하는 학자들도 많다. 오클랜드 대학교 로버트 비글홀(Robert Beaglehole) 교수 등은 국제보건을 "모든 사람의 건강 증진을 도모하기 위해 국경을 초월해 협력하며 진행하는 활동과 연구"라고 새롭게 정의하자고 주장하고 있다(Beaglehole and Bonita, 2010).

김창엽은 국제보건을 "전 세계적 차원의 건강 불평등 혹은 이와 관련된 과제를 해결하려는 국민 국가와 그 구성원들의 자발적인 협력"으로 잠정적으로 정의하자고 제안했다. 그는 국제보건의 목적을 건강 불평등 혹은 이와 관련된 과제의 해결로 설정하자고 제안하였고, 범위는 전 세계적 차원으로, 행위의 주체를 국민 국가와 그 구성원으로 명시함으로써 주체들의 자발성을 강조하였다(김창엽, 2013). 오충현은 국제보건을 "모든 인간의 건강 형평성 향상을 위하여 우리의 건강뿐만 아니라 경계를 넘어 그들의 건강까지 책임지려 하는 행위"라고 정의하였다. 국제보건의 목적은 건강 형평성 제고로, 대상은 모든 인간으로, 범위는 경계의 안과 밖을 모두 포함하고, 행위의 주체는 '우리'로, 행위의 대상과 특징은 우리뿐만 아니라 그들의 건강까지 책임지려 하는 것으로 재정의하여 국제보건의 책임, 의무, 권리, 윤리를 명확히 하고자 하였다(오충현, 2017). 이상과 같이 다양한 견해가 있지만, 모두가 동의하는 바는, 국제보건은 전 세계 모든 사람의 건강 향상과 더불어 전 지구적 건강 형평성 증진을 목표로 하는 실천적 활동이라는 것이다.

국제보건의 정의와 아울러 국제보건의 우선순위가 어떻게 선정되는지에 대한 논쟁이 활발하다. 제레미 시프만(Jeremy Shiffman), 니콜라스 킹(Nicholas B. King) 등은 국제보건 우선순위 설정이 질병 부담에 따른 수요보다는 특정 전문가 집단의 강력한 옹호 활동, 정부의 이해관계, 특정 질병에 대한 사람들(특히 고소득 국가)의 건강과 안보 위협에 대한 위기의식에 기반을 두고 있다고 주장하기도 한다(Shiffman, 2015).

(2) 국제보건의 윤리[1]

2005년 제33차 유엔교육과학문화기구(UN Educational, Scientific and Cultural Organization, UNESCO) 총회에서 채택된 '생명윤리와 인권에 관한 보편 선언(Universal declaration on bioethics and human rights)'은 생명을 다룰 때 자율성 존중의 원칙, 악행 금지의 원칙, 선행의 원칙, 정의의 원칙을 지켜야 한다고 선언하고 있다. 즉 생명윤리의 원칙이 국제보건에서도 적용되어야 한다고 주장한다(오충현, 2017).

---

1 오충현(2017) 참고하여 저자 재구성

1) 자율성 존중의 원칙

국제보건에서 자율성 존중은 두 가지 의미를 가진다. 먼저 인간은 스스로 결정한 일에 가치를 더 부여한다. 그렇게 스스로 가치를 부여할 때 그 일은 지속가능해진다. 그리고 자율성은 발전의 기회와 관련이 있다. 인간은 스스로 결정하고 행동하지 않으면 발전하지 못하니, 자율성을 존중하지 않고 문제를 대신 풀어주는 것은 발전의 기회를 빼앗는 것일 수도 있다. 국제보건에서 자율성 존중의 원칙을 위배해서 생기는 대표적 부작용이 의존성이다. 외부에서 제공된 기술, 자본, 인력이 단기적으로는 건강 수준을 향상시키고 건강 형평성을 개선시킬 수 있다. 하지만 외부의 기술, 자본, 인력 투자가 종료된 후에는 그 시스템이 유지될 수 없게 되고, 그로 인해 대등한 관계가 아닌 종속적 관계가 만들어지게 된다.

2) 악행 금지의 원칙

국제보건은 의도, 과정, 결과에서 대상자에게 해를 끼칠 수 있다. 건강 형평성을 증진하고자 하는 국제보건이 악한 의도를 갖는다면 국제보건이라 부를 수 없으니 의도의 악함은 제외하더라도 과정과 결과에서 국제보건은 악행을 범할 수 있다. 국제보건 프로그램의 성공에는 프로그램 자체의 힘보다 주변 환경이 더 큰 영향을 미친다. 이런 과정에서 프로그램의 성공을 위해 과정의 악행을 범하기 쉽다. 의도와 과정이 선하더라도 의도치 않게 결과가 악할 수도 있다. 국제보건 프로그램이 실패해서 아무런 결과를 남기지 않는 경우도 있지만, 오히려 해를 입히는 상황도 발생한다.

3) 선행의 원칙

국제보건 활동이 효과적이지 않거나 비효율적이라면 바람직하다고 할 수 없다. 특히 과학적 근거에 기반을 두지 않은 국제보건 활동은 자원의 낭비를 초래하니 활동의 과학적 근거를 분명히 해야 한다. 또한 분절되고 통합되지 않은 국제보건 활동은 효율성이 떨어지므로 통합적인 접근을 취해야 한다. 국제보건에서 선행의 원칙이 중요한 것은 선함 그 자체뿐 아니라, 선할지라도 행해지지 않은 것은 바람직하지 않다고 주장할수 있기 때문이다. 국제보건에서 선은 건강 불평등 해소이다. 무엇이 선인지 알고도 행하지 않는 것은 선행의 원칙을 위배하는 것이다.

4) 정의의 원칙

국제보건에서 정의는 '자원 분배(distribution)의 정의'와 '행위/절차의 공정함(fairness)' 모두를 필요로 한다. 공리주의적 관점에서라면 최대한의 건강 향상과 건강 불평등을 개선하기 위해 자원을 배분하는 것이 정의롭다. 자유주의적 평등주의 관점에서 건강 불평등을 최대한 개선시킬 수 있을지라도 개인의 존엄성을 침해해서는 안 되며, 자원과 힘의 불평등은 가장 취약한 계층이 가장 많은 이득을 얻을 수 있을 때만 인정되어야 하고, 그러한 자원과 힘을 가질 수 있는 기회는 평등하게 보장되어야 한다. 또한 국제보건에서 정의는 행위와 절차의 공정성을 보장해야 한다. 원활한 국제보건 사업을 위해 독재자를 지원하고 저소득국의 부정부패를 조장하거나, 국제기구나 비정부기구(Non-Governmental Organization, NGO)의 우수한 보건 전문가 채용을 위해 저소득국 정부 기관의 보건 인력을 빼 오는 행위는 공정하지 못하다. 필수 보건의료서비스를 효율적으로 제공하기 위해서 불공정한 독과점 형태의 민간 서비스를 제공하는 것도 정의롭지 못하다. 이렇듯 행위의 공정성에는 의도와 결과뿐 아니라 행위와 절차의 공정성도 지켜져야만 한다.

(3) 보건과 개발

지속가능한발전은 인간이 다음 세대에도 행복한 삶을 살 수 있는 세상을 추구한다. 지속가능발전의 세 가지 중요한 요소인 환경, 경제, 사회적인 측면에서 보건은 긴밀한 관계를 보인다.

환경적 측면에서 보면, 기후변화 때문에 열대병 위험지역이 확대되고 감염병의 유행 양상이 변화하며 신종 감염병이 빈번히 발생하고 있다. 교통의 발달과 인구이동의 증가로 지구촌이 신종 감염병에 동시에 노출되는 경우도 증가하고 있다. 또한 보건 문제들도 지속가능한 환경에 영향을 끼치고 있다. 2022년 기준 전 세계 인구는 80억 명을 넘어 지구의 수용 한계에 가까워지고 있고, 밀집된 인구는 환경을 오염시키고 있다.

2004년 국제통화기금(International Monetary Fund, IMF) 보고서에 따르면, 건강은 그 자체로 삶의 질을 증진하는 데 필수적인 요소이기도 하며, 아울러 경제발전에서 매우 중요한 요소로 꼽힌다(IMF, 2004). 사람들이 건강할수록 더 많은 생산과 저축을 통해 경제발전에 이바지한다. 하지만 건강하지 못해 발생하는 재앙적인 수준의 의료비는 중산층을 빈곤층으로 전락시키는 흔한 원인 중의 하나이다. 이와 반대로 빈곤은 건강을 유지하는 것을 어렵게 만들기도 한다. 빈곤은 임신부가 보건시설에서 출산하는 것을 어렵게 만들고, 아이들이 예방접종을 받지 못하게 할 수도 있다.

사회적인 측면에서도 개발과 보건은 밀접한 관련을 맺는다. 개인의 건강권이 보장되지 않거나 집단 간의 건강 불평등이 심화되면 그 사회는 지속가능할 수 없다. 또한 지역, 성별, 나이, 인종, 학력, 경제력에 따른 사회적 불평등이 심화되면 그 사회의 건강 수준은 낮아진다. 리처드 윌킨슨(Richard Wilkinson)은 불평등 때문에 한 사회에서 살아가는 '모든 계층'이 고통받고 집단의 건강 수준이 악화된다고 주장한다. 특히 사회 전체의 소득 수준이나 재산의 절대적 수준이 높고 낮음이 아니라, 상대적 소득 격차가 핵심이라고 말한다(Wilkinson, 2006).

또한 건강은 개발의 정도를 나타내는 지표로 활용된다. 세계은행(World Bank)에서 사용하는 인간개발지수(Human Development Index, HDI)는 '건강하게 오래 사는 삶(long and healthy life)'을 개발의 세 가지 측정 지표 중 하나로 사용하고 있다. 세계보건기구(World Health Organization, WHO)는 보건과 개발의 관계를 이처럼 명확히 인식하고 모든 보건정책을 저소득 집단과 취약계층의 필요에 맞추는 데에 집중할 것을 강조하고 있다.

(4) 국제보건 주요 개념

1) 건강 형평성(health equity)

WHO에 따르면 건강 형평성은 사회적, 문화적, 경제적, 지역적 차이에도 불구하고 모든 인구 집단 간에 불공평한, 그러나 피하거나 고칠 수 있는 건강 격차가 존재하지 않는 상태로 정의한다. 조성일에 따르면, 건강 불평등은 인구 집단 사이에 나타나는 건강 수준의 차이를 뜻하며, 건강 불형평은 건강 불평등의 부분집합으로서 건강 불평등 중 불공정하고, 예방이나 치료가 가능한 부분을 뜻한다(조성일, 2015). 국제보건 전문가들은 불평등(inequality)과는 다르게 건강 불형평을 '어쩔 수 없는 불가항력적인 현상'으로 바라보지 않고 노력에 따라 피할 수 있는 사회현상으로 간주한다.

건강 형평성은 국제보건의 근간을 이루는 철학적 가치이다. 하지만 건강 불평등은 시간이 갈수록 심각해지고 있다. 고소득국 시민이 중저소득국 시민보다 더 건강하며, 남성이 여성보다 더 건강하고, 도시 사람들이 농촌에 사는 사람들보다 건강하며, 더 잘사는 사람과 더 교육받은 사람이 그렇지 않은 사람들보다 더 건강하고, 그 격차는 더욱 커지고 있다. 또한 국가 간에도 그 격차가 크게 벌어지고 있는데, 2017년 세계은행 보고서에 따르면 고소득 국가의 모성 사망비가 10만 명 신생아 출생당 11명인 데 비해 저소득 국가의 모성 사망비는 10만 명 신생아 출생당 453명으로 무려 40배가량 높다.

건강 불평등을 줄이고자 하는 사고(思考)실험에서, 에티오피아나 스웨덴 중 어느 곳에서 태어날지 모르는 상황을 마주한 신생아를 고려한다면, 올바른 자원분배에 대한 질문을 제기해 볼 수 있다. 신생아가 스웨덴에서 태어난다면 사회적 보호장치가 상대적으로 더 충분할 것이므로 에티오피아에 더 많은 자원을 배분할 것이다. 존 롤스(John Rawls)는 이러한 사고실험을 통해서 가장 취약한 집단에게 가장 큰 이득이 돌아가고, 우대받을 수 있는 기회가 모두에게 균등하게 제공될 때만 불평등을 용인할 수 있다고 하였다(Rawls, 1971). 하지만 현실에서 건강할 수 있는 기회는 균등하게 제공되지 않으며, 거의 모든 지표에서 취약계층의 건강이 가장 나쁘다. 건강 형평성을 높이기 위한 국제보건이 필요한 이유이다.

2) 건강권(right to health)

1948년 세계인권선언(Universal Declaration of Human Rights)은 현대 인

권 사상의 발전, 그리고 건강과 관련한 인권 개념을 확립하는 계기가 되었다. "모든 인간은 천부의 존엄성과 동등하고 양도할 수 없는 권리"를 가진다고 선언되었다. 세계인권선언 제22조에서는 "모든 사람은 사회의 일원으로서 사회보장을 받을 권리를" 가진다고 하였고, 제25조에서는 "모든 사람은 의식주, 의료 및 필요한 사회복지를 포함하여 자신과 가족의 건강과 안녕에 적합한 생활 수준을 누릴 권리와 실업, 질병, 장애, 배우자 사망, 노령 또는 기타 불가항력의 상황으로 인한 생계 결핍의 경우에 보장을 받을 권리를 가진다"라고 명시하였다. UN은 1976년 경제적, 사회적 및 문화적 권리에 관한 국제규약(International Covenant on Economic, Social and Cultural Rights, ICESCR)을 채택하여 건강권에 관한 내용을 구체적으로 선언하였는데, 그중 제12조를 살펴보면 "성취할 수 있는 최고 수준의 신체적·정신적 건강을 누릴 권리"가 있음을 명시하였다. 이와 같이 사회권 규약을 통하여 명확하게 규정함으로써 건강권은 핵심적인 인권의 하나로 규정되었다. 그리고 국제보건은 모든 인간의 건강권을 적극적으로 보장하는 것을 도모하고 있다.

3) 건강의 사회적 결정요인

인구 집단의 건강 차이를 일으키는 건강 결정요인은 생물학적 요인, 행태적 요인, 환경적 요인, 그리고 사회적 요인으로 분류할 수 있다. 건강의 사회적 결정요인(social determinants of health)의 개념에 따라 건강 결정요인을 사회적 기전과 연계하여 해석해 보면, 건강의 사회적 결정요인이 집단과 개인의 건강을 결정하는 요인의 원인이 되기 때문에 건강의 사회적 결정요인을 "건강 결정의 원인 중의 원인"이라고 부르기도 한다. WHO는 2008년 건강의 사회적 결정요인 위원회를 구성하여 건강의 사회적 결정요인들이 건강 불평등을 초래하는 기전을 제시하고 인구 집단 간에 권력, 돈, 자원을 보다 평등하게 분포시켜 일상적 삶의 조건을 개선함으로써 건강 형평성을 제고하고자 하였다.

건강을 결정짓는 사회적 요인들은 한 사람이 태어나고 자라고 일하고 나이가 들어가는 제반 환경 및 질병 체제와 관련이 있다. 또한 이러한 환경과 체제는 경제, 정치, 그리고 사회정책과 제도라는 더 상위 영역에 영향을 받는다. 이러한 계층 구조는 사람들이 성장하고 학습하고 일하며 나이가 들어가는 모든 상황과 조건에도 영향을 미치며, 결국 건강에 대한 취약 정도와 질병이 발생하는 결과까지도 결정짓는다.

한편 건강을 결정하는 사회적 요인이라 할 수 있는 사회규범과 가치, 그리고 이들이 조직되고 구성되는 방식에서 남녀 간의 차별이 존재한다. 여성에게 매우 불리한 제도와 환경으로 인해 수백만 명의 여성과 소녀가 건강을 위협받는다. 모든 인간이 양도 불가한 건강권을 가지고 있음에도 건강의 사회적 결정인자의 불평등한 분포에 따라 건강 불평등이 발생하고 있다. 건강 불형평은 피할 수 없는 문제가 아니라는 사회적인 인식의 확산과 협력이 필요하다.

4) 보편적 의료보장(UHC)

보편적 의료보장(Universal Health Coverage, UHC)은 "모든 사람이 재정적 어려움 없이 양질의 필수 보건의료서비스를 받을 수 있도록 보장"하는 것을 뜻한다. 이는 지속가능발전의 핵심 가치 중 하나인 "누구도 소외되지 않는 보건의료서비스"와도 일맥상통한다. WHO는 보편적 의료 보장을 건강 보장 대상, 보건의료서비스의 범위, 재정적 보장을 세 가지 축으로 하는 '직육면체 모델'로 설명하고 있다. 이런 직육면체 모델의 가장 이상적인 목표는 "누구도 소외되지 않게, 모두를 대상으로, 필요한 모든 보건의료서비스를, 재정적 어려움 없이, 지속가능하게 제공하는 것"이다. 보편적 건강 보장을 목표로 한다는 것은 선택적 대상이 아닌 누구도 소외되지 않게 보편적으로, 최소한의 보건의료서비스가 아닌 필요한 모든 서비스를, 누구도 돈이 없어서 보건 서비스를 받지 못하는 상황은 발생하지 않도록 방향성을 제시한다는 점에서 의미가 있다.

2. 국제보건 현황

(1) 건강 불형평 현황

1) 국가 간 건강 불형평

세계은행에 따르면 2020년 대한민국의 신생아 사망률은 1,000명당 2명이지만, 파키스탄은 1,000명당 40명이었다. 파키스탄에서 태어나는 아이가 생후 28일이 되기 전에 사망할 확률이 같은 날 대한민국에서 태어나는 아이에 비해 20배나 높은 것이다. 파키스탄에서 태어났다는 이유만으로 생후 28일 이내에 사망할 확률이 이토록 높다는 것은 그 자체로 심각한 건강 불형평이라고 할 수 있다. 또 2017년 세계은행 자료에 따르면, 임신과 출산으로 여성이 사망할 확률은 스웨덴에서는 신생아 10만 명 출생당 40명이지만 아프가니스탄에서는 638명이다. 즉 아프가니스탄에서 임신 또는 출산한 여성이 같은 기간 스웨덴에서 임신 또는 출산한 여성에 비해 사망할 확률이 무려 16배가 더 높다.

2) 국가 내 건강 불형평

볼리비아에서 교육을 전혀 받지 않은 여성에게서 태어난 아기가 생후 1년 안에 사망하는 비율은 1,000명당 100명인 반면, 중학교 이상의 교육을 받은 여성에게서 태어난 아기의 경우는 1,000명당 40명이다. 교육을 받지 않은 여성에게서 태어난 아기가 생후 1년 안에 사망할 확률이 교육을 받은 여성에게서 태어난 아기보다 두 배나 더 높은 것이다. 이는 여성의 교육수준이 아기의 사망 확률을 결정짓는 것으로, 교육받지 못한 여성에게서 태어난 아기에게는 심각한 건강 불형평이 아닐 수 없다. 이러한 건강 불형평은 고소득국 안에서도 발생한다. 호주통계청 2017년 자료에 따르면 호주 원주민들은 기대수명이 남성 71.6년, 여성 75.6년인 반면, 호주 백인 이주민들은 남성 79.2년, 여성 83.4년에 이른다.

(2) 보건 분야 현황

1) 아동 보건

2022년 지속가능발전목표(Sustainable Development Goals, SDGs) 보고서에 따르면, 2020년 전 세계 아동 500만 명이 5세 생일을 맞지 못한 채 사망하였다. 이 가운데 50%는 돌도 채 맞이하지 못하였다. 사망한 아이들은 대부분 보건의료서비스에 접근하기 어려운 벽지나 슬럼 지역에 살았고, 그중 50% 아동은 영양불균형 상태에 있었다. 아이들은 백신접종을 받지 못하거나 살충 처리된 모기장이 없어 말라리아에 걸리기도 한다. 또 이런 처지의 아이들은 말라리아에 걸려도 치료제를 쉽게 구할 수 없고, 깨끗한 물이 없어 각종 감염병에 노출되어 있다. 여성들은 피임에 대한 지식이 없거나 적절한 피임법을 활용하지 못하여 원치 않은 임신을 하거나 너무 많은 아이를 낳기도 하고, 이 때문에 아동이 받아야 할 적절한 보호나 의료서비스를 받지 못하기 일쑤이다. 하지만 아이가 목숨을 잃지 않도록 질병을 예방하고 치료하는 방법은 대부분 상대적으로 비용이 매우 저렴하다. 특히 폐렴과 설사, 말라리아, 신생아 감염과 같이 많은 아이의 목숨을 앗아 가는 질병은 충분히 예방하고 치료하는 것이 가능하다.

특히 임신 시기부터 아동이 2세가 될 때까지 약 1,000일간은 아동과 산모의 생명을 살릴 수 있는 최적의 기간으로, 이 기간에 산모와 아동의 건강을 위한 예방과 치료 조치의 확산에 큰 노력을 기울이고 있다. WHO와 유엔아동기금(UN Children's Fund, UNICEF) 등 국제기구와 NGO들이 공동으로 노력하며 특히 폐렴, 설사, 말라리아 예방 및 치료를 담당하는 마을 보건 요원들을 효과적으로 활용하도록 여러 가지 방안을 모색하고 있다. 2021년 SDGs 보고서에 따르면, 이러한 노력으로 인하여 2000년 대비 2019년에는 5세 이하 아동 사망이 1,000명 중 76명에서 38명으로, 신생아 사망은 30명에서 17명으로 감소하였다. 하지만 코로나19가 유행하며 2020년에는 35% 국가에서 모자보건 필수 의료 서비스 중 하나 이상이 중단되었고, 남아시아에서만 22만 8,000명의 아동 사망이 추가로 발생한 것으로 추정된다.

2) 모성 보건

2021년 SDGs 보고서에 따르면, 2019년 한 해에만 약 27만 명의 여성이 임신기간 또는 산후 6주 안에 임신 또는 출산과 관련한 이유로 사망한 것으로 추정된다. 모성 사망을 줄이기 위해서는 임신 기간에 걸릴 수 있는 감염병을 예방하고 치료하며, 임신부가 균형 잡힌 영양 상태를 유지하도록 지원하는 것이 중요하다. 출산 과정에서 안전하게 분만이 이루어지도록 하고, 출산 터울을 조절해 주며, 임신 및 산후 관리 기간에 적절한 의료 상담을 받게 하는 것도 중요하다. 출산 전후 및 출산 중 출혈, 자간, 감염, 유산 후유증에 적절히 대처하고, 안전한 낙태를 도모하는 것도 필요하다. 2021년 보고서에 따르면 전문 의료 인력에 의한 출산 비율은 2020년 83%로 증가하였고, 청소년 출산율은 41.2%로 감소하였다. 하지만 코로나19 팬데믹 기간 동안 필수적인 모자보건 서비스가 중단되어 남아시아에서만 약 1만 건의 모성 사망이 추가로 발생하였다.

3) 후천성면역결핍증(HIV/AIDS), 말라리아, 결핵

① HIV/AIDS

2021년 SDGs 보고서에 따르면, 2019년 약 170만 명의 사람들이 인체면역결핍바이러스(Human Immunodeficiency Virus, HIV)에 신규 감염되었다. 국제사회는 HIV에 감염된 임신부로부터 태아의 수직 감염을 방지하고, 청소년들이 적절한 성교육을 받아 안전한 성 행태에 대한 지식을 갖도록 하는 데 큰 노력을 기울이고 있다. HIV/AIDS 분야에서는 근거에 기반을 둔 사업 전개를 강조하며 사업의 지속성을 확보할 수 있도록 노력하고 있다. 남성들의 포경수술, 피임기구에 대한 접근성 향상, HIV/AIDS 치료제 접근성 향상이 중요한 사업 요소이다. 그뿐만 아니라 HIV 감염자에 대한 차별을 금지하고, 신규 발생에 대한 행태적 위험 요소를 줄이기 위한 노력도 중요한 사업의 하나이다. 아울러 여성과 소녀에 대한 성폭력이나 차별을 줄이고, 이러한 차별적 요소를 제도적으로 방지할 수 있도록 정책과 법에 반영하기 위해 노력하고 있다. 그 결과 HIV 성인 발생률이 2010년 대비 2019년에는 24% 감소하였고, 2010년 1,000명당 0.48명의 신규 감염자가 2019년에는 0.37명으로 감소하였다. 하지만 코로나19 팬데믹 기간 동안 HIV 진단 및 치료 서비스가 중단되어 2020년 신규 감염자 목표인 50만 명 이하 달성에는 실패하였다.

② 말라리아

2022년 SDGs 보고서에 따르면, 2020년 한 해 약 2억 4,100만 명이 말라리아에 걸렸으며, 그중 62만 7,000명이 사망하였다. 말라리아를 비롯한 감염병은 여성과 아동 등 취약 집단에서 주로 발생한다. 말라리아 예방 활동으로는 살충 처리된 모기장 지급, 실내 잔류 살충제 살포 등이 핵심이며, 신속한 말라리아 진단과 즉각적인 투약이 관리 방법의 핵심이다. 또한 임신 중인 여성을 대상으로 한 예방약 투여는 중요한 말라리아 예방 사업으로 강조되고 있다. 이러한 노력으로 말라리아 발생률은 2000년 1,000명당 80명에서 2015년에는 57명으로 감소하였다. 하지만 코로나19 팬데믹 기간 동안 30~40% 국가에서 하나 이상의 말라리아 진단 및 치료 서비스가 중단되어 2020년에는 전년도 대비 감염자는 1,400만 명, 사망자는 6만 9,000명 증가하였다.

③ 결핵

2022년 SDGs 보고서에 따르면, 2020년에 1,000만 명의 새로운 결핵 환자가 발생하였다. 결핵 사업은 정확하고 빠른 진단기구에 대한 접근성을 높이고, 결핵 약제내성에 대한 대응을 강화하는 사업, 결핵 환자가 투약을 하는 것을 직접 확인하며 투약률과 치료율을 높이는 사업이 주를 이룬다. 결핵은 HIV의 감염과도 큰 상관관계가 있다. 그래서 결핵과 HIV의 동시 감염을 방지하고, 결핵환자들을 대상으로 한 치료와 자립 지원사업도 펼치고 있다. 결핵 약제내성에 대한 신약 개발 등 결핵 분야의 연구개발 투자도 이 분야 사업의 하나로 볼 수 있다. 코로나19 팬데믹 기간 동안 140만 명 정도가 적절한 결핵 진단과 치료를 받지 못하였고, 신규 환자 진단율은 전년 대비 25~30%가량 감소하였다.

4) 소외열대성질환

소외열대성질환(Neglected Tropical Diseases, NTDs)은 중저소득국에서 집중적으로 발생하는 다양한 열대병을 말한다. 예를 들어 사상충증, 메디나선충증, 트라코마, 아프리카수면병, 한센병, 토양매개 기생충감염증, 주혈흡충, 샤가스병, 리슈만편모충 등이 있다. NTDs로 인한 치료가 필요한 사람은 2010년 21억 9,000만 명에서 2020년 17억 3,000만 명으로 감소하였다. 열악한 보건의료 체계로 인해 NTDs 부담이 큰 중저소득국에 NTDs는 질병, 장애, 사망을 일으키는 등 10억 명 이상에게 많은 영향을 끼치고 있다. NTDs는 그 자체로서 가난과 소외를 보여주는 지표이기도 하다. NTDs에 감염된 사람들은 정치적 영향력이 없어, 이들이 겪는 고통이 세상에 쉽게 드러나지 않는 것이 특징이다. 또한 NTDs는 다른 지역으로 멀리 전파되지 않아 주변 지역으로의 '위협력'이 약하다. 전 세계 전파력 및 영향력이 높아 미국을 비롯한 많은 국가에서 대대적인 사업을 벌이는 HIV와는 상반된 사례로 볼 수 있다. 이와 같은 NTDs는 2010년 런던 선언으로 국제사회의 주목을 더욱 크게 받기 시작했다. WHO는 이 선언을 계기로 2012년 소외열대성질환 1차 로드맵을 발표하였고, 2021년에는

2차 로드맵을 통해 2030년까지 20가지 소외열대성질환 관리, 퇴치, 박멸을 목표로 한 세부 목표와 공통의 전략적 접근법을 제시하였다. 이 목표를 달성하기 위해서 다국적 제약회사와 협력하여 무상으로 예방 및 치료제를 지원하는 것도 주목할 만한 점이다.

5) 영양

중저소득국 아동 사망은 설사, 폐렴, 말라리아가 주요 원인으로 알려져 있다. 영양실조는 직접 사인으로 분류되지 않았지만 5세 미만 아동 사망의 45%를 차지하는 위험 인자이다. 즉 설사, 폐렴, 말라리아와 기타 감염성 질병이 주로 영양실조에서 비롯한 것이라고 할 수 있다. 또한 감염성 질병은 영양실조를 일으키기도 하여 이 둘은 '되먹임고리'를 이루어 서로 악화시키는 작용을 한다. 우간다에서는 같은 설사병에 걸린 아동이라도 영양상태가 좋은 아동보다 영양실조 상태인 아동의 사망 비율이 10배나 높았다. 저소득국에서 영양실조와 감염성 질병의 악순환은 아동들의 신체 발달, 학업, 성인이 되었을 때 직업 수행능력에 영향을 미친다. 이는 다시 가난을 초래하게 되고, 이 가난은 다시 영양실조와 감염이라는 결과를 가져오는 악순환의 고리를 만든다. 이러한 영양실조와 감염은 성장 발달과 학습능력에 영향을 주고, 학습능력 부진은 직업 수행능력 부진을 낳고 빈곤에 이르게 하는 악순환의 고리로서 개인을 넘어 가족과 사회로까지 이어진다. 영양실조 상태인 임신부는 저체중아를 출산할 확률이 높고, 이렇게 태어난 저체중아는 적절한 영양 지원이 없으면 높은 사망 위험과 질병 위험을 안고 살아가게 되며, 이는 인지발달과 경제적 능력 발달의 장애로까지 이어진다. 중저소득국에서 청소년과 가임기 여성을 대상으로 한 영양 중재 사업은 가난, 감염 및 영양실조라는 세대를 거친 악순환의 고리를 끊는 방법으로 여겨지고 있다. 2021년 SDGs 보고서에 따르면, 2020년 7억 2,000만 명에서 8억 1,000만 명이 배고픔을 경험하였다. 이는 2019년에 비해서 1억 6,000만 명이 증가한 수치로 코로나19 팬데믹의 영향으로 추정된다. 또한 영양실조의 비율은 2019년 8.4%에서 2020년 9.9%로 증가하였으며, 여전히 2억 3,000만 명의 아동이 영양실조로 고통받고 있다.

6) 식수 위생

2021년 SDGs 보고서에 따르면, 전 세계적으로 안전한 식수를 마실 수 있는 비율은 2015년 70.2%에서 2020년 74.3%로 증가하였고, 안전한 화장실 사용 비율은 2015년 47.1%에서 2020년 54%로 증가하였다.

WHO와 UNICEF 보고서에 따르면, 2021년 기준 전 세계 8억 명의 사람들이 깨끗한 물의 혜택을 누리지 못한 채 살고 있다. 이 수치는 깨끗한 물을 '계속해서' 사용할 수 있는지, 수질 및 식수 시설까지의 거리 등은 고려하지 않은 것이다. 이를 고려한다면 식수 시설 접근율은 훨씬 떨어진다. 또한 21억 명이 적절한 위생 시설이 없이 살아가고 있으며, 이 가운데 8억 명은 노상 배변(open defecation)을 행하고 있다. 깨끗하지 않은 물, 위생적이지 않은 화장실, 잘못된 위생 행태는 많은 질병을 불러일으키는데 폐렴, 콜레라, 장티푸스, 주혈흡충증, 트라코마, 메디나충증, 로타바이러스 등을 예로 들 수 있다. 특히 HIV 감염자, 아동 등 취약한 집단은 안전한 식수 위생을 보장받지 못하면 질병 감염률이 더욱 높아진다. 깨끗한 물과 안전한 위생에 대한 접근성, 적절한 위생 행태가 증가하면 질병 발생 및 질병으로 인한 사망률이 줄어들고 중저소득국 주민의 건강과 삶의 질이 증진된다. 이는 궁극적으로 사회경제적 발전으로 이어진다.

안전한 식수 위생에 대한 접근성 강화는 교육 분야의 성과를 개선하는 데도 기여한다. 학생들이 물을 긷는 데 소비하는 시간이 줄어들면 학교에 지각하지 않고 제시간에 갈 수 있다. 그리고 학생들이 수인성 질병에 감염되지 않으면 학교에 결석할 확률이 줄어든다. 2019년 조사에 따르면 최빈국과 저소득국에 있는 학교의 60%만이 안전한 식수원을 가지고 있으며, 단지 55%만이 적절한 위생 시설을 갖추고 있다.

사하라 이남 아프리카 국가들의 초등학교 여학생 가운데 학업을 중단하는 학생의 절반은 깨끗한 물과 적절한 위생 시설이 없기 때문인 것으로 나타났다. 여학생들이 생리 기간에는 더 자주 결석을 하거나 아예 자퇴를 하기도 하는데, 이는 특히 생리 기간에 적절한 위생 행태를 할 수 있는 깨끗한 물이나 개인적 안전을 보장할 수 있는 위생 시설이 없기 때문이다. 이는 결국 여성이 경제적 번영과 삶의 질을 향상할 기회를 갖는 데 어려움을 가중하는 것으로, 성평등 실현에도 심각한 장애요소가 될 수 있음을 보여 준다.

7) 비전염성 질병

비전염성 질병(Non Communicable Diseases, NCDs)은 세균이나 바이러스 등 병원체로 감염되어 생기는 질병 이외의 병을 통합적으로 일컫는 말이다. 대표적인 비전염성 질병으로는 고혈압, 당뇨, 암, 심혈관질환, 만성 호흡기계질환, 정신질환 등이 있고, 이들 질환을 일으키는 주요 원인으로는 생활습관과 관련된 음주, 흡연, 건강하지 않은 식습관, 불충분한 신체 활동 등이 있다.

2022년 WHO 비전염성 질병 보고서에 따르면, 매년 4,100만 명이 비전염성 질병으로 사망하여 전체 사망의 71%를 차지하고 있다. 매년

30~69세의 연령층 1,500만 명이 비전염성 질병으로 인해 조기 사망하였으며, 이 중 85%는 중저소득국에서 발생하고 있다. 심혈관질환 1,790만 명, 암 930만 명, 호흡기계질환 410만 명, 당뇨 150만 명순이다. 또한 비만은 사망을 일으키는 대표적인 비전염성 질병으로 전 세계 3명 가운데 1명이 과체중 또는 비만에 해당될 정도로 지난 30년간 비만 인구는 급증하였다. 특히 고소득국보다 중저소득국에서 비만 인구가 큰 폭으로 증가하고 있다. 또 담배로 연간 약 600만 명의 사망자가 발생하고 있으며, 지나친 음주로 연간 330만 명이 사망하는 것으로 알려져 있다. WHO를 비롯한 국제사회는 2025년까지 비전염성 질병의 조기 사망자 수를 25% 이상 줄인다는 목표를 설정하였지만 중저소득국에서는 비전염성 질병 관리를 위한 보건의료전달 체계, 인력, 자원, 관리 등의 어려움을 겪고 있다. 코로나19 팬데믹 이전까지 비전염성 질병에 의한 사망은 꾸준히 감소하고 있었다. 하지만 코로나19 팬데믹 이후 50% 이상의 국가에서 한 가지 질병 이상에서 비전염성 질병 관리 서비스가 중단되어, 비전염성 질병으로 인한 사망이 증가할 것으로 예상된다.

(3) 코로나19 팬데믹 시대의 국제보건

2019년 12월 처음 발견된 이 바이러스는 불과 수개월 만에 전 세계로 퍼지면서 주요 공중보건 문제가 되었고, 출입국 관리, 검역, 역학정보 공유, 백신 및 치료제 개발과 공급 등 국경을 초월한 협력의 중요성을 부각시키는 국제보건 이슈가 되었다. 동시에 코로나19 팬데믹은 경제성장의 둔화, 투자 감소, 양극화 심화 등 많은 경제·사회적 영향을 초래하고 있다. 코로나19 팬데믹은 국가 소득수준에 상관없이 전 세계적으로 주요한 공중보건 이슈로 등장한 것이 사실이나, 특히 정치적 불안정과 부패, 식량 부족과 분쟁을 만성적으로 겪고 있는 나라일수록 어려움이 더 과중되고 있다.

코로나19 팬데믹으로 인한 이동 제한과 무역 감소로 관광과 농산물·광물 수출에 의존하던 중저소득국들이 경제위기를 겪게 되었다. 세계은행의 보고서에 따르면 코로나19 팬데믹 이전 사하라 이남 아프리카 국가들의 경제성장률은 3.4%였으나 팬데믹 이후 1.8%로 대폭 감소하였다. 아프리카 지역 극빈층은 2020년 코로나19 발생 이후 새롭게 2,000만 명 이상이 증가하였다. 또한 코로나19 대응이 국가 정책의 우선순위를 차지하면서, 국가 내 다른 분야에 대한 정책적 우선순위와 자원분배에 제약이 되기도 하였다. 이는 결국 SDGs 달성에도 상당한 지장을 초래하는 것으로 보고되고 있다. 코로나19 팬데믹 이전 SDGs 달성을 위한 궤도를 따라가던 나라들에서도 팬데믹은 SDGs 궤도를 이탈하도록 만드는 방해자 역할을 하게 되는 것이다. 무엇보다 코로나19 팬데믹이 가진 영향 중 주목해야 할 부분은 불평등을 심화하고 있다는 것이다. 코로나19 팬데믹은 건강 수준, 교육의 질 등의 주요 지표에서 사회경제적 계층 간 불평등을 악화시키며 사회적 불안정과 갈등을 증폭하는 등 악영향을 초래하고 있다.

(4) 보건 분야 개발 과제와 개선 방향

1) 보편적 의료 보장(UHC)

유엔개발계획(UN Development Programme, UNDP)에 따르면, 전 세계

에서 최소 4억 명이 기본적인 보건의료서비스를 제공받지 못하고, 이 중 40%는 사회적 보호를 받지 못하고 있다. 분쟁 및 취약 지역에 살고 있는 16억 명이 기본적인 보건의료서비스를 받지 못해 건강을 위협받고 있다. 누구도 소외되지 않는 보편적 의료보장은 SDG 3의 핵심 가치이자 목표이다. 이러한 재정적 위험 감소를 포함한 보편적 의료보장을 구체화하기 위하여 양질의 필수 보건의료서비스의 접근성을 제고하고, 안전하고 효과적이며 적정한 가격의 필수 의약품과 백신을 모든 사람에게 제공하고자 한다. 또한 2030년까지 성생식, 모자보건 서비스의 보편적 접근을 보장하고, 국가 전략과 프로그램에 포함하고자 한다. 보편적 의료보장을 내재화하기 위하여 수직적 보건의료 프로그램을 보건의료 체계 강화와 연계시키고자 하며, 일차보건의료의 활성화를 추진하고 있다.

2) 건강의 사회적 결정요인에 대한 개입

국제보건은 감염병, 비전염성 질병, 모자보건에 중점을 두고 활동을 벌여 왔고 큰 성과를 이루었다. 하지만 빈곤, 법, 제도, 환경, 교육, 일자리 등 건강의 사회적 결정요인에 대한 효과적인 개입 없이는 이러한 성과의 확산과 지속가능성을 보장하기 어렵다는 공통의 인식이 있다. 국제보건은 질병과 취약계층을 넘어 건강을 위협하는 요인에 대해서 직접적으로 개입할 것을 촉구하고 있으며, 건강에 영향을 미치는 법, 제도, 정책, 교육, 일자리, 환경에서 모든 사람의 건강을 고려할 것을 요구하고 있다. SDG 3에서도 마약과 알코올을 포함한 약물남용의 예방과 치료 강화, 유해 물질, 공기, 물, 토양의 오염으로 인한 사망과 질병 감소, 교통사고로 인한 부상과 사망 감소, 모든 국가에서의 담배 규제 기본협약 이행 강화, 지식재산권 협정 중 의약품과 백신에 대한 접근 제공 등을 보장하고자 한다.

3) 지속적인 성생식, 모자보건과 감염병 관리

빈곤 감소, 영양 개선, 새천년개발목표(Millennium Development Goals, MDGs)의 감염병과 모자보건에 대한 선택적 집중은 지난 수십 년간 모자보건과 감염병 관리에서 큰 진전을 이루었다. 하지만 여전히 여성과 아동은 취약계층으로 건강 불형평이 발생하고 있으며, 주요 3대 감염병인 HIV/AIDS, 결핵, 말라리아 및 NTDs는 여전히 인간의 건강한 삶을 위협하고 있다. 이에 2030년까지 모성 사망비 감소, 신생아사망률과 5세 미만 아동 사망률 감소, HIV/AIDS, 결핵, 말라리아 및 NTDs 유행 종식, 보편적 성생식, 모자보건 서비스 보장을 목표로 제시하고 있다. 여전히 국제보건에서 가장 많은 지원과 활동이 이루어지고 있는 분야이다.

4) 건강을 위한 다양한 활동 주체의 협력

국민의 건강권을 보장하는 주체는 일차적으로 국가이다. 집단의 건강을 증진하기 위한 보건과 개인의 질병을 치료하는 의료는 공공재적인 성격이 강하다. 특정 국가가 건강권을 보장할 정도의 역량을 가지고 양질의 보건 서비스를 제공할 수 있도록 국제사회에서는 전통적으로 양자 개발협력기관, NGO, 국제기구 등을 통해 보건 분야에서 많은 개발협력 사업을 진행해 왔다.

한편 증거 기반의 국제보건 활동이 강조되면서, 연구소와 대학들의 참여가 활발해졌다. 또한 국제보건 활동에 더 많은 재정적 지원이 필요해지면서 특히 재정지원이나 기술지원을 목적으로 한 기관이나 이니셔티브들이 등장하였을 뿐만 아니라, 공공에서 제공하지 못하던 영역인 의약품 및 백신 개발과 보급, 양질의 보건의료서비스 보급 등에 있어 제약회사,

보험회사, 디지털 보건의료 기업 등 민간기업의 활동이 증가하기 시작하였다. 이러한 다양한 활동 주체들의 개입을 조율하며 협력을 이끌어, 건강과 건강 형평성 증진이라는 목표를 달성하기 위한 보건 협력 플랫폼의 필요성도 대두되고 있다.

5) 감염병 팬데믹 대응

수년간 지속된 코로나19 팬데믹에 각 국가들은 다양한 방식으로 대응하였는데, 자국민만을 보호하기 위한 폐쇄적인 방역 정책을 실행한 국가도 일부 있었다. 이러한 자국 우선주의적인 대처는 많은 실패를 초래하기도 하여 역설적으로 국제보건과 국제협력의 필요성을 보여 주는 계기가 되었다. 코로나19 팬데믹은 국경을 자유롭게 넘나드는 감염병의 특성상 한 국가 단위에서의 노력만으로는 전 지구적인 보건 문제에 대처할 수 없으며, 한 국가의 문제는 결국 모든 국가에 영향을 끼칠 수 있다는 교훈을 각인시켰다.

코로나19 팬데믹은 국제사회에 많은 교훈을 남겼다. 먼저 한 지역에서 발생한 감염병 정보를 공유함으로써 다른 국가에서 감염병 유입 및 확산을 사전에 대처할 수 있도록 협력할 수 있음을 알려 주었다. 초기에 제공된 코로나19 바이러스의 유전자 정보는 다른 국가에서 진단기법 개발과 백신 개발에 사용되었다. 또한 특정 국가에서 개발한 효과적인 진단과 대응 방안은 국경을 넘어서 적용할 수 있었다. 코로나19 유행 초기에 우리나라에서 시작한 '드라이브-스루(drive through)' 검사 방식은 이후 다른 나라들에서도 시도하여 유용하게 사용되었다. 아울러 국경 통제 및 이동 제한 등의 조치를 취하기 위해서는 과학적인 근거에 의한 국제적인 합의가 중요함을 알게 되었다. 백신이나 치료제 개발에는 대규모의 자금과 연구 인력이 필요해서 한 국가 내에서 해결될 수 없으며 특히 공정 과정의 단축, 긴급 사용 승인, 백신 제조사 확보, 신속하고 안전한 유통 및 보급 등에 국제적인 협력이 필요함을 알게 되었다.

코로나19 백신 개발 이후 백신 확보와 관련하여 많은 논란이 있었다. 대표적인 논란으로, 코로나19 백신이 개발 자금을 투자한 국가에 우선 배정되었다는 점이 있다. 백신을 구하지 못한 국가에서는 대규모 유행과 그에 따른 변이 바이러스가 발생하였고, 결국 백신 접종률이 높은 국가에도 변이 바이러스가 유행하여 그에 따른 피해를 볼 수밖에 없는 상황이 초래되었다. 백신을 국제적인 협력 시스템에 따라 대규모 유행이 예상되는 고위험 국가에 우선 접종했다면, 변이 바이러스 발생을 줄여 전 지구적으로 볼 때 전체적인 피해의 규모를 줄일 수 있었을지도 모른다. 결론적으로 코로나19 팬데믹은 인류의 생존과 번영을 위해서 국제보건을 위한 국제적인 협력은 선택이 아닌 필수임을 체감하는 주요한 계기가 되었다.

3. 보건 분야 국제개발협력 동향

(1) 국제보건의 방향성

1) 국제보건의 방향성

① 건강권 보장과 일차보건의료

'건강은 권리이다.' 이처럼 명확하고 단순한 명제가 확립되기까지 오랜 시간이 걸렸고, 지구상의 모든 사람이 건강한 삶을 온전히 누리는 그날까지는 얼마나 더 많은 시간과 노력이 필요할지 모른다.

1948년 세계인권선언에서 "모든 사람은 생명을 유지할 권리와 신체의 자유와 안전을 누릴 권리를 가지고 있다"라고 천명한 이후, 천부적인 권리로서의 건강권을 지구상에 실현하고자 국제사회는 1976년에 알마아타선언을 채택하였다. 알마아타선언에서 약속한 "모든 사람에게 건강한 삶(health for all)"은 이루어지지 않았지만, SDGs의 보건 분야 핵심인 보편적 의료보장을 달성하기 위하여 일차보건의료는 모든 인간이 신체적, 정신적, 사회적, 경제적으로 풍요로운 삶을 실현하기 위한 핵심 접근법으로 활용되고 있다.

② 신종 감염병 대응을 위한 범지구적 협력

인간은 질병과 끊임없는 투쟁을 벌이며 생존해 왔다. 때로는 유럽 인구의 1/3이 페스트로 사망하는 암흑기를 겪기도 했고, 인류를 괴롭히던 천연두를 박멸시키는 성공을 거두기도 하였다. 2019년에 발생한 코로나19는 국경을 넘어 전 세계를 공포에 빠뜨리고, 사람들의 이동을 막았으며, 세계 경제를 마비시켰다. 2022년 SDGs 보고서에 따르면, 2022년 중반 기준 5억 명 이상이 코로나19에 감염되었고, 2020~2021년 기준 1,500만 명 이상이 코로나19로 인해 직접 또는 간접적으로 사망하였다. 감염병에 대한 전 지구적인 대처로 신속하게 백신과 치료제를 개발하였지만 보편적인 보급에는 실패하였다. 이러한 신종 감염병은 지속적으로 발생할 것으로 추정된다. 인류의 건강을 위협하는 감염병 대응을 위한 범지구적 협력의 중요성은 더욱 증가할 것이다.

③ 비전염성 질병에 대한 관심

2022년 WHO 비전염성 질병에 대한 보고서에 따르면, 매년 전체 사망의 71%에 해당하는 4,100만 명이 비전염성 질병에 의해 사망하고 있다. 이 중 77%는 중저소득국에서 발생한다. 과거에는 성생식, 모자보건과 감염병에 집중되던 국제보건의 관심이 고소득국에서 주로 문제가 된다고 여기던 비전염성 질병으로 확대되었다. 중저소득국에서는 아직 성생식, 모자보건에 대한 양질의 서비스도 부족하고 감염병에 대한 부담도 크지만 그에 못지않게 흡연, 운동 부족, 음주, 건강하지 못한 식습관으로 인한 심혈관계질환, 암, 호흡기계질환, 당뇨가 주요 질병 부담을 차지하고 있다. WHO를 비롯한 국제사회는 2010년 필수 비전염성 질병의 패키지(Package of Essential Noncommunicable disease, PEN disease)를 만들어 중저소득국 일차보건의료 시스템에서 통합적이고 효율적인 만성 비전염성 질병을 관리하기 위한 기술적 지원을 하고 있다.

④ 혁신적인 과학기술의 활용

'과학기술과 혁신적인 생각은 건강한 삶을 가능하게 한다.'는 것과 같이 과학기술의 발달에 따라 새로운 의약품이 개발되고, 새로운 진단법에 의해서 질병을 더 빨리 더 쉽게 진단할 수 있게 되었다. 보건의료서비스 제공자와 주민들 사이에 더 쉽게 의사소통이 가능해지고 있으며, 보건의료 인력의 교육과 정보교류가 더 쉽게 일어나고 있다. 이러한 흐름은 더욱 빨라지고 있으며, 혁신적인 과학기술 방법이 도입 및 확산됨에 따라 효과적이고 효율적으로 양질의 보건의료서비스를 제공할 수 있게 되었다. 전 세계적인 휴대전화 보급으로 모바일 헬스(Mobile health) 프로그램의 확산이 가능해졌으며, 모바일 헬스 프로그램은 보건의료 인력 교육, 보건정보 시스템 취합 및 분석, 보건 행태 변화를 위한 의사소통, 보건의료서비스 인센티브 제공, 약품 및 기자재 재고 관리 등에 혁신을 가져왔다. 이러한 과학기술과 혁신적인 아이디어는 건강한 삶을 보장할 기회의 문을 넓혀 주고 있다.

2) 보건 분야 국제개발 목표

① MDGs의 성과 및 한계

MDGs는 보건의료 이슈를 최고 수준의 정책의제로 가져오는 데 기여했고, 보건 분야 개발협력의 중요성에 대해 국제사회의 관심과 지원을 불러일으키는 데 성공하였다. 궁극적으로 MDGs는 중저소득국 및 최빈국에서 보건의료 상황을 개선하는 결과를 가져온 것으로 평가되고 있다. 이와 동시에 보건분야 MDGs에 대해 세 가지 보건 목표를 모든 국가에 획일적으로 적용시켜 개별 국가의 상황에 따른 차이를 고려하기 어려웠다는 한계를 지적하기도 한다.

② 보건 분야 SDGs 방향성

지속가능한발전은 사람 중심, 권리 기반의 평등한 개발을 강조하는데, 여기에서 건강은 중요한 지표로 인식되고 있다. 즉 건강은 그 자체로 하나의 목적이기도 하고, 아울러 사회, 문화, 교육, 노동, 환경, 정치, 안보 등 삶의 질과 관련된 여러 측면을 통합하는 요소로서도 중요하게 작용한다.

보건 분야 SDGs의 목표와 세부목표, 실행목표는 보편성, 형평성, 사람 중심을 바탕으로 생애 전 단계에서의 건강 및 삶의 질 증진을 추구한다. 무엇보다 보건분야를 넘어선 여러 부분에서 '모든 정책에서의 보건'이라는 방향성을 강조하고 있다. 여러 위험 요소를 제거하기 위해 근거에 기반을 둔 접근방식을 취하고, 건강의 사회, 문화, 경제, 환경 및 정치적 결정요소를 고려하고 있다. 또한 생애 전반에 걸쳐 부담 없는 비용으로, 포괄적이며 수준 높은 보건의료서비스를 제공하는 것을 강조하고 있다. 모든 국가는 재정적 수단, 영양, 의약품, 질병을 예방하고 치료할 수 있는 보호 수단이 없는 개인과 가정에 안식처가 되어야 하며, 이를 위해 건강권이 형평성 있게 보장될 수 있게 한다. 형평성은 국가 간, 국가 내에서 취약계층을 대상으로 한 구체적인 지표로 나타내고, 각 국가별로 기준치를 조사하여, 우선순위와 상황에 맞는 목표를 설정할 수 있도록 하였다.

③ SDGs의 보건 분야 세부목표

모든 사람에게 건강한 삶과 웰빙을 보장하고자 하는 SDG 3은 9개의 세부목표와 4개의 실행목표의 형태로 구체화되었다. 9개의 세부목표는 기존 MDG 4 아동보건, MDG 5 모성보건, MDG 6 감염병을 유지 계승하고, 정신건강을 포함한 비전염성 질병, 약물남용, 교통사고, 보편적 건강보장, 공해와 오염을 새롭게 추가하였다. 또한 4개의 실행목표로 담배규제 강화, 지식재산권 예외 조치로 필수 의약품 접근 강화, 보건의료 인력 강화, 보건 위험에 대한 대응 능력 강화를 제시하였다.

구조적으로 보면 아동과 모성이라는 취약계층을 대상으로 한 세부목표 2개, 감염병, 비전염성 질병 등 질병을 예방하고 관리하기 위한 세부목표 2개, 건강한 삶을 위협하는 외부 요소인 약물남용, 교통사고, 공해와 오염을 줄이기 위한 세부 목표 3개, 성생식 보건과 보편적 필수 보건 서비스 보장을 위한 세부 목표 2개, 국제적인 공조가 필요한 담배규제, 의약품 지식재산권, 의료 인력, 국제보건 위험 관리를 강제하기 위한 실행 목표 4개를 제시하였다.

<표 2-2> SDG 3, SDG 6 보건 관련 세부목표, 실행목표 및 지표

구분	세부 목표	측정지표
3.1	2030년까지 전세계 모성사망비를 100,000명 출생당 70명 미만으로 감소	3.1.1 모성사망비 3.1.2 숙련된 보건 인력에 의한 출산율
3.2	2030년까지 모든 국가들이 출생아 1,000명 당 적어도 신생아 사망률을 12명, 5세 미만 아동사망률을 25명까지 감소하는 것을 목표로 하여 신생아, 5세 미만 아동의 예방 가능한 사망을 종식	3.2.1 5세 미만 아동 사망률 3.2.2 신생아 사망률
3.3	2030년까지 AIDS, 결핵, 말라리아, 소외열대성질환 유행을 종식시키고 간염, 수인성 질환 및 기타 감염성 질환을 퇴치	3.3.1 비감염 인구 1,000명당 신규 HIV 감염자 수 (연령별, 성별 및 위험군별) 3.3.2 인구 100,000명당 결핵 발생률 3.3.3 인구 1,000명당 말라리아 발생 수 3.3.4 인구 100,000명당 B형 간염 발생률 3.3.5 소외열대성질환에 대한 치료를 요하는 인구 수
3.4	2030년까지 예방과 치료를 통해 비감염성질병으로 인한 조기 사망을 1/3 수준으로 감소하고 정신 건강 및 웰빙을 증진	3.4.1 심혈관질환, 암, 당뇨병 또는 만성호흡기질환으로 인한 사망률 3.4.2 자살로 인한 사망률
3.5	마약류 오남용과 알코올의 유해한 사용을 포함한 약물 오남용의 예방 및 치료를 강화	3.5.1 약물남용 장애 치료(약학적, 심리사회적, 재활 및 사후관리 서비스) 보장률 3.5.2 회계연도 내(15세 이상의 인구의) 1인당 순 알코올 리터당 소비량

구분	세부 목표	측정지표
3.6	2020년까지 도로교통사고로 인한 전세계 사망자 및 상해자 수를 절반으로 감소	3.6.1 도로교통사고로 인한 사망률
3.7	2030년까지 가족계획, 정보 및 교육, 생식보건을 국가 전략 및 프로그램에 통합하는 것을 포함한 성생식보건서비스에 대한 보편적 접근을 보장	3.7.1 현대화된 방식의 가족계획을 필요로 하는 가임기 여성(15-49세)의 비율 3.7.2 동일 연령대 여성 1,000명당 청소년(10-14세, 15-19세) 출산율
3.8	재정적 위험으로부터 보호, 양질의 필수 보건의료서비스에 대한 접근 및 안전하고 효과적이며 적정 가격인 양질의 필수 의약품 및 백신에 대한 접근을 보장함으로써 모두를 위한 보편적 건강보장 달성	3.8.1 필수 보건서비스 보장률 3.8.2 전체 가구 지출 또는 소득에서 보건에 대한 가계 지출이 많은 인구의 비율
3.9	2030년까지 유해한 화학물질, 공기, 수질, 토지 오염으로 인한 사망 및 질병을 상당한 수준으로 감소	3.9.1 세대 및 주변의 공기오염으로 인한 사망률 3.9.2 안전하지 않은 물, 하수처리 및 부족한 위생시설(안전하지 않은 WASH 서비스에의 노출)로 인한 사망률 3.9.3 의도하지 않은 중독에 의한 사망률
3.a	모든 국가에서 적절한 방식으로 세계보건기구 담배규제기본협약의 이행을 강화	3.a.1 15세 이상 인구의 연령 표준화된 현재 흡연율

구분	세부 목표	측정지표
3.b	개발도상국에 주로 영향을 미치는 감염성 및 비감염성 질환에 대한 백신 및 의약품의 연구개발을 지원하고, 특히 모든 사람의 의약품에 대한 접근을 보장하기 위해 무역관련 지적재산권 협정의 모든 조항을 활용할 수 있는 개발도상국의 권리에 관한 TRIPS 협정과 공중보건에 대한 도하선언에 따라, 적정가격의 필수 의약품과 백신에 대한 접근을 제공	3.b.1 국가 프로그램에 계획된 백신을 적용 받은 대상 인구의 비율 3.b.2 의학연구 및 기초보건 분야에 대한 공적개발원조 총 순 투자 3.b.3 지속 가능하게 이용할 수 있고 가격이 적정한 필수 의약품 핵심 세트를 보유하고 있는 보건의료 시설의 비율
3.c	개발도상국 특히 최빈개도국과 군소개발도서국에서의 보건 재원 및 보건 인력의 채용, 개발, 훈련, 확보를 상당한 수준으로 확대	3.c.1 보건 근로자 밀도 및 분포
3.d	모든 국가, 특히 개발도상국에서 국내 및 글로벌 보건 위기에 대한 조기 경보, 위험 감소 및 관리를 위한 역량을 강화	3.d.1 국제보건규약(IHR) 역량 및 공중보건 위기 대응도 3.d.2 선택된 항생제 내성 유기체에 의한 혈류 감염 비율
6.1	2030년까지 모두를 위한 적정가격의 안전한 식수에 대한 보편적 접근을 달성	6.1.1 안전하게 관리되는 식수 이용 인구 비율
6.2	2030년까지 여성과 여아 및 취약계층에 특별한 주의를 기울이면서 모두를 위한 충분하고 공평한 공공위생 및 개인위생에 대한 접근을 달성하며 노상배변을 종식	6.2.1 (a) 비누와 물로 손을 씻는 시설을 포함하여 (b) 안전하게 관리되는 위생시설을 이용하는 인구 비율

구분	세부 목표	측정지표
6.a	2030년까지 집수, 담수화, 물 효율성, 오폐수처리, 재활용 및 재이용 기술을 포함하는 물과 위생 관련 활동 및 프로그램의 국제적 협력과 개발도상국 역량강화에 대한 지원을 확대	6.a.1 정부 주도의 지출계획의 일부인 물 및 위생 관련 공적개발원조 금액
6.b	물과 위생 관리를 개선하기 위해 지역사회의 참여 지원 및 강화	6.b.1 물과 위생관리에 대한 지역 공동체의 참여를 지원하기 위해 수립된 행정 정책과 절차를 갖추고 있는 지방행정조직의 비율

출처 : 한국국제협력단(2021b)

3) 코로나19 팬데믹 이후의 국제보건 동향

① 코로나19 팬데믹

코로나19의 출현과 확산은 취약한 저소득국의 보건의료 체계를 더욱 붕괴시키고 있다. 2022년 SDGs 보고서에 따르면, 2021년 말 조사한 129개국 중 92%의 국가에서 코로나19 팬데믹으로 인해 필수 보건의료서비스 제공에 차질을 빚은 것으로 나타났다. 특히 저소득국 중 절반가량의 국가에서 필수 기초의료 서비스 중 75%가 제대로 기능하지 못하고 있는 것으로 보고되었다. 또한 전 세계 국가의 70% 이상에서 아동 대상 필수 보건의료서비스가 코로나19 팬데믹으로 막대한 지장을 받고 있는 상황임을 밝히고 있다. 더욱 우려할 만한 일은 이러한 상황이 저소득국 주민들로 하여금 보건의료 체계에 대한 불신을 야기하고, 이것이 결국 질병 감시체계에 대한 불신까지 초래할 수 있다는 것이다.

② 코로나19 팬데믹으로 인한 ODA 예산 배정

경제협력개발기구(Organization for Economic Cooperation and Development, OECD) 자료에 따르면, 총 공적개발원조(Official Development Assistance, ODA) 금액은 2019년 184조에서 2020년도에 193조로 약 9조가량 증액되었으며, 2021년은 2020년 대비 21조가 증액된 214조였다. 이 증가액은 주로 코로나19 대응에 따른 것이었고, 이 중 7.5조는 코로나19 백신 구입 비용이었다. 하지만 코로나19 관련 협력은 협력 대상국의 보건 정책우선 순위의 왜곡을 초래하거나 예산 할당에 대한 예측 불가능성을 높였다.

첫째, 보건 분야 협력 대상국을 선정하는 기준과 선정 과정은 매우 불투명하다. 한정된 예산을 어느 국가, 어느 지역에 투자할 것인지는 개발협력 분야에서 중요한 논의의 대상이며, 보건 분야 지원 예산에 대한 대상 국가 선정의 기준과 과정의 투명성을 제고해야 한다는 주장은 새로울 것도 없다. 최근 코로나19 팬데믹 이후의 지원 추이에 대한 의학 저널 『란셋(The Lancet)』의 연구 결과를 보면, 코로나19 감염자 수, 사망자 수, 사망 비율 등 질병 부담과 전혀 상관없는 코로나19 분야 원조 금액 할당 대상 국가 선정이 진행되었다.

둘째, 보건 재정의 25% 이상을 외부 지원에 의존하는 최빈국의 입장에서 기존의 외부 지원을 코로나19 지원으로 전환하는 것은 기존 지원 분야의 감소를 의미한다. 감염병의 팬데믹 대응에 있어 협력 대상국 정책 우선순위의 왜곡이 발생하지 않도록 하는 것이 중요하다.

마지막으로 코로나19에 특화된 개인보호 장비, 진단 장비, 백신 지원은 결국 이것이 해당 국가의 핵심 감염병에 대한 예방, 진단, 대응 역량의 강화로 이어질 것이라는 신념을 바탕으로 한다. 하지만 이를 뒷받침할 만한 경험적 근거는 많지 않다. 코로나19 팬데믹에 대한 국제사회의 대응은 해당 국가의 전반적인 또는 핵심 감염병의 예방, 진단, 대응 역량 강화와 연동되어야 하고, 궁극적으로 보건 체계 전체를 강화하도록 작동해야 한다.

③ 일차보건의료

일차보건의료는 건강하고 효율적인 보건의료 체계의 대표적인 요소라 할 수 있고, SDGs 달성을 위한 근간이다. SDG 3의 궁극적 목적인 보편적 의료보장 달성을 위해 필요한 218가지의 필수 보건 서비스 중 91%는 일차보건의료를 통해 전달이 가능하다. 감염병 대응 프로그램으로 실험실의 진단 역량 강화, 역학조사관 양성을 비롯한 보건인력 역량 강화를 통해 감염병의 조기 탐지 능력이 강화되었다는 성과가 있었다. 그러나 이러한 성과들이 보편적 의료보장, 일차보건의료, SDGs 전체 목표들과 통합적으로 연계되지 않으면, 지속가능성과 확산 가능성은 높지 않을 것이라는 비판이 많다. 특히 최근 중요성이 강조되는 양질의 보건 서비스 이용률(effective coverage) 역시 이와 연계하여 생각해 볼 중요한 주제이다.

④ 분쟁 및 취약지역과 감염병

분쟁 및 취약지역은 각종 감염병이 발생하기 쉽고, 발생 시 확산될 가능성이 높다. 향후 감염병의 팬데믹 발생도 분쟁 및 취약지역과 연계될 가능성이 높다. 2020년 기준 연간 500만 명가량의 5세 미만 아동, 30만 명가량의 임신부 또는 산모가 사망하였는데, 이 중 60% 이상이 분쟁 및 재난 취약지역에서 발생하였다. 이들 분쟁 및 재난 취약지역은 보건의료 체계가 매우 취약하거나 혹은 없는 경우도 있지만, 개발협력 대상 지역에서 배제되는 경우가 많다. 감염병 및 팬데믹 대응 사업으로, 접근이 어려운 지역에서도 사업을 수행할 수 있는 과감한 또는 체계적인 접근법이 필요하다.

⑤ 감염병과 범분야 연계 필요성

팬데믹 대응 사업은 SDGs와 어떻게 통합적으로 추진할 것인가? 이는 감염병 발생의 근본 배경인 빈곤을 팬데믹 대응 사업에 어떻게 반영할 수 있을지에 대한 물음이다. 취약한 보건의료 체계 안에서 구조적 불평등을 겪으며 감염병 발생에 취약한 빈곤층에 대한 접근법이나 대응 방안은 무엇인가?

2014년 2만 8,000여 건 이상의 감염자와 1만 1,000명 이상의 사망자가 발생한 서아프리카 에볼라바이러스 유행에 대한 국제사회의 관심은 지대하였다. 당시 해당 질병의 빠른 확산의 중요한 배경 중 하나로 안전하지 못한 식수위생 시설이 지목되었다. 식수위생 서비스의 부재는 SDGs가 분류하는 대표적인 빈곤 지표 중 하나이다. 안전하지 않은 식수와 화장실, 비위생적인 행태는 그 자체가 감염병을 유발하는 원인이면서 동시에 감염병에 취약한 이들의 생활환경, 주거환경 등을 짐작해 볼 수 있는 대리 지표이기도 하다. 2014년 이후 2021년까지도 에볼라바이러스는 콩고민주공화국 등 일부 지역에서 산발적으로 발생해 왔다. 다만 국제사회에서 문제가 될 정도로 확산하지 않았을 뿐이다. 국제사회를 위협할 확산으로 이어지지 않았다는 면에서 질병 대응능력이 향상되었을지는 모르나, 이러한 질병들이 언제든지 지역 내에서 발생 가능한 상황은 개선되지 않고 있음을 보여 주고 있는 것일 수도 있다. 2014년 이후 최근에 발생한 에볼라바이러스가 전 세계적인 팬데믹을 초래하지 않았다는 사실에만 만족한다면, 우리는 국제보건을 통한 건강 증진의 대상이 누구인지라는 물음에 다시 봉착하게 된다.

4) 보건 분야 주요 UN 기구

① 세계보건기구(WHO)

• 개요: 보건위생 분야의 국제협력을 위하여 설립한 UN 전문기구로서 1948년 창설되어 194개 회원국으로 구성되어 있다(2022년 12월 기준). 스위스 제네바의 본부와 6개의 지역사무국(아프리카, 아메리카, 동남아시아, 유럽, 동부 지중해, 서태평양 지역)을 중심으로 각 나라의 보건부에 보건정책 및 기술지원을 실시하고 있다.

• 역할: 보건과 관련한 정책의 제언, 지식 생산 및 공유, 기준 및 규정 제정, 각 회원국의 보건 관련 지식 및 기술지원, 세계 보건 경향 모니터링 및 분석을 실행하고 있다.

• 주요 활동: 보건의료 체계 강화, 감염병, 비전염성 질병, 생애주기 건강 증진, 공중보건 위기 관련 대응을 위한 정책 제언, 기준 제시, 규정 제정 등을 주요 활동으로 하고 있다.

② 유엔아동기금(UNICEF)

• 개요: 전쟁 피해 아동의 구호와 아동의 복지 향상을 위해 설치된 국제연합 특별기구로서 1946년에 설립되어 182개 국가가 가입되어 있다(2022년 12월 기준). 전 세계 144개 중저소득국에 설치된 대표 사무소와 36개 고소득국에 설치된 국가위원회를 통해 아동 구호를 위한 지원사업과 세계 아동문제를 홍보하고 있다.

• 역할: 아동 건강 및 복지 증진을 위한 중저소득국 지원, 아동 복지 증진을 위한 각국 정부의 노력 장려, 아동에 관한 장기적이고 광범위한 국제협력계획을 수립하는 역할을 하고 있다.

• 주요 활동: 긴급구호, 식수 및 환경개선, HIV/AIDS 예방, 기초교

육 강화, 의료사업 개발 및 의료진 훈련 실시, 교육기관 설립 및 교사 훈련 등을 한다. 보건 분야에서는 특히 예방접종에 크게 기여하고 있다.

③ 유엔인구기금(UNFPA)

• 개요: 인구문제와 관련한 사회·경제·인권적 측면의 인식을 높이고 중저소득국 인구정책을 지원하는 기관으로 1967년에 설립되었다. 유엔인구기금(UN Population Fund, UNFPA)은 미국 뉴욕에 본부를 두고 있으며, 세계 150개 이상 국가에서 700~900개의 성생식, 모자보건 프로젝트를 수행하고 있다(2022년 12월 기준).

• 역할: UN 각 기구의 인구정책 사업 지원, 세계 인구문제 해결에 필요한 자금 지원, 가족계획에서의 인권 문제, 인구 문제에 대한 인식 제고를 위한 전략 개발 등을 담당하고 있다.

• 주요 활동: 가족계획 관련 정보활동, 통계수집, 『세계인구현황』 발간, 인구개발 사업을 위한 국제원조 모니터링, 중저소득국에 대한 조직적이고 지속적인 원조 제공 등을 시행하며, 최근에는 성생식, 모자보건 분야에서 활발하게 활동하고 있다.

④ 유엔에이즈계획(UNAIDS)

• 개요: HIV/AIDS의 확산에 따른 전문적 UN 기구의 필요성이 대두됨에 따라 각 국가의 에이즈 관리 및 예방사업을 돕기 위해 1996년에 유엔에이즈계획(UN Programme on HIV/AIDS, UNAIDS)이 창설되었다. 전 세계적으로 약 155개국을 상대로 활동하며, 132개의 UNAIDS 담당 사무소를 두고 있다(2022년 12월 기준).

• 역할: 각 국가에 에이즈에 대한 신속한 정보를 제공하고, HIV/

AIDS 확산 방지와 감염이나 그에 따른 피해자를 위한 지원활동 등을 담당하고 있다.

• 주요 활동: HIV/AIDS의 효과적 대응책에 대한 인식 고취, HIV/AIDS 예방을 위한 전략 정보 및 기술지원, HIV/AIDS 발생과 대응 상황 추적·감시 및 평가, 시민사회의 참여와 전략적 파트너십 개발, 효과적 대응책 수립을 위한 재원을 마련하고 있다.

5) 국제보건 파트너십과 이니셔티브의 등장

2000년 전후에 나타난 보건 분야의 국제적인 경향 중 하나는 특정 질병이나 대상을 다루기 위한 국제보건 이니셔티브(Global Health Initiatives)의 등장이다. 또한 신종 감염병 대응을 위한 공공, 민간, 시민사회의 국제적인 협력과 조율을 목적으로 각종 파트너십이 출현하기 시작하였다.

① 롤백말라리아 파트너십(RBM partnership to end malaria)

말라리아 종식을 목표로 하는 국가, 양자기구, 다자기구, 민간기업, NGO, 지역사회 기구, 재단, 연구소, 대학 등 500여 개의 단체의 플랫폼 역할을 하고 있다. 1998년 RBM initiative를 만들어 말라리아 치료제 및 예방법에 대한 접근성을 높이는 활동을 하였고, 살충 처리된 모기장 보급과 활용을 높이며, 임신부에게는 말라리아 예방 서비스의 접근성을 높였다. 현재는 다양한 분야의 파트너십 형태로 운영되며, 말라리아 종식을 위한 연구, 예방, 진단, 치료, 정책 수립 및 평가 등의 협력과 조정 역할을 하고 있다. 2015년부터 유엔사업기구(UN Office for Project Services, UNOPS)에서 사무국 역할을 하고 있다.

② 스톱-티비 파트너십(Stop TB partnership)

전 세계적인 결핵 확산을 막기 위해 1998년 만들어진 파트너십이다. 2030년 결핵 종식을 목표로 연구소, 대학, 민간기업, 재단, 양자기구, 다자기구, 지역사회 결핵 관리 기관, 결핵환자 단체 등 2,000여 개의 기구가 파트너십 플랫폼에서 활동하고 있다. 주요 활동으로 다제내성 결핵의 관리, 결핵 약제 개발, 결핵 약제 보급, 직접관찰치료법(Directly Observed Therapy Short-course Strategy, DOTS)을 지원하고 있다. 2001년 국제의약품 특수기구(Global Drug Facility, GDF)를 파트너십 내부에 발족하여 결핵약, 진단기기, 소모품 등의 접근성을 높이는 데 큰 기여를 하고 있다.

③ 세계백신면역연합(GAVI)

예방접종을 통해 면역력을 향상함으로써 중저소득국 어린이 등 인류의 건강 증진을 이루고자 2000년에 설립되었다. 스위스 제네바에 본부를 두고 중저소득국을 대상으로 면역체계 증진 및 백신 보급의 형평성을 실현하기 위해 노력하고 있다. 주요 역할로는 백신 접종률 제고, 보건의료 체계 강화, 기존 및 새로운 백신 사용 활성화, 백신의 안전성 강화이며, 황열병이나 뇌수막염 등 백신 접종 서비스 지원, 신기술 개발 촉진, 국가 백신 접종 프로그램 운영자금의 장기적·안정적 지원 등의 활동을 하고 있다. 특히 코로나19 팬데믹 발생 이후 감염병 대비 혁신 연합(Coalition for Epidemic Preparedness Innovations, CEPI)과 코로나19 백신에 대한 전지구적 접근(COVID-19 Vaccines Global Access, COVAX)의 활동을 주도적으로 이끌며 신종 감염병 백신 개발과 형평성 있는 보급에 큰 역할을 하고 있다.

④ 에이즈, 결핵, 말라리아 퇴치 세계기금(GFATM)

HIV/AIDS 예방 및 치료, 결핵·말라리아 퇴치를 위해 민간재단이나 정부, 기업, 개인이 출자하는 세계기금으로 2002년에 설립되었다. 스위스 제네바에 본부를 두고 있으며 민관협력 파트너십을 구축하여 에이즈, 결핵 그리고 말라리아 분야의 자금을 조성하고 지속가능한 보건의료 시스템 확립, HIV/AIDS·결핵·말라리아 예방 및 치료, 성평등 인식 제고, 항레트로바이러스 치료 지원, 결핵 치료, HIV/AIDS의 모자 수직 전파 예방, 말라리아 예방을 위한 저비용의 내구성이 좋은 모기장 배급, 성생식 보건 증진 등을 주요 활동으로 한다.

⑤ 감염병 예방 혁신 연합(CEPI)

CEPI는 신종 감염병 예방을 위한 새로운 백신 개발과 보급을 위한 국제적인 협력 메커니즘을 목표로 2017년 다보스포럼(Davos Forum)의 논의 결과로 발족하였다. 정부, 공공, 민간기업, 자선단체, 시민사회의 혁신적인 글로벌 파트너십을 통해 신종 감염병에 대응하는 백신 개발을 촉진하고, 팬데믹 기간 동안 형평성 있는 백신의 보급을 목표로 하고 있다. 전 세계 인구 및 이동의 증가, 기후변화와 같은 생태학적 변화, 여행자 수와 교역량의 증가 등으로 신종 감염병이 더 자주 발생하는 상황에서 백신 개발과 보급의 플랫폼 역할을 하고 있다. 특히 코로나19 팬데믹 기간 동안 새로운 백신 개발 및 보급에서 글로벌 협력을 주도적으로 이끌었다.

⑥ 코백스 퍼실리티(COVAX Facility)

코백스 퍼실리티는 코로나19 진단, 치료, 백신의 개발, 생산 그리고 형평성 있는 접근을 촉진하기 위한 글로벌 연합체로, CEPI, GAVI, WHO

가 2020년 4월 주도적으로 구성하였으며, UNICEF가 조달 및 공급 담당 기관으로 참여하고 있다. 2021년 2월 백신 보급을 시작하여 2022년 7월까지 16억 1,000만 명 분량의 백신을 146개국에 보급하였으나, 고소득국의 백신 자국우선주의로 인하여 형평성 있는 백신 보급에 어려움을 겪고 있다.

⑦ 국제보건안보구상(GHSA)

국제보건안보구상(Global Health Security Agenda, GHSA)은 감염병의 예방과 통제를 위해 2014년 미국 정부 주도로 5년간의 다자적 협력 메커니즘으로 출범하였다. WHO를 포함하여 44개 국가의 연합체 형태이며, 한 번의 기간 연장을 거쳐 비정부기구를 포함한 연합체의 형태를 갖추었다. 파트너 국가의 감염병 역량 강화를 위해 감염병 통제를 위한 질병 감시, 실험실 시스템, 인적 역량 강화, 감염병 긴급 대응 4개 분야 11개의 GHSA 활동 계획(action package)과 그 역량을 측정할 수 있는 수단을 제시하고 있다.

⑧ 보편적 의료보장 2030(UHC2030)

보편적 의료보장 2030(Universal Health Coverage 2030, UHC2030)은 보건의료 체계를 강화하기 위한 국제적인 파트너십이다. 양자·다자기구, 정부, 재단, 기업, 연구소 및 대학이 파트너로 가입하고 있으며, 상호 간에 정보와 자원을 교류하여 보건의료 체계의 다양한 면을 강화하고, 이를 통해 보편적 의료보장을 이루어 내고자 한다. UHC 2030은 2007년에 만들어진 국제보건 파트너십(International health partnership)을 발전계승하였다. 국제보건 파트너십은 보건 분야 공여 기관들 간에 단일화된 플랫폼을 활용하고, 공동의 재원을 마련하여, 공동의 모니터링과 평가 틀을 활용하자고 주장하였다. 그뿐만 아니라 시민사회의 참여를 더욱 강조하고, 재정 관리에서의 조화와 일치를 주장하였다.

⑨ 빌 앤드 멜린다 게이츠 재단(Bill and Melinda Gates Foundation)
건강 개선 및 빈곤 감소를 위해 2000년에 설립된 민간재단이다. 미국 시애틀에 본부를 두고 전 세계 9개 사무소를 통해 기아 및 빈곤 극복, 보건 환경 개선을 위해 다양한 프로그램을 진행하고 있다. 공공과 민간에서 촉진하지 못하는 혁신적인 기술지원, 글로벌 협력 강화, 시장 인센티브 제공으로 민간 기술혁신 촉진, 양질의 데이터 구축 및 연구 지원의 역할을 하고 있다. 주요 활동으로는 뇌수막염 백신 개발 및 보급, 코로나19 백신 및 치료제 개발 지원, HIV/AIDS·말라리아·결핵 퇴치 지원, 안전한 식수 위생 시설 보급 활동 등이 있다.
국제보건 이니셔티브들은 막대한 기금을 조성하고, 다양한 영역의 활동 기관들이 동일한 목표를 가지고 구체적인 협력 활동 플랫폼으로서 기능하고 있다. 전 세계적으로 상당한 규모의 사업을 수행하여 아동 사망 감소, 모성 건강 향상, 감염병 예방 및 관리, 식수 위생 향상, 국제보건의 파트너십 향상에 크게 기여한 것으로 평가되고 있다.

6) 국제보건의 법규 및 규약

① 국제보건규약(IHR)
국제보건규약(International Health Regulation, IHR)은 1969년 감염병 유행을 감시하고 국제적 확산을 예방하며 관리, 대응하기 위해 채택한 준국제법 성격의 규약이다. 2005년 세계보건총회(World Health Assembly, WHA)

에서 개정안을 채택하여 2007년 발효되었다. 2022년 기준 194개 WHO 회원국을 포함하여, 법적 구속력이 있는 196개 국가에서 통용되고 있다. 국제보건 규약은 중요한 공중보건 사건을 각 국가에서 보고할 것을 포함한 의무와 권리를 제시하고 있으며, 국제공중보건위기사태(Public Health Emergency of International Concern, PHEIC) 선언 여부를 결정할 기준 체계를 포함하고 있다. 또한 국가별로 질병의 감시와 대응을 위한 핵심역량을 유지하고, 국가 간 여행이나 운송에 필요한 기준을 규정하고 있다. 아울러 국제보건규약은 개인의 안전하게 이동할 권리 보장, 개인정보의 관리, 차별받지 않고 치료받을 권리 등을 명시하고 있다.

국제보건규약의 이행 책임은 법적 구속력이 있는 국가에 있다. 모든 국가는 직절한 시간 내에 공중보건 사건을 감지할 질병 감시체계를 구축하고, 이를 평가하여 WHO에 보고할 의무를 가지며, 공중보건 위험과 응급상항에 대처해야 한다. WHO는 국제보건규약 이행을 위하여 국가 간의 조정 역할을 하며, 개별 국가가 상기 역량을 개발, 향상시킬 수 있도록 가이드라인 제공, 기술적 지원, 교육훈련을 제공한다.

② 담배규제기본협약(FCTC)

담배가 인간에 미치는 해악에 대처하기 위하여 2003년에 채택하고 2005년에 국제조약으로 정식 발효되었다. 담배규제기본협약(Framework Convention on Tobacco Control, FCTC)은 보건 분야 최초의 국제조약으로 2019년 기준 181개 당사국이 조약을 비준하고 담배의 수요와 공급을 줄이기 위하여 노력하고 있다. 대한민국은 2003년 협약에 서명하고, 2005년 비준하여 당사국으로 활동하고 있다. 조약의 주요 내용은 담배에 대한 수요 감소를 위하여 적절한 조세/가격 정책 실시, 실내 작업장, 대중교통

수단 및 공공장소에서 담배연기에 대한 노출을 방지하기 위한 조치 시행, 담배 제품의 유해성에 대한 잘못된 인상을 조장하는 용어를 담배 포장지에 사용하는 것 등을 포함하고 있다.

③ 무역관련 지식재산권에 관한 협정(TRIPs)

무역관련 지식재산권에 관한 협정(agreement on Trade-Related aspects of Intellectual Property rights, TRIPs)은 1995년 세계무역기구(World Trade Organization, WTO)가 창설되면서 지식재산권(intellectual property rights)을 보호, 강화하고자 지식재산권 감시 및 분쟁 해결을 위한 최소 기준을 포함하여 만들어졌다. TRIPs는 지식재산권이 중저소득국에서 필수 의약품의 접근성을 감소시키지 않기 위해 강제실시(compulsory licenses)와 같은 유연성 조항을 두고 있다. 강제실시란 특허상품과 관련하여 정부 또는 사법당국이 특허권자의 동의 없이 제3자에게 특허상품을 생산하거나 또는 특허권이 부여된 절차를 사용하도록 하는 행위를 의미한다. TRIPs는 이미 코로나19와 같은 공중보건 위기 상황에서 각국 정부가 특허권자의 동의 없이, 일정한 사용료를 지불하고 특허권을 사용할 수 있는 권리를 보장하고 있으며, 생산 역량이 없는 국가로의 수출을 위한 강제실시도 보장하고 있다.

제2장
4. 보건 분야 KOICA 지원 현황과 전략

(1) KOICA 보건 분야 중기전략

한국국제협력단(KOICA)은 설립 이후 보건을 중점 분야로 선정하고, 선택과 집중을 통한 사업 방향성 제시와 효율적인 성과관리를 위해 보건 분야 중기전략을 수립해 왔다. KOICA 보건 분야 중기전략(2011-2015, 2016-2020)은 모성과 아동 등 취약계층을 중점 대상으로 선정하고, 가족계획 및 성생식 건강, 임신 및 출산 관리, 아동 보건, 임산부 및 아동 영양을 주요 세부 분야로 제시하였으며, 저소득국에서 더 취약한 질병에 대응하기 위하여 소외열대성질환, 결핵, HIV/AIDS, 말라리아 등 감염병에 집중적인 지원을 약속하였다. 또한, 보건의료 시스템을 개선하기 위하여 보건의료 인적 및 제도적 역량 강화와 보건의료서비스 접근성 강화를 위하여 보건의료 인프라 개선, 지역사회 기반 모자보건사업, 의료보험 사업 등을 폭넓게 추진하였다.

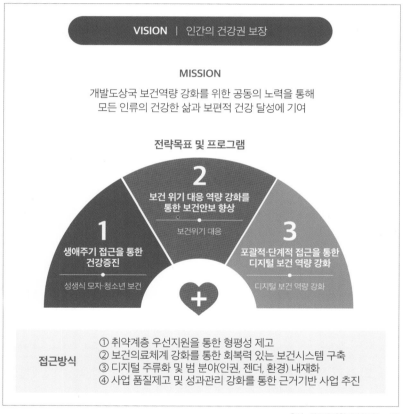

<그림 2-1> KOICA 보건 분야 중기전략(2021-2025) 체계도

VISION | 인간의 건강권 보장

MISSION
개발도상국 보건역량 강화를 위한 공동의 노력을 통해
모든 인류의 건강한 삶과 보편적 건강 달성에 기여

전략목표 및 프로그램

2
보건 위기 대응 역량 강화를
통한 보건안보 향상
보건위기 대응

1
생애주기 접근을 통한
건강증진
성생식 모자·청소년 보건

3
포괄적·단계적 접근을 통한
디지털 보건 역량 강화
디지털 보건 역량 강화

접근방식
① 취약계층 우선지원을 통한 형평성 제고
② 보건의료체계 강화를 통한 회복력 있는 보건시스템 구축
③ 디지털 주류화 및 범 분야(인권, 젠더, 환경) 내재화
④ 사업 품질제고 및 성과관리 강화를 통한 근거기반 사업 추진

출처 : 한국국제협력단(2021a: 43)

KOICA 보건 분야 중기전략(2021-2025)은 인간의 건강권 보장이라는 비전을 제시하고 있다. 동시대를 살아가는 모든 인간은 보편적인 권리로

서 건강권을 가지고 있으며, 존엄한 삶을 살기 위한 기본조건으로 건강한 삶을 보장받아야 한다는 데 의견을 같이한다. 이를 실현하기 위해 중저소득/최빈개발도상국 보건 역량 강화를 위한 공동의 노력을 통해 모든 인류의 건강한 삶과 보편적 건강 달성에 기여하는 것을 미션으로 제시하고 있다. KOICA는 '생애주기 접근을 통한 건강 증진', ' 보건 위기 대응 역량 강화를 통한 보건안보 향상', '포괄적, 단계적 접근을 통한 디지털 보건 역량 강화'의 세 가지 전략목표 아래, 성생식 모자·청소년 보건 프로그램, 보건 위기 대응 프로그램, 디지털 보건 역량 강화 프로그램의 세 가지 중점 프로그램을 설정하고, 성생식 보건, 모자보건, 영양, 예방접종, 신종 감염병 대응 역량 강화, 주요 감염병 및 소외열대성질환, 식수 위생, 보건 통계 역량 강화, 보건정보 시스템 구축 사업을 운영하고 있다.

1) 성생식 모자·청소년 보건 프로그램

가임기 여성의 임신 및 출산 관련 사망의 80%는 현대 의학기술로 예방 또는 치료 가능한 원인에 기인한다. 이에 KOICA는 여성 및 청소년의 성생식권을 보장하고, 아동의 예방 가능한 사망을 감소시키기 위하여 성생식 보건, 모자 보건, 영양, 예방접종 서비스를 지원하고 있다.

2) 보건 위기 대응 프로그램

코로나19는 지구적인 보건 위기 대응의 취약성을 보여 주었다. 특히 감염병 대응 거버넌스가 취약하고 보건의료 체계가 작동하지 않는 국가의 피해는 더욱 심각하였다. 이에 KOICA의 감염병 대응 전략은 개별적인 감염병 대응뿐만 아니라 보건 위기 대응 시스템 구축을 지향하게 되었다. KOICA는 신종 감염병, 기후변화 등으로 인해 발생하는 공중보건 위험에 대하여 신종 감염병 예방, 탐지, 대응 역량을 강화하고, 회복력 있는 보건 체계를 구축할 수 있도록 지원하고 있다. 특히 신종 감염병 대응, 주요 감염병 및 소외열대성질환, 식수 위생을 중점 사업으로 선정하고 KOICA ABC 프로그램을 통해 신속하고 효과적으로 운용하고 있다.

3) 디지털 보건 역량 강화 프로그램

코로나19 팬데믹 이후 디지털 전환이 가속화되는 추세에서 디지털 격차는 더욱 증가하고 있다. 보건 데이터의 작성, 수집, 관리, 적용하는 것이 체계화되어 있지 않은 국가에서는 연속성 있고 체계적인, 근거 기반의 보건의료서비스를 제공하기가 어렵다. 이에 KOICA는 보건 통계 작성, 수집, 관리, 적용하는 역량 구축을 지원하고, 보건정보 시스템 구축 및 정보통신기술(Information and Communication Technology, ICT) 역량 강화 교육을 제공하여 데이터에 기반을 둔 정책을 추진할 수 있도록 지원하고 있다.

① KOICA ABC 프로그램

KOICA는 코로나19로 인한 글로벌 공중보건 위기에 신속하고 효과적으로 대응하기 위해 KOICA ABC 프로그램을 운영 중이다. KOICA의 '개발협력을 통한 코로나19 회복력 강화 프로그램(Agenda for Building resilience against COVID-19 through development cooperation, ABC)'은 대한민국 정부가 개발도상국 코로나19 대응을 지원하는 개발협력 전략인 'Building Trust'의 일환으로 KOICA가 2020년부터 2024년까지 추진하는 코로나 대응 프로그램이다. 코로나19 진단키트 보급, 감염병 예방교육 및 전문 인력 역량 강화, 방역물품 및 방역 시설 지원, 백신 개발 보급 및 접종 지원, 의료시설 및 의료 기자재 지원, 위생 시설 지원을 실시하였다.

이를 통해 보건의료 취약국 백신 지원, 코로나19 신속 대응 및 취약계층 복원력 강화, 감염병 예방 역량 강화 지원, 진단 및 치료 역량 강화 지원, 기초 위생환경 개선, 국내 감염병 대응 경험 공유, 세계시민 연대 강화, 혁신 기술 발굴 및 보급을 추진하였다.

② 국제질병퇴치기금

국제질병퇴치기금(Global disease eradication fund)은 '항공권연대기여금(Air-ticket solidarity levy)' 제도를 기반으로 국내에서 출발하는 모든 국제선 항공권에 1,000원씩 부과하여 마련한 재원으로, 중저소득국의 감염병 예방·퇴치를 지원하여 글로벌 사회적 가치 달성에 기여하고자 조성되었다. 대한민국은 2007년 빈곤퇴치기여금 제도를 도입하였다. 2012년 5년 연장한 이후 2017년 기금화하고, 2021년 12월 기준 3,295억 원을 조성했으며 3,257억 원을 중저소득국의 감염병 예방 및 퇴치를 지원하기 위한 목적으로 사용하였다. 국제질병퇴치기금은 글로벌 보건 안보 강화, 감염병 위기관리체제 강화, 주요 감염병 예방 및 퇴치를 전략목표를 제시하고 HIV/AIDS, 결핵, 말라리아, 소외열대성질환, 수인성 질병의 예방과 퇴치를 위해 국제기구 및 국제개발 NGO와 협력하고 있다.

(2) 지원 현황

<그림 2-2> KOICA 보건 분야 지원 규모

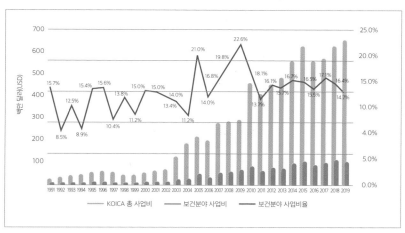

출처 : 한국국제협력단(2021a: 36)

KOICA는 전체 예산 대비 보건분야 예산 비율을 꾸준히 상승시켰는데, 1991년 전체 사업비의 약 27억 원을 보건 분야에 지원하였고, 2020년에는 전체 사업비의 약 19.2%에 해당하는 1,301억 원을 보건 분야에 지원하여, 지난 30년간 약 48배 증가하였다.

KOICA 분야별 중기전략(2021-2025) 보고서에 따르면, 2016~2019년까지 4년간 보건 분야 지원 현황을 분석한 결과, 프로젝트가 2억 5,000만 달러, 다음으로 WFK 봉사단 파견 사업 5,100만 달러, 민관협력사업 3,660만 달러, 국제기구 협력사업 1,920만 달러 순서였다.

<그림 2-3> KOICA 보건 분야 사업 형태별 지원 비중(지원액 기준)

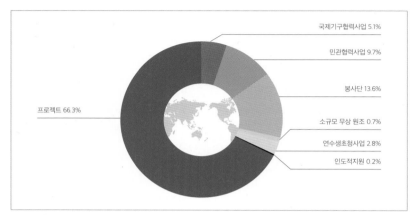

국제기구협력사업 5.1%

민관협력사업 9.7%

봉사단 13.6%

소규모 무상 원조 0.7%

연수생초청사업 2.8%

인도적지원 0.2%

프로젝트 66.3%

출처 : 한국국제협력단(2021a: 37)

2016~2019년 지역별로 분석한 자료에 따르면, 아시아가 1억 4,414만 달러로 41%를 차지하였고, 그다음으로 아프리카가 1억 1,616만 달러로 33%를 지원하였다.

<그림 2-4> KOICA 보건 분야 지역별 지원 비중(지원액 기준)

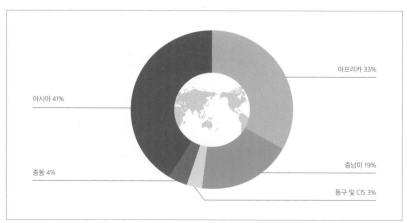

아프리카 33%

아시아 41%

중남미 19%

중동 4%

동구 및 CIS 3%

출처 : 한국국제협력단(2021a: 38)

2016~2019년 보건 분야 전략목표별로 분석한 지원 비중은 보건의료 서비스 접근성 강화가 1억 5,329만 달러(40%)로 가장 많았고, 성생식, 모자·청소년 보건 분야에 대한 지원은 1억 1,555만 달러(31%)로 그다음을 이었다.

<그림 2-5> KOICA 보건 분야 전략 목표별 지원 비중(지원액 기준)

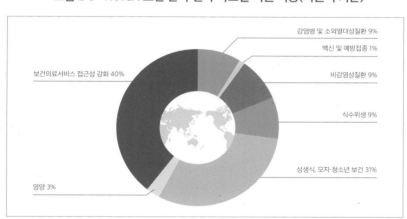

출처 : 한국국제협력단(2021a: 39)

(3) 지원 사례

1) 수단 소외열대성질환 퇴치 및 네트워크 구축 사업

주혈흡충증은 사람과 달팽이를 거치며 생활사를 반복하는 주혈흡충에 의해 발생되는 질병으로, 전 세계 2억 명가량의 사람이 이 질병에 감염되었거나 노출되고 있는 것으로 보고되고 있다. WHO는 2021년 제2차 NTD 로드맵을 수립, 2030년까지 78개국에서 주혈흡충을 퇴치하기 위한 계획을 발표하였다. 종래에 해 오던 구충제 집단 투약과 더불어, 이 질병의 전파 고리를 완전히 끊기 위해서는 주민들이 저수지나 강가, 수원지 근처에서 노상 배변을 하지 않게 하고, 주혈흡충에 감염된 오염된 물과의 접촉을 피할 수 있도록 해야 한다. 이를 위해서는 화장실 개선, 수원 개선 등이 매우 중요하다.

KOICA는 2009년부터 수단에서 주혈흡충 관리사업을 지속적으로 펼쳐 오고 있다. 2009년에서 2019년까지 수단 백나일주에서 학생과 주민들을 대상으로 집단 투약을 실시하고, 식수 시설을 개선하거나 학교 대상 화장실을 개선하는 등 다양한 사업을 펼치고 있다. 2017년에는 수단에서 최초로 전국 189개 군 소속 초등학생 10만여 명 이상을 대상으로 주혈흡충과 토양 매개성 기생충 감염 여부와 학교 및 가구 단위 식수 위생 시설 현황에 대한 대규모 조사를 실시하였다. 이 결과는 수단 내 소외열대성질환 관련 수단 보건부 및 WHO의 집단 투약 정책의 변화를 가져왔는데, 기존 군 단위의 집단 투약을 군보다 더 하위 단위로 조정하기로 한 것이 그 예이다. 아울러 이 전국 단위 조사 결과는 2022년 WHO가 발간한 주혈흡충 관리 및 퇴치 가이드라인에 직접 인용되기도 하였다. 사업 종료 보고서에 따르면, 사업 전 30%에 육박했던 백나일주의 주혈흡충증 유병률을 2017년 기준 5%로 감소시켰다. KOICA는 이 성과를 수단 전역으로 확산하기 위해서 2020년부터 수단 내 6개 주, 50개 군에서 통합적인 주혈흡충 관리 및 퇴치 사업을 수행하고 있다. 낮아진 유병률이 다시 주혈흡충 재감염을 통해 높은 유병률로 회귀하는 일이 발생하지 않도록 달팽이 개체수 조절과 주민 주도형 화장실 개선사업에 중점을 두고 있을 뿐만 아니라, 주민들이 보건 시설에서 언제든지 진단과 투약을 할 수 있도록 일차보건의료를 강화하는 것을 사업의 핵심 요소 중 하나로 하고 있다. 또한 WHO 로드맵의 목표인 2030년까지 주혈흡충을 퇴치하기 위해 지난 13년간 이룩한 사업 성과를 국제사회와 공유하고, 수단과 인근 국가를 포함하여 강도 높은 사업을 전개하고 있다. 사업의 출구전략으로 다국가 협의체를 구성하고 국제 네트워크를 통해 차기 전략을 개발하고 있다.

2) 에티오피아 구라게 지역의 식수 위생 개선사업

해마다 지구촌 150만 명이 오염된 물과 불량한 위생 상태로 목숨을 잃고 있다. 더욱 안타까운 사실은 저소득국의 5세 미만 어린이들이 이러한 사망자의 상당수를 차지하고 있다는 점이다. 에티오피아는 낮은 식수 위생 보급률을 보이는 대표적인 나라 중 하나이다. WHO와 UNICEF 공동 보고서에 따르면, 2020년 기준 에티오피아 인구의 10~15%가량만이 각각 안전하게 관리되는 식수를 이용하고 안전하게 관리되는 화장실에 접근하는 것이 가능하다.

수도 아디스아바바에서 동쪽으로 200km 떨어진 곳에 위치한 구라게 지역 역시 충분한 식수와 위생환경을 갖추지 못하고 있는 곳이다. 이에 KOICA는 구라게 지역 212개 마을을 대상으로 안전한 물, 깨끗한 위생환경을 위한 사업을 실시하였다. 깨끗한 식수를 공급할 수 있는 식수원을 개발하여, 각 마을별로 자체적인 선거를 통해 식수위생위원회를 설립해 지속적으로 관리할 수 있도록 하였다. 또 이 위원회를 통해 위생 환경과 행동에 대한 중요성을 홍보하며, 주민들 스스로 화장실을 만들어 아이들을 비롯해 모든 주민이 위생적인 화장실을 이용하고 관리하도록 하였다. 화장실 개선 노력을 효과적으로 지원하기 위해, 주민 스스로 2m 이상 깊이의 구덩이를 파고 화장실의 벽체와 천장을 세우고 지붕을 마련하고, 슬라브를 제작하고, 손 씻기 시설을 만드는 모든 과정을 일체의 경비나

재료 지원 없이 주민들 스스로의 노력과 자원 동원으로 건축하도록 하였다. KOICA는 이 사업에 대한 성과를 과학적으로 관리하여 해당 지역 5세 미만 아동의 설사 발생률 감소 효과를 체계적으로 측정하였다. 해당 연구 결과에 따르면, 140일 동안 KOICA 사업을 통해 화장실 개선사업을 진행한 마을 내 409명의 아동과 그렇지 않은 마을 내 아동 433명을 140일 동안 추적 관찰한 결과, 전자에서 총 481일의 누적 설사가, 후자에서 773일의 누적 설사가 관찰되었다. 해당 결과를 바탕으로 예측한 결과, 사업의 요소 중 하나인 화장실 개선만으로 사업 지역 내에서 10년 동안 설사 발생 건수를 5만 1,000회가량 감소시키는 것으로 나타났다. 아울러 본 사업으로 대소변 용무를 위해 주민들이 이동하는 데 소비하던 206만 여 시간을 단축시킨 것으로 예측되었다. 사업 이후 발간된 학술논문에 따르면, 본 사업은 지역주민 입장에서 1달러 투입 대비 3.7달러의 편익이 발생한 것으로 나타나, 투입 대비 가치가 매우 높은 사업인 것으로 평가된다.

3) 탄자니아 도도마주 보건의료 정보 체계 확산 사업

탄자니아 기초 보건시설(군병원, 보건소, 보건지소)에서는 모든 환자의 의료정보를 수기로 작성 관리하고 있어, 보건시설의 운영이 비효율적일 뿐만 아니라 필요한 보건 정보를 제때 얻지 못해 보건 서비스의 질을 저하시키는 요인이 되고 있다. 또한 환자 정보가 제각기 다른 양식에 수기로 기록됨에 따라 의료 정보의 손실이 자주 발생하고, 기록된 정보의 정확성이 떨어지는 문제가 발생하고 있다. 아울러 보건부와 지역사회 단위의 기초 보건시설로 이원화된 시스템으로 인해 기초 보건시설에서 구축된 의료정보가 보건부로 직접적으로 연결되지 않아 구체적인 의료정보에 기반한 통합적 보건정책이 수립되는 것을 방해하는 요인으로 작용한다.

탄자니아 정부는 2018년 국가 e헬스 전략(National eHealth Strategy)을 수립하고, 보건의료정보시스템(GoT-HoMIS)을 도입하여 의료서비스의 질과 양 관리, 인력 관리, 의료물품 공급망 관리, 보건정보 관리와 정책 계획 및 의사결정의 신속성 향상을 꾀하였다.

2021년 KOICA는 보건의료정보시스템을 위한 기자재 지원, 기초 보건시설 내 보건의료정보시스템 설치, 보건의료정보시스템 활용 역량 강화, 기초 컴퓨터 활용 역량 강화, GoT-HoMIS 시스템의 확산을 위해 전략 컨설팅을 지원하고 있다. KOICA는 기초 보건시설 내 보건의료정보시스템의 정착을 통한 보건의료정보 체계의 질적 향상과 전산 기반 보건정보 보고체계 구축을 통한 의료정보의 정확성 제고를 달성하고, 지역 내 기초 보건시설의 의료서비스 품질 제고에 기여할 것으로 기대하고 있다.

4) 필리핀 일로일로주 지역 보건 역량 강화 사업

2012년에서 2017년까지 필리핀 일로일로주 지역에서 진행된 약 700만 달러 규모의 대표적 모자보건 사업이다. 일로일로주는 도서산간 지역으로 높은 모성 사망비와 신생아사망률을 보이는 곳임에도 지역 보건 시설 내 필수 보건 의약품의 부재, 현대적 피임 서비스의 부재, 의료 인력의 역량 부족, 기자재의 부재 등 여러 문제를 드러내고 있었다. 특히 가정분만 비율이 36%에 육박하였다. 가까운 보건소에서 필수 산부인과 서비스나 분만 서비스를 받을 수 없기 때문에 멀리 있는 병원까지 가야 하는 어려움이 있어, 이 과정에서 분만을 위한 장거리 이동을 포기하고 가정분만을 선택하는 경우도 많았다. KOICA 사업의 하나로 보건소 내에서 분만을 비롯한 산부인과 서비스가 가능하도록 의료인력 대상 교육훈련 및 역량 강화가 진행되었고, 현대적 피임 및 기타 필수 모자보건 서비스를 위한 기자재와 의약품 지원도 병행하여 실시하였다. 필리핀 일로일로주 보건부는 본 사업에 주인의식을 강조하고, 지속가능성을 고려하여 의료인력을 자체적으로 보강하는 한편, 의약품 서비스가 사업 이후에도 지속되도록 이를 지역 정부 보건 예산에 적극 반영하였다. 또한 지역 내 1,500명에 이르는 마을 보건 요원들을 훈련시켜 이들이 마을 주민들의 건강 문제를 적극적으로 돌보게 하였다. 이 사업이 종료될 시점, 임신 및 출산 여성들의 산전후 서비스 이용률이 사업 이전 대비 10% 증가하였고, 숙련된 의료인력에 의한 출산 비율도 대략 10% 증가하였다. 이러한 개선된 수치는 일로일로주 지역 전체 주민을 대상으로 한 정부의 보건 통계에 근거한 것으로 통계 결과에 신뢰성을 더해 주었다.

5. 보건 분야 성과와 과제

(1) 국제보건의 성과

　　19세기 사회개혁운동과 함께 진행된 공중보건운동은 인류의 건강에 지대한 기여를 하였다. 인구집단을 대상으로 예방을 강조하며 사회정의와 형평을 실현하고, 근거를 기반으로 한 의사결정을 강조하는 공중보건운동은 국가를 넘어 세계 모든 사람의 건강을 증진하는 데까지 그 영역을 넓혀 왔다. 국제보건은 건강을 결정하는 원인과 해결 방법의 초국적성을 강조하며, 세계 모든 사람이 건강한 삶을 살도록 하기 위한 협력사업과 연구에 주력하고 있다. 구체적인 성과로 건강 수준 향상, 보건의료 접근성 향상, 성공적인 감염병 관리, 효과적인 파트너십 구축을 들 수 있다.

1) 건강 수준 향상

WHO에 따르면 전 세계의 출생 시 기대수명과 건강 기대수명은 2000년 기준 66.8세, 58.3세에서 2019년 73.3세, 63.7세로 각각 증가하였다. 또한 연간 5세 미만 아동사망은 1990년 1,260만 명이 사망하였으나, 2020년에는 500만 명으로 감소하였다. 이러한 건강 기대수명 증가와 아동 사망의 감소는 전 세계적으로 진행된 모자보건 사업의 직접적인 결과이자, 건강의 사회적 결정요인이 개선된 덕분이라고 할 수 있다.

2) 보건의료 접근성 향상

WHO에 따르면 전문 인력에 의한 출산 비율은 2000~2007년 64%에서 2015~2021년 84%로 20%가량 증가하였다. 전 세계를 기준으로 홍역을 포함한 백신을 두 번 접종한 비율은 2000년 18%에서 2018년 70%로 크게 증가하였다. 방글라데시 가임기 여성은 90% 이상이 원할 경우 피임을 할 수 있게 되었고, 이는 출산율 감소로 이어져 많은 아동과 여성이 건강을 확보할 수 있게 되었다. 1960년대에는 10%에 지나지 않았던 전 세계 피임 실천율이 2020년 74%에 이르게 된 것도 국제보건의 성과라 할 수 있다.

3) 감염병 관리

감염병은 항상 건강한 삶과 건강 형평성에 큰 부담이었다. 1990년대 인류는 HIV/AIDS의 확산으로 인류가 멸망할 수도 있다는 공포에 떨기도 하였다. 하지만 2022년 SDGs 보고서에 따르면, HIV에 새롭게 감염된 사람은 150만 명, 사망한 사람은 68만 명으로 감소하여 2010년에 비하여 39% 감소하였다. 결핵 발생률은 2000년 10만 명당 190명에서 2020년

110명으로 감소하였고, 말라리아 발생률은 2000년 1,000명당 80명에서 2015년 57명으로 감소하였다. 3대 감염병의 감소는 포경 수술과 같은 효과적인 HIV/AIDS 예방법, 결핵 치료 및 예방을 위한 DOTS, 살충제 처리 모기장과 같은 효과적인 국제보건 사업이 진행되어 얻은 성과라고 할 수 있다.

4) 국제보건 파트너십

1948년 창설된 WHO에는 198개국이 회원국으로 가입하여 국가 내 공중보건 프로그램을 강화하고 국경을 넘는 보건 문제를 협의하는 플랫폼으로서 기능하고 있다(2022년 12월 기준). 또한 UNFPA, UNAIDS와 같은 국제기구들이 설립되어 특정한 보건 문제에 대응을 하는 등 감염병을 관리하기 위한 플랫폼이 만들어졌으며, 백신 개발과 예방접종을 증진하기 위한 GAVI와 CEPI와 같은 단체와 국제보건 프로그램에 자금을 지원하는 에이즈, 결핵, 말라리아 퇴치 세계기금(Global Fund to Fight AIDS, Tuberculosis and Malaria, GFATM) 등이 활동하고 있다. 공적인 영역에서 활동하는 기관뿐만 아니라 민간기업, 연구소, 대학, 지역사회까지 모두 건강과 건강 형평성 증진이라는 목표를 이루고자 플랫폼 형태로 협력하고 있다.

개발협력에 대한 일부 부정적 의견에도 불구하고 국제보건은 인류의 건강 증진, 특히 가난하고 취약한 계층의 건강 형평성 향상에 기여해 왔다.

(2) 국제보건의 과제

1) 건강 형평성 향상

건강의 사회적 결정요인 개선과 보건의료서비스의 발전으로 인류의 건강 수준은 수십 년 동안 꾸준히 향상되어 왔지만 국가별, 성별, 교육 수준별, 소득 수준별, 지역별 건강 불형평은 더 증가하고 있다. 2022년 SDGs 보고서에 따르면, 5세 이하 아동 사망률은 전 세계적으로 감소하였지만, 사하라 사막 이남 아프리카 국가들의 경우 유럽에 비해 14배가 높다. WHO의 2019년 모성 사망 트렌드 보고서에 따르면, 2017년 모성 사망은 29만 5,000명으로 조사되었는데 이 중 94%는 중저소득국에서 발생했다. 또한 WHO 2015 불평등 보고서에 따르면, DTP(디프테리아(Diphtheria) + 파상풍(Tetanus) + 백일해(Pertussis)) 백신 예방접종은 가장 부유한 계층에서는 86%가 접종한 반면, 가장 빈곤한 그룹에서는 73%만이 접종을 받았다. 영양실조 비율은 교육을 전혀 받지 않은 그룹이 중학교 이상의 교육을 받은 사람에 비해 15% 이상 높았다.

MDGs를 추진한 2000~2015년까지 모자보건, 감염병 관리 등의 목표 달성에 상당한 진전이 있었음에도 건강 불형평은 더욱 심화된 것으로 나타났다. 부타(Zulfiqar A. Bhutta) 교수에 의하면, 모성과 아동 사망률을 감소시키기 위한 사업들의 효과는 하위 소득 집단에서 월등히 높다(Akseer N. et, al., 2016). 즉 동일한 비용의 동일한 사업이 같은 국가 안에서도 계층에 따라 효과가 매우 다르고, 그중에서도 하위 소득수준 집단에 기여하는 효과가 가장 크다는 것을 보여 주고 있다. 국제보건은 취약계층, 차별을 받는 집단, 소수집단에 더 집중해야 한다. 가령 모성 사망비를 감소시키기 위한 가족계획 및 출산 관리 프로그램도 집단 내 최하위 소득수준 집단에 대한 사업(정책, 제도 개선을 포함해서)에 우선순위를 두어야 하는 것이다. 국제개발 사업에서 중저소득국의 보건의료 지표가 지역별, 계층별, 도농별로 세분화되어 있지 않거나, 있어도 정확하지 않아 국가 단위 지표를 활용해 사업을 기획하는 경우가 많다. 그래서 국가 단위 지표를 활용해 열악한 지표를 개선하기 위해 기획한 보건의료 사업이 실제로는 해당 국가에서 비교적 양호한 수준을 보이는 지역에서 수행되는 경우도 찾아볼 수 있다. 향후 보건 분야 국제개발 사업을 통해 건강 수준을 나타내는 지표의 평균값 상승과 동시에 계층, 집단 간의 지표를 개선하기 위해서는 목표로 하는 대상 집단을 명확히 해야 한다.

2) 보건의료서비스 질 향상

건강 수준을 향상하기 위해서는 보건의료서비스의 접근성과 양뿐만 아니라 질도 중요하다. 보건의료서비스의 질은 여러 방법으로 정의되고 있지만, 과학적 근거에 기반한 효과성, 서비스의 안전성, 사람 중심의 의료서비스 제공으로 측정된다. 특히 적절한 시간에 성별, 인종별, 사회경제적 차이와 상관없이 형평성 있게, 전 생애주기 동안 지속적이고 일관성 있게, 효율적으로 제공되는 것을 양질의 보건의료서비스라고 부른다.

보편적 의료보장을 달성하기 위하여 양질의 보건의료서비스 제공이 큰 관심을 받고 있으나, 양질의 보건의료서비스를 제공하기 위해서는 보건의료 시스템이 전반적으로 개선이 되어야 할 뿐만 아니라, 일차보건의료의 정신에 따라 지역주민과 시민사회가 주체적으로 보건의료서비스의 발굴 제공, 모니터링, 평가하는 데 적극적으로 개입해야 한다.

3) 보건을 넘어선 다분야 접근

건강한 삶은 그 자체로 하나의 목적이기도 하며, 동시에 사회, 문화, 교육, 노동, 환경, 정치 등 삶의 질과 관련된 여러 측면을 통합하는 요소로서도 중요하게 작용한다. 국제개발에서 고립된 영역처럼 별개로 다루어진 보건사업의 접근법이 갖는 한계를 비판하며, 보건 영역이 교육, 농업, 환경, 에너지, 거버넌스 등 모든 개발 영역을 고려하며 통합적으로 접근되어야 함을 강조하고 있다. 국가적으로, 그리고 국제적으로 건강과 건강 형평성 향상을 위해서는 '모든 정책 안에서 보건을 다루는' 접근 방법이 필요하다. 이를 위해서는 법, 제도, 건강에 대한 적절한 투자, 성평등, 사회정의, 소수자들에 대한 낙인 및 차별, 공정한 무역 관계, 대외 채무 등에서 건강한 삶을 전체적으로 고려해야 한다.

📋 필수개념 정리

국제보건(Global health): 국제보건은 모든 사람의 건강과 건강 형평성을 증진하는 데 우선을 두는 학문, 연구 및 사업 영역을 의미한다. 국제보건은 건강뿐만 아니라, 건강을 결정짓는 원인과 그 해결 방법의 초국적성을 강조하며, 건강과 관련된 불평등의 문제를 해결하고, 건강 형평성을 추구한다.

건강 형평성(Health equity): 건강 불형평은 서로 다른 집단 사이에 '체계적'으로 나타나는 '공정'하지 못한 건강의 불평등한 차이를 뜻한다. 피할 수 있지만 피하지 못한다는 의미에서 공정하지 못한 건강 차이를 나타내고, 우연이 아닌 사회구조적 요인 때문에 일관되게 나타나는 것을 체계적인 차이라고 표현한다.

건강의 사회적 결정요인(Social determinant of health): 건강의 사회적 결정요인이란 개인 및 집단의 건강에 영향을 미치는 사회적·경제적 요소들을 일컫는 말로, 사람의 출생과 성장, 생활, 노동, 노화의 조건을 말한다. 건강의 사회적 결정요인은 돈, 권력, 자원의 불평등한 분포를 통해 사람이 살아가는 직접적이고 가시적인 환경의 조건에 불공정성(unfairness)을 초래하고, 결과적으로 건강의 불평등에 영향을 미친다.

알마아타선언(Alma Ata Declaration): 1978년 소련의 알마아타에서 채택된 선언으로, 2000년까지 모든 사람이 사회경제적으로 생산적인 삶을 영위할 수 있는 건강 수준에 도달할 것을 목표로 제시하였으며, 이러한 목표를 달성하기 위해 일차보건의료를 주장하였다.

일차보건의료(Primary health care): 일차보건의료는 지역사회의 건강을 증진하기 위해 건강 증진, 예방, 치료, 재활서비스를 제공하고, 보건뿐만 아니라 농업, 식품, 교육, 주택 등 모든 부문의 협력을 추구한다. 또한 지역 주민이 중심이 되어 보건의료 인력과 동반자적인 관계에서 지역사회 내에 포괄적인 보건의료서비스를 제공할 것을 강조한다.

보편적 의료보장(Universal Health Coverage): 보편적 의료보장은 모든 사람이 재정적 어려움 없이 양질의 필수 보건의료서비스를 받을 수 있도록 보장하고자 하는 개념이다. 보건의료서비스의 대상, 제공하는 필수 보건의료서비스의 범위, 재정 지원의 방법과 정도의 세 축으로 개념화할 수 있다.

 토론점

1. 공중보건, 세계보건, 국제보건은 각각 대상과 지향하는 목표가 다르다. 각각의 공통점과 차이점에 대해서 토론해 보자.
2. 건강을 증진하기 위한 보건과 건강뿐만 아니라 건강 형평성을 증진하기 위한 국제보건은 무엇이 다른가? 보건에는 속하지만 국제보건이 아닌 것은 무엇이 있는지 토론해 보자.
3. 개인과 집단의 건강 수준의 차이를 건강 불평등이라고 한다. 건강 불평등 중 피할 수 있고, 구조적인 이유 때문에 발생한 차이를 건강 불형평이라고 한다. 건강 불평등 중 건강 불형평인 것과 건강 불형평이 아닌 것의 예를 각각 들어 보고 건강 불형평을 줄이기 위해서 할 수 있는 방안을 토론해 보자.

4. 국제보건의 윤리로 자율성 존중의 원칙, 악행 금지의 원칙, 선행의 원칙, 정의의 원칙 등 다양한 기준이 있다. 본인이 생각하는 윤리적인 국제보건 활동이란 무엇인가 논의해 본다.

5. 다양한 질병 양상 및 질병 부담의 변화 속에서, 한정된 자원을 가지고 건강과 건강 형평성 개선을 위해서는 우선순위 설정이 필요하다. 국제보건의 우선순위 설정 기준을 논의해 본다.

 읽을거리

권력의 병리학: 왜 질병은 가난한 사람들에게 먼저 찾아오는가

폴 파머 지음 | 김주연, 리병도 옮김 | 후마니타스 | 2009

질병과 가난, 인권의 침해는 우연히 일어나지 않으며, 그 분포와 영향력 역시 무작위로 나타나지 않는다고 지적한다. 즉 질병과 가난, 인권의 침해는 근본적으로 권력에 의한 병리 증상으로, 누가 고통을 받고 누가 보호를 받는지를 결정하는 사회적 조건과 밀접하게 연관되었음을 밝히고 있다.

수백만 명을 살린 국제보건의 성공사례

룻 레빈 지음 | 김춘배, 남은우, 김창수 옮김 | 조명문화사 | 2014

국제보건의 주요 과제별 기본원칙, 질병 부담에서 성공에 이르기까지 다양한 사례가 수록되어 있다. 천연두, 결핵, HIV/AIDS, 소외열대성질환, 흡연 등 전 세계 대표적 보건사업의 성공 사례를 접할 수 있다.

국제 보건 실태의 재조명

폴 파머, 김용, 아서 클레인먼, 매슈 바실리코 지음 ┃ 김아림 옮김 ┃ 생각과 사람들 ┃ 2014

김용 세계은행 총재와 폴 파머(Paul Farmer), 아서 클레인먼(Arthur Kleinman), 매슈 바실리코(Matthew Basilico)의 강의 내용을 바탕으로 한 국제보건 분야 개론서이다.

평등해야 건강하다: 불평등은 어떻게 사회를 병들게 하는가

리처드 윌킨슨 지음 ┃ 김홍수영 옮김 ┃ 후마니타스 ┃ 2008

불평등이 어떻게 개인과 한 사회를 병들게 하는지 구체적인 실험과 증거를 기반으로 하여 매우 쉽게 전개해 나간 책으로 불평등과 건강의 관계를 이해하기 위한 필독서이다.

제3장
농촌개발

이효정 E&S 컨설팅 대표

1. 농림수산업 및 농촌개발의 이해   189

2. 세계 농업 현황   195

3. 농촌개발 분야 국제개발협력 동향   209

4. 농촌개발 분야 KOICA 지원 현황과 전략   226

5. 농촌개발 분야 주안점과 과제   240

- 학습목표 -

1. 농림수산업 및 농촌개발의 개념과 개발도상국 지원의 필요성을 이해한다.

2. 전 세계 농업 현황과 농업 발전을 통해 빈곤을 극복하기 위한
국제사회의 노력을 이해한다.

3. KOICA의 농촌개발 분야 지원전략과 현황을 이해하고 전략별 성과지표를 확인하며,
농촌개발 사업의 성과관리 개념을 이해한다.

4. 우수 사례 연구를 통해 농촌개발 분야 국제개발협력 사업에서
고려해야 할 점을 파악한다.

1. 농림수산업 및 농촌개발의 이해

(1) 농림수산업 및 농촌개발의 개념

농업은 인간의 생존과 번영에 필요한 식량과 기타 생필품을 생산하기 위해 토지를 기반으로 농작물을 재배하거나 가축을 사육하고, 생산물을 가공·판매하는 일련의 행위, 산업 혹은 직업으로 정의할 수 있다.

임업은 생산 활동이 임지를 중심으로 이루어지고, 생산되는 재화가 임산물이며 생산 주체가 임업인이라는 점에서 농업과 차이는 있지만, 산업의 특성이 농업과 매우 유사하여 넓은 의미의 농업 개념에 포함되기도 한다. 임지와 농지가 인접하여 임업과 농업을 병행할 수도 있으며, 실제로 임업과 농업이 혼재된 혼농임업(agroforestry)[1]을 하나의 산업 형태로 구분하기도 한다.

---

[1] 혼농임업(agroforestry): 농업과 임업을 겸하면서 축산업까지 도입하여 서로의 장점으로 지속 농업을 가능하게 하는 복합영농의 한 형태(산림청 산림임업용어사전, 2022.7.10.검색)

수산업은 수산물의 생산을 목적으로 해양과 내륙 수계(水系) 중심의 어획·양식·제조·가공 등 다양한 형태의 생산 활동이 이루어지는 산업이다. 업태에 따라 어업, 양식업, 수산가공업 등으로 구분되며, 생산 활동이 이루어지는 장소에 따라 해수면 어업과 내수면 어업으로 구분하기도 한다.

농촌은 농림수산업의 생산 활동이 주로 이루어지는 공간이면서, 동시에 지역주민의 삶의 터전이자, 자연을 보전하고 생태계의 다양성을 유지하는 역할을 한다. 농촌개발은 도시가 아닌 농촌 지역에 거주하는 주민을 대상으로 이들의 삶의 질을 개선하고 지역의 다양한 가치를 재발견하여 주민의 생계 향상과 소득을 증대하기 위한 활동을 지원하는 것을 의미한다. 국제개발협력 분야에서 농촌개발은 농촌뿐만 아니라 산촌, 어촌을 포함한 의미로 쓰이고 있다.

일반적으로 농촌개발 분야 개발협력은 농업생산단계의 기술 중심에서, 최근에는 가공·유통·판매 단계까지 확장된 개념으로 다루어진다. 이것이 이른바 농업의 가치사슬(agricultural value chain)이다. 가치사슬은 초기의 투입-공급 단계에서 다양한 생산단계를 거쳐 최종 시장 목적지까지 필요한 전체 활동 범위를 의미한다(UNIDO, 2009).

(2) 농업과 농촌개발의 기능과 역할

농업, 임업, 수산업은 자연 자원에 의존하여 생명체를 다루는 산업인 동시에, 이를 통해 생산된 재화는 인간 생존을 위해 소비되기 때문에 생명산업으로서의 의미가 매우 크다.

1845~1852년 아일랜드에서 발생한 대기근(Great Famine)은 대표적으

로 농업 생산과 국민의 생명이 직결되는 상황을 설명하는 사례이다. 감자 마름병[2]이 아일랜드 전역에 발생하여 당시 주식이던 감자의 생산량이 크게 감소하였다. 그 바람에 많은 아일랜드인이 굶주렸고, 급기야 아일랜드 전체 인구의 약 20%가 기근으로 사망하거나 고국을 떠나 해외로 이주하게 되는 계기가 되었다. 또한 2019년 시작된 코로나19 팬데믹과 2022년 '세계의 곡물 창고'인 러시아와 우크라이나 사이에서 전쟁이 발발하자 상당수 국가들은 즉각 자국에서 생산된 농산물 수출을 금지하였고, 식량을 수입에 의존하고 있는 국가들은 식량안보의 위험성과 중요성을 더욱 실감하게 되었다.

농업은 식량 공급 기능 이외에도 인간의 삶과 환경에 다양한 기능을 하고 있다. 이것이 이른바 농업의 다원적 기능(multifunctionality)이다. 이것은 1992년 리우회의에서 처음 언급된 용어로, 농업의 활동이 식량을 생산하는 역할을 넘어 천연자원의 관리, 경관과 생물다양성의 보존, 농촌의 사회경제적 발전에 기여하는 등의 여러 기능을 하고 있다는 것을 의미한다. 농업의 기본적인 기능은 안정적으로 충분한 양의 영양가 있는 식량을 공급하는 식량안보의 기능이다. 사회적 기능에는 도시화 완화, 농촌공동체 유지, 국민 정서 순화 및 치유 등이 포함되고, 문화적 기능에는 전통문화의 계승·발전과 아름다운 경관 제공 등이 포함된다. 환경적 기능에는 홍수 방지 및 조절, 수자원 함양, 토양 유실 방지, 대기 정화, 생물의 다양성 유지 및 생태계 보전 등을 말한다. 경제적 기능에는 1차산업에 기초한 지

---

2 감자역병(Late blight)이라고도 불리며, 초기에는 연녹색이나 진한 녹색의 부정형 작은 반점이 잎에 나타난다. 환경이 적당하면 병은 순식간에 번지는데, 적갈색의 큰 괴저 병반이 잎에 먼저 생기고 나중에 잎줄기와 줄기로 번져 포기 전체가 결국 말라죽는다.(국가농작물병해충관리시스템, 2022.7.10.검색)

역 간 균형발전, 실물경제를 중심으로 한 경제위기 완화, 신성장 동력 등
이 포함된다.

　　또한 농업의 빈곤 극복 기능도 인간의 생존권 보장과 직결된다는 점
에서 결코 간과할 수 없다. 하루 1.9달러 이하로 생활하는 10억 인구[3]의
대부분이 농촌에 거주하며 농업에 종사한다. 이것이 바로 국제사회가 빈
곤 문제의 해법을 농업·농촌 부문에서 찾고 국제개발협력에서 농업·농
촌개발을 중요하게 여기는 이유이다. 농업에서 평균 국내총생산(Gross
Domestic Product, GDP)의 1%가 증가하면 다른 부문에서 평균 GDP 1%가
증가하는 것보다 5배나 큰 빈곤 극복 효과가 있다. 또한 농업 생산이 10%
증가하면 아프리카에서는 7%, 아시아에서는 5% 이상의 빈곤 극복 효과
가 있다는 연구 결과도 있다(IFAD and UNEP, 2013).

　　농업은 산업화 과정에서도 중요한 역할을 한다. 농업 부문의 잉여분
을 산업화 초기의 도시화와 공업화에 필요한 자본으로 투입하고, 농촌은
공산품 소비시장의 역할뿐만 아니라 공업화에 투입되는 노동력을 저렴
하게 공급하는 역할도 한다. 다시 말해 한 국가의 산업화는 농업·농촌 부
문의 발전과 이를 통한 자본과 노동력의 원활한 공급 능력에 의해 좌우된
다. 만약 농업·농촌 부문의 발전이 정체되면 농촌 부문의 인적·물적 자원
이 공업·도시 부문으로 원활하게 이동하지 못하는 병목현상이 나타나 산
업화가 더디게 진행되고, 더 나아가 전체 국가 발전에 영향을 미친다. 농
업과 농촌 지역에 대한 투자는 다른 산업에 대한 투자보다 빈곤 감소에 3
배 더 효과적이며, 저소득국에서 농업은 총인구의 60%에게 일자리를 제

---

3 "Our World in Data". 출처: https://ourworldindata.org 참조(2022.7.10.검색)

공한다[4](FAO et, al., 2020).

산업화 과정에서 농업 부문의 노동력과 자본의 유출은 어느 단계까지는 농촌의 잉여 노동력을 해소하고 공업 부문의 농업 투입재 공급을 원활히 하여 농업 생산성 향상에 긍정적으로 작용한다. 그러나 산업화가 지속되면 농업·농촌 분야로 노동력과 자본 유입이 줄어들기 때문에 타 산업과 비교해 상대적으로 위축된다. 우리나라의 경우, 전체 인구에서 농가인구가 차지하는 비중은 1998년 46.7%에서 2021년 4.3%까지 하락하였고,[5] GDP 대비 농림업의 부가가치 비중은 2020년 1.8%를 나타냈다.[6] 그 외에도 농촌인구의 고령화 등에 따른 노동력 부족과 그에 따른 농지 황폐화, 도농 간 소득격차, 농촌 지역 교육·문화·의료 등 생활 인프라 부족과 같은 문제에 당면해 있다.

그럼에도 농업의 식량안보 기능을 비롯한 다원적 기능의 가치를 높이 평가하여 세계 각국은 자국 농업의 지속가능한 발전을 위한 지원을 아끼지 않고 있다. 특히 선진국일수록 농가소득 증가, 농업생산 인프라 구축, 농촌주민의 삶의 질 향상, 농업기술 개발 및 보급 등을 목적으로 보조금 혹은 프로젝트 사업의 형태로 많은 재정을 투입하고 있다. 개발도상국들도 경제발전 과정에서 농업의 역할과 농업의 다원적 기능의 중요성을 인식하고 있기 때문에 농업 부문에 대한 정책적 지원에 힘쓰고 있다.

2018~2020년 경제협력개발기구(Organization for Economic Cooperation

4 FAO, IFAD, UNICEF, WFP and WHO, "The State of Food Security and Nutrition in the World 2020: Transforming food systems for affordable healthy diets",(2022)

5 e-나라지표. "농가 및 농가인구".
출처: https://www.index.go.kr/unity/potal/main/EachDtlPageDetail.do?idx_cd=2745(2022.11.19.검색)

6 e-나라지표. "농림업 생산액 및 GDP대비 부가가치 비중".
출처: https://www.index.go.kr/unity/potal/main/EachDtlPageDetail.do?idx_cd=2744(2022.7.10.검색)

and Development, OECD) 국가들은 농업 부문에 연평균 3,290억 달러를 지원하였는데, 총 지원 금액은 증가하였으나 경제 규모가 성장함에 따라 국가 GDP에서 농업 부문이 차지하는 비중은 지속적으로 낮아지고 있는 상황이다. 농업 부문 지원액의 73%(2,400만 달러)는 생산에 대한 보조금으로 이용되며, 이는 총 농가 수입의 18.2%를 차지한다. 한편 같은 기간 12개의 신흥 개발도상국(emerging market)[7]은 연평균 3,850억 달러를 농업에 투자하였으며, 이 중 약 76%(2,940억 달러)가 생산자에게 돌아갔다.

이처럼 선진국과 개발도상국 구분 없이 농업 부문의 지원에 힘쓰는 것은 농업의 중요성을 대변하는 동시에 농업의 취약성을 방증하는 것이기도 하다. 다시 말해 농업은 다른 산업에 비해 경영상의 불확실성이 매우 크기 때문에 농업을 기피하거나 이농·탈농하는 현상이 보편화되어 있다. 따라서 농업의 경영 안정과 지속가능한 발전을 도모하기 위해서는 외부의 지원이 불가피하다.

여기서 말하는 지속가능한 농업이란 첫째, 노동력 공급이 원활하게 이루어져 농업의 생산 주체인 농민이 꾸준하게 농사를 지을 수 있고, 둘째, 농촌 지역에 기초적인 생활 인프라가 개선되어 지역주민의 삶의 질이 개선되며, 셋째, 인간 중심의 약탈식 농법에서 벗어나 환경친화적인 농법을 도입함으로써 인간과 자연이 상생하는 농업을 의미한다. 이와 같은 지속가능한 농업이 실현될 때 농업은 비로소 다원적 기능을 발휘하고 그 가치를 제대로 발현할 수 있다.

---

7 남아프리카공화국, 러시아, 베트남, 브라질, 아르헨티나, 우크라이나, 인도, 인도네시아, 중국, 카자흐스탄, 코스타리카, 필리핀

2. 세계 농업 현황

(1) 세계 식량안보 현황

식량농업기구(Food and Agriculture Organization of the UN, FAO)에서
는 매월 주요 식품의 국제가격 변화를 측정하여 FAO 식품가격지수(Food
Price Index)[8]를 발표한다. <그림 3-1>과 같이 전세계적인 곡물과 유지류 생
산국가인 러시아와 우크라이나의 전쟁으로 인해 이 지수는 사상 최고치
를 기록한 바 있다.

---

[8] FAO 식품가격지수(FAO Food Price Index)는 2014~2016년 동안 각 그룹의 평균 가격을 100으로 하고 가중치를
부여한 5개 상품(곡물, 설탕, 식물성기름, 유제품, 육류) 가격지수의 평균으로 구성되며, 국제 가격의 월별 변화를
측정한 지표이다.

<그림 3-1> FAO 식품가격지수 변화 추이(1961~2022)

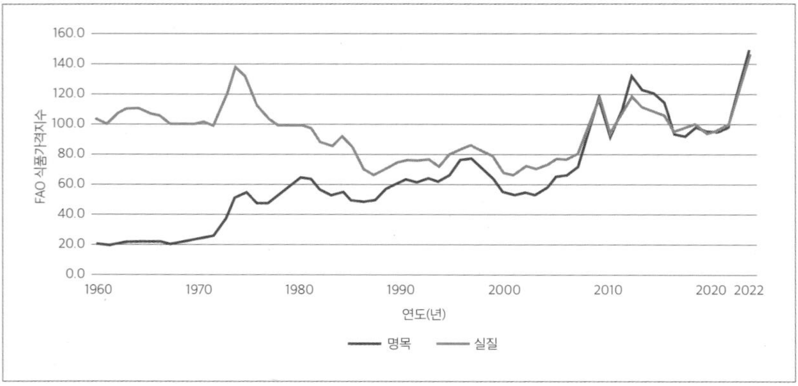

출처 : FAO World Food Situation[9](2022.7.10. 검색)

기후변화는 농작물의 재배 여건을 변화시킬 뿐만 아니라 가뭄, 홍수, 냉해 등 자연재해를 유발함으로써 농산물 생산량을 감소시킨다. 특히 이러한 자연재해가 주요 식량 생산국에 집중될 경우, 세계 식량 공급량은 급감하게 된다. 이상기후에 따른 작황 부진으로 생산량이 감소하여 주요 식량 수출국이 수출을 제한하면 식량 수입국은 식량안보를 위협받게 된다. 2008년 세계 식량 위기 당시, 중국의 곡물 수출 통제와 러시아의 밀 수출 금지가 대표적인 예이다. 이러한 조치는 2019년 코로나19 팬데믹과 2022년 러시아-우크라이나 전쟁 이후에도 반복되고 있다.

자연재해와 같은 불확실성의 증가 이외에 농업 생산 여건의 악화도 식량 공급 감소의 중요한 요인이다. 도시화, 지구온난화에 따른 사막화로 가용 농지 면적이 감소하고 있다. 또한 농업에서 물은 필수 투입요소로

---

9 FAO. "FAO World Food Situation".
　출처: https://www.fao.org/worldfoodsituation/foodpricesindex/en(2022.7.10.검색)

서, 전체 수자원의 이용 중 약 70%를 차지하지만 지하수의 과도한 이용, 지구온난화로 인한 수분 증발량 증가, 공업화와 생활오수로 인한 지표수 오염의 심화 등으로 농업용수 확보가 갈수록 어려워지고 있다. 결국 농업 투입요소가 감소함으로써 식량 생산성의 지속적인 제고는 쉽지 않을 것으로 예상된다.

전쟁과 식량

크림반도를 둘러싸고 2014년부터 지속되어 온 러시아와 우크라이나의 갈등은 2022년 2월 24일 전쟁으로 확대되었다.

세계 곡물창고로 불리는 두 국가 간의 전쟁은 코로나19 및 경제침체 상황과 맞물려 전 세계 식량 가격의 폭등을 초래하였다.

러시아와 우크라이나는 밀, 보리, 옥수수, 식물성기름(해바라기, 유채)의 세계적인 수출국이다. 특히 밀 수출의 경우 러시아는 세계 1위(20%), 우크라이나는 세계 5위(10%)를 차지하고 있다(2022년 기준). 또한 이 두 국가는 전 세계 보리 생산량의 20%를 차지하는데 러시아와 우크라이나는 각각 3위와 4위의 수출국이다.

특히 우크라이나는 세계 최대 해바라기씨 생산국이며, 옥수수와 유채의 3위 수출국이다. 미 대륙을 제외하고 가장 큰 대두 수출국으로, 특히 비 유전자변형농산물(Non-GMO), 유기농 사료의 주요 수출국으로서 국제시장에서 중요한 역할을 하는 국가이다. 러시아와의 전쟁 이후 우크라이나 정부는 밀, 귀리, 수수, 메밀, 설탕, 육류, 가축 등의 품목에 대해 2022년 말까지 수출을 금지하는 조치를 취했으며, 러시아 또한 주요 곡물에 대해 자국에 우선 공급하겠다는 계획을 발표하였다. 국제 식량 가격은 지난해 대비 20.7% 상승했으며, 시카고 상품거래소에서 밀 선물가격이 60% 이상 폭등하는 등 전쟁으로 말미암아 식량안보 위기가 고조되고 있다.

출처 : OECD, FAO(2022: 22);
AP News(2022.3.9.보도)

국제사회의 궁극적인 목표는 빈곤과 기아의 극복이다. 식량 불안정 (food insecurity)은 개인에게는 영양결핍과 삶의 질 저하를 가져오지만, 국

가적으로는 취약계층의 생계에 부정적인 영향을 미쳐 국가의 경제적·사
회적 손실을 일으키는 요인이 되기도 한다. 이렇듯 빈곤과 기아에 직간접
적 관계가 깊은 식량문제는 농업을 기반으로 하고 있으며, 식량안보 문제
해결에서 나아가 농산물의 생산에서 소비까지 이어지는 전체 가치사슬을
확대함으로써 개발도상국 소농의 지속가능한 소득을 증진하는 것이 중요
하다.

<그림 3-2> 대륙별 식량 불안정(food insecurity) 변화 추이

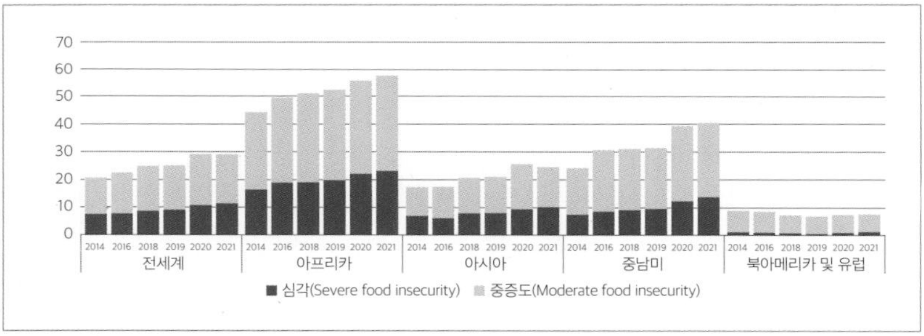

출처 : FAO et, al.(2022)

<그림 3-2>에서는 대륙별 식량 불안정 현황을 설명하고 있다. 물리
적·재정적인 여건으로 인해 식량을 충분히 확보하지 못한 인구는 2014년
이후 지속적으로 증가하고 있으며, 특히 코로나19 팬데믹이 확산된 2020
년 이후 급격히 상승한 것을 알 수 있다. 2021년 전 세계 식량 불안정 지
표는 29.3%였으며, 대륙별로 뚜렷한 차이를 보이고 있다. 아프리카 지역
에서는 100명 중 58명이 충분한 식량을 확보하지 못한 반면, 선진국인 북
미와 유럽은 100명 중 8명 이하인 것으로 조사되었다. 또한 2020년 이후
중남미의 식량 상황이 급속도로 악화하고 있으며, 아시아가 그 뒤를 따르
고 있다.

국제적인 식량 공급 불안정에 따른 가격 상승은 빈곤국의 재정적 부담을 가져올 뿐만 아니라 원조 기구의 재원 마련도 어렵게 한다. 식량 공급이 감소하면 식량 접근성이 떨어지고 원조 비용을 상승시킨다. 특히 전쟁, 자연재해 등으로 긴급한 식량 지원이 필요할 경우, 충분한 식량을 제때 확보하기 어려워진다. 결국 식량 공급 불안정은 식량 접근성을 하락시키고 원조 비용을 높여 원조의 효과성을 떨어뜨리는 주된 요인 중 하나이다.

(2) 세계 농산업 현황

세계 농산업은 '빈익빈 부익부'의 단면을 그대로 보여 주며, 세계 농산업의 지형도는 빈곤 분포도와 비슷한 패턴을 보인다. 대부분의 선진국이 북반구에 있는 것처럼, 주요 식량 생산국과 수출국도 대부분 북반구에 자리한 선진국들이다. 대표적인 국가는 미국, EU 회원국, 캐나다 등이고, 그 외에 러시아, 우크라이나, 카자흐스탄 등의 개발도상국도 포함된다. 남반구에 위치한 식량 수출국으로는 호주와 아르헨티나가 대표적이다.

또한 농업은 다른 부문에 비해 상대적으로 취약하기 때문에, 선진국은 산업화 과정에서 농업에 대한 재정적 투자와 정책적 지원을 더욱 확대하였다. 이로 인해 세계 농산업 발전을 선도하고 있으며, 농업 부문에서 비교우위를 차지하고 있다. 반면 아프리카, 일부 아시아, 중남미 국가들은 농업을 기반으로 하거나 산업화 초기 단계에 있는 국가들이 대부분이다. 전체 국민경제에서 농업이 차지하는 비중이 크지만, 정부의 재정적 지원 능력의 한계와 민간 부문의 투자 부족으로 농업은 낙후한 상태에 머물러 있다. 국가별로 차이는 있으나, 많은 개발도상국에서 충분한 농업

자원에 기초한 발전 잠재력을 보유하고 있음에도 불구하고 기술과 인프라가 부족하고, 가치사슬의 연결이 어려우며, 정책의 지원 체계가 부재하여 식량 공급이라는 농업의 가장 기본적인 기능조차 제대로 작동하지 못하고 있다.

그 결과, 세계 식량 교역의 흐름은 대체로 북반구에서 남반구로, 선진국에서 개발도상국으로 움직이는 양상을 보인다. 예를 들어 옥수수와 밀은 북미(미국), 러시아, 우크라이나에서 생산되어 아프리카, 아시아, 중미로 수출된다. 이와 같은 식량 교역의 흐름은 남반구에 자리한 개발도상국들의 식량안보가 주로 북반구에 분포한 선진국 위주 식량 수출국의 식량 수급 상황에 좌우될 수 있음을 보여 준다.

소수의 곡물 메이저가 세계 곡물 시장을 지배하고 있다는 점도 세계 농산업의 특징 중 하나이다. 이른바 'ABCD'로 불리는 미국의 아처 대니얼스 미들랜드(Archer Daniels Midland), 아르헨티나의 벙기(Bunge), 미국의 카길(Cargill), 프랑스의 루이 드레퓌스(Louis Dreyfus)가 세계 곡물 시장의 약 80%를 점유하고 있다. 이들은 모두 다국적 기업으로 선진국뿐만 아니라 개발도상국의 곡물 교역에도 관여하고 있으며, 가공·금융·농자재·바이오연료·종자·컨설팅 등 다양한 분야로 사업 영역을 확장하고 있다. 이는 세계 농산업이 점차 곡물 메이저의 영향력 안에서 움직일 수 있음을 시사한다. 결국 이들이 시장지배력을 더욱 확대하고 이윤극대화를 추구할 경우 농산물 소비자와 생산자 모두 피해를 볼 수 있다. 특히 국제시장에서 협상력이 약한 개발도상국과 개발도상국 내에서도 주요 취약계층으로 분류되는 소규모 농가가 직접적인 영향을 받을 가능성이 크다.

(3) 지역별 농업환경 및 현황

　개발도상국의 농업은 노동력 과잉, 자원 부족, 경영 규모가 영세한 소농 위주, 낮은 생산성, 취약한 위험 대처 능력, 기술과 금융서비스에 대한 낮은 접근성, 가치사슬 간 비연계, 정부의 재정적 지원 능력 한계 등의 공통점을 갖고 있다. 그러나 개발도상국 농업의 특징을 일반화하기에는 지역별, 국가별, 대륙별 농업생산 여건이 매우 상이하다. 따라서 기본적으로 대륙별 농업환경과 현황을 구분하여 살펴볼 필요가 있다.

1) 아시아

　아시아 국가들은 농업 기반 국가에서 도시화 국가로 전환하는 국가가 많으며,[10] 이러한 국가들은 주로 남아시아와 동남아시아에 있다. 대표적인 국가는 남아시아의 방글라데시, 스리랑카, 인도, 파키스탄 등과 동남아시아의 베트남, 인도네시아, 캄보디아, 태국 등이다.

　아시아는 지역 범위가 넓고 기후와 식생이 다양하기 때문에 국가별 농업 발전 수준이 다르고 생산 패턴에도 차이가 있다. 특히 동남아시아와 남아시아는 빈곤 인구가 많이 분포하고 있다는 공통점이 있지만, 농업생산 환경에는 큰 차이가 있다. 동남아시아 국가들은 열대지역에 분포하며 대체로 강수량이 풍부하고 토양이 비옥한 편이지만, 생산 여건이 비교적 열악한 화산 폭발 지역도 있다. 또한 인구밀도가 높고 토지 소유권이 소

---

10 국민경제에서 농업이 차지하는 비중과 전체 빈곤 가운데 농촌 지역이 차지하는 비중을 근거로 하여 농업 기반 국가(agriculture based countries), 전환 국가(transforming countries), 도시화 국가(urbanized countries)로 구분한다(World Bank, 2007).

수의 특권층에 편중되어 농가 대부분의 영농 규모가 매우 영세하며, 화전 농법 등을 통한 무분별한 토지개발로 환경이 파괴되기도 한다. 동남아시아 지역에서는 쌀, 카사바(cassava), 팜유, 열대과일 등이 생산된다. 특히 쌀은 주식이면서 발전 잠재력이 큰 작물이지만 종자와 재배기술의 낙후, 관개시설 등의 인프라 부족으로 생산성이 기대치에 미치지 못하고 있다. 남아시아에는 강수량이 적은 반건조지역이 넓게 분포하고 있기 때문에 농업 생산성이 비교적 낮다. 또한 쌀과 밀 등 수익성이 낮은 전통 작물의 재배면적이 줄고, 과일, 채소, 축산물, 낙농제품 등 부가가치가 높은 작물의 생산 비중이 증가하면서 곡물 생산량이 감소하는 추세이다.

2) 아프리카

아프리카 국가들은 대부분 여전히 농업 기반 국가에 속하며, 농업이 국민경제에서 차지하는 비중은 매우 높고, 인구 대부분이 농촌 지역에 거주하고 있다. 아프리카 국가의 대부분은 농업 부문 전반에 걸쳐 총체적 문제점을 안고 있다. 즉 생산-가공-유통-시장으로 이어지는 농업 가치사슬이 형성되어 있지 않거나, 형성되었다고 할지라도 각 단계별로 개선할 점이 많다. 다시 말해 생산단계에서는 토지와 수자원의 개발 및 관리시스템 강화를 통한 자원 이용의 효율성 제고, 농업생산에 필요한 인프라 확충과 생산기술 개선을 통한 생산성 향상이 필요하고, 가공단계에서는 수확 후 관리기술 보급 및 가공시설 설립을 통한 생산물 손실의 최소화와 부가가치 향상이 필요하다. 유통단계에서는 도로 개설, 유통시설 확충은 물론 관련 제도 정비를 통한 농산물 유통시스템 개선이 필요하며, 수출단계에서는 수출용 농산물의 품질 제고, 식품검역 관련 제도 정비를 통한 수출망 확대 등이 필요하다.

이 지역은 개발 가능한 풍부한 토지자원을 보유하고 있지만, 토지 소유권이 일부 계층에 편중되어 있어 소농 구조가 보편화되어 있다. 산성비와 집중 강우로 토양의 산성화, 약탈식 농업[11]에 따른 토질의 저하가 심화됨으로써 생산성이 낮아지고 있다. 또한 수자원이 절대적으로 부족하거나 수자원 관리시스템이 열악하여 원활한 농업용수 공급이 어려워 낮은 생산성을 초래하기도 한다.

아프리카 지역에서 주로 생산되는 곡물은 카사바, 얌(yam), 수수, 기장(millet), 테프(teff) 등이며, 운송 및 유통비용이 높아 권역 내에서는 물론 국제적 교역이 거의 이루어지지 않고 있다. 물론 케냐의 차와 화훼, 세네갈의 생선 등과 같이 국제 교역 시장에서 경쟁력을 갖춘 품목들도 있다.

3) 중남미

중남미 국가들은 대부분 도시화 국가에 속한다. 도시화 국가에서는 대규모 상업농이 나타나면서 농업 노동자에 대한 수요가 증가하고, 농산물 가공업이 발전함으로써 농촌 여성을 포함한 잉여 노동력을 위한 일자리를 창출하게 된다. 이는 농촌주민의 임금 소득을 증대시킴으로써 농촌의 빈곤 문제를 해소하는 데 도움이 된다. 한편 기계화·규모화·현대화를 통한 농업의 기술, 자본집약적 발전은 오히려 농촌의 노동력 수요를 감소시켜 농촌 빈곤을 악화시킬 수도 있다. 또한 정부의 지원이 대규모 농가에 편중됨으로써 소규모 농가는 정책적 지원에서 소외될 수도 있다. 중남미 국가들이 바로 이러한 문제에 직면하고 있다.

---

11 비료나 거름을 투입하지 않고 토지의 지력에만 의존하여 농작물을 경작하는 방법 의미

   농업이 차지하는 비중은 열대지역과 온대지역을 불문하고 중남미 전체 경제에서 세계 평균 수준보다는 낮지만, 여전히 큰 비중을 차지하고 있다. 축산업이 매우 보편화되었으며, 축산물은 주요 수출 품목의 하나이다. 또한 농업 부문의 발전 잠재력이 매우 큼에도 관련 기반시설과 서비스 조건이 열악하여 아프리카, 동남아시아 지역과 마찬가지로 농지의 이용효율과 생산성이 매우 낮은 편이다. 따라서 농업 금융서비스 제공, 저장시설과 마케팅 개선, 도로교통시스템 개선, 영농기술 교육훈련 등을 통해 농업 혹은 축산업의 생산성을 제고할 수 있다. 이는 특히 평균 경작면적이 약 10에이커(ac, 약 40,000㎡) 이하이고 전체 농가의 3/4을 차지하는 소규모 농가의 소득 증대에 도움이 될 것이다. 비록 중남미 지역 농업 부문의 노동 인구는 전체 노동인구의 1/3로 세계 평균인 50%보다 낮지만, 이 지역의 실업문제가 매우 심각한 상황에서 농업 발전을 통한 농업 부문의 일자리 창출은 실업문제를 해소하는 데도 도움이 될 것이다.

   브라질, 아르헨티나를 포함한 중남미 지역의 대표 곡물로는 이 지역이 원산지로 알려진 옥수수와 대두가 있다. 최근 바이오연료의 생산 증가와 중국을 중심으로 한 소비 증가로 옥수수와 대두의 재배면적이 크게 확대되고 있다. 이는 농가소득 증대에 어느 정도 도움이 되지만, 특정 품목에 국한된 경작 방식은 토질 저하, 종의 다양성 저해, 위험 요인 증가 등의 문제를 일으킬 수 있다. 따라서 영농 다각화가 그 대안이 될 수 있으며, 안데스 고원지대가 원산지인 카사바와 고구마, 최근 건강식품으로 각광을 받으면서 수요가 증가하고 있는 퀴노아(quinoa) 등이 대체작목이 될 수 있다.

(4) 농림수산 분야 공적개발원조(ODA) 지원 현황

2016~2020년간 OECD의 농림수산 분야 공적개발원조(Official Development Assistance, ODA) 지원 총액은 292억 7,100만 달러로, 전체 지원액의 약 7%를 차지하고 있다(<그림 3-3> 참조).

<그림 3-3> OECD의 농림수산 분야 ODA 지원 현황(2016~2020)

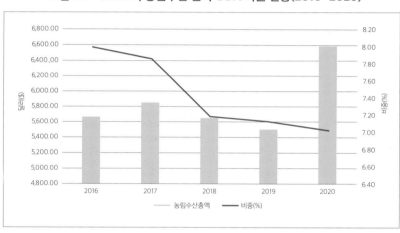

출처 : OECD Statistics(2022.6.1.검색)

농림수산 분야에 대한 OECD 공여국의 지원 중에서 미국은 전체 지원액의 18.9%인 55억 6,000만 달러로 가장 큰 공여를 한 것으로 나타났다(<그림 3-4> 참조). 그 뒤를 독일(16%), 일본(13%), 프랑스(10%)가 따르고 있으며, 우리나라는 7억 2,100만 달러로 약 2.4%의 비중을 차지하고 있다.

농림수산 분야의 지원 총액은 255억 1,800만 달러이며, 이 중 87%가 농업 부문에 집중되어 있다. 임업 부문은 9%(24억 6,300만 달러), 수산 부문은 5%(12억 8,800만 달러)를 차지하고 있다.

<그림 3-4> OECD 공여국별 농업 분야 지원 현황(2016~2020)

(단위 : 100만 달러)

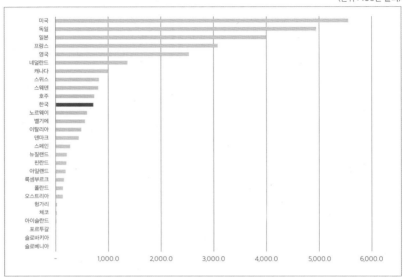

출처 : OECD Statistics(2022.6.1. 검색)[12]

농업의 세부 분야별 지원 현황은 <그림 3-5>와 같다. 국제사회는 농업개발분야에 가장 많은 지원을 하고 있으며, 그 뒤를 이어 농업 정책 및 행정관리, 농촌개발, 농업 연구, 농업용수, 농업 재정서비스 등의 사업을 지원하고 있다.

---

12 DAC CRS 목적코드 310(농업, 임업, 수산업) 및 43040(농촌개발)을 합산함

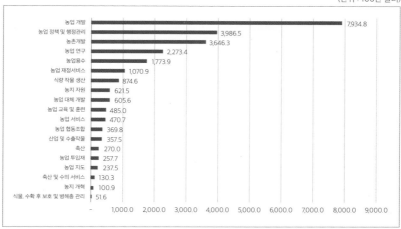

<그림 3-5> 농업 세부 분야별 ODA 지원 총계(2016~2020)

(단위 : 100만 달러)

농업 개발	7,934.8
농업 정책 및 행정관리	3,986.5
농촌개발	3,646.3
농업 연구	2,273.4
농업용수	1,773.9
농업 재정서비스	1,070.9
식량 작물 생산	874.6
농지 자원	621.5
농업 대체 개발	605.6
농업 교육 및 훈련	485.0
농업 서비스	470.7
농업 협동조합	369.8
산업 및 수출작물	357.5
축산	270.0
농업 투입재	257.7
농업 지도	237.5
축산 및 수의 서비스	130.3
농지 개혁	100.9
식물, 수확 후 보호 및 병해충 관리	51.6

출처 : OECD Statistics(2022.6.1. 검색)[13]

<그림 3-6>은 임업의 세부 분야별 지원을 나타내고 있는데, 임업 정책 및 행정관리, 산림개발, 연료 및 숯, 임업 연구, 임업 교육 및 훈련의 순서로 지원되었다. 수산업의 세부 분야별 지원은 <그림 3-7>과 같이 수산개발, 수산 정책 및 행정관리, 수산 서비스, 수산 교육 및 훈련의 순서로 지원되었다.

---

13 DAC CRS 목적코드 310(농업, 임업, 수산업) 및 43040(농촌개발)을 합산함

<그림 3-6> 임업 세부 분야별 ODA 지원 총계(2016~2020)

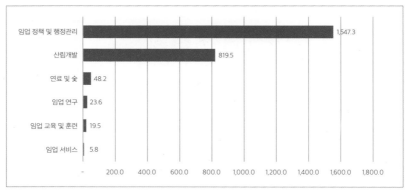

출처 : OECD Statistics(2022.6.1. 검색)[14]

<그림 3-7> 수산업 세부 분야별 ODA 지원 총계(2016~2020)

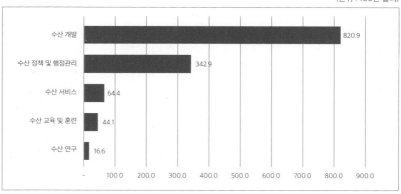

출처 : OECD Statistics(2022.6.1. 검색)[15]

14, 15 DAC CRS 목적코드 310(농업, 임업, 수산업) 및 43040(농촌개발)을 합산함

3. 농촌개발 분야 국제개발협력 동향

(1) 개발도상국 농업·농촌개발의 중요성

농업의 발전은 극심한 빈곤을 종식하고, 2050년 97억 명까지 증가할 것으로 예상되는 전 세계의 인구를 먹여 살릴 수 있는 가장 강력한 도구 중 하나이다. 농업 부문의 성장은 다른 산업에 비해 빈곤층의 소득증대에 2~4배 더 효과적으로 기여하며, 전 세계 빈곤층 성인의 65%가 농업을 통해 생계를 유지하고 있다(Castañeda et, al., 2016). 또한 농업은 경제성장에 중요한 역할을 하는 산업으로, 2018년 전 세계 GDP의 4%를 차지했으며 일부 최빈개발도상국에서는 GDP의 25% 이상을 차지하였다.[16]

---

[16] World Bank. "Agriculture and Food".
출처: https://www.worldbank.org/en/topic/agriculture/overview#1(2022.7.10.검색)

지난 50여 년간 전 세계 농지면적은 12% 증가한 반면, 관개면적은 2배가 증가하였다. 한편 같은 기간에 농업기술의 발전으로 농업 생산량은 2.5~3배가 증가했으며, 특히 주곡 작물에서 증가세가 뚜렷하였다. 그러나 2007~2008년과 2011년에 발생한 전 세계 애그플레이션(agflation)[17]에 이어 2019년부터 확산된 코로나19 팬데믹으로 인해 식량안보에 관한 국제적 관심이 고조되었다. 특히 2022년 러시아와 우크라이나 간의 전쟁으로 인해 곡물 가격은 사상 최고치를 경신하는 등 식량문제는 국가와 국민의 생존을 위협할 정도의 중요한 문제로 대두되었다.

특히 쌀, 옥수수, 대두 등의 곡물은 대부분 중요한 식량작물이며, 동시에 축산물 생산의 필수 투입요소(사료)이기 때문에 곡물 가격의 변동성 확대는 식량안보의 불안으로 직결된다. 그 밖에도 외환이 부족한 개발도상국 입장에서는 곡물 가격의 변동성이 확대되면 무역수지가 불안정해지고, 일반 경제의 안정이나 성장에도 부정적 영향을 줄 수 있어 국제 곡물 가격의 변동성 완화를 위한 국제사회의 노력은 계속되고 있다(서진교 외, 2011).

농업 생산성의 꾸준한 증가로 1990년대 후반에 들어 세계 기아 인구가 감소하는 추세를 보이기 시작하였다. 그러나 새천년개발목표(Millennium Development Goals, MDGs)와 지속가능발전목표(Sustainable Development Goals, SDGs)를 통해 지속적으로 감소 추세에 있던 영양결핍 유병률은 계속되는 기후변화와 코로나19 같은 감염병의 확산, 분쟁 등으로 인해 식량 생산에 어려움을 겪게 되면서 다시 증가하고 있다.

---

17 애그플레이션(agflation)은 농업을 뜻하는 애그리컬처(agriculture)에 물가상승을 뜻하는 인플레이션(inflation)을 합친 용어로 농산물, 특히 곡물가격 상승에 따라 일반 물가도 상승하는 현상을 의미한다(최지현, 2011).

빈곤 문제는 농촌 지역에서 더욱 심각하며, 특히 소농과 농지를 소유하지 못한 농민, 그리고 그들 가족의 빈곤과 기아문제가 가장 중요한 해결 과제이다. 따라서 소농의 생산성 증대와 수입을 지속가능하게 증가시키는 방안을 마련해야 하며, 이는 농식품에 대한 가치사슬 문제와 국가별, 혹은 국가 간 식량 시스템(food system) 역량 강화에 대한 논의로 확대시켜 나가야 한다. 또한 환경적 측면에서의 지속가능성 제고는 단순한 환경의 보존에서 나아가 생산기반으로서 자연 자원을 의미하기도 한다. 이렇듯 최근에는 논의 대상을 개인이나 가정 단위의 식량안보 달성을 위한 식량 생산에 국한하지 않고 국가 수준, 글로벌 수준의 식량 시스템을 작동하기 위한 다면적 요인까지 다루고 있으며, 이러한 논의가 SDGs 내 여러 목표에 반영되었다.

1) SDGs와 식량 시스템

개발도상국 인구의 70% 이상은 농촌 지역에 거주하고 있다. 또한 절대빈곤의 대다수는 개발도상국에 분포한다. 이것은 곧 개발도상국 농촌 지역이 발전하지 않고는 빈곤을 극복하기 어렵다는 것을 의미한다. 특히 식량안보는 개발도상국이 빈곤을 극복하기 위한 가장 중요한 요소이다. 1996년 세계식량정상회의(World Food Summit, WFS)에서는 식량안보를 모든 국민이 언제든지 본인의 건강과 생활을 유지하기 위해 충분하고 안정적이며, 영양가 있는 식품에 물리적·경제적으로 접근이 가능한 상태로 정의하였다(FAO, 2006). 식량안보는 충분한 양의 식량을 확보하는 것에서 그치지 않고, 식량에 대한 물리적 접근성을 높이고, 불필요한 낭비를 줄이며, 영양가 높은 식량을 충분하게 공급하는 차원의 문제라고 할 수 있다. <표 3-1>에서는 식량안보를 식량의 가용성(Availability), 접근성(Access), 안정성(Stability), 활용성(Utilization)으로 구분하여 각각의 측정 지표와 함께 설명하고 있다.

<표 3-1> 식량안보의 정의와 측정지표

구분	정의	측정지표
식량의 가용성 (Food availability)	• 국내 생산 및 수입(식량원조 포함)을 통한 적절한 품질과 공급량의 확충 여부를 의미함	• 평균 식품 에너지 공급량의 적절성 • 평균 식량 생산 가치 • 곡물, 구근류로부터 얻는 에너지 공급량의 비중 • 평균 단백질 공급량 • 평균 동물성 단백질 공급량
식량의 접근성 (Food access)	• 고영양 식량자원 획득을 위한 국가의 식량자원에 대한 접근이 얼마만큼 수월한지를 평가하는 개념 • 식량자원의 독점적 생산뿐만 아니라 자원을 획득할 수 있는 권리까지 고려됨	• 총 도로 포장률 • 도로 밀도 • 철도 밀도 • 1인당 GDP(구매력 상당치 기준) • 국내 식품가격지수 • 영양 부족률 • 빈곤층에서 식품 지출 비중 • 식량 부족의 심각성 • 식량 부적절률
식량의 안정성 (Food stability)	• 단순히 식량을 획득하지 못하는 상황 외에, 생존의 문제에서 식량을 획득할 수 있는 일에 종사할 수 없는 상황의 위험강도를 나타냄(예: 강우가 불규칙하게 내리는 지역에서의 소농)	• 곡물 수입 의존도 • 관개 농경지 비율 • 총 상품 수출액 대비 식량 수입액 • 정치 안정과 폭력/테러의 부재 • 국내 식량 가격 변동성 • 1인당 식량 생산 변동률 • 1인당 식량 공급 변동률

구분	정의	측정지표
식량의 활용성 (Food utilization)	• 적절한 영양소, 위생, 건강 측면에서 식량이 효율적으로 활용되는지를 의미함 • 영양결핍과 같이 개인이 특정 영양소를 이용할 수 없어 질병에 걸리는 경우도 활용성 측면에서는 심각한 문제로 인식됨	• 개선된 수자원 접근성 • 개선된 위생시설 접근성 • 식량 낭비에 영향을 받는 5세 미만 아동 비율 • 발육이 부진한 5세 미만 아동 비율 • 저체중인 5세 미만 아동 비율 • 저체중성인 비율 • 임산부 중 빈혈 발병률 • 5세 미만 어린이 중 빈혈 발병률 • 비타민 A 부족률 • 요오드 부족률

출처 : FAO(2006)[18]

<표 3-2>는 SDG 2의 세부목표와 측정 지표를 나타내고 있다. 영양결핍 유병률, 식량불안정지표(Food Insecurity Experience Scale, FIES)[19], 5세 미만 아동의 발육부진과 영양불량 등의 지표를 통해 각 나라별 SDG 2의 목표가 측정된다.

18 FAO. "Food Security".
출처: https://www.fao.org/fileadmin/templates/faoitaly/documents/pdf/pdf_Food_Security_Cocept_Note.pdf(2022.7.검색)

19 개인 또는 가구를 대상으로 다음과 같은 질문을 하여 지표를 측정함. 지난 12개월 동안 ① 먹을 것이 부족할까 봐 걱정한 적이 있다. ② 영양가 있는 음식을 먹지 못하였다. ③ 몇 종류의 음식만 먹었다. ④ 끼니를 건너뛰어야 하였다. ⑤ 기대치보다 적게 먹었다. ⑥ 가정 내에 식량이 떨어졌다. ⑦ 배가 고팠지만 먹지 못하였다. ⑧ 하루종일 굶은 적이 있다.

<표 3-2> SDG 2 세부 목표와 측정지표

구분	세부 목표	측정지표
2.1	2030년까지 기아를 종식시키고, 영유아를 포함한 모든 사람, 특히 빈곤층과 취약계층이 연중 안전하고 영양가 높으며 충분한 식량에 접근 가능토록 보장	2.1.1 영양 부족 인구 비율(POU) 2.1.2 식량 수급 불안정 경험도(FIES) 기준, 보통 혹은 심각한 정도의 식량 수급 불안정 상태에 처한 인구 비율
2.2	2025년까지 5세 미만 아동의 발육 부진 및 급성영양장애 관련 국제적으로 합의된 세부목표 달성을 포함하여 모든 형태의 영양상태 불량을 2030년까지 종식시키고, 청소년기 소녀, 임산부, 수유기 여성 및 노년층의 영양상 필요를 2030년까지 충족	2.2.1 5세 미만 아동 중 발육 부진(연령 대비 신장이 세계보건기구(WHO) 아동성장표준 중간 값으로부터 표준편차 -2 미만) 비율 2.2.2 5세 미만 아동 중 영양상태 불량(신장 대비 체중이 WHO 아동성장표준 중간 값으로부터 표준편차 +2 초과 또는 -2 미만) 비율(형태별: 급성영양장애, 과체중) 2.2.3 만 15세부터 49세 여성 빈혈 발생 비율(%) (임신 상태별)
2.3	2030년까지 토지 및 기타 생산 자원과 투입요소, 지식, 금융서비스, 시장 및 부가 가치 창출과 비농업부문 고용 기회에 대한 안전하고 평등한 접근 등을 통하여 소규모 농업인(소농), 특히 여성, 원주민, 가족농, 목축민, 어민의 생산성과 소득을 두 배로 증대	2.3.1 노동단위당 생산규모(농업, 목축업, 산림업 규모별) 2.3.2 소규모 농업인(소농) 평균 소득(성별, 원주민 신분별)
2.4	2030년까지 지속 가능한 식량생산 체계를 공고히 하고 회복력을 지닌 농업 관행을 실시함으로써 생산성과 생산량을 증대시킬 뿐만 아니라 생태계 유지를 도우며, 기후변화, 이상 기후, 가뭄, 홍수 및 기타 재난 대비 적응력을 강화시키고, 점진적으로 토지와 토양의 질 개선	2.4.1 생산적이고 지속 가능한 농업에 사용되는 농지면적 비율

구분	세부 목표	측정지표
2.5	국가적, 지역적, 국제적 차원에서 충실히 관리되고 다양성이 확보된 종자 및 식물은행 등을 통해 2020년까지 종자, 재배식물, 가축 및 관련 야생종의 유전적 다양성을 유지하고, 국제적 합의에 따라 유전자 자원과 관련 전통 지식 활용으로부터 오는 이익을 공정하고 평등하게 공유	2.5.1 중기, 혹은 장기 보존 시설에 확보되어 있는 식량 및 농업 관련 (a) 식물, (b) 동물 유전자원 수 2.5.2 멸종 위기에 처한 것으로 분류된 지역 특유 품종 비율
2.a	국제협력 증진 등을 통해 농촌 기반시설, 농업 연구 및 농업지도, 기술개발, 식물·가축 유전자 은행 관련 투자를 확대함으로써 개발도상국, 특히 최빈국 농업생산 역량 강화	2.a.1 정부 농업 지출 경향성 지표 (AOI) 2.a.2 농업 부문 공적 지원(공적개발원조(ODA)와 기타 공적 지원 합계) 총액
2.b	도하개발라운드(DDR) 조항에 따라, 모든 형태의 농업수출보조금 및 이와 동등한 효력을 발생시키는 모든 수출 관련 조치 철폐 등 수단을 통해 세계 농산물 시장에서의 무역규제와 왜곡을 방지 및 정정	2.b.1 농업 수출 보조금 규모
2.c	농산물 거래 시장과 파생상품 시장의 적절한 기능을 보장하는 방안을 도입하고, 식량 보유량 등 시장 정보에 대한 적시 접근이 원활하도록 함으로써 과도한 식량가격 변동성 억제 지원	2.c.1 비정상 농산물 가격 측정 지표 (IFPA)

출처 : 한국국제협력단(2021b)

한편, <표 3-3>과 같이 식량 시스템은 SDGs의 여러 목표와 연관이 있다. 농업은 빈곤과 기아의 극복(SDG 1, 2)을 위해 자연 자원(SDG 6, 13, 14, 15)을 이용하여 식량을 생산(SDG 2, 12)하며, 이 과정에서 경제적·사회적 관점에서 발전(SDG 3, 4, 5, 7, 8)에 기여한다.

<표 3-3> SDGs와 농업 및 식량 시스템

SDG	농업과 식량 시스템 연관 내용
1	전 세계 빈곤 인구의 80%가 농촌 지역에 거주하며 농업에 종사하고 있음
2	전 세계적으로는 충분한 식량이 공급되고 있지만, 여전히 8억 명은 만성적인 영양결핍 상태
3	영양불량은 전 세계에서 발생하는 질병의 가장 큰 원인 중 하나. 40억 명은 미량원소 결핍 또는 과체중을 겪고 있음
4	영양불량은 5세 미만 아동의 1/4의 학업성취도, 두뇌 발달에 영향을 줌
5	여성은 농업생산 활동의 43%를 차지함에도 불구하고 토지, 기술, 시장 등의 자원 접근성에서 차별받고 있음
6	식량 시스템은 전 세계 담수의 70%를 이용하고 있음
7	현대화된 식량 시스템은 전 세계 에너지의 30%를 소비하고 있으며, 대부분 화석연료에 의존함
8	농업은 전 세계 고용의 가장 큰 부분을 차지하며, 이 중 60%가 개발도상국의 노동자임
9	9억 명의 농촌 지역 주민은 농업에 종사하고 있으나 전기 접근성 없음
10	10명 중 7명이 지난 30년간 건강한 식품에 대한 접근 불평등
11	2030년까지 전 세계 인구의 60%가 도시 지역에 거주할 것으로 예상되며, 소비시장의 변화, 토지와 자원의 이용에 대한 부담 증대
12	전 세계 생산량의 약 1/3에 해당하는 13억 톤의 식량이 낭비되거나 손실되고 있음
13	식량 시스템은 전 세계 온실가스 배출량의 20~30%를 차지하며, 기후변화로 인해 작물 생산성이 25% 이상 감소됨
14	어류는 동물성 단백질 섭취의 17%를 차지하나, 이 중 30%가 남획된 자원임

SDG	농업과 식량 시스템 연관 내용
15	농업은 산림녹화에서 가장 중요한 요소임. 2016년 기준 3,000만ha 이상으로 녹화가 진행 중
16	8억 1,500만 명은 영양부족 상태로서, 식량 불안정은 분쟁의 원인이자 결과가 되고 있음
17	파트너십은 식량 시스템 전환의 결정적인 요소임. 2030년까지 민간 부문에서 매년 2조 3,000억 달러가 투자될 계획임

출처 : FAO et, al.(2018); World Economic Forum(2018)

농업과 물(Water resources)

농업은 최대 물 사용자로, 전 세계 취수량의 약 70%를 차지한다. 농업생산 활동을 위해 강우 또는 관개 시스템(irrigation system)을 통해 물을 공급하며, 가축을 키우거나 어류 양식 등에도 이용된다. 특히 건조 및 반건조 지역은 물 부족으로 인해 농업생산 활동이 제약을 크게 받기도 하며, 대규모 농장은 세계 식량 생산 증가 및 가격 하락에 직접적인 영향을 미치므로, 전 세계적으로 농업용수가 감소하는 상황에서 물을 효율적으로 이용하는 것은 매우 중요하다(FAO, 2014).

따라서 수자원의 효율적인 관리와 이용을 위해 공공 부문과 농업생산자 간의 파트너십을 통해 문제를 해결해 가는 것이 무엇보다 중요하다. 농민은 물을 효율적으로 이용하며 깨끗하게 관리할 책임이 있고, 농민 및 농촌의 생산자 조직, 공공 부문(중앙 및 지역 정부, 유관기관) 등의 이해관계자가 참여하는 통합물관리(Integrated Water Resources Management, IWRM)를 통해 책임 있고 지속가능한 물관리 체계를 만들 필요가 있다.

'KOICA 물 중기전략(2021-2025)'의 두 번째 전략목표는 '자원으로서 지속가능한 물이용 보장'을 목표로 하며, '유역 통합물관리 프로그램'을 통해 IWRM, 물 거버넌스 사업을 진행하고 있다. 또한 세 번째 전략목표인 '기후위기 대응 및 적응력 강화를 위한 물 재해 관리'에서는 용수 개발(농업용수확보), 관개 효율화(관개수로 개선, 농업생산 기반시설 구축) 등의 사업을 지원하고 있다(한국국제협력단, 2021a).

(2) 농림수산 분야 주요 주체의 지원 현황 및 전략

1) 식량농업기구(FAO)

FAO는 농업 분야의 전문성을 지닌 국제기구로서, 전 세계 식량안보를 달성하고 인류가 건강한 삶을 영위하기에 충분하고 품질이 우수한 식품에 안정적으로 접근할 수 있도록 연구와 사업을 추진하고 있다. 2022년 12월 기준 195개(194개국 및 유럽연합)의 회원국이 전 세계 130개국 이상에서 활동하고 있다.

<표 3-4> FAO 중기전략(2022-2031)

전략 구분(4B)	주요 내용
더 나은 생산 (Better Production)	지역, 권역 및 글로벌 수준에서 효율적이고 포괄적인 식량 공급망을 통해 지속가능한 생산과 소비 패턴을 보장하고, 변화하는 기후 및 환경에서 탄력적이고 지속가능한 농식품 시스템을 보장한다.
더 나은 영양 (Better Nutrition)	기아 종식, 식량안보 달성, 영양가 있는 식품 홍보 및 건강한 식단에 대한 접근성 증가를 포함한 모든 형태의 영양을 개선한다.
더 나은 환경 (Better Environment)	육상 및 해양생태계의 지속가능한 사용을 보호, 복원 및 촉진하고 보다 효율적, 포괄적, 탄력적이며 지속가능한 농식품 시스템을 통해 기후변화(감소, 재사용, 재활용, 잔류 관리)에 대응한다.
더 나은 삶 (Better Life)	불평등(도시/농촌, 부자/빈국, 남성/여성)을 줄여 포용적 경제 성장을 촉진한다.

출처 : FAO(2021)[20]

FAO는 식량과 농업이 경제·사회·환경적으로 지속가능한 방식으로 모든 사람, 특히 최빈곤층의 생활수준을 향상시키는 데 기여하며, 기아와 영양실조가 없는 세상을 만드는 것을 비전으로 하고 있다. <표 3-4>에서는 FAO의 중기전략(Strategic Framework 2022-2031)의 핵심 전략인 4B를 소개하고 있다.

2) 세계식량계획(WFP)

세계식량계획(World Food Programme, WFP)은 1961년에 설립된 농업 관련 UN 산하기구로, 세계에서 가장 큰 인도주의 기관이다. WFP는 전쟁과 내전, 자연재해 등 긴급 상황이 발생했을 때는 물론 일반 빈곤 지역을 대상으로 식량을 지원했으며, 최근에는 일방적 식량 지원에서 농업 및 농촌 부문 개발협력 등으로 그 지원 범위를 넓혀 가고 있다.

WFP의 다섯 가지 전략적 목표는 다음과 같다. 첫째, 긴급 상황에서 생명을 구조하고 생계를 지원한다. 둘째, 심각한 기아 발생을 막고 재해 대비 혹은 완화를 위해 투자한다. 셋째, 분쟁이나 재해가 발생한 직후 또는 복구 과정에서 생명을 지키고, 상실된 생활 터전을 복구한다. 넷째, 만성적 기아와 영양부족을 줄인다. 다섯째, 해당 국가의 역량을 강화함으로써 수원국의 주인의식과 책임감을 높이는 전략과 현지 식량 구입을 통해 기아를 감소시킨다.

이러한 전략적 목표에 따라 WFP는 긴급 지원(Emergency Operations), 구호 및 재건 지원(Protected Relief and Recovery Operations), 개발 지원

---

20 FAO. "Strategic Framework 2022-31". 출처: https://www.fao.org/3/cb7099en/cb7099en.pdf(2022.7.10.검색)

(Development Operations)과 특별 지원(Special Operations) 등 네 가지 범주의 사업을 추진한다.

첫째, 긴급 지원 사업으로 전쟁, 지진, 홍수 등 긴급한 상황이 발생했을 때 긴급평가팀(Emergency Assessment Teams) 등 UN 산하 기구의 협조를 받아 최선의 방법으로 최대한 신속하게 식량이 필요한 사람들에게 지원한다. 식량 지원 방식에는 직접적으로 지원하는 방법 외에도 다른 사업과 연계한 주민의 참여를 조건으로 한 지원 방법이 있다.

둘째, 구호 및 재건 지원 사업이다. 재난이 발생할 경우 긴급 지원은 임시적 대응책이고, 재난으로 파괴된 기반시설, 생산시설 및 삶의 터전을 재건하여 주민들이 정상적인 생활로 복귀할 수 있는 후속 조치가 뒤따라야 한다. 예를 들어 홍수로 농경지가 침수되거나 유실되었을 경우, 농경지를 재정비하여 농업생산 활동을 지속하도록 지원해야 한다. 따라서 긴급 지원 사업 이후 구호 및 재건 지원 사업을 2년까지 추가로 실시할 수 있다.

셋째, 개발 지원 사업이 있다. WFP 사업 가운데 인도적 식량 지원 사업이 여전히 큰 비중을 차지하고 있지만, 최근 개발 지원 사업의 비중이 점차 증가하고 있다. 이 사업의 주된 목적은 빈곤 지역 주민이 빈곤의 악순환에서 벗어나 자립할 수 있는 능력을 기를 수 있도록 여건을 조성해 주는 것이다. 생산 활동에 참여하기 위해 충분한 영양을 섭취할 수 있도록 식량을 지원함은 물론 주택, 보건소, 학교와 같은 시설도 제공한다. 이 사업은 주로 농업 생산성이 낮은 농촌 지역, 자연재해가 상습적으로 발생하는 지역과 식량부족 사태가 주기적으로 나타나는 지역을 대상으로 한다.

넷째, 특별 지원 사업은 긴급 지원 혹은 구호 및 재건 지원 사업과 연계되어 이루어지며, 식량 지원 사업의 기동성과 효율성을 높이기 위한 사업이다. 주요 사업 대상은 물류시설과 인프라이다.

3) 국제농업개발기금(IFAD)

국제농업개발기금(International Fund for Agricultural Development, IFAD)은 UN의 특별기구로서 1977년 설립된 국제금융기구이다. 세계식량회의(World Food Conference, WFC)에서 결정한 가장 중요한 합의점 중 하나는 식량부족과 기아의 원인은 식량 생산 문제에만 국한된 것이 아니라, 빈곤이 농촌 지역에 집중되어 있는 구조적 문제 때문이라는 것이다. 세계 전체 빈곤 인구의 70% 이상이 농촌 지역에 거주하면서 대부분 농업에 종사하고 있다. 따라서 IFAD는 개발도상국 농촌 지역의 빈곤 극복에 집중하고 있다. 이를 위해 금융서비스, 마케팅, 기술 및 토지 등의 자연 자원에 대한 농촌 빈곤층의 접근성을 높이는 데 주력하고 있다.

IFAD는 '소농업 중심의 농촌개발'이라는 비전을 제시하고 있다. 다시 말해 농촌개발에서 소규모 농업의 중요성을 강조하였다. IFAD의 지원 목표는 농촌 빈곤층의 식량안보와 영양 개선, 소득 증대 및 회복탄력성(resilience) 강화이며, 다음과 같은 6가지 세부 전략을 추진하고 있다. 첫째, 자연 자원 파괴, 기후변화와 관련된 위험에 대한 환경의 지속가능성과 회복력을 증진시킨다. 둘째, 농촌 빈곤층에 혜택을 주고, 가치사슬에서 민간 부문과 상호 원원(win-win)할 수 있는 계약 체결을 장려하고 농민 조직을 강화함으로써 관련 위험에 대한 회복력을 높인다. 또한 새로운 시장기회로부터 이익을 얻을 수 있도록 소규모 농가의 역량을 강화한다. 셋째, 소규모 농업의 지속가능한 발전을 위한 기술개발을 촉진하고, 농촌 빈곤층이 직면한 제약 요인을 찾아내며, 이를 바탕으로 개발 우선순위를 정한다. 넷째, 농촌 빈곤층에 제공하는 포괄적 서비스(보험, 예금, 융자, 송금, 전신 등을 포함)의 범위를 확대하기 위해 금융기관의 역량을 강화한다. 다섯째, 교육과 기술개발, 직업훈련, 농업 연구개발에서 비교우위를 가진 파트너들(공여 주체, 비정부기구(Non-Governmental Organization, NGO), 민관협력 서비스 제공자, 교육기관 등)과 함께 농업 및 비농업 활동에서 기회를 얻을 수 있도록 청년층을 포함한 농촌 빈곤층의 역량을 강화한다. 여섯째, 농장과 지역사회 단위로 재생에너지 자원을 이용할 수 있는 기회를 잘 활용하고, 마을 단위로 더욱 저렴한 에너지를 공급하기 위해 지역의 자원을 활용하는 저비용 기술 이용을 장려한다.

4) 세계은행(WB)

세계은행(World Bank)은 양자·다자 협력기구 가운데 가장 많은 국가급 프로그램을 진행하고 있으며, 국제적 인지도가 높고, 각 부문에서 전문성이 강하다. 또한 각국 주요 부처와 강한 유대관계를 유지하고, 포괄적 분석과 연구를 통해 데이터베이스를 구축하고 있으며, 자금 동원력이 뛰어나다. 세계은행은 중간 소득수준의 신용이 있는 빈곤국의 빈곤 퇴치를 담당하는 국제부흥개발은행(International Bank for Reconstruction and Development, IBRD), 최빈국을 주요 대상으로 하는 국제개발협회(International Development Association, IDA)와 개발도상국에서 민간부문의 발전을 촉진하는 국제금융공사(International Finance Corporation, IFC)로 구성되어 있다.

세계은행은 수원국의 발전단계별 차별화된 지원 전략으로 접근하고 있다. 농업을 기반으로 하는 국가에 대해서는 농업 생산성 증대, 식량안보, 자생적 영농 시스템과 안전망을 통한 최저 생계 보장에 치중하고 있고, 농촌 부문에서 도시 부문으로 전환 과정에 있는 국가에 대해서는 이전 소득 중심의 지원에서 시장 시스템 개선, 생산성 향상, 농촌 비농업 부문 육성을 통한 소득 증대를 위한 지원으로 전략을 바꿔 나가고 있으며,

도시와 농촌의 소득격차를 해소하기 위한 농업 부문 지원에도 주력하고 있다. 어느 정도 도시화된 국가에 대해서는 대규모 농가의 빠른 성장과 빈곤층을 위한 안전망 구축을 지원하고 있다.

5) 미국국제개발처(USAID)

미국의 대외원조를 전담하는 조직은 미국국제개발처(United States Agency for International Development, USAID)로 기능국(9개), 실(5개), 지역국(5개) 등으로 구성되어 있으며, 총 87개국에 사무소를 두고 있다(2022년 기준). 기능국은 농업을 담당하고 있는 복원 및 식량안보국을 비롯하여 인도적지원, 분쟁 예방 및 안정화, 민주주의 발전 및 혁신, 국제보건, 대외원조 등으로 구분된다.

USAID는 민간 부문, 글로벌 과학 및 연구 단체, 공여 기관, 개발도상국 정부, 시민사회가 참여하는 농업 분야 이니셔티브인 'Feed the Future'를 주도하고 있다.[21] 2016년 세계식량안보법(Global Food Security Act of 2016, GFSA)에 Feed the Future를 법률로 정하여 세계 기아 종식이라는 공동의 목표에 미국의 지속적인 지원과 행동 촉구를 명시하고 있고, 이는 2023년까지 재승인된 상태이다(이효정·윤자영, 2021).

Feed the Future는 아시아(네팔, 방글라데시), 아프리카(가나, 나이지리아, 니제르, 말리, 세네갈, 에티오피아, 우간다, 케냐), 중남미(과테말라, 온두라스)의 12개국을 중점 지원하고 있다. 식량안보와 영양안보를 전략목표로 하며, 특히 아동·청년·여성의 영양개선 및 역량 강화에 중점을 두고 있다.

---

[21] 식량안보 지원을 통해 글로벌 기아 및 빈곤 감소를 목적으로 하는 USAID의 이니셔티브로서, 2010년 버락 오바마(Barack Hussein Obama) 대통령이 시작함(이효정·윤자영, 2021)

6) 일본국제협력기구(JICA)

일본국제협력기구(Japan International Cooperation Agency, JICA)는 1974년 설립되어 일본의 무상원조를 전담해 왔으며, 2008년 일본의 유상원조 전담 기구인 해외경제협력기금(Overseas Economic Cooperation Fund, OECF)과 통합됨으로써 일본의 유무상 원조를 총괄하는 기관이 되었다. 일본은 세계 5대 원조국으로, 농림수산 분야의 지원 규모도 미국 다음으로 크다.

JICA는 농업 분야에서 세 가지 개발목표를 설정하였다. 첫째 목표는 지속가능한 농업 생산으로, 수원국의 안정적인 농업생산을 지원하기 위해 해당 국가 전체 농업 현황을 세밀히 파악하여 수요에 기반한 농업정책을 수립하도록 한다. 이러한 정책을 바탕으로 추진 계획(initiatives)을 수립하여 농업 생산성 증대를 위한 지원을 한다. 주요 사업에는 관개시설 등의 농업 생산기반시설 건립 및 보수, 농업 분야 연구와 기술개발 강화, 농업기술 지도 확대, 농기계와 농기구 이용 개선, 농장 운영과 마케팅 개선 등이 포함된다.

둘째 목표는 안정적인 식량 공급이다. 식량안보는 국가의 사회 안정과 경제발전의 기본 요건이기 때문에, JICA는 수원국을 대상으로 식량 수급 관련 정책 수립은 물론 이에 필요한 농업 통계 시스템 구축을 지원한다. 그리고 식량의 효율적 배분을 위한 유통망 개선 관련 지원도 실시한다. 예를 들어 생산지와 소비지 간의 도로 건설, 도매시장, 물류센터와 저장고 건립 및 이에 대한 관리와 운영 시스템 강화를 위한 지원 등이 포함된다.

셋째 목표는 농촌 지역의 활력 증진이다. 농촌개발의 목적은 지역 혹은 국가 단위의 식량안보 확보뿐만 아니라, 농촌 지역사회의 경제발전을 도모함은 물론 주민의 삶의 질을 향상시키는 것이기도 하다. 이를 위해서는 지역의 행정 역량 강화와 교육·의료서비스 개선을 비롯해 마을 도로 등의 농촌 인프라 구축과 안전한 식수 확보 등 다양한 분야의 개발이 필요하다. 따라서 JICA는 지역주민의 참여를 바탕으로 농촌개발 계획 수립을 위한 지역 행정기능을 지원하고, 이들의 소득 증진과 삶의 질 향상을 위한 사회시스템 구축을 지원하며, 주민들로 구성된 지역사회조직과 협력한다.

4. 농촌개발 분야 KOICA 지원 현황과 전략

(1) KOICA 농촌개발 중기전략(2021-2025)

1) KOICA 농촌개발 1기 전략(2016-2020)의 성과 분석[22]

한국국제협력단(Korea International Cooperation Agency, KOICA)이 2016~2020년에 걸쳐 시행했던 기존 전략은 ① 지속가능한 농업생산 증대 및 시장성 강화, ② 포용적이고 지속가능한 농촌개발, ③ 기후변화 대응을 통한 농어촌 생산시스템 및 자연자원 보전을 목표로 하였다.

기존 전략 기간의 성과를 분석한 결과 농업생산 증대 및 시장성 강화

---

22 한국국제협력단, KOICA 분야별 중기전략(2021-2025),(2021a: 84-45)

등의 전체 예산의 50%가 집중된 농업 중심 사업(전략 ①)의 경우 농업기술 교육과 같은 소프트웨어적 요소와 관개 인프라 강화, 영농 기자재 지원 등의 하드웨어적 요소가 적절히 결합하여 가시적인 성과를 낸 경우가 많았다. 농업과 교통, 에너지, 식수 등을 포함한 농촌종합개발사업(전략 ②)의 경우 약 27%의 예산이 지원되었으며, 농촌 주민을 중심으로 중앙정부와 지방정부가 사업의 관리 및 지원 주체로서 각각의 역할과 책임을 명확하게 하는 사업 추진 체계가 필요함을 교훈으로 확인할 수 있었다. 산림, 수산업 관련 및 기후변화 대응을 위한 사업(전략 ③)은 21%의 비중으로 추진되었다.

2) KOICA 농촌개발 중기전략(2021-2025)

KOICA는 '농촌개발 중기전략(2021-2025)'에서 '안정적이고 풍요로운 농촌주민의 삶 실현'을 비전으로 삼고, '지역개발을 주도하는 농촌 주민, 생산성과 소득을 안정적으로 제고시키는 농산업, 취약한 기초인프라가 개선된 농촌을 통해 국가성장과 안정에 기여'하는 것을 미션으로 설정하였다.

'지속가능한 농림수산업 생산 증대 및 시장성 강화', '포용적이고 지속가능한 농산어촌 개발', '기후변화 대응을 위한 농산어촌 생산체계 구축 및 자연자원 보전'의 전략목표를 설정하고 전략별 프로그램을 <표 3-5>와 같이 제시하고 있다.

<표 3-5> KOICA 농촌개발 중기전략(2021-2025) 전략목표 및 프로그램

전략목표	관련 SDG	프로그램	
지속가능한 농림수산업 생산 증대 및 시장성 강화	1.2, 2.4, 3.9, 8.2, 9.1, 15.3	[1-1] 농림수산업 생산성 강화 지원 프로그램	
		목표	생태계를 보존하면서 동시에 생산성을 높임으로써 농촌 소득 증대에 기여
		중점 사업	농업 인프라 및 기자재 지원, 영농 역량강화 지원, 시장 연계 지원 등
		[1-2] 농림수산업 가치사슬 강화 프로그램	
		목표	농업생산성을 넘어 농업과 시장, 농업과 타 산업 간 연계를 통해 농산물 부가가치를 높이고 궁극적으로 농업인 소득 증대에 기여
		중점 사업	농업인조직 육성, 농산업 기자재 지원, 농업 유통역량 강화, 농업 가치사슬 강화
포용적이고 지속가능한 농산어촌 개발	1.4, 8.3, 8.5, 8.9	[2] 포용적이고 지속가능한 농촌개발 프로그램	
		목표	주민 공동체 역량 강화 및 실물 기반의 강화를 통해 삶의 질 개선과 소득 증대를 동시에 도모
		중점 사업	주민 공동체 역량강화, 생활인프라 지원, 농업인프라 지원, 마을기금 조성/운영

전략목표	관련 SDG	프로그램		
기후변화 대응을 위한 농산어촌 생산체계 구축 및 자연자원 보전	15.2, 15.4	[3-1] 기후변화 대응 농촌 역량강화 프로그램		
			목표	기후변화 대응 및 친환경 농업 역량강화를 통해 생태계 보전과 생산성 강화에 기여
			중점 사업	종자 개발/지원, 혼농임업 농자재 지원, 기후 변화 농업 역량 강화 등
		[3-2] 지속가능 산림경영 프로그램		
			목표	조림 및 혼농임업을 통해 수원지를 보호함으로써 농업 자원 지속가능성 강화 및 목재 자원 확보에 기여
			중점 사업	조림 인프라 지원, 산림 관리 역량 강화 등

출처 : 한국국제협력단(2021a: 87)

3) 전략목표별 주요 프로그램과 성과지표

중기전략의 첫 번째 전략목표는 '지속가능한 농림수산업 생산 증대 및 시장성 강화'이다. 수원국의 생태계를 유지, 보존하면서 동시에 생산성을 높일 수 있는 식량생산 체계로 개선함으로써 농업생산성과 소득을 함께 증가시키는 것을 목표로 한다. 지역의 기존 자원을 활용하되 현지 농업기술 발전단계에 적합한 영농기술을 개발하고, 동시에 농민의 역량을 강화한다. 이와 동시에 현지에서 수요가 높은 농업 기자재 및 투입재를 지원한다. 또한 농업 생산성 향상 단계를 넘어 농업과 시장, 그리고 타 산업과 연계를 통한 가치사슬 확대를 위해 협동조합과 같은 농민 조직을 대상으로 사업을 추진하며, 특히 여성 농민, 청년층, 소농이 주요 수혜자가

되어야 한다. <표 3-6>에서는 전략목표 1을 이행하기 위한 세부 프로그램과 성과(outcome), 산출물(output) 지표를 설명하고 있다. 제시된 성과지표, 산출물지표를 준용하여 사업기획, 모니터링, 평가를 함으로써 일관된 사업성과관리체계를 갖출 수 있다.

<표 3-6> KOICA 농촌개발 분야(2021-2025) 전략목표 1

전략목표 I	지속가능한 농림수산업 생산 증대 및 시장성 강화
프로그램	1-1 농림수산업 생산성 강화 지원 1-2 농림수산업 가치사슬 강화
성과지표 (outcome)	1. 노동단위당 생산 규모(농업, 목축업, 산림업 규모별) 2. 소규모 농업인(소농)/농촌주민 평균 소득(성별, 원주민 신분별)
산출물지표 (output)	1-1 영농·수산기술 역량강화 지원받은 수혜자 수 1-2 영농 기자재 지원 받은 수혜자 수 1-3 관개 여건이 개선된 농지 면적 1-4 신규 개간된 농지 면적 1-5 증가한 농촌지도사 혹은 연구인력 수 2-1 농민협동조직 조합원 수 추이 2-2 조합 매출액 추이

출처 : 한국국제협력단(2021a: 97)

　　두 번째 전략목표는 참여적이고 포용적인 민주주의이다. 지역주민이 주도적으로 참여하고 중앙 및 지방 정부가 지원하는 형태로 사업의 추진 체계가 형성되어야 수원국의 주인의식이 향상되고, 사업도 지속가능성이 있다. 이 과정에서 교육, 보건, 여성, 환경, 정보통신기술(Information and Communication Technologies, ICT) 등 다분야적 접근을 통해 농촌 지역 주민의 소득 증대와 삶의 질 향상을 도모한다. 또한 도농 간 균형 잡힌 경제발전을 위한 지역 공무원 및 주민 대상 역량 강화, 농촌 지도를 통한 농업기술 보급 등을 통해 지속가능하고 통합적인 지역발전을 도모한다. <표 3-7>에서는 전략목표 2의 주요 성과지표를 제시하고 있다.

<표 3-7> KOICA 농촌개발 분야(2021-2025) 전략목표 2

전략목표 II	참여적이고 포용적인 민주주의
프로그램	2-1 포용적이고 지속가능한 농산어촌 개발
성과지표 (outcome)	1. 소규모 농업인(소농)/농촌주민 평균 소득(SDG 2.3.2) ※ 농촌 개발 사업내, 기초인프라 접근성 개선 관련 성과지표의 경우, 각 해당 분야 (교통/에너지/물 등) 중기전략의 지표 정의를 준용
산출물지표 (output)	1-1 투입된 마을(소액)금융 자본금 규모($) 1-2 금융 접근성이 개선된 신규 수혜자 수 1-3 농업외 소득활동 지원을 받은 수혜자 수 2-1 농촌도로 건축/보수 구간 길이 및 수혜자 수 2-2 신규 설치된 전력시설 용량 및 수혜자 수 2-3 신규 설치된 식수 관련 시설 수 및 수혜가구 2-4 소득 이외 분야 역량강화 지원을 받은 수혜자 수

출처 : 한국국제협력단(2021a: 97)

　세 번째 전략목표는 '기후변화 대응을 위한 농산어촌 생산체계 구축 및 자연자원 보전'이다. 기후변화에 따라 생태계, 생물다양성 등 자연 자원의 지속가능성이 위협받게 되면서 자연 및 환경 의존도가 큰 농어촌 지역 주민들은 여러 위험에 처해 있다. 특히 기후변화 대응을 위한 산림자원 보전과 사막화, 홍수 및 가뭄 피해 방지를 위한 신규 조림과 재조림 등 산림 복원의 중요성이 강조되고 있다. 이에 따라 친환경농업, 순환농업, 기후변화 적응 품종 개발 및 보급 등 농림수산업의 기후변화 대응 역량을 강화하는 사업이 추진되고 있다. 전략목표 3에서는 <표 3-8>과 같이 성과관리지표를 제시하고 있다.

<표 3-8> KOICA 농촌개발 분야(2021-2025) 전략목표 3

전략목표 III	기후변화 대응을 위한 농산어촌 생산체계 구축 및 자연자원 보전
프로그램	3-1 기후변화 대응 농촌 역량 강화 3-2 지속가능 산림경영
성과지표 (outcome)	1. 생산적이고 지속가능한 농업에 사용되는 농지면적 비율 2. 지속가능한 산림 관리 이행 비율
산출물지표 (output)	1-1 기후위험 완화 방식(섞어짓기, 농업보험, 농업대출) 도입 비율 2-1 생태녹화 조림 및 식재 사업면적 2-2 산림경영·생태계 안정 역량강화, 지원을 받은 수혜자 수

출처 : 한국국제협력단(2021a: 97)

(2) KOICA 농림수산 분야 지원 현황

KOICA는 <그림 3-8>과 같이 1991년부터 2020년까지 전체 사업에 총 79억 565만 달러를 지원해 오고 있으며, 분야별로는 교육(23%), 공공행정(18%), 보건의료(16%), 기술·환경·에너지(13%), 농림수산(11%)의 순서로 지원하고 있다.

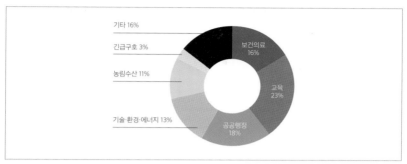

<그림 3-8> KOICA 분야별 지원 총액(1991~2020)

기타 16%
긴급구호 3%
농림수산 11%
기술·환경·에너지 13%
보건의료 16%
교육 23%
공공행정 18%

출처 : 한국국제협력단 통계조회서비스(2022.7.6. 검색)

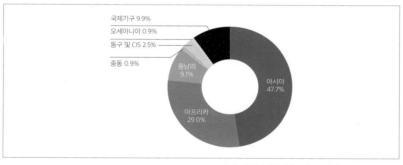

<그림 3-9> KOICA 농림수산 분야 지역별 지원 현황(1991~2020)

국제기구 9.9%
오세아니아 0.9%
동구 및 CIS 2.5%
중동 0.9%
중남미 9.1%
아시아 47.7%
아프리카 29.0%

출처 : 한국국제협력단 통계조회서비스(2022.7.6. 검색)

　　또한 <그림 3-9>에서는 농림수산 분야 지원의 지역별 분포를 보여
주고 있다. 아시아에 대한 지원이 전체 사업비의 47.7%를 차지하고 있으
며, 아프리카 29%, 중남미 9.1%, 동구 및 독립국가연합(Commonwealth of
Independent States, CIS) 2.5%, 중동과 오세아니아에 각각 0.9%를 지원하였
다. 농림수산 분야는 특정 이슈(기후변화, 산림, 이동성 병해충, 기상 재난 등)를 주
제로 하여 여러 국가가 공동으로 대응해야 하는 경우가 많아 국제기구를

통한 다국가 지원 사업을 9.9% 비중으로 지원하였다.

<그림 3-10>은 KOICA가 1991년부터 2020년까지 농림수산 분야에 지원한 예산 총액과 비중의 추이를 나타내고 있다. 누적액은 총 8억 9,202만 달러로, 우리나라가 OECD DAC에 가입하여 본격적으로 활동하게 된 2010년 이후에 예산이 큰 폭으로 증가한 것을 알 수 있다.

<그림 3-10> KOICA 농림수산 분야 지원 현황(1991~2020)

(단위 : 달러, %, 연도)

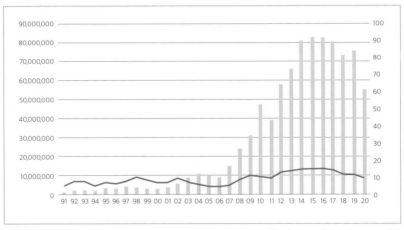

출처 : 한국국제협력단 통계 조회 서비스(2022.7.6. 검색)

사업의 유형별로는 국가 간 협력인 프로젝트의 형태로 54%를 지원하고 있으며, 월드프렌즈코리아(World Friends Korea, WFK) 봉사단 12%, 초청 연수와 국제기구 협력사업이 각각 10%를 차지하고 있다. 또한 스타트업, 중소기업, 대기업 등 다양한 기업이 개발도상국에서 비즈니스를 추진하는 과정에서 공공(KOICA)과의 혁신적 파트너십을 통해 개발도상국의 농촌개발을 지원하는 민관협력사업(Public-Private Partnership, PPP)이 7%의 규모로 지원되고 있다. 이어 전문가 파견과 소규모 무상원조가 각각 1%씩 지원되고 있다.

(3) 농촌개발 분야 우수 사업 사례 소개

1) 농식품 비즈니스 사업과 개발도상국 농민의 지속가능한 소득 증대

- 사업명: 베트남 농촌 가치사슬 강화를 위한 새마을 사업
- 사업 기간 및 사업비: 2014~2017/170만 달러
- 사업 대상 지역: 닌투언(NinhThuan)성 닌선(NinhSon)현 람손(LamSon)면 땀응(Tam Ugan) 2마을
- 사업 수혜자: 땀응 2마을 소농 및 협동조합, 닌투언성 공무원
- 사업 목적: 베트남 최빈 지역 농촌개발 및 지속가능한 소득 증진
- 주요 사업 내용: 마을 자치 역량 강화, 마을 환경개선, 농업 생산성 증대, 고추 작물 계약 재배, 협동조합 설립 및 운영

베트남 남동부에 있는 땀응 2마을은 월 소득 20달러 미만의 가구수가 전체의 42.4%로 닌투언성에서도 가장 빈곤한 마을로 꼽힌다. 주민의 대다수는 옥수수, 바나나, 쌀 등의 농사를 지어 생계를 유지하는데, 주변에 옹강이 흐르고 기후 조건이 좋아 다모작이 가능하지만 관개수로 등 부족한 인프라 시설과 낙후된 농업기술로 인해 생산성이 매우 낮으며, 생산하여도 농산물을 팔 유통 판로가 없는 상황이었다.

한편 CJ제일제당은 김치의 주재료이자 고추장의 원재료인 고추를 계약 재배하던 중국에서의 생산 비용이 높아짐에 따라 베트남을 포함한 동남아시아 지역으로 진출을 모색하던 중 기업의 공유가치창출(Creating

Shared Value, CSV) 사업[23]을 추진하기로 결정하고, 사업 대상지 주민을 위한 활동을 함께해 나간다는 계획을 세웠다. 이에 KOICA와 함께 농산물의 생산부터 수확, 저장, 포장까지 기술 역량 강화를 통한 현지 농가의 소득 증대와 농업 선진화를 위한 새마을운동 사업을 추진하였다.

농촌 종합개발을 위해 마을의 자치 역량을 강화하고, 생활환경을 개선(유치원 개보수, 마을회관 리모델링, 초등학교 교육 환경 개선, 수도관 연결)시키는 사업이 진행되었다. 특히 유통 및 판매를 CJ 제일제당이 가지고 있는 판로를 활용함으로써 지속가능한 농가소득 증대로 이어질 수 있도록 설계되었다. 땀응 2마을의 농민협동조합과 CJ제일제당, 닌투언성 정부와 KOICA가 4자 계약을 체결하고 마을에서 생산되는 고추의 가공, 판매 등과 관련한 사업관리를 철저하게 했던 것이 성공 요인 중 하나이며, 사업 수행 결과 마을의 빈곤 가구 비율이 33%에서 16% 이하로 감소하는 성과를 거두었다.

<그림 3-11>과 같이, 상기 성과는 고추 재배 기술 교육부터 농가공 공장에서 고춧가루 생산, CJ 계열 홈쇼핑 채널을 통한 베트남 전역 판매까지 가치사슬 전반을 아우르는 활동을 통해 달성되었다.

---

23 M. Porter 교수가 2011년 『Harvard Business Review』에 "자본주의를 어떻게 치유할 것인가(How to Fix Capitalism)"라는 논문을 발표하면서 주창한 개념으로, 기업이 수익 창출 이후에 사회공헌 활동을 하는 것이 아니라 기업활동 자체가 사회적 가치를 창출하면서 동시에 경제적 수익을 추구하는 것을 의미한다. 경제적·사회적 여건을 개선시키면서 동시에 사업의 핵심 경쟁력을 강화하는 경영활동으로, 기업의 경쟁력과 주변 공동체의 번영이 상호 의존적이라는 인식에 기반한다(김수진 외, 2016; Michael E. Poter et, al., 2011).

<그림 3-11> KOICA-CJ 베트남 농촌 가치사슬 강화를 위한 새마을 사업

땀응 2마을의 고추 생산 농민　　　　　　　농가공 공장의 작업 모습

출처 : 한국국제협력단 홍보실

2) 포용 성장을 위한 통합적 농촌개발사업

- 사업명: 키르기스스탄 통합적 농촌개발사업
- 사업 기간 및 사업비: 2021~2025/106억 2,500만 원
- 사업 대상 지역: 키르기스스탄 오쉬(Osh)주, 바트켄(Batken)주
- 사업수혜자: 마을 주민 8만 5,500명
- 사업 목적: 새마을운동과 '아사르(Ashar)' 정신을 접목한 농촌개발 사업을 통한
  　　　　　키르기스스탄 농촌 주민의 삶의 질 개선
- 주요 사업 내용: 취약계층의 사회경제적 환경 개선 및 역량 강화, 지속가능한 소득
  　　　　　　　증대, 정부 농촌개발 실행 역량 강화

아시아 대륙 중부에 있는 키르기스스탄(Kyrgyzstan)은 농경문화와 유목문화를 모두 가지고 있는 국가로, 2010년 마을 리더들의 방한 이후 우리나라의 경제성장 사례를 벤치마킹하기 위해 새마을운동 사업을 적극적으로 요청해 왔다. 특히 당시 총리실 국장을 중심으로 자발적 민간단체인 새마을센터를 구성하여 운영해 오고 있으며, 키르기스스탄의 농촌 지역 전통인 '아사르(Ashar, 같이 일하자)'와 연계한 새마을운동 정신을 마을 단위

로 확대하기 위해 교육, 연수, 지원사업 등을 다양하게 추진하고 있다.[24]

    사업의 대상 지역은 키르기스스탄 내 3개(오쉬, 바트켄, 추이) 주 30개 시범 마을이며, 특히 바트켄주의 빈곤율은 32.6%로 키르기스스탄 7개 주 중 가장 높다. 키르기스스탄 전체 빈곤층의 약 29%는 수도와의 접근성이 가장 낮은 남부 2개 주(오쉬, 바트켄)에 집중 거주하고 있다.

<그림 3-12> 키르기스스탄 통합적 농촌개발사업 사례

마을주민들의 회의 모습   현지 방송에 소개된 사업 현장

출처 : 한국국제협력단 사업 담당자

    사업은 시범 마을을 선정하여 지원하고, 새마을운동 교육 및 마을 제안서 작성 교육, 새마을운동의 인식 확산을 위해 단계별 새마을 대회를 시행하는 방식으로 수행된다. 1단계 기초마을 30개, 2단계 기초마을 15개, 자조마을 15개, 3단계 자립마을 9개를 선정하며, 기초생활환경 개선(1단계), 생산기반 확충(2단계), 농가소득 증대(3단계) 순서로 지원하여 시범

---

24 KOICA는 이외에도 '키르기스스탄 새마을 기반 지역개발 시범 사업(2017~2023년/350만 달러)', '키르기스스탄 유기농업정책 이행 지원 및 역량 강화 사업(2019~2023년/500만 달러)' 등의 농업 및 농촌개발 사업을 진행해 오고 있다.

마을 주민 스스로 포용적이고 지속가능한 발전이 이루어지도록 하는 것이 사업의 핵심이다.

동 사업을 통해 시범 마을 주민들이 상호 협력하여 마을의 개발을 위해 스스로 계획하고 사업을 추진하도록 하였다. 주민들이 사업의 성공 경험을 통해 성장의 동력을 얻고, 지속가능한 삶의 질 및 생활환경 개선을 도모할 수 있도록 지원하는 것이 목표이다.

제3장

5. 농촌개발 분야 주안점과 과제

(1) 농림수산 분야 사업 추진 애로사항과 주안점

농업, 임업, 수산업은 모두 생명산업이고 다원적 기능을 갖고 있다는 점에서 국제개발협력에서 그 분야의 중요성을 아무리 강조해도 지나치지 않다. 1991년 무상원조 전담 기관으로 KOICA가 설립되면서 우리나라의 국제개발협력이 본격화되기 시작한 이후 농림수산은 주요 분야로 자리매김해 왔다. 그러나 문제는 농림수산 분야 국제개발협력이 다른 분야에 비해 결코 쉽지 않다는 점이며, 그 원인은 산업의 특성에서 찾을 수 있다. 농산물은 공산품처럼 엄격하게 통제되는 환경에서 일률적으로 생산되는 것이 아니라, 불확실성이 상존하는 토양에서 주어진 환경과 상호작용하여 재배된다. 따라서 생산과정과 그 결과를 완벽하게 통제할 수 없다.

농림수산 분야 국제개발협력이 어려운 이유도 이러한 농업의 특성과 무관하지 않다. 첫째, 농산물은 부패하기가 쉽기 때문에 생산 부문에만 집중할 수 없다. 만약 개발도상국의 농업 생산성을 높여 주는 것이 1차적 목표라고 한다면, 생산성 증대가 개발도상국의 농가소득 증가로 이어질 수 있도록 유통·판매 부문까지 지원이 이루어져야 한다. 다시 말해 농업의 가치사슬이 형성될 수 있는 여건을 조성해야 한다. 그러나 대부분의 개발도상국은 유통망이 취약하여 시장 접근성이 매우 낮은 상황이므로 이를 실현하기가 쉽지 않다. 특정 지역을 중심으로 한 공동 집하장, 저온 창고, 도매시장 건립 등 지엽적인 소규모 국제개발협력 사업만으로는 소기의 성과를 거두기 어렵다. 이러한 한계점을 보완하기 위해서는 연관 산업의 발전을 도모하는 차원에서 교통·전력 등 기초적인 인프라 구축을 위한 지원사업과 병행하거나 사업 지역 선정에 앞서 이러한 요건을 갖추고 있는지를 우선적으로 검토해야 한다.

둘째, 수원국의 농업생산 여건과 농작물의 특성에 대한 면밀한 검토와 이에 따른 사업 수행자 선정이 중요하다. 개발도상국의 농업생산 환경과 재배되는 농작물은 공여국과 동일하지 않을 수 있다. 예를 들어 남미 안데스 고원지대에서 재배되는 퀴노아의 생산성 증대를 목표로 지원사업을 펼친다고 할 때, 우리나라에서는 생소한 작물이므로 관련 전문가가 부재한 상황이다. 따라서 국제개발협력을 추진하기에 앞서 공여국 내부의 역량만으로 사업을 추진하는 것은 한계가 있다. 해당 분야의 전문성을 갖춘 현지 전문가나 국제기관과 협력하는 방식으로 사업을 추진하는 것을 생각할 수 있다.

셋째, 농산물을 생산, 판매, 소비하여 농가의 소득 증진, 농촌 지역의 빈곤 극복과 같은 사업의 목표를 사업 기간 안에 달성하는 것은 대체적으로 쉽지 않다. 그래서 사업 종료 이후에도 가시적 성과가 나타나지 않았다고 성급하게 판단하기도 한다. 특히 임업 분야는 생산주기가 길어 기후변화, 토지 소유권의 변경 등과 같은 각종 위험 요인이나 불확실성에 노출될 가능성이 커짐으로써 사업의 효과성을 낮추는 원인이 되기도 한다. 이러한 한계를 보완하기 위해서는 사업 기간을 충분히 확보하고, 사후관리와 모니터링을 실시하며 후속 사업을 발굴하여 추진함으로써 그 성과가 지속되도록 한다.

넷째, 다른 분야와 마찬가지로 수원국 측(중앙정부, 지방정부, 지역 주민)의 수원 태세 변화, 이해관계자들과의 의사소통 곤란, 사회 혼란, 물가 상승 및 환율 변동 등의 불확실성이 크다. 예를 들어 농업생산 활동을 위해 통상적으로 투입되어야 하는 농기계, 기자재 등을 조달하려고 할 때 갑작스럽게 환율이 급등한다면 문제가 발생한다. 특히 개발도상국의 경우 환율이 불안정한 나라가 많고, 사업의 기획 단계에서 이러한 상황을 미리 가정(assumption)한다 해도 전체 사업 예산을 증액하거나, 다른 투입요소와 조정하는 등 사업 수행에 어려움이 따르는 것은 사실이다. 또한 도시에 비해 기초 인프라가 낙후되어 있으며, 주민들의 교육 수준이 높지 않고 문해율이 낮아 사업 수행 과정에 수반되는 어려움이 있다. 이와 더불어 지속되는 기후변화로 인해 가뭄, 홍수, 폭염, 혹한 등의 기상 재난과 메뚜기떼와 같은 이동성 병해충의 발생빈도가 잦아지고 있다. 이렇듯 농업 분야의 불확실성과 위험 요인은 대체로 미리 회피하기 어려운 만큼, 그로 인한 피해를 최소화하기 위해 국제개발협력사업을 추진하기에 앞서 사전·사후 대응방안을 철저히 수립하는 것이 최선이다.

다섯째, 사업을 통해 농민의 변화를 유도하기란 쉽지 않다. 국제개발협력에서 말하는 농업 분야 개발은 곧 농민에 대한 지원을 의미한다. 농민, 곧 사람을 지원 대상으로 한다는 점에서 다른 분야 국제개발협력과 크게 다르지 않다. 그러나 합리적 경제주체라는 점, 농가경제를 이끄는 농업 경영인이라는 점, 농촌 지역사회 공동체의 일원이라는 점에서 수원국 농민은 단순한 지원 대상만은 아니다. 농촌은 농민의 경제활동과 생활이 함께 이루어지는 공간이기 때문에 농촌 지역사회도 지원 대상에 포함된다. 따라서 사업의 지속가능성을 위해서는 우선 농촌 지역의 경제·사회·문화적 측면을 종합적으로 이해해야 하며, 농민을 이해시키고 변화시킬 수 있는 교육훈련 및 실습 등의 프로그램을 병행해야 한다.

여섯째, 농업은 다양한 분야의 이론과 기술이 융합된 산업으로, 농업 분야 국제개발협력도 다양한 세부 분야로 구성된다. 예를 들어 생산성 향상을 위한 기술지도 사업, 농업용수 공급을 위한 토목 사업, 마을회관 건립을 위한 건축 사업, 양돈 품종 개량을 위한 축산 사업, 마을공동체 운영 활성화를 위한 교육 사업, 농외소득 창출을 위한 소액금융 사업 등이 하나의 농촌종합개발사업의 세부 사업에 포함된다. 이 사업을 추진하기 위해서는 다양한 분야의 전문가가 필요할 뿐만 아니라 세부 사업 간의 유기적 연계가 필수적이다. 그러나 관련 분야 전문가와 사업 추진 업체의 풀(pool)이 제한적이고, 관련 산업의 발전이 뒷받침되지 않으면 국제개발협력은 어려울 수밖에 없다. 따라서 농업 분야에서도 세부 분야 전문가를 양성하고 국제개발협력 산업의 생태계를 조성하는 것이 중요하다.

(2) 지속가능발전을 위한 도전 과제

1) 글로벌 가치사슬의 연계와 기업과의 협력 확대

세계은행에 따르면, 농업 및 식품 부문의 글로벌 가치사슬은 지난 20년 동안 확대되었지만, 전체 무역에서 차지하는 비중은 여전히 작다 (World Bank, 2020). 2014년 농업 부문의 수출은 제조업 60%, 서비스업 20%와 비교해서 세계 수출의 2%에 그쳤다. 부가가치를 반영하면 5%까지 증가하지만, 타 산업에 비해 크지 않은 수준이다. 이것은 제조업 부문과 달리 농식품 부문의 국내 가치사슬이 글로벌시장보다 우선하기 때문이다. 코로나19와 기후변화, 러시아-우크라이나 전쟁 등을 겪으면서 식량안보와 글로벌시장의 연계 중요성이 더욱 부각되고 있다.

식품의 원재료가 되는 농산물을 개발도상국에서 생산하게 되면 농민의 단기적 소득 증대, 농촌 지역의 일자리 창출 효과를 거둘 수 있다. 동시에 기업을 통해 선진국, 인접국 등으로 판매망을 확산할 수 있다면 농민의 안정적인 소득 증대를 도모하는 등 장기적 관점의 효과를 기대할 수있다. 또한 기업에서도 기업의 사회적 책임(Corporate Social Responsibility, CSR), 공유가치창출(Creating Shared Value, CSV)에 이어 환경, 사회, 지배구조(Environmental, Social and Corporate Governance, ESG)의 개념까지 기업경영에 필수적인 요소로 인식되면서, SDGs 달성에 관심과 참여가 증가하고 있다.

2) 소농, 여성 농민 등 취약계층에 대한 지원 확대

UN 특별보고관인 드 슈터(De Schutter)는 '식량권에 대한 UN 특별조사위원의 보고서(2011)'에서 기아 해결의 열쇠로 여성의 권리 확대를 강조하였다. 그는 기아를 겪고 있는 나라의 여성들이 식량 생산, 가공 및 부가가치 생산 등에 필요한 취업, 사회적 보호, 생산 자원에 접근하는 것이 제한되어 있다고 밝히며, 이러한 장애물을 제거하는 것이 전 세계적 기아를 해결하는 데 매우 중요하다고 주장하였다.

지속가능발전목표는 '모두가 평등한 세상(Leave No One Behind)'을 목표로 한다. 전통적인 가치관이 지배하는 농어촌 지역은 일반적으로 여성, 장애인 및 노약자 등에 대한 배려가 많지 않으며, 이러한 취약계층은 경제·사회적 환경 변화에 민첩하게 대처하지 못하여 더욱 빈곤에서 벗어나기 어려운 경우가 많다. 따라서 농림수산 사업은 농어촌 지역의 취약계층, 특히 소농과 여성에 대한 역량 강화를 시행에 앞서 고려해야 한다.

3) 타 분야와의 협력을 통한 통합적 지역개발 사업 추진 필요성

지역개발 사업은 보건, 교육, 산업에너지 등 다른 분야와 연계하여 농림수산 사업의 콘텐츠를 다양화하고, 사업의 효과성과 지속가능성을 높여야 한다. 농림수산은 농어촌, 농어민, 농어업에만 국한된 것이 아니라 다른 분야와도 직간접적으로 연계되어 있다. 예를 들어 보건 관련 사업은 농어민의 건강 증진을 목표로 하고, 농어민의 건강 증진은 농가 생산성 증대로 이어져 농가 소득 증대에 도움이 된다. 반대로 농산물의 원활한 공급은 주민의 영양 섭취를 양호하게 하고, 균형적인 영양 섭취는 각종 질병 예방에 도움이 된다. 이처럼 농림수산과 다른 분야와의 연계를 강화함으로써 시너지 효과는 물론 개발원조의 효과성, 효율성과 지속가능성을 높일 수 있다.

4) 환경의 지속가능성 보장

농업은 대기, 물, 토양 등과 밀접한 관계를 맺으며 개발을 위한 자연 자원의 활용은 좋은 방향이든 나쁜 방향이든 환경에 영향을 미칠 수밖에 없다. 이코노미스트(Economist)는 매년 세계식량안보지수(Global Food Security Index, GFSI)[25]를 발표하는데, 식량 적절성(Affordability), 가용성(Availability), 품질과 안정성(Quality and Safety), 천연자원 및 복원력(Natural Resources & Resilience)의 네 가지 영역에서 평가된다. 이 중에서 우리나라를 포함하여 선진국, 개발도상국을 막론하고 많은 국가에서 낮은 점수를 받는 영역이 천연자원 및 복원력 지표로서, 토지와 물, 해양, 강, 호수 등의 자원이 충분하지 않거나 오염되고 있으며, 이로 인해 지속가능한 농작물 생산, 식량안보의 확보가 어려워지고 있음을 알 수 있다. 식량안보를 달성하기 위해서는 자연 자원이 지속가능하게 보존, 유지되어야 하며, 농촌개발 분야 사업에서도 사업 대상 지역의 자연과 환경을 고려하며 사업을 수행해야 한다.

5) 다양한 파트너십을 통한 사업

제3차 국제개발협력 종합기본계획(2021~2025)의 12개 중점 과제 중 하나는 '국제협력의 고도화'이다(국제개발협력위원회, 2021). 최근 들어 다자성 양자(Multi-bi) 사업이 꾸준히 증가하고 있는 추세인데, 국제기구를 활용한 지정 기여 방식의 다자성 양자 사업은 관련 분야에서 전문성을 갖춘 국제기구가 현장 사업을 수행함으로써, 공여 기관의 입장에서는 사업의 효과

---

25 Economist. "Global Food Security Index 2022".
  출처: https://impact.economist.com/sustainability/project/food-security-index(2022.8.20.검색)

성을 증진하고 국제기구는 재정을 충당할 수 있는 기회가 된다. KOICA 농촌개발 분야에서는 아래와 같은 다자성 양자 사업이 추진되고 있다.

- FAO 농촌 청년 고용 창출을 위한 녹색 일자리 지원 사업

  (2019~2024년/600만 달러)

- ITC 서부 아프리카 여성 농업인 경제 역량향상 지원 사업

  (2019~2023년/554만 달러)

- WFP 르완다 회복력 있는 커뮤니티와 성 역할 변화를 위한 지속가능한 시장 동맹과 자산 창출 사업

  (2020~2023년/800만 달러)

- 글로벌녹색성장기구(Global Green Growth Institute, GGGI) 네팔 테라이 홍수평야 기후 스마트 농업을 통한 기후 복원력 제고 및 경제적 실향민 재통합 사업

  (2022~2025년/533만 달러)

필수개념 정리

농업: 땅을 이용하여 인간 생활에 필요한 식물을 가꾸거나 유용한 동물을 기르는 산업, 또는 그런 직업. 특히 농경을 가리키는 경우가 많고, 넓은 뜻으로는 축산업과 임업도 포함한다.

식량안보(Food Security): 건강하고 활력 있는 삶을 영위하기 위해 필요한 식단 및 개인적 기호는 물론, 양, 안전성, 영양학적 측면도 충족할 수 있도록 모든 사람에게 물리적·사회적·경제적 식량 접근권을 항상 보장하는 것을 의미한다.

식량 불안정(Food Insecurity): 정상적인 성장과 발달, 활동적이고 건강한 삶을 위한 안전하고 영양가 있으며 충분한 양의 식량에 대한 접근이 부족한 경우를 의미한다. 식량을 구할 수 없거나 구할 자원(경제적·물리적)이 부족한 상황에서 발생하며, 식량 불안정은 FIES로 측정된다.

지속가능한 농업(Sustainable Agriculture): 환경적으로 건전하고(environmentally sound), 경제적으로 수익성이 보장되며(economically viable), 사회적으로 수용가능한(socially acceptable) 농업 생산 활동

기후 스마트 농업(Climate-Smart Agriculture, CSA): 농식품 시스템을 녹색 및 기후 회복력이 있는 관행으로 전환하기 위한 조치를 안내하는 접근 방식이다. SDGs 및 파리협정과 같은 국제적으로 합의된 목표 달성을 위해 ① 지속가능한 농업 생산성 및 소득 증대, ② 기후변화에 대한 적응 및 회복

력 구축, ③ 온실가스 배출 감축을 목표로 한다.

농업 가치사슬(Agricultural Value Chain): 사용한 자원보다 더 많은 가치를 창출하기 위해 자원을 결합하는 과정을 의미하며, 농업 부문은 생산-가공-유통-수출의 단계로 구성되며, 각 단계를 거치면서 재화의 부가가치가 높아진다.

📖 토론점

개발도상국에서 스마트팜(Smart Farm)을 실시하고 효과성을 높이는 방안에 어떤 것이 있을까?

최근 개발도상국에서 수요가 많은 사업 중 하나는 스마트팜이다. 그러나 개발도상국은 통신, 에너지, 물 등의 인프라에서부터 시설 온실 기자재, 시설 재배용 종자, 재배기술 등의 기술적 역량이 부족한 상황이다. 더욱이 개발도상국도 도시화가 지속되고 있어, 농촌 지역의 생산 인력이 예전과 같이 충분한 상황은 아니다.[26]

<표 3-9>에서는 스마트팜의 발전단계별 기술 수준을 설명하고 있다. 3세대 스마트팜으로 갈수록 인터넷 통신 여건, 전력 에너지 공급 여부, 초기 투자 비용의 적절성 등 고려해야 할 사항이 많다. 선진국의 스마트팜은 비

---

26 전 세계 도시화율은 1960년대 34%에서 2017년 55%까지 증가함(Ritchie, H. et, al., 2019)

닐하우스나 유리온실, 축사 등에 사물인터넷(Internet of Things, IoT), 빅데이터, 인공지능, 로봇 등 4차 산업혁명 기술을 접목하여 작물과 가축의 생육환경을 원격 및 자동으로 적정하게 유지·관리할 수 있는 농장을 의미한다.

\<표 3-9\> 스마트 팜의 발전단계별 구분

구분	1세대	2세대	3세대
목표 효과	편의성 향상 '좀 더 편하게'	생산성 향상 '덜 투입, 더 많이'	지속가능성 향상 '누구나 고생산· 고품질'
주요 기능	원격 시설 제어	정밀 생육 관리	전주기 지능· 자동 관리
핵심 정보	환경 정보	환경 정보, 생육 정보	환경 정보, 생육 정보, 생산 정보
핵심 기술	통신기술	통신기술, 빅데이터/AI	통신기술, 빅데이터/AI, 로봇
의사결정/ 제어	사람/사람	사람/컴퓨터	컴퓨터/로봇
사례	스마트폰 온실 제어 시스템	데이터 기반 생육 관리 소프트웨어	지능형 로봇농장

출처 : 농림축산식품부 홈페이지(2022.7.10. 검색)

기초 인프라가 좋은 우리나라도 아직 2, 3세대의 스마트팜이 보편화되지 않은 상황인데, 아무리 정보통신 사업의 발전이 급격하게 이루어진다고 하더라도 개발도상국에서 이러한 발전단계를 뛰어넘어 스마트팜을 수용하기에는 다소간 어려울 것으로 여겨진다. 그렇다면 개발도상국에서는 스마트팜이 불가능한 것일까?

아직 초기 단계이기는 하지만 필리핀, 베트남 정도의 인프라가 갖춰진 국가들에서 점적관수나 원격으로 시설을 제어하는 수준에서의 스마트팜 사업이 시도되고 있다. 현재는 인프라와 기술 수준에 적합한 단계의 스마트팜을 목표로 하고 있다. 온도, 습도, 토양 pH 센서 등의 기초 데이터를 수집하고 이를 휴대전화와 연동하여 기초적인 자동화 기능(시설의 개폐, 점적관수 등)을 도입하는 것이 시도되고 있다. 이것이 성공할 경우 연중 고품질의 채소를 생산함으로써, 농가는 지속가능한 소득 증대를 이루고 도시의 소비자는 연중 안전하고 고품질의 농산물을 공급받아 섭취함으로써 영양을 개선할 수 있다. 여기에 스마트팜 기자재 업체, 식품 유통업체, 판매업체 등 민간기업이 함께한다면 가치사슬의 연계가 가능해지고 지속가능한 사업을 운영할 수 있다.

 읽을거리

총, 균, 쇠

재레드 다이아몬드 지음 | 김진준 옮김 | 문학사상 | 2013

식량 생산은 간접적으로 인류의 문명과 역사를 뒤바꾼 총기, 병원균, 쇠가 발전하는 데 필요한 선행조건이었으며, 가축화, 작물화된 동식물의 유무에 따라 이후 민족의 운명이 달라졌다. 농업의 힘을 가진 민족과 그렇지 못한 민족 사이의 간극에서 시작된 인류 문명의 발전 과정을 설명하고 있다.

왜 세계의 절반은 굶주리는가?: 유엔 식량특별조사관이 아들에게 들려주는 기아의 진실

장 지글러 지음 | 유영미 옮김 | 갈라파고스 | 2016

저자는 기아의 실태와 그 원인을 아들에게 대화 형식으로 설명하고 있으며, 여러 가지 사례를 통해 풍요와 빈곤이 공존하는 우리 사회의 모순을 여실히 보여 주고 있다.

기아 더 이상 두고 볼 수 없다: 왜 세계의 극빈층은 풍요의 시대에 굶주리는가

로저 서로우·스코트 킬맨 지음 | 이순주 옮김 | 에이지21 | 2010

저널리스트인 저자는 철저한 실사를 통해 에티오피아, 케냐 등을 대상으로 추진했던 원조가 실패한 원인을 냉철하게 규명하였으며, 기아의 원인은 자연 재해나 전쟁이 아니라 정치적 문제로 귀결된다고 보았다.

침묵의 봄

레이첼 카슨 지음 | 김은령 옮김 | 에코리브르 | 2011

시사주간지 「타임」이 선정한, 20세기를 변화시킨 100명에 이름을 올린 저자 레이첼 카슨(Rachel Carson)이 쓴 이 책은 환경학 최고의 고전으로 불린다. 살충제의 무분별한 사용으로 인해 파괴되는 생태계의 모습을 적나라하게 공개하여, '녹색혁명'을 위해 사용해야 했던 제초제 등 화학비료의 위험성을 대중에게 알리는 데 큰 역할을 하였다.

왜 음식물의 절반이 버려지는데 누군가는 굶어죽는가

슈테판 크로이츠베르거·발렌틴 투른 지음 | 이미옥 옮김 | 에코리브르 | 2018

SDG 12는 지속 가능한 소비와 생산 양식의 보장을 목표로 하며, 12.3의 성과 목표는 '2030년까지 유통 및 소비자 수준에서 1인당 전세계 음식물 쓰레기 절반 감축, 수확 후 손실을 포함하여 생산 및 공급망에 따라 식량 손실 감소'에 도달하는 것이다. 개발도상국에서는 유통과정에서 기술적인 어려움으로 인해 손실이 발생하지만, 선진국에서는 음식물 쓰레기가 문제가 된다. 책임 있는 소비를 위해 국가가 해야 할 일과 개인이 행동으로 옮길 수 있는 대안을 제시하고 있다.

거버넌스·평화

김은주 한성대학교 교수

1. 거버넌스·평화의 이해   257

2. 세계 거버넌스·평화 현황   276

3. 거버넌스·평화 분야 국제개발협력 동향   286

4. 거버넌스·평화 분야 KOICA 지원 전략과 현황   302

5. 거버넌스·평화 분야 성과와 과제   316

- 학습목표 -

1. 거버넌스·평화와 개발의 관계 및 주요 개념을 이해한다.

2. 거버넌스·평화의 국제 현황과 이에 따른 과제, 국제사회의 개선 노력을 이해한다.

3. 거버넌스·평화 관련 한국의 지원 전략 및 사례를 이해하고,
   현장에서 필요한 시사점을 도출할 수 있다.

1. 거버넌스·평화의 이해

(1) 거버넌스·평화 분야의 중요성

"굿 거버넌스(Good governance)는 빈곤을 퇴치하고 개발을 촉진하는 가장 중요한 요인일 것입니다." 1998년 당시 코피 아난(Kofi Annan) UN 사무총장은, 개발에서 가장 중요한 단 한 가지를 꼽으라면 그것은 바로 '굿 거버넌스'라고 하였다. 이렇듯 1990년대 이래로 국제개발협력을 다루는 기관들은 거버넌스 개혁을 주요한 정책 목표로 삼고 동시에 개발도상국의 경제와 사회발전을 위한 정책 수단으로 인식하고 거버넌스 개혁을 추구해 왔다. 또한 2000년대 이후부터는 원조 활동이 계획했던 성과를 효율적이고 효과적으로 달성하기 위해서는 결국 원조를 받는 나라, 즉 수원국의 거버넌스가 잘 갖춰져 있어야 한다는 주장이 더욱 주목을 받으면서

'굿 거버넌스'가 원조의 조건으로 요구되기도 하였다.

하지만 여러 국제기구와 공여 기관들이 수많은 개혁 과제를 제시하고, 개발도상국들 역시 이를 받아들여 정치개혁과 정부혁신을 실현하려고 노력했지만 거버넌스의 개선 속도는 기대에 미치지 못했고, 때로는 오히려 국제기구의 활동들이 수원국의 거버넌스를 약화시키기도 하였다 (Hewitt de Alcantara, 1998).

거버넌스 개선의 필요성은 분쟁·갈등으로 인한 취약국(Fragile and Conflict-Affected States)에서 더욱 두드러진다. 개발협력에서 말하는 취약국이란 국가로서의 기본적인 서비스를 제공할 능력도, 의지도 없는 국가를 의미한다(권혁주 외, 2010). 개발협력에서 취약국 문제를 비롯하여 안보와 평화 이슈가 더욱 중요하게 다루어지기 시작한 것은 2001년 미국에서 발생한 9.11 테러 이후이다. 이전에는 군사·안보 이슈와 외교가 분리되어 논의되었고, 특히 개발협력과 안보는 별개로 논의되었다. 그러나 이후부터 개발협력과 외교·안보가 불가분의 관계로 인식되고 있다. 그 배경에는 전 세계적으로 분쟁이 끊이지 않고 오히려 증가하고 있으며, 이로 인한 난민 문제가 유럽 및 서구 선진국에 큰 영향을 미치고 있기 때문이다. 이러한 맥락에서 지속가능발전목표(Sustainable Development Goals, SDGs)를 합의하면서 다섯 가지 기본원칙(5P)[1] 중 하나로 평화(Peace)가 포함되게 되었다.

거버넌스와 평화의 중요성에 동의하면서도 많은 사람이 궁금하게 여기는 부분이 있다. 과연 거버넌스의 개념은 무엇일까? 개발도상국의 발전에 진정으로 기여하려면 어떤 부분을 개혁해야 할까? 거버넌스의 원칙

---

[1] 사람(People), 지구환경(Planet), 경제발전(Prosperity), 평화(Peace), 파트너십(Partnership)

을 개발협력사업에 반영하려면 어떻게 해야 할까? 또한 최근 평화가 중요한 이슈로 등장하고 있는데 개발협력과 평화를 어떻게 접목하여 개발의 문제를 해결할 것인가?

이런 질문들에 대한 답을 찾기 위해서 먼저 1절은 개발협력의 맥락에서 거버넌스의 개념과 평화의 주요 개념을 설명하고, 거버넌스와 발전, 평화와 발전의 관계에 대해 논의한다. 2절에서는 거버넌스·평화 분야 현황을 살펴본다. 3절에서는 국제기구들과 다른 공여 기관들이 거버넌스 분야에서 어떠한 활동들을 하고 있는지 살펴보고, SDGs 채택 이후 최근의 논의들에 대해 소개한다. 4절에서는 한국국제협력단(Korea International Cooperation Agency, KOICA)의 거버넌스·평화 분야 지원 현황과 중장기 전략을 간략하게 소개한 뒤 KOICA가 추진하고 있는 거버넌스·평화 분야 사업 사례를 소개한다. 끝으로 5절에서는 거버넌스·평화 분야의 그간의 성과와 더불어 향후 과제, 그리고 거버넌스와 관련한 사업을 추진할 때 유의해야 할 점을 제안한다.

(2) 거버넌스·평화 분야 주요 개념[2]

1) 거버넌스 개념 정의

개발학(development studies), 그리고 개발협력 현장에서 거버넌스라는 개념이 본격적으로 주목받기 시작한 것은 1989년 세계은행(World Bank)이

---

2 이 절은 김은주(2013)가 연구한 이론적 논의 부문을 참고하되 교재의 방향에 맞춰 내용을 새롭게 정리하였다.

작성한 보고서에서 출발한다. 1950년대부터 시작된 국제개발원조가 지속적으로 이루어졌음에도 저개발국가들, 특히 사하라 이남 아프리카 국가들은 경제발전과 빈곤 감소라는 목표를 달성하지 못하였다. 세계은행은 그 원인을 다름 아닌 '거버넌스의 실패'에서 찾았다. 민주적 정통성이 결여되고 시민들의 정치참여가 보장되지 못하며 부패가 만연한 정치풍토 등이 발전을 가로막는 가장 큰 요인이라고 지적하였다. 이에 대해 세계은행은 법치주의, 언론의 자유, 인권이 보장되는 굿 거버넌스를 처방으로 제안하였다(World Bank, 1989). 이후 지금까지도 거버넌스는 발전의 목표이자 경제발전과 사회발전을 가능하게 하는 전제조건으로 인식되고 있다.

이렇듯 개발의 목표이자 수단으로 주목받고 있는 '거버넌스(governance)'는 무엇을 의미하는가? 거버넌스만큼 많은 사람이 다양한 분야에서 서로 다른 의미로 사용하는 용어도 흔치 않다. 거버넌스라는 개념은 정치학, 국제관계학, 행정학, 사회학, 그리고 경영학에 이르기까지 다양한 학문 영역에서 사용되고 있다. 개발협력의 현장에서도 사용하는 사람에 따라 혹은 상황에 따라 다양한 의미로 사용되어 왔다.

예를 들어 거버넌스는 '정치(politics)'나 '행정(administration)'의 기본 전제의 속성을 띠고 있어 개발협력 종사자들은 정치나 행정을 의미하는 단어로 거버넌스를 사용하기도 하였다. 또한 1980년대 말 냉전시대가 막을 내린 이후에는 '민주주의'란 단어를 대신하여 사용되기도 하면서 더욱 포괄적인 의미를 담은 용어로 쓰였다. 또한 '글로벌 거버넌스(global governance)'라는 말도 자주 사용하는데, 이는 전 지구적인 문제를 다룰 때 한 국가가 단독으로 다룰 수 없으므로 그 역할을 국제기구, 비정부기구(Non-Governmental Organization, NGO), 다국적기업 등 국제무대의 다양한 핵심 주체들과 함께 수행한다는 의미이기도 하다. 이처럼 똑같은 장소에서 똑같은 '거버넌스'라는 단어를 이야기해도 논의하는 사람에 따라 각자 다른 의미로 해석할 수 있기 때문에 거버넌스에 대해 논의할 때는 누가, 어떤 맥락에서, 무엇을 강조하며 사용하는지에 주의해야 한다.

서구 선진국에서 거버넌스라는 개념이 처음 등장했을 때 거버넌스는 행정학, 정치학에 뿌리를 둔 개념으로서 정부의 새로운 통치방식을 의미하였다. 즉 거버넌스는 정부뿐만 아니라 정책 과정에 참여하는 다양한 참여자들의 역할을 강조하기 위해 생겨난 개념이었다. 정부(제1 섹터), 시장(제2 섹터), 시민사회(제3 섹터) 등 국가 운영과 관련한 세 주체가 함께 제도 운영과 국정 운영에 참여하는 것을 거버넌스라고 정의하였다.

한편 개발학과 개발협력 현장에서 언급하는 거버넌스는 쉽게 말해서 '제도를 관리하는 것'이라고 할 수 있다. 거버넌스를 제도 혹은 제도를 관리하는 것이라고 보는 이유는 국제개발협력에서 이야기하는 거버넌스 논의 자체가 신제도주의 경제학(New Institutional Economics)³에 기반을 두고 있기 때문이다. 신제도주의 경제학에서는 제도를 '게임의 규칙(rules of game)'이라고 정의한다(North, 1990). 신제도주의 경제학의 대표적인 학자인 더글러스 세실 노스(Douglass Cecil North)는 안정화되었을 때 국가의 경제성장과 사회발전이 가능하다고 주장했다. 이후 많은 개발경제학자들이 제도와 경제성장의 관계를 증명해 왔다. 국제기구, 특히 국제금융기구(International Financial Institutions, IFI)들은 신제도주의 경제학자들의 이론적인 주장과 증거를 바탕으로 거버넌스와 경제성장의 관계에 대한 논의를 전파하였다. 개발도상국에서 재산권(property right)을 보장하고 거래비

---

3 경제적 생산활동의 결과는 특정 사회의 정치적·사회적 제도(institution)에 달려 있다고 주장하는 경제학의 학파

용(transaction cost)[4]을 줄일 수 있다면 시장경제가 자리를 잡게 되고, 이를 통해 경제성장이 가능해진다는 것이다. 이를 근거로 국제기구들은 개발도상국으로 하여금 시장경제 활성화를 위해 거버넌스를 개혁할 것을 요구해 왔다. 이러한 배경에서 국제개발협력에서 거버넌스를 말할 때는 일반적으로 '발전을 위해 필요한 제도를 관리하는 것'을 의미하게 되었다.

요약하자면 개발도상국 맥락에서 거버넌스와 발전, 거버넌스와 빈곤의 관계에 대해 논의할 때는 "거버넌스는 국가의 능력(state capacity)을 의미하는 것으로서 정치, 행정, 사법 전 분야에서 제도를 관리하는 것"이라고 정의할 수 있다(김은주, 2013). 개발도상국에서는 정부가 국가의 핵심 기능인 안보, 공공재 관리, 빈곤층 보호 등에서 기본적인 역량을 발휘하지 못하는 경우가 많다. 따라서 국제개발협력을 수행하는 기관들은 원조를 통해 개발도상국들에게 국가의 기본적인 역할과 기능을 할 수 있도록 제도를 관리하는 능력을 강화하는 데 도움을 주어야 한다.

2) 국제기구 및 양자 기구의 거버넌스 정의

거버넌스라는 개념이 국제개발협력 현장에서 실제 어떻게 사용되는지를 보다 깊이 이해하기 위해서 각 원조기관들이 거버넌스라는 개념을 어떻게 사용하고 있는지 실제 예를 들어 살펴보도록 하자.

국제사회에서 원조 활동의 규범을 주도하고 있는 국제연합(United Nations, UN), 세계은행(World Bank), 경제협력개발기구(Organization for Economic

---

4 노벨경제학상 수상자 로널드 코스(Ronald Harry Coase)가 주장한 개념으로 시장경제에서 경제활동을 하는 데에 따른 각종 거래에 수반되는 비용을 말한다. 거래 전에 필요한 협상, 정보의 수집과 처리는 물론 계약이 준수되는지를 감시하는 데에 드는 비용 등이 이에 해당한다.

Cooperation and Development, OECD) 등의 국제기구와 미국국제개발처 (United States Agency for International Development, USAID), 영국 외교영연방부개발부(Foreign, Commonwealth & Development Office, FCDO)와 같은 대표적 양자원조(bilateral aid) 기구들은 각 기구별로 거버넌스에 대한 정의를 다르게 사용하고 있다(<표 4-1> 참조). 각자가 추구하는 원조 전략의 맥락에서 거버넌스의 개념을 정의하기 때문이다.

예를 들어 굿 거버넌스에 대한 논의를 주도해 온 세계은행은 "거버넌스는 국가의 발전을 위해 경제적·사회적 자원을 사용하는 데 있어 권력이 행사되는 방식"이라고 정의한다(World Bank, 1992). UN 기구 중에서 민주주의와 관련된 원조 활동을 주도하고 있는 유엔개발계획(UN Development Programme, UNDP)은 "거버넌스는 국가의 문제를 관리하기 위해 정치, 경제 및 행정에서 권력기관이 주어진 권한을 행사하는 것"이라고 정의한다(UNDP, 1997). 선진국들의 원조 규범을 주도하고 있는 OECD 개발원조위원회(Development Assistance Committee, DAC)는 "거버넌스는 국가의 사무를 관리하기 위해 필요한 정치, 경제, 행정 권력을 행사하는 것"이라고 정의한다(OECD, 2006). 이렇듯 대표적인 국제기구들의 정의를 종합해 보면 공통적으로 "발전에 필요한 자원 배분을 위해 국가가 권한을 행사하는 것"을 거버넌스라고 규정하고 있다.

그런데 실제 기관들의 원조 활동을 보면 각 기관들이 더 중요하게 생각하는 가치가 무엇인지를 확인할 수 있다. 예를 들어 세계은행은 공공재정의 효율적 관리와 반부패 문제를 강조하는 반면, UNDP는 개발도상국에서 투명하고 책임성 있는 민주제도를 확립하는 활동을 중점적으로 펼치고 있다.

양자 기구들 역시 거버넌스의 개념에 대해서는 여러 가지 내용이 다 포함되도록 넓은 의미에서 정의를 내리지만, 그들이 강조하는 원조 활동을 분석해 보면 핵심적으로 추구하는 가치가 무엇인지 드러난다. 예를 들어 USAID는 거버넌스란 "국가의 역량(capability), 법치주의(rule of law), 투명성(transparency)과 책임성(accountability), 사회적 자본(social capital)까지 모두 포괄하는 것"이라고 정의한다. 이러한 맥락에서 USAID는 2013년에 거버넌스 분야에서 새로운 원조 전략을 수립하면서 핵심적인 가치로 "참여(participation), 포용성(inclusiveness), 책임성(accountability)"을 강조하고 있다(USAID, 2013). 전략의 세부 내용을 살펴보면 USAID가 가장 중요하게 생각하는 것은 자유민주주의를 개발도상국에 전파하는 것이다.

영국은 거버넌스를 규정하기 위한 개념 틀(framework)로 "정부의 능력(capability), 책임성(accountability), 그리고 반응성(responsiveness) 등 세 가지가 거버넌스를 구성하는 핵심적인 가치"라고 제시하고 있다(DFID, 2011). 영국 양자 기관의 거버넌스 담당 부서의 주요 활동을 보면, 공공 재정 운영의 개혁을 강조하고 분쟁 및 갈등을 겪고 있는 취약국을 지원하는 활동에 방점을 두고 있다(DFID, 2014).

<표 4-1> 국제기구별 거버넌스의 정의와 원조 활동의 특징

기관명	정의	특징
World Bank	국가의 발전을 위해 경제적, 사회적 지원을 사용하는 데 있어 권력이 행사되는 방식	시장경제를 통한 경제성장을 위한 제도관리, 공공재정 관리와 반부패 문제 강조
UNDP	한 나라의 여러 가지 문제를 관리하기 위하여 정치, 경제 및 행정에서 권력기관이 주어진 권한을 행사하는 것	투명성 있고 책임성 있는 민주제도 확립

기관명	정의	특징
OECD	국가의 사무를 관리하기 위해서 필요한 정치, 경제, 행정 권력을 행사하는 것으로 개념화	정치, 사회, 경제 개발을 위한 양자·다자 간 공조
미국 USAID	국가의 역량, 법치, 투명성과 책임성의 정도, 참여수준과 사회적 자본(social capital)을 포함함. 최근 거버넌스 분야 전략에서는 참여(participation), 포용성(inclusiveness), 책임성(accountability) 등 3대 가치를 강조	자유민주주의 확립에 우선순위를 두고 선거제도 지원, 개발도상국 내 시민참여 확대 등을 강조, 원조효과성 확보를 위한 투명성과 책임성 강조; 열린정부파트너십(Open Government Partnership)이라는 반부패 및 투명성과 관련된 국제적 공동행동 주도
영국 DFID	정부의 능력(capability), 책임성(accountability) 그리고 반응성(responsiveness)이라는 세 가지 구성 요소로 개념화	재정(Public Finance Management)의 효율적 운영강조, 공공재정지출진단 프로그램(Pubic Expenditure and Financial Assessment, PEFA) 주도, 취약국 지원

출처 : Abdellaffi(2003) 참고하여 저자 재구성

3) 굿 거버넌스의 원칙

앞서 국제기구와 양자 기구들이 내세우고 있는 거버넌스의 정의를 살펴보았다. 각 기구가 강조하는 가치들에는 조금씩 차이가 있지만 공통적으로 다루는 내용들이 있다. 이를 정리하면 국제사회에서 이야기하는 이른바 굿 거버넌스의 주요 원칙들이 무엇인지 확인할 수 있다(<표 4-2> 참조).

UNDP는 '참여, 투명성, 책임성, 형평성(equity), 법치주의'를 거버넌스의 다섯 가지 원칙으로 제시하였다(UNDP, 1995). 참여는 시민들이 직간접적으로 정책결정에 의사를 반영할 수 있도록 언론의 자유, 집회 및 결

사의 자유를 보장하는 것을 의미한다. 투명성이란 정보의 자유로운 흐름을 허용하여 의사결정 과정과 제도에 대한 정보를 모든 시민에게 제공하고, 시민들은 이러한 정보에 쉽게 접근할 수 있어야 한다는 원칙이다. 책임성이란 정부가 이해관계자와 국민에 대해 책임을 다하는 것을 뜻하며, 형평성이란 모든 시민의 복지를 향상시킬 수 있는 기회를 보장하는 것을 의미한다. 법치주의란 법 제도가 공평하게 집행되는 것을 말한다.

한편 세계은행, 국제통화기금(International Monetary Fund, IMF), 아시아개발은행(Asian Development Bank, ADB)과 같은 IFI는 이상의 원칙들에 동의하면서도 실제로는 경제정책을 운용하는 것에 초점을 두었다. 즉 굿 거버넌스를 경제성장의 수단으로 보고 공공 재원을 효과적이고 효율적으로 관리하는 것을 핵심과제로 보았다. 특히 세계은행은 국제부흥개발은행(International Bank for Reconstruction and Development, IBRD)과 국제개발협회(International Development Association, IDA)를 통해 차관을 지원하기 때문에 지원된 자금의 효과적이고 효율적인 운영을 강조하는 경향이 있다. 그 때문에 거버넌스의 원칙에서 특히 부패방지(control of corruption) 문제를 가장 강조한다.

미국이나 영국 등의 양자 기구들이 공통적으로 강조하는 굿 거버넌스의 한 가지 원칙은 반응성이다. 반응성이란 국가에 대해 국민이 기대하는 바를 어떻게 반영하려고 노력하는지, 국민의 기대에 부응하기 위해 정부와 정치권이 어떤 노력을 기울이는지를 뜻한다. 다시 말해 개발도상국에서 정책을 수립하고 집행하는 과정에서 의사결정 과정과 집행 과정이 모든 이해관계자의 요구에 부응하도록 노력해야 한다는 것이다.

이처럼 국제기구들은 여러 가지 이상적인 원칙들을 지켜야 한다고 제안하고 다양한 개혁 과제도 제안하였다. 하지만 국제기구들이 굿 거버넌스의 원칙으로 수많은 과제를 제안하고 있는 것에 대한 비판도 존재한다. 예를 들어 서구 선진국의 경험에 기반하여 특정한 국정운영 방식을 권고하는 것이 과연 도움이 될 것인지에 대한 비판이다. 민주주의를 오랫동안 실현하면서 역사적으로 형성된 서구 선진국의 정치, 행정 체제 운영 방식을 사회발전 수준이 그에 미치지 못하는 개발도상국에 권고했을 때 현실에서 그대로 적용하기 어려운 점이 있기 때문이다(Chhotray and Stoker, 2009). 또한 개발도상국의 입장에서는 예산과 능력이 제한되어 있기 때문에 동시에 수많은 과제를 해결할 수 없으므로 현실에 맞춰 우선순위를 제시하는 것이 더 중요하다는 비판도 있다(Grindle, 2007).

특히 2000년대에 들어서는 각 국가들이 새천년개발목표(Millennium Development Goals, MDGs)를 달성하기 위해 빈곤감소전략보고서(Poverty Reduction Strategy Paper, PRSP)를 작성하였고, 세계은행을 비롯한 국제기구들은 이 전략에 굿 거버넌스를 달성하기 위한 제도개혁 조치들을 반드시 포함시키도록 요구하였다. 예를 들어 빈곤계층에 권리를 부여하는 제도, 기본적인 사회서비스를 제공하기 위한 제도, 시장에 대한 접근도를 향상할 수 있는 제도, 부패와 범죄, 폭력으로부터 안전하게 보호하기 위한 제도 등으로 구분하여 분야별로 여러 가지 제도를 예시로 제시하고, 이를 빈곤감소전략에 반영하도록 하였다(World Bank, 2001). 그러나 제도개혁 과제가 점점 늘어나면서 오히려 개발도상국들에게 부담을 주게 되었다. 세계은행의 1997년 보고서에서는 45개의 과제를 제시했는데 그 수가 점차 증가하여 2002년 보고서에는 무려 116개의 개혁 과제를 개발도상국에 권고하였다. 그러자 개발도상국의 입장에서 현실적으로 실현 가능한 거버넌스만을 선별하여 최소한도의 개혁 과제를 제안해야 한다는 주장과 함께 굿 거버넌스가 아니라 '현실적으로 실현 가능한 거버넌스

(good enough governance)'가 필요하다는 주장까지 등장하게 되었다(Grindle, 2004·2007).

<표 4-2> 굿 거버넌스의 원칙

항목	의미
참여 (participation)	모든 시민이 그들의 이해관계를 대표하는 합법적 기관을 통하거나 직접 의사결정에 의사를 반영해야 한다. 참여는 언론, 집회 및 결사의 자유와 관계가 있다.
책임성 (accountability)	정부, 민간부문 및 시민사회는 이해관계자와 일반국민에게 정치적 책임을 다해야 한다.
반응성 (responsiveness)	제도와 의사결정 과정은 모든 이해당사자들의 요구에 부응하도록 노력해야 한다.
법치주의 (rule of law)	법에 근거하여 권력이 운영되고, 국민들도 법규범을 철저히 준수하는 것을 의미한다. 법제도는 모든 사회 구성원들에게 공평하게 집행되어야 한다.
투명성 (transparency)	정보의 자유로운 흐름이 투명성을 높이게 된다. 의사결정 과정, 제도 및 정보는 관심 있는 모든 사람에게 직접 알려야 한다.
부패방지 (control of corruption)	개발에 필요한 자원을 사적인 용도로 써서는 안 된다.
형평성 (equity)	모든 시민들은 그들의 복지를 향상 또는 유지할 기회를 보장받아야 한다.
효과성 (effectiveness)	의사결정 과정과 제도는 국민의 필요를 효과적으로 충족시켜주는 결과를 가져와야 한다.

항목	의미
효율성 (efficiency)	제한된 인적, 재정적 자원이 불필요한 낭비와 부패 없이 사용되어야 한다.

출처 : UNDP(1997) 참고하여 저자 재구성

4) 평화 개념 정의

　　개발협력에서 논의되는 평화와 관련된 개념은 평화 유지(peace keeping), 평화 구축(peace building)으로 구분되며, 나아가 최근 많이 논의되고 있는 평화 지속화(sustaining peace)가 있다. 첫째, 평화 유지란 분쟁이 일어난 국가에서 분쟁 사태가 종료된 후에 유엔안전보장이사회(UN Security Council, UNSC) 차원에서 결의한 평화유지군이 파견되어 규정된 평화 유지 활동을 하는 것을 의미한다. 주로 인도적 지원 차원에서 갈등을 종식하고 평화 상태를 회복하기 위해 활동하는 것을 의미한다. 둘째, 평화 구축이란 분쟁 사태가 발생하기 이전에 분쟁이 커지거나 확대되는 것을 막기 위해서 개입하는 것을 의미한다. 셋째, 평화 지속화란 분쟁의 전 단계에 걸쳐 적극적으로 관여하여 분쟁을 예방하고, 재발을 방지하며 나아가 전후 재건을 하면서 사회 전반의 공통 비전을 수립하는 과정을 의미한다. 인도적 지원보다는 개발의 관점에서 기여하는 활동을 의미한다(김수진, 2018: 48).

　　과거에는 유엔평화유지군이 파견되어 평화 유지 활동을 하는 것으로만 인식했지만 SDGs 채택을 전후해 평화와 개발협력의 교차를 강조하면서 이제는 전쟁 발발 이전에 평화 체제를 구축하는 것과 나아가 분쟁전 단계에 걸쳐 개입하는 평화 지속화가 더 크게 주목받고 있다.

<표 4-3> 평화 관련 주요 개념 정의

개념	정의
평화 유지 (peace keeping)	폭력 및 분쟁 사태 종료 후 전후 상황에서 이루어지는 활동으로, 유엔안 전보장이사회에서 규정한 평화 유지 활동 의무 및 범위에 따라 평화유 지군을 파견함
평화 구축 (peace building)	폭력 및 분쟁 사태 발발 이전에 이루어지는 활동으로, 분쟁의 확산, 확대, 재발 또는 지속을 방지하기 위한 정치적 개입으로 해석
평화 지속화 (sustaining peace)	사회 전반의 공통 비전을 세우는 과정으로, 모든 계층과 분야의 필요를 고려하여 분쟁의 예방, 발생, 지속, 악화, 재발, 전후 재건에 이르기까지 분쟁의 모든 단계에 걸쳐 UN의 적극적 관여를 추구하는 개념

출처 : 김수진(2018: 48) 참고하여 저자 재구성

(3) 거버넌스·평화와 개발의 관계[5]

1) 거버넌스와 개발의 관계

국제개발협력에서 거버넌스가 왜 중요한가에 대해 알아보자. 개발협력에서 거버넌스를 주목하는 이유는 크게 두 가지이다. 첫째는 앞서 말했듯이 거버넌스를 개선하지 않고서는 경제발전과 사회발전을 통한 빈곤퇴치가 불가능하기 때문이다. 둘째는 원조 활동의 효과성을 달성하기 위해서는 거버넌스가 필요조건이기 때문이다. 다음에서는 이 두 가지에 대해

---

5 이 절은 김은주(2013)의 거버넌스와 개발목표의 관계에 관한 선행 연구 부분을 참고하되 최신 논의를 추가하고 교재의 방향에 맞춰 내용을 새롭게 정리하였다.

더 깊이 있게 살펴보도록 한다.

① 거버넌스가 경제성장과 빈곤 감소에 미치는 영향

거버넌스가 경제성장에 기여한다는 것은 거의 신념(faith)처럼 인식되고 있다(Kurtz and Schrank, 2007). 거버넌스와 경제성장의 관계에 관한 실증 연구들은 주로 신제도주의 경제학자들이 주도하였다. 제도의 질(quality of institutions)과 경제성장의 관계를 검증한 여러 논문들은 주로 법치주의와 부패 방지(control of corruption)가 경제성장률(economic growth rate)에 어떤 영향을 미치는지를 연구하였다. 예를 들어 사람들이 법을 준수하고 경제 거래의 계약을 잘 지키는 등 법치주의가 제대로 갖춰진다면 경제성장률이 증가한다는 것을 확인하였다(Kaufmann and Kraay, 2002). 또한 부패를 방지하여 투명한 사회가 구현되면 1인당 국내총생산(Gross Domestic Product, GDP) 성장률도 높아진다는 것을 확인하였다(Mauro, 1998). 아울러 다른 학자들은 민주주의가 뿌리내리면 정치적 안정성이 높아져서 경제성장에 도움이 된다고 주장하였다(Halperin et, al., 2005). 또한 관료제가 발달한 나라일수록 경제성장률이 높아진다는 관계도 발견하였다(Evans and Rauch, 1999).

거버넌스가 빈곤 감소에 미치는 영향에 관한 연구 결과에 따르면 민주주의가 발달할수록 빈곤이 감소한다(Sen, 2000). 빈곤층의 정치참여가 확대되면 유권자인 빈곤층을 지원하기 위한 정책들이 늘어나면서 빈곤이 감소한다는 논리이다. 또한 부패가 줄어들수록 빈곤층의 연간 소득 증가율이 높아진다는 연구도 있다(Gupta et, al., 2002).

그러나 법치주의가 확립되었음에도 빈곤층을 위한 성장(pro-poor growth)이 달성되지 못했다고 주장한 연구도 있다(Son and Kakwani, 2008).

이처럼 상반된 연구 결과가 나오는 이유는 경제성장을 달성한 이후에도
빈곤 감소라는 궁극적인 목표에 이르기까지는 시간이 걸리고 그 과정이
복잡해서 거버넌스가 빈곤 감소에 미치는 직접적인 영향을 명확하게 입
증하기가 어렵기 때문이다.

거버넌스와 빈곤의 관계는 국가 발전의 수준에 따라 다르게 나타
날 수도 있다. 개발도상국을 소득수준[6]에 따라 최빈개발도상국(Least
Developed Countries, LDC)과 중소득국(Middle income countries)으로 나누어
서 살펴보면, 중소득국 이상에서는 거버넌스가 빈곤 감소에 영향을 미치
지만, 최빈개발도상국에서는 거버넌스와 빈곤 감소의 상관관계가 강하게
나타나지 않는다는 연구가 있다. 다시 말해 국가 발전의 수준에 따라 거
버넌스 개선과 빈곤 감소의 관계가 달라질 수 있다는 주장이다(Kwon and
Kim, 2014).

요약하자면 거버넌스를 제대로 갖추는 것은 경제성장의 가장 중요
한 전제조건 가운데 하나라고 할 수 있다. 또한 비록 국가 발전 수준에 따
라 차이가 있을 수는 있지만 거버넌스의 개선이 이루어지면 장기적으로
빈곤 감소 목표도 달성할 수 있다.

② 거버넌스가 원조효과성에 미치는 영향

국제개발협력에서 거버넌스를 강조하는 또 다른 이유는 원조효과
성(aid effectiveness)이 거버넌스에 의해 좌우되기 때문이다. 1980년대부

---

[6] UN에서는 3년마다 1인당 국민소득, 인적자원개발 정도, 경제적 취약성 등을 고려하여 분석한 뒤 최빈개발도상국
명단을 발표한다. 또한 세계은행은 1인당 국민총소득(Gross National Income, GNI)을 기준으로 고소득국, 중소득
국, 저소득국을 구분하여 발표한다. 예를 들어 2022년 기준 1인당 GNI 1,085달러 미만은 저소득국, 1,086~4,255
달러는 저중소득국, 4,256~13,205달러는 고중소득국, 그 이상은 고소득국으로 구분한다.

터 원조가 개발도상국의 발전에 진정으로 기여하는지를 평가하기 시작하였다. 원조가 과연 처음 사업을 시작할 때 수립했던 목표를 성공적으로 달성했는지, 궁극적으로 개발도상국의 경제성장, 사회발전 및 빈곤 감소에 도움이 되었는지를 평가한 연구들이 계속 진행되었다. 그 결과 원조를 했음에도 경제성장에 도움이 되지 않았다는 연구 결과가 제시되었다(Boone, 1994; Griffin, 1970; Mosley et, al., 1987; Rajan and Subramanian, 2008; Doucouliagos and Paldam, 2008). 그 이유는 원조를 받는 수원국의 공공부문이 원조를 비생산적으로 사용하거나 부정부패로 원조가 다른 용도로 사용되는 경우 기대한 효과를 달성할 수 없기 때문이다. 다시 말해 원조가 경제성장에 미치는 영향이 그 나라의 공공부문에 의해서 달라진다고 볼 수 있다. 정치체제가 더 민주적이거나 혹은 공공 분야가 효율적일수록 원조를 통해 기대했던 결과를 달성할 가능성이 높아진다(Boone, 1996).

이러한 주장이 세계적으로 다시 한번 주목을 받게 된 것은 2000년대 들어 세계은행이 '원조가 왜 작동하지 않는가(Assessing Aid: What works, What doesn't, and Why)'라는 보고서를 발표하면서부터이다(Dollar et, al., 1998). 그 이후에 많은 연구들이 공통적으로 주장하는 바에 따르면, 개발도상국에서 정책 환경이 잘 갖춰져 있는 경우에는 원조가 제대로 효과를 발휘하지만 그렇지 않은 경우 기대한 효과를 거둘 수 없다(Burnside and Dollar, 2000; Collier and Dollar, 2002).

이 때문에 세계은행과 같은 국제금융기구들은 차관을 제공하기 전에 거버넌스의 질을 먼저 평가하여 평가점수 지표가 높은 국가들에게 차관을 제공하고 있다. 예를 들어 세계은행이 각국의 정책 및 제도 수준을 평가한 자료(Country Policy and International Assessment, CPIA)에서 탄자니아는 2005년과 2006년에 아프리카 국가 중에서 가장 우수한 수준의 경제정책을 운용하고 있는 것으로 평가되었다. 거버넌스가 우수하다는 평가를 바탕으로 탄자니아에 직접 예산을 지원하는 대외원조가 증가하였고, 해외직접투자(Foreign Direct Investment, FDI)도 증가하였다. 비단 국제기구뿐만 아니라 양자협력을 진행하는 다른 나라의 공여 기관들도 일정 수준 이상의 거버넌스 수준을 갖춘 나라에만 원조를 제공하는 경우가 있는데, 네덜란드 역시 거버넌스 우수 국가에게 우선적으로 원조를 제공하는 것으로 알려져 있다(Knoll and Zloczysti, 2012).

2) 평화와 개발의 관계

폴 콜리어(Paul Collier)는 저소득국이 빈곤의 악순환에 빠지는 이유가 '분쟁의 덫(conflict trap)'이라고 지목하였다. 소득은 낮은데 천연자원에 대한 의존도가 높은 나라에서 분쟁이 더 많이 발생하고, 이로 인해 경제적 불안과 빈곤 상태를 벗어나지 못하고 계속해서 저발전 상태에 머무르게 된다는 주장이다(Collier, 2008). 다시 말해 저발전 상태가 분쟁 발생의 원인이 되고, 분쟁과 갈등은 또다시 저발전의 원인이 되는 악순환이 이어지는 것이다.

또한 저발전과 빈곤 상태뿐만 아니라 발전의 기회 부족 자체가 분쟁의 원인이 된다고 보는 입장이 있다. 존 바넷(John Barrett)은 정치적 배제와 경제적 불균형이 전쟁 가능성을 높인다고 보았다(Barnett, 2008; 문경연 외, 2021). 한편 경제성장만 한다고 해서 자동적으로 평화가 향상된다고 보기는 어렵다. 경제발전이 되는 과정에서 민주화와 사회갈등이 안정화되면 평화 증진으로 이어지지만, 반대로 경제발전이 오히려 반민주적 권력을 강화시키면 평화의 증진이 이루어지지 않을 수도 있다는 점에 주의해야 한다(문경연 외, 2021).

그렇지만 일반적으로 보았을 때 경제발전을 이룬다면 분쟁 발생 가능성이 줄어들 수 있기 때문에 국제사회가 원조를 통해 분쟁으로 어려움을 겪고 있는 나라들을 지원하는 것이 필요하다. 실제로 원조와 분쟁 발발 가능성에 대한 연구들에 따르면 공적개발원조(Official Development Assistance, ODA) 지원액이 늘어날수록 분쟁 기간이 줄어드는 경향이 있었다(Ree and Nielsen, 2009). 닐슨(Nielsen) 등의 연구에서는 ODA 규모가 감소하면 분쟁 발생 가능성이 커진다고 하였다(Nielsen et, al., 2011). 그런데 반대의 결과를 보여 주는 연구도 있다. 폴 콜리어(Paul Collier) 등은 1인당 ODA 지원 액수와 무력분쟁의 관계를 분석하였으나 유의미한 관계를 찾지는 못하였다(Collier and Hoeffler, 1998). 다니엘 스트란도(Daniel Strandow) 등은 분쟁 지역에 원조를 지원하면 오히려 분쟁이 계속되는 경향이 있다고 주장하기도 하였다(Strandow et, al., 2016; 박종남·김수진, 2019: 64-65). 이처럼 원조가 분쟁(평화)에 미치는 상반된 효과에도 불구하고 분쟁을 겪고 있는 국가들에 대한 국제사회의 지원이 없을 경우, 이들 국가의 어려움은 커지게 된다. 따라서 국제사회는 분쟁을 종식하고 평화를 회복하기 위한 효과적인 원조 방안을 모색할 필요가 있다.

2. 세계 거버넌스·평화 현황

(1) 지표를 통해 보는 세계 거버넌스 현황

세계은행에서 측정하여 발표하는 거버넌스 지수(Worldwide Governance Indicators, WGI)를 이용하여 개발도상국들의 거버넌스 현황에 대해 알아보도록 하자. WGI는 거버넌스를 다차원적인 개념으로 보고 여섯 가지 하위개념으로 나누어 지표를 구성하였다. 참여 및 책임성(voice and accountability), 정치적 안정(political stability), 정부 효과성(government effectiveness), 규제의 질(regulatory quality), 법치주의(rule of law), 부패통제(control of corruption), 이렇게 여섯 가지로 나누어 지표를 산출하고 각 국가의 거버넌스 현황을 측정하고 있다.

먼저 대륙별로 구분하여 거버넌스 발전 수준을 비교해 보면 다음의

<표 4-4>와 같다. 지역별로 비교해 보면 동아시아와 중남미 국가들은 6개 지표 모두에서 다른 대륙에 비해 양호한 수준을 보이고 있으나, 서남아시아, 사하라 이남 아프리카, 중동 및 북아프리카 지역의 거버넌스 수준은 여전히 열악함을 알 수 있다. 특히 서남아시아는 정치적 안정과 규제의 질 지표가 낮은 편이고, 사하라 이남 아프리카는 정부 효과성, 규제의 질, 법치주의 등의 지표가 낮은 편이다. 중동 및 북아프리카는 다른 지표에 비해서 참여 및 책임, 정치적 안정 지표가 가장 낮다.

<표 4-4> WGI 지표를 통해 살펴본 대륙별 거버넌스 현황

	동아시아	유럽 및 CIS	중남미	중동 및 북아프리카	서남 아시아	사하라 이남 아프리카	OECD
참여 및 책임성	56.3	65.7	59.3	23.8	37.3	32.2	86.8
정치적 안정	66.8	60.3	57.6	27.6	33.6	30.4	73.1
정부 효과성	57.9	68.5	51.2	41.8	38.2	26.4	87.2
규제의 질	53.5	70.5	52.5	43.2	30.1	27.3	87.5
법치주의	58.7	66.3	49.7	43.6	39.2	28.8	66.3
부패통제	58.7	64.2	51.0	39.6	38.0	31.8	85.6

출처 : WGI 2020년 기준 자료 참고하여 저자 재구성
http://info.worldbank.org/governance/wgi/#home (2022.7.17. 검색)

2020년 기준, 각 지표별로 최하위와 차상위에 속한 국가들의 현황을 살펴보면 첫째, 참여 및 책임성 부문에서는 남수단, 시리아, 에리트레아, 적도기니, 투르크메니스탄 등이 취약한 것으로 나타났다. 이들 국가에는 민주주의 및 정치 부문의 역량 강화를 위한 사업을 지원할 필요가 있다. 둘째, 정치적 안정 부문이 취약한 나라는 소말리아, 시리아, 아프가니스탄, 예멘, 이라크 등이고, 이들 나라에는 치안 강화, 안보 및 평화를 지속하기 위한 지원이 필요하다. 셋째, 정부 효과성 부문은 남수단, 리비아,

소말리아, 아이티, 예멘 등이 취약한 것으로 나타났는데 공공서비스 역량을 강화하고 공무원의 인적 역량을 강화를 지원할 수 있다. 넷째, 규제의 질 부문에서는 남수단, 리비아, 베네수엘라, 소말리아, 에리트레아 등이 취약한 국가로 나타났다. 이들 국가들에는 시장경제 관리 역량을 강화할 수 있도록 원조할 필요가 있다. 다섯째, 법치주의 부문에서는 남수단, 리비아, 베네수엘라, 소말리아, 시리아 등이 취약성을 보였는데 이들 나라에는 법 체제 구축과 법조인 역량 강화 사업을 지원할 필요가 있다. 마지막으로 부패 통제 부문은 남수단, 소말리아, 시리아, 예멘, 적도기니 등이 취약한 것으로 나타났다. 부패 방지를 위한 감사 역량을 강화할 수 있는 원조 프로그램 지원이 필요할 것이다.

<표 4-5> 거버넌스 수준별 국가 분류 및 지원 분야 예시

구분	거버넌스 취약 국가	지원 분야 예시
참여 및 책임성	남수단, 라오스, 북한, 소말리아, 시리아, 에리트레아, 예멘, 적도기니, 타지키스탄, 투르크메니스탄	민주주의 및 정치부문 역량 - 선거 지원 - 언론의 자유
정치적 안정	가자지구(Gaza Strip), 남수단, 리비아, 말리, 소말리아, 시리아, 아프가니스탄, 예멘, 이라크, 중앙아프리카공화국	치안 강화, 안보·평화 지속 역량 - 치안 강화, 범죄 예방 - 의회 기능 강화
정부 효과성	남수단, 리비아, 베네수엘라, 소말리아, 시리아, 아이티, 에리트레아, 예멘, 중앙아프리카공화국, 콩고민주공화국	공공서비스 접근성 - 효율적 공공재 전달 - 공무원 인적 역량 강화

구분	거버넌스 취약 국가	지원 분야 예시
규제의 질	남수단, 리비아, 베네수엘라, 북한, 소말리아, 수단, 시리아, 에리트레아, 예멘, 투르크메니스탄	시장경제 관리 역량 - 경제정책 관리 지원 - 시장활성화를 위한 규제 완화
법치주의	남수단, 리비아, 베네수엘라, 북한, 소말리아, 시리아, 예멘, 이라크, 중앙아프리카공화국, 콩고민주공화국	사법부 역량 - 법 체제 구축 - 법조인 역량 강화
부패 통제	남수단, 리비아, 베네수엘라, 북한, 소말리아, 시리아, 예멘, 적도기니, 콩고민주공화국, 투르크메니스탄	자율적 감사 역량 - 감사 역량 강화 - 부패 방지 법 제도 강화

출처 : WGI 2020년 기준 자료 참고하여 저자 재구성
http://info.worldbank.org/governance/wgi/#home (2022.7.17.검색)

WGI가 완벽할 수는 없다. 복잡한 거버넌스 현황을 단순한 숫자로 측정하여 표현한다는 것은 어려운 일이기 때문이다. 그럼에도 알기 쉽게 점수화하여 국가별로 비교할 수 있는 자료가 필요한 것도 사실이다. WGI 는 1999년 이래 200여 개에 달하는 많은 국가를 상대로 거버넌스 발전 수준에 대한 지표를 발표하여 종합적인 현황을 파악하기에 유용한 자료 로 활용되고 있다. 그러나 이 자료만으로 한 국가의 거버넌스 현황을 알 기에는 충분하지 않다. 따라서 WGI를 활용하여 기초적인 수준에서 국 가별 거버넌스 발전 수준을 파악하되, 각 국가의 역사적, 사회적 특성과 정치구조 등에 대한 이해를 바탕으로 개별 나라들의 현실을 이해하려는 노력이 반드시 병행되어야 할 것이다. 다음 <표 4-6>에서 볼 수 있듯이 WGI 이외에도 각 국가의 거버넌스 수준을 보여 줄 수 있는 다양한 지표 들이 있다.

<표 4-6> 다양한 거버넌스 지표의 예

지표	측정대상	측정방법
World Governance Indicator (WGI)	• 참여 및 책임성, 정치적 안정 및 폭력의 부재, 정부효과성, 규제의 질, 법치주의, 부패통제 등 6개로 구성요소를 나누어 평가	• World Bank에서 200여 개 국가 평가 • 매년 발표 • 6개 하위 영역별로 31개의 전문가 설문조사 및 국민대상 조사 등을 활용하여 평가 • 각 범주별로 -2.5~+2.5 점수로 매기고 국제비교 가능하도록 100점 만점 상대화된 점수 산출
Country Policy and Institutional Assessment (CPIA)	• World Bank에서 원조제공의 근거 자료로 활용하고자 각 국가의 정책과 제도 현황을 평가 • 16개 세부항목(거시경제, 재정정책, 채무상환정책, 무역, 금융, 기업규제환경, 성평등, 공공자원 사용, 인적자원, 사회보호 및 노동, 환경정책, 사유재산, 법치주의, 예산 및 재정운영, 세수확보, 공공행정 질, 투명성 및 부패)	• World Bank에서 전문가 조사를 통해 자료 확보 • 제도 현황 및 성과를 평가하여 각 영역별로 1~6점 사이 점수화 • 매년 발표
Freedom House	• 외교활동과 원조활동의 근거 자료를 제공하고자 각국의 정치상황에 대해 평가 • 정부책임성(government accountability), 시민의 자유(civil liberties), 법치주의, 부패방지를 위한 노력(anti-corruption and transparency efforts) 등을 평가	• Freedom House에서 70여 개 국가를 2년마다 평가

지표	측정대상	측정방법
Corruption Perceptions index(CPI)	• 정부 및 공공부문의 부패 정도를 평가 • 0(highly corrupt)부터 100(very clean)점 사이 점수로 평가하여 국가 간 비교가 용이하다는 장점이 있음. 반면 개인들의 생각을 물어서 인식을 조사했다는 한계점도 있음	• 국제투명성기구(Transparency International)에서 1999년부터 매년 발표 • 175개 국가에서 전문가, 기업인 등을 대상으로 부패정도에 대한 인식을 물어서 점수로 산출
Quality of Government (QoG)	• 바람직한 정부란 무엇이며, 보편적으로 정부가 갖춰야 할 규범적 요건이란 무엇인가에 대해 조사 • 부패(corruption), 법치, 관료의 질(bureaucratic effectiveness), 정부의 민의 반영과 책임성(government voice and accountability) 등 4개의 범주로 나누어 지표를 구성	• 스웨덴 University of Gothenburg, Quality of Government 연구소에서 분석 • 유럽 국가들을 대상으로는 시민들을 대상으로 한 설문조사를 통해 시민들이 정부의 능력을 어떻게 평가하는지 조사. 개발도상국은 WGI 혹은 기존의 공개된 지표들을 종합하여 평가자료 제공

출처 : 각 지표의 설명 자료를 참고하여 저자 재구성

(2) 지표를 통해 보는 세계 평화 현황

대표적인 평화 지표로는 세계평화지수(Global Peace Index, GPI)와 취약국가지수(Fragile State Index, FSI)가 있다. GPI는 군사 예산, 폭력범죄, 전쟁 사상자, 조직범죄 수 등 자료를 이용하여 평화가 안정적으로 유지되는 정도를 보여 준다. 자료에 따르면 전 세계적으로 2021년에 비해 2022년의 평화 상태(peacefulness)는 0.3% 정도 악화되었으며, 이는 2008년 측정이 시작된 이후 계속해서 낮아지는 추세이다. 전 세계적으로 테러의 위험이 높아지고 이를 막기 위해 많은 나라에서 군사화도 강화되고 있다. 정치적 불안정성, 이웃 국가와의 관계, 난민과 실향민 등과 관련한 지표는 계속해서 악화하는 추세이다.[7] 또한 국가별 평화지수를 보면 가장 평화롭지 못한 나라로는 아프가니스탄, 예멘, 시리아, 러시아, 남수단 등이 있다.

<표 4-7> 세계평화지수(GPI)에 따른 상위 및 하위 5개 국가[8](2022년 기준)

순위	국가	GPI 점수	순위	국가	GPI 점수
1	아이슬란드	1.1	163	아프가니스탄	3.6
2	노르웨이	1.3	162	예멘	3.4
3	일본	1.3	161	시리아	3.4
4	덴마크	1.3	160	러시아	3.3
5	싱가포르	1.3	159	남수단	3.2

출처 : Institute for Economics and Peace(2022)

평화를 위한 기금(The Fund for Peace)에서 발표하는 FSI는 정치, 경제, 사회, 사회통합 등 네 가지 차원에서 12개의 세부 지표를 활용하여 각 국가별로 취약성의 정도를 측정한다.[9] 2022년 자료에 따르면, 취약성이 가장 높은 위험한 국가로 예멘, 소말리아, 시리아, 남수단, 중앙아프리카공화국 등이 있다. 또한 2022년 기준으로 가장 악화된 나라는 미얀마, 아프가니스탄, 부르키나파소, 레바논, 아이티 등이었으며, 2012~2022년 10년

---

7 Institute for Economics and Peace. "2022 Global Peace Index".
   출처: https://www.visionofhumanity.org/maps/#(2022.7.15.검색)
8 GPI점수가 낮을수록 평화로운 상태임을 의미하며 GPI점수가 높을수록 평화롭지 않은 경우를 의미함
9 Fund For Peace. "The Fragile States Index". 출처: https://fragilestatesindex.org/indicators/(2022.7.15.검색)

을 기준으로 장기적으로 계속 취약성이 높아지는 나라로는 말리, 베네수엘라, 시리아, 모잠비크, 미국, 브라질 등이 있었다(Fund For Peace, 2022). FSI는 분쟁 갈등 상황뿐만 아니라 경제적·사회적 불안정까지 모두 측정하며, 중남미와 미국 같은 국가들의 경우 사회적 불안정 정도가 반영되어 이와 같은 결과가 나온 것으로 추정된다.

(3) 거버넌스·평화 분야 개발 과제와 개선 방향

최근 새롭게 등장하는 거버넌스와 평화 분야의 도전과제로는 취약국의 분쟁 및 난민 문제, 국내 재원 동원과 조세 역량 강화 문제 등의 이슈가 있다. 그중에서도 2015년 SDGs 채택 이후 거버넌스·평화 분야에서 가장 주목받고 있는 이슈는 두 가지이다.

첫째, 취약국과 이들 국가에서 발생하는 난민에 대한 원조 지원의 필요성이 더욱 강조되고 있는 것이다. 취약국이란 기본적인 기능을 수행할 능력과 의지가 없는 국가를 의미한다. 취약국 문제에 주목해야 하는 이유는 빈곤율과 관련이 있다. MDGs 평가 과정에서 많은 개발도상국이 가장 중요한 빈곤 감소와 관련한 첫 번째 목표, 즉 하루 1.25달러 미만으로 살아가는 인구를 절반으로 줄인다는 목표를 달성하였지만 그렇지 못한 국가들도 있었다. 빈곤 감소 목표를 달성하지 못한 나라들은 대부분 취약국으로 분류될 수 있는 나라였다. 또한 중동 및 아프리카 국가들 중 정세가 불안한 국가들에서 전쟁과 종교 및 인종 간 갈등이 더욱 심화되면서 안보와 평화가 전 세계적으로 심각한 국제 문제로 인식되고 있다. 분쟁·갈등 상황에서 대규모 난민이 발생하면서 주변국과 유럽 국가들에 큰 영향을 미치고 있다. 따라서 중동 및 아프리카 지역의 취약국들을 지원하여 갈등을 종식하고 그 사회가 안정될 수 있도록 도와주는 일이 긴급한 과제로 부상하였다. 이에 따라 안보 문제와 개발협력을 연계해서 ODA에 대한 정의를 새롭게 해야 한다는 주장도 제기되고 있다. 앞서 살펴보았듯이 국제개발협력에서 거버넌스를 개선하기 위한 원조 활동들은 개발도상국의 정치, 행정, 사법 분야의 역량을 회복하도록 도와주는 것을 목표로 한다. 취약국에 가장 필요한 것은 거버넌스를 개선해 국가의 기능을 회복하도록 도와주는 것이다. 이러한 점에서 향후 개발원조에서 분쟁·갈등 취약국의 거버넌스 개선 문제는 더욱 중요하게 다루어질 전망이다.

둘째, 개발도상국 스스로 국가발전에 필요한 재원을 충당할 수 있도록 국내개발재원동원(Domestic Resource Mobilization)에 필요한 힘을 기르는 데 국제사회가 도움을 줘야 한다는 것이다. 구체적으로 말해서 개발도상국 스스로 조세를 통해 국가가 필요한 예산을 확보하고, 그 예산을 적재적소에 사용할 수 있도록 공공지출 관리를 개선하는 데 도움을 줘야 한다. 조세(taxation), 즉 세입과 세출을 관리한다는 것은 단순히 국가가 예산을 관리한다는 것 이상의 의미를 지닌다. 국가가 국민을 위해 필요한 공공서비스를 전달하는 데 필요한 재원을 창출하고 이를 어떻게 효과적으로 사용하는가에 대한 문제이기 때문이다. 또한 근본적으로 국가 건설의 첫 번째 전제조건이 바로 조세체계를 갖추는 것이다. 따라서 국제사회는 조세 문제를 국가의 거버넌스를 강화하는 것으로 인식하고 거버넌스 개선 문제와 연계하여 원조 활동을 추진하고 있다. 2015년 7월 아디스아바바에서 열린 제3차 개발재원총회에서는 SDGs 달성에 필요한 재원 조달을 위해 조세 역량을 강화해야 하고 이를 위해 더 많은 개발원조 예산을 지원하기로 합의하였다. 우리나라 역시 조세행정 분야의 원조 예산을 두 배로 늘리는 것에 동의해 국제 합의인 아디스 조세 이니셔티브(Addis Tax Initiative, ATI)에 동참하였다.

3. 거버넌스·평화 분야 국제개발협력 동향

(1) 거버넌스·평화 분야 주요 이니셔티브

2015년 9월 뉴욕에서 열린 UN 세계정상회의에서 SDGs가 합의되었다. SDGs의 가장 큰 특징 중 하나는 개발도상국의 발전에 필요한 여러 가지 목표를 모두 포괄하고 있다는 점이다. 기존의 MDGs가 빈곤감소, 교육, 보건과 같은 사회개발(social development)의 목표만을 다룬 반면, SDGs에서는 경제성장(economic growth), 안보(security) 및 평화(peace), 불평등(inequality), 기후변화와 환경 지속가능성(climate change and environmental sustainability) 문제 등 더 다양한 이슈들을 모두 포괄하고 있다. 그중 눈에 띄는 것은 거버넌스 및 제도 개선과 관련된 목표가 16번째 목표로 포함되었다는 것이다.

2000년 MDGs가 출범할 당시에도 개발목표의 하나로 거버넌스 개선을 포함시키려는 시도가 있었다. 그러나 당시에는 거버넌스 평가지표에 대한 합의가 어려워서 논쟁 끝에 실제 개발목표에 포함시키지는 않았다. 하지만 MDGs 달성 여부에 대한 평가와 이를 대체할 새로운 개발목표에 대해 논의하는 과정에서 개발협력의 주요 목표 중 하나로 거버넌스, 평화, 안보와 개발협력을 연결해서 고민해야 한다는 주장들이 강하게 제기되었다. 이러한 노력 끝에 거버넌스 개선과 평화 달성에 대한 문제를 포괄하는 16번째 목표가 마침내 전 세계가 추구해야 하는 개발목표에 포함되었다(<표 4-8>).

<표 4-8> SDG 16 평화, 정의 및 제도 구축

세부목표	목표 내용
SDG 16	지속가능발전을 위한 평화롭고 포용적인 사회 증진, 모두에게 정의에 대한 접근 제공 및 모든 수준에서 효과적이고 책임 있으며 포용적인 제도의 구축
16.1	모든 곳에서 모든 형태의 폭력 및 폭력으로 인한 사망률을 상당한 수준으로 감소
16.2	아동에 대한 학대, 착취, 인신매매 및 모든 형태의 폭력과 고문 종식
16.3	국가적인 그리고 국제적 수준의 법치를 증진하고, 모두에게 정의에 대한 평등한 접근 보장
16.4	2030년까지 불법 자금 및 무기 거래를 상당한 수준으로 줄이고, 도난 자산 회수 및 복구를 강화하며, 모든 형태의 조직화된 범죄 방지
16.5	모든 형태의 부패 및 뇌물을 상당한 수준으로 감소

세부목표	목표 내용
16.6	모든 수준에서 효과적이고, 책임 있고, 투명한 제도 개발
16.7	모든 수준에서 반응성있고 포용적이며, 참여적이고 대표성을 가진 의사 결정을 보장
16.8	글로벌 거버넌스 기관에 개발도상국의 참여를 확대하고 강화
16.9	2030년까지 출생등록을 포함하여 모두에게 법적 신원 제공
16.10	국내법 및 국제협정에 따라 정보에 대한 대중의 접근을 보장하고 기본적 자유 보호
16.a	특히, 개발도상국에서 폭력 예방 및 테러나 범죄 방지를 위한 모든 수준에서의 역량구축을 위해 국제협력을 통한 관련 법규 및 제도를 강화
16.b	지속가능발전을 위한 비차별적 법과 정책을 증진하고 시행

출처 : 한국국제협력단(2021b)

SDG 16을 달성하기 위해 국제사회가 공동으로 노력하고 있는데, 그 중 하나의 예로 'Pathfinders for SDGs 16+'라는 파트너십에 기반한 이니셔티브가 있다. 이는 2017년 9월 43개의 UN 회원국과 국제기구, 시민사회, 민간기구들이 모여서 만든 연합체이다. 이 연합체는 '평화롭고 정의로우며 포용적인 사회 구현'을 이루기 위해 SDG 16 목표와 그 밖에 관련된 목표를 달성하는 데 필요한 공동의 노력을 약속하였다. 단지 SDG 16 목표에 국한하지 않고, 다른 목표 중에서도 평화, 정의, 포용적 사회와 관련된 목표들을 종합적으로 고려하여 그 목표 달성을 위해 필요한 조치와 행동들을 장려하고자 노력하고 있다(David Steven, 2017).

평화와 관련한 중요한 국제 이니셔티브로는 '인도적 지원-개발-평화

간 연계(Humanitarian Development-Peace Nexus, HDP Nexus)'가 있다. SDGs
의 5P 중 하나로 평화(Peace)가 채택되면서 UN 차원에서 평화에 대한 새
로운 접근의 필요성이 제기되었다. 이러한 배경에서 국제사회는 2016
년 5월 세계 인도주의 정상회의(World Humanitarian Summit)에서 인도적
지원과 개발 간의 협업을 활성화하기 위해 새로운 업무 방식(new way of
working)이 필요하다는 인식에 동의하였다. 이후 UN 사무총장이 평화 지
속을 강조하면서 2016년 12월 인도적 지원, 개발, 평화 세 가지 활동 분
야 간 연계를 도모하고 일관성을 강화해 나가기로 하였다(UN Secretaty-
General, 2016).

　　이렇듯 평화가 강조되는 배경에는 분쟁으로 인한 위기가 종료되지
않고 오히려 만성화되는 취약국이 늘어나는 추세 때문이다. 이로 인해 인
도적 지원의 규모와 비용 또한 증가하는 데 반해 각 기관의 활동이 중첩
되어 비효율이 발생하는 등 문제점이 지적되었다. 따라서 인도적 지원을
통해 분쟁으로 인한 피해를 단기적으로 복구하는 것을 넘어서서, 개발을
목표로 하는 활동과 연계하여 효과성을 제고하고자 시도하게 된 것이다.
더 나아가 평화 구축과 분쟁 예방을 통해 분쟁의 근본적 원인을 해소하여
평화를 지속하도록 노력하고, 궁극적으로 경제사회 발전을 이루어야 한
다는 점이 강조되었다. 이와 같이 인도적 지원-개발-평화를 연계한다는
점에서 통합적 접근법을 HDP Nexus 접근법이라고 명명하였다.

\<그림 4-1\> 인도적 지원-개발-평화 간 연계(HDP Nexus) 개념도

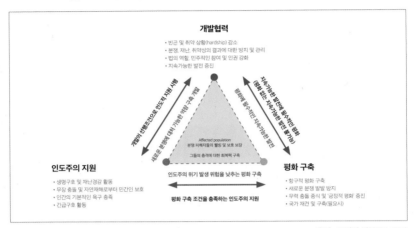

출처 : 문경연 외(2021: 104)

국제사회의 논의들이 결실을 맺어 2018년 UN과 세계은행이 공동으로 분쟁 예방을 통해 SDGs 달성에 기여하기로 하고, 각 기구들의 비교우위를 고려하여 공동으로 활동하기 위한 방안을 정리하여 "평화로 가는 길: 폭력적 분쟁을 막기 위한 통합적 접근법(Pathways for Peace : Inclusive Approaches to Preventing Violent Conflict) 보고서"를 발간하였다. 마침내 국제기구와 공여 기관들의 오랜 논의를 거쳐 2019년 2월에 OECD DAC는 인도적 지원-개발-평화간 연계(HDP Nexus)에 관한 권고사항을 채택하였다(OECD DAC, 2019).

OECD DAC 권고는 11개의 원칙을 제시하고 있다. 예를 들어 분쟁 예방을 위해 사전에 국가의 상황을 분석하고, 갈등과 분쟁의 근본적 원인을 고려하여 지원 프로그램을 기획하며, 인도적 지원-개발-평화 분야 활동들이 공동의 목표하에 조율되고 연계되어야 한다는 원칙들을 담고 있다(고형권, 2021: 29).

<표 4-9> OECD DAC HDP Nexus 권고 11대 원칙

① 갈등의 근본 원인과 구조적 요인 및 복원력 향상을 위한 공동 분석을 이행하고, 인도적 지원-개발-평화 분야를 아우르는 공동의 목표 도출
② 인도적 지원-개발-평화 분야 간 효과적 조율을 위한 리더십 강화
③ 분쟁 예방, 갈등 해결, 평화 구축을 위한 다양한 수단(외교, 안보, 민간 활동 등) 및 접근법 활용
④ 인도적 수요에 즉시 대응하고, 가능한 모든 상황에서 개발 지원을 하되 예방·중재·평화 구축을 우선순위에 두고 협력국 지원
⑤ 차별을 배제하고 성평등을 증진하는 사람 중심 지원 이행
⑥ 프로그램을 기획할 때 의도하지 않은 부정적 영향을 최소화하고, 갈등 요소를 사전에 제거하며, 인도적 지원-개발-평화 활동의 긍정적 효과 극대화
⑦ 미래 위험 요인을 사전에 고려하고, 다양한 행위자의 여러 활동이 잘 연계되도록 프로그램 마련
⑧ 협력국의 현지 기관에 대한 재정지원 등을 통해 국가 및 지역 역량 강화
⑨ HDP 연계 관련 공동 학습 및 우수 사례 도출
⑩ 증거에 기반하여 상호 보완되고 연계된 인도적 지원-개발-평화 분야 재정 전략 수립
⑪ 예측 가능하고 유연성 있는 다년도 재원 지원

출처 : 고형권(2021: 30)

(2) 거버넌스·평화 분야 주요 주체의 전략 및 지원 현황

1) OECD DAC 회원국들의 거버넌스·평화 지원 비중

OECD DAC는 원조 사회에 주요한 원칙을 제시하고 가입국들에게 원조 활동의 방향성을 제안하는 역할을 한다. OECD DAC 회원국들이 거버넌스와 평화 분야에서 어떤 활동들을 하고 있는지를 살펴보면 전 세계적으로 양자 기구들이 거버넌스와 평화 분야에서 추진하고 있는 원조 사

업들의 경향을 알 수 있다.

OECD DAC 회원국들이 DAC 사무국에 보고한 통계자료를 바탕으로 분석한 자료에 따르면, 2012년 기준 DAC 가입 국가들은 전체 원조액에서 약 16%를 거버넌스와 평화 분야에 지원하였다. 보건(health)에 11%, 교육(education)에 9%를 투자한 것과 비교하면 거버넌스와 평화 분야 개선을 위해 많은 노력을 기울이고 있다는 것을 알 수 있다(OECD DAC, 2014). 또한 2010년부터 2019년까지 ODA 지원액을 보면 전체 원조 총액의 1/4 정도가 거버넌스 관련 분야에 지원하였다. 이는 직간접적으로 거버넌스 개선에 영향을 미칠 수 있는 요소들을 포함하고 있는 프로그램들을 모두 합한 수치이다. 최근에는 다른 분야 사업에 거버넌스 개선 원칙을 적용하는 시도가 이루어지고 있다. 예를 들어 교육부나 보건복지부와 같은 정부부처의 제도개혁을 지원하는 것도 넓게 보아 거버넌스 개선을 지원하는 사업이라 할 수 있다(OECD DAC 홈페이지, 2022.7.검색). 이와 같이 원조 사업의 목표가 참여적 민주주의와 굿 거버넌스와 관련이 있다고 보고한 경우까지 모두 합하면 DAC 회원국들의 원조 지원액에서 25%에 달하는 원조가 개발도상국의 거버넌스 개선에 사용되고 있다(OECD DAC, 2021).

DAC 회원국들이 거버넌스 분야에서도 어떤 세부적인 분야를 위해 노력하고 있는지를 2010년에서 2019년까지 10년간의 자료를 바탕으로 살펴보면, 입법 및 사법 분야 개발(legal and judicial development)에 약 23%, 공공관리 개선(public sector policy and administration management)에 약 22%, 민주적 참여와 시민사회(democratic participation and civil society)에 18%를 지원하고 있다(OECD DAC, 2021).

또한 분쟁 취약국에 대한 관심이 높아지면서 2010년대부터 전체 ODA 중 취약국에 대한 지원이 증가하여 2011~2014년 기준으로 전체 ODA 수원국 상위 20개 국가 중 14개가 분쟁 취약국이었다(김수진, 2018: 31). 이러한 추세는 지속되고 있는데, 예를 들어 2019~2020년 동안 OECD DAC 회원국으로부터 가장 많은 원조를 받은 상위 10개국 중 상당수가 취약국으로 분류되는 나라이다. 아프가니스탄, 시리아, 요르단, 에티오피아, 이라크, 소말리아, 콜롬비아, 예멘, 콩고민주공화국 등이 원조 지원액이 집중되는 분쟁 취약국이다(OECD, 2021b). 또한 난민 지원을 위한 ODA도 급속도로 증가하는 추세인데, 예를 들어 OECD DAC 통계에 따르면 난민 위기 해결에 지원된 DAC 회원국의 ODA 총액은 2014년 66억 달러였으나 2015년 120억 달러로 1년 사이에 2배가량 증가하였다(김수진, 2018: 10). 2017년 기준으로는 260억 달러를 난민 지원과 관련된 다양한 프로그램과 난민을 수용하고 있는 국가들에 지원하였다는 통계도 있다(OECD, 2019). 이와 같이 난민 지원을 위한 원조 지원액은 계속해서 증가하는 추세를 보이고 있다.

2) 세계은행

세계은행은 굿 거버넌스에 대한 논의를 처음으로 제기하고 개발도상국의 거버넌스 개혁을 위한 과제들의 내용을 주도해 온 대표적인 국제기구이다. 예를 들어 1990년대 말 이후 세계은행이 권고하여 각 수원국들은 빈곤감소전략보고서(PRSP)를 작성하였는데, 그 핵심적인 내용의 하나가 거버넌스 분야에 대한 개선과제를 제시하는 것이었다. 또한 세계은행에서 차관을 받기 위한 조건부 과제로 거버넌스 개선을 약속하고 이를 달성하도록 하였다. 국제금융기구는 특성상 수원국의 국내 정치에는 직접적으로 개입할 수 없으므로 민주주의 확립이나 정치개혁을 표면적으로 요구할 수 없다. 그래서 개발도상국에 원조 제공의 전제조건으로 '거버넌스 개선'을 요구해 온 것이다.

세계은행이 주로 관심을 갖고 개발도상국에게 요구한 개혁 과제는 공공재정 운영(public finance management), 즉 예산, 회계, 감사 등의 영역에서 개혁을 이루어 내는 것이었다. 이를 통해 부정부패를 방지(anti-corruption)하고 정부 투명성을 확보(open government)해서 궁극적으로는 공공서비스 제공의 성과(public service performance)를 향상시키는 것이 핵심적으로 다루어 온 이슈들이다.

세계은행이 2001년 빈곤감소전략보고서 작성 안내서에 제시하고 있는 바를 보면, 굿 거버넌스를 갖추기 위해서 필요한 예로 빈곤층에게 권한을 부여할 수 있도록 공직선거 제도, 정치권력을 감시하는 제도를 권고하고 있다. 또한 기본적인 사회서비스를 효과적으로 전달하기 위해서 중앙정부의 예산 운영 과정과 지방정부 재정 운영을 개혁할 것을 제안하였다. 아울러 시장경제를 활성화하기 위해 법규제를 정비하고 독립적인 사법체제를 확보하도록 법 집행 방식을 개선할 것도 권고하고 있다(World Bank, 2001).

2012년에 발표한 세계은행 자료에 따르면 직접적으로 거버넌스 분야 개선을 지향하는 내용을 담고 있는 사업으로서 80여 개의 프로젝트를 운영하고 있는데, 총 지원액은 약 40억 달러에 달한다. 하지만 최근에는 거버넌스 개선을 하나의 분야로 국한해서 보지 않고 범분야 이슈(cross-cutting issue)로 다루는 경향이 있다. 예를 들어 보건, 교육, 인프라 개발 등 다양한 분야에서 거버넌스 개선을 포함하는 사업들을 추진하는 프로젝트들이 오히려 더 늘어나고 있다. 그 때문에 거버넌스 개선과 관련된 내용을 포함하는 프로젝트를 모두 합치면 200여 개에 달하고 세계은행 전체 예산의 20%를 거버넌스 개선과 직간접적으로 관련된 사업에 투입하고 있다(World Bank, 2012).

최근 세계은행의 보고서들은 수원국의 주인의식과 리더십을 존중하고 수원국의 시스템(country system)을 사용하여 원조 활동을 전개하도록 권고하고 있다. 수원국 정부 시스템을 이용해야 그 나라의 제도 운영 능력을 고양할 수 있기 때문이다.

그리고 모든 사업별, 부문별, 국가별로 정치경제 분석(political economy analysis)을 실시하도록 권고하고 있다. 수원국의 정치경제 환경을 분석하여 이해관계자들을 사전에 파악하고 원조 사업 수행에 따른 위험요인을 파악하여 대비하도록 하고 있다. 이에 더해 지원하고자 하는 부문에 거버넌스가 취약한 경우 사업을 수행함과 동시에 거버넌스 능력을 강화할 수 있도록 사업을 설계할 것을 권고하고 있다.

3) 유엔개발계획(UNDP)

UNDP는 거버넌스 개선과 민주주의 확립을 위해 노력하고 있는 UN의 대표적인 기구이다. UNDP는 거버넌스의 개념을 포괄적으로 제시하면서 "한 사회의 경제적·사회적 자원 배분에 관여하는 정치적 권위체가 효율적·효과적으로, 그리고 평등하게 정책을 기획하고, 결정하고, 집행하는 능력"을 거버넌스라고 정의하고 있다(UNDP, 1995).

세계은행과 같은 IFI는 정치 불개입의 원칙에 따라 '민주주의'에 대해 언급하기를 꺼리는 데 반해 UNDP는 민주적 거버넌스(democratic governance)를 개선하기 위해 적극적으로 노력하고 민주주의를 뿌리내리게 하는 데 필요한 지원에 중점을 두어 추진하고 있다. 이런 점에서 경제정책에 대한 관리만을 강조하는 국제금융기구와는 다소 차이가 있다.

UNDP가 강조한 거버넌스의 원칙은 ① 참여, ② 투명성, ③ 책임성, ④ 형평성, ⑤ 법치이다. 이러한 거버넌스의 원칙을 바로 세울 때 저개발국가가 발전할 수 있다고 주장하면서 거버넌스 개혁을 강조하는 활동을 하고 있다.

UNDP는 노르웨이 오슬로에 거버넌스 센터(Oslo Governance Centre)를 운영하여 거버넌스 분야 개선 전략과 각 국가사무소에 대한 지원활동을 하고 있다. 또한 민주적 거버넌스를 위한 특별신탁기금(Democratic Governance Thematic Trust Fund, DGTTF)을 운영하고 있다. 이러한 전략 방향과 기금을 기반으로 오슬로 거버넌스 센터는 개발도상국의 선거를 지원하는 활동, 부패평가제도(Corruption risk assessment)를 도입하도록 하는 활동, 의회에 여성 및 청년들이 참여할 수 있도록 지원하는 활동, 이민자나 극빈곤층에게 법률 구제 서비스를 지원하는 활동 등 전 세계에서 다양한 거버넌스 개선 사업을 수행 중이다. 최근에는 SDGs에 제안된 거버넌스와 관련된 목표들을 적절하게 평가할 수 있도록 거버넌스 지표를 개발하는 연구도 수행하고 있다.

4) 미국국제개발처(USAID)

USAID는 전 세계 양자 간 원조 기구 중에서 민주주의, 거버넌스 분야에 가장 많은 원조를 하고 있는 기관이다. 특히 개발도상국이 민주주의로 이행할 수 있도록 지원하는 데 많은 노력을 기울이고 있으며, 정치적 자유 보장, 인권 보장 등에도 특별한 관심을 기울이고 있다는 점이 특징이다. 2013년에 발표한 거버넌스 분야 전략에 따르면 USAID가 원조를 통해서 달성하고자 하는 목표는 "참여, 책임성, 포용성 등을 향상해 개발도상국에서 민주주의를 뿌리내리게 함으로써 궁극적으로 자유와 존엄성의 발전을 이루도록 하는 것"이라고 밝히고 있다(USAID, 2013). 당시 수립된 전략이 계속해서 이어지고 있는데, 2022년 기준 USAID가 강조하는 주요 분야는 '민주적 거버넌스, 참여와 통합, 자유롭고 공정한 선거와 투명성 및 책임성, 정의와 안보, 인권과 비차별, 독재 반대' 등이다.[10]

구체적인 사업으로는 첫째, 시민들의 정치 참여 확대를 위해 민주주의의 기본권리와 관련된 헌법 및 법령 개혁을 지원하고, 표현의 자유와 집회결사의 자유를 위해 수원국 시민단체를 지원하거나 정당의 대표성과 개방성 확보를 위한 지원을 한다. 더 나아가 지방분권화와 지방정부 차원의 참여 예산제 도입도 지원하며 차별금지법 제정, 차별금지 정책 지원 활동도 하고 있다.

둘째, 정치적 책임성 확보를 위한 지원 활동으로 공정한 선거가 이루어질 수 있도록 지원하는 것도 USAID 원조 활동의 중점 사항 가운데 하나이다. 예를 들어 USAID는 2006년 선거와 정치적 과정 지원기금(Elections and Political Process Fund)을 설립한 이후 86개 국가에서 민주적 선거 이행을 지원하였다. 또한 부정부패 방지를 위해 사법부의 독립성을 강화하도록 지원하고 행정부에 대한 감시기구, 감사원 등을 지원하기도 한다. 또한 USAID는 민주주의 증진과 정치참여를 위한 국제적인 이니셔티브를 주도하고 있다. 예를 들어 2011년부터 '열린 정부 파트너십(Open Government Partnership)'을 통해 정부의 투명성을 높이고 시민들의 참여를 확대하는 조치를 각국 정부가 집행하도록 권장하고 있다.

셋째, 보편적 인권을 보호하기 위해 인권 옴부즈맨 기구 설립, 인권

---

10 USAID. "Democracy, Human Rights and Governance". 출처: https://www.usaid.gov/democracy(2022.7.19.검색)

위원회 설립, 시민단체 활동 지원, 시민교육, 언론인 연수 등을 실시한다. 2011년부터 인권 지원 프로그램(Human Rights Grant Program)을 통해 58 개 국가에서 인권 감독과 권고 활동을 하였다. 글로벌 노동자 프로그램 (Global Labor Program 2016~2021)을 통해 31개 국가에서 노동자 인권 향상을 위한 활동을 하고, 특히 코로나19로 인해 취약해진 노동자들을 지원하는 활동을 하였다.

미국이 주도하는 거버넌스 관련 국제 합의의 예

2011년 9월 USAID는 '열린 정부 파트너십'을 출범시켰다. 50여 개 양자 공여국이 협정 (open government declaration)에 참여했다. 정부의 투명성을 높이고, 시민들의 권한을 증대시키고, 기술에 대한 접근성을 높이고, 부패를 척결하고, 거버넌스를 강화하는 것을 목표로 하는 국제 합의로서 참여의향서를 제출한 국가들은 행동계획(Action Plan)을 제출하고 이행결과를 평가받게 된다.

미국은 영국의 DFID, 스웨덴 SIDA, 국제적 시민사회 단체((CSO)인 오미디야르 네트워크(Omidyar Network) 등과 함께 'Grand Challenge for DEVELOPMENT-Making All Voices Count(MAVC)'를 국제적 공동행동으로 시작하였다. 신생민주주의 국가에서 국민들의 정치참여와 정부의 반응성을 향상시킬 수 있도록 모바일 기술을 활용하여 국민참여를 촉진하는 새로운 시도를 하고 있다.

---

5) 영국 외교영연방개발부(FCDO)

영국은 2020년 기존의 양자 원조기관인 국제개발부(Department for International Development, DFID)를 외교부로 통합하여 외교영연방개발부 (Foreign, Commonwealth & Development Office, FCDO)를 출범하였다. 영국은 서구 공여 기관들 가운데서도 거버넌스 개선과 취약국 문제 등에서 국제적인 노력을 선도해 온 기관이다.

2011년에 발간한 자료에 따르면, 영국은 ODA에서 거버넌스 분야는 약 17%를 차지하고 있으며 2004년부터 2009년까지 5년간 약 40억 파운드를 지원하였다(DFID, 2011). 그러나 최근 발표된 자료에서 영국의 원조 총액을 분야로 구분해 분석해 보면, 2019년 기준으로 거버넌스와 시민사회에 8.7%, 11억 6,000만 달러를 지원해 다소 줄어든 경향을 확인할 수 있다.[11]

영국은 직접적인 예산 지원(direct budget support), 기술 협력(technical co-operation), 시민사회와 협력(CSO grants), 다자기구를 통한 지원(multilateral allocations) 등을 원조 수단으로 활용하여 거버넌스 분야 사업을 수행하는 것이 특징이다(DFID, 2011). 예를 들어 영국이 그동안 지원한 상위 10개 지원 국가를 분석한 결과, 국가별 원조의 25%가 거버넌스 프로그램에 지원되었고, 지원 형태로 보면 46%가 직접적으로 수원국 예산 지원을 통해 집행되었다. 다른 나라 양자 기구들에 비해서 영국에서는 개발도상국 정부에 예산을 직접 지원하고 국가 시스템을 통해 원조 활동을 수행하는 형태의 사업 모델이 이미 오래전부터 자리 잡았다고 볼 수 있다.

2015년 영국이 발표한 원조 정책(UK aid: tackling global challenges in the national interest)에서 4대 전략 방향 중 첫 번째 전략목표로 '세계평화, 안보와 거버넌스 강화(Strengthening Global Peace, Security and Governance)'를 최우선 목표로 내세운 바 있다(DFID, 2015). 과거 2011년 전략 자료에 따르면 영국 원조 기관은 거버넌스 분야를 크게 네 가지 영역으로 구분하여 원조 활동을 하고 있으며 이에 관한 네 가지 방향은 다음과 같다.

첫째, 효과적인 제도를 구축하도록 지원한다. 다시 말해 공공서비스

---

11 "Donor Profile: UK". 출처: https://donortracker.org/donor_profiles/united-kingdom(2022.8.24.검색)

전달 체계를 개혁하고 법치주의를 확립하며 경제발전을 가능하게 하는 효과적인 제도를 구축한다. 둘째, 시민참여와 정치적 책임성 확대, 인권 증진 등을 강조한다. 개발협력 활동에서 시민들을 우선적으로 고려하고, 정부가 시민들과 상호작용을 하면서 정부의 책임성을 높인다. 또한 인권을 보장하고 모든 사회 구성원을 포용하는 활동을 장려한다. 셋째, 조세를 통한 국가재원 확보, 공공지출의 효율적 사용, 공적 자원에 대한 부패 방지 등을 위해 노력한다. 넷째, 개발도상국 차원에서 주도하거나 재정을 투입하는 사회보호제도(social protection)를 지원한다(DFID, 2014).

이와는 별도로 분쟁 및 취약국을 지원하기 위한 전담 부서를 운영하여 전쟁과 갈등으로 국가 기능이 무너져 버린 개발도상국에서 국가 시스템을 복원하기 위해 노력하고 있다. 영국은 2011년 발표된 '취약국 개입을 위한 뉴딜(New Deal) 선언'을 주도하는 등 취약국 사업에 대한 관심이 높고 다른 국가들을 선도하여 취약국 문제를 주도해 왔다. 영국은 2010년에 전체 원조 지원액의 30%를 취약국에 지원하겠다고 약속하였는데, 2015년 원조 정책에서는 이보다 더 높은 50%로 자원 배분을 증액하겠다고 목표를 설정하였다. 그리고 실제로 OECD 취약국 명단을 기준으로 분석해 보면 영국은 70% 이상의 예산을 취약국에 지원하고 있다.[12]

한편 영국은 FCDO로 개발협력 담당 부처와 외교부를 통합한 이후 2021년에 새로운 외교안보 전략(integrated review)과 2022년 영국 FCDO의 새로운 원조 정책을 발표하였다(HM Government, 2021; FCDO, 2022). 이에 따르면 글로벌 안보 환경의 변화에 대응하여 외교와 국방, 개발협력

---

[12] "ODI on the new UK aid strategy".
출처: https://odi.org/en/insights/odi-on-the-new-uk-aid-strategy/(2022.8.27.검색)

정책 역량을 통합적으로 접근하여 취약국의 폭력과 불안정 해소를 지원하겠다는 전략 방향을 제시하였다(HM Government, 2021). 또한 2021년 영국 정부 발표에 따르면 UN 평화유지활동을 지원하면서 갈등을 예방하고 인도적 위기를 해소하는 활동에 1,200만 파운드를 지원하겠다고 밝혔다. 영국은 2006년 이래 UN평화구축기금에 1억 6,000만 파운드를 지원해 왔다. 이를 통해 40여 개국에서 무장 세력의 무장 해제, 청년들의 정치적 대화 및 평화 프로세스에 참여하도록 하는 프로그램을 지원할 계획이다. 예를 들어 폭력으로 인한 정신적 피해 치유, 무장 세력에 납치되었다가 돌아온 피해자들 치유, 분쟁 갈등으로 인해 피난을 갔던 주민들의 복귀 지원 등의 사업을 지원한다. 특히 영국은 2030년까지 전 세계 빈곤 인구의 80%가 취약국에 거주할 것으로 추정하고, 분쟁 갈등으로 인한 취약국에 대한 지원을 통해 분쟁을 예방하고, 인도적 지원과 피해 복구 등을 지속적으로 지원할 계획이다.[13]

---

13 "Press release: UK boost for UN peacebuilding will help prevent conflicts and humanitarian crises".
출처: https://www.gov.uk/government/news/uk-boost-for-un-peacebuilding-will-help-prevent-conflicts-and-humanitarian-crises(2022.8.27.검색)

제4장

4. 거버넌스·평화 분야 KOICA 지원 전략과 현황

(1) KOICA 거버넌스·평화 중기전략(2021-2025)

KOICA는 SDGs 채택에 발맞추어 분야별 전략을 수립하고 있다. 공공행정 분야에서 KOICA가 향후 지향하고자 하는 비전은 '평화롭고 정의로우며 포용적인 사회 구현'을 구축하는 것이다.

2015년 9월 합의된 SDG 16에 거버넌스와 평화에 관한 것이 포함되었는데, '평화, 정의 및 제도 구축'이라는 목표를 제시하고 있다. 이에 맞추어 KOICA 분야별 1기 중기전략(2016-2020)에서는 공공행정 분야 전략목표를 첫째, 행정서비스의 효과성 향상, 둘째, 정치·행정 체제의 책임성 향상, 셋째, 법·제도의 포용성 향상으로 설정하였다. 또한 거버넌스는 다른 모든 개발목표를 달성 가능하게 하는 전제조건이므로 이를 범분야 이슈(cross-cutting issue)로 인식하고 전 분야에 걸쳐 거버넌스를 개선하는 사업의 확대를 추진하였다. 이를 위해 네 번째 전략목표로 '거버넌스를 주류화(mainstreaming governance)'라는 목표를 설정하고자 하였다.

1기 중기전략에 따라서 다양한 프로그램들을 추진하였는데, 핵심적으로는 개발도상국 행정서비스의 '효과성' 향상을 지원하여 포용적 성장에 기여하는 사업에 집중하였다. 예를 들어 공공부문 인력 교육훈련 제도 개선을 통해 공공부문 인적 역량 강화, 전자정부 구축을 지원하여 정부 효율성 향상, 조세 행정 현대화를 통한 조세 역량 강화 등을 추진하였다. 실제로 2016년부터 2019년까지 진행된 KOICA 공공행정 분야 사업예산 비중을 전략목표별로 구분하여 그 비율을 살펴보면, 전략목표 ① 행정서비스 효과성 향상과 관련된 사업이 41%, 전략목표 ② 정치·행정 체제의 책임성 향상과 관련된 사업이 2%, 전략목표 ③ 법·제도의 포용성 향상과 관련된 사업이 57%를 차지한다(한국국제협력단, 2021a). 대부분 개발도상국 행정부의 행정서비스 효율성을 높이기 위한 사업을 지원한 것으로 보인다.

이후 KOICA 분야별 중기전략(2021-2025)을 새롭게 수립하였다. 기존에 공공행정이라고 불리던 분야가 '거버넌스·평화' 분야로 바뀌었다. 이와 같이 분야 명칭이 변경된 것은 단지 행정뿐만 아니라 입법과 사법 등의 분야를 망라하기 위해 보다 포괄적인 거버넌스란 개념을 사용하고 평화의 중요성이 강조된다는 점을 고려한 것이었다. 거버넌스와 평화 분야 비전은 '평화롭고 정의로우며 포용적인 사회구현'이고, 미션은 '평화로운 삶의 기반을 조성하고 수원국의 사법, 입법, 행정 체계를 강화'로 설정하여 SDG 16과 일치하도록 비전 체계를 수립하였다. 새로운 전략은 기존 전략과 다르게 평화와 관련된 목표를 추가하여 4개 전략목표를 설정하였다. 구체적으로 각 전략목표를 살펴보면, '전략목표 ① 분쟁 예방 및 평화로운 삶의 기반'은 커뮤니티 공동체의 회복력을 강화하는 것을 목표로 사회통합프로그램을 지원한다. '전략목표 ② 참여적이고 포용적인 민주주의'는 선거 및 입법 활동 지원 프로그램, 민주주의 참여 확대 프로그램을 지원한다. '전략목표 ③ 안전하고 정의로운 사법·치안 제도'는 사법 및 치안 역량 강화 프로그램을 지원하고, 정부 투명성 및 국민 신뢰 강화를 위한 사업을 실시한다. '전략목표 ④ 책임있고 효율적인 행정제도'는 행정서비스 현대화, 공공재정 및 경제 운영역량 강화 프로그램을 실시한다.

<표 4-10> KOICA 거버넌스·평화 분야(2021-2015) 전략목표 및 프로그램

전략목표	주요 프로그램	SDGs 목표
1. 분쟁예방 및 평화로운 삶의 기반	• 커뮤니티 내 공동체 증진 및 경제 회복력 강화를 통한 사회통합 프로그램 • 안전하고 지속가능한 사회 조성 프로그램	SDG 16.1, 16.2
2. 참여적이고 포용적인 민주주의	• 포용적인 선거 및 입법 활동 지원 프로그램 • 참여적 민주주의 기반 확대 프로그램	SDG 16.7, 16.8, 16.10, 16.b
3. 안전하고 정의로운 사법·치안 제도	• 안전하고 평등한 사법·치안 역량 강화 지원 프로그램 • 정부 투명성 및 국민 신뢰도 강화 프로그램	SDG 16.3, 16.4 16.5, 16.a
4. 책임있고 효율적인 행정 제도	• 행정서비스 현대화 및 운영역량 강화 프로그램 • 공공재정 및 경제 역량강화 프로그램	SDG 16.6, 16.9

출처 : KOICA 홈페이지(2022.6.17.검색)

또한 평화와 관련하여 국제개발협력위원회는 2021년 3월 '인도적 지원-개발-평화 연계 이행 전략'을 채택하였다. 이행 전략에서는 '협력국 상황에 대한 사전 분석'을 강화하여 위기·갈등의 예방적 접근을 확대하고, 인도적 지원 및 취약국 분쟁 예방 ODA를 확대하여 추진하고 시범 사업들을 도입하기로 하였다. 또한 다자 기구 공동기금을 활용하고 HDP Nexus 관련 국제논의 참여를 강화해 나가면서 국제사회의 노력에 동참하고 있다. KOICA 역시 정부의 HDP Nexus 이행 전략에 맞춰 취약국에 대한 지원을 늘리고 평화분야 사업을 발굴하고자 노력하고 있다.

(2) KOICA 거버넌스·평화 분야[14] 지원 현황

KOICA는 협력국이 지속가능한 경제성장과 사회발전을 이룩할 수 있도록 정부의 제도와 기관을 지원하고자 '공공행정'을 5대 중점 분야 중 하나로 설정하고 다양한 사업을 추진해 왔다.

KOICA 전체 예산 대비 공공행정 분야 실적을 보면, 지난 1991~2019년 동안 평균적으로 약 20%의 비중을 차지하고 있다. 5년 단위로 추이를 살펴보면, 초창기(1991~1995)에는 24%를 차지하였고, 2006~2010년에도 23% 수준을 유지하였으나, 2011년 이후에는 다소 그 비율이 감소하는 추세에 있다. 그러나 지속적으로 16~18%를 유지하고 있다. 2010~2019년 통계 기준으로 DAC 가입국들은 연간 예산에서 약 12~15%를 거버넌스 분야에 지출하고 있다는 점에 비춰 볼 때 다른 공여국들과 유사한 수준에서 거버넌스 분야를 지원하고 있다고 말할 수 있다.

---

14 국제사회에서는 '거버넌스'라는 용어가 통용되고 있으나 그동안 우리나라 정부와 KOICA에서는 '공공행정'이라는 명칭을 사용해 왔다. 2021년 새로운 KOICA 분야 전략에서부터 '거버넌스'란 용어를 공식적으로 사용하고 있다.

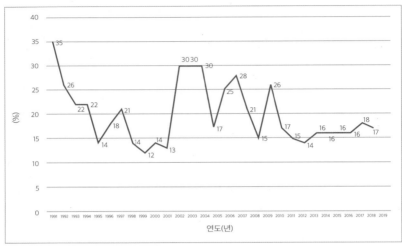

<그림 4-2> KOICA 공공행정 분야 지원액 비중(1991~2019)

출처 : 한국국제협력단 통계 조회 서비스(2022.6.17.검색)

　　지역별로 나누어 보면 주로 아시아 지역에 공공행정 분야 원조가 집중되었고, 이어서 아프리카와 중남미, 중동, 동유럽 및 CIS순으로 지원하였다. 2019년 기준으로 아시아 39%, 아프리카 26%를 지원하고 있다.

　　국가별 지원 현황을 분석한 결과 한 가지 흥미로운 사실은, 우리나라에서 중점 협력국 중심으로 원조 형태가 바뀐 2011년 이후에 모든 지역에서 중점 협력국들이 대체로 상위 수원국 리스트를 차지하고 있었다. 1991년부터 2010년까지는 상위 수원국들에 여러 국가의 이름이 다양하게 나타난 반면, 2010년 이후에는 대륙별로 중점 협력국의 이름으로 집약되는 경향을 확인할 수 있어 선택과 집중이 기대한 대로 이루어지고 있다고 평가할 수 있다.

　　사업 유형별로는 KOICA 초기인 1990년대 초반(1991~1995)에는 주로 물자 지원 형태로 사업이 운영되었으나, 1990년대 후반(1996~2000)부터 연수생 초청 사업의 비중이 늘어 물자 지원과 연수생 초청이 각각 약 50%씩을 차지하였다. 이후 물자 지원 유형은 2008년 이후 급격히 줄어들었다. 2000년대 후반부터 프로젝트 유형이 공공행정 분야의 사업 수단으로 정착되며 2010년 이후 공공행정 분야 사업에서 프로젝트 유형이 차지하는 비중이 약 39%에 달하게 되었다. 2019년 기준으로는 프로젝트 사업이 45%, 봉사단이 18%, 연수생 초청 사업이 15%, 개발 컨설팅이 7%를 차지한다.

(3) KOICA 거버넌스·평화 분야 사업 사례

최근 KOICA에서 추진하고 있는 거버넌스·평화 분야 사업 중에서 협력국의 거버넌스 향상에 기여하고 있는 대표적인 사업을 정치, 행정, 사법 분야 세 가지로 구분하여 설명하고자 한다. 또한 SDGs 채택 이후 평화 지속을 위한 사업 중 대표적인 사업 사례를 소개한다.

1) 키르기스스탄 선거 역량 강화 사업

민주주의 확립을 위해서는 공정하고 투명한 선거를 보장하는 것이 가장 기본이다. KOICA는 개발도상국에서 공정한 선거가 치러질 수 있도록 지원해 왔다. 예전에는 국제기구의 활동에 동참하여 개발도상국에서 선거가 민주적으로 진행되도록 공동의 노력에 힘을 보탰다. 예를 들어 방글라데시, 나이지리아에서 선거 지원 활동을 할 때 KOICA의 예산을 UNDP를 통해 지원함으로써 협력국에서 선거가 안정적으로 치러질 수 있도록 도왔다. 그러나 최근에는 직접 프로젝트형 사업을 통해 협력국의 선거관리를 현대화하여 투명한 선거가 치러지도록 지원하는 사업을 실시하였다. 바로 키르기스스탄 선거 역량 강화 사업이 그 예이다.

총 615만 달러 규모로 2014년부터 2016년까지 진행된 이 사업에서 KOICA는 한국의 중앙선거관리위원회와 함께 사업을 수행하였다. 이 사업은 광학 판독 개표기(Princit, PCOS) 시스템을 지원하여 개표 결과를 빠른 시간 내에 정확하게 집계할 수 있도록 선거관리 시스템을 혁신하였다. 아울러 이 사업을 통해 최첨단 광학 판독 개표기 시스템을 전달하는 것뿐만 아니라 시스템 운영과 선거관리를 도와줄 전문가를 파견하였으며, 동시에 선거관리 업무를 담당하는 정부 관료들도 우리나라로 초청하여 선거관리에 대한 교육을 진행하였다. 한국뿐만 아니라 일본, 스위스, 미국, 유럽연합(European Union, EU), UNDP 등 국제사회가 공동으로 키르기스스탄의 민주주의 확립을 위해 함께 노력하였다. 선거감시단을 파견하거나 선거인등록을 지원, NGO와 함께 시민 참여 캠페인을 지원하는 등 여러 가지 노력을 공동으로 추진하였고, 한국은 그중에 정보기술(Information Technology, IT)을 도입하여 선거 개표 과정을 현대화함으로써 선거 결과에 대한 신뢰성을 높이는 데 기여하였다.

이러한 노력에 힘입어 2015년 10월 키르기스스탄에서 총선이 진행되었다. 첨단기기를 이용해 개표소에서 자동으로 투표용지를 인식하여 결과를 취합한 뒤 통신망을 이용해 각 지역의 선거 결과를 중앙선거관리위원회에 전송하면 중앙에서는 자동화된 시스템으로 전체 선거 결과를 집계하였다. 개발도상국에서는 개표 과정에서 부정부패가 일어날 가능성을 우려하기 마련인데 개표 과정을 전자시스템으로 처리하게 되면 공정하고 투명한 선거를 보장할 수 있다.

이런 점에서 키르기스스탄 선거 역량 강화 사업의 결과는 성공적이라고 평가받을 수 있다. 이번 선거에서는 불과 2시간 만에 개표 결과의 94.6% 취합을 확인할 수 있었고, 3일 만에 최종 결과를 발표하였다. 2010년 총선에서 최종 발표까지 31일이 걸렸고, 개표 과정에서 부정선거의 의혹이 제기되었던 반면, 2015년 총선에서는 투명하고 신속한 개표가 이루어졌다. 국제사회가 이번 총선이 민주적으로 치러질 수 있도록 함께 힘을 모은 결과, 선거 및 투개표 과정에 대한 신뢰성이 회복되었기 때문에 투표율도 높았던 것으로 평가되고 있다. 키르기스스탄 정부뿐만 아니라 국민들도 이 사업을 통해 선거를 안정적으로 진행할 수 있었던 것에 만족하고 민주주의 정착에 한 걸음 더 나아간 것에 의미를 부여하였다.

동 사업의 성공에 힘입어 이후 유사한 목적을 가진 선거 지원 사업들이 발굴되었다. 케냐, 에콰도르, 콩고민주공화국 등에 투표 개표 과정을 자동화하는 시스템을 지원하는 사업이었다. 그러나 이후 사업들은 수원국 내부의 정치적인 불안과 정당들의 반대로 사업 추진에 어려움을 겪기도 하였다. 정치적인 문제에 개입하는 사업은 이와 같이 위험요인을 안고 있기에 수원국 내부의 맥락과 정치적 역사와 환경을 이해하고 접근하는 것이 중요하다는 교훈을 남겼다.

<그림 4-3> 키르기스스탄 선거 역량 강화 사업

출처 : 한국국제협력단(n.d.)

2) 르완다 행정 역량 강화 사업

개발도상국의 행정 역량을 강화하기 위해서는 공무원들의 인적 역량을 강화하는 것이 필요하다. KOICA에서는 개발도상국의 행정 역량 강화의 핵심으로서 공무원 교육시스템을 재정비하도록 돕는 사업을 하고 있다. 대표적인 사업이 르완다 행정 역량 강화 사업이다.

이 사업의 목적은 르완다 공무원교육원(Rwanda Institute of Administration and Management, RMI)을 지원하여 공무원 교육 프로그램 교육과정을 개편하고 e-러닝(e-learning) 시스템을 구축하는 것이었다.

2015년부터 2017년까지 400만 달러 규모로 진행된 이 사업은 우리나라 국가인재개발원과 유사한 교육 기능과 한국행정연구원과 유사한 연구 기능을 모두 담당하고 있는 RMI를 지원하였다. 먼저 현재 르완다 정부 전체 부처의 업무를 분석하여 개선 방향을 진단하고 정부의 전반적인 역량을 강화하기 위해 공무원들의 인적자원을 어떻게 향상하면 좋을지를 수원국 정부와 협의를 통해서 결정하였다. 이와 같은 분석 자료를 바탕으로 해서 RMI의 교육과정을 개편하고, 수원국 정부 관계자와 협의하여 기존의 교과목을 개선하거나 시대 변화를 반영한 새로운 교과목을 추가하여 총 35개의 공무원 교육 과목을 확정하고 각 과목별로 교육 커리큘럼을 만들고 교재를 집필하였다.

흥미로운 사실은 동아프리카의 르완다에서는 공무원 교육을 집합식 교육이 아니라 정보통신기술(Information and Communication Technologies, ICT)을 이용해 e-러닝 시스템으로 실시하기로 하고 온라인 원격교육 시스템을 구축하고자 시도하였다는 것이다. 르완다는 ICT 기술 발전을 통해 국가 발전을 선도하고, 1차산업에서 바로 지식기반경제로 전환하고자 하는 국가 발전전략을 수립하였다. 이 전략에 기반하여 르완다는 아프리카 국가 중에서는 최초로 전국에 4G 통신망을 갖추도록 하여 ICT 기반의 국가 발전 비전을 실현하였다. 이에 발맞춰 공무원 행정 역량 강화 사업도 르완다 국가 발전전략과 일치되도록 ICT 기술을 최대한 활용하는 시스템으로 추진되었다.

KOICA는 르완다뿐만 아니라 이라크, 팔레스타인, 우즈베키스탄 등 많은 나라에서 유사한 공무원 행정 역량 강화 사업을 실시하였다. 공무원 교육훈련기관을 설립하고, 교수 요원들을 교육하여 역량을 강화하며, 다양한 내용의 교육 교재와 e-러닝 콘텐츠를 개발하는 등의 사업 요소로 이루어진 사업들이다. 다른 개발도상국들은 한국이 발전 국가(developmental state)로서 빠른 속도로 경제발전을 이룰 수 있었던 배경에는 공무원과 공공부문의 우수한 인재들의 역량 덕분이었다고 생각하고 이와 같은 점을 배우기 위해 공무원 역량 강화 사업을 요청하는 경우가 있다. 하지만 한국식 계급제 공무원 제도와 달리 아프리카나 중남미 국가들은 직위 분류제를 운영하고 있다. 각 국가의 행정체계와 제도, 그리고 발전단계에 따른 역량 개발의 필요성이 다르다는 점을 감안할 때 한국식 공무원 제도와 공무원 교육 훈련제도 등을 그대로 전수하기보다는 각 국가의 서로 다른 공무원 제도를 먼저 이해하고 국가별 상황에 맞는 지원 방안을 구성하는 것이 필요하다.

3) 베트남 사법 역량 강화 사업

거버넌스 개선의 핵심은 법치주의를 확립하는 것이다. 법치주의란 통치 시스템이 법에 근거하여 정부 및 여러 가지 제도를 운영하고, 국민들도 법규범을 철저히 준수하는 것을 의미한다.

KOICA는 입법 및 사법 분야 역량을 강화하는 사업으로서 베트남의 사법 역량 강화 사업을 추진해 왔다. 2013년부터 2016년까지 총 950만 달러 규모의 사업을 진행하였다. 주요 사업으로 법관을 양성하는 교육기관을 건립하고 연수원의 교육과정 구성을 지원하며 정보화시대에 걸맞은 교육기자재를 지원하는 등의 활동을 하였다. 또한 우리나라의 대법원에서 법관 양성 체계 구축에 전문적인 지식을 갖춘 판사를 베트남으로 파견하여 법관 양성 기관의 교육과정을 구성하는 데 실질적인 도움을 주었다. 베트남 법관들도 우리나라 사법연수원에 초청되어 단기 과정과 중장기 과정에서 직무 연수 교육을 받으면서 법관으로서 직무 수행에 필요한 지식들을 교육받았다. 3년 동안 2주간의 단기 과정에 약 50명, 3개월의 중기 과정에 약 30명, 1년 6개월 과정의 장기 연수에 5명을 초청하여 교육했는데, 지식재산권법과 같은 최신 법제에 대해 교육하여 이들이 베트남으로 돌아가서 법관들을 교육할 수 있도록 지원하였다.

베트남 사법 역량 강화 사업은 10여 년간 이어졌다. 2008년부터 2017년까지 1차와 2차에 걸쳐 8여 년간 법원 아카데미 역량 강화 사업을 실시하여 소규모 법원연수원이 국가의 공식적인 법관을 양성하는 법원 아카데미로 승격되고 베트남 법관들의 판결 역량을 강화하는 데 기여하였다. 이를 통해 궁극적으로 법치국가의 초석을 다짐으로써 베트남의 국가발전에 이바지하였다.

이 사업에서 알 수 있듯이 거버넌스 분야는 10여 년에 걸쳐 사업을 지원하여 비로소 성과를 보는 경우들이 있다. 한 사회의 법과 제도를 변화시키고 이를 운영하는 정부 관계자들의 행동까지 변화시키기 위해서는 많은 시간이 필요하다. 그렇지만 3년 내외의 프로젝트 주기로 운영되는 현실에 비춰 본다면 이와 같이 장기로 사업을 추진하기가 쉽지 않다. 따라서 거버넌스 분야 사업을 추진할 때는 장기적 관점을 가지고 1~3기 사업으로 나누어 사업을 추진하되, 각 단계별 사업들이 기존 사업의 교훈을 발판삼아 세부적인 구성 요소와 성과 목표 등을 진화시켜 나가는 것이 필요하다.

<그림 4-4> 베트남 사법 역량 강화 사업 중 법원연수원 건립 및 법관 교육

출처 : 한국국제협력단(n.d.)

4) 한국-베트남 지뢰·불발탄 통합 대응 역량 강화 사업

평화 분야와 관련된 대표적인 사업으로 2018년부터 2021년까지 추진한 '한국-베트남 지뢰·불발탄 통합 대응 역량 강화 사업'이 있다. 베트남전쟁 당시 지뢰와 집속탄 등 전쟁 잔류물이 남아 있어 주민들의 피해가 끊이지 않았다. 이 문제를 해결하기 위해 베트남 정부가 국가 차원의 발전 계획인 '사회경제발전계획(Socio-Economic Development Plan, SEDP) 2016~2020'에서 지뢰 및 불발탄을 제거하여 경제사회 발전을 이루고자 목표를 세웠다. 또한 구체적으로는 '프로젝트 504'라는 자발적인 계획을 수립하였는데, 지뢰·불발탄을 2025년까지 제거하기 위한 목표와 활동을 담고 있다. 국제사회 역시 베트남 정부를 지원하기 위해 UNDP가 베트남 정부와 '통합전략계획 2017~2021'을 수립하여 지뢰·불발탄 제거를 위한 기술 및 재정지원을 약속하였다.

한국 정부와 KOICA는 베트남 꽝빈과 빈딩 지역의 지뢰·불발탄 제거를 지원하였다. 이를 위해 UNDP 베트남과 베트남 정부의 관련 부처-국가지뢰불발탄사업센터(VNMAC)와 노동보훈사회부(Ministry of Labor-Invalids and Social Affairs, MOLISA), 국방부(Ministry of Defense) 및 꽝빈·빈딩 지역 인민위원회(Binh Dinh and Quang Binh Provincial People's Committees)와 협력하였다.

꽝빈과 빈딩 지역에서 오염 지역을 탐지하여 지뢰·불발탄을 제거하고, 통합정보관리시스템(Information Management System for Mine Action, INSMA)을 통해 정보를 관리하도록 VNMAC에 하드웨어와 기술지원을 통해 역량을 강화하였다. 또한 주민들을 대상으로 전문 교육과 TV·라디오 홍보를 통해 위험 인식 교육을 실시하여 주민들의 삶이 지속가능하도록 지원하였다. 그뿐 아니라 지뢰·불발탄으로 인한 피해자에게 재활치료, 보조기 사용을 실시하고 직업소개·훈련을 통해 생계를 지원하는 등 전반적으로 피해자를 지원하는 시스템을 갖추도록 하였다. 이러한 노력을 통해 지뢰·불발탄으로 인한 피해를 예방하고 복구하며 베트남 주민들이 평화롭고 안전한 삶을 살 수 있도록 하는 목표를 달성하였다.

　이 사업은 UNDP와 미국을 비롯한 국제사회와 공동으로 추진되었으며, 지뢰 제거 기술을 가진 기구들이 스웨덴의 민간기구와 협업을 하였다. 비단 이 사업뿐만 아니라 평화 분야 사업은 이와 같이 한국이 단독으로 사업을 추진하기보다는 국제기구나 다른 공여 기구들과 파트너십을 맺고 추진하면서 사업의 효과성을 제고할 수 있다는 교훈을 남겼다.

<그림 4-5> 한국-베트남 지뢰·불발탄 통합 대응 역량 강화 사업 주요 활동 및 성과

출처 : 한국국제협력단 베트남사무소(2021)

5. 거버넌스·평화 분야 성과와 과제

(1) 거버넌스·평화 분야의 성과와 한계

개발협력을 통해 수원국의 거버넌스를 개선하겠다는 노력은 많은 성과를 달성하기도 했지만 동시에 한계점도 존재한다는 것을 알려 주었다.

그동안 개발협력 사업을 통해서 민주주의 확산, 법치주의 확립, 부정부패 통제 등 기대했던 목표를 달성하기 위해 노력하였다. 그 성과의 달성 정도는 국가별 상황에 따라 달랐고 발전 정도에서도 부침이 있기는 했지만, 인류사회가 보다 민주적이고, 투명하고, 책임성을 갖춘 사회로 발전해 나가고 있는 것은 분명하다. 또한 거버넌스와 발전의 관계에 대해 살펴본 바와 같이 거버넌스가 갖춰진 이후에야 비로소 그 기반 위에서 경제발전과 빈곤 감소를 이루어 나갈 수 있다는 점에서 그동안 국제기구와 양자 간 공여 기관들이 거버넌스 개선에 기여하면서 궁극적으로 개발도상국의 발전에 기여했다는 점을 부인할 수 없다.

　그러나 개발협력에서 강조하는 거버넌스 담론은 신자유주의적, 탈정치적이라는 태생적 한계가 있다. 거버넌스 담론이 신자유주의적 측면에서 강조되면서 국가의 역할, 정부의 역할을 축소하는 것을 거버넌스 개혁으로 추진하였다는 한계도 있다. 또한 국제기구가 너무 많은 개혁 과제를 강요하면서 수원국의 실정에 맞게 우선순위를 선정하고 제시하는 노력이 부족했다는 비판도 있다. 이러한 성과와 한계에 대해 비판적으로 인식하는 것이 중요하다.

　평화 분야 사업의 경우 기존에는 분쟁·갈등 상황을 종식하고 평화를 구축하는 활동 위주로 이루어졌다. 또한 분쟁·갈등 상황이 발생하면 긴급구호를 통해 식량, 의료 등 인도적 지원이 이루어졌다. 하지만 이러한 노력들은 다양하고 긴급한 분쟁 상황을 해결하는 데 초점을 맞추었고, 장기적 관점에서 사회의 회복에 대해 고려하지는 못하였다. 이러한 한계를 극복하기 위해 HDP Nexus 개념을 도입하게 된 것이다. 따라서 분쟁과 갈등 상황을 해소하고 인도적 위기를 해결한 후에는 궁극적으로 국가의 경제사회 발전을 고려하고, 관련된 다양한 활동들을 일관되게 추진하고자 하는 노력이 필요하다.

(2) 지속가능발전을 위한 과제

　앞서 살펴보았듯이 SDGs에서 주목할 점은 기존의 MDGs와는 다르게 거버넌스, 평화, 제도에 관한 목표가 포함되었다는 점이다. 지속가능한 사회를 가능하게 하는 기반은 '제도를 공정하고 효율적으로 운영할 수 있는 국가의 역량(state's capacity)'이라는 것에 전 세계가 합의하였다. SDGs의 17대 목표, 169개의 과제를 효과적으로 달성하기 위해서는 결국 제도를 안정적으로 운영할 수 있는 거버넌스가 가장 중요하다. 따라서 지속가능한 개발을 이루기 위해 우리는 다음과 같은 노력을 기울여야 한다.

첫째, 거버넌스를 중점 분야의 하나이자 동시에 범분야 이슈로 인식하고 각 분야별 사업 추진에서 거버넌스 원칙을 적용한 사업을 확대해야 한다. KOICA에서는 '공공행정' 분야라는 이름으로 협력국들의 거버넌스 개선을 위한 활동을 수행하고 있다. 그러나 단지 공공행정 분야뿐만 아니라 교육, 보건, 환경, 산업, 농어촌 개발 등 각 분야에서 추진하는 사업에서 제도개선이 필요할 경우 이를 포함한 사업을 형성해야 한다.

예를 들어 지역개발 사업을 하면서 관련 법 제도가 미비하다면 지역개발에 필요한 도시개발법을 제정하도록 지원하거나 도시개발 과정에서 필요한 분쟁 조정 방법에 대한 정책을 갖추도록 지원하는 것이다. 또한 KOICA 보건 분야의 핵심과제인 보편적 의료보장 제도 역시 수원국의 정책 및 제도개선을 핵심 내용으로 하고 있다는 점에서 거버넌스 개선과 관련된 사업이라고 할 수 있다.

파리선언 이후 수원국 정부 시스템을 이용한 원조가 계속해서 강조되고 있다. 각 분야별 사업 중에서도 예산 지원(budget support)을 통해 수원국 정부 시스템을 이용하여 궁극적으로는 그 나라 정부의 역량을 강화해 주는 사업들이 늘어나야 한다. 또한 프로젝트형 사업에서도 단순히 건설 및 기자재 지원을 하는 것뿐만 아니라 제도개선과 정책개발을 할 수 있도록 수원기관에 전문가를 파견하여 협력국 정부와 함께 제도개선을 위해 노력하는 것이 필요하다.

둘째, 수원국의 역사적·정치적 배경을 고려해야 한다. 거버넌스 개선은 우수 사례(best practice)를 전파하는 것이 아니라 협력국 정부가 현시점에서 가장 필요로 하는 해법을 제시해 줄 수 있는 최적의 사례(best fit)를 함께 모색하는 방식으로 진행되어야 한다. 이를 위해서 먼저 수원국의 발전단계에 따라 지원 분야와 지원 방법이 달라져야 한다. 저소득국과 중소득국은 발전단계별로 거버넌스 개선에 필요한 과제가 다르다. 예를 들어 저소득국은 가장 기본적인 정부 시스템 구축이 필요하지만 중소득국에서는 기존의 행정부 시스템을 혁신하는 것이 필요할 수 있다. 또한 각각의 국가별로 수원국의 정부가 해결하고자 하는 문제점이 무엇인지, 현실적 상황에 맞는 최선의 해법이 무엇인지를 함께 모색해야 한다. 단지 우리나라의 발전 경험에 비추어 우리의 사례를 그대로 전수하기보다는 수원국의 상황에 맞는 대안을 제시해 주는 것이 필요하다. 특히 수원국이 처한 역사적 배경과 정치구조에 차이가 있기 때문에 각 국가의 상황에 맞춰 지원하는 방법을 모색해야 한다.

셋째, 거버넌스 개선은 장기 과제이다. 평화를 구축하고 유지하는 것은 더 긴 시간을 필요로 한다. 파리선언에서 원조의 5대 원칙이 합의된 이래로 원조효과성을 높이기 위해 성과 중심(result-based)의 프로젝트 관리가 강조되면서 사업의 형성 단계에서 산출물(output), 결과(outcome), 영향(impact)을 명확히 제시하고 종료된 뒤에는 엄격히 평가할 것이 요구된다. 그러나 거버넌스 개선이나 평화 구축은 단기간에 달성할 수 있는 과제가 아니므로 장기적인 안목이 있어야 한다. 수원국의 정치·경제 상황에 따라 성공적으로 사업을 수행했다고 하더라도 기대한 결과가 나타나지 않을 수도 있다. 산출물은 확인할 수 있지만 단기간에 결과와 영향까지 명확히 확인하기 어려운 경우도 많다. 따라서 거버넌스 개선 사업을 추진할 때는 인

내심을 가지고 궁극적으로 수원국의 제도에서 변화가 일어나 국민들이 삶을 변화시키기까지 상당한 기간이 소요된다는 것을 염두에 두어야 한다.

　　넷째, 취약국을 대상으로 실시하게 되는 평화 분야 사업은 경우에 따라서는 '해를 끼치지 않는다(Do-No-Harm)'는 원칙, 즉 의도하지 않은 부정적 효과를 최소화하고, 추가로 분쟁과 갈등이 일어나지 않도록 주의하는 것이 필요하다. 원조를 지원하는 과정에서 자원이 균등하지 않게 배분되거나 수혜자 선정이 투명하지 않게 이루어지면 오히려 지역공동체 내에서 또 다른 분쟁과 갈등이 발생할 수 있다. 또한 폭력적인 갈등이나 분쟁이 초래되지 않도록 분쟁을 관리하는 것에도 주의를 기울여야 한다. 예를 들어 국제기구나 다른 공여국들은 분쟁에 참가했던 전투원들이 지역사회로 돌아와 사회구성원이 될 수 있도록 통합하는 사업을 하거나, 민주적인 통치구조를 통해 분쟁을 조정하고 관리하는 사업을 실시하고 있다. 평화 분야 사업을 추진할 때는 분쟁 및 갈등을 해결하고자 취약국에서 실시했던 기존 사업들로부터 배울 수 있는 이와 같은 교훈들을 참고할 필요가 있다.

📋 필수개념 정리

거버넌스: 국가의 능력(state capacity)을 의미하는 것으로서 정치, 행정, 사법 전 분야에서 제도를 관리하는 것을 뜻한다.

제도: 일반적으로는 관습이나 도덕, 법률 등 규범이나 사회구조의 체계를 의미한다. 신제도주의 경제학에서는 제도를 사회구성원 간의 게임의 규칙(rule of the game)으로 정의한다.

법치주의: 법에 근거하여 권력이 운영되고, 국민들도 법규범을 철저히 준수하는 것을 의미한다.

평화 지속화: 사회 전반의 공통 비전을 세우는 과정으로, 모든 계층과 분야의 필요를 고려하여 분쟁의 예방, 발생, 지속, 악화, 재발, 전후 재건에 이르기까지 분쟁의 모든 단계에 걸쳐 적극적 관여를 추구하는 것을 의미한다.

💬 토론점

1. 개발도상국에서는 민주주의, 거버넌스 개선과 경제발전을 동시에 추구하고자 노력하고 있지만 실제로 민주주의와 경제발전을 동시에 달성하는 것은 쉬운 일이 아니다. 일부 정치학자들은 민주주의가 갖춰져야 경제발전을 하는 것이 아니라, 경제발전이 되어야 민주주의를 이룰 수 있

다는 주장도 한다. 또한 한국과 대만, 싱가포르 등의 사례에서도 알 수 있듯이 권위주의 정권에서 더욱 빠른 속도로 경제발전을 이루는 경우도 있다. 최근 아프리카 국가들(탄자니아, 르완다 등)도 권위주의 정치체제에서 7%대의 안정적인 경제성장을 보여 주고 있기도 하다. 이렇듯 거버넌스와 발전의 관계를 하나의 정형화된 모델로만 설명할 수는 없다. 실제로 개발도상국에서 거버넌스와 발전의 관계는 어떠한 것일까? 닭이 먼저인지 달걀이 먼저인지에 대한 논쟁처럼 과연 민주주의가 먼저일까, 경제성장이 먼저일까?

2. 서구 민주주의에 기반한 민주주의 혹은 거버넌스 방식을 모든 국가에 적용할 수는 없다. 이런 이유 때문에 개발도상국 각 국가별로 처한 상황을 고려하여 거버넌스 개선의 방향을 제시하는 것이 필요하다. 개발도상국의 역사적·정치적 특성을 우선적으로 고려하여 거버넌스를 개선하는 데에 가장 필요한 것은 무엇일까?

3. 거버넌스를 하나의 분야로 국한해서 생각하기보다는 분야별로 거버넌스 및 제도개선을 추진하는 것이 세계적인 추세이다. 교육, 보건, 산업, 농어촌 개발 등 각 분야별로 사업을 추진할 때 협력국의 거버넌스 개선을 위해 필요한 과제는 무엇일까? 만일 개발협력사업에 참여한 경험이 있다면 본인의 경험을 바탕으로 분야별로 필요한 거버넌스 개선과제를 제시해 본다면 어떤 것이 있을까?

4. 원조와 분쟁의 관계에 대해 분석한 연구들에 따르면 원조를 지원할수록 분쟁과 갈등, 내전이 증가하는 경향도 있다고 한다. 원조가 분쟁을

촉발하는 원인이 되는 사례가 무엇인지 찾아보고, 그러한 이유와 대응 방안을 추정해 보자.

5. 분쟁 및 갈등으로 인한 취약국에서 원조사업을 할 때는 의도하지 않은 부정적 효과를 초래하지 않도록 하는 것이 가장 중요하다. 이를 '해를 끼치지 않는다(Do-No-Harm)'는 원칙이라고 한다. 분쟁·갈등 취약국에서 원조사업을 하면서 발생할 수 있는 의도하지 않은 부정적 효과의 사례가 무엇인지 찾아보고 이를 방지할 수 있는 방법을 고민해 보자.

읽을거리

'어떤 나라는 발전에 성공하는데 왜 어떤 나라는 발전을 이루지 못하는가?' 발전의 성패를 좌우하는 요인으로서 거버넌스와 제도의 중요성에 대해『국가는 왜 실패하는가』,『전쟁, 총, 투표: 왜 독재는 세상에서 사라지지 않는가』는 중세 국가부터 현대 국가까지 아우르며 풍부한 역사적 사실과 다양한 개발도상국의 사례를 들어 대답하고 있다.

국가는 왜 실패하는가
대런 애쓰모글루, 제임스 A. 로빈슨 지음 | 최완규 옮김 | 시공사 | 2012

전쟁, 총, 투표: 왜 독재는 세상에서 사라지지 않는가
폴 콜리어 지음 | 윤승용, 윤세미 옮김 | 21세기북스 | 2011

국제사회의 거버넌스 논의에 대해 학술적 논의와 비판적 관점을 알기를
원한다면 아래의 두 학술논문을 추천한다.

Merilee S Grindle. S.. 2004. "Good Enough Governance: Poverty
Reduction and Reform in Developing Countries, Governance". 17(4).

Huck-ju Kwon and Eunju Kim. 2014. "Poverty Reduction and
Good Governance: Examining the Rationale of the Millennium
Development Goals, Development and Change". 45(2).

기후행동

박현정 기후변화행동연구소 부소장

1. 기후위기와 기후행동의 이해   329

2. 세계 기후행동 현황   345

3. 기후행동 분야 국제개발협력 동향   367

4. 기후행동 분야 KOICA 지원 현황과 전략   391

5. 기후행동 분야 성과와 과제   402

- 학습목표 -

1. 기후위기 시대, 기후행동 관련 국제개발협력의 동향 및 방향성을 알아본다.

2. 기후위기에 대응하기 위한 주요 협약 및 회의에서 국제개발협력 의제를 파악한다.

3. 국내외 주요 기관의 개발협력정책 및 사업에서 기후위기를 어떻게 반영하고 있는지 살펴보고 향후 과제를 파악해 본다.

1. 기후위기와 기후행동의 이해

일부 지역 또는 일부 생물 종이나 생태계의 문제로만 치부되었던 기후변화 이슈는 그 영향 범위와 강도 등이 빠른 속도로 증가하면서 '기후위기'라는 새로운 개념으로 전환되었다. 전 세계 이상기상 현상 등 기후위기 관련 소식이 거의 매일 뉴스를 통해 쏟아지고 있지만, 전 지구적 위기에 걸맞은 광범위하고 과감한 대처가 아쉬운 상황이다. 특히 국제적으로 가장 중요하게 부각하는 이슈임에도 국제개발협력에서의 '기후행동'은 아직 성과보다는 더 많은 도전과제에 직면하고 있다.

기후위기는 산업화 이후 경제발전 과정을 거치면서 악화하였기에 선진국의 책임이 명확하다. 그러나 기후위기 유발의 책임과 관계없이 그 영향은 전 세계적으로 나타나고 있으며, 특히 해수면 상승이나 태풍 등 자연재해의 위협을 많이 받는 지역에 있는 개발도상국이 가장 큰 피해자가 되고 있다. 개발도상국은 대부분 경제적 능력이나 기반시설 부족으로 기후위기에 취약할 뿐 아니라 경제발전을 추구하는 과정에서 자연생태계를 파괴하고 환경오염 및 기후위기를 악화시키는 악순환에 빠지기도 한다. 이러한 악순환을 야기하는 경제발전의 실패 모델을 답습하지 않도록 국제개발협력의 방향성을 재검토할 필요가 있다.

기후위기 시대, 빈곤과 불평등 문제 해결에 이바지하기 위한 국제개발협력에서 기후행동은 이제 선택이 아닌 필수 고려 요소이다. 제5장에서는 기후위기와 기후행동의 기본 이해를 바탕으로 국제개발협력에서 기후행동의 필요성, 국내외 동향 및 방향성을 살펴보고자 한다. 더불어 국제개발협력에서 기후행동을 주류화하고 물, 에너지 등 연계된 핵심 분야에서 기후행동을 강화하기 위한 전략 및 구체적 사업 등을 소개하고 향후 과제를 파악해 보고자 한다.

(1) 기후행동 분야의 정의

1) 범위

제5장의 목적은 국제개발협력 실무자들이 기후위기와 이러한 위기에 대응하기 위한 기후행동을 전 지구적 관점에서 이해하고 협력사업을 기획, 실행, 관리, 평가하는 과정에서 이를 반영할 수 있도록 핵심 정보와 향후 과제를 공유하는 것이다. 우선 기후위기와 유사하게 혼용되고 있는 용어인 온난화와 기후변화 그리고 기후행동(최근 국내외적으로 많은 주목을 받는 탄소중립 포함) 개념을 살펴보고 기후위기와 개발의 관계를 파악하고자 한다.

국제사회의 핵심 의제로서 기후위기 현황 및 전망 그리고 기후행동 동향은 기후 불평등의 관점과 국제연합(United Nations, UN) 차원의 기후위기 대응 역사 속에서 살펴보고자 한다. 기후위기 대응 전략과 현황은 경제협력개발기구(Organization for Economic Cooperation and Development, OECD), 세계은행(World Bank), 국제기금과 우리나라 사례 중심으로 살펴보고 시사점과 향후 과제를 파악하고자 한다.

환경파괴를 동반하는 급격한 도시화와 경제개발의 후폭풍이 특히 환경자원을 삶의 원천으로 하는 개발도상국에서 심각해지면서, 국제개발협력에서는 환경과의 조화를 강조하는 '녹색 공적개발원조(Official Development Assistance, ODA)'의 중요성이 주목받고 있다. 최근 국제개발협력에서 기후위기가 핵심 의제로 독립적으로 부각되기도 하지만 환경문제의 대표 이슈로 논의되는 경우도 많다. 제5장에서는 기후행동에 주안점을 두지만 개발도상국의 환경문제 해결과 지구환경 보전이라는 연계성을 기반으로 주요 환경 이슈도 함께 서술하고자 한다.

2) 기후행동의 의의 및 중요성

국제개발협력은 2015년 UN에서 채택한 지속가능발전목표(Sustainable Development Goals, SDGs) 달성에 기여하는 것을 목적으로 그 활동의 영역과 규모를 확대하고 있다. 2000년에 채택된 새천년개발목표(Millennium Development Goals, MDGs)에서는 언급되지 않았던 기후행동은 SDG 13으로 포함되었다. 이는 그간 MDGs 달성 노력 과정에서 기후위기 대응 없이는 개발도상국의 빈곤퇴치나 지속가능한 개발이 실현될 수 없음을 경험과 과학적 근거로 확인한 결과물이라 할 수 있다.

기후행동은 하나의 독립 목표이면서 동시에 범분야(cross-cutting)로 인식되면서 다른 SDGs와의 연계성 파악이 주목받았다. <그림 5-1>은 SDG 기후행동 넥서스 도구(SDG Climate Action Nexus tool, SCAN-tool)[1]를 통해 파악한 SDGs와 온실가스를 줄이는 기후행동(완화 조치) 간 연계성을 요약한 것이다. 일반(general) 부문을 포함하여 8개의 주요 부문(예: 발전, 수송 등)에서의 기후행동이 어떻게 15개의 SDG(SDG 13과 SDG 17 제외) 달성에 영향을 끼칠 수 있는지를 보여 주고 있다. 곤잘레스 주니가(Sofia Gonzales-Zuñiga) 등의 보고서에서는 총 916개의 연관성을 파악하였고, 이 중 76%에서 상호보완적 관계가 있어 시너지를 기대할 수 있다고 평가하였다(Gonzales-Zuñiga, S. et, al., 2018). 이것이 <그림 5-1>에서 녹색 계열이 붉은색 계열보다 많은 이유이다. 파악한 연계성이 대부분 긍정적이더라도 부정적 연관성이 적지 않다면 연두색으로 표현되었다. 예를 들면 재생에너지 공급으로 에너지 접근성을 개선하고 경제적 기회를 증가시킬 수 있는 사례도 있지만, 동시에 전기 가격 증가로 빈곤층의 에너지 접근성을 더 제약하는 등 그 반대의 결과가 나타날 수도 있다. 구체적 현지 상황에 따라 연계성의 내용(긍정/부정)이 변경될 수 있지만, 기본적으로 SDGs 달성에 기후행동의 광범위한 연계성을 인지하고 통합적 접근이 필요하다는 것을 확인해 준다. 또한 일반 부문 외 대부분의 부문에서 기후행동을 강화한다면 SDGs 달성에 유리하다는 것을 보여 주고 있다.

---

[1] 기후행동(완화 조치)과 SDGs 간 연계성 유무(개수)와 내용(긍정/부정)을 8개 부문에서 구체적으로 파악하기 위해 개발된 엑셀 기반 도구. 단, 연계의 강도를 파악하지는 않았다.
출처: https://newclimate.org/resources/publications/scan-sdg-climate-action-nexus-tool-linking-climate-action-and-the(2022.7.31.검색)

<그림 5-1> 8개 부문에서의 기후행동(완화 조치)과 SDGs의 연계성

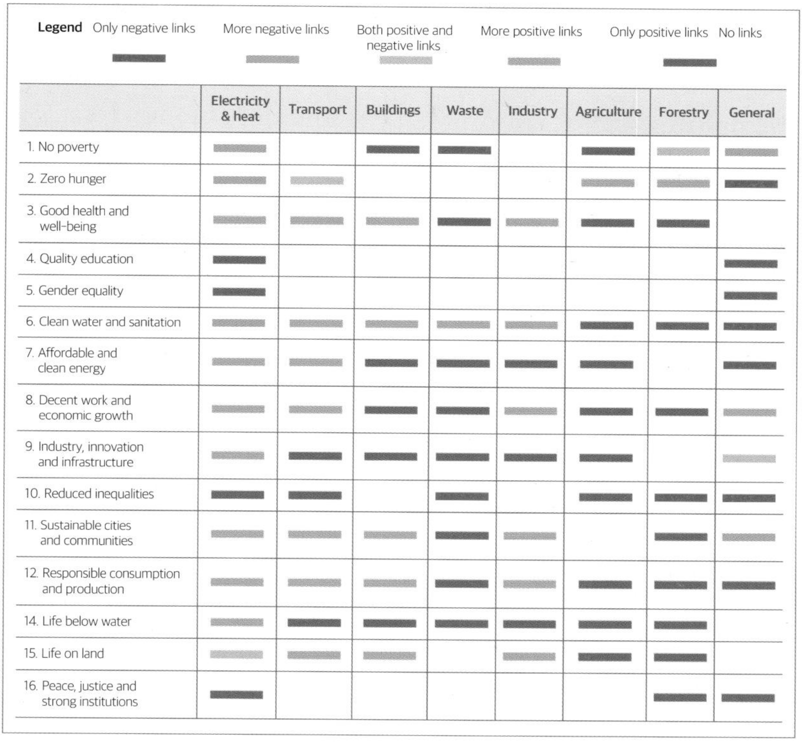

Legend Only negative links   More negative links   Both positive and negative links   More positive links   Only positive links   No links

	Electricity & heat	Transport	Buildings	Waste	Industry	Agriculture	Forestry	General
1. No poverty								
2. Zero hunger								
3. Good health and well-being								
4. Quality education								
5. Gender equality								
6. Clean water and sanitation								
7. Affordable and clean energy								
8. Decent work and economic growth								
9. Industry, innovation and infrastructure								
10. Reduced inequalities								
11. Sustainable cities and communities								
12. Responsible consumption and production								
14. Life below water								
15. Life on land								
16. Peace, justice and strong institutions								

출처 : Gonzales-Zuñiga, S. et, al.(2018: 4)

기후행동은 국제개발협력의 궁극적 목표인 SDGs 달성과의 연계성 측면에서뿐 아니라 사업의 성과관리 측면에서도 중요하다. 기후위기는 국제개발협력 사업이 진행되는 개발도상국의 현지 상황을 다양한 영역에서 변화 또는 악화시키면서 사업의 위험 요소로 대두되고 있다. 기상이변 등 자연재해가 지역 주민의 삶의 터전을 파괴하는 극단적인 상황뿐 아니라 토양, 수자원, 산림자원, 어족 등 자연 자원의 가용성이 급변하는 상황을 사전에 고려하고 기후행동을 포함한 대응 방안을 준비하지 않는다면 사업 목적을 달성하기가 어려워질 가능성이 크다.

기후변화의 과학적 근거와 정책 방향을 제시하는 기후변화에 관한 정부 간 협의체(Intergovernmental Panel on Climate Change, IPCC)의 제6차 평가보고서(제1 실무그룹 보고서, 2021)는 기후변화의 원인물질인 이산화탄소의 대기 중 농도가 계속 증가한다는 자료를 보여 주고 있다. 이는 향후 기후위기가 더 빈번하게, 더 광범위하게, 더 심각하게 발생할 가능성이 있다는 것을 의미한다. 이 평가보고서는 또한 기후변화가 인간의 활동으로 인한 것이 명백하다고 결론을 내리고 있다. 이는 국제개발협력 사업을 포함한 인간의 활동이 기후위기를 악화시킬 수 있지만, 동시에 실질적인 기후행동으로 기후위기를 줄일 수 있다는 것을 의미한다.

(2) 기후행동 관련 주요 개념

1) 지구온난화와 온실가스[2]

① 지구온난화

지구 기후시스템은 다양한 하부 시스템(대기권, 수권, 설빙권, 생물권, 지권 등)의 역동적 상호과정을 통해 현재의 기후를 유지하고 있다(<그림 5-2> 참조). 대부분 태양에서 공급된 에너지는 이러한 시스템 유지에 활용되다 여러 형태의 에너지로 변화하고, 결국 긴 파장(적외선)의 복사에너지 형태로 우주로 방출된다. 대기 중에는 이러한 긴 파장의 복사에너지를 일부 흡수

---

2 기후변화홍보포털. "지구온난화".
  출처: https://www.gihoo.or.kr/portal/kr/change/globalWarming.do(2022.5.25.검색)

하여 지표면과 하부 대기권 온도를 상승시키는 작용(온실효과)을 일으키는 온실가스가 존재한다. 온실가스는 인간 활동이나 자연현상에 의해 대기 중으로 배출되는데, 일부는 대기 중에 남고 일부는 해양과 생물권에 흡수된다. 온실가스 배출량이 흡수량보다 급격하게 많아지면 과도한 온도 상승이 초래되어 '지구온난화'라는 현상이 발생하게 된다.

<그림 5-2> 기후시스템 상호작용(위), 온실효과 모델(아래)

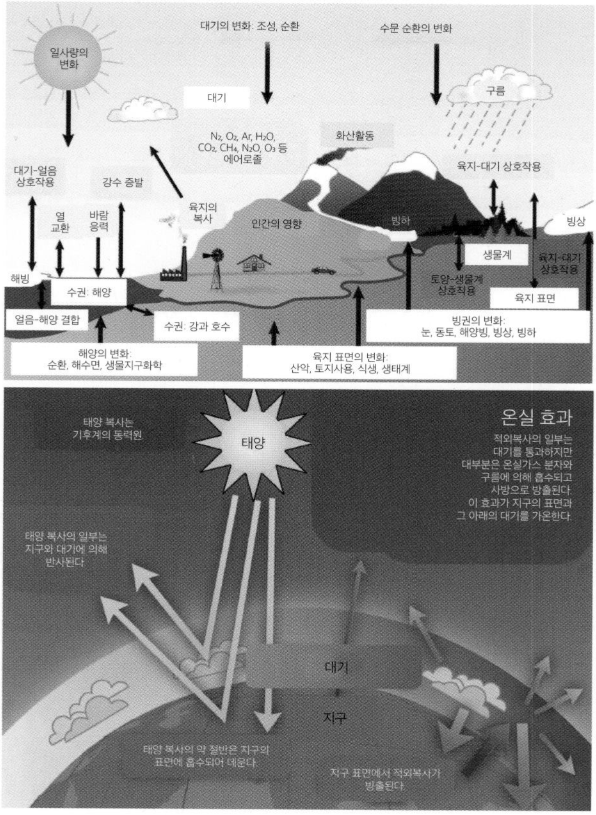

출처 : 기상청(2008: 90, 92)

② 온실가스

온실효과를 통해 지구온난화 현상을 초래하는 대표적인 '온실가스'는 대기 중에 존재하고 있던 이산화탄소(CO_2), 메탄(CH_4), 아산화질소(N_2O)와 인공적으로 만들어진 수소불화탄소(HFCs), 과불화탄소(PFCs), 육불화황(SF_6)이다. 온실가스가 지구온난화에 미치는 영향의 크기를 지구온난화지수(Global Warming Potential, GWP)라고 하는데, 대기 중에 가장 많이 존재하는 CO_2를 기준(1)으로 하고 나머지 온실가스는 상대적 크기로 산정한다. 일반적으로 온실가스 배출량은 각 온실가스 배출량과 GWP를 곱하여 구하는 이산화탄소 환산량(CO_2eq.)으로 표현한다.

2) 기후변화[3]

제5장에서의 '기후변화'는 UNFCCC 정의를 따른다. 지구온난화는 기후변화의 한 현상이다.

▲ 일반적인 정의: 화산 폭발, 태양활동 변화, 지구궤도 변화 등의 자연적 요인 혹은 화석연료 연소, 토지이용, 산업 활동 등 인간 활동에 의한 요인에 의해 전체 기후시스템이 장기적으로 변동하거나 변화하는 것.

▲ IPCC 정의: 오랜 기간(수십 년 또는 그 이상) 동안 지속되면서 기후의 평균 상태나 그 변동 속에서 통계적으로 의미 있는 변동으로 인간 활동에 의한 것이든 자연적인 변동이든 시간 경과에 따른 기후의 변화를 포괄함.

▲ 유엔기후변화협약(UN Framework Convention on Climate Change, UNFCCC) 정의: 전 지구 대기의 조성을 변화시키는 인간의 활동이 직접적

---

3 환경부, 2050 탄소중립 교육 참고자료집.(2022a: 28)

또는 간접적인 요인으로 일어나고, 장기간에 걸쳐 관측된 자연적인 기후 변동성에 추가하여 일어나는 기후의 변화.

3) 기후위기

기후위기란 "기후변화가 극단적인 날씨뿐만 아니라 물 부족, 식량 부족, 해양산성화, 해수면 상승, 생태계 붕괴 등 인류 문명에 회복할 수 없는 위험을 초래하여 획기적인 온실가스 감축이 필요한 상태"[4]이다. 기후 변화의 범위, 강도, 빈도, 속도 등이 예측 가능한 수준을 넘어 인간이 경험하지 못한 수준으로 악화되고 복합 재난의 형태로 나타나면서 최근에는 '기후변화'라는 용어보다는 심각성을 강조하기 위해 또는 인간의 활동으로 초래한 문제라는 점을 기반으로 자연현상과 구분하자는 의도로 '기후위기'란 용어를 더 많이 사용하고 있다. 제5장에서도 '기후위기'라는 용어를 주로 사용하고자 한다.

4) 기후행동

기후행동은 기후위기에 대응하기 위한 인간의 개입 활동으로 '완화'와 '적응'을 포괄하는 개념이다. 최근에는 '완화'의 목표 상태 중 하나인 '탄소중립' 관련 활동(목표 설정 및 이행)이 대표적 기후행동으로 부각되고 있다.

① 기후변화 완화와 적응

기후변화 완화는 미래의 기후위기 정도를 감소하기 위하여 인간 활

---

4 기후위기 대응을 위한 탄소중립·녹색성장 기본법 제2조(정의)

동으로 인해 배출되는 온실가스의 양을 줄이거나 온실가스 흡수를 증대하는 인간의 개입 활동을 의미한다. 기후위기의 심각성이 대두된 이래 국제사회의 핵심 이슈는 완화였다. 완화는 재생에너지 이용, 에너지 효율 제고, 원료 교체, 폐열/폐에너지 활용, 폐기물 자원화, 조림 및 재조림, 온실가스 포집 및 저장(Carbon Capture and Storage, CCS), 수요 관리 등의 활동을 포함한다. 구체적 완화 방법 및 감축량 산정 방식은 적용 기술과 지역 환경 등에 따라 다양하다. 기후변화 완화 사업을 기획하고자 한다면 개발도상국 대상으로 개발된 '청정개발체제(Clean Development Mechanism, CDM)' 방법론[5]을 참고할 수 있다.

기후변화 적응은 "기후위기에 대한 취약성을 줄이고 기후위기로 인한 건강피해와 자연재해에 대한 적응역량과 회복력을 높이는 등 현재 나타나고 있거나 미래에 나타날 것으로 예상되는 기후위기의 파급효과와 영향을 최소화하거나 유익한 기회로 촉진하는 모든 활동"[6]을 의미한다.

완화와 적응은 모두 기후위기 대응에 필요하지만, 각 활동/수단은 상호 보완적이거나 상충적일 수 있다. 완화와 적응의 상호관계를 고려하지 못하면 취약성을 높이는 완화 수단이나 온실가스 배출을 증가시키는 적응 수단 등이 적용되면서 기후행동의 효과를 반감하게 된다. 따라서 기후행동의 효과를 증대하기 위해서 완화와 적응의 균형과 통합적 접근이

---

5 UNFCCC 사무국에서 발간한 CDM 방법론은 매우 많아서(220개 이상) 원하는 방법론을 찾기 어려울 수 있으므로 방법론 소책자(Methodology Booklet)를 먼저 살펴볼 것을 권한다. 소책자는 2021년 12월 기준 새 버전(https://cdm.unfccc.int/methodologies/documentation/index.html)으로 변경되었으나, 국내 번역본은 한국에너지공단에서 2021년 2월 발간한 'CDM 방법론 맵'(2020년 말 기준)이 최신 버전이다.
출처: http://www.koreacdm.com/boards/notice/1362

6 기후위기 적응 정보 포털. "기후위기 이해".
출처: https://www.ccaipath.kaccc.kei.re.kr/understanding(2022.5.15.검색)

필요하다. 도시계획, 산림, 농업, 에너지와 물관리 부문 등이 특히 통합적 접근이 필요한 분야이다(고재경, 2011).

② 탄소중립[7]

2022년 3월 25일, 우리나라에서는 기후위기 대응을 위한 탄소중립·녹색성장 기본법(탄소중립기본법)이 시행되었다. 탄소중립기본법에서는 기후위기에 대응하기 위해 탄소중립 사회로의 전환을 구체적 목표로 명시하면서 탄소중립을 "대기 중에 배출·방출 또는 누출되는 온실가스의 양에서 온실가스 흡수의 양을 상쇄한 순배출량이 영(零)이 되는 상태"로 정의하고 있다. 탄소중립기본법은 기후위기 대응 과정에서 경제적·환경적·사회적 불평등 해소, 경제와 환경의 조화로운 발전, 미래 세대를 포함한 삶의 질 제고, 생태계와 기후체계 보호뿐 아니라 국제사회의 지속가능발전 기여까지 포괄하는 목적을 명시하고 있어 SDGs 달성에 이바지하는 국제개발협력에도 중요한 이정표가 되고 있다.

(3) 기후위기와 개발의 관계

1) 기후위기의 원인과 현황

산업화 이후 화석연료 사용 증가와 도시화로 인해 대기 중 온실가스는 급속하게 증가하였다. 세계기상기구(World Meteorological Organization,

---

[7] 기후위기 대응을 위한 탄소중립·녹색성장 기본법 제1조(목적)와 제2조(정의) 참고

WMO)에 따르면, 1750년에 비해 2019년 지구 평균 이산화탄소(CO_2) 농도는 148%, 메탄(CH_4) 농도는 260%, 아산화질소(N_2O)는 123% 증가하였다(박훈, 2021). <그림 5-3>은 지난 50년간(1970~2019) 전 세계 온실가스 배출량의 변화 추정치를 부문별로 보여 준다. <그림 5-3>을 통해 온실가스 배출이 가장 많은 분야는 전환 부문(전력/열 생산)과 산업 부문임을 알 수 있다.

<그림 5-3> 전 세계 온실가스 배출량 변화(1970~2019)

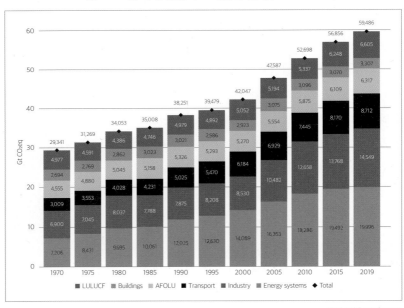

출처 : 박훈(2021: 108)

과학자들은 지구온난화와 누적 온실가스 배출량 간의 선형적 상관관계(1조 톤당 0.45℃ 상승)를 파악하였다. 산업화 이래(1750~2019) 온실가스 누적 배출량 기준 상위 20개국을 살펴보면, 미국이 1위이고 그 뒤로 중국, 러시아, 인도, 독일, 영국, 일본순으로 나타나고 있으며 우리나라는 20위를 차지하고 있다. 이들 20개 국가에서 배출된 누적 온실가스는 전체의 약 76.4%에 해당된다(박훈, 2021). 상위 20개국에는 인구가 많은 개발도상국을 일부 포함하고 있지만, 대부분은 선진국이다. 기후위기의 역사적 책임이 개발을 주도한 선진국에 있음을 재확인할 수 있다.

2) 기후위기의 영향 및 전망

IPCC '제6차 평가보고서'(2021)에 따르면, 전 지구 평균 표면온도는 산업화 이전(1850~1900) 대비 약 1.09℃(2011~2020) 상승하였고, 이에 따라 이례적인 가뭄, 폭우, 폭염/열대야, 산불, 열대 태풍, 한파 및 복합적 극한 기상현상의 발생빈도가 증가하였다(IPCC, 2021). 유엔재해경감기구(UN Office for Disaster Risk Reduction, UNDRR)의 보고서에 따르면, 최근 20년 (2000~2019) 동안 6,681건의 날씨 관련 재난이 발생하였고, 이는 이전 20년(1980~1999) 발생 건수 대비 약 83% 증가한 수치이다. 또한 최근 20년간 저소득국가의 재난 발생당 평균 인명 피해 수는 284명으로, 선진국에 비해 4배 이상 높게 나타났다(UNDRR, 2020).

기후변화는 서서히 진행되다가 어느 시점(티핑포인트, 급변점)에서 폭발적으로 진행되면서 돌이킬 수 없는 기후위기 상황이 되는데, 과학자들은 이 시점을 산업화 이전 대비 1~2℃ 높은 온난화 상황에서 발생할 것으로 예측하였다.[8] 이러한 과학적 근거를 기반으로 '지구온난화 1.5℃ 이내 억제'라는 목표 설정과 과감한 기후행동의 필요성이 꾸준히 제기되고 있

---

8 기후변화행동연구소. [카드뉴스] "기후급변점 대 사회급변행동"(2021.8.27.).
  출처: https:// climateaction.re.kr/index.php?document_srl=810718&mid=news04(2022.6.20.검색)

다.[9] 그러나 IPCC 제1 실무그룹이 공개한 '제6차 평가보고서'(2021)는 이 목표를 달성하더라도 극한 기상현상은 계속 악화할 것으로 전망하며, 20년 안에 1.5℃ 상승이 일어날 수 있다고 경고하고 있다(IPCC, 2021).

과학자들은 또한 온실가스 농도 상승 추이가 인간뿐 아니라 자연생태계도 경험하지 못한 수준으로 빨라지면서 서식지 파괴와 개체군 감소 등의 문제가 광범위하고 심각하게 나타날 것으로 예측하였다. IPCC 제2 실무그룹이 공개한 '제6차 평가보고서'(2022a)에 따르면, 온도가 2~3℃ 상승하면 약 54%의 육상생태계가 멸종위기에 처할 것이라고 경고하고 있다. 이는 1차 산업에 크게 의존하고 있는 개발도상국에 큰 위협이 되고 있다. 이러한 변화를 고려하여 국제개발협력 사업도 기존 방식과는 다른 방식으로 기획하고 수행해야 할 필요성이 높아지고 있다.

바다도, 바다 동물도 기후위기의 영향을 받고 있다. 따뜻해진 바다로 인해 빙하가 녹고 열팽창이 발생해 세계 해수면은 매년 약 3.7㎜씩 상승하고 있으며 해수의 산성화 및 용존산소량[10] 감소 속도는 빨라지고 있다(박훈, 2021). 또한 각종 오염물질의 유입으로 적조현상이 자주 발생하면서 바다를 기반으로 살아가는 주민들의 삶의 터전도 파괴되고 있다.

최악의 가뭄으로 인한 식량 생산력 저하 및 곡물 가격 상승과 국가 폭동으로 인한 사망자 수 간의 유의미한 관련성을 분석한 연구 결과(Marco Lagiet et, al., 2011)는 기후위기 영향으로 정치 사회적 갈등 및 폭동이 야기될 수 있음을 통계적으로 보여 준다. 호주국립기후복원센터 보고서

---

9 UNFCCC. "UN Secretary-General: COP26 Must Keep 1.5 Degrees Celsius Goal Alive"(2021.11.1.).
  출처: https://unfccc.int/news/un-secretary-general-cop26-must-keep-15-degrees-celsius-goal-alive(2022.5.16. 검색)
10 물 속에 녹아있는 산소

(2019)에 따르면, 2050년경 기온이 2.5℃ 상승하면 영구동토층(permafrost)과 아마존 등이 광범위하게 파괴되면서 육지의 35%, 전 세계 인구의 55%가 생존 불가능한 환경에 직면할 것이라고 경고하고 있다. 기후난민의 문제는 이미 국제사회가 직면한 심각한 문제가 되었고 향후 더욱 악화할 것으로 예상된다.

3) 기후행동과 개발

기후위기와 개발의 관계에 대한 그간의 논의는 기후위기의 원인으로 개발을 보거나 개발의 위험 또는 방해 요소로서 기후위기를 보는 부정적 시각이 대부분이었다. 또한 기후행동을 개발의 비용으로만 보거나 개발과의 부정적 관계에 집중하면서 기후행동과 개발의 긍정적 시너지 활용 기회를 잃어버리는 경우도 많았다.

최근 일부 선진국을 중심으로 기후행동을 통해 온실가스 배출량을 감축하면서 동시에 경제성장(국내총생산(Gross Domestic Product, GDP) 성장)을 이루는 이른바 '탈동조화(decoupling)' 현상이 나타나 기후행동과 개발의 긍정적 연계성이 부각되고 있다. 예를 들면 기후행동을 자금 지원의 주요 대상으로 명시한 지구환경기금(Global Environment Facility, GEF), 녹색기후기금(The Green Climate Fund, GCF) 등의 확대로 개발도상국에서 수행되는 국제개발협력 사업에서 기후행동은 SDGs와의 긍정적 연계성을 강화하는 방향으로 성장하고 있다.[11]

IPCC 제3 실무그룹의 '제6차 평가보고서'(2022b)에 포함된 전 세계

---

11 구체적인 내용은 다음 '3절 기후행동 분야 국제개발협력 동향'에서 서술하였음

부문별 완화 수단 43개의 온실가스 배출량 감축 잠재량과 감축 비용 평가 내용은 기후행동과 개발의 연계성에 시사점을 준다. 예를 들면 개발이 에너지 부문인 경우, 재생에너지 중 풍력이나 태양에너지를 활용하면 비용도 상대적으로 적게 들면서 온실가스를 많이 줄일 수 있다. 물론 구체적 완화 기술의 종류, 크기, 적용 조건 등에 따라 성과의 차이가 있게 되므로, 현지 상황을 충분히 고려하여 기후행동과 개발의 긍정적 시너지 효과를 최대화할 수 있는 기회를 찾아야 할 것이다.

2. 세계 기후행동 현황

(1) 세계 기후위기 및 기후 불평등 현황

1) 기후 저지선 설정(환경부, 2022a) 및 잔여 탄소배출총량

산업화 이후 기후변화는 지속되었지만, 현재 지구시스템의 다양한 상호작용 과정에서 어느 정도 완충되어 급격한 영향이 아직 나타나고 있지는 않다. 그러나 현재의 온실가스배출 추세가 계속되면 기후변화의 속도와 강도가 통제 불가능한 수준으로 상승하여 급격한 영향이 나타날 수 있다. 이러한 상황을 막기 위해 설정된 기후 저지선은 지구 평균온도 상승의 한계선으로, 초기에는 2℃가 채택되었으나 2018년 IPCC의 특별보고서로 인해 1.5℃가 기준선이 되었다(IPCC, 2018). 기후 저지선까지 지구 평균온도가 도달하기 위한 누적 이산화탄소 배출량에서 현재까지 배출된 누적량을 제외하면 잔여 이산화탄소 배출 허용 총량(탄소배출총량, Carbon Budget)을 추정할 수 있다.

     <표 5-1>은 IPCC의 '제6차 평가보고서'(2021)에서 발표된 2021년 1월 1일 기준 잔여 탄소배출총량 추정치를 보여 준다. 더 높은 온난화 억제 가능성(67%)에서 산업화 이전 수준과 비교하여 전 지구 평균 표면온도의 상승을 1.5℃ 이내로 억제하기 위해 앞으로 인류는 3,600억 톤 이내로 이산화탄소를 배출해야 한다. 그러나 2020년 총배출 추정치(400억 톤) 수준으로 배출이 지속된다면 잔여 탄소배출총량은 단 9년이면 소멸하게 된다. 1.5℃ 목표의 달성 가능성을 높이기 위해서는 9년 안에 탄소중립을 달성하거나 2050년까지 매년 이산화탄소 배출 수준을 평균 120억 톤 이내로 유지해야 한다. 어떤 방식이든 기후 저지선을 지키는 것은 매우 어려운 과제가 될 것이다.

<표 5-1> IPCC의 잔여 탄소배출총량 추정치(2021)

온난화 수준별 억제 가능성	1.5℃	2.0℃
50%	460 Gt CO_2	1,310 Gt CO_2
67%	360 Gt CO_2	1,110 Gt CO_2
인간이 유발한 2020년 이산화탄소 총 배출량 (Friedlingstein et, al., 2020)	40 Gt CO_2	

출처 : 박훈(2021: 112)

2) 세계위험보고서 2021

     다보스에서 열리는 세계경제포럼(World Economic Forum, WEF)에서는 전문가의 의견을 종합 분석하여 매년 세계위험보고서를 발표한다. 향후 장단기적으로 예상되는 각 위험의 발생 가능성(Likelihood)과 영향 정도

(Impact)를 기준으로 위험 순위를 선정하는데, 몇 년 전부터 기후변화대응 실패와 극심한 기상이변이 가장 큰 위험 요소로 선정되고 있다. 또한 생물다양성 감소, 환경파괴와 천연자원 위기 등 환경 관련(<그림 5-4>에서 녹색으로 분류된 분야) 위기가 거의 항상 높은 순위에 포함되고 있다(<그림 5-4> 참고).

<그림 5-4> 전 세계 위험 지형도(Global Risks Landscape)

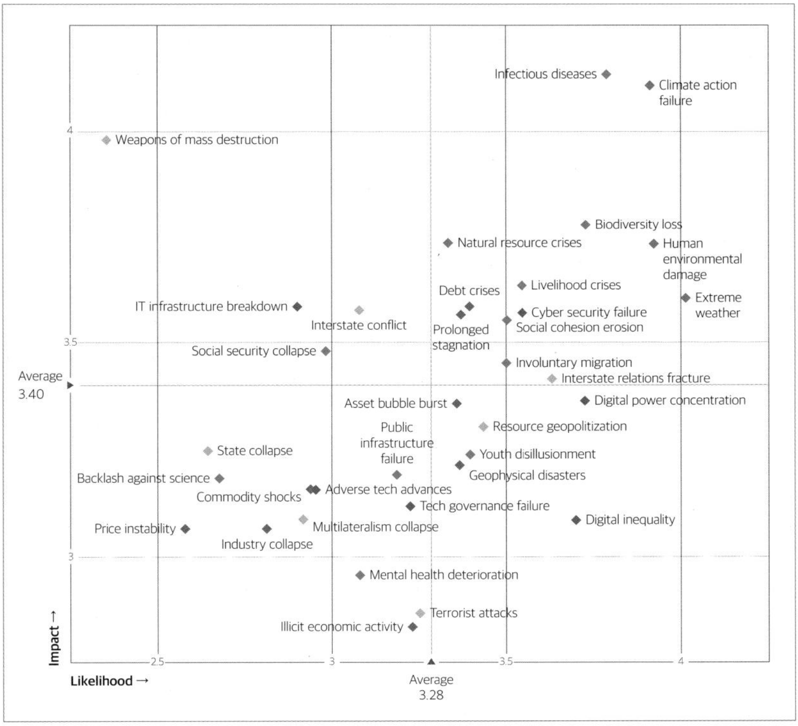

출처 : WEF(2021: 12)

3) 기후위험지표[12]

기후변화 취약성(vulnerability)은 기관에 따라 개념적 정의가 다양할 뿐 아니라 한 기관에서도 과학적 진보에 따라 범위와 관점이 변화하기도 한다. <표 5-2>는 그간 IPCC가 정의한 취약성 개념을 정리한 것으로, 이 중 '제3차 평가보고서'(2001)의 취약성 개념도는 기후변화 취약성 분석에 많이 적용되고 있다.[13]

<표 5-2> IPCC의 취약성 정의

IPCC 보고서	취약성 정의
IPCC 제2차 평가보고서 1995년	기후변화가 시스템에 손해 혹은 손상을 끼치는 정도로 이는 그 시스템의 민감도뿐 아니라 새로운 기후 조건에 적응할 수 있는 능력에 달려 있음
IPCC 제3, 4차 평가보고서 2001년, 2007년	기후 다양성과 극한 기후상황을 포함한 기후변화의 부정적 효과에 대한 한 시스템의 민감도 또는 대처할 수 없는 정도로서 한 시스템이 노출되어 있는 기후 변의의 특성, 크기, 속도, 그 시스템의 민감도와 적응능력의 함수
IPCC 제5차 평가보고서 2014년	부정적인 영향을 미칠 수 있는 성향이나 경향. 취약성은 대처나 적응할 수 있는 능력을 저해시키거나 부족하게 만드는 민감도 혹은 감수성(susceptibility)을 포함한 다양한 개념을 포함함

출처 : 홍은경(2016: 76)

---

[12] 한국국제협력단 ODA교육원, 국제개발협력: 심화편,(2016)
[13] IPCC(2001)의 기후변화 취약성 개념도는 기후 영향에 반응하는 정도(민감도)와 충격을 가하는 자극(노출)을 포괄하는 '잠재적 위험'과 '적응 역량'의 함수로 표현할 수 있다(홍은경, 2016).

기후변화 취약성에 대한 평가는 기후변화에 대한 적응 정책을 수립하기 위해서 반드시 선행되어야 하는 단계로, 다양한 관련 지표가 개발되었다. 독일 비정부기구(Non-Governmental Organization, NGO)인 저먼워치(Germanwatch)는 2006년부터 국제적으로 인용되는 대표적인 취약성 평가 지표인 기후위험지표(Climate Risk Index, CRI)를 해마다 업데이트하여 발표하고 있다. CRI는 기후변화로 인한 사망자 수, 인구 10만 명당 사망자 수, 구매력지수(Purchasing Power Parity, PPP) 손실의 합, GDP 대비 경제적 손실을 기준으로 하여 산정하며, CRI 수치가 작을수록 기후변화에 취약함을 나타낸다.

<그림 5-5>는 지난 20년 동안(2000~2019) 연평균 CRI 수치를 기준으로 기후변화에 가장 취약했던 국가들의 목록(푸에르토리코, 미얀마, 아이티 등)과 전 세계 기후위험지표 지도를 보여 준다. 매년 국가별 CRI 수치는 그해 발생한 기후재난의 크기와 수에 따라 변동이 크다. 2019년 기준 가장 낮은 CRI 수치가 산정된 국가는 모잠비크(2.67)이며, 그 뒤로 짐바브웨(6.17)와 바하마(6.50), 일본(14.50)순이었지만, 2018년에는 일본(5.50)이 가장 낮은 CRI 수치를 보였고, 그 뒤로 필리핀(11.17), 독일(13.83)순으로 나타났다. 장기적으로 보면 개발도상국이나 최빈국이 기후위험에 취약하다고 볼 수 있지만, 단기적으로 보면 선진국을 포함하여 전 세계가 기후위험에 취약하다.

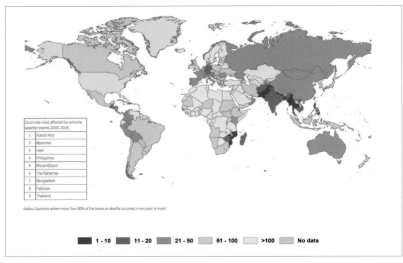

<그림 5-5> 전 세계 기후위험지표(2000~2019)

출처 : David Eckstein, et, al.(2021: 15)

4) 기후 불평등

기후위기 유발의 책임이 있는 주체와 기후위기 피해자가 동일하지 않거나 그 책임의 정도와 비례하는 비용을 지불하지 않는 경우 기후 불평등이 나타난다. 유엔무역개발회의(UN Conference on Trade and Development, UNCTAD)[14]에 따르면, 2019년 기준 최빈국은 전 세계 CO_2 배출량의 1.1% 정도를 차지하고 있다. 약 11억 명의 최빈국 인구를 고려하면 최빈국의 1인당 평균 CO_2 배출량은 세계 평균의 9% 정도이고 선진국 및 기타 개발도상국 평균과 비교하면 각각 1/23배, 1/8배 이하로 추정된다. 누적 배출

---

14 UNCTAD. "Smallest footprints, largest impacts: Least developed countries need a just sustainable transition". 출처: https://unctad.org/topic/least-developed-countries/chart-october-2021(2022.6.14.검색)

량으로 산정하면 최빈국의 책임은 이보다 훨씬 작아지고 선진국의 책임은 더욱 커진다. 스와비(Swaby)[15]에 따르면, 지난 50년간 전 세계 기후 관련 재해 사망자 중 69%는 최빈국에서 발생하였다(Swaby, 2020). 책임이 가장 적음에도 불구하고 최빈국 사람들은 기후위기의 가장 큰 피해자가 되었다.

오랫동안 국제 기후변화 협상 무대에서 국가 간 기후 불평등이 가장 뜨거운 이슈 중 하나였지만, 최근에는 소득 수준, 나이, 직업이나 세대 간 기후 불평등도 중요하게 대두되고 있다. 스톡홀름 환경연구원(Stockholm Environment Institute, SEI)과 옥스팜 인터내셔널(Oxfam International)의 공동 연구 보고서에 따르면, 2015년 가구별 소비 과정에서 배출되는 전 세계 CO_2 총량의 49%는 소득 수준 상위 10%에 속하는 부자들이 배출하고, 7%는 소득 수준 하위 50%에 속하는 가난한 사람들이 배출하는 것으로 추정하고 있다(Kartha, S. et, al., 2020). 1인당 평균 CO_2 배출량으로 환산하면, 소득 수준 상위 1% 부자들의 평균 배출량은 소득 수준 하위 50% 가난한 사람들의 평균 배출량보다 100배 이상 많았다.

유엔아동기금(UN Children's Fund, UNICEF)은 아동 CRI를 발표하면서 전 세계 22억 명의 아동 중 거의 절반이 기후위기와 환경오염의 영향이 극히 높은 지역에 살고 있다고 우려를 표명하였다(UNICEF, 2021). 가정의 경제 소득에 따라 아동에게도 기후위기 취약성과 기후행동 재원 및 역량 차이가 발생하면서 기후 피해의 정도 및 복원력에서 차이를 보인다. 기후위기는 경제적 약자이면서 사회적 약자인 아동에게 부정적인 영향을 끼치며, 특히 개발도상국이나 최빈국의 아동에게 더욱 가혹한 영향을 미치

---

15 IIED. "2020 in review: climate impacts in the least developed countries".
   출처: https://www.iied.org/2020-review-climate-impacts-least-developed-countries(2022.7.1.검색)

고 있다.

기후 불평등은 최근 탄소중립의 논의 과정에서도 핵심 의제로 부각하였다. 탄소중립 목표를 달성하는 과정에서 요구되는 산업 전환의 정도에 따라 관련 분야의 노동자들은 재정 지원 등에서 소외되거나 과도한 피해를 볼 수 있다는 우려를 하고 있다. 지역에서도 지역별 산업구조나 지원 규모 등과 관련하여 차별을 우려하는 목소리가 나오고 있다.

청소년과 청년들의 기후위기에 대한 관심과 행동이 증가하면서 기후 불평등은 현세대와 미래 세대 사이의 갈등으로 나타나기도 한다. 모든 세대가 공유해야 할 잔여 탄소 예산을 현세대가 더 많이, 더 빠르게 소모하면서 미래 세대에게 기후행동의 책임과 기후위기의 피해만 전가하고 있다는 비판을 초래하고 있다. 청년들은 기후 불평등의 문제를 경제적·사회적·구조적 불평등의 문제로 인식하면서 근본적인 해결책을 요구하고 있다.[16] 노인, 여성, 원주민 등 다양한 이해관계자와 관련한 기후불평등 문제도 대두되고 있지만, 아직 글로벌 차원에서의 활발한 논의나 현황 연구는 일부 분야에 국한되어 있다.

(2) 세계 기후위기 대응 현황

1) UN 기후변화 논의의 역사

환경문제를 국제적 의제로 다룬 최초의 범세계적 회의는 일명 '스톡

---

16 그레타 툰베리(Greta Thunberg)를 포함한 많은 10대 기후 활동가들은 기후 불평등 해결을 요구하면서 더 혁신적인 사회 전환의 필요성을 강조하고 있다.

홀름회의'로 불리는 1972년 개최된 유엔인간환경회의(UN Conference for Human Environment, UNCHE)이다. 이 회의에서는 인간이 거주하는 하나뿐인 지구를 보호하기 위한 국제협력 방안이 모색되었으며, 주요 의제로 환경오염물질의 적발과 규제, 천연자원 관리의 환경적 측면, 국제기구 설치 문제 등이 논의되었다. 환경문제뿐만 아니라 개발 문제도 동시에 논의되어야 한다는 주장이 제기되었으나, 환경과 개발을 연결할 만한 이론적인 토대가 미흡하여 의미 있는 결실을 보지는 못하였다. 회의 결과 인간환경에 관한 스톡홀름선언과 행동계획이 채택되었으며, 이후 많은 환경 관련 국제협약이 탄생하였고 1973년에는 유엔환경계획(UN Environment Programme, UNEP)이 설치되었다(한국국제협력단 ODA교육원, 2016).

<그림 5-6>은 UN 기후변화 논의의 역사적 출발점으로 제1차 세계기후회의(1979)를 설정하고 핵심적 기구인 IPCC 설치(1988)와 제1차 평가보고서 공개(1990), 그리고 파리협정 및 그 이후까지 역사적 경과를 보여주고 있다. 여기서는 신기후체제 이전의 주요 회의와 협약인 유엔환경개발회의(UN Conference on Environment and Development, UNCED), UNFCCC 및 교토의정서(Kyoto Protocol)를 중심으로 한 국제 기후변화 논의를 소개하고자 한다. 그리고 파리협정, 탄소시장, 탄소중립과 기후변화 적응 등도 차례대로 살펴보고자 한다.

1992년 리우데자네이루에서 개최된 UNCED는 '지속가능발전'이라는 개념 도입, 유엔지속가능발전위원회(UN Commission on Sustainable Development, UNCSD)의 설립, 3개의 리우협약(기후변화협약, 생물다양성협약, 사막화방지협약) 채택을 통해 환경 분야의 대표적인 국제회의로 평가받았다. UNCED, 일명 리우회의인 지구정상회의에서는 기존의 환경과 개발이라는 이분법적 관점에서 벗어나 통합적 관점으로 지속가능발전을 추진하

자는 국제사회의 합의가 이루어졌다. 또한 이후 국제환경 논의의 방향
성과 지침서를 제공하는 기본원칙인 '리우선언'과 실천 계획인 '의제21
(Agenda21)'이 채택되기도 하였다.

<그림 5-6> UN 기후변화 논의의 역사

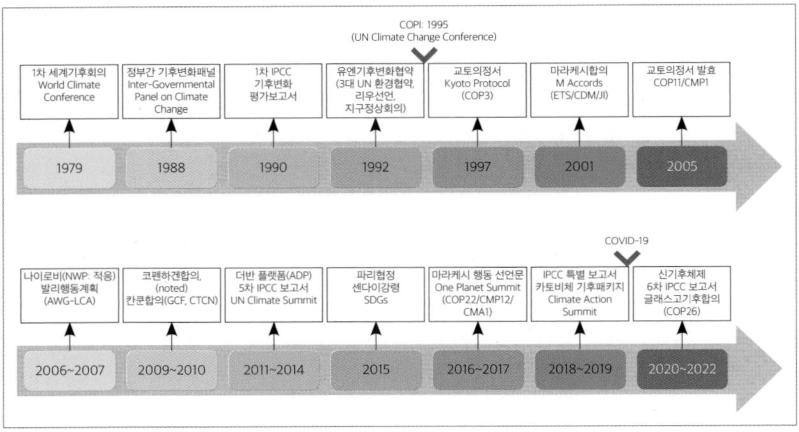

출처 : 저자 재구성

　　IPCC는 1990년 제1차 평가보고서에서 기후변화 문제를 다루기 위
한 국제규범을 요구하였으며, 이러한 요구에 부응하기 위해 출범된 정
부 간 협상이 1992년 5월에 채택된 유엔기후변화협약(UNFCCC)이었다.
UNFCCC의 궁극적 목표는 "인간이 기후체제에 위험한 영향을 미치지
않을 수준에서 대기 중 온실가스를 안정화"시키는 것이며, 형평성(equity),
공통의 차별화된 책임(common but differentiated responsibilities), 대응능력
(respective capabilities)이 주요 원칙으로 채택되었다. 특히 공통의 차별화된
책임 원칙은 기후변화에 대한 역사적 책임 및 선진국과 개발도상국 간의
능력 차이를 고려하여, 모두에게 온실가스 안정화를 위한 책임이 있지만

차별적인 책임을 부과한다는 내용이다(한국국제협력단 ODA교육원, 2016).

1997년 일본에서 개최된 기후변화 당사국총회(COP3)에서는 유럽연합을 비롯한 38개국 주요 선진국에 온실가스 감축 목표를 부과하는 교토의정서(Kyoto Protocol)와 배출권거래제도(Emission Trading System, ETS), 공동이행제도(Joint Implementation, JI), 청정개발체제(Clean Development Mechanism, CDM)로 구성된 교토메커니즘(Kyoto Mechanism)이 채택되었다. 교토의정서는 법적 구속력으로 목표 불이행에 대비한 징벌적 조치를 마련하였다. 교토메커니즘은 의무 감축 목표 이행의 부담을 덜어 주기 위한 시장 기반의 유연성 체제로, 국제 탄소시장 구축의 기반을 형성하게 된다. 교토의정서는 감축 대상 온실가스 및 배출원의 범주 등 구체적 이행 방안을 규정하였다.

공동이행제도(JI)는 선진국(교토의정서 부속서 B 국가)[17] 간 배출량 감축 역량 및 비용 차이에 따라 투자한 나라가 투자받은 나라(Host party)에서의 감축 성과(Emission Reduction Units, ERU)를 얻는 방식이다. 투자한 나라는 자국의 교토의정서 감축 목표 달성에 비용 효율적으로 획득한 ERU를 활용할 수 있고, 투자받은 나라는 투자와 기술이전을 통해 이익을 공유할 수 있다. 사전에 규정된 자격요건을 모두 만족하는 나라에서 JI의 감축 활동을 실행한다면 절차 1(Track 1)을 선택하고 그렇지 않은 나라에서의 감축 활동은 공동이행감독위원회(The Joint Implementation Supervisory Committee, JISC)의 절차 2(Track 2)를 따라야 한다. 2022년 6월 말 기준 절차 1(Track 1)에는 총 597개의 감축 사업이, 절차 2(Track 2)에는 총 51건의 승인된 사업

---

17 UNFCCC 부속서 I(Annex I)에 포함되어 당사국 중 교토의정서가 규정한 온실가스 감축 목표를 가지고 있는 국가

이 파악되었고, 최근 몇 년 동안 새롭게 추진되는 사업은 없다.[18]

청정개발체제(CDM)는 선진국(Annex I)과 개발도상국(Non-Annex I)의 협력사업 또는 개발도상국의 자발적 감축 활동으로 인증된 배출감축량 (Certified Emission Reduction, CER)을 발생시키는 상쇄 메커니즘이다. 개발 도상국으로 재정적 흐름이 가능하게 되었고, 개발도상국에서 발생한 배 출 감소가 CER로 전환되어 선진국으로 상당량 이전되었다. UNFCCC에 따르면 3,038억 달러가 CDM 사업에 투자되었고, 140개 국가에 총 7,803 건의 CDM 사업이 등록되었으며, 이 중 3,408건의 CDM 사업은 CER을 발급받았다(UNFCCC, 2018). 교토의정서가 파리협정으로 전환되었음에도 CDM 사업 등록, CER 발급이 2022년에도 진행되었던 것을 보면 CDM 은 저탄소 투자에 자본 동원 능력이 있고 국제 탄소시장에 영향력이 있음 을 알 수 있다.

국제배출거래제도(International Emission Trading, IET)는 부속서 I 국가 가 배출 감축 의무를 초과 달성할 경우, 이들 국가에 할당된 온실가스 배 출권(Assigned Amount Unit, AAU) 여분을 국제적으로 판매할 수 있도록 하 는 배출권거래제도이다. 초기에 할당된 AAU의 과다 공급으로 인해 국가 간 거래가 활발하지는 못했지만, 우리나라를 포함하여 여러 국가나 지역 에서 유사 시스템이 만들어지면서 그 유용성이 재평가되고 있다.

이산화탄소 1톤과 동등한 양(환산치)을 거래의 기본 단위로 하여 UNFCCC나 배출권거래제도 기관에 의해 인증된 온실가스 배출 상쇄량 또는 할당량이 탄소시장을 통해 국제적으로 교역되고 있다. ERU, AAU, CER과 함께 부속서 I 국가가 수행한 토지 이용 변화 및 산림 활동(조림/재

---

18 UNFCC. "Project Overview". 출처: https://ji.unfccc.int/JI_Projects/ProjectInfo.html(2022.6.30.검색)

조림)의 결과로 획득한 탄소 흡수 및 제거 인증량(Removal Unit, RMU)이 교토 단위(Kyoto units)로 거래되고 있고, 국제거래로그(International Transaction Log, ITL)라는 데이터베이스에서 기록되고 있다. ITL은 CDM 등록부를 포함하여 다양한 국가, 지역 등록부와 연결되어 있다.

2005년에 발효된 교토의정서는 1차 공약 기간(2008~2012) 동안 1990년 대비 전체 온실가스 배출량을 평균 5.2% 감축하는 목표를 설정하였다. 교토의정서는 당시 온실가스 배출량 1위 국가인 미국의 탈퇴로 한계를 드러내기 시작했고, 온실가스 다배출 국가인 중국과 인도 등이 개발도상국으로 분류되어 감축 의무 대상에서 제외되면서 형평성 문제가 대두되었다. 이러한 문제로 인해 일본, 캐나다, 러시아가 2차 공약 기간(2012~2020)부터 의무 감축국 대상에서 빠지면서 교토의정서의 실효성이 떨어지는 결과를 초래하였다.

2) 파리협정[19]과 신기후체제

2015년 채택된 파리협정은 교토의정서의 가장 큰 문제점으로 지적되었던 선진국 중심의 의무 감축 체제에서 벗어나 선진국, 개발도상국 구분 없이 모든 나라(193개 당사국)에 온실가스 감축 의무를 부과하였다. 추가적으로 선진국은 개발도상국의 재정 지원과 기술이전 등의 의무를 지게되었다. 선진국과 개발도상국의 다양한 여건 및 역량을 감안하여, 선진국에는 온실가스 배출량의 절대량 감축 목표를 수립하도록 하였고, 개발도상국에는 배출전망치(Business As Usual, BAU), 집약도(배출량/GDP), 부문별 정책목표 수립 등의 유연한 방식 사용을 권장하였다. 감축 목표 방식도

---

19 환경부, 파리협정 함께 보기,(2022b)

하향식에서 당사국이 자발적으로 자국의 역량을 고려한 온실가스감축목표(Nationally Determined Contribution, NDC)를 설정하는 상향식으로 변경되었다. <표 5-3>은 파리협정의 주요 내용을 정리한 것이다.

<표 5-3> 파리협정의 주요 내용

구분	내용
장기목표	국제사회 공동의 장기 목표로 산업화 이전 대비 지구 평균기온 상승을 2℃보다 상당히 낮은 수준으로 유지하는 것으로 하고, 온도 상승을 1.5℃ 이하로 제한하기 위한 노력을 추구
온실가스 감축	국가별 기여방안 NDC는 스스로 정하는 방식을 채택하여, 5년마다 상향된 목표를 제출하되 공통의 차별화된 책임 및 국가별 여건을 감안할 수 있도록 하였음 모든 국가가 차기 감축 목표 제출 시 이전 수준보다 진전된 목표를 제시하고, 최고 의욕 수준을 반영해야 한다는 진전 원칙 규정
탄소시장	UN 기후변화협약 중심의 시장 이외에도 당사국 간의 자발적인 협력도 인정하는 등 다양한 형태의 국제 탄소시장 메커니즘 설립에 합의
이행점검	2023년부터 5년 단위로 파리협정 이행 및 장기 목표 달성 가능성을 평가하기 위해 국제사회 공동 차원의 종합적인 전 지구적 이행점검(Global Stocktake)을 실시
적응	온실가스 감축뿐 아니라 기후변화에 대한 적응의 중요성에 주목하고, 기후변화의 역효과로 인한 '손실과 피해' 문제를 별도 조항으로 규정
재원	개발도상국의 이행지원을 위한 기후재원과 관련하여 선진국의 재원 공급 의무 및 기술, 역량배양 지원을 규정하고, 선진국 이외 국가들의 자발적 기여 장려

출처: 환경부(2022a: 108)

2016년에 이어 2021년에도 세계 각국은 새롭게 개선한 목표와 전략을 담아 자발적 온실가스감축목표(NDC)를 제출하였다. 제출된 NDC는 2023년에 실시되는 글로벌 이행 점검을 통해 새로운 감축 목표를 도출하는 데 활용될 것이다. 2022년 2월 말 기준 50개의 국가는 장기저탄소발전전략(Long-term Greenhouse Gas Emission Development Strategies, LEDS)을 제출하였고 이 중 39개국이 탄소중립을 국가의 장기 비전으로 포함하였다. 국제개발협력 사업을 기획할 때, 협력국의 NDC와 LEDS는 그 나라의 기후위기 상황, 기후정책, 기후행동 우선순위 및 관심 부문의 기초선(베이스라인, baseline) 등을 파악하는 중요한 자료로 활용될 수 있다.

3) 탄소시장

교토의정서에 의해 설립된 CDM은 국제탄소시장의 중심으로 성장했지만, 파리협정에 의한 신기후체제 출범으로 전환의 갈림길에 서 있다. CDM 중심의 탄소시장은 파리협정 제6조의 '자발적 협력'을 위한 메커니즘, 특히 시장기반 접근법(제6.2조와 제6.4조)에 따라 새롭게 개편되고 있다.

파리협정 제6.2조는 당사국이 양자[20] 또는 다자[21] 협력체계를 통해 발생한 국제적으로 이전된 감축 결과물(Internationally Transferred Mitigation Outcomes, ITMO)을 사용하여 NDC를 충족하도록 선택할 수 있는 협력적

---

[20] 일본이 2014년부터 시행하는 공동크레딧메커니즘(Joint Crediting Mechanism, JCM)이 대표적인 양자 협력체계로, 협력 국가와 양해각서(MOU)를 체결하여 감축 실적을 분배함

[21] 세계은행은 다자협력 프로젝트의 하나인 '전환형 탄소 자산기구(Transformative Carbon Asset Facility, TCAF)'를 설립하여 개발도상국의 감축 사업에 재정 지원을 하고 획득한 감축 실적을 참여국에 분배하는 시범사업을 수행하고 있다. 세계은행은 주요 다자개발은행과 함께 기후시장클럽(Climate Market Club)을 결성하여 제6.2조의 다자간 운영체계 구축을 추진하고 있으며, 2022년 기준 덴마크 등 5개국을 포함한 노르딕 국가들도 다자간 감축 협력사업을 수행하고 있다.

방식에 관한 규정이다. 시장을 통제할 특정 기관 없이 협력 국가가 감축 품질(환경 건전성(Environmental Integrity) 포함)을 스스로 정의하고 이전하도록 하는 자율성이 보장된다. 배출 감축 목표가 매우 낮은 국가에서는 기후행동의 노력 없이도 감축 실적을 생산할 수 있는 문제점 등이 있지만 구매 국가가 엄격한 규칙(예: 1.5°C 목표 경로에 상응하는 국가 감축 계획을 수립한 국가에서만 구매)을 세운다면 실제 감축을 촉진할 수 있을 것으로 기대한다. 이중계산 방지를 위한 상응 조정(corresponding adjustment)[22], ITMO의 보고 강화 및 기술 검토 등 다양한 장치가 개발되었다.

제6.4조는 국가들이 온실가스 감축과 지속가능한 발전에 기여할 수 있는 메커니즘을 규정하고 있다. 이 메커니즘은 감독기관(Supervisory Body)의 하향식 지도하에서 일관되게 운영하는 등 현재의 CDM과 유사한 형태이지만, 개발도상국뿐 아니라 모든 국가와 다양한 참여자(공공 및 민간단체)들에게 개방되어 있어 온실가스 감축 활동을 유인하는 데 효과적일 것으로 기대한다. CDM에 비해 참여국 정부의 역할을 더 강화했고 갱신형 사업 기간을 7년에서 5년(산림 관련 사업은 20년에서 15년)으로 단축하였다.

새로운 시장이 전체적으로 더 많은 온실가스 감축(overall mitigation)을 유인하고 지속 가능한 발전과 지역사회 보호 등에서도 신뢰할 수 있는 실적을 생산할 수 있도록 2022년 7월 말 기준, 제6.4조 감독기관이 임무를 수행하기 시작하였다.[23] 가장 큰 논쟁 중 하나는 청정개발체제(CDM)

---

22 ITMO 수량이 이전되어 한 나라(구매국)에 더해지면 똑같은 수량이 다른 나라(판매국)에서 차감되어야 하는데 NDC 이행 기간과 단위 지표 등이 국가별로 다양하여 상응 조정하기가 쉽지 않다.

23 UNFCC. "Article 6.4 Supervisory Body Kickstarts Work Anchoring Markets in Broader Paris Context". 출처: https:// unfccc.int/news/article-64-supervisory-body-kickstarts-work-anchoring-markets-in-broader-paris-context(2022.8.24.검색)

의 전환 문제로, 발행된 CER의 향후 사용 가능 여부이다. CDM 관련 비판의 핵심은 어차피 실행할 감축 사업에 경제적 유인책을 주었다는 것이다. 즉 추가성(additionality)이 없는 사업이 대다수라는 비판이었다. 또한 전 지구의 전반적 감축 도모(overall mitigation) 원칙에 부합하지 않으며 과다하게 남아 있는 CER은 신기후체제의 노력을 약화시키게 된다는 비판도 있다. CDM 전환의 위험이 있지만, 새로운 탄소시장이 운영되기 위해서는 거래할 수 있는 상품(CER)이 필요하므로 부분적 CDM 전환이 필요하다는 의견도 있다. OECD/IEA 보고서(Lo Re and Vaidyula, 2019) 역시 부분적 전환의 방법을 제안하고 있다. 예를 들면 'CER 생산 기간'이나 'CER 생산 국가'를 제한하는 방식으로 가급적 최빈국이나 최소한도의 전환을 제안하고 있다.

세계은행은 전 세계에서 실행되고 있는 배출권거래제도와 탄소세를 포괄한 탄소가격제(Carbon Pricing)[24]에 대한 최근 정보 등을 Dashboard[25]에서 공유하고 있다. 2022년 6월 말 기준, 46개 국가와 36개 지방정부가 총 68개의 탄소 가격제를 실행하거나 실행 예정이다. 이는 전 세계 온실가스 배출 총량의 23%를 포괄하는 규모이다. 국제 탄소 계정보고서 (Global Carbon Accounts in 2021)[26]에 의하면, 2020~2021년 회계연도 동안 탄소 가격제의 수입 규모는 유럽연합(European Union, EU)의 배출권 가격 급등으로 568억 달러 수준으로 성장하였고 이 중 52%는 탄소세에서 기

---

24 배출되는 온실가스(이산화탄소)에 대해 일정 수준의 가격을 부여함으로써 배출량 감축을 유도하는 제도로, 배출하는 사람이나 기업의 책임을 명확히 하되 유연하고 경제적 방식으로 배출 감축 목표를 달성할 수 있다.
25 World Bank. "Carbon Pricing Dashboard". 출처: https://carbonpricingdashboard.worldbank.org(2022.6.30.검색)
26 "Global Carbon Accounts in 2021".
   출처: https://www.i4ce.org/wp-content/uploads/Global-carbon-accounts-2021-EN.pdf

인하였다. 2021년 10월 1일 기준 탄소 가격은 이산화탄소 1톤당 1~142달러에서 형성되어 있고, 지역마다 상이하지만 10달러 미만으로 탄소 가격이 형성된 곳이 상당히 많은 것으로 파악되었다. 이는 경제학자들이 권고하는 가격(40~80달러)에 훨씬 못 미치는 수준이었다. 국제통화기금(International Monetary Fund, IMF) 보고서는 파리협정의 온실가스 감축 목표를 달성하기 위해서 2030년까지 온실가스 1톤당 75달러를 부과해야 한다고 제안하고 있다(IMF, 2019). 또한 적정한 수준으로 책정된 탄소 가격제는 대기오염으로 인해 매년 발생하는 72.5만 명의 사망자를 예방할 수도 있다고 예측하였다.

많은 지방정부, 국가 및 지역에서 탄소 가격 체계가 구축되면서 상호 협력과 지식 공유를 위한 노력이 모색되고 있다. 이로 인해 지역 탄소 가격의 수렴, 조정 및 연계가 더욱 강화될 것으로 예상된다. 몇몇 지역이나 나라의 협력을 넘어 전 세계적인 협력체계도 구축되고 있다. 예를 들면 세계은행은 '탄소시장 준비를 위한 파트너십(Partnership for Market Readiness, PMR)'과 '탄소가격체계 리더십 연합(Carbon Pricing Leadership Coalition, CPLC)'을 결성하여 탄소시장 관련 정보를 제공하고 협력을 유인하고 있다. 많은 연구기관이나 국제기구들은 탄소 가격제에 관한 가이드라인, 정책 또는 분석 보고서 등을 출간하고 플랫폼을 구축하면서 탄소 가격제의 정착과 확산에 기여하고 있다.

4) 탄소중립

2018년에 채택된 IPCC의 지구온난화 1.5℃ 특별보고서는 파리협정의 목표(특히 1.5℃ 상승 제한) 달성의 필요성과 2050 탄소중립을 추진할 수 있는 과학적 근거를 제공하고 있다. 2019년 유엔기후행동정상회의를 통해 탄소중립 목표와 실행이 독려되면서 현재 전 세계 기후행동의 핵심은 탄소중립 선언과 이행이 되었다. 'net zero tracker'[27] 자료에 의하면, 2022년 7월 말 기준 137개 국가, 116개 지역, 240개 도시와 734개 회사가 탄소중립을 공식적으로 선언하였다. 국가 기준으로 보면, 이는 전 세계 온실가스 배출량의 83%를 포괄하는 규모이다. 같은 시점(2022년 7월 말 기준) 2050 탄소중립을 목표로 하는 '기후목표 상향 연합(Climate Ambition Alliance)'[28]에는 120개 국가를 포함하여 1,101개 회사와 549개 학교와 연구기관이 동참하고 있다.

EU는 탄소중립 목표 선언 및 계획 수립, 실행에 가장 적극적이다. <표 5-4>는 EU 회원국의 탄소중립 주요 사업을 정리한 것이다. EU 집행위는 내연기관 자동차 퇴출 및 탄소국경조정메커니즘(Carbon Border Adjustment Mechanism, CBAM) 등을 포함한 2030년 배출량 55% 감축을 위한 전략 패키지(Fit for 55 Package)도 발표하였다.

<표 5-4> EU의 2050 탄소중립 정책 목표 및 주요 사업

구분	정책 목표	주요 사업
영국	2050년 온실가스 순 배출 제로	- 2035년 내연기관차 완전 퇴출 - 재생에너지 발전 확대 - 가스난방 확대 - 청정 숲지대 확산

27 net zero tracker. 출처: https://zerotracker.net(2022.7.31.검색)
28 Climate Initiatives Platform. 출처: https://climateinitiativesplatform.org/index.php/Welcome(2022.7.31.검색)

구분	정책 목표	주요 사업
덴마크	2050년 기후중립사회 달성	- 2030년까지 내연기관차 판매 중단 - 모든 시내버스 친환경화 - 내연기관 택시 퇴출
핀란드	2035년까지 탄소배출 중립 달성 (Climate Change Act(2015)가 정한 2045년 탄소배출 중립 달성을 10년 앞당김)	- 풍력 및 태양광 확대 - 난방 및 수송 부문의 전력화 - 바이오에너지 현행 대비 10% 확대
프랑스	2050년 탄소배출 중립 달성	- 에너지·기후법(Loi-Énergie-Climat) - 2022년 모든 광역시 내 석탄발전 중지 - 저탄소 전략 5년 주기 점검 - 2030년 발전믹스(mix)의 40% 탈탄소화
독일	2050년 온실가스 1990년 대비 95% 감축	- 기후보호프로그램 2030 발표(2019) - 에너지 효율 및 재생에너지 확대, R&D 강조 - 생태세제 개혁, 교육 및 정보 공유 확대
아일랜드	2050년 탄소배출 중립 (국가기후계획, 2019.6)	- 2030년 내연기관차 판매금지 - 건물 분야 온실가스 감축 계획 마련 및 실천
포르투갈	2050년 탄소배출 중립 달성 로드맵(2018.12)	- 바이오연료 및 전기차 도입으로 수송 부문 탈탄소화 - 농업 및 임업, 폐기물 처리 분야 감축

구분	정책 목표	주요 사업
스위스	2050년 Net-Zero emission 달성(2019.8)	- 탄소세 강화(항공료 탄소세 부과, 수입 연료 관세 인상) - 2020년부터 난방 개보수 건물에 대해 면적당 온실가스 최대 배출기준 (20 kg CO$_2$e/㎡) 적용

출처 : 환경부(2022a: 113)

개발도상국도 탄소중립 선언에 동참하고 있지만, 이행 준비는 매우 미흡한 것으로 평가된다. KPMG의 글로벌 '탄소중립 준비지수' 보고서에 의하면, 탄소중립 달성을 위한 국가의 준비 수준은 전기/열, 산업, 교통, 건물 그리고 농업/산림/토지이용 등 5개 핵심 분야에서의 탄소중립 준비 수준을 반영하고 있을 뿐 아니라 경제적 역량(번영)과도 명확한 상관관계를 가지고 있다(KPMG, 2021). 개발도상국에서 이러한 핵심 분야는 전반적으로 효율이 낮은 인프라에 의존하고 있고, 경제적 역량이 부족하여 탄소중립을 달성하기 위한 실질적인 투자도 미흡한 상황이다. 따라서 국제개발협력 확대를 통해 개발도상국의 탄소중립을 적극 지원하려는 노력이 더욱 필요하다.

5) 기후변화 적응과 적응 재원

기후행동의 한 축인 적응 및 관련 기금 사항은 파리협정의 6대 핵심 조항인 제7조(적응)와 제9조(기후재원)에 서술되어 있다. 제6.4조에도 수익금 일부를 개발도상국 적응 지원 목적으로 분배할 것을 명시하고 있다. 적응기금(Adaptation Fund)은 교토의정서의 기후재원으로, 2009년 시작하여 공여국의 자발적 재정 지원과 CDM 사업 CER의 2%를 공여받아 마련되었다. 100여 개 국가의 총 132개 사업을 수행하는 데 적응기금 약 9억 2,000만 달러가 투입되었다.[29]

적응 수단은 다양하다. 기술적 측면에서는 취약성 평가, 기후 예측 및 모니터링, 연안 재해 예방과 저감 방안, 기후회복력을 고려한 개발계획 수립 및 인프라 건설, 기후변화 적응 역량 강화, 수자원 및 수생태계 관리, 유전 개량, 수산자원 양식 및 가축 질병 관리 등이 대표적 적응 활동이다. 구체적 적응 기술은 『기후변화적응 정책과 기술』(김민철 외, 2020)을 참고하여 파악할 수 있다.

개발도상국들과 빈곤계층은 기후위기에 특히 취약해 기후변화 적응 사업의 수요가 큰 편이다. 개발도상국이 자발적으로 제출하는 국가 기후 적응 계획(National Adaptation Plan, NAP)에는 국가의 기후위기 현황, 취약성, 정책 및 우선순위, 적응 활동이 포함되어 있어 국제개발협력 기획에 유용하게 활용될 수 있다.

---

29 "About the Adaptation Fund". 출처: https://www.adaptation-fund.org/about(2022.8.24.검색)

제5장

3. 기후행동 분야 국제개발협력 동향

(1) 주요 이슈와 사례

1) 녹색성장[30]

　환경을 고려한 개발이라는 측면에서 경제, 환경, 사회를 모두 고려한 '지속가능발전'이 국제개발협력 분야의 궁극적인 목표로 소개된 이래 이 개념은 오랫동안 절대적인 가치를 가지고 있었다. 그러나 2000년대 후반 전 세계에 불어닥친 경제침체를 겪으면서, 수익 창출 모델을 변화시키지 않으면 경쟁력을 유지하기 어려울 것이라는 전망이 나왔다. 그에 따라 기

---

30 한국국제협력단 ODA교육원, 국제개발협력: 심화편,(2016)

후변화와 에너지 문제를 위기가 아닌 기회로 활용하면서 주변 생활환경 개선 및 자연생태 보전 등을 통해 경제성장과 환경보호를 동시에 추진하는 새로운 개발 패러다임의 필요성이 대두되었다. 이러한 상황에 발맞추어 우리나라와 유엔아시아태평양경제사회위원회(UN Economic and Social Commission for Asia and the Pacific, UNESCAP) 등 국제기구들이 '녹색성장'이라는 새로운 비전과 전략을 개발하여 발표하였다.

OECD는 2009년 각료회의에서 34개국 대표들이 서명함으로써 '녹색 성장전략'에 관한 선언문을 채택하고, 경제, 환경, 사회, 기술 및 개발 의제들을 모두 고려한 녹색성장전략의 개발에 합의하였다. 2011년에 수립된 OECD 녹색성장전략은 생태계 서비스의 지속가능한 사용과 가치화를 통해 경제성장과 일자리 창출을 촉진하는 유용한 도구로서 활용되어 왔다. 이 전략은 국가별로 서로 다른 여건과 발전단계에 각각 적용할 수 있도록 유연하게 설계된 녹색성장 정책 틀을 제시한다. OECD가 제시하는 녹색성장 정책 틀은 천연자원의 적정 가치를 다른 상품 및 용역과 함께 생산의 한 요소로 인식한다. OECD는 개발도상국의 녹색성장에 초점을 맞추고, 이를 통한 국가개발, 빈곤감소, 일자리 창출을 도모하고 있다.

녹색성장은 생산성 성장 및 포용적 성장과 함께 OECD의 핵심 분야이다. 녹색성장전략을 주류화하기 위해 OECD는 지역, 국가, 그리고 글로벌 환경 임계치(thresholds)를 고려하면서 환경 압력을 줄이는 비용효과적 성장 방법에 중점을 두었고, 형평성과 포용성 강화도 연계하여 녹색성장 전략을 추진하였다. 또한 녹색성장의 진행 상황을 모니터링하고 정책개발을 위한 자료를 수집하고자 4개 영역(경제 환경과 자원 생산성, 자연 자산 기반, 환경적 차원의 삶의 질, 경제적 기회와 정책 대응)에서 녹색성장 지표들을 개발하였다(OECD, 2019).

녹색성장은 경제성장 과정에서 환경요소를 함께 고려한다는 측면에서는 지속가능발전과 유사한 성격을 띠는 반면, 환경의 요소를 새로운 성장동력으로 인식하고 신재생에너지, 에너지 효율 등 녹색기술과 산업을 활용하여 경제성장을 달성한다는 측면에서는 차이점을 보였다. 우리나라의 녹색성장은 환경과 경제의 선순환, 삶의 질 개선 및 생활의 녹색혁명, 국제 기대에 부합하는 국가 위상 정립이라는 3개의 요소로 정의되었다. 이는 2010년 1월에 제정된 저탄소 녹색성장 기본법에 반영되었다. 저탄소 녹색성장 기본법은 2022년 3월 25일 시행된 기후위기 대응을 위한 탄소중립·녹색성장 기본법(탄소중립기본법)에 흡수되었지만, 녹색성장의 기본 틀은 유지되었다.

2) 환경과 기후위기 주류화[31]

환경과 기후위기를 고려하지 않은 생산과 소비 중심의 경제개발 과정은 향후 환경의 질 악화, 자원 고갈, 생태계 파괴 등을 초래하여 결국은 전 지구적으로 총체적 부담을 주게 된다. 특히 생계를 유지하는 데 자연자원의 의존도가 높고 환경문제에 대처할 수 있는 역량이 제한적인 개발도상국에서는 개발 과정에 환경과 기후위기를 충분히 고려하여 환경자산을 올바르게 운용해야 할 당위성이 더 높아지게 된다. 또한 국제개발협력에서 환경과 기후위기는 국제사회의 주요 개발 이슈인 빈곤, 교육, 보건, 분쟁 등과 밀접하게 연결되어 영향을 미치는 범분야 이슈로 간주되어 모든 개발사업에 통합하도록 권고되어 왔다.

---

[31] 한국국제협력단 ODA교육원, 국제개발협력: 심화편,(2016)

환경주류화(Environmental Mainstreaming)는 개발사업의 결과로 발생한 환경문제를 사후에 대처하는 것이 아니라 개발 과정에서 일어날 수 있는 환경적인 악영향을 사전에 고려하여, 개발 효과를 높임과 동시에 지속가능발전을 도모하기 위한 전략이라고 정의된다. 원조기관들은 환경문제에 효과적으로 대응함으로써 원조의 질적 제고를 위해 조직의 사업 관행을 변화시켜야 하는 상황에 직면하고 있다. 많은 원조기관 및 국제기구가 환경주류화를 위한 전략과 계획을 수립해 왔으며, OECD 개발원조위원회(Development Assistance Committee, DAC)는 환경주류화를 위한 주요 통합수단으로 환경영향평가(Environmental Impact Assessment, EIA)와 전략적 환경평가(Strategic Environmental Assessment, SEA)를 제시하였다.

EIA는 특히 환경적으로 민감한 지역에서의 개발사업과 환경적 악영향이 예상되는 사업을 대상으로 이 사업이 야기할 수 있는 환경에 미치는 영향을 조사·분석·평가하는 것이다. 환경적으로 민감한 지역은 국립공원 및 해안, 습지와 소수민족, 원주민, 전통 양식으로 살아가는 주민들의 거주 지역, 국가지정 문화재 등과 같은 보호지역 등이 해당한다. 환경에 대한 악영향이 예상되는 사업으로는 주로 광산 개발, 산업 개발, 화력발전소 건설, 수력발전소·댐·저수지 건설, 하천 정비, 도시개발, 도로·철도·교량 건설, 공항 건설, 항구·항만 건설, 송전 및 배전선로 건설, 상수 공급·하수 처리 시설 건설, 고형폐기물 처리 시설 건설, 농업·관광·조림 사업·수산업 등의 분야에서 이루어지는 사업들이 해당된다.

SEA는 프로젝트보다 상위 단계인 정책·계획·프로그램 단계에서 환경에 대한 영향을 고려하는 도구로, 공여국과 수원국 모두 활용해야 한다. SEA 대상 사업에는 공간과 토지이용 계획, 지역개발 계획, 자연 자원 관리전략, 투자활동, 국제원조와 국제협력, 거시경제정책, 예산·재정계획

등이 포함된다. 이들 중에서도 특히 교통, 공업 개발, 토지이용, 지역개발, 자연 자원 관리 등 환경에 미치는 영향이 크다고 판단되는 분야의 SEA가 중요하게 여겨진다.

3) 기후행동 국제개발협력 사업 사례 1: 지속가능한 에너지 사업-태양에너지를 활용한 농촌지역 펌프 시스템 구축 시범 사업[32]

개발도상국의 농촌과 도서 지역의 많은 인구가 전기와 깨끗한 식수를 공급받지 못하고 있으며, 주로 디젤 펌프에 의존하여 물을 공급받고 있다. 그나마 연료 부족과 부실한 운영 탓에 자주 서비스가 중단되는 문제가 발생하고 있어 이에 대한 대안이 필요하다.

독일 정부는 성숙기에 접어든 태양광발전 펌프 기술을 활용해 전력망이 구축되지 않은 지역을 대상으로 '태양광 펌프 국제 현지 시범 사업 (International Field-testing and Demonstration Programme for Photovoltaic Water Pumps)'을 추진하기로 하였다. 이는 전력망이 정비되지 않은 개발도상국의 농촌지역을 대상으로 태양광발전 시스템을 구축하여 전기를 공급하고, 이를 활용한 펌프 시스템을 통해 깨끗한 식수를 공급하는 것을 목적으로 한다. 동시에 태양광발전 펌프의 비용 대비 효율적인 활용 조건을 도출하고 사용자와 운영자의 기술 수용 정도를 확인하며 향후 태양광발전 펌프의 전파 가능성을 보고자 하였다.

사업 내용은 크게 태양광발전을 활용한 펌프 시스템을 구축하는 활동과 관련 기술의 이전과 태양광발전 펌프 활용 가능성을 점검하는 활동

---

32 "TASK 9 - CASE STUDY: Drinking Water Supply with Photovoltaic Water Pumps (PVP)".
  출처: http://www.martinot.info/GTZ_drinking_PVPS.pdf

으로 구성되었다. 독일기술공사(Gesellschaft für Technische Zusammenarbeit, GTZ, 독일국제협력기구(GIZ)의 전신)는 1990년부터 1998년까지 브라질, 아르헨티나, 요르단, 인도네시아, 짐바브웨, 튀니지, 필리핀 등의 국가를 대상으로 이 프로그램을 수행하였다. 이들은 각 국가의 에너지/식수 담당 기관과 협력하여 사업 대상 지역을 선정하고, 총 90개의 태양광발전 펌프 시스템을 구축하였다. 태양광발전 펌프 시스템은 주로 인구 500~2,000명이 거주하는 지역에 설치된 소규모 디젤 펌프에 대한 대안으로 구축되었다. 또한 협력 기관들과 전문가들의 사전 준비와 산업과의 연계, 성과 모니터링 등을 통해 시행되었으며, 이 중에서도 협력 기관으로 기술을 이전하는 문제를 중요한 사항으로 고려하였다. 마지막으로 농촌지역 식수 공급을 위하여 태양광발전 펌프가 실행 가능하며 비용 대비 효율적인 방안인지를 확인하여, 태양광발전 펌프 사업의 확대를 모색하는 데 필요한 기초자료를 제공하였다.

이 사업을 통하여 지역 주민들의 삶의 질을 개선하는 효과가 있었다. 태양에너지를 활용한 펌핑 기술은 환경친화적일 뿐만 아니라 개발도상국 농촌지역에 충분히 적용할 수 있음을 확인하였다. 특히 인구밀도가 낮고 전기가 들어오지 않는 개발도상국 농촌지역의 전력화를 위해서는 전력망 확장 또는 구축보다 독립형 태양광발전 시스템 구축이 좀 더 시행 가능하며 적합할 수 있다는 가능성을 보여주었다. 아울러 불규칙적 연료 공급 및 기술적 결함, 높은 운영비용 및 연료 소비 등으로 물 공급이 원활하지 못한 지역에 좋은 해결책이며 충분히 확장 가능한 사업임을 확인하였다.

4) 기후행동 국제개발협력 사업 사례 2: 몽골 홍수 방어 프로젝트[33]

몽골은 1940년 이래 기온이 2°C 이상 오르면서 온난화가 나타나 강우, 강풍 및 눈보라와 관련된 극한 기상현상이 많아지고 있었다. 이러한 변화에 가장 취약한 곳은 게르 지역으로 알려진 전통적인 정착지로, 이들 정착지는 주로 저지대와 산비탈에 세워져 있어 홍수에 특히 취약하였다.

몽골 수도 울란바토르의 7개 게르 지구를 대상으로 유엔인간주거계획(UN-Habitat)은 홍수에 대한 지역사회의 적응 기반 시설을 개선하기 위한 작업을 2019년부터 시작하였다. 적응기금 450만 달러가 교부되었고, 지구 및 지역사회 수준 전반에 걸쳐 적응 능력을 극대화하기 위해 다각적이고 참여적인 접근 방식을 활용하였다.

이 프로젝트의 첫 번째 목표는 홍수 피해를 막기 위한 기반시설 건설과 개선된 위생 서비스를 통해 게르 지역의 회복력을 높이는 것이고, 두 번째 목표는 게르 지역에 대한 홍수 위험, 위험 노출 및 취약성에 대한 지식을 개선하는 것이었다. 마지막 세 번째 목표는 지역사회 공동체의 회복력과 적응 능력을 향상하는 것이었다.

개선된 홍수 기반시설 관련 활동뿐 아니라 이 사업은 지역사회 구성원의 인식 제고, 의사소통 및 우호적인 관계 형성을 위해 10~20개 가구로 구성된 그룹 대상 적응 행동 및 훈련 프로그램을 개발하고 운영하였다.

사업을 통해 여성이 절반 정도 포함된 89개 단체가 결성되었고, 지역 '기후변화 적응행동계획'을 직접 수립·실행하고 있다. 5개의 홍수 방지 및 배수 시설도 건설되었다. 2만 7,000명이 넘는 사람이 홍수로부터

---

33 Adaptation Fund. "Mongolia flood defence project shows the way for urban adaptation".
출처: https://www.adaptation-fund.org/mongolia-flood-defence-project-shows-the-way-for-urban-adaptation(2022.6.15.검색)

안전하게 보호받았고 6,000여 명의 지역 주민이 더 나은 위생 기반시설을 갖추게 되었다. 추가로 수도 전역에서 100만여 명이 간접적으로 혜택을 받게 되었다.

(2) 주요 국제개발협력 주체의 기후행동 현황[34]

1) OECD

OECD DAC는 공여국들의 개발도상국 지원에 대한 재원 흐름을 파악하고 회원국 간 원조정책에 대한 협의 및 조정을 담당할 뿐 아니라 선진 공여국들이 환경을 배려하는 정책을 수립하고 실행하도록 돕는 가이드라인을 발간해 왔으며, 관련된 실적을 모니터링하고 집계하기 위한 방법론을 개발해 왔다.

1990년대 초반부터 지속가능발전에 주목하면서 OECD DAC는 환경정책위원회(Environmental Policy Committee)와의 협업을 통해 환경과 개발에 관한 논의를 진행해 왔다. 1996년 OECD의 신개발전략인 '21세기 개발협력전략(Shaping the 21st Century)'을 통하여 모든 국가가 2005년까지 국가 지속가능개발 전략을 수립하여 실시할 것과 원조에 환경에 대한 고려를 포함하도록 하는 전략을 수립하도록 촉구한 바 있다.

OECD DAC는 개발도상국에 지원하는 사업들의 정책적 목적을 확인하기 위하여 통계 시스템에서 마커로 표기하여 해당 사업들을 구별하

---

34 한국국제협력단 ODA교육원, 국제개발협력: 심화편,(2016) 참고하여 저자 재구성

고 있다. 환경의 지속가능성이 원조의 정책 목표로 자리 잡으면서 환경마커가 1997년부터 도입되었고 리우협약(생물다양성협약, 기후변화협약, 사막화방지협약)의 목적을 달성하기 위한 사업 및 활동을 식별하기 위해 리우마커도 개발되었다. 리우마커는 2004년부터 DAC 통계 시스템에 시범적으로 도입되기 시작했고, 기후변화 적응 지원을 보고하기 시작한 2010년부터는 생물다양성, 기후변화 완화, 기후변화 적응, 사막화 방지의 네 가지 마커로 구성되었다. 한 사업에 대해서 이들 마커를 중복해서 표기할 수 있으며,[35] 환경마커가 리우마커를 포괄하는 경우가 많다.

기후변화 리우마커는 세 단계로 점수를 주는 시스템을 가지고 있다. 근본적 목적이 기후위기 대응인 사업에는 Principal(2, 주요 목적)을 부여하고 기후위기 대응이 사업 설계와 동기에 명시되어 있다면 Significant(1, 중요 목적)를 부여한다. 사업 내용에 기후위기 대응 활동이 없다면 Not targeted(0, 목적 아님)를 부여한다.

<그림 5-7>은 ODA의 기후변화 목적별 분류(위)와 기후변화 ODA 비중(아래) 동향을 보여 준다. 초기에는 기후위기 대응을 주목적으로 하는 사업(principal)이 과반이었지만, 2015년 이후로는 기후위기 대응을 부차적 목적으로 명시한 사업(significant)이 많아졌다. OECD DAC 회원국들은 꾸준히 기후위기 대응 사업들을 지원하면서 기후 관련 ODA의 규모를 증가시켜 왔으나 증가율은 높지 않은 편이다. 2019년 전체 양자 ODA 중 27.2%(330억 달러)가 기후위기 대응 관련 사업이었다. 2018~2019년 동안, 기후 활동 관련 ODA 사업의 45%는 완화 목표를, 25%는 적응 목표를,

---

35 예컨대 산림보호 및 조림 관련 사업의 경우 생물다양성, 기후변화 완화 및 적응, 사막화 방지의 네 가지 마커 모두에 대해 표기할 수 있다.

30%는 완화/적응 두 목표를 모두 포함하고 있다. 이러한 안정적 분배는 2015년 이후 꾸준히 이어져 왔다. 기후위기 대응 양자 ODA 사업의 40%는 아시아에 집중되어 있고 수송과 에너지 부문도 상대적으로 많은 ODA 사업이 추진되었다.

<그림 5-7> ODA 기후변화 목적별 분류 및 비중(2013~2019)

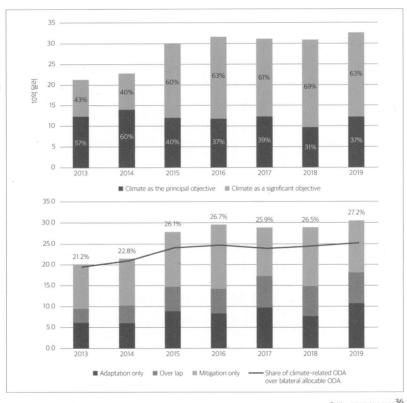

출처 : OECD(2021b)[36]

---

36 "Climate-related Official Development Assistance (ODA): A snapshot".
출처: https://www.oecd.org/dac/financing-sustainable-development/development-finance-data/climate-related-official-development-assistance-2019.pdf(2022.6.2.검색)

DAC 환경과 개발 네트워크(DAC Network on Environment and Development Cooperation, ENVIRONET)는 환경과 기후변화에 관한 업무를 전담하고, 회원국들의 환경과 개발협력 정책 간의 조화를 도모하기 위하여 1989년 설립되었다. ENVIRONET은 2030 SDGs, 파리협정, 리우협약 이행을 지원하고 가장 취약한 사람들을 위한 더 나은 개발성과 도출에 기여하는 것을 목표로 정책 분석, 모범사례 발굴, 성과 및 결과 모니터링 등 다양한 업무를 수행하고 있다.[37]

OECD DAC가 2009년에 발표한 '기후변화와 개발의 통합을 위한 지침(guidelines)'은 기후변화 적응에 집중되어 있었던 반면, 2021년 발표한 지침에는 기후 복원력 제고라는 목적을 강조하고 있다. 지침의 주요 내용에는 개발도상국 정부와 ODA 공여국 등 다양한 이해당사자를 대상으로 한 기후 복원력 강화 원칙(수원국의 주인의식, 포용성, 지속가능성)과 선행사례 등이 포함되어 있고 기후 복원력 강화 이행 방안과 핵심 요소(정보, 역량 강화, 기술이전 등)도 포함되어 있다(송지혜, 2021). 향후 기후 복원력 강화를 목적으로 한 국제개발협력 사업 관련 정책 및 도구가 개발되면 기후 복원력 강화사업의 규모도 증대할 것으로 예상할 수 있다.

ODA 분야에서도 최근에는 기후변화의 구체적 목표인 탄소중립과 연계하려는 노력이 진행되고 있다. 2021년 제26차 UNFCCC 당사국총회(COP26)를 계기로 OECD DAC는 석탄화력발전에 대한 신규 ODA 중단과 탄소중립 ODA로 전환하는 방안 마련 등을 포함한 'ODA와 파리협정

---

37 OECD DAC. "About the DAC ENVIRONET".
　출처: https://www.oecd.org/dac/environment-development/aboutdacenvironet. htm(2022.8.6.검색)

목표 연계를 위한 공동 선언문'[38]을 발표하였다.

2) 세계은행

　세계은행은 1970년대부터 환경 이슈를 개발사업의 중요한 요소로 도입한 최초의 다자 공여 기관이지만, 환경 이슈에 대한 본격적인 접근은 1992년 리우회의 이후 환경 부문 의제를 채택하며 시작되었다. 세계은행은 2001년 '지속가능한 약속: 세계은행의 환경전략(Making Sustainable Commitments: An Environment Strategy for The World Bank)'을 마련하였다. 이 전략은 환경개선을 개발 및 빈곤퇴치 활동의 일환으로 언급하고, 세계은행이 수원국 개발 과정에서 발생하는 환경문제의 해결과 환경 우선순위의 설정, 그리고 지속가능한 사업 운영을 지원해야 한다고 강조한다(임소영·강지현, 2013).

　2012년에는 기후변화, 도시화 등 새로 부상한 이슈들을 해결하기 위해 새로운 환경전략(2012~2022)인 '모두를 위한 녹색, 청정, 복원력 있는 세계(Toward a Green, Clean and Resilient World for all)'[39]를 발표하였다. 이 전략은 2001년의 환경 전략 문서에 대해 지적된 사항을 보완 및 개선하여, 환경 세이프가드를 개선하고 다른 기관과의 협업과 다양한 부문에 대한 환경 주류화를 강조한다(임소영·강지현, 2013). 세계은행은 이 전략 문서를 통해 지역별 접근법을 제시함으로써 지역별 환경 현황과 차별화된 수행 방

---

38 OECD. "ODA와 파리협정 목표 연계를 위한 공동 선언문".
　출처: https://www.oecd.org/dac/development-assistance-committee/dac-declaration-climate-cop26.htm(2022.6.8.검색)

39 여기서 '녹색'은 생활개선과 식량안보 확보를 위해 해양, 토양, 삼림과 같은 자연 자산을 지속가능하게 관리하고 보존하는 상태를 이른다. '청정'은 오염과 배출이 적고 대기, 물, 해양 등이 깨끗하여 사람들이 건강하고 생산적인 삶을 영위해 나갈 수 있는 상태이고, '복원력'이 있다는 것은 기후변화에 효과적으로 적응하는 상태이다. 세계은행은 녹색, 청정, 복원력이 상호 보완적이며 세 가지를 동시에 추구해야 한다고 강조한다(임소영·강지현, 2013).

안에 대해서도 조언한다.

기후위기 대응에서 세계은행이 중점을 두는 세 가지 영역은 기후금융, 기후행동, 기후변화 적응/기후 복원력이다. 세계은행그룹(WBG)[40]은 개발도상국에 가장 큰 규모의 기후재원을 제공하고 있다. 2020년 세계은행그룹 자금의 29%인 220억 원이 기후금융으로 사용되었고 향후 그 규모는 더욱 커질 것으로 예상된다. <그림 5-8>은 최근 6년(2015~2020) 동안 기후위기 대응 분야에 투자한 세계은행(IBRD와 IDA)의 예산 규모 증가 추세를 보여 준다. 2020년에는 기후변화 적응 분야 지원 규모가 완화 분야를 넘어섰는데, 적응 분야에서는 도시의 기후복원력, 물, 교통, 농업 부문에 지원이 많았고 완화 분야에서는 에너지 부문에 예산 지원이 압도적으로 많았다.

<그림 5-8> 세계은행의 기후재원 추이(2015~2020)

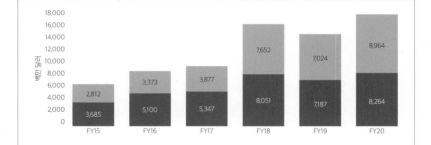

출처 : World Bank(2020)[41]

---

40 세계은행그룹은 세계은행의 하부조직인 국제부흥개발은행(IBRD)과 국제개발협회(IDA), 그리고 국제금융공사(IFC), 국제투자보증기구(MIGA), 국제투자분쟁해결센터(ICSID)를 포함한다.

41 "WORLD BANK CLIMATE FINANCE 2020".
  출처: https://thedocs.worldbank.org/en/doc/9234bfc633439d0172f6a6eb8df1b881-0020012021/related/WorldBankFY20-CCBdata.pdf(2022.8.12.검색)

'기후변화실행계획(2020)'에 따라 기후금융 예산을 21%에서 28%로 이미 확대한 세계은행은 '녹색, 복원력 있고 포용적 성장을 지원하는 기후변화실행계획(2021~2025)'을 통해 기후금융 지원액을 기존 28%에서 35%로 늘린다고 발표하였다(World Bank, 2021). 이는 파리협정 목표와의 정합성을 강화하는 방향으로 재정을 관리하기 위한 노력의 일환으로, 적응 분야 증가에 중점을 두고 있고 탄소 배출권 시장과 녹색 채권 관련 활동 강화도 포함하고 있다. 에너지, 도시, 수송, 산업 공정, 자연 자원 이용/생산 관련(물, 농업, 토지, 식량) 부문에 우선순위를 두고 개발도상국의 저탄소 전환을 지원하기 위한 로드맵을 지역별로 개발하여 현재 실행 중이다. 단, 탄소중립이 아닌 저탄소 전환으로 명시하고 화석연료 지원이 지속되는 것은 아쉬운 부분이다. 글로벌 테마(global themes)의 기후변화 담당 부서에서 그룹 차원 기후전략 수립 및 관련 지표 개발을 주도하고 있다.

2019년 새롭게 시작된 '기후변화 적응 및 기후 복원력 실행 계획(Action Plan on Climate Change Adaptation and Resilience)'[42]에 따라 세계은행그룹은 적응과 완화의 균형적 배분을 위해 2021~2025년에 걸쳐 500억 달러를 적응 분야에 투자할 계획이다. 이 실행 계획은 회원국의 기후위기 관리의 주류화를 지원하기 위해 재난 위험관리, 물 안보, 해안 회복력, 인간개발, 재난 회복을 위한 재정 보호, 산림자원 관리 등에 직접 금융을 강화하는 것 외에도 정책적 지원 강화를 포함하고 있다.

---

[42] World Bank. "Climate Change: 3 Things You Need to Know About Adaptation and Resilience".
출처: https://www.worldbank.org/en/topic/climatechange/brief/3-things-you-need-to-know-about-adaptation-and-resilience(2022.8.12.검색)

3) 국제기금

개발도상국의 환경문제를 해결하는 국제기금들은 주로 기후변화 대응을 지원하는 기금들을 중심으로 형성되어 왔다. 특히 2007년 발리에서 개최된 UNFCCC 제13차 당사국총회 결과로 채택된 발리행동계획(Bali Action Plan)이 기후변화 문제 해결을 위한 장기적인 협력 방향을 제시하면서 2008년을 전후로 기후재원이 빠르게 증가하였다(임소영·강지현, 2013). 또한 2022년 기준, 개발도상국으로 지원되는 공적자금뿐만 아니라 민간 자금과 개발도상국 자체 국내 예산까지 포함한다. 공적자금도 양자와 다자 형태가 가능하며, 개발도상국에서 조성되는 신탁기금 등 다양한 방식이 존재한다.

2009년 덴마크 코펜하겐(COP15)과 2010년 멕시코 칸쿤(COP16)에서 개발도상국의 기후변화 대응을 위해 선진국들은 매년 1,000억 달러 규모의 기금을 2020년까지 마련하겠다고 약속하였다. 그러나 그 약속은 아직도 지켜지지 않았다(2022년 기준). <그림 5-9>는 선진국이 제공하고 동원한 총 기후재원 규모의 추이를 보여 주고 있다. 규모가 증가하고 있지만 목표(1,000억 달러) 대비 부족분이 아직 상당하다. 2019년 기준 796억 달러의 기후 금융은 대부분(약 79%) 선진국들이 제공한 공적 기후 재정(다자간 & 양자간 공공 재정)이다.

<그림 5-9> 선진국이 제공한 기후재원 추이(2013~2019)

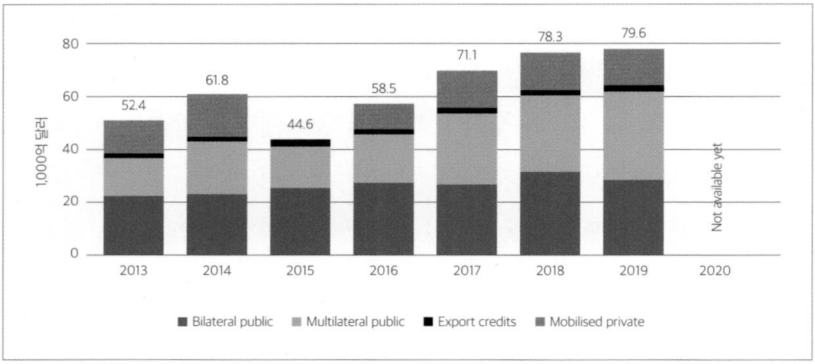

출처 : OECD(2021)[43]

① 지구환경금융(GEF)

역사와 규모 측면에서 가장 포괄적으로 환경문제 해결을 지원하는 국제기금인 GEF는 지구환경 보호와 환경적으로 지속가능한 개발을 촉진하고자 1991년 10월 세계은행의 10억 달러 규모 시범 프로그램으로 설립되었다. GEF는 1994년 개편되면서 세계은행에서 분리되어 독립 기구화되었고, 이를 계기로 프로젝트를 결정하고 이행하는 과정에 개발도상국들도 참여하게 되었다. GEF 설립 당시부터 프로젝트를 기획, 관리하는 역할을 했던 유엔개발계획(UN Development Programme, UNDP), UNEP, 세계은행 이외에 여러 국제기구가 추가로 인증되어 2022년 8월 기준 18개 기구가 GEF 기관(agency)으로 활동하고 있다.

---

43 OECD. "Climate Finance Provided and Mobilised by Developed Countries Aggregate trends updated with 2019 data".
출처: https://www.oecd.org/env/climate-finance-provided-and-mobilised-by-developed-countries-aggregate-trends-updated-with-2019-data-03590fb7-en.htm

GEF는 주로 선진국에서 출연한 재원으로 운영되며, 유엔기후변화협약, 생물다양성협약, 유엔사막화방지협약, 스톡홀름협약 및 미나마타협약의 재정기구 역할을 수행하고 있으며 중점 지원 분야(focal areas)는 생물다양성, 기후변화, 국제 수자원, 토양 황폐화(주로 사막화 및 산림벌채)와 화학물질 및 폐기물, 총 5개 분야이다. 이들 가운데 생물다양성과 기후변화가 GEF의 가장 대표적인 지원 분야이다. 최근에는 GEF의 중점 지원 분야가 단일 분야에 국한하지 않고 2개 이상 분야에 해당하는 다분야 사업으로 옮겨 가면서 통합적 접근법이 중시되고 있다.

<표 5-5> GEF-7 핵심 지표의 목표와 성과

핵심 지표	예상 결과	목표
1 Terrestrial protected areas created or under improved management for conservation and sustainable use(million hectares)	58.3% of which **21.2%** from impact programs	200
2 Marine protected areas created or under improved management for conservation and sustainable use(million hectares)	>100%	8
3 Area of land restored(million hectares)	>100% of which **68.1%** from impact programs	6

핵심 지표	예상 결과	목표
4 Area of landscapes under improved practices(million hectares; excluding protected areas)	▲ 52.0% of which **23.8%** from impact programs	320
5 Area of marine habitat under improved practices to benefit biodiversity(million hectares; excluding protected areas)	◀ >100% of which **0.1 %** from impact programs	28
6 Greenhouse Gas Emissions Mitigated(million metric tons of CO_2e)	✳ >100% of which **49.0%** from impact programs	1500
7 Number of shared water ecosystems(fresh or marine) under new or improved cooperative management	◀ >100%	32
8 Globally over-exploited marine fisheries moved to more sustainable levels(thousand metric tons)	◀ >100%	3500
9 Reduction, disposal/destruction, phase out, elimination, and avoidance of chemicals of global concern and their waste in the environment and in processes, materials, and products(thousand metric tons of toxic chemicals reduced)	90.4% of which **3.0%** from impact programs	100

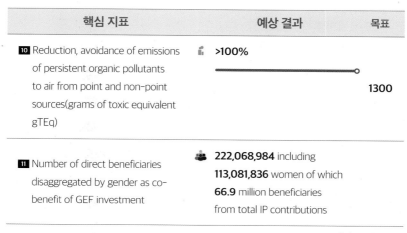

핵심 지표	예상 결과	목표
10 Reduction, avoidance of emissions of persistent organic pollutants to air from point and non-point sources(grams of toxic equivalent gTEq)	>100%	1300
11 Number of direct beneficiaries disaggregated by gender as co-benefit of GEF investment	222,068,984 including 113,081,836 women of which 66.9 million beneficiaries from total IP contributions	

출처 : GEF(2022: 2)

　　GEF 보고서(2022)[44]에 따르면, GEF는 파일럿 재원 조성 주기 (1991~1994)부터 제7주기(2018~2022)까지 220억 달러 이상의 보조금을 제공했으며, 5,200개 이상의 프로젝트와 프로그램에 공동 자금(co-financing) 1,200억 달러를 추가로 동원하였다. <표 5-5>는 GEF-7 핵심 지표의 목표 달성 정도 등 성과를 정리한 것으로, 온실가스 감축 목표를 포함하여 7개 지표의 목표는 초과 달성한 것으로 보인다. 지속가능한 도시, 식량 시스템, 임업 관리를 포함한 GEF-7 '임팩트 프로그램(Impact Programs)'은 2022년 기준 61개국이 참여하고 있다. 리우마커에 기반하여 모니터링한 결과 GEF-7 주기 재원의 79%가 기후변화 대응 사업에 사용되었고, 기후변화 적응의 직접 수혜자는 2,100만 명 이상인 것으로 파악되었다.

---

[44] GEF. "GEF CORPORATE SCORECARD JUNE 2022".
　출처: https://www.thegef.org/sites/default/files/documents/2022-06/GEF_Corporate_ Scorecard_ June_2022.pdf(2022.9.30.검색)

② 녹색기후기금(GCF)

기후재원은 증가하였으나 기존 기후재원과 차별화된 개발도상국의 주인의식을 반영할 수 있는 새로운 재원의 필요성은 계속 대두되었다. 이와 같은 수요를 반영하는 한편 개발도상국의 온실가스 감축에 대한 참여를 유도하는 방편으로서 선진국들은 2009년 덴마크 코펜하겐에서 개최된 UNFCCC 당사국총회(COP15)에서 GCF의 설립을 처음으로 제안하였다(임소영 외, 2014). 이후 2010년 멕시코 칸쿤에서 열린 당사국총회(COP16)에서 GCF의 설립이 공식적으로 승인되었고, 2020년 기준으로 연간 1,000억 달러에 해당하는 장기적인 재원을 마련하여 개발도상국의 기후변화 대응을 지원하기로 합의하였다.

GCF는 UNFCCC 당사국총회의 지도를 받지만 독자적인 이사회와 사무국, 수탁기관에 의해 운영되고 있다. 우리나라는 2012년 10월 GCF 이사회에서 사무국 유치국으로 선정되었고, 같은 해 도하 당사국총회(COP18)에서 인준됨으로써 GCF의 공식 유치 국가가 되었다. 2013년 6월 튀니지 출신의 헬라 쉬흐로흐가 GCF 사무총장으로 선출되고, 같은 해 12월 사무국이 인천 송도에 공식적으로 개소하면서 본격적으로 사무국 업무를 개시하였다.

GCF는 개발도상국의 주인의식을 최우선시한다는 측면에서 기존의 환경재원 및 기후재원과 차별화된다. GCF는 기존 선진국들이 중점을 두던 온실가스 감축뿐만 아니라 기후변화 적응에도 재원의 큰 비중을 할당한다는 목표를 두고 감축 대 적응의 재원 비율을 50:50으로 배분하였다. GCF는 개발도상국의 수요에 더욱 부합하기 위하여 기후변화 적응에 배분된 재원의 50% 이상을 최빈국, 군소도서국, 아프리카 국가 등 기후변화 취약국(Fragile and Conflict-Affected States)에 배정한다는 점도 분명히 하였다.

GCF의 초기 투자 가이드라인이 제시하는 여섯 가지 투자 결정 기준은 ① 영향 잠재력, ② 패러다임 전환 잠재력, ③ 지속가능발전 잠재력, ④ 수혜국 수요에 대한 부합 정도, ⑤ 국가 주인의식 촉진, ⑥ 효율성/효과성으로, 기금의 목적 및 결과 등 광범위한 이슈들을 고려하여 선정하였다. GCF는 기후변화 대응 목표를 효과적으로 달성하기 위하여 민간 부문의 참여를 적극적으로 장려하며, 공여와 양허성차관뿐만 아니라 지분, 보증 등의 다양한 금융 수단을 활용하고 있다.

2022년 7월 말 기준,[45] GCF는 200개의 사업에 100억 8,000만 달러를 지원하여 21억 톤의 온실가스 감축 효과를 얻었다. 감축과 적응의 재원 비율은 감축(62%) 분야에서 일반적으로 규모가 큰 사업이 더 많아 적응(38%) 대비 명목상(nominal) 지원 금액이 많다. 승인된 프로젝트 수와 지원 금액은 8개 사업 분야(result areas: 건강/식량/물, 사람/지역 생계, 인프라, 생태계, 에너지, 수송, 도시/건물/산업/제품, 산림/토지이용)별로 상이하다. 가장 많이 지원된 사업 부문은 에너지로, 57개 사업에 29억 달러가 지원되었다. 사람과 지역사회의 생계 관련 사업은 가장 많은 사업이 승인되었는데, 128개 사업에 15억 달러가 지원되었다. 2022년 7월 말 기준 GCF 이행기구로 인증된 기관은 113개이며, 우리나라에서는 KOICA와 산업은행이 이행기구 인증을 획득하였다.

4) 대한민국

대한민국은 2020년 탄소중립 목표를 선언하고 '2050 탄소중립 추

---

[45] GCF. "Project portfolio".
  출처: https://www.greenclimate.fund/projects/dashboard(2022.7.30.검색)

진전략(2020.12.7.)'을 수립하였다. 이 전략은 '탄소중립 실현 녹색협력 강화'를 위해 EU 등 기후변화 선도국과의 협력체계 구축 및 한·중·일 탄소중립 협력 증진, 국내 유치 국제기구(GCF, 글로벌녹색성장기구(Global Green Growth Institute, GGGI) 등)를 활용해 개발도상국의 기후변화 대응 지원을 포함하였다. 또한 그린 ODA 비중을 2025년까지 OECD DAC 평균 수준 이상으로 확대하기 위한 로드맵 수립을 명시하였다. 이에 '외교부 그린뉴딜 ODA 추진 전략(2021)'에서는 추진 분야를 온실가스 저감, 기후적응력 향상, 교차 분야로 분류하고 그린모빌리티, 스마트농업, 스마트시티 등 대표 사업을 선정하였다. 국무조정실 최종 전략에서는 기후변화(완화/적응) 외에도 사막화 방지, 생물다양성 등 환경 분야로 범위를 확장하였고 국별로 모범 사례를 창출하는 플래그십 사업을 포함하였다.

향후 5년 국제개발협력의 비전(협력과 연대를 통한 글로벌 가치 및 상생의 국익 실현)을 수립한 '제3차 국제개발협력 종합기본계획(2021~2025)'은 ODA와 탄소중립 정책 간의 연계를 통한 정책 정합성 확보의 중요성을 강조하면서 추진 과제로 기후변화 논의 선도 및 협력 강화, 전략적 그린뉴딜 ODA 추진, 개발도상국 기후변화 대응 지원 강화를 포함하였다.

'2022년 국제개발협력 종합시행계획'에서는 ODA의 역할에 양자 간 기후협정 체결에 따른 기후변화 대응 사업 지원을 추가하고 국가협력전략(Country Partnership Strategy, CPS) 중점 협력 분야에 그린뉴딜 분야 반영을 명시하였다. 그린뉴딜 분야 사업을 집중적으로 발굴하기 위해 적용 부문 확대와 사업 간 연계 강화 및 다양한 협력체계 구축 등을 포함하고 ODA 사업 예산 규모 및 세부 사항을 확정하였다. 개발도상국의 수요가 높은 부문이면서 대한민국의 기술적 강점이 있는 부문(예: 에너지, 친환경 수송)이나 미래 유망 분야(예: 그린수소)에 대한 지원 검토가 이루어지고 있고,

사업 발굴 단계부터 부처 간 연계 협의를 활성화할 뿐 아니라 시너지 효과 창출을 위한 다양한 분야 및 이해관계자 연계 강화가 추진되고 있다. 해외투자로 온실가스 감축 성과를 공유하기 위해 양자 기후협정 체결도 추진되고 있는데, 베트남, 스리랑카, 페루 등이 우선 추진 대상이다. 그린 뉴딜 ODA 분야에 청년, 스타트업과 중소기업의 진출 지원 강화도 추진 중이다.

<표 5-6>은 환경마커와 리우마커에 기반하여 2017~2018년과 2019~2020년 대한민국의 양자 ODA 규모에서 환경 관련 투자 비중을 보여 주고 있다. OECD(2022)에 의하면, 대한민국은 2020년 총 양자 ODA의 12.7%만 환경마커와 리우마커 사업에 투자하였고, 기후변화 ODA의 80%가 물과 위생 분야에 집중되면서 기후변화 완화보다는 적응에 더 많은 투자가 이루어졌다. 2019년은 대한민국의 기후변화 관련 ODA 규모와 비중이 가장 성장했던 한 해로, 특히 재생에너지와 녹색 인프라 투자 중심으로 양자 ODA의 약 30%까지 증가하였다.

<표 5-6> 환경마커와 리우마커 대비 대한민국 양자 ODA 규모

	2017~2018		2019~2020	
	Constant 2020(달러)	Bilateral allocable(%)	Constant 2020(달러)	Bilateral allocable(%)
Environment Markers				
Environment	206.5	8.7	798.6	29.1
Rio Markers				
Biodiversity	19.4	0.8	25.8	1.0
Desertification	32.1	1.4	14.0	0.5
Mitigation only (M)	19.0	0.8	400.4	14.1
Adaptation only (A)	138.5	5.7	172.8	6.1
Both M&A	46.0	1.9	41.8	1.5

출처 : OECD(2022)[46]

---

46 OECD. "Development Co-operation Profiles".
출처: https://www.oecd-ilibrary.org/sites/2dcf1367-en/1/3/2/26/index.html?itemId=/content/publication/2dcf1367-en&_csp_=177392f5df53d89c9678d0628e39a2c2&itemIGO=oecd&itemContentType=book(2022.9.23.검색)

4. 기후행동 분야 KOICA 지원 현황과 전략

(1) 정부 정책과 KOICA 전략 및 이행계획과의 연계

KOICA는 '2050 탄소중립 추진 전략', '국가 기후변화 적응 대책', '한국판 뉴딜종합계획' 등 정부의 기후변화 정책 및 계획과의 정합성을 높이기 위해 ODA 전략 및 이행계획을 수립하였고 이들의 연계성은 <그림 5-10>에서 살펴볼 수 있다.

<그림 5-10> 정부 정책 및 KOICA 전략 간 관계도

정부 정책	KOICA 그린뉴딜 ODA 전략		KOICA 탄소중립 ODA 이행계획	
제2차 국가 기후변화대응 기본계획 (2020~2040)	제2차 기후행동 중기전략 (2021~2025)		2050 탄소중립 달성지원 ODA 이행계획 (2021~2025)	
2050 탄소중립 추진전략	저탄소 전환 프로그램	• 저탄소 에너지 전환 • 친환경 그린모빌리티 • 기존 인프라 효율 개선 • 자원순환 경제 촉진	저탄소 ODA 사업 확대	• 저탄소 전환 지원 (재생에너지, 그린모빌리티) • 자원순환 및 효율 향상(폐기물 관리) • 탄소흡수원 조성, 보존(산림, 녹지)
제3차 국가 기후변화 적응대책 (2021~2025)	도시·생태· 인프라 기후 회복력 강화 프로그램	• 도시, 기후회복력 향상 • 생태계 회복 및 자연재해재난 경감 • 기후변화 주류화	저탄소 ODA 저변 확대	• 탄소감축 혁신기술 발굴 및 확산 • GCF 연계
한국판 뉴딜 종합계획 (그린뉴딜)	기후재원· 기술파트너십 프로그램	• 기후재원 연계 강화 • 기후기술 확산 지원	탄소중립 ODA 기반 강화	• 탄소감축량 측정, 보고, 검증(MRV) 성과관리 체계 구축

출처 : 한국국제협력단(2021b)

(2) 기후행동 중기전략

1) KOICA 분야별 중기전략(2016-2020)

제1기 분야별 중기전략에 따르면, KOICA는 인간과 지구의 지속가능한 발전을 위해 9개 중점 분야의 중기전략을 수립하면서 성평등, 과학기술 혁신과 함께 기후변화 대응을 범분야로 포함하였다. 특히 ① 기후변화 대응을 통한 지속가능 발전 도모, ② 기후변화 대응 역량강화, ③ 재정 메커니즘을 통한 기후재원 접근성 제고로 3대 프로그램을 수립하였다. 그간 진행되었던 환경-사회 세이프가드 제도, 환경담당관 제도를 포함하여 담당 조직 확대 및 내부 역량 강화의 측면에서 어느 정도 성과가 있었지만, KOICA 전체 사업에서 기후행동 지원 비중은 OECD 리우마커 기준으로 보면 여전히 낮은 수준이며 다소 하향세(2016년 10.2% → 2019년 7.9%)를 보였다(한국국제협력단, 2021a).

2) KOICA 기후행동 중기전략과 이행계획

'KOICA 기후행동을 위한 중기 이행계획(2019~2021)'에 따르면, KOICA는 2019년 기후변화 대응(기후행동)을 SDG 13 '분야' 전략에서 '기관' 전략으로 격상하여 재정립하면서 기존 중기전략에 더하여 기후행동 이니셔티브 추진, 기후변화 대응 목적 사업 발굴 확대, 파트너십 확대 등 보다 진취적인 계획을 포함하였다.

<그림 5-11> KOICA 기후행동 중기전략 체계도

VISION | 지구 평균기온 상승 1.5도 이내 억제, 기후위기로부터 안전한 지구

MISSION
글로벌 2050 탄소중립 달성 및 기후회복력 있는 발전 지원

전략 목표	2050 탄소중립 달성 지원	녹색회복 및 기후적응 지원	녹색기후 파트너십 확대
프로 그램	저탄소 전환 지원	도시·생태·인프라 기후회복력 강화	기후재원·기술 파트너십 확대
중점 사업	• 저탄소에너지 전환 • 친환경 그린모빌리티 • 자원순환 경제촉진 • 탄소흡수원 조성·보존	• 도시 기후회복력 향상 • 생태계 회복 및 자연재해재난 경감 • 기후영향 고려 주류화	• 녹색기후기금 연계 • 혁신기후기술 지원 • 파트너십 기반 사업

접근방식

① 유엔기후변화협약(파리협정) 목표 및 정부 2050 탄소중립 추진전략 연계	② 중점분야별 대표사업 추진과 동시에 범분야로서 기후행동 주류화
③ 저탄소-기후회복력 강화 프로그램 간 균형 지원 위한 포트폴리오 관리	④ 프로그램 기반 통합적 접근 사업추진 및 성과관리

출처 : 한국국제협력단(2021a: 238)

<그림 5-11>에서 보듯이, 'KOICA 기후행동 중기전략(2021-2025)'은 '지구 평균기온 상승 1.5℃ 이내 억제, 기후위기로부터 안전한 지구'라는 비전(vision)하에 3개의 사업(2050 탄소중립 달성 지원, 녹색회복 및 기후적응 지원,

녹색기후 파트너십 확대)에 대한 목표 및 프로그램을 제시하였다. 2050 탄소 중립 달성 지원을 위한 중점 사업으로 저탄소에너지 전환, 친환경 그린모 빌리티, 자원순환 경제촉진, 탄소흡수원 조성·보존, 총 4개가 제안되었고 녹색회복 및 기후적응 지원을 위한 중점 사업으로는 도시 기후회복력 향상, 생태계 회복 및 자연재해재난 경감, 기후영향 고려 주류화가 포함되었다. 마지막으로 녹색기후 파트너십 확대를 위한 중점사업으로 녹색기후 기금 연계, 혁신기후기술 지원, 파트너십 기반 사업이 제안되었다.

'저탄소 전환 지원' 프로그램은 온실가스 감축 잠재량이 높은 발전 부문에 중점을 두고 있지만, 신재생에너지 보급 등 막대한 재정이 소요되는 사업 위주이므로 정부가 선도하되 민간이 주도하는 형태로 추진하는 전략을 마련하고 있다. 즉 무상원조로 마스터플랜 수립과 타당성 조사를 지원하고 후속 대규모 투자사업에 민간투자를 견인하고자 한다. 또한 공동 재원 출연(co-financing)과 GCF 재원 연계 추진을 고려한다. 이 기후변화 완화 프로그램은 중점 사업 관련 정책, 전략, 거버넌스, 제도, 인적 역량 강화, 시설과 시스템 건설/운영/타당성 조사, 에너지 효율 개선, 수요 관리, 폐기물 저감 및 에너지화, 산림 복원 등을 구성요소로 포함하고 있다.

'도시·생태·인프라의 기후회복력 강화' 프로그램은 가속화하는 기후위기로 인한 피해를 최소화하고 지속가능발전을 유지하고자 도시 인프라(건물, 수자원, 폐기물, 수송 등), 생태계(육상/해양), 농촌, 국가/지방자치단체의 재해위험 및 기후위기 관리·계획 역량 등에 중점을 두고 있다. 이 기후변화 적응 프로그램은 타 분야 전략과의 연계가 특히 중요한데, 도시/농촌개발 등의 사업 추진 시 기후변화 영향 및 회복력 향상을 고려해야 한다. 또한 취약성과 기후위기의 영향을 사회적 관점(예: 인권, 성평등 등)에서 평가하는 것도 필요하다. 기후재원·기술 파트너십 확대 프로그램은

UNFCCC의 기후재정 및 기후 기술 메커니즘과 연계하여 기후행동을 확대하고자 하는 것으로, GCF의 이행기구 인증을 받은 KOICA가 향후 적극적으로 추진하게 될 분야이다. 국제탄소시장의 확대 가능성을 고려하여 민간기업의 참여를 유도하는 방법도 추진할 필요가 있다.

KOICA의 '저탄소 전환 ODA 이행계획(안)(2021.12.)'은 그린뉴딜 ODA 확대와 탄소중립 사업 포트폴리오 강화를 위한 이행 로드맵과 세 가지 이행 목표별 세부 이행 방안을 제시하고 있다. 첫 번째 이행 목표인 '저탄소 전환 포트폴리오 강화'를 달성하기 위해 수요 기반 사업 발굴과 플래그십 사업 발굴, 그리고 핵심 분야별 사업 발굴 가이드라인 개발 과제가 제안되었다. 두 번째 이행 목표인 '맞춤형 전략적 접근'을 달성하는 데 필요한 과제로는 주요국 대상 사업 모델 개발을 위한 연구 조사, 기술 기반 사업 추진 및 환경사회 세이프가드 제도 개선 등을 포함한 GCF 이행기구 체제 준비가 도출되었다. 세 번째 이행 목표는 '성과관리 및 확산'으로, 이 목표를 달성하기 위해 사업별 온실가스 배출 기초선 조사, 탄소 감축량의 정량적 성과관리 체계 구축, 전문가 기술 자문 및 지식 공유 활동 등의 세부 이행과제가 제안되었다.

(3) 기후행동 지원 현황

KOICA 기후행동 중기전략을 이행하기 위한 방식 중 하나는 기후변화 완화-적응 프로그램 간 균형 지원 관리이다. <그림 5-12>에서 보듯 그간(2016~2019) KOICA의 기후 분야 지원 금액의 71%는 적응 분야에 집중되었다. 다양한 포트폴리오 관리를 위해 향후 온실가스 감축을 목적으로 하는 저탄소 사업 발굴이 더 적극적으로 추진되어야 한다. 기후변화 완화 ODA 사업은 대규모 사업이거나 많은 예산이 필요한 경우가 많다. 따라서 연평균 5,400만 달러 정도의 낮은 사업 규모(KOICA 사업에서 약 9%)를 OECD 공여국 평균(11.1%) 이상으로 확대할 필요가 있다.

<그림 5-12> KOICA 기후 분야 지원실적 및 분야간 지원 추세

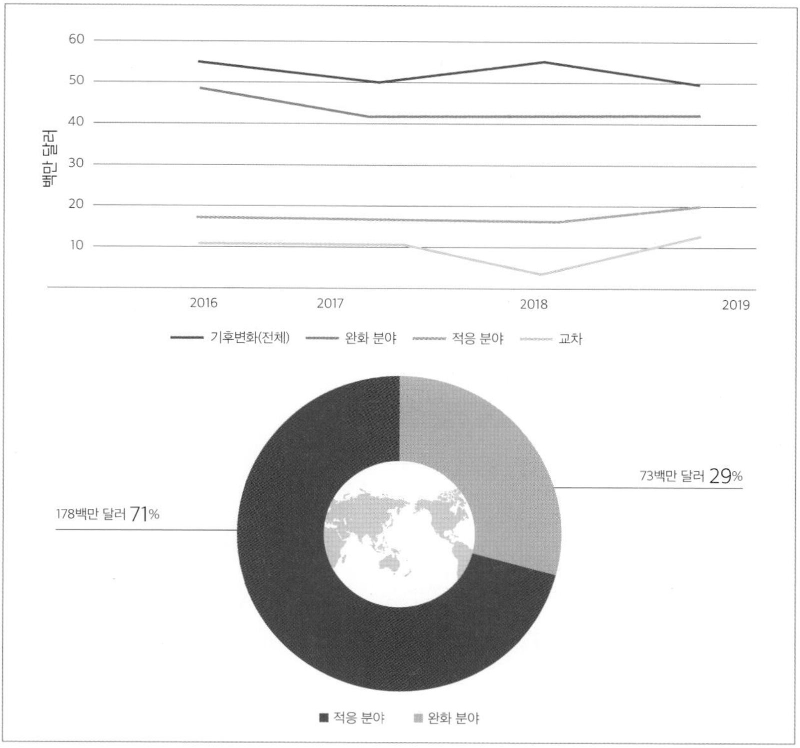

출처 : 한국국제협력단(2021a: 233)

KOICA의 다른 분야 중기전략에서도 글로벌 난제인 기후위기나 국

내외 정책과제인 기후행동(탄소중립)을 고려하고 있는 경우가 많다. 총 11
개 중 8개(교육, 거버넌스/평화, 농촌개발, 물, 에너지, 교통, 도시, 성평등) 분야에서
범분야로서 기후행동 주류화 노력이 추진되고 있다고 보인다.

　　기후행동 중기전략 목표를 달성하기 위해서는 다양한 중점 고려사
항이 있다. 이 중 국가지원계획(Country Plan, CP)에 포함된 5개(기후변화 대응
및 환경, 지속가능한 도시개발, 에너지, 포용적 교통, 물 안보) 분야는 국가별 기후행
동 지원 현황(예상)에 대한 간단한 정보를 제공한다. 예를 들어 파키스탄은
에너지와 물 안보 분야에서 기후행동 지원이 이루어지고 있거나 있을 예
정이라는 것을 알 수 있다. CPS 중점 협력 분야에서 기후환경 분야가 명
시된 예도 있지만, 대부분은 관련 분야(에너지, 도시, 물 등)에서 기후행동이
지원되는 경우가 많다. 최근 KOICA는 수원국 관련 기관(예: 베트남 자원환경
부)[47]과 직접 기후변화 대응협력의향서(Letter of Intent, LOI)를 체결하면서
기후행동을 지원하기도 한다.

　　KOICA는 기후행동 이니셔티브를 통해 5년(2021~2025) 동안 연간 약
2,000만 달러 규모로 동남아시아국가연합(Association of South East Asian
Nations, ASEAN) 중점 협력국(신남방), 신북방 대상국, 기후변화 취약국(군서
도서국 등)을 대상으로 기후행동 사업을 추진하고 있다(한국국제협력단, 2019).
국내 유관기관들과 협력하여 기후행동 사업을 기획, 발굴하여 양자 국별
협력사업으로 추진하거나 GCF 이행기구가 제안한 사업에 출연금을 제

---

47 손경희. KOICA. "베트남과 기후변화 대응·탄소중립 분야 협력 확대"(2021.12.14.보도).
https://www.koica.go.kr/koica_kr/990/subview.do?enc=Zm5jdDF8QEB8JTJGYmJzJTJGa29pY2Ffa3IlMkYxNT
ElMkYzNzk2MTIlMkZhcnRjbFFZpZXcuZG8lMOZwYWdlJTNEMSUyNnNyY2hDb2x1bW4lMOQlMjZzcmNoNoV3JkJ
TNEJTI2YmJzJQ2xTZXElMOQlMjZiYnNPcGVuV3JkU2VxJTNEJTI2cmdzQmduZGUVTdHIlMOQlMjZyZ3NFbmRk
ZVN0ciUzRCUyNmlzVmlld01pbmUlMORmYWxzZSUyNnNBhc3N3b3JkJTNEJTI2#none

공하면서 참여하는 방안 등이 제안되었다. GCF 연계사업(예: 피지 태양광발전 사업)은 이 기후행동 이니셔티브를 통해 발굴, 지원되고 있다.

(4) 기후행동 지원 사례

1) GCF 연계사업(한국국제협력단, 2021a)

KOICA는 1차 중기전략(2016-2020) 동안 녹색기후기금 승인 사업에 무상원조 공동 재원을 출연해 참여한 사례가 있다. 우선 페루자연보전기금(이행기구)을 통해 페루에서 진행되었던 '아마존 지역 태양광에너지 기반 바이오 비즈니스 생산성 제고 모델 수립 사업'(2017~2019년/총 910만 달러)에 180만 달러를 출연하면서 참여하였고 베트남에서는 세계은행을 통해 대규모 사업인 '산업계 대상 에너지 효율화 부문 투자 활성화 사업'(2017~2019년/총 4억 9,720만 달러)에 190만 달러를 출연하면서 참여하였다. 또한 세계자연보전연맹(International Union for Conservation of Nature and Natural Resources, IUCN)을 통해 '과테말라 서부 고원지대 기후복원력 지원 사업'(2019~2023년/총 3,800만 달러)에 500만 달러를 출연하면서 참여하고 있다. 최근에는 KOICA 기후행동 이니셔티브를 통해 출연된 800만 달러로 '피지 농업공존형 태양광발전 사업'(2021~2024년/총 2,000만 달러)에 참여 중이다. 2021년 KOICA가 GCF 이행기구로 승인을 받았기 때문에 향후에는 다른 이행기구를 통하지 않고 직접 수탁하여 다양한 사업을 진행할 것으로 기대한다.

2) 사례 : 엘살바도르 동부 건조지역 수계 복원력 증대를 통한 기후변화 대응 사업(2017~2021년/805만 달러)[48]

엘살바도르는 수자원 고갈, 가뭄 및 산사태 등 기후위기의 영향을 크게 받는 기후위기 취약국 중 하나로, 특히 농촌지역의 피해가 크다. 본 사업의 목적은 수자원의 지속적 확보 및 공급을 통해 수계 및 산림을 복원하고 기후위기에 취약한 지역의 식량 생산 시스템의 환경친화적 회복력을 증대하는 것으로, 이를 통해 지역 주민의 지속가능한 경제발전에도 기여하는 것이었다.

엘살바도르 동부 지역 산미겔 및 모라산주의 9개 시에서 지난 5년간 진행된 본 사업은 크게 4개의 구성요소가 포함되어 있었다. 첫째, 소규모 저류지, 관개시설, 우수 집수탱크 등을 설치하여 수자원을 확보하는 활동, 둘째, 도랑 설치와 파인애플이나 대나무 식재 등을 통해 토양을 복원하는 활동, 셋째, 혼농임업 조림지 조성 활동, 넷째, 토양, 수자원, 산림 관리 분야에서 공무원과 주민의 기후변화 적응 역량을 강화하는 교육활동 등을 진행하였다.

사업 결과 저류지 162개소가 설치되어 10만 리터의 수자원을 저장할 수 있게 되었고 5,000리터 규모의 물탱크 220개소와 관개 시스템 162개소가 설치되었다. 또한복원된 토양은 축구장 700개 규모로 약 27㎞ 규모의 수로와 연계되었고, 조림용 나무 16만 1,000그루, 혼농임업용 나무 46만 5,750그루를 심어 산림이 복원되었으며 농업의 생산성이 향상되었다.

가뭄 및 재해에 대응하는 재배기술, 토양 및 수자원 보호 관련 교육

---

48 워터저널. "[코이카] 엘살바도르에 기후변화대응 지원한다"(2021.11.8.보도).
http://www.waterjournal.co.kr/news/articleView.html?idxno=57633(2022.8.25.검색)

에 농민 1,500여 명이 참석하였다. 대부분 1년에 농사를 한 번만 지었던 엘살바도르의 농민들은 본 사업을 통해 한 해에 두 번 이상 농사를 지을 수 있게 됐고, 건기에도 채소 재배가 가능해져 지역 주민의 식량안보, 소득 증진에 기여할 수 있게 되었다.

5. 기후행동 분야 성과와 과제

(1) 성과와 한계

1) 국제기구 주도 성장

심각해지는 기후위기라는 글로벌 문제를 해결하기 위해 국제개발협력 분야의 국제기구들은 적극적으로 관련 이슈를 반영하여 전략을 수정하고 기후위기 대응 방안을 포함한 이행계획을 수립하면서 범지구적 기후행동 협력을 주도하고 있다. 일부 선진국도 국제개발협력 분야에서 기후행동 주류화를 위한 노력을 선도하고 있지만, 의제와 모범 사례 성과를 확산하는 측면에서 보면 국제기구의 역할이 매우 중요하다고 할 수 있다.

국제기구는 회원국의 합의에 따라 운영되는 곳이고, 다양한 이해관계자의 의견을 반영할 필요가 있어 기후행동의 범위나 규모가 기후위기 대응에 충분한 수준으로 빠르게 성장하지 못했다는 비판도 적지 않다. 예를 들어 석탄화력발전소 투자 '금지'가 아닌 '축소'라는 결정이 기후위기를 악화하고 기후행동의 성과를 왜곡하게 하는 것을 인지하면서도 회원국들의 합의를 위해서는 필요하다는 인식이 국제협력사업 분야에는 남아 있다. 다양한 가치를 추구하는 국제기구에서 효율적인 방식으로 과감한 기후행동을 유도하기는 쉽지 않다.

그러나 국제기구들은 환경 관련 시행착오나 실패에서의 교훈을 반영하여 환경 사회 세이프가드 등을 발전시켰고 기후위기의 과학적 근거를 국제협력 기준, 전략, 계획 등에 반영하면서 기후변화 주류화에 일조하고 있다. 예를 들어 탄소중립이 국제기구의 핵심 의제로 부각되면서 개발도상국의 탄소중립 선언과 이행을 지원하고 있다. 또한 우리나라를 포함하여 많은 국가가 국제기준에 의거하여 국제개발협력을 추진하기 위해 관련 정책 및 제도 등을 개선하고 있다.

2) 양적 성장

국제개발협력 분야의 기후행동, 특히 기후 ODA는 양적으로 성장하고 있다. 지원 규모를 확대하고 재생에너지 기반시설 투자 중심으로 많은 기후변화 완화 사업을 진행하면서 구체적 산출물(기반시설 등)과 함께 실질적으로 온실가스 배출량이 감소하고 있다. 기후변화 적응 ODA 사업의 수도 꾸준히 증가하면서 혜택을 받는 지역 주민도 많아지고 있다.

환경과 기후위기 이슈에 대한 관심과 공감대가 확산하면서 관련 분야 ODA 성과를 계량화하여 보여 주는 '환경/기후변화 마커'가 많은 국가에서 국제개발협력 정책의 목표로 활용되었고 관련 분야의 지원 규모를 키우는 데 일조하였다. 또한 마커는 개발 재원의 흐름을 모니터링하여 관련 협약의 목표 달성 기여도를 파악하는 정책 도구로 개발되었지만, 개발협력 사업계획에 환경과 기후위기 문제를 통합할 수 있는 수단, 주류화 정도를 측정할 수 있는 지표로도 활용되고 있다.

그러나 이러한 양적성장에 집중하는 것에 대한 우려[49]도 있다. 양적성장이 항상 의도한 결과를 가져다주지는 않기 때문이다. 예를 들어 가동되지 않고 방치되거나 가동률이 현저하게 낮은 발전소 등, 목표(예: 50MW 신재생에너지 발전소 건설 또는 리우마커 30%)를 달성하더라도 목적(예: 온실가스 감축을 통한 기후위기 대응)을 달성하지 못하는 사례가 개발협력사업에서는 적지 않게 나타난다. 지속성과 모범 사례 등을 고려할 수 있는 ODA의 질적성장이 양적성장과 조화롭게 이루어져야 할 것이다.

기후 ODA의 양적성장에만 집중하는 것은 바람직하지 않지만, 양적성장을 위해 더 큰 노력은 필요하다. 지금까지의 양적성장세가 심각해지는 글로벌 기후위기 대응에 충분한 수준이 아니기 때문이다. 지금처럼 천천히 또는 조금씩 투자 규모를 증가시키는 방식으로는 급변하는 기후위기에 대응할 수 없고, 이는 결국 미래의 부담으로 남게 될 것이다.

3) 공편익(Co-benefit)

기후행동과 기타 SDGs와의 연계성은 앞서 살펴보았듯 다양하지만, 부정적 관계보다는 긍정적 관계가 많아 공편익을 추구할 수 있다. 공편익이란 하나의 정책 수단으로 직접적으로 관련이 없는 다른 정책목표 달성에도 기여한 결과로, 기후행동 공편익은 다양한 형태로 나타나고 있다. 개

---

49 기후변화행동연구소. "[ODA 녹색으로 가다] 한국 녹색 ODA가 생각해야 할 두 가지 과제".
 출처: https://climateaction.re.kr/index.php?mid=news01&document_srl=1691508(2022.4.30.검색)

발도상국의 주민들은 자연 자원에 대한 삶의 의존도가 높아 생태계 기후 복원력 강화 등을 포함하는 기후변화 적응 사업의 공편익은 일반적으로 완화 사업보다 더 확실하고 포괄적으로 나타날 수 있다. 또한 더 많은 수의 주민 참여가 보장되는 경우가 일반적이라 공편익이 더 광범위하게 나타날 수 있다.

도시(공간) 중심의 기후행동은 사업 내 다양한 구성 요소 간 시너지뿐 아니라 상충성(trade-off)을 함께 시스템적으로 고려할 수 있고 계획적 접근으로 더 많은 공편익을 효율적으로 만들 수 있다. 바크라(Simeran Bachra) 등의 연구에 따르면, 기후변화 완화 사업을 수행한 도시의 76%가 기후행동의 공편익이 있다고 보고하였다(Simeran Bachra et, al., 2020). 그중 에너지 효율화 사업의 공편익이 가장 많았으며, 공편익이 나타나는 분야는 환경, 식량, 재난관리에서 경제, 사회, 건강까지 다양하다고 보고되었다. 이 연구자들은 또한 공편익은 지역에 따라, 소득수준에 따라 다르게 나타날 수 있고, 기후행동의 공편익에 대한 인식이 선제되어야 공편익을 최대화할 수 있다고 파악하였다. 최근 도시 전체를 대상으로 진행되는 기후 ODA가 증가하고 있는 점을 감안하면, 도시 현황에 맞는 공편익 가능성을 사전에 파악하고 계획에서부터 공편익 추진을 고려하는 것이 필요하다.

4) 개발도상국의 역량 제고

신기후체제의 도래로 일부 선진국뿐 아니라 개발도상국도 온실가스 감축에 동참하도록 의무화되었다. 자신의 여건에 맞춰 각 나라는 국가 온실가스감축목표(NDC)를 설정하고 UN에 정기적으로 제출해야 한다. 2021년 9월 말까지 제출된 NDC를 종합 평가한 UNEP(2021)에 따르면,

2030년까지 온실가스 감축 목표를 모두 달성하더라도 파리협정의 목표 (1.5~2℃) 달성은 불가능하다. 그 격차를 줄이기 위해 5년 단위로 전 지구적 이행 점검(global stocktaking)이 진행되면 더 높은 수준의 목표 제시가 요구될 것이다. 이에 따라 온실가스 감축 역량 증대의 필요성이 커지면서 개발도상국의 기후행동 ODA에 대한 요구도 증가할 것이다.

국제개발협력에서 기후행동은 인프라 등 시설물이나 서비스 제공뿐 아니라 수원국의 다양한 이해관계자들을 위한 기후위기 대응 역량 강화 사업을 포함하는 경우가 많다. 최근에는 탄소중립 로드맵, NDC, NAP의 개발 및 이행을 지원하는 기후변화 분야의 역량 강화 사업 지원도 증가하고 있다. NDC나 NAP와 같은 전략적 국가 기후행동 계획을 수립하는 데 필요한 역량을 지원하는 것은 장기적 기후행동의 동인이 될 수 있다. 계획이 없을 때보다는 있을 때, 제3자보다는 직접 개발 때 기후행동의 필요성을 인지하고 실행 의지를 높일 수 있기 때문이다.

기후위기 대응에 필요한 지식과 기술 공유가 국제개발협력 분야에서 확대되고 있지만 현지 적용 가능성, 지속가능성을 고려하면서 현지 고유의 지식과 기후행동에 대한 관심도 증가하고 있다. 성공적 기후행동을 위해서는 선진 지식과 현지 지식의 상호 존중과 합리적 선택 또는 융합이 필요할 것이다.

(2) 기회와 과제

1) 기후행동 ODA 역량 강화 프로그램 개발 및 운영

전 세계가 탄소중립 레이스에 동참하는 중이다. 이에 탄소중립 활동이 많아지고 더불어 기후행동 ODA 기회도 많아지게 될 것이다. 그러나 실무자들의 관련 인식, 경험 및 역량은 아직 미흡한 수준이다. 국제개발협력 실무자들은 기후행동을 기존 ODA 사업의 추가할 수 있는 하나의 구성요소/활동(조림 활동, 독립형 태양광발전, 플라스틱 회수, 기후변화 교육 등)으로만 간단하게 생각하는 경향이 있다. 기후행동은 거의 모든 SDGs와 직접적으로 연계되어 있으므로 반드시 ODA 사업으로 야기되는 기후변화 영향을 SDGs 연계성 관점에서 분석할 수 있어야 한다. 현재 국내에서는 관련 역량 강화 프로그램이 미흡하다. 실무 중심, 기술 중심의 역량 강화 프로그램이 개발, 운영되어야 한다.

사업을 계획, 집행하는 실무자뿐 아니라 관리자, 평가자, 분야 전문가, 정책 담당자들 역시 기후행동 ODA의 특수성, 위험/기회 요소를 파악하지 못하거나 무시하는 경우가 적지 않다. 위험을 사전에 차단하고 공편익을 최대화하기 위해서는 이해관계자의 역할에 맞는 지식의 공유와 역량 개발이 필요하다. 2021년 기후변화행동연구소가 수행한 설문조사[50]에 따르면, 기후변화 관련 내용을 국제협력사업에서 고려하지 않았던 이유 중 가장 많은 응답은 "필수 고려사항이 아니었기 때문이다"라는 것이다. 이는 국제협력사업에서 기후변화가 범분야 이슈로 분류되어 있지만, 필수 고려사항으로 규정되어야 실질적으로 범분야에서 고려될 수 있음을 보여 준다. 따라서 ODA 절차와 규정을 수정하여 기후행동을 필수적으로 고려하고 확장할 수 있는 새로운 패러다임을 구축하고 관련 성과와 이슈

---

50 한국국제협력단 개발협력연대(DAK) 정책 협력사업의 하나로 진행된 '기후위기 대응과 개발협력: 탄소중립 미래지향적 역량 강화 사업'에서 실무자의 인식, 역량, 교육 수요를 조사하기 위해 기획된 설문으로, 국제개발협력 실무 유경험자 118명을 포함하여 총 194명이 참여하였다.

를 공유하는 절차적 투명성을 강화해야 한다. 이를 위해서는 정책 담당자들과 ODA 관리자들의 인식 및 역량 개선이 우선되어야 한다.

기후위기 시대에 분야 중심 전문 지식과 기술은 한계가 뚜렷해지면서 융합적 접근법이 주목받고 있지만, 관련 역량을 강화할 기회는 많지 않다. 중장기적인 관점에서 지역 중심으로 기후위기를 전망하는 전문가 분야 중심의 적정기술/방안을 제시하는 전문가, 기후 기술/분야 기술의 융합 가능성을 평가하는 전문가, 환경/사회의 범분야 이슈를 다각적으로 분석하는 전문가, 현지의 특수성을 이해하는 전문가 등이 정보와 지식을 공유하고 역량을 함께 성장시킬 수 있도록 협업적 플랫폼 구축이 필요해 보인다.

2) 온실가스 보고 검증 체계 구축

결과기반관리(management for results)는 국제개발협력 분야에서 중요한 원칙이며 KOICA를 비롯한 ODA 시행 기관들은 대부분 이러한 성과관리 체계를 구축하고 있다. 그러나 사업의 영역이 다각화되고 범위 및 방식이 확대되면서 성과관리의 어려움이 증가하고 있다.

기후행동, 특히 기후변화 완화 사업의 성과는 사업으로 야기되는 온실가스 배출량 및 흡수량의 변화를 모니터링하고 감축량을 산정하는 방식으로 파악되어야 한다. 그간 다양한 CDM 방법론 개발과 사업 시행의 결과로 온실가스 감축 행동의 측정·보고·검증(Measurement, Reporting & Verification, MRV) 관련 기준과 절차가 만들어져 있지만, ODA 분야에서의 온실가스 MRV는 아직 체계화되어 있지 못한 실정이다. 온실가스 감축을 목적으로 하는 ODA 사업에서조차 온실가스 감축량이 성과지표로 설정되지 않아 정량적 평가가 이루어지지 못한 경우가 많았다. 국제개발협력 분야에서 기후행동의 중요성과 관련 사업 수가 증가하면서 성과 지향적 관리 원칙에 따라 온실가스 감축 활동의 정량적 성과관리 필요성이 증대하고 있고 KOICA 등 관련 기관에서는 MRV 체계 구축에 노력하고 있다.

MRV 관련 불확실성, 자료 부재, 이용/편의성 등 고려해야 할 요소가 많고 분야에 따라 MRV 구축과 운영에 높은 기술 수준이나 시간, 비용이 과다하게 필요할 수 있다. 따라서 MRV 체계는 효율성에 중점을 두고 구축하되, 검증할 수 있는 투명한 절차와 지속적 개선을 위한 환류 절차도 포함하는 것이 중요하다. 국제탄소시장의 성장은 불가피할 것이고 이는 많은 기회를 제공하게 될 것이다. 그러나 MRV를 거치지 않는 성과(인증된 온실가스 감축량)는 탄소시장에서 거래될 수 없다. 만일 신뢰할 수 없는 성과가 거래된다면 탄소시장의 효용성은 떨어지고 기후행동의 환경건전성(Environmental Integrity)[51]은 크게 위협받게 될 것이다.

모든 인간의 활동은 크든 작든 온실가스를 배출한다. 기후행동의 고려 여부와 관계없이, ODA 기획-실행-관리-평가 전 과정에서 온실가스가 배출된다. 기후행동 자체도 어느 정도의 온실가스를 배출하게 되는데, 이를 프로젝트 배출량이라고 하고 기후행동이 없는 경우를 가정한 상황(기초선)의 배출량과 비교하여 온실가스 감축량을 추정하게 된다. 온실가스 MRV는 기후행동만을 대상으로 하지 않고 ODA 전체 활동을 포괄하게 된다. 예를 들어 신재생에너지 등 인프라 건설사업에 화석연료를 사용하는 중장비가 많이 사용된다면 이러한 건설 과정 및 수송 과정에서 배출하는 온실가스 양도 모니터링하거나 방법론에서 제안된 일정 비율로 성과

---

51 '환경건전성'은 탄소시장에서 실질적인 감축 성과가 아니거나 과대평가된 감축량을 거래하면서 전 지구적 차원에서 온실가스 배출량 증가를 초래하지 않아야 한다는 원칙이다.

에서 차감하여 최종 감축량을 산정해야 한다. 기후행동과 관련된 직접 배출과 간접 배출을 모두 고려하지 않으면 기후행동의 성과가 과대 평가될 수 있고 이는 환경건전성에 문제를 일으킨다.

3) 국가별 특수성을 반영하는 접근방법 적용

기후위기가 국가/지역별로 다르게 나타나듯 기후행동도 국가/지역별 특수성을 반영해야 성과를 얻을 수 있다. 특히 최빈국은 온실가스 배출 활동이 거의 없어 기후행동의 잠재력이 매우 낮은 편이다. 이는 생존이나 삶의 질에 영향을 미치는 기본 서비스가 충분히 제공되지 않아 기초선 배출량이 매우 낮기 때문이다. 종종 최빈국에서 진행되는 기후변화 완화 사업은 기초선보다 더 많은 온실가스를 배출하기도 한다. 이러한 '기본수요를 만족하지 못하는 낙후된 여건(depressed demand)'에서는 기후 ODA 사업성과를 다르게 파악할 필요가 있다. 예를 들어 에너지 접근성이 현저히 낮은 지역에 저탄소 에너지 설비를 설치하더라도 사업의 온실가스 배출량이 기초선과 비슷하거나 오히려 높게 된다. 방법론이나 국제적 기준에 따라 기초선을 일정 정도 높게 산정하는 방식 등을 활용하여 기후행동의 성과를 산정하는 것이 필요하다. 'depressed demand'를 SDGs에서 강조하는 포용성, 인권, 젠더 등의 가치와 연계하여 공편익 관점으로 결과를 분석하는 것도 유용하다.

4) 기후행동과 불평등의 관계 이해

기후행동은 직간접 영향의 범위와 특성이 다르므로 불가피하게 불평등에 영향을 미칠 수 있다. 예를 들어 기후복원력 사업으로 가뭄 지역에 저수지나 우물 시설을 제공하는 사업을 실시한 결과 토지 소유자들은 소작을 줄이고 자작을 통해 식량 생산성을 높여 경제적 혜택을 받지만, 소작농이 경제적으로 더 어려워졌다면, 의도하진 않았지만 불평등을 악화하게 된 것이다. 원주민의 비자발적 이주를 야기하는 수력댐 건설도 불평등을 악화할 수 있는 기후행동이다. 이러한 불평등 악화를 사전에 방지하기 위해 '환경·사회 세이프가드'가 도입되었다.

KOICA를 포함하여 국내외 원조기관은 환경 사회 세이프가드를 통해 사업 초기 단계부터 환경 및 사회 위험을 파악하고 위험 저감 방안을 구체적으로 마련하고 있다. 그러나 아직은 제한적 적용 범위, 위험도(카테고리) 선정의 객관적 기준 부재 등 개선의 소지가 적지 않다.

세이프가드는 중요한 도구로 지속적으로 개선하고 활용 범위를 확대할 필요가 있지만, 기후행동과 불평등의 관계는 사례 기반의 연구와 분석을 통해 이해하는 것도 필요하다. 특히 불평등은 사회-경제-기후위기의 통합적 관점에서 분석해야 효과적 해결 방안을 도출할 수 있다. 그러나 일반적으로는 사회-경제적 취약계층을 파악한 후 그들의 기후 불평등과 다른 불평등 악화 요소를 파악할 수도 있다(순차적 접근법). 또한 긍정적 효과로 인한 불평등 영향도 함께 고려해야 한다.

5) 기후정의를 고려한 탄소시장의 활용

탄소시장에 대한 관심이 증가하고 있다. 아직은 배출권거래제도처럼 규제적 시장 위주로 발전하고 있지만, 자발적 시장의 성장 가능성도 커지고 있다. ODA는 그간 CDM 사업 등 국제탄소시장에 진입하는 것이 거의 불가능하였다. 그러나 제6.2조 협력적 접근법의 다양성과 제6.4조 메커니즘의 포용성을 고려하면 신기후체제에서 ODA와 탄소시장의 연계가 유연해질 수 있을 것이라는 의견이 많다. 그러나 탄소시장과 연계되면 수익

구조에 집중하면서 ODA의 목적을 훼손하거나 약화할 수 있다는 우려의 목소리도 있다. 탄소시장의 활용이 중요해지면 온실가스 감축 잠재력이 거의 없는 최빈국에는 기후행동 ODA 사업의 유인이 줄어든다. 이로 인해 최빈국은 탈탄소 경제구조로 성장할 기회를 상실할 수 있다. ODA 대상이 대규모 온실가스를 저렴하게 감축할 수 있는 분야로 집중될 수도 있다. 이로 인해 온실가스 감축 잠재력이 작거나 비싸고 어려운 방식이 요구되는 분야만 남게 된다면 향후 NDC 상향에 따라 개발도상국이 자체적으로 기후행동을 강화할 여지가 제한될 수 있다. 따라서 ODA(또는 후속 사업)와 탄소시장의 연계는 기후정의의 관점에서 이루어져야 할 것이다.

📋 필수개념 정리

기후위기: 기후변화가 극단적인 날씨뿐 아니라 자연 기반을 붕괴하면서 인류에게 회복할 수 없는 위험을 초래하는 상태

기후변화 취약성: 기후변화 위해에 노출되는 위험의 정도

기후불평등: 기후위기 유발의 책임자와 피해자가 동일하지 않거나 그 책임의 정도와 비례하는 비용을 지불하지 않는 상태

기후변화 완화: 온실가스의 발생원을 줄이거나 흡수원을 증가시키는 조정 행위

기후변화 적응: 이미 발생하고 있거나 향후 발생이 예상되는 기후변화 영향에 적응하거나 회복력을 높이는 행위

기후행동: 기후위기에 대응하기 위한 인간의 개입 활동. '기후변화 완화'와 '기후변화 적응'을 포괄한 개념

탄소중립: 대기 중 온실가스의 양이 증가한 만큼 상쇄되어 일정하게 유지되는 상태. 정책 목표로 언급할 때에는 특정 기간(예: 2050년) 안에 달성해야 하는 것을 명시하고 사회·경제·기술 등 다양한 분야의 변화를 포괄함

환경(기후변화) 주류화: 모든 개발사업에 환경(기후변화) 이슈를 통합하여 개

발 효과를 높임과 동시에 지속가능발전을 도모하는 전략

녹색성장: 경제성장 과정에서 환경 요소를 함께 고려하는 동시에 환경을 새로운 성장동력으로 인식하는 성장 패러다임

기후변화에 관한 정부 간 협의체(IPCC): 세계기상기구(WMO)와 유엔환경계획(UNEP)이 설립한, 기후변화와 그 영향을 관측하여 분석하는 기구

유엔기후변화협약(UNFCCC): 1992년 유엔환경개발회의에서 채택된, 지구 온난화 방지를 위해 온실가스의 인위적 방출을 규제하기 위한 협약

파리협정: 2015년 UNFCCC 당사국총회에서 채택한, 지구 온도 상승을 2℃ 이하로 유지하되 가급적 1.5℃로 제한하자는 감축 목표에 합의한 협약

 토론점

기후활동 ODA가 다른 SDGs 달성에 부정적인 영향을 끼치게 된다면 어떻게 대응해야 할까? 온실가스 감축 사업은 일반적으로 온실가스를 많이 배출하는 연료, 기술, 설비, 시설, 제품 등을 적게 배출하는 것으로 '대체' 하는 활동을 기반으로 하는 경우가 많다. 그러나 대체되어야 할 설비가 다른 지역, 국가, 사람에서 사용되면서 '대체' 효과가 사라지고 온실가스가 그대로 다른 지역에서 발생하게 된다. 대체되는 설비가 다른 열악한 지역에 사용되면서 빈곤 해결이나 기본 서비스 제공 등 다른 SDGs 달성에 유

리해진다면 우리는 이 설비의 타 지역(대체되어야 할 제품이 아직 유용하게 사용될 수 있는 지역) 이용을 허락해야 할까? '대체' 효과를 위해 폐기 처분하는 것이 주변 환경에 부정적 영향을 끼치게 될 경우, 어떻게 처리해야 할까?

① 의견 1: 기후행동의 '대체' 효과를 무시하면 기후행동의 궁극적 목적인 온실가스 배출 감축을 달성할 수 없게 된다. 하나의 사업이 모든 지역의 수요를 충족시킬 수 없으므로 대상 지역에 집중하고 원래의 사업 의도를 준수해야 한다. 기획 단계에서 수요 등 현지 상황을 파악하여 적정한 지역을 선정하고 환경에 피해가 되지 않는 폐기 기술을 파악하면 제기된 문제를 해결할 수 있다.

② 의견 2: 기후행동은 SDGs의 하나일 뿐, 다른 SDGs와 상충되거나 시너지 가능성이 있다면 최대한 위험을 줄이고 많은 성과를 만들 수 있는 보완 방법을 찾아야 한다. 예를 들어 일부만 '대체'에서 '재사용'으로 변경한다면, 온실가스 감축 성과는 일부 줄어도 다른 SDGs 달성에 도움이 될 것이다.

위와 같은 상황에서 기후위기 대응은 얼마나 필요한지, 기후행동과 SDGs 연계성은 어떻게 파악하고 조정해야 하는지를 고려하면서 자신의 의견을 제시해 보자.

 읽을거리

2050 탄소중립 교육 참고자료집

환경부·환경보전협회 지음 | 환경부 | 2022

국내외 주요 탄소중립 관련 정보뿐 아니라 기후변화와 관련한 기본 정보 (원인, 현황, 전망, 영향 등)를 알기 쉽게 설명하고 있다.

지속가능한 미래를 위한 기후변화 데이터북

박훈 지음 | 사회평론아카데미 | 2021

국내 도서들 중에서는 유일하게 도표를 중심으로 기후변화에 대해 설명한 책으로, 기후위기뿐 아니라 생물다양성, 환경오염 등 국내외 주요 환경 이슈를 포괄하고 있다. 다소 복잡한 도표를 포함하고 있지만 최신 데이터를 기반으로 하고 있고 유용한 자료가 많아 기후변화 분야에서 활동하는 분들에게 추천한다.

기후변화 27인의 전문가가 답하다

전의찬 외 지음 | 지오북 | 2016

기후변화 분야의 최고 전문가들이 다양한 주제를 전문 경험과 최신 정보를 바탕으로 쉽게 설명하고 있다. 특히 기후변화에 어떻게 대응할 것인가에 대한 해답을 제시하고 있어 기후행동에 관심이 있는 분들께 추천한다.

빌 게이츠의 화장실: 지속가능한 지구촌을 위한 화장실 혁명

이순희 지음 | 빈빈책방 | 2018

환경 렌즈를 통해 '화장실'이라는 누구에게나 친숙한 일상 속 공간을 다양하게 분석하고 있다. 쉽게 공감할 수 있고 불평등과 환경 등 실용적 고민거리를 던져 주는 책으로 국제개발협력 실무자들에게 추천한다.

제6장

과학기술혁신

김지현 과학기술정책연구원 연구위원

1. 과학기술혁신의 이해   421

2. 세계의 과학기술혁신 현황과 도전과제   444

3. 과학기술혁신 분야 국제개발협력 동향   455

4. 과학기술혁신 분야 KOICA 지원 전략과 현황   465

5. 과학기술혁신 분야 성과와 과제   485

- 학습목표 -

1. 과학기술혁신 및 디지털 전환과 관련된 기본적인 개념을 이해하고
이론적 토대를 마련한다.

2. 개발도상국의 과학기술혁신 관련 현황을 이해하고 도전과제를 파악한다.

3. 개발도상국의 과학기술혁신 역량을 배양하고 디지털 전환을 지원하기 위한
국제사회의 전략과 사업 사례를 학습한다.

1. 과학기술혁신의 이해

　　새로운 지식과 기술을 만들어 내고 확산하는 것은 경제성장과 지속가능한 발전의 중요한 원동력이다. 과학기술은 이러한 경제발전과 지속가능한 사회로의 전환을 위한 중요한 수단으로 널리 인식되고 있다. 개발도상국 역시 새로운 기술 도입과 개발을 통해 경제성장의 모멘텀을 가져올 수 있으며, 이러한 기술발전 과정에서 다른 국가들이 이전에 저지른 실수를 학습하고 이를 피해 갈 수 있는 이점을 얻기도 한다. 그래서 대부분의 국가가 과학기술, 여기에 혁신을 통한 또는 과학기술혁신을 활용한 국가 발전전략을 수립하고 이를 이행하기 위해 노력하고 있다. 그러나 이러한 노력에도 불구하고 기초 인프라 부족으로 인한 접근성의 문제는 새로운 기술이 주는 편익을 더 잘 활용하고 미래를 위한 지속가능한 성장 경로를 설정하기 위해 필요한 역량을 강화하기 위한 추가적인 지원의 필요성을 점점 더 강조하고 있다.

2015년 국제연합(United Nations, UN) 지속가능발전정상회의의 2030 어젠다(UN, 2015a) 채택은 지속가능발전목표(Sustainable Development Goals, SDGs)를 달성하기 위한 과학기술혁신의 중요성과 범분야성을 인식하는 계기가 되었다. 이러한 과정을 가속화하기 위해 2015년 7월 제3차 국제개발재원회의에서 합의된 2015년 지속가능발전정상회의와 아디스아바바 행동계획(Addis Ababa Action Agenda, AAAA)을 통해 지식 이전을 지원하고 각국의 과학기술혁신 역량을 강화하기 위한 새로운 기술 메커니즘이 출범하기도 하였다(UN, 2015b).

그러나 기술혁신이 모두에게 밝은 미래를 약속하는 것은 아니다. 기술이 발전할수록 생산의 기계화와 자동화가 이루어져 일자리가 감소하고, 소득의 격차가 심화되는 양상을 보인다. 세계경제포럼(World Economic Forum, WEF)에서는 4차 산업혁명이 자본, 재능, 높은 수준의 지식을 가진 사람들에게는 유리하지만 하위 단계의 서비스에 종사하는 사람들에게는 불리함을 언급한 바 있다. 이와 같은 변화는 특히 기술혁신 역량이 낮은 개발도상국의 경제발전에는 절대적으로 불리한 조건이라고 할 수 있다. 과거 개발도상국은 상대적으로 저렴한 노동력을 바탕으로 산업을 발전시켜 왔다. 그러나 4차 산업혁명 시대에는 로봇과 인공지능(AI) 기술의 발전과 보편화로 인하여 노동 수요가 세계적으로 감소할 것이라는 예측 또한 존재한다. 따라서 선진국들은 기술혁신의 성과를 통해 새로운 부가가치를 창출해 가면서 한편으로는 국제사회의 지속가능한 성장을 위해 빈곤 문제, 기후변화 등 전 지구적 문제를 해결하기 위해 노력해야 한다. 개발도상국의 과학기술혁신 역량을 강화하는 것은 매우 중요하고도 시급한 과제라고 할 수 있다. 선진국과 개발도상국의 기술격차를 줄이는 것이 결코 쉬운 일은 아니지만, 국가 간 기술격차가 지속적으로 확대되는 과정에 있음을 감안한다면 이는 더 이상 미룰 수 없는 과제임은 분명하다. 따라서 이 장에서는 국제개발협력에서 우리가 다루어야 할 과학기술혁신이 무엇인지를 알아보고 이를 위한 국제사회와 한국, 한국국제협력단(Korea International Cooperation Agency, KOICA)의 역할과 기여를 살펴보고자 한다.

(1) 과학기술혁신이란 무엇인가

과학(科學, science)이란 보편적인 진리나 법칙의 발견을 목적으로 한 체계적인 지식으로 정의할 수 있다. 영어로 과학을 뜻하는 'science'는 지식을 뜻하는 라틴어 'scientia'에서 온 것으로 접두사 'scio-'는 앎(know)을 의미해 과학은 넓은 의미로는 학문이나 지식과 같은 개념이라 볼 수 있다. 과학은 검증 가능한 방법으로 얻어진 지식의 체계를 말하는 것으로 자연과학(natural science), 사회과학(social science)과 같이 거의 모든 학문적 영역에 적용되어 사용되기도 한다. 좁게는 주로 자연과학을 의미하는데, 분석적이며 실증적인 자연철학(natural philosophy)이 19세기 무렵부터 자연과학으로 명명되고 수학·물리학·화학 등으로 세분화된 형태를 갖추고 있는 것을 의미한다고 볼 수 있다.

'과학'과 '기술'의 합성어인 과학기술(科學技術, scientific technique)은 사전적으로 "자연과학, 응용과학, 공학 따위를 실제로 적용하여 인간 생활에 유용하도록 가공하는 수단을 통틀어 이르는 말"이다.[1] '과학기술'에서

---

1 국립국어원 표준국어대사전. "과학 기술".
　출처: https://stdict.korean.go.kr/search/searchView.do?word_no=518396&search KeywordTo=3(2022.7.30.검색)

'기술'[2]은 'techne'와 'logos'라는 두 개의 그리스어 단어에서 유래하는데, 'techne'는 예술, 공작 또는 물건을 얻는 방법, 방식 또는 수단을 의미하고, 'logos'는 말, 내적 생각이 표현되는 발화, 말 또는 표현을 의미한다. 따라서 문자 그대로 기술은 문제를 해결하고, 문제에 대한 기존 방식을 개선하며, 목표를 달성하고, 적용된 입력을 처리하기 위해 도구, 기계, 기술(technique), 공작, 시스템 및 조직 방법의 제작, 수정, 사용 전체를 의미한다. 즉 현대적 의미의 기술은 과학적 발견이 입증되고 유용한 결과뿐만 아니라 이를 위해 사용된 도구, 방법 및 프로세스 전체로 표현될 수 있다.

최근에 다양한 분야에서 쓰이고 있는 혁신(革新, innovation)의 사전적 의미는 "묵은 조직이나 제도·관습·방법 등을 바꾸어 새롭게 하는 것"이다. 영어에서의 어원을 살펴보면, 'innovation'은 라틴어 'innovare'에서 유래되었는데, '안에서 밖으로'를 뜻하는 'in'과 '새롭다'라는 뜻의 라틴어 'nova'가 결합된 것으로, 이를 해석하면 '보이지 않는 내부에서 시작해서 달라지는 것'을 의미한다(송성수, 2014). 사전적 의미 외 다양한 현대적 관점에서 '혁신'에 대한 정의를 살펴볼 수 있는데 첫째, 매리 크로산(Mary M. Crossan)과 마리나 아파딘(Marina Apaydin)은 "경제 및 사회적 영역에서 부가가치가 있는 새로움의 생산 또는 채택, 동화 및 활용 제품, 서비스 및 시장의 갱신 및 확대, 새로운 생산 방법의 개발 및 새로운 관리 시스템의 구축으로, 과장이기도 하고 결과이기도 하다"라고 정의하고 있다(Crossan and Apaydin, 2010). 둘째, 혁신 측정을 위한 오슬로 매뉴얼(The Oslo Manual)에서 혁신은 "관행, 조직 또는 외부 관계에서 새롭거나 크게 개선된 제품

---

2 과학과 기술에 대한 정의와 구분에 대해서는 다양한 의견이 존재하는데, 이에 대해서는 Bahattin Karagözoğlu (2017) 참고

(상품 또는 서비스), 프로세스, 새로운 마케팅 방법 또는 새로운 조직의 구현"이라고 정의하고 있다(OECD, 2005). 마지막으로 OECD와 유럽연합통계국(Eurostat)에서는 혁신을 "(기관 및 조직의) 기존 제품 또는 프로세스와 크게 다르고 (제품 측면에서) 잠재적인 사용자에게 제공되거나 (프로세스 측면에서) 기관 및 조직에서 사용하게 된 새롭거나 개선된 제품 또는 프로세스 (또는 이들의 조합)"라고 정의하고 있다(OECD and Eurostat, 2018).

이러한 정의로 볼 때 과학기술혁신이란 과학기술(지식)에 기반하여 혁신을 일으키는 것이라 할 수 있다. 오늘날 혁신이 중요해지는 이유는 끊임없는 과학기술혁신으로 기업은 경쟁력을 유지할 수 있으며 가치사슬 생태계에서 유리한 위치를 점할 수 있어 기업 활동의 지속가능성을 확보할 수 있기 때문이다. 과학기술혁신은 과학기술적 지식이 제공하는 (혁신) 기회가 사회·경제적 필요를 만날 때 일어난다. 오늘날 사회나 산업이 당면하고 있는 모든 문제는 과학기술 지식에 그 원인이 있거나 처방이 있다고 해도 과언이 아니다. 따라서 과학기술적 지식을 바탕으로 한 혁신은 산업적 측면에서나 사회적 측면에서나 매우 중요한 의미를 갖는다.

(2) 과학기술혁신과 발전

20세기에 출현한 기술들은 산업, 보건, 국방 등의 개념을 바꾸어 놓았으며, 인간의 의식주에도 혁명적인 변화를 초래하였다. 과학기술력의 우위가 바로 군사적 패권으로 이어졌으며, 의료·보건 기술의 발전은 인간의 평균수명을 대폭 연장하였다. 또한 새로운 정보통신기기의 등장은 인간의 일하는 방식과 여가 문화를 대폭 변화시켰다. 이와 같이 과학기술은 인류 역사의 변화를 주도해 나갔으며, 향후 과학기술이 인류의 정치·경제·사회·문화에 미치는 영향의 범위와 정도는 더욱 커질 것으로 전망된다.

실제 선진국을 비롯한 주요 국가의 경제발전에 있어 과학기술이 기여한 정도는 매우 크다. 선진국의 경우 연구개발(Research and Development, R&D) 인력이 총 노동력에서 차지하는 비중이 불과 1~2%밖에 되지 않음에도 불구하고 R&D 활동을 통해 신물질, 신제품, 신공정 등을 개발하고 이를 기술혁신으로 연결하여 경제성장을 가져왔다. 또한 연구개발이 기술혁신을 촉진하고 생산성을 향상하며, 경제성장 및 기술혁신에 큰 기여를 하고 있음을 보여 주는 연구들도 다양하게 발표되었다. 이처럼 과학기술이 지속적인 경제성장 및 기업경쟁력의 원천으로 작용하기 때문에, 세계의 주요 국가들은 경쟁적으로 연구개발 투자를 비롯한 혁신 활동을 확대하고 있다.

1) 기술혁신과 경제발전의 이론

혁신은 경제의 성장과 발전의 주요 동인(動因)이다. 조지프 슘페터(Joseph Alois Schumpeter)의 혁신이론, 신고전파 성장이론, 내생적 성장이론, 진화론적 혁신 체제이론 등 혁신과 경제성장에 관한 다양한 이론적 논의들에 따르면, 혁신에 의해 기업이 성장하고 보다 나은 일자리가 창출되며, 혁신을 통해 경제 전반의 생산성을 높이고 국민 삶의 질을 높일 수 있다. 기술혁신이 경제발전에 영향을 미치는 경로는 다양하다. 기술혁신이 경제발전에 중요한 역할을 한다는 최초의 경제학적 논의는 애덤 스미스(Adam Smith)의 주장에서 찾아볼 수 있다. 애덤 스미스(Adam Smith)는 『국부론』에서 자연환경으로부터 원료를 가져다가 노동력을 통해 사람들이

원하는 그 어떤 것으로 변환시킬 때 부(富)가 창출되며, 이것의 극대화는 노동 생산성의 증대에 있다고 보았다(Smith, 1776). 즉 생산방식의 혁신(예: 분업)을 통한 생산성 및 생산력의 증대가 얼마나 중요한 것인가를 보여 주었다.

그럼에도 불구하고 대체로 고전경제학에서는 주어진 조건에서 최대의 효용을 추구할 때 경제를 균형 상태에 도달하게 하는 '보이지 않는 손'을 경제의 주요한 작동원리로 보았다. 그러나 역사적으로 볼 때 자본주의 경제는 균형이 맞춰지기보다는 경제 호황기와 불황기를 반복하면서 발전해 왔다. 이렇게 균형이 파괴되는 동인에 주목한 것이 조지프 슘페터(Joseph Alois Schumpeter)이며, 그는 1911년 출판된 『경제발전의 이론』에서 경제발전은 체제 내부의 변화로부터 일어나는 것으로, 즉 기술혁신이 자본주의경제의 발전을 촉발하는 중요한 동인이라고 주장하였다. 기술혁신에 의해 촉발된 장기 순환의 상승 국면에서는 투자가 촉진되고 경기는 활성화되나, 기술이 성숙됨에 따라 경기는 위축되고 침체 상태에 빠져든다. 이때 새로운 기술혁신이 일어나고 '창조적 파괴(creative disruption)'가 시작되면서 새로운 발전이 시작된다.

제2차 세계대전 이후 나온 로버트 솔로우(Robert M. Solow)는 투입 요소의 다양한 생산 결합 방법들을 기술이라고 보았다(Solow, 1956). 그러므로 기술이 진보하는 경우, 즉 과거보다 더 투입요소의 결합 방법이 효과적으로 이루어질 경우, 생산요소인 노동과 자본의 생산성은 모두 높아지고 이는 경제성장으로 이어진다.

내생적 성장이론은 폴 로머(Paul M. Romer)를 시작으로 등장했는데, 그는 실물자본이나 인적 자본에 대한 새로운 투자가 기술의 진보를 초래한다고 보았다(Romer, 1986·1990). 예를 들어 개인이나 기업이 새로운 자본을 축적하면 이는 다른 사람이나 기업이 보유한 자본의 생산성을 증대시키는 등 투자의 외부효과가 일어나게 된다고 설명하였다. 또한 경제성장률은 혁신 활동에 투입된 연구개발 투자 규모에 달려 있다고 보았다.

이런 측면에서 보면 경제발전과 연구개발 투자, 이에 영향을 받는 (과학기술)지식의 축적이 중요한데, 과학기술의 발전을 통해 개발도상국의 경제발전을 도모하는 경우 초기에 축적하는 지식자산이 부족한 경우가 대부분이다. 개발도상국이 과학기술 개발을 추진하게 된 시기는 대부분 2차세계대전 이후로, 대부분이 축적한 과학기술(자산)은 거의 없다. 또한 개발도상국의 경제 규모는 대부분 작기 때문에 과학기술 부문에 대한 투자는 한층 더 어렵다. 그나마 상대적으로 접근하기 쉬운 것이 과학기술 인력이지만, 해외에서 공부한 극소수의 과학기술자들도 선진국에서 취업을 하고 귀국하기를 꺼려 하는 이른바 두뇌유출(brain drain) 현상이 심각한 문제로 발생한다. 이러한 이유로 개발도상국에서 과학연구 혹은 기술개발 활동과 관련된 하부구조는 취약할 수밖에 없는 것이 현실이다.

이러한 맥락에서 2차 세계대전 이후 경제성장에 필요한 과학기술을 어떻게 확보하느냐 하는 문제가 많은 개발도상국의 주된 관심 사항으로 대두되었다. 자국의 여건에 적합한 기술을 어떻게 확보하느냐가 과학기술 전략의 핵심 과제가 되어, 취약한 기술 역량을 감안하여 자국에 필요한 기술을 자체적으로 만들어 내는 것보다는 선진국으로부터 기술을 도입하고 도입된 기술을 빨리 흡수하는 데 집중하였다. 따라서 개발도상국의 기술개발 전략은 자체 기술개발보다는 선진국으로부터의 기술도입을 촉진하고, 도입된 기술을 소화·흡수할 수 있는 능력을 배양하는 데 초점을 맞추게 되었다.

2) 개발도상국의 기술발전 과정 모형

개발도상국이 추격 성장을 통해서 선진국에 진입하기 위해서는 기술역량의 향상을 통한 기술발전 과정을 거쳐야 한다. 여기서 '기술역량'이란 도입된 기술을 생산활동에 적용하는 과정에서 얻은 경험을 가지고 기존 기술을 조정하고 개선하는 능력을 의미한다. 이렇듯 기술역량이란 기술을 효과적으로 사용할 수 있는 힘으로서 인적자본, 실물 자본, 그리고 제도적 자본(institutional capital)에 대한 투자를 통해서만 축적되며, 그 결과는 기술발전으로 나타나기 때문에 개발도상국에 있어서 기술역량 향상은 필수적이라고 할 수 있다.

일반적으로 기술 진보 혹은 기술발전의 과정을 살펴보면, 연구개발에 의하여 발명(invention)이 일어난 후 이를 상업적으로 적용할 경우 기술혁신이 일어나며, 최초의 기술혁신이 다른 기업들에 의하여 모방되어 기술혁신의 확산(diffusion)이 일어나고, 그 결과 한 나라의 기술 진보 혹은 기술발전을 가져오는데 이는 최종적으로 경제성장으로 연결된다. 이 과정에서 중요한 것이 기술혁신을 처음으로 채택(adoption)하는 속도와 확산(diffusion) 범위이다. 기술혁신의 채택 후 수용(acceptance) 속도가 빠를수록 기술의 진보는 빨라지며, 경제성장도 빨라진다. 그러나 개발도상국은 선진국과 현격한 기술격차를 보이고 있어 연구개발을 통해 제품 혁신이나 공정 혁신을 기대하기에는 무리가 따르며, 기간도 오래 걸린다. 거의 모든 개발도상국이 기술개발 능력이 매우 취약하기 때문에 자체적인 연구개발을 통한 기술혁신의 성과를 기대하기보다는 대부분 선진국으로부터 기술을 도입해 연구개발을 시작하는 경우가 많으며, 기술발전 과정은 단계적 성격을 띠고 있다는 사실을 공통적으로 지적하고 있다(박우희·배용호, 1996).

<표 6-1> 개발도상국 기술발전 과정의 다양한 모형 사례[3]

문헌	기술발전 과정의 단계			
김인수(1979)	실천기	소화 및 모방기	개량 및 자체 개발기	
Fransman(1985)	탐색 및 적응	개선	기술변화	연구개발
Lee et, al.(1987)	도입	내재화		창출

출처 : 홍사균 외(2010: 42)

개발도상국의 기술발전 과정은 선진국의 기술을 도입하여 이를 소화·흡수하고 이후 자체 연구개발을 통해 선진국 수준으로 접근하는 단계로 볼 수 있다. 이러한 발전의 과정을 기술추격(catch-up) 과정으로 표현하기도 하는데, 추격 과정에서는 후발자가 단순히 선진국의 기술발전 경로를 답습하는 것만은 아니라는 점도 강조되고 있다. 후발자들은 종종 몇 단계를 건너뛰기도 하고 선발자들과는 다른 독자적인 경로를 만들어 내기도 한다(박우희, 2001). 이러한 맥락에서 이근과 임채성은 개발도상국의 기술발전 과정을 후발자가 선발자를 추격하는 과정으로 설명하고 있다(이근·임채성, 2001). 이들은 기술추격 과정을 경로 추종형 추격, 단계 생략형 추격, 경로 개척형 추격 등 세 가지로 설명하는데, 후발자가 선발자의 경로를 어떻게 따라가는가, 즉 똑같이 가는가, 몇 단계 생략하고 시간을 절약하는가, 일정 정도 따라가다가 새로운 경로를 만들어 내는가 등에 따라 유형화할 수 있다고 주장하였다.

---

3 더 다양한 모형들을 정리한 내용은 홍사균 외(2010) 참고

3) 기술주도형 경제성장: 대한민국

우리나라는 과학기술에 대한 지속적인 투자를 바탕으로 경제발전을
이룩한 대표적인 국가이다. '한강의 기적'으로 표현되는 한국의 고도성장
경험이 많은 개발도상국에 희망을 주며 벤치마킹 모델이 되고 있다. 한국
이 빠르게 경제발전을 달성할 수 있었던 이유는 여러 가지가 있지만 무엇
보다도 정부가 과학기술의 중요성을 인식하고 과학기술혁신 역량을 확보
하도록 지속적으로 투자했던 것이 중요한 동인으로 평가된다.

<그림 6-1> 한국의 경제발전 과정과 기술발전

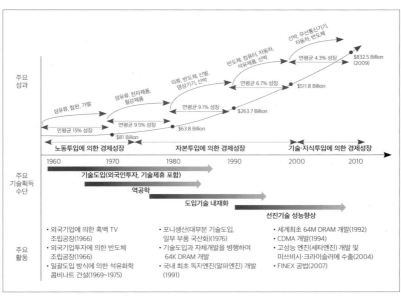

출처 : 홍사균 외(2010: 52)

한국은 1960년대 섬유, 신발 등 노동집약적 경공업 중심의 산업구
조를 기술집약적 산업으로 점차 고도화하는 정책을 추진했고, 그 결과

성공적으로 선진국들과의 기술격차를 좁혀 나갔다. 1970년대에는 철강과 기계 산업 등 중화학공업을 육성했고, 1980년대에는 조선·전자산업의 기틀을 다졌다. 1990년대에는 반도체·자동차산업이 성장하는 시기를 거쳤고, 2000년대에 들어서는 우수한 정보통신기술(Information and Communications Technology, ICT)을 토대로 융합산업 분야에서 선진국들과 다양하게 기술 경쟁을 펼치고 있다.

한국의 1960년대는 과학기술의 기반을 다진 시기로 평가된다. 1960년대 초반 경제발전을 위해 산업화를 추진해 나간 초기에는 아무런 기술적 기반이 없었기 때문에 산업화에 필요한 기술들을 전적으로 선진국에 의존할 수밖에 없었다. 외국 투자로 발주된 일괄공정 시설은 주로 턴키(turnkey)방식[4]에 의해 공장이 건설되었기 때문에 공장을 운영하기 위한 노하우를 공급자에 의한 기술지도나 자문, 그리고 기술자 훈련 등에 의해 습득하였다. 그리고 전자제품이나 기계부품 업종에서는 주로 주문자상표부착(Original Equipment Manufacturer, OEM) 방식에 의한 기술 습득이 주류를 이루었다. 자동차, 조선, 공작기계 부문에 대한 기술 습득은 라이선싱이나 기술 자문 등 주로 공식적 채널을 통해 관련 기술을 습득하였으며 '역공학(reverse engineering)'을 통한 기술 습득도 병행하였다.

이 시기에 한국은 미국의 공적개발원조(Official Development Assistance, ODA)를 활용하여 한국과학기술연구원(Korea Institute of Science and Technology, KIST)을 설립하고 당시 해외에 퍼져 있던 유능한 과학기술 분야 연구 인력들을 파격적인 조건을 제시하여 국내로 불러들였다. KIST는 설립 초

---

4 '턴키'는 공장을 가동하는 키를 돌리면 모든 설비가 가동되는 상태로 공사 발주자에게 인도한다는 뜻이다. 설계·기기 조달·시공·건설·시운전까지 맡게 되는 일괄수주계약 방식을 의미한다.

기 새로운 기술개발보다는 국내 산업 부문에서 필요한 기술을 제공하는 역할을 담당하였다. 당시 KIST는 완성된 제품을 분해하는 과정을 거치면서 기술을 습득하는 역공학의 과정을 통해 산업 부문의 기술력을 향상시키는 데 기여하였으며, 장비의 고장 등으로 막대한 비용 발생이 예상되는 기업에 기술을 지원하여 문제를 해결해 주기도 하였다.

1970년대 한국은 과학기술 인력을 꾸준히 양성하는 한편, 우수한 인력들이 연구개발 활동을 지속할 수 있는 토대를 마련하였다. 이 시기 한국 정부는 경제개발계획에 의한 산업화를 뒷받침할 수 있는 고급 과학기술 인력 양성의 중요성을 느끼고 국내 최초의 연구 중심 이공계 특수 대학원인 한국과학기술원(Korea Advanced Institute of Science and Technology, KAIST)을 설립하였다. KAIST의 설립 목적은 국가 산업발전에 기여할 고급 과학기술 인재를 양성하고 국가 과학기술 저력 배양을 위한 기초 및 응용연구를 수행, 각 분야 연구기관 및 산업계와 연계한 연구를 지원하는 것 등이었다. 또한 1973년에는 대덕연구단지에 대한 종합계획이 수립되었다. 대덕연구단지는 연구 두뇌의 집적지 형성, 세계적 수준의 과학 공원 단지 건설, 연구 교류 및 협동연구의 촉진 등을 목표로 계획되었다. 이러한 거점은 국내의 유능한 과학기술 인력의 두뇌유출을 막는 데 기여하였다.

그러나 민간기업은 1970년대에 들어서도 자체 연구개발을 수행할 기술 역량은 물론 도입 기술을 소화할 수 있는 역량도 부족하였다. 이에, 정부는 민간의 기술개발을 활성화하기 위해 기술 개발 촉진법을 제정해 기업 부설 연구소의 설립을 유인하고 각종 기술개발 활동에 대한 조세감면 등의 혜택을 부여하기도 하였다.

이미 선진국이 기술우위를 점하고 있는 중화학공업을 중심으로 산업구조를 재편하기 위해 한국은 지속적으로 인재 육성 및 확보를 위해 노력하고, 연구개발 투자를 늘려 나감으로써 선진국과의 기술격차를 줄여 나갔다.

　　민간의 기술개발 활동이 본격화된 것은 1980년대에 접어들면서부터이다. 1982년부터 민간의 연구개발 투자가 정부의 연구개발 투자를 앞서 나가기 시작하였다. 또한 부설 연구소 수도 크게 증가하였다. 정부는 기업의 연구개발 활동에 대한 각종 조세 감면과 금융 지원을 강화해 나갔으며, 기업 부설 연구소에 근무하는 연구 인력에 대해서도 병역특례를 부여하였다. 그리고 1982년에는 정부가 직접 연구개발 자금을 투입하여 산업에서 필요로 하는 기술을 개발하는 국가연구개발사업을 추진하였다. 이 시기에 민간 부문의 연구개발 투자도 획기적으로 증가했지만 기술 도입도 크게 증가하였다. 당시 기업의 기술개발 활동은 주로 핵심기술을 외국에서 도입하고 부수적인 기술을 국산화하여 제품을 개발한 것이다. 구체적으로 1983년 반도체 분야에서 64K D램이 개발되고, 핵심 기술을 외국에서 도입하여 자체 개발한 국산 승용차가 1984년 캐나다에, 1986년 미국 시장에 수출되었다. 반도체나 자동차 산업은 고도의 기술이 요구되는 종합 산업이므로 세계적으로 과점체제가 형성되어 있다는 점을 감안할 때 1980년대 중반 이후 한국은 이미 선진국과 경쟁관계에 들어섰다고 볼 수 있다.

<표 6-2> 한국 경제발전 단계의 시기별 특성

발전단계	기술 도입을 통한 공업화 추진	도입 기술 내재화를 통한 산업발전	독자적 기술 역량 확충을 통한 산업고도화
시기	1960년대 초반~ 1970년대 후반	1970년대 후반~ 1990년대 후반	1990년대 초반~ 2000년대 중반
주요 기술 획득 수단	외국 기술의 도입	도입 기술의 내재화	선진기술의 성능 향상
지식의 획득	주의집중	요소적 지식 획득	구조적 지식 획득
국가 혁신 시스템 발전단계	형성 단계	성장 단계	성숙 단계
주요 내용	- 연구 주체(정부 출연 연구소 설립 등)의 형성 - 관련 제도/기구/ 조직의 형성	- 기업, 대학 등 연구 주체의 성장과 발전 - 관련 제도/기구/ 조직의 정비	- 연구 주체의 협력 - 관련 제도/기구/ 조직의 효율화

출처 : 홍사균 외(2010: 54)

1990년대 들어 한국의 기술개발 전략은 공격적 전략으로 전환되어 다음과 같은 특징을 보였다. 첫째, 1990년대 초반부터 일부 대기업의 기술개발 역량이 선진국 수준에 육박하여 독자적인 기술개발 수행이 가능하게 되었다. 삼성전자를 비롯한 대기업의 경우 1990년대 초에 선진 기업을 추격할 수 있는 수준에 접어들었다. 많은 대기업이 자체 그룹 연구소를 설립하여 기초, 응용, 개발연구를 동시에 수행하기 시작하였다. 둘째, 기술개발의 국제화·세계화 추세였다. 1990년대 들어와 기술개발 거점은 국내에서 벗어나 점차 세계적인 네트워크로 연결되기 시작하였다. 핵심기술을 획득하기 위해 해외 고급두뇌의 유치가 활발해졌으며 기술 수출도 증대하기 시작하였다. 2000년대 들어 한국 기업의 해외연구소는 미국, 일본, 중국, 인도 등 20여 개국, 70여 개소로 확대되기에 이른다. 셋째, 기업경영이 기술을 중시하는 형태로 바뀌기 시작하였다. 기술개발의 중요성이 경영 전면에 등장하였고, 세계적으로 '제3세대 연구개발'이 한국 기업에도 널리 성행하기 시작하였다. 1990년대 이후 반도체, 조선, 자동차, 디스플레이, 철강, 이동통신 등 주력산업 기술 분야에서 세계 최고의 경쟁력을 확보하기 시작하였다.

한국의 고도성장을 단순히 연구개발에 대한 투자만으로 설명할 수는 없다. 기술 기반을 갖춘 선진국이 아닌 최빈개발도상국이 연구개발에 돈을 투입한다고 해서 그것이 곧바로 산출로 연결된다고 보기는 어렵기 때문이다. 그렇지만 과학기술에 대한 과감한 투자를 토대로 국가 혁신역량을 키우기 위해 비교적 일관되게 추진한 정책이 연구 인력을 양성하고, 연구 기반을 조성하며, 관련 정책과 제도를 수립하는 데 성공적으로 기여한 것만은 분명하다. 이로 인한 개별 성과들이 오늘날까지 유지되어 오고 있기 때문이다. 그리고 이렇게 구축된 혁신의 기반들이 없었다면 한국이 현재 수준의 기술혁신 역량을 확보하기 어려웠을 것이다.

따라서 과학기술혁신 역량 강화와 관련된 한국 정부의 정책은 매우 성공적인 성장 경로를 만들어 내는 데 기여했다고 할 수 있다. 또한 경제적으로 빈곤을 겪는 어려운 여건에서도 교육의 중요성을 인식하고 선진 지식습득을 위한 각 주체의 노력 역시 고도 성장기에 연구개발 분야와 산업 분야에 필요한 인력을 충분히 확보할 수 있었던 원동력이 되었다는 점에서 시사점을 갖는다.

(3) 과학기술혁신 분야 개발협력의 이해를 위한 주요 개념

이번 장에서는 국제개발협력에서 과학기술혁신 분야에 대한 국제적 논의와 사업을 기획하거나 검토할 때 필요한 주요 개념들을 살펴보기로 한다.

1) 국가혁신체계(NIS)

과학기술혁신을 통한 발전과 성장을 위해서는 큰 틀에서 혁신생태 계(innovation ecosystem)를 감안한 지원이 이루어져야 한다. 이러한 혁신생 태계 관점에서 한 국가의 과학기술혁신과 발전을 이해하기 위해 필요한 주요한 개념으로 국가혁신체계(National Innovation System, NIS)를 설명할 수 있다. 국가혁신체계란 국가 차원에서 기술혁신이 창출되는 메커니즘 을 하나의 체계로 설명한 것이다. 크리스토퍼 프리먼(Christopher Freeman) 은 국가혁신체계를 "새로운 기술을 획득하고 개량하며 확산시키기 위하 여 관련 주체인 동시에 상호작용을 하는 공공 및 민간 부문 연구조직들 간의 네트워크"라고 정의하였다(Freeman, 1987). 그는 독일과 일본이 기술 혁신을 왕성하게 추진하고 그것을 경제성장과 연계시킬 수 있었던 것은 기술혁신을 원활하게 추진할 수 있도록 관련 제도를 먼저 혁신했기 때문 이라고 주장하였다. 이어 국가혁신체계(NIS)의 개념을 활용하여 최초로 국가 간 비교 분석을 수행한 리처드 넬슨(Richard R. Nelson)과 네이단 로젠 버그(Nathan Rosenberg)는 국가혁신체계의 개념을 단순하게 "기술혁신의 성과에 영향을 미치면서 주된 역할을 수행하는 조직체들의 집합"으로 정 의하였는데 연구개발 활동을 직접 수행하는 조직만을 보지 않고 그 이상 의 넓은 범위를 고려하여 국가혁신체계를 보았다(Nelson, 1993). 그들은 기업, 기업 부설 연구소, 대학 및 공공 연구소를 국가혁신체계의 주된 주체로 보았으며, 이후에도 많은 연구자들이 국가혁신체계의 주체와 역할들에 대해 다양하게 정의 내리며, 혁신과 경제성장 간의 연관성을 살펴보는 연구들을 수행하였다.

이와 같은 국가혁신체계에 대한 다양한 논의를 종합한 것이 OECD의 국가혁신체계 모형이다(OECD, 1999). 즉 국가의 기술혁신 능력을 결정하고 성장, 고용, 국제 경쟁력 등 국가의 경제적 성과에 영향을 미치는 핵심적인 요인을 지식의 창출, 확산 및 활용을 수행하는 연구기관과 각종 지원 기관, 기업의 능력과 네트워크, 그리고 과학지식을 창출하는 과학 시스템 등으로 설명하고 있다. 이들이 얼마나 발달되어 있느냐에 따라 국가의 경제성장과 고용 창출 및 경쟁력이 결정된다고 보았다.

<그림 6-2> OECD의 국가혁신체계(NIS) 모형

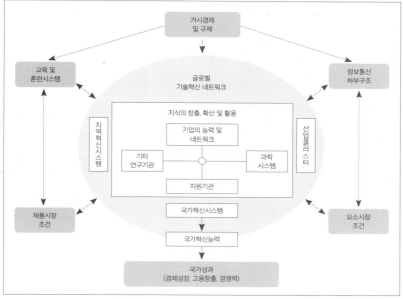

출처 : 홍사균 외(2010: 48)

앞서 살펴본 기술의 도입과 이전이 실제 경제적 가치로 연결되기 위해서는 민간기업의 연구개발, 산업-대학-연구소(이하 산학연) 연계시스템 등 제반 여건이 갖춰져 있어야 한다. 이러한 국가혁신체계는 디지털 전환, 포용적 혁신 등의 과정에서 그 주체 간의 상호작용 역동성을 의미하기도 한다. 국가 혁신역량 강화를 통한 경제성장을 지원하는 과정에서 국가 혁신 시스템의 구축과 개별 주체들의 역량 강화, 이를 위한 법과 제도 등이 국제개발협력의 주요 관심사의 하나로 이해될 필요가 있다.

2) 성장을 위한 혁신과 포용적 혁신

과학기술혁신에 대한 접근은 다양하게 이루어질 수 있지만, 그중 국제개발협력 분야에서 중요하게 다루어야 하는 혁신의 개념으로는 성장을 위한 혁신(Innovation for Growth)과 포용적 혁신(Inclusive Innovation)이 있다. 성장을 위한 혁신은 주로 경제성장에 초점을 두고 있는 것으로 실제 산업 부문으로 연계될 수 있는 기술 역량의 향상과 관련되어 있다. 여기에는 기술개발을 통해 생산성을 향상시켜 개발도상국이 산업 경쟁력을 갖고 부가가치를 창출하도록 하는 것과 관련한 활동들이 포함된다. 이에 비해 포용적 혁신은 주로 취약계층이 맞닥뜨리는 사회문제, 환경문제 등을 개선하기 위한 활동들을 포함한다. 여기에는 소득 불균형의 문제를 해결하거나 공공부문을 혁신하는 활동, 교육과 보건 등 복지 여건을 개선하는 활동, 환경파괴를 최소화하고 환경오염으로부터 비롯되는 문제를 줄여나가는 노력이 포함된다.

지금까지 과학기술혁신 분야에 대한 지원은 주로 성장을 위한 혁신에 초점을 맞춘 측면이 있다. 이에 비해 포용적 성장을 위한 과학기술혁신의 활용은 비교적 최근에 와서 주목받고 있다. 유엔개발계획(UN Development Programme, UNDP), 유엔아동기금(UN Children's Fund, UNICEF), 미주개발은행(Inter-American Development Bank, IDB) 등 다자기구들은 '이노베이션 랩(Innovation Lab)' 혹은 그와 유사한 명칭을 지닌 프로그램을 운영하고 있는데, 이러한 프로그램들은 개발도상국의 사회문제를 주로 오픈 이노베이션의 관점에서 접근한다는 공통점을 지닌다. 이 프로그램들은 대개 콘테스트 형식으로 개발도상국의 여러 가지 문제를 정의하고 해법을 찾게 된다. 또한, 미국국제개발처(United States Agency for International Development, USAID)를 비롯한 양자기구, 매사추세츠공과대학교(Massachusetts Institute of Technology, MIT), 캘리포니아대학교 버클리(University of California, Berkeley, UC 버클리) 등의 대학들도 이와 비슷한 프로그램을 운영하고 있다. 이러한 프로그램들은 과학기술을 경제적 부가가치를 창출하기 위한 목적으로 활용하는 것이 아니라 사회적 효과를 거두기 위해 활용한다는 점에서 기존의 원조 방식과 구별된다고 할 수 있다.

3) 디지털 전환(DT)

앞서 언급한 바와 같이 최근의 과학기술혁신을 논할 때 빠지지 않고 등장하는 단어로 4차 산업혁명과 디지털 전환(Digital Transformation, DT) 등이 있다. 디지털 전환은 개념적으로 디지털 기술이 전 산업, 전 사회의 지능화·사이버화, 인간과 사물 간 융합 등을 일으키는 현상으로 이해할 수 있으나, 개별 경제주체별 서로 다른 전환을 의미하는 광범위한 개념으로 그 관심과 중요도와는 별개로 다양한 정의가 존재한다.[5]

국제개발협력 내에서 디지털 전환을 이해하기 위해 알아야 할 기본적인 용어와 개념을 살펴보자면, 전산화(Digitization)와 디지털화(Digitalization)에서 시작할 수 있다. 우선 전산화는 아날로그 데이터와 프로세스를 기계가 읽을 수 있는 형식으로 변환하는 것이다(OECD, 2019a). 디지털화는 기존의 사업과 서비스를 디지털 기술을 사용하는 것으로 전환하는 과정이며(UNCTAD, 2019), 새로운 활동에서 디지털 기술과 데이터의 사용(그리고 그 결과로 발생하는 상호 연결)을 말한다(OECD, 2019a).

디지털 전환은 성과(outcome)로서와 과정(process) 측면에서 정의할

---

5 디지털 전환의 다양한 정의는 김승현 외(2018: 6-23)를 참조하였다.

수 있는데, 성과로서의 디지털 전환은 전산화와 디지털화로부터 얻어지는 경제적·사회적 효과를 의미한다. 과정으로서 디지털 전환은 디지털이 전통적인 서비스, 기업, 경제 및 사회를 파괴하고 재창조하는 방식을 가리키며, 이 과정에서 경제 및 사회가 어떻게 반응하고 구성되어 가는지를 모두 포함한다(OECD, 2019a·2019b).

　이러한 디지털 전환을 이끄는 동력은 디지털 기술이다(OECD, 2017). 디지털 기술은 디지털화와 연결성이 강화되는 환경 속에서 기술 간 결합을 통해 영향력을 배가할 수 있는 새로운 기술을 의미한다(UNCTAD, 2021). 디지털 기술은 유무선 브로드밴드와 스마트폰, 사물인터넷(Internet of Things, IoT), 클라우드 컴퓨팅, 빅데이터 분석, 인공지능(AI), 로보틱스 등 디지털 기술과 결합하면서 초연결(hyper-connected), 초지능화(hyper-intelligent)된 플랫폼을 제공하게 되고, 에너지, 의료, 공공행정, 무역, 농업, 제조, 교통 등 모든 사회경제 분야에서 전환을 촉발하는 역할을 수행한다. 또한 이러한 기술들은 생산성을 높이고 삶의 질을 개선한다. 예를 들어 인공지능의 경우 로보틱스 기술과 함께 생산과 비즈니스 과정을 변화시킬 수 있다. 3D프린팅은 소량 맞춤형 생산을 빠르고 저렴한 가격에 가능하게 하며, 시제품을 쉽게 만들 수 있게 하여 제품의 발전도 촉진할 수 있다.

　디지털 기술은 그 발전의 속도만큼 관련 일자리 역시 급속도로 증가할 것으로 보인다. 예를 들어 3년 만인 2015~2018년 사이에 인공지능 관련 전 세계 고용은 100% 증가하였다(UNCTAD, 2021: 19). 또 블록체인의 경우 2017~2018년 사이 미국에서만 400%가 증가할 정도로 관련 엔지니어 시장의 수요가 높아지고 있다(UNCTAD, 2021: 21). 이런 측면에서 디지털 기술은 일자리와 고용시장을 변화시켜 사회 전체에 지대한 영향을 미칠 수 있으므로 그 발전의 속도와 방향에 주목할 필요가 있다.

그러나 한 사회의 디지털 전환을 위해 필요한 것은 디지털 기술에 대한 접근에서부터 법체계 구성에 이르기까지 다양한 영역에 걸쳐 있으며, ① 디지털 기술과 서비스 접근, ② 디지털 인프라, ③ 디지털 인프라와 새로운 비즈니스 모델 지원, ④ 디지털 시대를 위한 표준(기준) 개발, ⑤ ICT 부문 규제, ⑥ 디지털 보안, ⑦ 기술과 디지털 경제, ⑧ 디지털화, 중소기업, 스타트업과 역동성, ⑨ 디지털 시대 소비자 주권, ⑩ 디지털화와 법체계 등의 측면에서 정책적인 지원이 필요하다(양현채·장훈, 2017)는 점 역시 국제개발협력 안에서 디지털 전환 지원을 논의하는 과정에서 간과해서는 안 될 중요한 요소로 이해할 필요가 있다.

2. 세계의 과학기술혁신 현황과 도전과제

(1) 세계 과학기술혁신 관련 현황

지난 수십 년에 걸쳐 세계는 파괴적인 빠른 기술 변화를 경험해 왔다. 디지털 기술, 인공지능, 생명공학 및 건강기술, 첨단소재 및 나노기술, 재생에너지 기술, 인공위성과 드론 또는 블록체인에 걸친 분야에서 다양한 혁신이 시장에 나왔다(UNCTAD, 2018·2019). 디지털 기술과 결합되거나 디지털 기술로 새롭게 나타난 기술은 사회경제 및 환경에 의심의 여지가 없는 이익을 창출했지만 새로운 위험과 불확실성을 가져오기도 한다.

과학기술이 발전하기 위해서는 다양한 요소들이 필요한데, 이러한 측면에서 선진국과 개발도상국, 그리고 소득수준에 따라 격차가 큰 것을 발견할 수 있다. SDG 9.5의 두 가지 지표(indicator)인 'GDP 대비 연구개

발 지출', '거주자 백만 명당 연구원(정규직 상근) 수'는 국가혁신체계를 구
성하는 핵심 요소로서 과학기술혁신을 위한 인프라 또는 투입(input)에 해
당한다. 지난 2015년 이래 전 세계 국가들의 GDP 대비 연구개발 지출은
1.69%에서 1.93%로 매년 증가 추세에 있다(<표 6-3> 참조). 그러나 그 증가
추세는 국가별로 차이를 보이고 있다.

<표 6-3> 연구개발(R&D) 지출(2015~2020)

(GDP 대비 비중, 단위 : %)

		2015년	2016년	2017년	2018년	2019년	2020년
전 세계		1.69	1.70	1.72	1.75	1.81	1.93
소득 수준별	저소득국	0.26	0.25	0.24	0.24	0.23	0.23
	저중소득국	0.48	0.49	0.49	0.49	0.50	0.51
	중위소득국	1.10	1.13	1.13	1.15	1.21	1.30
	고중소득국	1.44	1.48	1.49	1.51	1.60	1.73
	고소득국	2.37	2.38	2.43	2.50	2.57	2.74
국가 그룹별	내륙국	0.23	0.22	0.21	0.19	0.19	0.20
	최빈개발도상국	0.27	0.27	0.26	0.26	0.27	0.27
	중소도서국	1.06	1.01	0.97	0.96	0.99	1.00

출처 : UNESCO Institute for Statistics(2022.6.2. 검색)

2015년 국가들은 연구개발에 GDP의 평균 1.69%를 지출했지만 국
가마다 큰 차이가 있었다. 고소득국은 GDP의 2.37%를 연구개발에 지출
한 반면, 저소득국과 저중소득국은 각각 GDP의 0.26%, 0.48%를 지출하
는 데 그쳤다. 저소득국을 제외한 모든 국가에서 GDP 대비 연구개발 지
출은 대부분 꾸준히 증대되어 왔으나, 고소득국에서 지난 6년간 2.37%
에서 2.74%로 연구개발 투자가 증가하는 동안 저소득국에서는 0.26%에
서 0.23%로 오히려 줄어들어 그 격차가 더욱 커졌음을 확인할 수 있다.

저소득국의 연구개발 투자 감소는 내륙국(landlocked countries), 최빈개발도상국(Least Developed Countries, LDC), 중소도서국(small and medium island countries)과 같이 국제개발협력 분야에서 특별한 관심을 기울여야 하는 국가들의 투자 증감 추세와 거의 일치한다. 최빈개발도상국의 경우 연구개발 투자를 확대하지 못하고 매년 거의 비슷한 수준을 유지하고 있고, 내륙국이나 중소도서국은 오히려 줄어드는 경향을 보여 주고 있다. 거의 대부분의 개발도상국이 연구개발 지출을 늘리고 있음에도 불구하고 여전히 그 비중은 매우 낮다. 아프리카연합(Africa Union, AU)은 회원국 GDP의 1% 연구개발 투자 목표를 제시한 바 있으나, 사하라 이남 지역 아프리카 국가들의 연구개발 지출 비중은 GDP 대비 0.38%에 그치고 있다(UNCTAD, 2021: 56). 비중만큼이나 중요한 것이 구성인데, 개발도상국 연구개발 지출의 대부분이 정부 지출이고 생산을 위한 산업기술 발전을 주도하는 민간기업의 지출은 매우 미미하다는 점도 해결이 필요한 도전과제로 인식되고 있다. 이러한 경향은 결국 성장과 발전의 동력이 필요한 국가들과 과학기술 기반 발전을 주도하고 있는 국가들 간의 격차가 더욱 심화되고 있음을 보여 주고 있다.

연구개발 투자와 함께 중요하게 고려할 요소는 과학기술혁신을 위한 전문 연구자가 얼마나 확보되어 있는가이다. 2020년 기준 전 세계 인구 100만 명당 연구자의 수는 약 1,341명으로, 2015년 1,160명에서 15%가량 증가하였다. 고중소득국과 중위소득국의 연구개발 인력의 증가가 두드러지는 가운데, 저소득국과 고중소득국의 격차 역시 심화되고 있음을 보여 주고 있다(<표 6-4> 참조). 한편 최빈개발도상국의 연구자 수는 그 절대적인 수만큼 증가율도 기타 그룹과 크게 차이가 나 이 부분에 대한 집중적인 관심과 투자가 필요함을 시사하고 있다.

<표 6-4> 인구 100만 명당 연구자의 수(2015~2020)

(단위 : 명)

		2015년	2016년	2017년	2018년	2019년	2020년
	전 세계	1,160.02	1,182.78	1,215.12	1,265.03	1,317.35	1,341.75
소득 수준별	저소득국	159.66	166.13	170.75	174.43	178.07	178.30
	저중소득국	257.96	276.85	295.53	305.38	325.82	325.46
	중위소득국	632.88	659.46	675.11	706.78	758.41	786.02
	고중소득국	1,097.87	1,137.52	1,152.97	1,215.99	1,311.52	1,379.62
	고소득국	4,143.94	4,182.32	4,334.99	4,524.75	4,636.11	4,689.29
국가 그룹별	내륙국	161.67	158.69	157.86	156.44	164.13	167.69
	최빈개발도상국	70.36	72.79	75.71	76.94	77.65	76.06
	중소도서국	812.09	843.48	837.94	845.86	890.11	893.15

출처 : UNESCO Institute for Statistics(2022.6.2. 검색)

특히 연구자로 성장시킨다는 것은 기초교육에서부터 과학·기술·엔지니어링·수학(Science, Technology, Engineering and Math, STEM) 교육의 강화와 투자 확대, 연구자 소득수준 제고, 과학 존중 문화의 확산 등 다양한 정책의 조합을 통해서만 가능하다. 그러나 이러한 전략과 정책의 부재로 인해 많은 국가가 개발에 과학기술혁신의 가능성을 이용하는 것을 방해하고 있는 것이 현실이다.

최근의 과학기술혁신은 안정되고 빠른 인터넷 연결 또는 모바일 연결에 기반하고 있다. 브로드밴드의 경우 개발도상국은 디지털 인프라가 잘 갖추어지지 않은 경우가 많고, 대다수 사람들이 인터넷 사용에 들여야 하는 비용 부담이 크다. 글로벌 인구의 거의 절반이 여전히 인터넷 사용이 어렵고, 지역별·성별 격차도 매우 크다. 국가 간의 격차는 <그림 6-3>에서 볼 수 있는데, 2019년 기준 선진국에서는 거의 33% 인구가 광대역망을 활용하고 있는 데 반해 개발도상국은 11%에 그쳤다. 또한 같은 해 유럽에서는 인구의 80%가 인터넷을 사용하고 있으나 사하라 이남 아프리카 국가에서는 25%, 최빈개발도상국에서는 20%에 그치고 있다 (UNCTAD, 2021: 78).

<그림 6-3> 다양한 디지털 인프라 접근성 격차(2018)

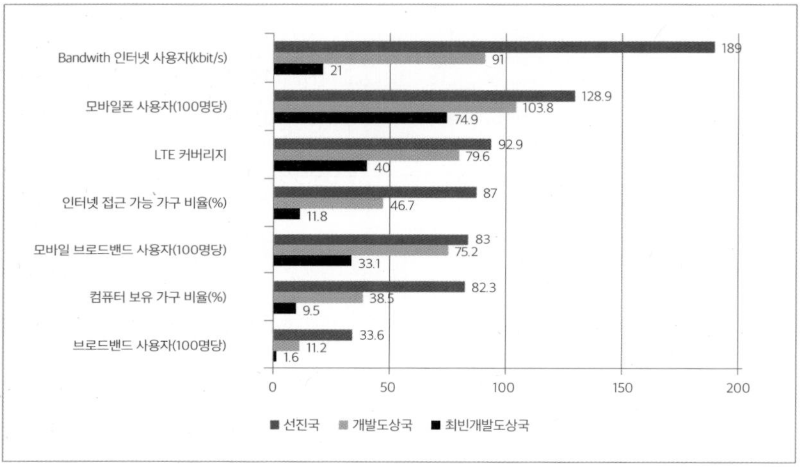

출처 : UNCTAD(2021: 78)

<그림 6-4>는 지난 20년간 인터넷 사용 인구의 변화를 보여 주고 있다. 2000년대 초까지만 해도 인터넷을 사용하는 인구는 소수의 선진국에 한정되어 있었다. 이후 인터넷 사용 인구는 크게 증가하여 전 세계 대부분의 국가에서 인터넷을 사용하기 시작했고, 선진국에서는 거의 모든 인구가 인터넷을 사용할 수 있게 되었다. 그러나 인터넷 사용자 비중 역시 아프리카 대륙을 비롯한 일부 국가에서는 여전히 30% 이하를 기록하고 있는 등 지역 간 격차가 뚜렷함을 확인할 수 있다.

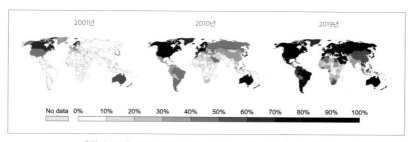

<그림 6-4> 인터넷 사용 인구의 변화(2001~2019)

출처 : https://ourworldindata.org/grapher/share-of-individuals-using-the-internet(2022.11. 검색)

모바일 인터넷 연결은 인터넷 환경보다는 격차가 적은 편인데, 이는 모바일 네트워크의 인프라를 구축하는 초기비용이 낮은 데 기인한다. 2018년 기준 전 세계인구 모바일 인터넷 사용 현황을 살펴보면 100명당 약 83개의 모바일 브로드밴드를 활용하고 있었다. 동일한 기준으로 개발도상국은 75개, 최빈개발도상국은 33개로 기록되었는데 이러한 격차는 광대역(broadband) 인터넷 사용에 반영되고 있다. 선진국과 개발도상국의 격차가 거의 2배에 달하고 있고, 최빈개발도상국 기준으로는 선진국이 거의 9배 이상 차이가 나고 있다.

이러한 개별 요소들을 보았을 때 확인할 수 있는 격차는 혁신 활동을 가능하게 하는 국가의 경제적 요소(혁신을 위한 투입)와 국가 경제단위 내에서 혁신 활동의 결과물로 얻은 요소를 지수화[6]하여 각 국가의 혁신

---

6 이런 지수화 방식 중에는 글로벌혁신지수(Global Innovation Index, GII)가 대표적인데, 혁신 투입은 제도(정치 환경, 규제 환경, 사업 환경), 인적자원 및 연구(교육, 고등교육, 연구개발), 인프라(정보통신기술, 기본 인프라, 환경 지속 가능성), 시장 성숙도(신용, 투자, 무역과 경쟁), 비즈니스 성숙도(지식 근로자, 혁신 연계, 지식 습득력) 등 5개의 분류로 나뉘어 평가된다. 혁신 활동으로부터 나온 결과는 지식 및 기술 성과(지식 창출, 지식 영향, 지식 확산)와 창의적 성과(무형자산, 창의적 상품과 서비스, 온라인 창의성)의 두 가지 분류로 나누어 합산 평가되는 종합지표이다.

수준을 평가하고 분석한 지표인 UNCTAD의 선도기술준비지수(Frontier Technology Readiness Index, FTRI)에서도 살펴볼 수 있다. FTRI는 연구개발 활동을 선도 기술에 한정해 반영한 지수인데, 158개국을 대상으로 집계된 이 지표는 5개의 중분류로 이루어지며, ICT 적용, 기술(skills), 연구개발 활동, 산업과 금융 접근성이 그것이다.

<그림 6-5> 선도기술준비지수의 평균 지표 점수

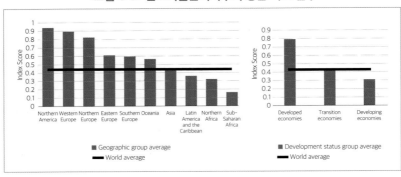

출처 : UNCTAD(2021: 25-26)

종합 지표에서 보아도 중남미, 아프리카 등과 북미와 유럽의 격차가 지역별로 크게 나타나며, 특히 선진국과 개발도상국으로 나누어 보면 선도 기술 면에서 이 두 그룹 간의 격차가 매우 큰 것을 확인할 수 있다.

과학기술 발전 속도와 선진국의 기술개발 경쟁을 고려해 본다면 현재의 격차를 쉽게 해소하기는 어려울 전망이다. 특히 다양한 지표에서 볼 수 있듯이 과학기술혁신은 투입과 산출의 모든 영역에서 다양한 요소들의 상호작용으로 나온 결과물이며, 이를 얻어 내기 위해서는 그만큼 다양한 영역에서 상당한 규모의 추가적인 지원과 투자가 필요함을 의미한다. 그러나 이러한 투자는 종종 보건 등 당장의 기초 사회 인프라 투자에 우선순위 면에서 밀리거나, 오랜 시간 대규모의 지원에도 불구하고 가시적이고 수익성 있는 결과를 장담할 수 없는 불확실성 등을 이유로 투자가 미뤄지는 경향을 보이고 있어 장기적인 관점에서 다양한 투입 요소들을 지원하는 전방위적 접근이 필요함을 시사하고 있다.

(2) 과학기술혁신 분야 새로운 도전과제와 개선 방향

앞서 살펴본 과학기술혁신과 이를 통한 발전을 이룩하기 위한 다양한 요소(인프라 등)들에 대한 투자와 이를 뒷받침할 수 있는 정책과 전략 외에도 이 분야에 새로이 등장하고 있는 문제들을 해소하기 위한 개발과제에 대해서도 국제사회를 비롯한 이해관계자들이 주목해야 한다. 우선 과학기술의 발전과 노동의 변화를 살펴볼 수 있다. 고용과 노동의 변화는 여러 가지 경제사회적 요소들의 작용과 반작용의 원인과 결과이다. 그중 과학기술은 사람들이 어떤 방식으로 일하고 제품과 서비스를 생산하는가를 변화시킬 수 있고, 이런 측면에서 부(wealth)의 창출과 분배 방식 역시 변화시킨다고 볼 수 있다. 과학기술의 변화는 일자리를 만들어 내기도 하지만 없애거나 변화시키기도 하고, 급여와 이윤에도 영향을 미쳐 이 가운데 승자와 패자가 나뉘는 등 소득의 불평등으로 이어질 수 있다. 고용과 비고용의 상태뿐만 아니라 어떠한 기술을 보유하고 있는지, 직업과 분야에 따라 국가 내 불평등이 심화될 수 있다. 글로벌하게 보면 이러한 불평등은 기술과 그 기술을 생산능력과 고용에 활용할 수 있는 선진국과 개발도상국 간의 문제로 확대될 수 있다.

과거에는 새로운 기술이 나타나면 이전과는 다른 더 많은 일자리를 만들어 냈다. 여전히 과학기술혁신은 새로운 영역에서의 일자리를 만들어 내지만 자동화를 가속화하는 기술의 발전은 이와는 매우 다른 양상을 보일 수 있다. 머신러닝의 발달로 컴퓨터가 스스로 가르치고 학습할 수 있게 되어 업무량이 줄어들면서 동시에 의사결정에 도움을 주어 전보다 적은 수의 인력으로도 업무를 처리할 수 있게 된다. 게다가 인공지능과 로보틱스의 결합으로 인한 자동화는 개발도상국의 저숙련 노동자들의 일자리를 줄일 수 있다. 또한 개발도상국의 중소기업은 이런 자동화를 적극적으로 받아들인다 해도 선진국 제조기업들의 리쇼어링(reshoring)[7] 위협에서 자유로울 수 없다(Engström et, al., 2018).[8]

최근의 디지털 기술 발달과 디지털 전환의 가속화로 인해 생겨날 수 있는 새로운 사회문제 역시 우리의 개발과제로 주목할 필요가 있다. 우선 사회적인 측면에서 보면 개발도상국에서는 개인정보와 데이터 보호가 상대적으로 취약하여 다양한 종류의 사이버범죄 발생 가능성이 높아질 수 있다. 빅데이터 기반의 경제활동이 활발해지면서 국가 간 데이터의 흐름과 개인정보의 보호는 모든 국가에 숙제가 되었으며, 특히 개발도상국에는 더욱 큰 부담으로 자리하고 있다. <그림 6-6>은 이러한 법과 제도 역시 지역 간 격차가 있음을 보여 주고 있다.

---

[7] '제조업의 본국 회귀'를 의미한다. 인건비 등 각종 비용 절감을 이유로 해외에 나간 자국 기업이 다시 국내에 돌아오는 현상을 말한다. 자국 기업이 해외로 이전하는 '오프쇼어링(off-shoring)'의 반대 개념이다(네이버 지식 백과의 ICT 시사상식, 2022.7.30.검색).

[8] 스웨덴 자료에는 자국 제조업의 리쇼어링 주요 요인 중 하나가 자동화로 인해 더 이상 해외 제조 시설을 유지할 필요가 없는 것이라고 밝히고 있다(Engström et, al., 2018).

<그림 6-6> 데이터 보호와 사이버범죄 관련 법과 제도 현황

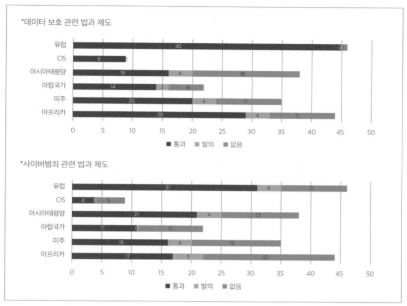

출처 : https://www.itu.int/en/ITU-D/Cybersecurity/Pages/global-cybersecurity-index. aspx(2022.10. 검색)

이러한 데이터 보호와 사이버범죄 예방뿐만 아니라 인터넷과 데이 터를 기반으로 하는 경제활동(전자상거래 등)을 보호할 제도적 장치들도 우 리가 주목해야 할 부분이다. 이런 제도가 미비할 경우, 인터넷을 기반으로 국내외 거래가 활성화되어도 소비자를 보호할 수 있는 기재가 부족하여 피해 발생을 방지하거나 피해 구제에 어려움을 겪게 되고, 이는 전자상거 래 질서를 어지럽힐 뿐만 아니라 시장 자체를 위축시킬 수 있다.

데이터 기반 경제 구현은 앞서 살펴본 바와 같이 많은 측면에서 편 리성을 보장하고 있지만 기타의 환경적인 문제도 부작용으로 따라올 수 있음에도 주목할 필요가 있다. 재클린 힉스(Jacqueline Hicks)는 ICT 도입으 로 인한 개발도상국의 환경문제에 주목(Hicks, 2021)하고 있는데, 우선 생각할 수 있는 것이 ICT 제조업 도입 그 자체가 전기에너지 소비량을 증대시켜 탄소배출량 자체가 증가할 수 있다는 것이고, 또 하나는 데이터 센터 구축에 따른 전력 사용량의 증대와 이를 뒷받침하기 위한 발전량 확대를 문제점으로 지적하고 있다. 예를 들면 차량 공유 플랫폼의 등장으로 인해 (친환경) 대중교통수단 체계가 성숙하지 않은 개발도상국에서 이산화탄소 배출량이 높은 자동차들의 운행량이 많아져 대기오염을 유발할 수 있음을 경고하고 있다.

위에서 살펴본 바와 같이 국제개발협력에서는 과학기술혁신 역량 자체를 높여 경제성장과 사회발전을 위한 동력으로 활용함과 동시에 과학기술혁신 발전 자체가 가져올 수 있는 다양한 사회문제와 부작용에 대해 고려하여 예방할 수 있는 방법에 대한 지원 역시 주목해야 한다. 또한 선진국에서 과학기술혁신 발전 과정에서의 경험과 지식재산 공유를 통해 현재의 선진국과 개발도상국 간 기술격차를 줄여 갈 수 있도록 협력을 강화해야 한다.

3. 과학기술혁신 분야 국제개발협력 동향

(1) 과학기술혁신 분야 주요 이슈와 이니셔티브

1) SDGs와 과학기술혁신

2000년부터 2015년까지 15년간 국제개발협력 분야의 글로벌 의제였던 새천년개발목표(Millennium Development Goals, MDGs)에서는 과학기술의 중요성이 크게 부각되지 않았다. 물론 개별 목표를 달성하는 데 있어 과학기술의 역할이 중요하다는 것은 짐작할 수 있지만, MDGs와 관련해 과학기술의 중요성은 주로 필수적인 백신의 사용이나 인터넷 접근성의 개선 등 국한된 주제에서만 강조되었을 뿐이다.

그러나 SDGs는 과학기술혁신을 강조하고 있는데, 이는 SDGs에 제시된 17개 목표의 거의 모든 항목에 '과학', '기술', '연구', '혁신' 등의 단어가 포함되어 있다는 점을 통해 확인할 수 있다. 특히 SDG 17에서는 과학기술혁신을 중요한 이행수단으로 명시하고 있다. 이는 MDGs에서는 찾아볼 수 없는 접근으로, 과학기술혁신에 대한 국제사회의 인식 변화를 나타내는 한 단면이라고 할 수 있다. 과학기술혁신 관련 SDGs 목표들(선인경 외, 2020)을 다시 분류해 보면 크게 ① 기업가 정신을 통한 경제성장, 친환경 성장 기반의 조성 등 주로 경제성장에 관한 목표, ② 교육 및 보건 등 사회서비스와 에너지에 대한 접근성 강화, 도시 거주 환경 개선, 여성 인권 개선 등과 같은 사회지표 개선에 관한 목표, ③ 해양 및 생태계 보호, 환경친화적 기술개발 등 환경문제 해결에 대한 목표 등으로 구분해 볼 수 있다. 즉 과학기술이 경제·사회·환경 등 지속가능발전의 모든 영역에 걸쳐서 중요한 역할을 담당해야 한다는 국제적 공감대가 형성된 것이라고 평가할 수 있다.

2) 개발재원행동 분야(Action Area)로서 과학기술혁신

2015년 7월 에티오피아의 아디스아바바에서 열린 제3차 개발재원총회는 과학기술혁신의 중요성에 대한 국제개발협력 사회의 인식 흐름을 이해하는 데 중요한 이정표가 되었다. 2003년 제1차 개발재원총회의 결과인 몬테레이 컨센서스(Monterrey Consensus)에서 과학기술혁신은 별도의 개발재원이나 국제사회가 개발도상국의 발전을 위한 자원으로서 인식한다기보다는, 민간 분야가 참여함으로써 얻을 수 있는 혜택으로 기술 이전 및 확산과 같이 개발도상국이 직면하고 있는 무역과 관련한 다양한 이슈들 중 하나로 다루고 있었다(제20, 28항). 이후 2008년 도하선언 역시 과학기술혁신은 해외직접투자(Foreign Direct Investment, FDI)를 위시한 국제재원 내에서 언급되고 다루어졌는데, 중점적으로 투자해야 할 영역으로

ICT(제24항), 민간 분야 참여로 얻을 수 있는 혜택으로서 기술이전과 확산(제26, 27항), 무역이 경제성장으로 연결되는 고리로서 기술 흡수(제33항), ODA가 촉매제 역할을 할 수 있는 영역으로서 기술혁신(제41항)으로 다루어졌다. 여전히 개별국가의 경제성장이나 발전에 있어 개발의 동력이나 자원으로서 인식되기보다는 개발재원 동원을 통해 활용할 수 있는 수단으로 인식되고 있었다(김지현 외, 2021).

과학기술혁신과 역량 강화 행동 분야는 총 11개 조항으로 이루어져 있다. 이 11개 조항은 경제성장과 지속가능발전의 동력으로서 과학기술혁신을 인식하는 것(제114항)을 시작으로 혁신정책과 사회혁신(제116항), 여성과 소녀의 접근성(제118항)에 이르기까지 다양한 분야를 포괄하고 있다. 이 중 제122~124항은 UN의 시스템을 중심으로 새로운 과학기술혁신 지원 프레임워크를 구상하며 그 핵심으로 유엔기술촉진메커니즘(Technology Facilitation Mechanism, TFM)과 온라인 플랫폼 구축, 이를 관리할 주체로서 UN의 경제사회이사회(Economic and Social Council, ECOSOC)의 역할과 고위급 회담의 필요성, 마지막으로 최빈개발도상국을 위한 UN 기술은행(Technology Bank)의 설립 내용을 담고 있다.

AAAA에서 합의한 바와 같이 UN은 2016년 이후 매년 지속가능 개발재원 보고서(Financing for Sustainable Development Report, FSDR)를 발간하고 있다(김지현 외, 2021). 합의된 모든 조항에 대해 후속 보고하는 형태로 이루어진 이 보고서에서도 국제개발협력 내 과학기술혁신 논의의 흐름을 살펴볼 수가 있다. 2017년 FSDR에서 주요한 키워드는 사회혁신(UN, 2017: 108-109)이었다. 사회혁신을 이끌어 내기 위해서는 반드시 최첨단 기술이 요구되는 것은 아니며, 이미 개발된 기술의 도입, 민간기업의 기술 활용 등을 통해서도 얻어질 수 있으며, 이를 위해 개발도상국 내 연구개발 지출을 장기간에 걸쳐 유지하거나 확대할 수 있는 정책을 수립해야 한다고 강조하였다. 2020년 보고서에서는 AAAA 이후 5년간의 활동과 성과를 ① 혁신 친화적 환경 조성, ② 공공 및 민간 주체 주도의 학습과 혁신, ③ 지식 이전 등의 차원으로 나누어 점검하였다. 그 결과 연구개발에 투입되는 재원, 유학생, 인터넷 사용자로 대변되는 연결성, 온라인 학습자 수 등에서 두드러진 성과를 올린 반면, FDI는 여전히 늘어나지 않고 있고, 성평등 역시 해소되지 않고 있음을 지적하기도 하였다(UN, 2020: 157-163). 또한 SDGs에 영향을 줄 수 있는 AI, IoT, 빅데이터, 블록체인, 5G, 3D프린팅, 로보틱스, 드론, 유전자 편집 등 9대 기술(UN, 2020: 163)을 소개하면서 이러한 기술의 발달로 인해 다소 국가혁신체계가 약한 개발도상국이라도 단계를 건너뛰는 혁신(leapfrogging innovation)을 이룰 수 있도록 지원할 필요가 있음을 강조하였다. 2021년 보고서는 코로나19 팬데믹으로 인한 디지털화와 격차, 소외문제를 지적하면서 UN TFM 등 UN을 중심으로 한 과학기술혁신 관련 개발재원 활동에 UN 회원국의 관심을 환기하는 등 과학기술혁신에 관한 논의가 고정된 주제에 머무르는 것이 아니라 환경의 변화와 기술 발전 양상에 적극적으로 대응해 가고 있음을 보여 주고 있다.

3) UN 기술촉진메커니즘(TFM)

TFM은 SDGs 달성을 위한 개발도상국의 과학기술혁신 역량 강화를 지원하기 위해 2015년에 발족한 시스템으로 가장 핵심적인 역할을 수행하는 조직 중 하나이다(선인경 외, 2020). TFM의 가장 주요한 목표는 과학기술혁신 정보 접근성 향상에 있으며, UN 회원국, 시민사회, 민간, 과학공동체, 유관 국제기구 및 기타 이해관계자 등 다양한 이해관계자들의 정보 공유와 경험 전수, 관련 연구 분석 및 가이드라인 수립, 모범 사례 전수 및 정책 자문 제공, 국제협력 증진을 촉진하는 과학기술혁신 이니셔티브로 볼 수 있다.

SDGs를 위한 과학기술혁신에 관한 UN 기관간 특별팀은 TFM을 운영하는 사무국 역할을 수행하고 있다. TFM의 주요 업무는 크게 다음의 10가지로 정리할 수 있는데 ① IATT 운영, ② 10인 전문가 그룹 운영, ③ STI 포럼 개최, ④ 온라인 플랫폼 운영, ⑤ STI 이니셔티브 매핑 및 연구, TFM 보고서 출간, ⑥ 기술 촉진 위한 UN 역량 강화, ⑦ 대외 협력 및 기금 조성, ⑧ 젠더, ⑨ 액션플랜 및 로드맵, ⑩ 신기술과 SDGs 연계 분석이다. TFM은 SDGs 달성을 위한 과학기술의 활용 방안을 강구하며 2021년 젠더, 로드맵, 신기술 세 가지 이슈를 TFM의 새로운 과업으로 추가하는 등 적극적으로 활동하고 있다.

4) 지속가능발전목표 달성을 위한 과학기술혁신 로드맵(STI for SDGs Roadmaps)

UN IATT의 주요한 활동 중 하나는 2020년 초에 발표된 STI for SDGs 로드맵 가이드라인 수립이다. 가이드라인은 SDGs를 달성하고자 각 국가별로 국가 차원의 과학기술혁신 관련 정책 가이드라인(로드맵) 수립을 지원하기 위해 제작되었고, 가이드라인 개발 및 제작 비용은 일본 정부가 지원하였다. STI for SDGs 로드맵 프로젝트는 SDGs 체제 시작과 함께 일본 정부가 다각도로 공을 들여 주도해 온 주제로, 일본 정부는 2018년에 개최된 제3차 UN STI Forum에서 STI for SDGs 로드맵의 중요성을 강조하였다.

2019년 일본 오사카에서 개최된 G20 워킹그룹에서도 STI for SDGs

로드맵 원칙(guiding principles) 수립을 심도 있게 논의하였다. 가이드북 완성 이전인 2019년 초에 개발도상국을 대상으로 로드맵 수립 파일럿 프로그램 공모를 진행하고 파일럿 프로그램을 운영 중에 있으며, 진행 상황 및 결과는 매년 UN STI 포럼에서 소개되고 있다.

(2) 주요국의 과학기술혁신 ODA 지원 전략과 프로그램

1) 미국

USAID는 비교적 일찍부터 범정부 접근방식과 다자간 포럼을 활용하면서 과학기술혁신 관련 활동을 전개해 오고 있다. USAID는 과학연구, 혁신, 기술의 영역으로 사업을 구분하며, 디지털화와 교육, 식량 안보에서 글로벌 보건에 이르는 혁신적인 요소를 포함하는 많은 영역을 포괄하고 있다.[9] 대표적으로 '미래를 위한 투자(Feed to Future, FtF)' 이니셔티브는 민간 및 공공부문과 전 세계 과학 및 연구 커뮤니티를 통합하여 빈곤퇴치와 기아 및 영양실조의 종식을 추구하기 위해 '미국의 독창성과 최고의 혁신역량을 활용해 해결책을 만들고, 인간의 고통을 완화하며, 전문가 커뮤니티를 연결'하는 것을 목표로 하고 있다. FtF 이니셔티브에 따라 20개 이상의 혁신 연구소와 70개 미국 대학 및 파트너 국가 교육 및 연구기관 네트워크가 새로운 기술 솔루션을 개발하고, 900개 이상의 혁신기술을 현장에 적용하고 있다.

---

9 USAID. "Innovation, Technology and Research".
  출처: https://www.usAId.gov/innovation-technology-research(2022.9.검색)

USAID의 개발혁신벤처(Development Innovation Ventures, DIV)는 2010년 벤처 캐피털 모델에 착안하여 만든 개발협력 프로그램이다. USAID는 고위험·고수익 사업과 프로젝트에 민간 부문의 참여를 독려함으로써 민간기업이나 시민사회가 USAID를 대신하여 사업을 이끌 수 있도록 재원을 투자하는 데 목적을 두고 있다. 이렇게 공공과 민간이 서로 협력하여 추진하는 개발협력 프로그램 중 하나인 DIV는 글로벌개발랩(U.S. Global Development Lab)이 지원하는 단계적 펀딩 모델(tiered funding model)로서, 민간 부문에서 널리 적용되고 있는 벤처 캐피털 운영 방식을 채택하여 사업 초기 단계에서 리스크를 허용하고 사업 후기 단계에서 리스크를 조정, 완화하여 투자 자금이 가장 비용 효과적(cost-effective)으로 제공되는 가운데 혁신을 추구할 수 있도록 도모하는 데 목표를 둔다. DIV가 지원하는 항목은 ① 새로운 기술, ② 상품 또는 서비스 제공, 조달의 새로운 방법, ③ 기존에 입증된 개발 솔루션보다 비용 효과적인 솔루션, ④ 기존에 입증된 솔루션의 활용도를 높이고 새로운 영역으로 확장할 수 있는 방법, ⑤ 행동경제학 이론 기반의 정책 변경 및 변화, ⑥ 사회 혹은 시민들의 행동을 변화시킬 수 있는 혁신, ⑦ 혁신 기술의 사회적 영향력을 측정할 수 있는 데이터 수집 및 평가 방법론 등으로, USAID는 디지털화에 대해 파트너 국가들과 협력함으로써 혁신을 지원하는 프로그램으로 여성의 경제 참여 및 금융 포용을 다루면서 기관 지급을 디지털화하는 것을 목표로 하는 프로젝트인 'Better Than Cash Alliance(BTCA)'를 선도하고 있다. BTCA는 전자결제로의 전환을 촉진하기 위해 미국의 주도하에 설립된 국제적 연합이다. BTCA는 현금 사용보다 디지털 결제와 모바일 페이를 도입하고 활성화함으로써 디지털경제로의 전환을 책임 있게 유도한다는 목적으로 설립된 UN 기반 연합으로, 약 80개의 해당국 정부, 기업, 국제기구, 비정부기구(Non-Governmental Organization, NGO) 및 재원 지원 파트너(Resourcing Partners) 등의 회원으로 구성되어 있다. USAID는 이 중 재원 지원 파트너로 참여하고 있다. 창립 회원으로서 USAID 글로벌개발랩은 BTCA 활동을 다방면으로 지원해 왔다. 일례로 방글라데시에 있는 모성건강 돌봄 제공자인 Dnet은 전자결제로 결제 방식을 전환한 이후, 1년에 직원의 4만 시간과 6만 달러 이상을 절약하였으며 은행 서비스를 받지 못하던 수천 명의 여성이 공식 금융시스템을 이용할 수 있게 된 것으로 추정된다.[10]

2) 독일

독일의 연방경제협력개발부(Bundesministerium für wirtschaftliche Zusammenarbeit und Entwicklung, BMZ)는 개발도상국과 신흥 시장에서의 디지털화를 크게 다섯 가지 영역으로 나누어 이와 관련한 위험요소들을 정의하고 이를 해결하려는 노력을 개발을 위한 디지털화(Digital Technologies for Development) 문서를 통해 발표하고 있다.[11] 이 다섯 가지 영역은 ① 일(work)과 일자리, ② 혁신의 부재, ③ 기회의 불평등, ④ 건전한 정부와 인권, ⑤ 데이터 등이다. 우선 일과 일자리와 관련해서는 디지털 기술 채택으로 인한 자동화의 발전이 개발도상국에서 현재 모든 일자리의 1/3까지 사라지는 결과를 초래할 수 있음을 인식하고, 특히 여성과 소녀들을 위한

---

10 USAID. "The U.S. Global Development Lab Fact Sheet".
출처: https://www.congress.gov/117/meeting/house/111454/witnesses/HHRG-117-FA17- Wstate-ChangA-20210416-SD001.pdf(2022.7.30.검색)

11 Division for digital technologies in development cooperation. "Digital technologies for development".
출처: https://www.bmz-digital.global/wp-content/uploads/2022/08/BMZ-Strategy- Digital-Technologies-for-Development-1.pdf(검색일자2022.8.30.)

새로운 디지털 기술의 개발을 지원한다.

이니셔티브 'Digital Africa'

2015년 이후 BMZ는 1억 6,400만 유로 규모 약 40개의 프로젝트를 시작
주요 사례: Moving Rwanda
- 폭스바겐, 지멘스, SAP 및 인로스 래크너와 함께 르완다의 디지털, 환경친화적인 이동수단을 위한 프로젝트
- 현지 개발자가 소프트웨어 개발, 전기자동차 활용, 자동차 공유 모델 등 수도 키갈리 도입

전 세계적으로 여전히 많은 사람이 인터넷에 접근할 수 없으며, 많은 국가에서 지속적으로 전원공급 장치와 광대역 인터넷 연결과 컴퓨터 공급이 필요하다. 이에 따라 독일 정부는 특히 세계은행과 같은 다자개발은행을 통해 개발도상국에서 인프라와 인터넷의 공정한 확산 촉진을 목표로 하고 있다. 일부 개발도상국의 경우 권위주의 정부가 디지털 도구를 사용하여 시민이나 시민사회 대표를 모니터링하고, 가짜뉴스가 확산되거나 이용되는 등의 위험이 발생할 수 있다. 이러한 위험에 대해 BMZ는 'TruBudget 프로젝트'와 같은 개발도상국에 대한 공공투자의 이행에 더 많은 투명성을 가져오는 다양한 이니셔티브를 수립하여 동 분야 국제개발협력을 선도하고 있다.

이니셔티브 'Artificial Intelligence for all - FAIR Forward'

- 2019년부터 GIZ가 시작한 지역이나 가치 기반 인공지능 개발의 확장과 데이터 보호 목적의 이니셔티브
- 가나, 남아프리카공화국, 르완다, 우간다 및 인도 대상
- 민간 재단을 통해 현지 소수 아프리카 언어에 대한 음성 인식 코드 수집 및 기술개발
- 문맹률이 높은 지역에서 디지털 접근성 확보, 소수 언어 및 사용자 데이터 보호

제6장

4. 과학기술혁신 분야 KOICA 지원 전략과 현황

(1) 과학기술혁신 및 디지털 전환 전략

1) KOICA 과학기술혁신 분야 중기전략(2021-2025)

과학기술혁신 정책의 중요성은 국내 주요 정책에도 반영되고 있다. 국제개발협력 종합기본계획(2021~2025)은 스타트업이나 사회적 경제 등 민간의 혁신적 개발협력 모델 지원 확대와 과학기술혁신·ICT 기반 개발도상국 협력 강화를 포함하고 있다. 다양한 고등교육 프로그램과 코로나 19 팬데믹 계기 디지털 전환 가속화가 반영된 디지털 뉴딜 정책 등에서도 과학기술혁신이 강조되고 있어, 국내 국제개발협력 내 과학기술혁신 분야에 대한 관심과 추진 의지는 매우 높다고 할 수 있다.

이미 KOICA는 2015년 3월 전담 부서로 기술총괄팀을 신설하고 해당 이슈에 대응하는 체제를 구축한 바 있으며, 2015년 12월 KOICA는 SDGs 등 국제 동향에 대한 분석, 기존 사업 내용에 대한 분석, 해외 사무소를 통한 수원국 현지 의견 조사, 정부 과학기술혁신 이니셔티브 내용 분석 등의 결과를 토대로 이 분야에 대한 첫 번째 중장기 전략을 수립하였다. KOICA는 KOICA 과학기술혁신 분야 1기 중기전략(2016-2020) 수립을 계기로 과학기술혁신 분야 우수 사업 발굴 및 지원 확대를 위한 노력에 힘써 과학기술 연구 역량 강화 사업, 기술 기반 창업 및 사업화 지원 사업, 기술 이전형 사업 및 과학기술혁신 초청 연수 프로그램 등 다양한 과학기술혁신 사업을 지원해 왔다. 이어 SDGs 달성을 위한 과학기술혁신의 중요성 강조, 국내 유관기관과 협력관계 구축 필요 등 대내외 환경 속에서 KOICA는 과학기술혁신 사업의 확대 개선 및 통계 기준 수립 등을 내용으로 하는 KOICA 과학기술혁신 분야 중기전략(2021-2025)을 수립하였다.

<그림 6-7>에서 보는 바와 같이 이 전략은 2021년부터 2025년까지 과학기술혁신을 통한 SDGs 달성에 기여를 비전으로 KOICA의 과학기술혁신 분야 추진 방향을 제시하고 있다. KOICA의 과학기술혁신 분야 전략은 협력국의 혁신 시스템을 강화해 과학기술에 기반한 포용적 성장을 지원하는 미션을 가지고 있다. 구체적인 전략 목표로는 ① 과학기술분야 시스템 구축, ② 기술혁신기반의 사업발전 지원, ③ 협력국 경제·사회 문제의 혁신적 해결을 3대 축으로 하고 있다.

<그림 6-7> KOICA 과학기술혁신 분야 중기전략(2021-2025)

VISION | 과학기술혁신을 통한 지속가능개발목표 달성에 기여

MISSION
협력국 혁신시스템 강화를 통해 과학기술에 기반한 포용적 성장을 지원

전략목표	과학기술분야 시스템 구축	기술혁신기반의 산업발전 지원	협력국 경제·사회문제의 혁신적 해결
프로그램	• 과학기술정책수립 컨설팅 지원 • 과학기술 고등인력 양성 지원 • 연구개발 인프라 구축 및 역량강화 지원	• 기술기반 창·취업 및 사업화 지원 • 산학연 연계활동 지원	• 국내민간부문 혁신역량을 활용한 협력국 지원 • 글로벌 혁신 파트너십을 통한 협력국 지원
중점사업	• 과학기술정책 수립 및 혁신시스템 수립 • 이공계 대학원 장학 프로그램 • 연구기관 인프라 및 운영역량 강화 지원	• 창업기반 조성 및 중소기업 기술 사업화 지원 • 산학연 연계체계 구축 및 협력국 산업경쟁력 강화지원	• 혁신적 문제해결 프로그램 및 포용적 혁신 인프라 조성 • 임팩트 투자 재원 조달 및 해외기관 공동 신사업 발굴
접근방식			

① 국가별 발전단계, 산업 구조 및 현지 수요를 고려한 국가, 지역, 섹터 단위 혁신 시스템 강화
② 과학기술혁신을 범분야 주제로 인식하고 각 분야에서 주류화
③ 글로벌 및 지역별 과학기술혁신 파트너십 형성
④ 민관협력 파트너십을 통한 참여형 거버넌스 구축

출처 : 한국국제협력단(2021b)

    과학기술분야 시스템 구축을 위한 구체적인 프로그램으로 과학기술 정책수립을 위한 컨설팅 지원, 과학기술 고등인력 양성지원, 연구개발 인프라 구축 및 역량강화 지원 등 국가혁신체계(NIS) 수립을 지원하는 내용을 골자로 하고 있다. 이를 위한 중점사업으로 과학기술정책 수립 및 혁신시스템 수립, 이공계 대학원 장학 프로그램, 연구기관 인프라 및 운영역량 강화 지원을 정하고 추진하고 있다. 앞서 과학기술 분야 시스템 구축이 국가혁신체계 자체의 수립과 개선, 강화에 초점을 둔다면 기술혁신 기반의 산업발전 지원은 국가혁신체계의 하부 단위 중 기술기반 취·창업 및 사업화 지원, 산학연 연계활동 지원을 통해 기술혁신에서 경제발전으로 이어지는 연결 생태계를 강화하는 것을 목표로 한다. 이를 위해 창업기반 조성 및 중소기업 기술사업화 지원, 산학연 연계 체계 구축 및 협력국 산업 경쟁력 강화 지원 등 현재 개발도상국들이 한국에서 가장 배우고 싶어 하는 부분을 중점 사업으로 추진하고 있다. 협력국 경제·사회 문제의 혁신적 해결은 개발재원 행동 분야의 사회혁신과 그 궤를 같이하는 목표로, 국내 민간 부문의 참여와 혁신 역량을 활용한 협력국 지원, 글로벌 혁신 파트너십을 통한 협력국 지원 프로그램하에서 혁신적 문제해결 프로그램 및 포용적 혁신 인프라 조성, 임팩트 투자 재원 조달 및 해외 기관 공동 신사업 발굴 등의 중점 사업을 추진할 계획이다.

    이러한 전략의 수립에는 다음과 같은 접근방식이 고려되었다. 우선 국가별 발전단계, 산업 구조 및 현지 수요를 고려한 국가, 지역, 섹터 단위 혁신시스템 강화이다. 과학기술혁신 시스템은 발전단계, 문화, 역사 등에 따라 국가별로 서로 다른 특성을 가지므로 맞춤형 접근이 필요하다. 이러한 맥락에서 한국의 과학기술 발전 경험은 정형화된 모델로서가 아니라 문제해결 과정으로 인식하고 접근해야 한다. 과학기술혁신 시스템의 변화에는 오랜 시간이 걸리므로 단기적 성과보다는 장기적 성과 달성을 위한 단계적인 접근을 지향해야 한다.

또 다른 접근방식은 과학기술혁신을 범분야 주제로 인식하고 각 분야에서 주류화하는 것이다. 최근 개발도상국의 IT, 모바일 기기 접근성 확대로 다양한 문제해결을 위해 비용 면에서 효과적이고 포용적인 새로운 접근을 가능하게 한다. 따라서 KOICA는 한국의 우수한 과학기술 역량을 토대로 보건(m-health), 교육(e-learning), 농업(smart agriculture), 전자정부(e-government), 재해관리(e-disaster management), 에너지(renewable energy) 등 여러 지원 분야에서 혁신적 과학기술 해법의 접목을 주류화하는 방안을 적극 활용하고자 한다. 이외에도 글로벌 및 지역별 과학기술혁신 파트너십 형성, 민관협력 파트너십을 통한 참여형 거버넌스 구축 등 다양한 개발협력 주체들과의 열린 파트너십을 통해 혁신을 지원하는 접근방식을 도입하고 있다.

2) 디지털 ODA 사업 추진 전략

디지털 혁신기술을 활용할 경우, 서비스 전달체계의 개선, 시간 및 비용의 감소, 자원 배분의 효율성 제고 등을 통해 SDGs 달성을 촉진할 수 있다. 모바일 지불시스템, 디지털 뱅킹 등 디지털 금융서비스의 확산을 통한 금융 접근성의 향상은 빈곤층이 가난에서 벗어나도록 하는 데 도움을 주고, 앞서 살펴본 바와 같이 경제성장의 주요 동력으로서 디지털 기술의 중요성이 강조되고 있다. 그러나 여전히 디지털 기술격차로 인해 전 세계 불평등이 심화될 가능성이 존재하는 가운데 사이버범죄나 개인정보와 관련된 새로운 사회적 이슈들도 생겨나고 있어 이에 대응하는 지원 전략 마련이 필요하다.

이러한 배경에 따라 2021년 KOICA는 처음으로 디지털 ODA 사업 추진 전략을 수립하였다. 이 전략에서는 우선 디지털 ODA 사업을 협력국의 SDGs 달성을 촉진하기 위해 협력국의 디지털 전환을 지원하는 사업으로 디지털 기술을 이행 수단으로 활용하거나 디지털경제를 위한 여건을 조성하는 모든 유형의 개발협력 사업을 포괄하는 것으로 정의하고 있다. 이는 비전으로 이어져 협력국의 디지털 전환 지원을 통해 SDGs 달성을 촉진함으로써 2030년까지 남은 기간 내 SDGs 달성을 촉진하고 4차 산업혁명 패러다임 전환을 고려한 포용적 성장에 기여함으로써 협력국에게 효과적이고 신뢰할 수 있는 파트너로 자리매김함을 의미한다. 이를 위해 KOICA는 디지털 기술을 활용한 효율적·효과적인 문제 해결 및 디지털 경제 활성화 지원을 디지털 ODA 사업의 목표로 정하고 있다(<그림 6-8> 참조).

이 전략은 활용성, 포용성, 개방성, 확장성, 데이터 기반, 정보보안성을 KOICA의 디지털 ODA 사업 추진 6대 원칙으로 제시하고 있다. 사용자와 함께 설계함으로써 사용자 친화성(user friendliness)과 활용성을 높이고, 소외계층을 고려하고 투명한 정보공개 및 참여적으로 사업을 설계할 것을 의미한다. 또한 호환성, 확대 적용 가능성을 고려하고 데이터 기반 정책 결정(data-driven decision-making)을 지원할 수 있도록 설계함으로써 데이터의 정책 활용성을 높임과 동시에 민감한 정보가 안전하게 보호될 수 있도록 설계할 것을 약속하고 있다. 3대 방향으로는 ① 디지털 주류화 확대, ② 디지털 핵심사업 추진, ③ 생태계 조성 및 추진기반 구축을 제시하고 있는데, 우선 KOICA는 디지털 주류화를 모든 분야·유형 사업이 본래 달성하고자 하는 목표를 추구함에 있어 디지털 기술을 활용하여 사업의 효과성·효율성 등을 제고할 수 있는 방안을 검토하고 적용시키는 것으로 정의하며, 디지털 전략의 범분야화, 분야별·형태별 디지털 주류화 확대를 추진하고 있다. 디지털 핵심사업이란 디지털 분야를 직접적으로 지원하는 사업으로 디지털 정부, 디지털 접근성, 디지털 경제, 디지털 안전을 4대 핵심사업으로 추진하고 있다. 생태계 조성 및 추진기반 구축에서는 국내외 파트너십 구축 및 KOICA 내 추진 기반을 구축하는 것을 골자로 하고 있다.

<그림 6-8> KOICA 디지털 ODA 사업 추진 전략

VISION | 협력국의 디지털 전환 지원을 통한 SDGs 달성 촉진

MISSION
디지털 기술을 활용한 협력국의 효율적·효과적인 문제 해결 및 디지털 경제 활성화 지원

추진 원칙
① 활용성 ② 포용성 ③ 개방성 ④ 확장성 ⑤ 데이터 기반 ⑥ 정보보안성

3대 방향, 6대 과제			
3대 전략 방향	디지털 주류화 확대	디지털 핵심사업 추진	생태계 조성 및 추진기반 구축
6대 과제	① 디지털 전략의 범분야화 ② 분야별·형태별 디지털 주류화 확대	③ 4대 핵심사업 추진 • 디지털 정부 (Digital Government) • 디지털 접근성 (Digital Accessibility) • 디지털 경제 (Digital Economy) • 디지털 안전 (Digital Safety)	④ 국내 파트너십 구축 ⑤ 국외 파트너십 구축 ⑥ 단내 추진기반 구축
이행 지표	▲ 신규사업 디지털 주류화 80% 달성 *중장기경영목표 반영('23년 목표, 이후 유지)	▲ 디지털 핵심사업 발굴 연 10% 확대	▲ 국내외 파트너십 구축 및 협력 실적 증가 ▲ KOICA 디지털 마커 적용한 통계 관리

추진체계
① [사업 추진체계] 전사 프로그램, 국가지원계획(CP), 사업심사 기준 등 반영 ② [조직] 조직진단에 따른 디지털 관련 조직·인적 구성 강화 ③ [예산] 디지털사업 예산확대, 혁신기술 시범적용 예산확대

출처 : 한국국제협력단(2021c)

여기서 주목할 것은 KOICA에서 디지털 마커를 적용한 통계 관리를 추진하고 있다는 점이다. 뒤에서 살펴보겠지만 그 중요성에도 불구하고 현재 국제적으로 합의된 과학기술혁신 지원 또는 디지털 지원 ODA의 측정 방식이 부재한 상황에서 주류화와 핵심사업을 발굴 및 추진하며 성과를 관리한다는 것은 거의 불가능하다. 따라서 선제적으로 마커를 도입하고 이를 활용해 사업의 효과성을 높이려는 시도는 매우 긍정적이며, 디지털 ODA 사업의 6대 원칙 중 하나인 데이터 기반 의사결정을 실현한다는 점에서도 시사하는 바가 크다.

마커 체계에서 디지털 ODA는 ICT 기반 디지털 기술을 반영하는 모든 분야 및 유형의 사업을 통해 협력국의 지속가능발전을 촉진하는 개발원조 활동으로 정의된다. ICT 기반 디지털 기술이 사업 목표를 달성하는 수단으로서 활용되는 것을 기준으로 0은 해당 사항 없음, 1은 ICT를 포함한 디지털 주류화 사업으로 ICT 기반 디지털 기술이 포함되어 있으나 사업 목표는 여타 KOICA 분야별 분류에 따른 목표인 사업, 2는 디지털이 직접 목적으로 ICT 기반 디지털 기술을 통해 협력국의 디지털 전환 지원이 목표인 사업에 부여된다. 예를 들면, 마커1인 디지털 주류화 사업은 사업의 당초 목적을 달성하기 위해 ICT 기반 디지털 기술/플랫폼/프로세스 등을 하나의 수단으로서 활용하는 사업을 의미한다. ICT를 포함한 디지털 직접목적 사업 마커 2는 협력국의 디지털 전환 가속화를 주요 목적으로 하는 사업으로 앞서 구분한 4대 핵심사업의 내용이 포함된 것으로 구성된다.

(2) 과학기술혁신 분야 ODA 지원 현황

1) 다양한 측정 방식

과학기술혁신에 대한 ODA를 측정하는 것은 개념의 정의, 관련 데이터의 가용성, 수집 등 여러 차원에서 다양한 고려사항이 있다. 앞서 본 바와 같이 과학기술혁신 자체는 연구 활동과 훈련, 신기술 개발 및 기타 형태의 혁신을 포함하여 지식의 생산과 축적의 모든 과정을 포함한 광범위한 개념이다. 따라서 과학기술혁신 관련 활동이 모든 부문에 걸쳐 있는 속성, 즉 범분야성을 가지고 있어 그 자체로 하나의 분야로 간주되지 않고 있어, 현재로서는 합의된 측정의 기준이 없다고 볼 수 있다.

기존의 ODA 데이터를 활용하거나 별도의 데이터를 통해 과학기술혁신을 지원하는 ODA를 측정하는 것으로 잘 알려진 방식은 OECD DAC(2019)에서 따랐던 개별 ODA 공여국 보고체계(Creditor Reporting System, CRS) 데이터 분석을 통해 과학기술혁신에 대한 ODA 자금 조달을 측정하는 것이다. OECD DAC는 2019년 ODA와 포용적 개발을 위한 과학기술혁신 연계에 주목하며,[12] ODA 관련 과학기술혁신의 분류를 위한 3계층(three-tiered) 접근법을 고안하였다. 1단계는 CRS 목적 코드를 통해 분류한 과학기술혁신 '핵심(core)' 활동을 식별하는 것이며,[13] 2단계는 CRS 채널 코드를 통해 분류한 과학기술혁신에 중점을 둔 기관들의 지원 활동

---

12 OECD DAC, "Connecting ODA and STI for inclusive development: measurement challenges from a DAC perspective",(2019: 40-45)

13 1단계에서 CRS 코드는 연구(research)와 ICT를 포함한 13개 코드로 구성됨(좀 더 자세한 내용은 위의 자료 참조)

을 식별하는 것이며,[14] 3단계는 텍스트 마이닝(text mining)을 통해 분류한 과학기술혁신 구성요소(component)를 가진 사업을 식별[15]하는 것이다.

2018년 지속가능 개발재원 보고서(FSDR)를 살펴보면 처음 보고된 측정 방식은 위의 OECD DAC의 방식 중 1단계만 수행한 결과이다. 비록 과학기술혁신 ODA 분류가 명확하지는 않지만 개발도상국의 연구 역량 및 과학기술혁신의 활용에서 관련 재원 조달의 확대를 위해 측정 방식 개선을 위한 제안을 제시하고 있다는 데 큰 의의가 있다. 또한 국제 비교가 가능하며, 2022년 기준 유일하게 동일한 방식으로 매년 보고가 되고 있다는 점에서 제한적인 데이터임에도 불구하고 의미를 가진다.

2) KOICA 방식의 측정

KOICA는 과학기술혁신 부문에 대한 지원을 UN FSDR 방식으로 해당하는 CRS 목적 코드[16]를 선별하여 측정하고 있다. KOICA 측정 방식의 특징은 연구개발을 중심으로 목적 코드를 분류했던 UN FSDR보다 과학기술혁신 역량을 개발하는 목적이거나 또는 간접적으로 영향을 미칠 수

---

14 DAC 목록에 있는 CRS 채널 코드에 따라 기관들이 수행하는 과학기술혁신 활동을 식별한다. 2022년 기준 355개의 채널 코드가 있으며, 여기에는 NGOs, 민관협력사업(PPPs) 및 네트워크, 다자기관, 대학교, 전문대학 또는 기타 교육기관, 연구기관 또는 기타 싱크탱크 등이 포함된다. 이 목록에는 공공 및 민간 부문 기관의 광범위한 카테고리도 포함된다.

15 공여자는 CRS 보고 시 활동에 대한 텍스트 설명을 포함시켜야 하지만 실제로 설명의 품질 차이 때문에 분석 목적으로 활용하기 어려운 측면이 있다. 일부 공여자는 단일 활동에 대해 거의 반 페이지의 정보를 제공하지만, 다른 공여자는 몇 단어로 정보의 양을 한정하여 제공하였다. 또한 거의 모든 설명이 영어로 되어 있지만 다른 언어들도 사용되기 때문에 정보를 종합화하기에 어려움이 가중되는 측면이 있다. CRS에는 연간 약 25만 건의 활동이 포함되어 있다는 점을 고려할 때, 이전에는 설명에서 캡처한 정보의 양을 처리하는 것이 어려운 측면이 있다(김지현 외, 2021).

16 교육(11182), 직업훈련(11330), 전문대·대학·대학원 교육(11420), 고급 기술 및 관리자 교육(11430), 보건·의료(12182), 통신 정책 및 행정 관리(22010), 통신·전화(22020), 라디오·텔레비전·인쇄매체(22030), 정보통신기술(22040), 에너지(23182), 농업(31182), 산림(31282), 수산(31382), 공업 정책·행정·관리(32110), 공업 개발(32120), 중소기업 개발(32130), 기술연구 개발(32182), 환경(41082), 연구·과학기관(43082)

있는 영역으로 확대하여 측정하고 있다는 점이다. 이런 기준에 따라 직업 훈련(11330), 공업 정책(32110), 공업 개발(32120), 중소기업 개발(32130) 등이 포함되었다.

2015~2021년을 기준으로 보면 전 세계 공여기관들은 전체 ODA의 약 4.7~6.8%까지 꾸준히 과학기술혁신 ODA의 비중을 늘려 왔다. OECD DAC 회원국의 경우 3%대 전후를 지원하는 다자기구들에 비해서는 높은 비중으로 과학기술혁신 ODA를 지원하고 있다. 우리나라는 다른 OECD 회원국들에 비해 높은 수준으로 과학기술혁신에 ODA를 집중하고 있어 우리나라의 높은 과학기술혁신 수준과 과학기술혁신 기반 발전 경험을 활용한 ODA 활동을 하는 것으로 보인다. 이 분야에서 KOICA의 연도별 총지원액은 꾸준히 증가했고, 같은 시기 과학기술혁신 분야 지원액은 10~15%대로 비교적 높은 수준을 유지했으며, 우리나라 전체의 비중보다도 KOICA 사업 중 차지하는 비중이 높은 편으로 나타났다.

<표 6-5> 과학 기술 혁신 ODA 총액의 변화(2015-2021)

(*단위 : 100만 달러, 순 지출 기준)

	2015년	2016년	2017년	2018년	2019년	2020년	2021년
전체	8,200.82	8,642.90	10,395.47	11,462.81	12,636.87	12,458.59	12,755.19
	4.87%	4.74%	5.41%	5.83%	6.58%	5.53%	5.42%
DAC 회원국	6,491.35	6,849.75	7,943.67	8,523.21	9,168.39	9,485.72	9,231.51
	4.87%	4.74%	5.41%	5.83%	6.58%	5.53%	6.42%
한국	211.28	238.60	236.53	260.13	202.10	138.29	169.17
	13.64%	14.71%	13.89%	13.62%	9.88%	7.18%	6.90%
KOICA	72.28	66.30	78.13	99.20	98.85	60.34	74.47
	12.83%	12.01%	13.91%	16.07%	15.32%	10.49%	13.22%
다자원조 기관	1,709.47	1,793.16	2,451.80	2,939.60	3,468.48	2,972.87	3,055.83
	2.73%	2.68%	3.37%	3.81%	4.67%	3.08%	4.18%

출처 : OECD DAC CRS data 참고하여 저자 재구성(2022.10.검색)

우리나라의 과학기술혁신 ODA 배분을 국가 소득수준별로 살펴보면 최빈개발도상국과 저중소득국은 비슷한 수준이나 저중소득국이 중심 그룹이며 최근에는 최빈개발도상국의 비중은 줄어들고 고중소득국으로의 지원도 늘어나고 있음을 볼 수 있다(<그림 6-9> 참조). 지역별로는 우리나라 전체 ODA 배분 기조와 매우 유사하게 아시아 지역에 대한 비중이 매우 높은 가운데 아프리카와 중남미순으로 지원되고 있다.

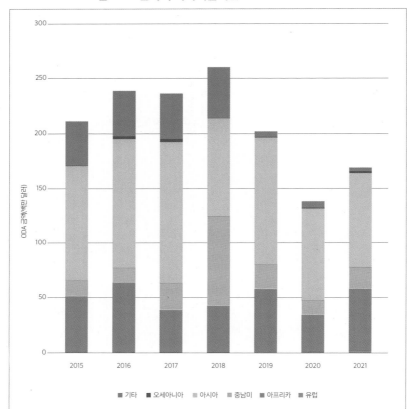

<그림 6-9> 한국의 과학기술혁신 ODA(2015~2021)

	유럽	아프리카	중남미	아시아	오세아니아	기타
2015	0.69	50.63	14.41	105.06	0.1	40.39
2016	0.44	63.74	13.1	117.83	2.58	40.91
2017	0.92	38.15	24.05	129.21	2.83	41.37
2018	0.56	42.26	81.8	88.92	0.35	46.24
2019	1.86	56.31	22.51	115.77	0.53	5.12
2020	1.63	33.1	12.8	84.08	0.85	5.83
2021	2.37	55.99	19.64	86.04	1.88	3.25

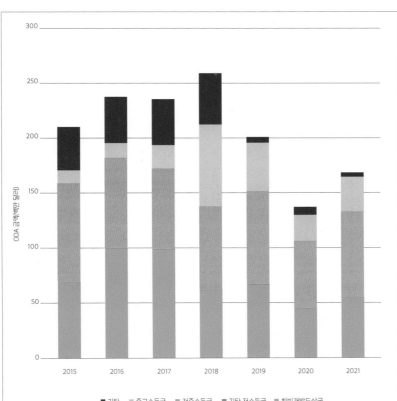

	최빈개발도상국	기타 저소득국	저중소득국	중고소득국	기타
2015	69.37	0.09	90.12	11.96	39.74
2016	101.05	0.3	81.6	13.49	42.16
2017	100.2	0.084	72.66	21.5	42.086
2018	62.71	0	76.27	74.16	46.99
2019	67.61	0.12	84.49	44.52	5.36
2020	46.03	0.04	61.03	24.09	7.1
2021	55.48	0.06	78.32	31.36	3.95

출처 : OECD DAC CRS data 참고하여 저자 재구성(2022.10.검색)

(3) 개발도상국 과학기술혁신 지원 사례

개발도상국의 과학기술혁신 역량을 강화하는 활동은 몇 가지 유형으로 요약할 수 있다. 첫 번째는 교육을 통해 과학기술 분야 인력을 양성하는 활동이다. 과학기술에 대해 연구개발 역량을 가진 우수한 고급 인력을 양성하는 일만큼 산업기술 인력을 양성하는 일도 매우 중요하다. 직접 개발하거나 기술이전을 통해 들여온 기술은 결국 개발도상국 산업계로 흡수되어 제품화되어야 하기 때문이다. 또 초등·중등·고등학교 수준의 학교교육에서 과학기술에 대한 기초교육을 강화하는 일이 필요하다. 과학기술에 대한 탄탄한 기초교육은 산업기술 인력 및 고급 연구개발 인력을 지속적으로 배출하는 토대가 될 수 있기 때문이다. 이를 위해 KOICA는 과학기술 전문인력을 양성하기 위한 다양한 사업들을 진행하고 있다. 그중에서 '더 나은 미래를 위한 고등교육'사업은 고등교육 정책 및 제도 개선, 고등교육 교과과정 개선, 연구개발 및 기술 창업 지원, 석박사과정 지원을 패키지로 통합하여 지원하려는 목적으로 추진되고 있다. 2021년부터 '베트남 하이테크 농업발전을 위한 호치민 국립대학교 농과대학 교육·연구 역량 강화 사업'(사업 기간 및 사업비: 2021~2030년/909만 달러) 포함 아세안 지역을 중심으로 총 7개의 사업이 추진되고 있다. 또 민관협력사업으로 추진된 '캄보디아 HRD(Human Resource Development) 센터 내 정보기술(Information Technology, IT) 소프트웨어 인력 양성 및 취업 등 일자리 창출형 CSV2 사업'(사업 기간 및 사업비: 2016~2018년/185만 달러)은 캄보디아로 진출한 국내 IT 기업들이 캄보디아 현지에서 IT 교육을 실시하고 성적이 우수한 교육생들에게 취업 기회를 제공하는 사업이다. 국내 기업들은 해외에서 구하기 힘든 우수한 현지 인력을 직접 교육하여 채용함으로써 해결할 수 있는 이점이 있고, 현지 교육생들은 좋은 일자리를 얻을 수 있다는 이점을 살린 사업으로 평가되고 있다.

두 번째 유형으로 개발도상국의 연구개발 시스템을 강화하는 활동이 있다. 개발도상국 현실에 부합하는 기술개발 및 혁신 활동이 이루어질 수 있는 연구기관을 설립하는 활동, 기존 대학 및 연구기관에 하드웨어를 지원하거나 전문가 파견, 공동연구 등 소프트웨어를 지원하는 활동 등이 포함된다. 개발도상국에서의 연구개발 활동은 선진국과는 차이가 있다. 선진국은 완전히 새로운 기술을 개발하기 위한 연구 활동이 많은 반면 개발도상국은 이미 존재하는 기술을 습득하거나 산업 부문에서 기술적 문제가 발생했을 때 해결하는 역할을 하는 경우가 많다. 한국의 경험도 이와 크게 다르지 않은데 KIST도 초기에는 새로운 기술을 개발하기보다 산업계의 기술 문제를 해결하는 역할에 주력하였다. KOICA는 1991년 콜롬비아에서 정보통신 연구소를 지원한 것을 시작으로 지금까지 다양한 규모와 형태의 개발도상국 연구개발 시스템을 지원해 왔다. '베트남 한-베 과학기술연구원(V-KIST) 사업'(사업 기간 및 사업비: 2014~2022년/3,500만 달러)은 베트남에 KIST와 같은 연구기관을 설립하고 운영을 지원한 사업으로, 2017년부터 본격적으로 운영되기 시작해 총 179종 592개의 연구 장비를 갖추고 있는 첨단 연구소로 성장하였다. 총 8년간 수행된 이 사업은 연구소 건물의 신축부터 연구 장비의 지원, 공동 운영 및 인력 교류 등 다양한 구성요소들이 포함되어 있다. 이러한 지원은 앞서 기술한 과학기술 인력 양성을 통해 배출한 고급 인력들이 협력국 내에서 혁신을 이끌 수 있는 기반을 제공한다는 점에서 의의가 있다.

세 번째 유형은 민간의 기술 창업과 사업화 역량을 강화하는 활동이다. 기술을 개발하는 활동과 기술을 토대로 시장에서 사업을 운영하는 것은 별개의 활동이다. 아무리 훌륭한 기술을 가지고 있다고 하더라도 적절한 제품이나 서비스의 형태로 만들어지지 않는다면 사실상 그 기술은 경제적 부가가치를 만들어 낼 수 없고, 지속가능한 혁신 활동으로 이어지기 어렵다. 따라서 기술집약적인 중소기업을 지원하거나, 개발도상국 주민들을 대상으로 하는 적정기술 또는 혁신기술을 활용한 비즈니스 모델 개발을 지원하는 활동은 최종적으로 기술혁신의 순환구조를 완성시키는 역할을 한다고 할 수 있다.

KOICA의 사업 가운데 개발도상국의 창업과 기술 사업화를 지원하기 위한 목적으로 추진된 사업으로 '에콰도르 야차이 지식기반도시 창업 지원 및 기술이전센터 건립 사업'(사업 기간 및 사업비: 2016~2018년/500만 달러)이 있다. 이 사업의 목적은 에콰도르에 기술 창업을 지원하는 센터를 건립하고 창업 교육 및 지원 프로그램을 지원하며, 기술 사업화를 촉진하기 위해 기술정보 플랫폼을 구축, 산학연의 연계 기반을 조성하는 것이다.

네 번째 유형은 앞의 세 가지 유형을 수원국 스스로 효과적으로 추진해 나아갈 수 있도록 제도 구축을 지원하는 활동으로, 여기에는 국가의 과학기술혁신 마스터플랜과 같이 아주 광범위한 주제의 전략을 수립하는 활동, 특정 산업에 관한 정책이나 혁신 클러스터에 관한 지식을 전수해 주는 활동들이 포함될 수 있다. 또 특허나 표준제도 등과 같이 기술혁신 활동에 필수적인 제도들을 정비해 주는 사업들을 포함할 수 있다. 이 같은 유형의 활동들은 대부분 컨설팅 형태로 이루어진다. KOICA는 '캄보디아 국가과학기술 마스터플랜 수립 사업'(사업 기간 및 사업비: 2011~2013년/350만 달러), '콜롬비아 과학기술혁신단지 역량 강화를 위한 마스터플랜 수립 사업'(사업 기간 및 사업비: 2013~2014년/250만 달러) 등 다수의 정책 컨설팅 성격의 사업을 추진한 바 있다.

마지막 유형은 여러 분야에 걸쳐 과학기술 기반의 솔루션을 확대·적용하는 활동이다. 보건, 교육, 농업, 공공행정, 환경 등 기존 사업 추진 분야에 과학기술을 기반으로 한 솔루션을 적용하면 이것을 수원국이 인수하고 직접 운영 및 유지·보수하는 과정에서 기술력이 향상되는 것을 생각해 볼 수 있다. '아시아 환경위성 공동 활용 플랫폼 구축 사업'(사업 기간 및 사업비: 2020~2023년/400만 달러)은 세계 최초 정지궤도 환경위성인 천리안위성 2B호(2020년 2월 발사)를 활용하여 대기오염물질 관측 네트워크 구축을 지원하기 위한 사업으로, 아시아 13개국을 대상으로 실시간 위성 관측자료 활용 능력을 강화하여 글로벌 기후변화 대응에 기여하는 사업이다. 우리의 앞선 기술력에 기반한 협력체계를 구축하고 대기오염 진단과 감시체계 강화, 대기 정책 수립 지원으로 이어지는 사업의 사례라 할 수 있다. 또 다른 사회혁신 관련 활동의 일환으로 한국(기업)의 혁신기술을 활용해 협력국의 사회혁신을 목적으로 하는 활동 역시 과학기술 기반의 솔루션을 확대·적용하는 활동의 일환으로 볼 수 있다.

CTS는 KOICA의 혁신적 기술 프로그램(Creative Technology Solution)의 약자로, 예비 창업가와 스타트업의 혁신적 아이디어나 기술 등을 ODA에 적용하여 기존 방법으로 해결이 어려웠던 개발협력 난제에 대한 솔루션을 찾는 데 기여하고, 개발협력 사업의 효과성을 제고하는 사업을 의미한다. CTS는 글로벌 난제 해결에 창의적 아이디어와 혁신적 기술을 활용하기 위해 스타트업, 사회적기업, 예비 창업가와의 파트너십 사업으로 2015년 처음 도입되었으며, 2021년까지 18개 국가에서 보건, 교육, 환경, 에너지, 장애 등의 영역을 중심으로 총 78개의 사업을 발굴, 추진하였다. 대표적인 사례로는 '태블릿 기반 개도국 아동 교육 앱 확산 사업'(사업 기간 및 사업비: 2018~2021년/10억 원)을 들 수 있다. 에누마코리아가 개발도상국의 환경에 적합한 아동 교육 애플리케이션으로 개발한 '킷킷학교(Kitkit School)'를 이용하는 것으로, 학교나 교사가 없는 지역에서도 인터넷 지원 없이 초절전형 태블릿만으로 기초 문해 및 수리 교육이 가능하게 해 문맹퇴치에 기여하려는 사업이다. 탄자니아 시골 마을에서 200명의 학생을 위한 교실을 조성하는 것에 비해 1/10 이하의 비용으로 '킷킷학교'가 탑재된 태블릿과 휴대용 태양광 충전기를 배포하는 사업으로, XPRIZE Foundation 경진대회에서 선정되어 기술력과 개발 효과성을 입증받은 한편 현지 교육기관을 대상으로 3,300대(100만 달러 규모) 매출을 달성하는 등 과학기술혁신 기반 민관협력 사업의 좋은 예를 보여 주고 있다(한국국제협력단, 2020·2021a).

5. 과학기술혁신 분야 성과와 과제

　국제개발협력 분야에서 과학기술혁신을 다루기 시작한 것은 비교적 최근의 일이고, 이로 인해 아직은 의제로서 그 중요성이 강조되는 것이 논의의 중심이다. 이에 따라 기타 분야 또는 SDGs 목표와 같이 특정 목표를 세우거나, 이를 얼마나 달성했는가를 성과로 측정하기는 불가능하다. 또한 국제사회의 지원 노력을 측정하는 방법도 국제적으로 합의된 바가 없어 이에 대한 논의 역시 지속되어야 할 과제 중 하나이다. 이러한 국제사회의 합의 과정에서 중요한 것이 국제 거버넌스와 협력을 활성화하는 것이다. 국제사회는 과학기술의 사용, 채택 및 적응을 촉진하는 동시에 접근성을 확보하고 누구도 뒤처지지 않도록 하는 포용성을 강조해야 한다. 대부분의 개발도상국이 국내의 당면과제에 따라 장기적인 투자와 지속적인 지원을 위한 자원 확보가 어려울 수 있음을 인식하고, 과학기술혁신 목표를 국가 발전전략 목표와 SDGs가 일치될 수 있도록 일관성 있는 과학기술혁신 정책을 수립하고 적절한 정책 도구를 설계하는 데부터 국제사회의 지원이 이루어질 수 있도록 노력해야 한다.

사회·경제·환경적 고려가 반영이 된 SDGs를 이행하기 위한 수단으로 과학기술혁신이 활용될 수 있도록 해야 한다. 사회 집단, 개인, 지역 및 국가 간의 불평등을 줄이는 것을 목표로 연구와 혁신, 기술의 도입과 활용, 그리고 적응을 위한 여러 단위의 정책을 추진하는 것을 지원해야 한다. 과학기술혁신 정책 도구는 연구개발 및 혁신을 위한 자금 지원, 기술 채택 및 적응을 위한 세금 인센티브, 시장을 창출하거나 활성화하기 위한 공공 조달, 클러스터, 산업 및 기술 단지 조성, 교육 및 비즈니스 자문 서비스 제공과 같은 영역을 모두 포괄하고 있으며, 이러한 정책 수립 가운데 다양한 영역에서의 발전도 함께 추구하도록 주류화해야 한다.

이와 동시에 사회경제 피라미드의 밑바닥에 있는 계층이 과학기술혁신 발전 과정과 그 혜택을 공유하는 것으로부터 소외되지 않도록 노력해야 한다. 관련 제품과 서비스를 넓은 범위로 적용하는 것은 특히 저소득 및 취약한 환경에서 자동으로 이루어질 수 없기 때문에 과학기술의 혜택을 이들에게 확대하기 위해서는 국가혁신체계(NIS) 내에서 계획을 수립하고, 과학기술과 관련한 인식을 높이고, 인센티브를 창출하는 동시에 투자와 지역사회의 참여를 장려하는 강력한 공공정책과 이를 이행할 수 있는 인프라와 역량 개발이 동시에 이루어져야 한다. 이를 통해 개발도상국의 국민들이 서비스의 이용자나 지원의 수혜자로서만 인식되어서는 안 되며, 첨단기술이 제공하는 삶의 질 향상의 기회를 충분히 누릴 수 있도록 범분야적인 접근이 이루어져야 한다.

개발도상국 디지털 전환 지원을 위해 과학기술혁신과 산업정책을 조정하며, 기본적인 디지털 기술을 구축하고 인프라의 격차를 해소하는 방식으로 국가혁신체계를 강화할 필요가 있다. 국가혁신체계의 근간을 이루는 과학기술혁신 및 디지털 인력의 양성, 육성(과학기술혁신 발전 등)과 보호(데이터 및 개인정보 등)를 위한 법과 제도적, 정책적 장치, 이를 수행할 수 있는 기관과 인프라 등이 동시에 체계화되고, 이를 위해 기업을 포함한 광범위한 행위자들이 시너지를 낼 수 있는 체계를 구축하는 데 국제사회의 노력이 모아져야 할 것이다. 이러한 체계는 하나의 해결책이 있는 것이 아니라 국가의 상황과 환경, 수준에 따라 상이한 접근이 필요하며, 이를 위해 서로 다른 장점을 가진 선진국 및 중견국, 기업, 대학 등이 조화를 이루어 시너지를 낼 수 있는 국제적 공조가 필요하며, 더 큰 규모의 지원과 투자를 위해 노력해야 한다. 이러한 노력은 데이터를 기반으로 한 지원 규모 확대와 지원 분야 결정에서 시작될 수 있으며, 의사결정을 위한 데이터의 구축과 확보, 분석을 위한 노력도 동시에 이루어져야 할 것이다. 또한 과학기술혁신으로부터 야기될 수 있는 개발도상국의 새로운 환경, 사회문제들과 부작용을 인식하고 이를 해결하기 위한 국제사회의 보다 적극적인 협력이 필요하다.

필수개념 정리

국가혁신체계(National Innovation System, NIS): 기업, 대학, 연구소 등 혁신 주체들의 새로운 지식 창출, 확산(학습), 활용을 극대화해서 국가경쟁력을 제고하기 위한 민간 및 공공조직과 제도들의 관계와 그 합을 의미한다.

적정기술(Appropriate Technology): 그 기술이 사용되는 사회공동체의 정치적·문화적·환경적 조건을 고려해 해당 지역에서 지속적인 생산과 소비가 가능하도록 만들어진 기술로, 인간의 삶의 질을 궁극적으로 향상시킬 수 있는 기술을 말한다.

혁신(Innovation): 기술의 진보 및 개혁이 경제에 도입되어 생기는 경제구조의 변화로 신상품의 생산, 새로운 생산방법의 도입, 신시장의 개척, 새로운 자원의 획득 및 이용, 그리고 새로운 조직 달성 등에 의하여 생산요소를 새롭게 결합하는 것을 의미한다.

창조적 파괴(Creative Disruption): 조지프 슘페터(Joseph Alois Schumpeter)는 자본주의의 역동성을 가져오는 가장 큰 요인으로 창조적 혁신을 주장했으며, 특히 경제발전 과정에서 기업의 창조적 파괴가 중요하다고 보았다. 즉 '기술혁신'으로서 낡은 것을 파괴, 도태시키고 새로운 것을 창조하고 변혁을 일으키는 '창조적 파괴' 과정이 기업경제와 경제성장의 원동력이 된다.

디지털 전환(Digital Transformation): 디지털 기술을 사회 전반에 적용하여 전통적인 사회구조를 혁신하는 것으로 일반적으로 기업에서 IoT, 클라우드 컴퓨팅, 인공지능, 빅데이터 솔루션 등 ICT를 플랫폼으로 구축·활용하여 전통적인 운영 방식과 서비스 등을 혁신하는 것을 의미한다.

토론점

1. 개발도상국 전반에 걸쳐 최신 기술을 더 광범위하게 적용되도록 하기 위해서 필요한 요소들은 무엇인가? 걸림돌이 되는 장애물은 무엇인가? 이러한 장애물을 해소하기 위한 국제사회와 개발도상국 정부가 해야 할 역할은 무엇이 있는지 생각해 보자.
2. 개발도상국의 과학기술혁신 발전을 위해서는 장기적이고 대규모 투자가 필요하다. 이러한 투자를 지속가능하게 확보하기 위해서 무엇이 필요한지 생각해 보자. 혁신과 교육, ICT 등 물리적 인프라, 국가 전략 등 다른 우선순위와 어떻게 조화를 이룰 수 있을지 생각해 보자.
3. 개발도상국의 디지털 전환 특성에 대해 생각해 보자. 선진국과 차이점은 무엇인지, 좀 더 고려되어야 하는 부분은 무엇이 있을지 논의해 보자.
4. 과학기술혁신 분야 국제협력 가운데 기업의 역할은 무엇인지 생각해 보자. 기업의 혁신 역량을 활용한다는 것은 어떤 의미인지, 효과적인 민관협력 방식은 어떤 것이 있을지 생각해 보자.

 **읽을거리**

디지털 디바이드: 디지털 격차는 어떻게 불평등을 만드는가

얀 반 다이크 지음 | 심재웅 옮김 | 유재 | 2022

디지털 불평등은 기존의 불평등을 감소시키는가, 아니면 새로운 불평등을 만들어 내고 있는가에 대한 분석과 함께 정책적 대안을 제시한다.

한국의 산업화와 기술발전

송성수 지음 | 들녘 | 2021

한국의 경제성장과 산업화를 기술발전과 기술혁신의 관점에서 분석하고, 한국의 기술발전을 전반적이면서도 개별적으로 고유한 특성에 초점을 맞추어 기술하고 있다.

- 학습목표 -

1. 성평등과 젠더의 개념과 개발의 관계를 이해한다.

2. 국제사회의 성평등 논의 흐름 및 주요 쟁점을 파악한다.

3. 성평등 정책과 사업을 위한 접근방법과 전략을 이해한다.

4. 성평등 ODA 사례를 살펴보고 성평등 사업의 성과와 과제를 이해한다.

제7장

1. 성평등(Gender Equality)의 이해

(1) 성평등과 젠더의 개념

한국은 2010년 경제협력개발기구(Organization for Economic Cooperation and Development, OECD) 개발원조위원회(Development Assistance Committee, DAC)에 가입할 시기에 국제개발협력기본법을 제정하였는데, 제정 당시부터 한국의 국제개발은 '성평등'[1]에 이바지한다는 것(제3조)을 표방하였다. 한국의 국내 정책에서는 양성평등이라는 용어를 사용하는데, 국제적 동

---

1 한국의 국내 정책에서는 '성평등'을 공식적인 법률 용어로 허용하고 있지 않다. 그 대신 한국 사회는 '양성평등'이라는 용어를 쓰고 있다. 한국의 개발 시기인 1985년 여성발전기본계획을 수립, 1995년 여성발전기본법이 제정되었으며 이후 2000년대에 들어서며 '여성 발전'이라는 용어가 개발시대의 유산이며 이제 한국 사회도 성평등으로 가야 한다는 의미에서 여성발전기본법을 성평등기본법으로 바꾸고자 하였으나, 한국 사회의 다양한 보수집단이 성(Gender)이라는 용어에 제3의 성이 포함된다는 이유로 반대하여 결국 양성평등이라는 용어를 사용하게 되었다.

향을 따르고 국제 규범을 이끌어 가는 의미에서 국제개발협력 분야는 선도적으로 성평등을 사용하고 있다.

인권은 인간이 인간이기에 갖는 기본적인 권리라는 데에 모두가 동의한다. 그러나 여성의 권리가 침해당하고 차별받아 왔으며, 21세기를 살아가는 오늘날까지 지속되고 있다는 것을 인정하는 사람은 많지 않다. 우리 사회는 언제부터인지도 모를 오랜 시간 동안 중요한 의사결정을 남성이 주도해 왔다. 여성이 필요한 것과 여성이 관심을 두는 것들도 남성 정책결정자들이 정해 왔다. 성평등은 여성과 사회적 소수자의 권리도 존중받고, 이들이 남성과 다르다는 이유로 차별받지 않는 상태를 말한다. 여성운동은 그동안 억압받고 차별받아 온 사회적 관습과 법을 바꾸라는 요구에서 시작되었다. 가장 대표적인 것이 여성의 참정권 운동이다.[2] 이 외에도 여성의 인권이 남성의 인권과 다르게 취급되어 온 사례는 수없이 많다. 1995년 국제연합(United Nations, UN)이 주최한 제4차 세계여성대회에는 전 세계 180여 개 국가의 여성들이 모였고, 이때 모인 여성들은 "여성의 인권도 인권이다(Women's rights are human rights.)"라는 주장을 하기에 이른다.

성평등이라는 용어가 한국 사회에서 이해되는 범위는 다소 복잡하다. 바로 젠더(Gender)라는 용어 때문인데, 이 젠더라는 영어의 의미가 한국어로 정확하게 번역하기가 애매하기 때문이다. 젠더는 성(性), 성별, 성별 구분으로 번역이 되는데, 생물학적으로 구별되는 성별(sex)과는 다른

---

2 영화 '서프러제트(Suffragette)' 참고. 남성에게는 태어날 때부터 당연하게 주어진 권리들이 여성에게는 목숨 건 투쟁을 해야만 간신히 얻을 수 있었던 것이 참정권이었다. 1900년대 초 영국을 배경으로 여성운동의 시작을 알린 참정권 운동의 역사를 살펴볼 수 있다.

의미이다. 젠더는 사람이 태어날 때 부여된 신체적인 성별에 그 사회가 부여하는 기대역할과 가치가 부여된 개념, 즉 사회문화적으로 형성된 성(性)이다. 이때 남성과 여성에게 사회는 각각 다른 역할을 요구하는데, 이를 성역할이라 한다. 특정 사회마다 사회적 역할이 조금씩 다르기는 하나, 일반적으로 남성에게는 생계 부양자(bread-winner)의 역할, 여성에게는 가사 전담자(house-keeping)의 역할을 부여해 왔다. 이 같은 성역할은 특정 성에 특정한 역할만을 기대하고 있어, 이를 성역할 고정관념(Gender stereotype)이라고 부른다. 남성의 역할은 공적영역에, 여성의 역할은 가정 안의 사적영역에 한정되어 있다고 보는 공사 이분법으로 인해 정치, 경제, 사회 전반적인 영역에서 남성의 참여는 당연한 것으로 간주된 반면, 공적영역에 대한 여성의 참여는 보이는 차별과 보이지 않는 차별들 때문에 어려움을 겪어 왔다.

성평등을 말할 때 흔히 '여성'을 지칭하는 까닭은 사실 여성이 오랫동안 차별받아 온 집단이기 때문이다. 그러나 성평등 정책에서 말하는 평등의 개념은 성역할 고정관념으로 차별받아 온 여성과 남성 모두를 차별에서 벗어나게 한다는 의미이기 때문에, 성평등은 여성만을 위한 정책이 아니다. 성평등과 젠더라는 개념은 사회구조적 차별이 존재해 왔다는 것을 이해하고 인정하는 것을 내포하고 있으며, 이러한 구조적 문제를 보지 않고 단순히 여성, 남성으로만 대상을 본다면 성평등을 이루기는 어렵다. 따라서 국제개발협력에서 성평등 사업을 기획할 때 주의해야 하는 점이 바로 사회적 맥락을 외면한 채 여성과 남성으로 대상을 개별화하는 부분이다. 사업 대상에 여성을 포함하는 것이 물론 중요하지만, 사회적 맥락 속에서 성평등을 목적으로 한 사업 수행 방식과 산출물을 얻기 위한 방안을 고민해야 한다는 것이다.

흔히 사업 대상을 남성과 여성으로 구별 짓는데, 이는 이분법적으로 남녀를 분리하는 사고방식(categorical thinking)이라 보고, 성평등을 이루기 위해서는 문제적 상황이 발생하게 된 원인과 해결책을 찾아가는 과정(process)에 초점을 두는 식으로 접근해야 한다(김은경, 2019에서 재인용). 여성과 남성으로 구분하는 이분법적 사고로는 불평등의 근본적 원인을 해결하지 못한다는 것이다. 예를 들어 젠더기반폭력(Gender-Based Violence, GBV) 프로젝트를 구성할 때, '이분법적'으로 젠더를 보는 관점은 여성은 피해자, 남성은 가해자로 정의하면서 여성에 대한 폭력이 감소되는 것을 최종 산출물로 본다. 반면 '과정'으로 젠더를 보는 관점은 폭력을 초래하는 규범과 가치의 변화에 초점을 맞추고 폭력을 유발하는 성별 고정관념과 규범의 변화까지를 프로젝트의 최종 성과로 삼게 된다(Fletcher, 2015: 7). 젠더는 단일한 남성 또는 여성이라는 하나의 집단이 아니며, 젠더 관계로 인한 불평등은 다양한 계층과 연령, 인종과 민족 등 교차적으로 나타나기 마련인데(Fletcher, 2015: 11), 성 불평등의 근본적인 원인들을 남겨 둔 채 사업의 대상자에 여성이 포함되었다고 해서 여성의 권한 강화(empowerment)[3]를 이루었다고 보기 어렵기 때문이다(김은경, 2019: 3).

성평등은 이러한 불평등의 교차적 특성에 남성과 여성의 권력관계가 작용하면서 발생한 사회구조적 억압과 차별을 철폐하자는 개념이라는 점에서 차별받아 온 여성의 권한을 인정하고 강화하는 데서부터 시작된다고 할 수 있다. 따라서 지속가능발전목표(Sustainable Development Goals, SDGs)의 다섯 번째 목표인 SDG 5 '성평등 달성 그리고 모든 여성과 여아

---

3 본 장에서는 empowerment의 뜻을 효과적으로 전달하기 위해 권한 강화, 권리 증진으로 번역하였다.

의 권한 강화'(Achieve gender equality and empower all women and girls)는 성평등의 목적과 방법에 가장 정확하게 접근하고 있다.

(2) 성평등과 개발의 관계

새천년개발목표(Millennium Development Goals, MDGs) 이후 SDGs 2030 의제는 빈곤 인구문제 해결, 지속가능한 소비와 생산 패턴, 환경친화적이고 지속가능한 물과 에너지에 대한 접근권 확보, 거버넌스의 투명성과 책무성 강화, 성평등과 인권을 포함하는 평등의 성취, 질 높은 교육과 보건에 대한 접근권 보장, 기본적인 법과 서비스, 기반시설 확보 등을 실현하기 위한 장기적인 개발성과지표로서 기능하고 있다.

이와 같은 글로벌 개발정책에 대한 논의를 발전시키는 상황에서 국제, 지역, 국가, 민간 차원에서 성평등 정책을 옹호하는 행위주체들은 성평등, 여성인권, 여성의 권한 강화 또는 권리 증진을 좀 더 확실한 위임사항으로 만들기 위한 다각적 노력들을 계속했다. MDGs 이후 포스트-2015 어젠다를 준비하는 과정에서 UN을 비롯한 OECD와 선진 공여국들에서 이루어진 보편적인 합의는, 성평등과 여성 권한 강화가 모든 인도주의적 개발목표, 굿 거버넌스(Good governance), 경제성장, 평화와 안보 유지, 인간과 환경 간의 건전한 관계 등의 목표를 촉진할 수 있는 수단일 뿐만 아니라, 기본적 인권의 원칙으로서도 중추를 이룬다는 것이다(UN Women, 2014: 12).

국제개발에서 젠더를 고려해야 하는 이유는 국제개발의 궁극적 수혜자는 인류이고, 인류의 절반은 여성이기 때문이다. MDGs와 SDGs에서 국제개발의 주된 목표인 빈곤퇴치라는 측면에서 보면 여성의 빈곤, 빈곤의 여성화[4] 문제를 해결하지 않고는 빈곤문제를 해결할 수 없다. 가부장적 사회 관습과 남성 중심적 사회구조 속에서 빈곤은 성차별에 기인하고 있다는 보편적인 성격을 나타내기도 하지만, 계층 간, 지역 간, 도시와 농촌 간 여성 빈곤은 격차를 드러내는 특수성을 띠고 있다(왕선애, 2016). 또한 교육, 보건, 공공행정, 인프라[5] 등의 모든 분야의 개발이라는 것은 결국 사람들에게 좋은 공공 서비스를 제공하는 것이므로 그 사람이 누구인지는 쉽게 생각할 수 있다. 성평등과 여성의 역량 강화가 없다면 모든 분야의 개발목표는 남성만을 위한 사업이 될 것이다. 성평등과 여성 역량 강화는 그 자체로서 개발 목적인 동시에 개발 효과성을 제고시키는 전략이다. 왜냐하면 개발에서의 성평등은 현재의 여성뿐 아니라 여성이 속한 가족과 공동체, 나아가 전 지구의 후세대인 여성의 인권에 기여하는 중요한 가치이기 때문이다.

빈곤의 여성화는 소득 결핍의 결과일 뿐만 아니라, 사회적 성차별로 인한 여성의 기회와 능력을 박탈하고 사회와 정부가 여성에 대한 편견을 가져온 결과이다(Fukuda-Parr, 1999). 국제 상황뿐 아니라 국내에서도 여성의 빈곤 현상은 마찬가지로 나타난다. 비정규직의 대다수가 여성이며, 한부모가족 중에서도 여성 가장인 경우 경제적으로 취약한 것으로 집계되고 있다. 빈곤의 일부가 여성들에게 사회적으로 강요된 성역할

---

[4] 빈곤의 여성화란 세계 빈곤 인구가 대부분 여성 혹은 여성 가구주로 변화하는 현상, 빈곤의 영속화 및 확대의 위험성이 여성에게 훨씬 더 높아지는 현상을 말한다(Chant, 2006).

[5] 인프라란 사회기반시설로, 경제활동의 기반을 형성하는 기초적인 시설들을 말하며, 도로나 하천, 항만, 공항 등과 같이 경제활동에 밀접한 사회자본을 의미한다. 최근에는 학교나 병원, 공원과 같은 사회복지, 생활환경 시설 등도 포함시키지만, 인프라라고 할 때는 주로 도로, 전기, 수도 같은 사회의 기초 시설을 의미한다.

과 불평등한 젠더 관계[6]의 결과라는 사실에 대한 인정과, 성 불평등의 원인을 근절시키고자 하는 특별한 대응조치를 취하지 않고서는 빈곤문제를 해결할 수 없다. 또한 빈곤문제 해결을 위해서는 사회적 다양성, 인종, 계급, 성적 정체성(sexual orientation)과 젠더 정체성이 다른 사람들을 포함하여 사회에서 가장 약자에 속하는 사람들에게 초점을 두어야 한다(Smee and Woodroffe, 2013). 빈곤의 여성화는 '빈곤 여성'의 문제를 보는 관점의 전환을 요구하는 의제이다. 이러한 요구는 학문적으로 젠더의 교차성(intersectionality)[7] 이론을 근거로 한다. 개발도상국의 빈곤문제 해결을 위해서는 성차별 경험의 동일성·보편성도 중요하지만 다양성과 지역에 기반한 특수성을 규명하여 대응하는 해결 방식이 중요하다. 성 불평등의 교차성에 대한 예를 들면 많은 외국인 여성 가사노동자들이 고용주에 의해 성추행과 성적 남용을 경험하는데, 외국인 여성 가사노동자들은 여성-빈민-외국인-노동자라는 사회적 취약성이 교차하는 지위에 놓여 있기 때문이다.[8]

국제개발에서 젠더를 고려해야 하는 이유로 여러 분야에서 나타나는 여성의 사회적 지위를 살펴보자.[9] 전 세계적으로 25~54세 남녀의 경제활동 참여 비율은 남성이 94%, 여성이 63%로 차이가 크게 나타난다. 무급 가족노동에 종사하는 비율은 여성이 남성의 두 배이며, 비정규 노동

---

[6] 남녀에게 부여된 젠더 개념으로 인해 발생하는 남녀 간 불평등한 구조 속에서 나타나는 관계를 말한다.

[7] 교차성이라는 개념은 이 같은 불평등이 단지 남성 대 여성의 구도에서만 나타나는 것이 아니라, 남성에 대비하여 불평등한 위치인 여성, 계급적으로 자본가에 비해 불평등한 위치에 놓인 노동자 계급, 경제적 상위계층보다는 하위계층, 자국민보다는 이주민 같은 사회경제적 지위에서 불리한 위치에 놓이는 상황에서 여성이라는 성별 특성이 더해질 때 성 불평등은 더욱 열악한 상황에 놓이게 된다는 의미이다.

[8] 라셀 살라자르 파레냐스, 세계화의 하인들: 여성, 이주, 가사노동.(2009)

[9] UN Women. "Fact and Figures: Economic Empowerment".
출처: https://www.unwomen.org/en/what-we-do/economic-empowerment/facts-and-figures(2023.1.4.검색)

에서 무급 가족노동에 종사하는 비율은 여성이 남성의 두 배이다. 비정규 노동에서 여성이 차지하는 비율은 농업 종사자를 포함할 때 남성보다 4.6% 높게 나타났으며, 이를 제외할 때는 7.8% 더 높아진다. 임금에서의 성차도 존재하는데, 전 세계적으로 여성은 남성 임금의 77%만을 받고 있는 것으로 나타난다. 임금노동자의 경우에 이 같은 남녀 간 임금차별, 성별 분업 문제가 만연하여 여성은 경제적·사회적 지위를 보장받지 못하고 있다. MDGs 이후에 전 세계 문맹률이 감소했지만, 초등교육 대상자 기준 여성 문맹자는 남성 문맹자의 1.5배에 달한다. 여성은 남성으로부터의 젠더기반폭력의 피해자인데 그 형태는 가정폭력, 성폭력, 성희롱, 명예살인, 여성 성기 훼손(Female Genital Mutilation, FGM)[10], 전쟁·강간 등 여성이 사는 모든 형태의 사회에서 나타난다. 그럼에도 불구하고 성폭력의 피해자인 여성은 인권을 존중받지 못하며 살아가고 있으며 때로는 평생 트라우마를 안고 살아가기도 한다.[11]

가부장적 사회에서 여전히 나타나고 있는 남아선호로 인해 여아에 대한 불법 낙태가 만연하거나 천주교가 국교인 도미니카공화국이나 필리핀 등에서는 청소년 대상 성교육이나 접근 가능한 청소년 전용 의료서비스의 부재로 인해 여성 청소년 임신이 증가하고 있으며, 임신중절수술이 법적으로 허용되지 않음으로써 불법 낙태로 인한 피해는 고스란히 여성들이 받고 있다.

2016년 기준 전 세계에서 15세 이상 1,780만 명의 여성이 인체면역결핍바이러스(Human Immunodeficiency Virus, HIV) 감염자로 집계되며 이는

---

10 와리스 디리, 사막의 꽃, (2015)
11 이금이, 유진과 유진, (2020); 록산 게이, 헝거: 몸과 허기에 관한 고백, (2019)

전체 성인의 HIV/AIDS 감염자 중 52%에 해당한다. 15~24세 여성과 소녀들이 특히 감염에 취약한데, 2016년 기준으로 15~24세의 여성 감염자는 240만 명으로 HIV/AIDS에 감염된 젊은 연령층의 61%이다. 이들 연령층에서 새로운 HIV/AIDS 감염의 59%가 이들 연령의 여성과 소녀에게서 발생하고 있다.[12]

전통적 가치를 중시하고 가부장적인 사회구조 속에서 여성은 해당 사회에서 낮은 지위나 계급에 속하는 경우가 많기 때문에 개발의 혜택에서 소외될 가능성이 크다. 개발의 혜택이 제한된 계층에 한정되는 것은 사회적 정의 측면이나 개발 효과성 측면에서도 바람직하지 않다(김양희, 2017).

국제개발 역시 각 국가의 정책 결정을 통해 정책과 전략, 사업이 결정되는데, 전 세계적으로 주요 의사결정직의 여성은 2021년 기준으로 장관직에 21%, 국회에 25% 정도 수준이며, 무엇보다 전 세계 국가수반인 대통령이나 총리 중 여성의 수는 34명밖에 되지 않는다.[13] 여성과 남성의 정책 요구에 차이가 있는데도 불구하고 주요 의사결정직이 여전히 남성 중심으로 운영되고 있다는 것은 여성의 정책적 요구가 정책 결정 과정에 반영되기 어렵다는 의미이다. 여성이 의사결정과정에 더 많이 참여해야 하고 성평등의 가치를 더 높게 목소리 내야 하는 이유가 바로 여기에 있다.

---

[12] 감염에 따른 성차가 지역적으로도 나타나는데, 특히 사하라 사막 이남 지역에서 15세 이상 신규 감염자의 56%는 여성이며, 15~25세의 여성에서는 이 비율이 67%로까지 더 높아진다.
출처: https://www.unwomen.org/en/what-we-do/hiv-and-aids/facts-and-figures#notes(2023.1.4.검색)

[13] 국가수반과 장관으로 구성된 내각회의에 여성 50%를 달성한 국가는 14개 국가밖에 되지 않아, 이러한 추세라면 향후 130년이 되어도 내각의 남녀 동수를 이루기 어려울 것으로 보고 있다.
출처: https://www.unwomen.org/en/what-we-do/leadership-and-political-participation/facts-and-figures(2022.9.15.검색)

2. 세계 성평등 현황

(1) 세계 성평등 지수

세계는 각국의 성평등 현황을 파악하기 위해, 공통적으로 적용할 수 있는 몇 가지 분야를 정하고 그에 따른 세부지표를 마련하였다. 성평등 지수(Gender Equality Index)란 성평등의 진전 상황을 측정하기 위해 일련의 관련 지표들을 선정·조작·합성하여, 각 비교 대상 개체들의 주제별·영역별 성평등 달성 수준을 하나의 점수로 표현한 것이다.

국제사회의 성평등 지수 개발 노력은 1995년의 베이징 행동강령의 요구로 촉진되었다. 베이징 행동강령에서는 세계의 경제적·사회적 성 불평등에 대한 분석과 경험주의적 조사연구에 기초하여 각국의 성평등 수준을 포괄적으로 실사해야 한다고 주장하였다. 현재 주요 국제기구들이 각자 다른 명칭과 개념 틀로 생산하고 있는 지수는 <표 7-1>과 같다.

<표 7-1> 국제 성평등 지수 및 기준

지수	개념적 프레임	출처
성 불평등 지수(GII)	생식 건강, 여성 권한, 노동 참여	유엔개발계획 (UNDP)
성 격차 지수(GGI)	경제, 정치, 교육, 건강에 대한 성 격차	세계경제포럼 (WEF)
사회제도와 젠더 지수(SIGI)	차별적 가정 법률, 남아선호, 여성에게 가하는 관습적 신체 폭력, 여성에게 차별적인 자원 접근권한과 경제적 권리, 제한된 시민의 자유	경제협력개발 기구(OECD)
여성의 정치참여	의회 내 여성 비율, 선출직의 여성 비율, 선거에서 젠더 할당 채택	국제의원연맹 (IPU)

출처 : 한국여성정책연구원 성인지통계 홈페이지; SIGI 홈페이지; IPU 홈페이지(2022.9.15.검색)

1) 유엔개발계획(UNDP)의 성 불평등 지수(GII)[14]

GII는 2010년 UNDP가 인간개발보고서 20주년 기념집을 통해 새로 도입한 지수로, 생식 건강, 역량 강화, 노동시장 참여 등 세 가지 차원에서 성 불평등으로 한 국가 내에서 달성하지 못한 손실분이 얼마인지를 파악하기 위한 것이다. 이는 UNDP가 1995년 인간개발보고서를 통해 지속적으로 발표해 온 남녀평등지수(GDI)와 여성권한척도(GEM)의 취약점을 보

---

14 유엔개발계획(UN Development Programme, UNDP)의 여성권한척도(Gender Empowerment Measure, GEM)는 2009년까지 측정되었고, 2010년부터는 남녀평등지수(Gender-Related Development Index, GDI)와 GEM을 대체한 성 불평등 지수(Gender Inequality Index, GII)를 사용하고 있음

완하기 위해 고안한 척도이다.

2) 성격차지수(GGI)

세계경제포럼(World Economic Forum, WEF)이 2005년부터 발표하고 있는 성격차지수(Gender Gap Index, GGI)는 각국의 성평등 정도를 평가할 수 있는 도구이다. 다양한 국제기구의 지표와 WEF의 '최고경영자여론조사(Executive Opinion Survey)'에서 얻은 독특한 조사 자료를 근거로 개발하여, 각국의 정부, 기업, 시민사회에게 자원과 기회가 남녀에게 평등하게 분배되고 있는 정도와 연도별 변화 추이를 개관할 수 있도록 해 준다. GGI는 여성이 개발 과정에 참여하는 정도와 정책결정 권한의 증진이 고루 진행되어야 순위가 높아질 수 있도록 설계되었다.

3) 사회제도와 젠더 지수(SIGI)

사회제도와 젠더 지수(Social Institutions & Gender Index, SIGI)는 소득수준이나 발전 수준과는 관계없이 세계 모든 지역과 문화권에 속한 국가들의 성차별 정도를 드러내는 지표이다.

OECD는 2009년부터 사회제도와 젠더에 관한 데이터베이스를 통해 전통적인 양적 데이터로는 파악할 수 없는 성차별(사회적 규범, 관습, 법률 등)을 파악하고 측정할 수 있는 새로운 정보를 제공하고 있는데, 2019년 기준 세계 181개국의 사회제도들에 대한 정보를 구축하였다.

4) 정치참여 현황

국회(의회)의 여성 의원 비율은 선출직의 여성 진출 수준을 파악하는 중요한 기준이다. 국제의원연맹(Inter-Parliamentary Union, IPU)은 매년 전 세계 국가의 의회 내 여성 비율을 업데이트하며 수치를 제공하고 있다. 한국은 하원에 해당하는 국회 내 여성 비율이 IPU에 올라가 있고, 상하 양원제인 국가는 양원 모두의 정보를 업데이트 하고 있다. 여성의 정치참 여나 민간기업의 여성 최고경영자(Chief Executive officer, CEO) 등에 대한 비율은 과거에 GEM을 통해서도 파악해 왔으나, 선거를 통한 입법기관의 선출직 의원이 갖는 중요성과 상징성으로 볼 때 여성의 정치참여 현황은 해당 국가와 정당의 성평등 수준을 가늠하는 기준이 되고 있다.

(2) 성평등을 통합한 국제개발의 과제와 개선 방향

국제개발에서 사업을 발굴하거나 평가할 때 성평등의 요소를 포함 하기 위해서는 몇 가지 기술적인 방법을 익혀야 한다. 국제개발에 관심이 있고 세계시민임을 자처하면서도 성평등을 놓치는 이유는 실무자든 의사 결정자든 성평등에 대해 학습하지 않았기 때문이다. 여기에서는 구체적 으로 그 기술적 방법에 대해 살펴보도록 한다.

1) 성평등 정책에 대한 이해와 여성의 정책 수요

성평등 정책(Gender Equality Policy)이란 성평등에 이바지하는 정책이 다. 성평등 정책을 만들기 위해 정책 결정과정에 남성과 여성의 동등한 참여를 보장하여, 여성과 남성의 요구를 고르게 통합하고, 의도하지 않은 성차별을 초래하는 일이 없도록 기획 단계에서 이를 점검해야 한다. 성평 등 정책은 다양한 정책 분야에서 필요한 포괄적인 정책으로서, 정치·경 제·사회적 영역에서 차별받아 온 여성의 인권과 지위를 증진하는 정책이며, 기득권층이지만 성역할의 고정관념으로 인해 피해를 보는 남성의 권리를 찾아주는 정책이기도 하다. 실무자의 관점에서 성평등 사업을 기획할 때, 여성·여아를 조사나 분석의 대상에 포함하는 것만으로 사업 목적에 부합하는 조건을 충족했다고 인식하는 경우가 종종 있다. 성평등 사업에서 가장 중요한 것은 남성과 여성이라는 생물학적 이분법이 아닌, 사회문화적으로 불평등한 구조 속에서 성평등의 문제를 인지하는 성 인지적(Gender-sensitive) 관점, 즉 젠더를 이해하고 수용하는 접근이다(Parpart, 2014). 그렇다면 여성·여아를 사업 대상에 포함한 이후 무엇을 해야 하는지 살펴보도록 한다.

▲ 여성·여아의 정책 수요 파악하기

성평등 정책을 만들기 위해서는 정책과 사업의 기획 단계, 즉 초기 단계에서 성별 수요 반영이 특히 중요하다. 성역할 고정관념이 오랫동안 남성과 여성의 기대 역할을 구분해 오고, 특히 여성에게 많은 사회적 제약을 가해 왔던 만큼 성평등 정책을 수립할 때는 여성들이 어떤 정책 수요를 가졌는지 파악하는 것이 중요하다.

흔히 농업 정책을 위해서는 농부들의 수요를 파악한다고 생각할 것이다. 참여형 정책개발이라 해서 마을회관에 마을 농업인들을 모두 모아 의견 수렴을 한다. 사업 시행기관의 책임자는 의견 수렴을 했으니 그 결과에 대해서도 자부심을 가질 것이다. 그러나 여기서 끝이라고 생각하면 오산이다. 남녀는 차별적 관습 속에서 살아왔기에 남성과 여성 간 젠더 관계가 평등하지 않은 상황에서 한자리에 모여 있을 때 여성들이 의견을 낼 것을 기대한다면, 아직도 젠더 구조를 모르는 것이다. 이런 상황에서는 남녀를 분리하여 여성 농민의 수요를 파악하는 것이 중요하다. 가부장적 사회질서가 존재하는 곳에서 남성 마을 지도자들이 모여 있는 소위 공식적인 모임에서 여성들이 남성들의 의견과 다른 의견을 제시하는 것은 많은 용기가 필요한 어려운 일이기 때문이다.

여성들에게는 두 가지의 정책 수요가 존재한다. 하나는 기존의 성역할을 벗어나지 않는 차원에서 필요한 실질적 젠더 수요(practical Gender needs)와 다른 하나는 성 역할에서 벗어나 성평등한 관계로 나아가기 위해 필요한 전략적 젠더 수요(strategic Gender needs)이다.

실질적 젠더 수요란 여성들에게 사회적으로 주어진 역할 내에서 필요한 수요를 말한다. 즉각적이고 실용적 필요에 대한 반응으로, 사회적으로 묶인 여성의 종속적 지위와 그에 따른 노동 분업의 한계를 수용하는 선에서 여성의 지위 향상을 위한 정책이다. 예를 들면 빈곤한 여성 가구주나 중등교육을 받지 못한 여성에게 단기간의 직업훈련을 제공하는 사업에서 봉제, 미용, 요리와 같은 전통적으로 여성의 일이라고 간주된 직업훈련을 제공하는 것이다. 여성의 지위 향상을 위해 고부가가치를 인정받는 기술을 훈련해야 한다는 의견도 있지만, 이들이 처한 상황에서 경제활동에 즉각적으로 도움이 되는 직업은 결국 여성에게 주어진 성역할 내에 존재하고 있기 때문이다.

전략적 젠더 수요란 실질적 젠더 수요보다는 좀 더 장기적이고 덜 가시적이지만, 전통적인 성역할 고정관념에 따른 여성의 역할을 벗어나서 성평등을 이룰 수 있도록 지원해 주는 정책이다. 예를 들면 남성 중심의 조직 운영이 지배적인 정치참여에 여성 할당제를 도입하거나, 기업의 최고 의사결정직의 여성 임원 비율이 낮은 데 대해 할당제나 목표제를 둔다거나, 과학·기술 분야에 여성의 참여를 독려하기 위해 이공계 대학에 진학하는 여학생 수를 늘리는 등의 다양한 제도 도입 및 정책을 말한다. 이

두 가지 수요는 서로 배타적이지 않으며, 정책 개입의 상황에 따라 실질적 수요와 전략적 수요를 반영하면 된다. 즉 하나의 사업에서 이 두 가지 수요가 모두 반영될 수 있다.

2) 성평등 정책 수립을 위한 접근방법과 전략

본격적인 성평등 사업에 들어가기 전에 성평등 정책을 만들기 위한 접근방법과 전략이 어떻게 발전되어 왔는지 짚어 보기로 한다.

▲ 개발과 여성(WID), 젠더와 개발(GAD), 성 주류화(Gender Mainstreaming)

성평등 정책을 수립하기 위한 정책 개입의 접근방법으로 알려진 것은 개발과 여성(Women in Development, WID), 젠더와 개발(Gender and Development, GAD), 성 주류화(Gender Mainstreaming) 이렇게 세 가지 전략이 있다. 국제개발에서 젠더에 대한 접근방법은 WID 담론에서부터 GAD 담론으로 발전되어 오면서, 여성에 대한 집중이 필요함과 동시에 젠더 관점(젠더를 이해하는 관점)이 주류 정책에 통합되어야 한다는 젠더 통합적 관점이 동시에 강조되어 왔다.[15]

국제개발협력에서 젠더 담론이 처음 등장한 것은 에스터 보저럽(Ester Boserup)이 1970년에 농업경제에서 여성의 중요성을 강조하면서부터이다. 기존의 근대화론에 기반한 개발이 남성과 상위계층 중심이라는 비판과 함께 복지 접근법의 가정에 도전하고, 후기 식민 시기 농업정책

---

15 WID, GAD에 대한 논의는 김은경(2019) 참고하여 저자 재구성

과 근대화 정책으로 인해 남성은 근대적 환금작물을, 여성은 전통적 자급 농업이라는 이분화가 초래되었고, 농업생산에 있어 여성의 공헌이 불투명해졌다는 점을 강조한 것이다(Miller and Razavi, 1995: 4). 에스터 보저럽(Ester Boserup)의 연구를 근거로 여성을 정책의 수혜자로 간주하기보다 사회의 '생산적인' 구성원으로 보기 시작했고, 경제개발에 적극적인 공헌자로 볼 것을 주장하였다. 1970년대 여성운동의 중요한 주제 중 하나는 여성의 동등한 교육 및 고용 기회였고, 이에 WID라는 접근법을 통해 개발 과정에서 '여성'을 강조하기 시작하였다(Miller and Razavi, 1995: 3).

WID가 여성에 초점을 두면서 실질적인 성평등으로 나아가기 위한 구조적 문제에 관심을 두지 못한 것을 비판하며 나온 접근법이 GAD이다.[16] GAD 관점에서 여성은 가부장제 권력으로부터 소외되고, 또한 여성과 남성의 역할과 의무를 규정하는 규범과 가치가 용인되는 가운데 여성의 지위는 열등한 위치에 놓이게 된다고 보았다. 따라서 여성만을 볼 것이 아니라 여성과 남성의 관계에 초점을 두어야 하는 것을 강조한다. 젠더 관계에서 평등한 권력을 갖기 위해 여성의 지위를 향상시키는 데 관심을 갖기 시작하면서, GAD에서는 여성의 '권한 강화'를 위해 필요한 실천 중심의 정치적 전략을 강조하기 시작하였다(Young, 1993 재인용; Miller and Razavi, 1995: 31).

GAD가 여성과 남성의 구조적 불평등에 주목하고 이러한 관계성을 개선하려 한다는 점에서 페미니스트들에게는 절실한 접근방법이었으나,

---

16 1980년대 중반, 오일쇼크와 글로벌 경제위기로 인해 구조조정정책(Structural Adjustment Program, SAP)이 도입되었으나 여성과 취약계층에게 그 혜택이 돌아갈지에 대한 의문이 제기되었고, 이러한 가운데 WID로는 젠더 불평등 구조에 대해 근본적인 원인을 드러내지 못한다고 보고 GAD 담론이 부각되기 시작하였다(Sen and Grown, 1987; Connelly et, al., 2000: 62). 국제적으로 WAD 접근방법도 논의되었으나 본 교재에서는 생략하였다.

뿌리 깊은 가부장제에 도전한다는 점에서 GAD는 WID보다 훨씬 더 수용하기 어려운 접근방법으로 인식되었다. 또한 젠더나 GAD를 주장하는 입장에서는 여성을 대상으로 하는 정책이 남성을 배제하는 것이 아니라는 것을 남성들에게 확신시켜야만 하는 번거로움이 있었다.

성 주류화는 GAD 접근을 가능하게 하기 위한 성평등 정책의 전략이다. 코너(Lorraine Corner)는 여성 정책을 특정 분야에 국한하여 보던 시각을 탈피하여 모든 분야의 정책에 젠더 관점을 통합하는 성 주류화의 과정이 세 가지 단계로 진행된다고 보았다(Corner, 1999). 1단계는 여성의 주류화이다. 사회 모든 분야에서 여성이 동등하게 참여하고 의사결정권을 행사하는 단계이다. 2단계는 성평등 관점의 주류화이다. 정책이나 프로그램이 남성과 여성에게 어떻게 다르게 영향을 미치는지 검토하고 성평등 관점을 통합시키는 것을 의미한다. 3단계는 주류의 전환이다. 주류 사회는 남성 중심의 사회인데, 이 주류의 젠더 구성을 바꾸는 과정이 최종 단계이며, 주류 자체의 특성과 제도의 근본적인 전환을 뜻한다. 결국 성 주류화는 궁극적으로 남성 중심의 주류 영역이 재편되는 것을 의미한다(김양희 외, 2007: 37).

성 주류화에 대해 1990년대부터 UN을 비롯한 국제 페미니스트 학자들이 오랫동안 연구하고 주장해 왔지만, 여전히 성 주류화는 쉽게 달성할 수 있는 전략이 아니다. 성 주류화가 쉽지 않은 이유는 국제개발 분야의 전문가 혹은 실무자들이 각자의 분야에서 젠더 관점을 통합하고 젠더 이슈를 도출하는 데 어려움을 겪기 때문이다. 또한 정책 입안과 기획 단계에서 여성의 요구를 수렴해야 하는데 젠더에 대한 이해가 부족하다 보니 여성의 요구를 수렴해야 하는지, 수렴한다면 어떤 방법으로 수렴해야 하는지에 대한 방법도 서툴 수밖에 없다. 성평등에 대한 학습을 하지 않다 보니 성평등 정책에 대한 이해나 인식이 부족하고, 따라서 자연스럽게 필요성을 느끼지 못하는 것이다. 그러나 무엇보다 가장 큰 이유는 정부 차원의 책무성 장치 부족 때문이다. 젠더 이슈를 도출하기 위해서는 성별 분리 통계(gender disaggregated statistics)가 필요하고, 젠더분석(gender analysis, 혹은 성별영향분석), 성인지 예산제도(gender-responsive budgeting)[17]를 위한 법적·제도적 근거 등이 마련되어야 하지만, 수원국으로부터 사업 수요를 조사할 때 '젠더 수요를 수렴했는가'라는 단 한 줄을 포함하는 데까지 상당히 오랜 기간의 협의가 필요할 정도로 성 주류화를 위한 정책 도구를 도입하는 것이 쉽지 않다.

　　정책 사례를 들어 이 세 가지 성 주류화 도구를 설명하자면, 장애인 복지시설 사업을 들 수 있다. 정책입안자는 장애인 복지시설 건립을 사업계획에 올리고 복지센터를 짓는다. 이 복지센터 건립 이후 몇 년이 지나고 나서 이 시설을 누가 많이 이용하고 있는지 조사를 한 결과, 장애인 복지시설 이용자의 대다수가 남성이었다. 왜 이런 결과가 나왔을까? 이 정책입안자가 놓친 것은 무엇일까? 장애인 복지시설 이용자들 중에서 남성이 많았던 이유는 여성 장애인이 외출할 경우 주위의 차별적 시선 때문에 남성 장애인보다 외출을 꺼려 했기 때문이다. 만일 이러한 행동의 차이에 대해 정책입안 단계에서 미리 알았다면, 정책입안자는 남성과 여성 장애인에게 서로 다른 방법의 복지서비스를 제공할 수 있었을 것이고, 복지시

---

[17] 성인지 예산은 각 프로그램이 연령·인종·계층별로 여성과 남성에게 미치는 영향이 어떻게 다른지를 파악하여, 그에 따른 보완책 도입을 제안한다. 예를 들면 학교급식, 식수와 교통시설, 보건 프로그램 확장, 법조인들의 역량 강화 프로그램 등은 성평등과 여성 권한 강화를 일차적인 목표로 하지 않는데, 이때 각 프로그램에서 대상으로 삼는 남녀의 요구와 수요를 파악하여 어느 한쪽으로 예산이 치중되지 않도록 하는 것이다. 성인지 예산은 여성들을 위한 분리된 예산이 아니라, 성인지적 방식으로 계획-승인-집행-모니터링-감사를 거친 일반 예산을 말한다(UNIFEM, 2010).

설에 들어가는 예산을 줄여서 여성 장애인에게 적합한 서비스로 나누어 집행할 수 있었을 것이다. 이렇게 하기 위해서는 기본적으로 남녀 장애인의 수를 파악하기 위한 장애인 성별 통계가 갖추어져 있어야 한다. 이처럼 사업의 성별 수요와 사업 효과에 성별 영향을 파악하는 것이 젠더분석이며, 이는 궁극적으로 사업의 성 주류화를 위한 것이다.

3) 성평등을 통합한 프로젝트 사이클: 기획부터 평가까지

그러면 다시 성평등 사업 기획과 이행으로 돌아오자. 프로젝트 단위의 사업을 기획한다고 가정하고, 프로젝트의 전 주기별로 젠더 관점을 통합한다는 것이 구체적으로 어떻게 하는 것인지 각 단계별 적용 방법을 알아보기로 한다. 먼저 어떤 분야의 사업을 제안하고 기획하는 단계라면, 반드시 젠더분석 또는 젠더 수요(Gender needs)를 조사해야 한다. 실시하고자 하는 사업이 이행되었을 때 그 사업으로 인해 혜택을 받는 집단과 그렇지 않은 집단이 있는지 예측해야 하고, 구체적으로 사업의 세부 요소를 결정할 때 수혜 집단 가운데 성별 수요가 동일한지, 아니면 남성과 여성의 수요가 각각 상이한지에 대해 조사하고 검토하는 과정이 필요하다.

계획 단계에서 이행 단계로 가는 과정에서는 사업목표에 성평등 목표가 통합되었는지, 사업 설계에 성 주류화 요소가 반영되었는지를 검토하고 사업을 이행해야 한다. 사업 설계 시 수립한 성평등 목표가 사업이 종료될 때까지 유지되기 위해서 사업의 산출물과 성과지표에도 성평등 요소를 반영해야 할 것이다. 이행 단계는 보통 3~5년으로 긴데, 사업 설계 시 수립한 성평등 목표를 사업 종료 시점까지 끌고 가는 것은 때로는 실무자의 의지에 달려 있다고도 볼 수 있다.

성평등 사업은 사업의 결과뿐 아니라 사업의 직간접 수혜자들의 성인지 역량을 키우는 것도 중요하기 때문에, 사업 요소 중 하나로 성인지 감수성 역량강화(Gender awareness raising)와 같은 교육 프로그램을 포함하는 것이 필요하며, 이는 사업 수행자와 대상자 모두에게 제공되어야 한다.

　사업 이행 기간 중 사업 성과를 위한 모니터링을 하게 된다. 모니터링은 사업을 감시한다는 의미보다는 사업이 설계했던 목표로 이행될 수 있도록 이끄는 가이드의 역할을 뜻한다. 모니터링과 평가의 단계에서 중요한 것은 사업의 산출물을 측정하기 위한 양적, 질적 지표를 구축하는 작업이다. 성평등이라고 하는 것이 3~5년간 사업을 통해 이루어지는 단순한 가치가 아니기 때문에, 사업 수혜자의 성별 통계, 사업 참여자의 성별 통계, 성인지 역량 강화 프로그램의 시행 횟수, 사업에 젠더 전문가가 참여했는지 여부 등이 양적 지표로 정리될 필요가 있다. 또한 양적 지표로 집계할 수 없는 성평등 이행과 발전에 대해서는 질적 지표를 통해 집계할 수 있다. 모니터링과 평가 역시 성인지 관점을 가지고 해야 하지만, ODA사업 수 대비 성인지 관점을 가진 전문가의 인력풀이 적다는 점을 고려하면, 모니터링과 평가의 체크리스트를 성인지적으로 수립해 둘 필요가 있다. 이처럼 사업에 대한 젠더 관점은 사업의 기획 단계뿐 아니라 실행의 차원(데이터와 통계, 지표, 후속 작업 및 리뷰 등)에까지 체계적으로 적용하도록 집중해야 할 것이다.

<그림 7-1> 젠더 통합의 기제: 프로그램/프로젝트 주기의 성 주류화

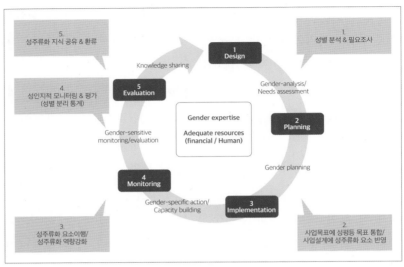

출처 : ILO(2007); 오은정·김진영(2011)

모든 사업은 종료평가 또는 사후평가를 통해 사업 결과와 성과를 보고하는데, 어떤 기준으로 사업을 평가하는지에 대해 사업 설계 단계에서 미리 검토하는 것도 도움이 된다. 평가의 기준을 살펴보는 것은 사업의 가이드라인이 되기도 하기 때문이다.

이런 측면에서 젠더 관점을 적용한 OECD DAC 평가 기준을 <표 7-2>에서 살펴보기로 한다. 적절성 기준은 사업 기획 단계에서 성별 수요를 반영했는지, 일관성 기준은 성평등 달성을 목적으로 한 국제적 규범과 일치하는지, 공여 기관의 다른 프로그램과 일관된 맥락에서 시행된 사업이었는지 등을 평가한다. 효율성 기준은 사업에 투입된 자원이 젠더를 고려하여 할당되었는지, 효과성 기준에서는 성평등에 기여하는 목표와 성과가 달성되었는지, 성별이 다른 사람들에게 어떤 접근방식이 적용되었는지, 효과가 어떻게 나타나는지, 만약 다르다면 어떻게 다른지 평가하도록 하고 있다. 영향력 기준에서는 해당 사업이 성별이 다른 사람들에게 다른 영향을 미쳤는지, 성별이 다른 사람 간에 평등한 권력관계를 만드는데 영향을 미쳤는지 파악하도록 하며, 지속가능성 기준에서는 사업의 범위를 넘어서 사회 전반의 성평등에 기여했는지, 사업 이후에도 성평등의 효과가 지속되고 있는지를 평가하도록 세부 기준을 마련하고 있다. 이 같은 평가 기준은 위에서 살펴본 성 주류화 프로젝트 사이클과 함께 사업을 기획할 때 기억해 두어야 할 포인트를 짚어 주고 있다는 점에서 주목할 필요가 있다.

<표 7-2> 젠더 관점을 적용한 OECD DAC 평가 기준

평가 기준	젠더 렌즈를 적용한 평가 질문 Guiding questions for applying a Gender lens
적절성 (Relevance)	• 사업이 모든 성별의 수요와 우선순위에 대응하는 방식으로 설계되었습니까? • 사업 설계는 성별과 관계없이 모든 사람의 권리를 어느 정도 반영하고 있으며, 소외계층을 포함한 다양한 이해관계자의 의견을 포함하고 있습니까? • 사업이 모든 성별에 해당하는 사람의 실질적 요구와 전략적 요구를 충족합니까?
일관성 (Coherence)	• 사업의 설계, 전달 및 결과가 국제법 및 성평등과 인권을 달성하겠다는 국제적 규범(여성차별철폐협약(CEDAW), 베이징행동강령(BPfA), 세계인구개발회의(ICPD), 그리고 2030 의제)에 어느 정도 일치합니까? • 사업이 성평등과 인권을 증진하기 위한 국내법과 정책을 어느 정도 지원합니까? 어떤 교훈을 얻을 수 있습니까?

평가 기준	젠더 렌즈를 적용한 평가 질문 Guiding questions for applying a Gender lens
효율성 (Efficiency)	• 사업 수행 시 성평등을 고려한 방식으로 상이한 자원이 할당되었습니까? 그렇다면 어떻게 배분되었으며, 다른 자원 배분은 적절했습니까? • 사업 대상 1인당 투자 비용이 성별이 다른 사람들의 차별화된 요구를 충족합니까?
효과성 (Effectiveness)	• 사업이 성평등에 기여하는 방식으로 목표와 기대한 결과를 달성했습니까? • 다른 사람들에게 차등적인 결과가 있었습니까? 그렇다면 어떻게, 왜입니까? • 성별이 다른 사람들에게 접근하기 위해 상이한 접근이 필요했습니까? • 차등적 효과에 대한 충분한 모니터링과 분석이 있었습니까? • 사업이 문제를 해결하고 효과를 극대화하도록 조정되었습니까? • 변화이론과 성과관리체계는 젠더분석, 정치경제와 인권 분석을 얼마나 반영했습니까? • 성별이 다른 사람들에게 효과가 얼마나, 그리고 왜 다른가를 분석했습니까?
영향력 (Impact)	• 다른 성별에 대해 동일한 영향이 있었는지, 또는 참여, 경험과 영향 측면에서 성별과 관련된 차이가 있었습니까? 그렇다면 그러한 차별적 영향이 왜 발생했습니까? • 성별에 미치는 영향이 인종/민족, 장애, 연령 및 기타 사회적 장벽과 어느 정도 교차했습니까? • 더 넓은 범위의 정치, 경제, 종교, 입법 및 사회문화적 환경 내에서 젠더화된 규범과 장벽들이 어떻게 성과(outcome)에 영향을 미쳤습니까? • 성별이 다른 사람들 사이의 평등한 권력관계와 사회규범과 시스템의 변화에 사업의 영향이 어느 정도 기여했습니까?

평가 기준	젠더 렌즈를 적용한 평가 질문 Guiding questions for applying a Gender lens
지속가능성 (Sustainability)	• 사업이 더 넓은 범위의 법·정치·경제·사회적 시스템 내에서 성평등에 기여했습니까? 만일 그랬다면, 어떻게, 어느 정도였습니까? 사업은 모든 또는 특정 성을 가진 사람들에게 해로운 사회적 규범에 대한 지속적인 변화를 이끌었습니까? 만일 사업이 이것을 이루지 못했다면 이유는 무엇입니까? • 사업이 끝난 후에도 성평등의 성과가 지속됩니까?

출처 : OECD(2021: 33)

제7장

3. 성평등과 국제개발협력 동향

(1) 성평등 관련 국제 규범

1) UN 세계여성대회

앞서 살펴본 WID와 GAD, 성 주류화와 같은 성평등 정책에 대한 접근방법과 전략은 UN 세계여성대회를 통해서 개발되고 공표되었다. 국제개발이 냉전시대 이후 원조라는 이름으로 시작되었지만 원조로 인한 혜택에서 여성들이 소외되고 있다는 목소리가 커져 갔고, 결국 UN 세계여성대회라는 논의의 장을 마련하게 된 것이다. UN 세계여성대회는 1995년까지 총 네 번 개최되었다.

제1차 세계여성대회는 1975년 멕시코 멕시코시티에서 개최되었다. UN은 그해를 '세계여성의 해(International Year of Women)'로 정하였고 이후 10년 동안 추진할 여성개발전략으로 WID 접근을 채택하였다. 이를 계기로 세계 각국에서는 여성부가 설치되었으며, 많은 개발원조기구와 정부, 비정부기구(Non-Governmental Organization, NGO)들이 WID 접근을 채택하게 되었다. 제2차(1980)는 덴마크 코펜하겐, 제3차(1985)는 케냐의 나이로비, 제4차(1995)는 중국 베이징에서 개최되었다. 제4차 회의에서 베이징 행동강령(Beijing Platform for Action, BPfA)이 발표되었고 이 행동강령은 현재까지도 국제 성평등 규범의 근간이 되고 있다.

① 베이징 행동강령

1995년 베이징에서 열린 UN 제4차 세계여성대회에서 채택된 '베이징 행동강령'은 "모든 여성과 남성의 동등한 권리와 천부적 인권"에 대한 정부의 책무를 다시 한번 상기하고, 1975년 UN 여성의 해에 제시된 세계적 비전인 '평등, 발전과 평화'와 관련하여 12개 영역에 걸쳐 관철되어야 할 구체적 원칙들을 명시함으로써 모든 사회가 국제적 공약에 따라 일관된 전략을 개발할 수 있는 기회를 제공하였다.

② 12개 핵심 영역

베이징 행동강령은 성평등과 여성의 역량 강화를 달성하기 위해 주의를 기울여야 할 주요 영역 12개(여성에 대한 폭력, 여성인권, 여성과 무력충돌, 여성과 빈곤, 여성교육과 훈련, 여성과 건강, 여성과 미디어, 여성과 경제, 권력과 의사결정에서의 여성, 여성의 지위 향상을 위한 제도, 여성과 환경, 여아)를 제시하였다.

③ UN과 각 정부의 책무

1995년의 세계여성대회 이후 유엔경제사회이사회(Economic and Social Council, ECOSOC)가 성평등과 여성 권한 강화에 대한 세계적인 약속

이행을 지도하기 위해 성 주류화전략을 채택한 첫 결의문을 낸 것은 1997년의 일이다(ECOSOC Agreed Conclusions, 1997).[18]

2) 여성차별철폐협약(CEDAW)

여성차별철폐협약(Convention on the Elimination of All Forms of Discrimination Against Women, CEDAW)은 1979년 12월 18일 UN 제34차 총회에서 채택되어 1981년 9월 3일에 발효되었다. 우리나라는 1983년 5월 25일 일부 조항(국적법 관계)을 유보한 채 89번째로 이 협약에 서명하여 비준국이 되었으며, 1985년 1월 26일부터 이 협약을 발효시켰다. 2022년 9월 기준 이 협약을 비준한 국가는 세계 193개국 가운데 189개국이다.[19]

CEDAW는 세계 여성들의 기본적인 인권과 평등의 원칙들을 보장하는 대표적인 국제협약으로, 세계 각국의 성인 여성과 여아들의 진보를 위한 실질적인 청사진이다. 다양한 국제인권조약들이 여성들에 대한 모든 형태의 차별을 철폐하고 여성과 남성의 실질적인 평등 실현을 목적으로 하고 있지만, 모든 인권 범주를 포괄하고 있는 조약은 CEDAW가 유일하다. 협약의 구성은 전문 15절과 본문 총 6부 30조항으로 이루어져 있으며, 그 내용으로는 16개의 여성차별, 비차별 개념과 국가의 책무, 국가가 차별철폐를 위한 조치를 취해야 할 주제 영역 등 실질적 조항들과 일반적

---

18 이 문서에서 정의하는 성 주류화는 다음과 같다. "성 주류화는 모든 영역, 모든 수준의 법령, 정책 혹은 프로그램을 포함하여 계획된 행동(action)이 여성과 남성에 대해 갖는 함의를 평가하는 과정이다. 정치·경제·사회 영역 전반의 정책과 프로그램의 기획, 실행, 모니터링과 평가 과정에 남성뿐만 아니라 여성의 관심과 경험도 포괄하여, 여성과 남성이 동등한 수혜를 받고, 불평등이 영속화되지 않도록 하기 위한 전략이다. 성 주류화의 궁극적인 목적은 성평등의 실현이다."
　출처: https://www.un.org/womenwatch/osagi/pdf/ECOSOCAC1997.2.PDF
19 출처: https://www.ohchr.org/en/treaty-bodies/cedaw(2022.9.13.검색)

권고, CEDAW 위원회 및 국가보고서 규정 및 행정 사항 등으로 구성되어 있다(<표 7-3> 참고).

이 협약 내용의 주요 특성은 법 앞에서의 평등과 동등한 보호에 대한 권리를 보장하는 수준을 넘어 혼인 지위를 불문하고, 정치·경제·사회·문화생활의 모든 측면에서 여성과 남성의 평등 권리를 위한 조치들을 설정하고 있다는 것이다. 협약은 비준국들에게 법, 정책, 프로그램 등 여성차별 철폐를 위한 조치들을 취할 책무를 부과한다. 이러한 책무는 혼인과 가족관계에서뿐만 아니라 모든 생활영역에 적용되며, 개인과 조직 혹은 기업 등에 의한 여성차별에 대해서도 모든 적절한 조치를 취할 의무를 포함한다. 이 협약은 여성 인권에 관한 정책의 기본 프레임워크를 만들고 국제적 의제들을 확대하는 데 기여하였다.

<표 7-3> 여성차별철폐협약(CEDAW)의 구성과 내용

구분	구성	세부 내용
제1부	제1조~제6조 비차별, 성별 고정관념, 성매매	여성의 발전을 위해 헌법, 법률, 행정에서 각국이 취해야 할 조치들: 적극적 조치와 같은 한시적 특별 조치, 사회문화적 관습, 여성 인신매매 및 성매매 억제 등
제2부	제7조~제9조 공적영역에서 여성 권리	정치참여, 대표권, 국적권 등을 보호해야 할 국가의 책무들
제3부	제10조~제14조 여성의 경제사회적 권리	교육과 고용, 건강 영역에서의 권리, 농촌 여성들에 대한 차별 철폐 및 보호 강조
제4부	제15조~제16조 혼인과 가족법에서의 평등	법 앞에서의 평등과 실질적 평등 보장, 혼인과 가족법에서의 차별 철폐

구분	구성	세부 내용
제5부	제17조~제24조 위원회와 보고 절차	협약 이행의 진전 상황을 검토하기 위한 여성차별철폐위원회의 설치 규정, 각국의 보고 의무와 위원회의 회합 시간, 장소, 보고 임무 등
제6부	제25조~제30조 협약의 효력, 행정, 해석	협약의 효력, 국가의 비준 절차, 유보 조항, 분쟁 해결 메커니즘과 협약 문서 인증 등 행정절차

출처 : 여성가족부(2015)

3) 비엔나선언과 행동프로그램(VDPA), 그리고 여성폭력철폐선언(DEVAW)

1993년 오스트리아 빈에서 열린 세계인권회의에서 채택된 비엔나선언과 행동프로그램(The Vienna Declaration and Programme of Action, VDPA)은 여성에 대한 폭력이 인권침해임을 인정하고 여성폭력에 대한 특별보고관을 지명하도록 요청하였다. 그해 12월 20일에 열린 UN 총회는 여성폭력철폐선언(Declaration on the Elimination of Violence against Women, DEVAW)을 공식 문건으로 채택하였다(UN 총회 결의문 48/104).[20]

DEVAW는 CEDAW와 VDPA를 보완하고 강화하기 위한 것으로 볼 수 있다. VDPA 문건은 세계인권선언에 적시된 인권과 원칙들을 상기시키며 결의문 제18항에서 다음과 같이 적고 있다. "성인 여성과 소녀, 여아의 인권은 보편적 인권과 불가분리의 통합된, 분리할 수 없는 부분이다.

---

[20] 출처: https://www.un.org /en/genocideprevention/documents/atrocity-crimes/Doc.21_declaration%20 elimination%20vaw.pdf; https://digitallibrary.un.org/record/179739(2023.1.9.검색)

국가, 지역, 국제적 수준에서 여성들의 정치적·시민적·경제적·사회적·문화적 생활에서의 온전하고 동등한 참여와, 성별에 근거한 모든 형태의 차별철폐는 국제사회의 최우선적 목표이다."

DEVAW의 제1조와 제2조에 적시된 여성폭력에 대한 다음과 같은 정의는 세계적으로 가장 광범위하게 활용되고 있다. "여성에 대한 폭력은 여성들에게 신체적·성적 혹은 심리적 유해나 고통을 가하는 젠더에 기반한 폭력으로, 여기에는 공사 영역을 막론하고 그러한 행동에 대한 위협, 강제 혹은 자유의 독단적 박탈 등이 포함된다."

DEVAW는 국제적 법률 문서로서는 처음으로 여성들에 대한 폭력을 본격적으로 다룬 문건이었으며, 이후 국가적·국제적 행동계획을 위한 기본 틀을 제공하였다. 이로써 성별과 관련된 전통과 편견, 사회·경제·정치적 이해 관심 등으로 배제되거나 예외적인 것으로 간주되어 온 여성 문제들이 보편적·사회적 문제로서 부각되었다. 특히 삶의 영역을 공적영역과 사적영역으로 구분하는 사고방식으로 국가와 시민사회의 영역과 구분되는 사적영역 속에서 가족이나 종교, 문화의 이름으로 자행되어 온 여성 인권침해의 경험을 드러내어 그 가해자들에게 책임을 물을 수 있는 길이 열리게 되었다.

(2) 국제개발협력 규범과 성평등

1) 새천년개발목표(MDGs)(2001~2015)

세계화가 심화되고 빈곤이 가속화되자 UN은 2000년대 진입을 계기로 1990년대에 논의된 개발의제들과 목표를 통합·재구성하여 지속가능하고 인권에 기초한 개발 및 개발도상국의 빈곤퇴치를 위한 새천년선언(UN Millennium Declaration, 2000)을 발표하고, 국제사회가 2015년까지 세계의 절대빈곤 인구 감소를 위해 달성해야 할 8대 목표와 18개의 세부목표를 담은 '새천년개발목표(MDGs)'를 설정하였다. 이 가운데 성평등과 여성 역량 강화는 MDGs를 달성하기 위한 핵심적 과제의 하나이자, 여타 MDGs의 달성에 영향을 미치는 결정적인 요인으로 부각되었다. 그러나 MDGs는 불과 5년 전에 발표된 베이징 행동강령의 상당 내용을 간과했다는 비판을 받았다. MDG 3은 주로 교육 분야에 초점을 두었고, MDG 5는 산모 사망률에 초점을 두면서 성평등을 이루기 위한 과정이 무시된 채 결과만을 중요시했다는 비판이었다. 교육을 가로막는 조혼이라든가 여성에게 가해지는 폭력이 다루어지지 않았던 것이다.

15년간 세계의 개발협력 행위 주체들은 MDGs의 성공적 달성을 보장할 수 있는 원조의 효과성 증진을 위한 노력을 한층 강화해 왔다. 2005년의 파리선언과 2008년의 아크라 행동계획, 2011년의 부산파트너십조약 등에서 요구한 원조의 질과 그 효과성 증진을 위한 상호 책무성 강화 메커니즘 구축 등의 과제는 성평등 정책 전반에 대한 고위급회담의 가능성을 열었고, 수원국 정부들과의 협의 과정에서 관련 이슈들을 다룰 수 있는 여지를 열어 놓았다.

이에 따라 기존의 성 주류화 전략 프레임을 쇄신할 수 있는 새로운 법적 문서와 지침, 정책과 프로그램 등에서의 진보도 한층 가속화되었다(UN Women, 2014: 10). MDG 3의 '성평등과 여성 권한 강화'의 이행 과정 뿐만 아니라, MDGs를 계승할 글로벌 개발 프레임워크를 구상하기 위해 UN이 주도한 포스트-2015 어젠다 준비 과정과 리우+20의 결과로 나온 SDGs, 2000년에 채택된 여성과 평화·안보에 관한 UN 안전보장이사회의 결의문 1325호, 세계인구개발회의(International Conference on Population and Development, ICPD)의 2014년 이후 행동계획(Programme of Action Beyond 2014) 등이 긍정적 영향의 결과이다.

2) 지속가능발전목표(SDGs)(2016~2030)

리우+20의 결과, 2014년 7월 19일 MDGs를 계승할 지속가능발전목표(SDGs) 제안서가 제68차 UN 총회에 상정되었다. 2010년 포스트-2015 개발계획을 위해 출범한 고위급 패널(High Level Panel of Eminent Persons)이 포스트-2015 어젠다와 2014년에 제시된 SDGs의 조율을 담당하였다. 2015년 9월에 열린 제69차 UN 총회에서 채택된 SDGs에는 17개의 주요 목표와 169개의 세부목표들이 담겼다. 이 가운데 성평등 달성 그리고 모든 여성과 여아의 권한 강화는 목표 17개 가운데 다섯 번째(SDG 5) 과제이다. MDGs가 개발도상국의 빈곤퇴치를 주요 목표로 삼은 것과 달리, SDGs는 전 지구적 차원에서 사회·경제 및 환경 문제에서 이해를 함께하고 책무성을 갖자는 취지에서 만들어졌다. 따라서 공여국이든 수혜국이든 관계없이 전 세계 국가가 SDGs 17개 목표를 자국의 현실에 맞추어 달성할 것을 권고하고 있으며, 한국 역시 K-SDGs[21]라고 하여 세부목표와 지표를 수립하였다(K-SDG 5의 세부목표와 지표는 <표 7-4> 참고).

---

21 K-SDG 5 세부목표와 지표 및 주무부처가 표기되어 있다(지속가능발전포털 홈페이지 참고).

<표 7-4> SDG 5 목표와 세부목표*

목표 5		성평등 달성 그리고 모든 여성과 여아의 권한 강화 Achieve gender equality and empower all women and girls
세 부 목 표	5.1	모든 곳에서의 모든 여성과 여아에 대한 모든 형태의 차별 종식
	5.2	인신매매, 성착취 및 타유형의 착취를 포함하여 공적·사적 영역에서 여성과 여아를 대상으로 하는 모든 형태의 폭력 근절
	5.3	아동결혼, 조혼, 강제결혼 및 여성 성기절제와 같은 모든 유해한 관습을 근절
	5.4	국가 차원에서 적절한 공공서비스, 사회기반시설, 사회 보호정책의 제공과 가구·가족 내 책임분담의 증진을 통해 무보수 돌봄과 가사노동 인정 및 가치 부여
	5.5	정치·경제·공적 생활의 모든 의사결정 수준에서 리더십에 대한 여성의 완전하고 효과적인 참여와 동등한 기회를 보장
	5.6	국제인구개발회의(ICPD) 행동계획과 베이징 행동강령(BPfA) 및 후속 이행 검토회의 결과문서에서 합의한 대로 성·재생산 건강 및 재생산 권리를 보편적으로 접근할 수 있도록 보장
이 행 수 단	5.a	국내법에 따라 여성에게 경제적 자원에 대한 평등한 권리 및 토지와 기타 형태의 자산 소유와 통제, 금융서비스, 유산 및 천연자원에 대한 접근을 부여하기 위한 개혁을 단행
	5.b	여성의 권한 강화를 위해 가용기술, 특히 정보통신 기술(ICT) 이용을 증진
	5.c	모든 수준에서 성평등 및 모든 여성과 여아의 권리 증진을 위해 실질적인 정책과 집행 가능한 법을 채택하고 강화

* 위 번역은 한국국제협력단(2021b)을 따랐으며, SDG 5의 원문은 다음의 출처에서 확인할 수 있다.
  출처: https://sdgs.un.org/goals/goal5(2022.9.15.검색)

2010년 이후 포스트-2015 의제 설정 과정에서 실시된 UN의 MDGs 이행점검 결과를 분석한 바에 따르면, 성평등과 여성권한 강화는 이행 성과가 가장 저조한 편에 속하였다. 그러나 SDG 5에서는 MDGs가 간과했던 여성에 대한 모든 차별과 모든 폭력, 나아가 여성에게 가해진 모든 악습을 철폐한다고 선언하고 있어 성평등을 이루기 위한 구조적·관습적 차별을 전폭적으로 드러냈다. 또한 여성의 무급 가사노동 인정, 정책 결정 과정에서 남녀의 동등한 리더십, 그리고 여성의 성·재생산 건강 및 권리(Sexual and Reproductive Health and Rights)를 세부목표로 두고 있어 포괄적 범위에서 성평등 이슈를 강조하고 있다.

▲ 평등세대(Generation Equality)[22]

유엔여성기구(UN Women)는 정부와 시민사회, 민간 영역까지의 참여와 노력이 있어야 실질적인 성평등이 실현될 수 있을 것이라 진단했고, 특히 미래세대의 주역인 청년층이 성평등한 다음 세대를 만들어 가는 중심에 있다는 전제하에 평등세대포럼(Generation Equality Forum)을 구성하였다. 청년세대가 중심이 되는 평등세대행동연합(Generation Equality Action Coalition)은 전 세계적으로 성평등 정책이 더디게 진행되는 상황을 타파하고 성평등 정책 이행이 속도를 낼 수 있는 환경을 만들기 위한 일종의 글로벌 캠페인이다. 프랑스와 멕시코가 2020년을 즈음한 시기에 이 캠페인을 주도하였으며, 직후에 발생한 코로나19 팬데믹으로 인해 주로 온라인

---

22 이 용어는 2020년 세계 여성의 날 테마인 "나는 여성의 권리를 실현하는 평등 세대입니다(I am Generation Equality: Realizing Women's Rights)."에서 나온 것으로, UN Women의 새로운 다국적 캠페인을 상징하게 되었다. 출처: https://www.unwomen.org/en/news/stories/2019/12/announcer-international-womens-day-2020-theme(2023.1.6.검색)

을 기반으로 진행 중에 있다.

기성세대들과 다른 환경과 조건에서 미래를 살아야 하는 청년세대의 삶과 경험이 반영된 성평등 정책을 새롭게 만들어 나가야 한다는 점에서, 청년세대는 현재 국제사회 평등세대의 중심에 있다고 할 수 있다. 평등세대 캠페인에서는 젠더기반폭력으로부터의 자유, 경제의 젠더 정의와 권리, 신체의 자율성 및 성·재생산 건강 및 권리, 기후변화와 관련한 페미니스트 대응, 성평등을 위한 기술과 혁신, 참여·책무성·리더십이라는 정책과제 여섯 가지를 제안하고 있는데, 이는 베이징 행동강령을 비롯하여 SDGs와 연계되어 있다.

(3) 성평등 달성을 위한 주요 국제기구의 전략

1) 성평등 달성을 위한 이중트랙

1995년 베이징 세계여성대회에서 성 주류화가 공식 언어로 채택된 이후 10년간 다양한 국제기구들의 성 주류화 정책이 어떻게 발전했는지 검토한 결과 UN, 국제금융기구(International Financial Institutions, IFI), NGO 및 양자 공여 기구 등 14개 기구[23] 전체가 정책, 프로젝트, 프로그램의 모든 단계에 젠더를 포함하는 성 주류화 정책과 성평등을 주요 목표로 하는 이중전략(dual strategy)을 수립하고 있는 것이 알려졌다(Moser and Moser,

---

[23] 영국국제개발부(DFID), 캐나다국제개발처(CIDA), 스웨덴국제개발협력청(SIDA), 미주개발은행(IDB), 아시아개발은행(ADB), 세계은행(WB), 유엔여성개발기금(UNIFEM), 유엔인간주거계획(UN-Habitat), 유엔아동기금(UNICEF), 유엔개발계획(UNDP), 비영리조직(ActionAid), 옥스팜 GB(Oxfam Great Britain), 하이보스(Hivos), 어코드(ACORD)(2022년 기준)

2005). 이러한 성평등에 대한 이중전략은 SDGs 프레임에서 SDG 5가 있으면서 다른 목표에 성평등 요소가 포함된 세부목표가 설정된 것과 같은 맥락이다.[24]

성평등 달성을 위한 '이중트랙' 접근은 성평등 및 여성의 권한 강화에 대한 단독 목표(standalone goal)와 프레임 전반에 걸쳐 주류화를 결합한 접근 방식으로 나타났다(Smee and Woodroffe, 2013). 성평등을 이루기 위한 방법이 한 가지만 있는 게 아니라는 의미이다.

유엔여성기구는 '개발 프로그램 내 성 주류화'라는 보고서에서 대부분의 개발 기구는 성 주류화 이행을 위해 이중트랙(twin-track 혹은 dual-track)이라고 불리는 멀티트랙 접근을 채택했다고 밝히고 있다(UN Women, 2014: 17에서 재인용). 이 전략은 성평등을 목표로 특정 사회적 그룹, 조직 및 과정에 구체적이고 집중된 개입을 뜻하는 젠더타깃(Gender-targeted) 개입과 일반 분야의 실질적인 사업 전반에 걸쳐 젠더 요소가 통합된 것을 뜻하는 젠더통합(Gender-integrated) 개입을 결합하는 것이다. 이는 어느 개별 사업에 적용되기보다는 정책이나 중장기 전략 수립 시에 두 가지 접근이 포함되는 것으로 반영된다.

---

24 2030 의제 채택에 앞서 UN 작업반(System Task Team)에서 불평등에 대해 논의한 자료에 따르면(2012), 성평등은 하나의 특정 목표이자(a specific goal) 다른 목표들 전반에 걸쳐 주류화되어야 한다는 것에 동의하였다.
출처: http://www.un.org/millenniumgoals/pdf/Think%20Pieces/10_inequalities.pdf

<그림 7-2> 유엔여성기구의 성 주류화 이중트랙 전략

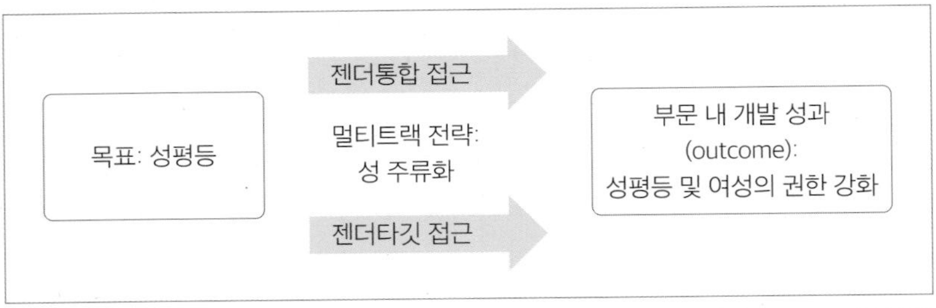

출처 : UN Women(2014: 17)

MDGs와 비교해 SDGs는 보다 광범위하고 변혁적인 의제를 다루고 있으며, MDGs처럼 기술 관료주의적 과정이 아닌 국가들 간 정치적 협상을 거쳐 채택되었다고 평가된다(Fukuda-Parr, 2016). 성평등 목표는 2030 의제의 다른 많은 목표와 마찬가지로 여성 인권 단체, 국제 여성 네트워크, 학계, UN 기구들 간의 광범위한 논의를 거쳤고, 단독 목표로서의 성평등과 전 의제에 걸친 주류화가 필요하다는 합의가 있었다(Razavi, 2016).

최종 합의된 SDGs에는 다양한 목표에 젠더 이슈가 통합되어 있으며, 이는 젠더 불평등의 본질과 마찬가지로 상호 교차되어 있다. 빈곤종식(SDG 1), 기아종식(SDG 2), 건강과 웰빙(SDG 3), 양질의 교육(SDG 4), 깨끗한 물과 위생(SDG 6), 양질의 일자리와 경제 성장(SDG 8), 불평등 완화(SDG 10), 지속가능한 도시 및 거주지 조성(SDG 11), 기후행동(SDG 13), 평화, 정의 및 제도 구축(SDG 16), 목표 달성을 위한 파트너십(SDG 17)에 성 인지적 관점이 반영되어 있다(<그림 7-3> 참고). 결국 성평등 이중전략이 SDGs 목표 설정에서도 적용되어, 성평등을 단독 목표로 두면서 성평등 관련 목표에 젠더 요소를 통합하는 방향으로 설계된 것이다.

<그림 7-3> SDGs 성평등 목표와 성 주류화 목표들

출처 : 한국국제협력단(2021b)

2) 성평등 사업을 확인하는 OECD 젠더마커

OECD DAC는 회원국들의 원조 동향을 파악하는 '공여국 보고 체계(Creditor Reporting System, CRS)'에 젠더마커 기입 절차를 포함시켜 매년 회원국의 성평등 원조 현황을 추적하고 있다. OECD DAC에서 성평등 업무를 담당하는 조직인 성평등 네트워크(Network on Gender Equality, GENDERNET)는 공여국이 성평등에 대한 이중전략 접근(twin-track approach)을 취할 것을 권고하고(GenderNET and OECD, 2016) 이중전략 접근에 따라 젠더마커를 적용한다.

젠더마커의 공식 명칭은 성평등 정책마커(Gender Equality Policy Marker)이며, OCED DAC 회원국의 성평등 원조 활동을 기록하는 통계 도구이다. 즉, 성평등을 목적으로 하는 사업의 경우 젠더마커 2사업(성평등 주요 목적(Principal Objective) 사업, 이중전략 중 젠더타깃 접근)이라 하고, 성평등이 주요 목적은 아닌 성 주류화 사업의 경우 젠더마커 1사업(성평등 중요 목적 (Significant Object) 사업, 이중전략 중 젠더통합 접근)이라 하며, 성평등과 관계없는 사업에 대해 0을 부여하여 성평등 사업 현황을 확인한다. 2, 1, 0은 점수가 아닌 단순한 통계 구분을 위한 번호 체계이다.

젠더타깃 접근은 남녀 모두를 대상으로 할 수 있지만, 실제로 남성만을 대상으로 성평등 사업을 하기가 어렵기 때문에 이 사업을 보통 여성 대상 사업이라 하고, 또 다른 표현으로 젠더(성평등)타깃 사업(또는 접근)이라 부른다. SDG 5를 성과지표로 삼고 있는 사업이 여기에 해당한다.

한편 젠더통합 접근이라는 젠더마커 1사업은 성인지 관점을 통합한 접근이라는 의미로서, 분야 사업을 함에 있어 성평등이 주된 목표는 아니지만 성평등 요소가 포함(통합)되어 있다는 의미에서 젠더통합 접근, 또는 성 주류화 접근이라 부른다.

같은 목적을 가진 사업이라도 접근 방식에 따라 젠더마커 2사업과 젠더마커 1사업으로 구분할 수 있다. 예를 들어 대부분의 농부가 여성인 특정 지역에서 여성들의 농업기술 접근 향상을 위해 여성들을 대규모로 고용하고 교육하는 사업이 진행될 경우, 이 사업은 젠더마커 2사업으로 분류할 수 있다. 그러나 사업이 진행되는 특정 지역에서 수확량 증대를 목적으로 남녀 모두에게 농업기술교육을 실시할 예정인 가운데, 여성 가장(women-headed household)을 위한 특화 프로그램을 실시하거나 다른 사업 구성요소들과 함께 여성들이 농약과 비료를 살 수 있도록 여성을 대상으로 소액 대출[25] 프로그램 계획이 동시에 진행되었다면, 이 사업은 젠더마커 1사업으로 분류할 수 있다(OECD DAC, 2013: 36).[26]

---

[25] 라미아 카림, 가난을 팝니다: 가난한 여성들을 착취하는 착한 자본주의의 맨얼굴,(2015)

[26] 젠더마커는 공여국의 성평등 원조 상황을 나타내는 정확한 통계라기보다는 최선의 추정값(best estimate)이라고 할 수 있다. 현재의 산출 방법에 따르면 젠더마커 1점 사업 내에서 성평등 요소에 해당하는 액수만 성평등 원조에 관련된 것이라 하더라도 사업 자체가 1점 사업으로 카운트되기 때문에 이 사업에서 보고하는 성평등 원조 액수는 전체 사업예산이 된다. 이것이 현재 DAC에서 성평등 원조 액수를 보고하는 방식이기 때문이다. 따라서 실제 성평등 원조 액수보다 과장되는 경향이 있다는 점을 감안해야 한다(GenderNET and OECD, 2016: 13-14).

DAC 회원국의 성평등 원조는 젠더마커 1인 성 주류화 사업이 주를 이루는 한편, 젠더마커 2사업과 1사업을 합한 OECD DAC 회원국의 2019~2020년 성평등 사업은 평균 40%가 넘을 정도로 상당히 증가하였다(OECD, 2022). 이는 5년 전인 2014~2015년 성평등 사업의 비중이 평균 35%였던 것에 비해서도 증가한 수치이다. DAC 회원국의 ODA 사업에서 성평등 사업이 차지하는 비중이 가장 큰 국가는 아이슬란드와 캐나다이며, 그 뒤로 아일랜드, 네덜란드, 스웨덴, 벨기에, 영국 같은 유럽 국가들이 차지하고 있다. 성평등 사업 중에서도 성평등을 주요 목적으로 하는 젠더마커 2사업 비중이 높은 국가는 캐나다, 네덜란드, 스페인 등인 것으로 나타나고 있다. 여기에서 한국의 성평등 사업 비중을 보면 DAC 회원국 중 비중이 낮은 그룹에 속해 있다는 것을 알 수 있다.

<그림 7-4> OECD DAC 회원국의 젠더마커로 본 성평등 원조 비율

(단위 : %)

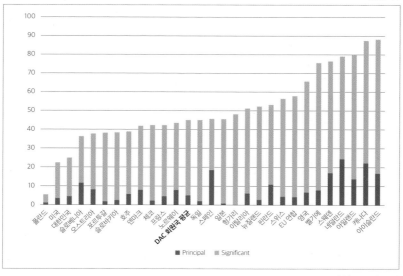

출처 : OECD(2022)

3) 양자·다자기구의 성평등 사업 추진 전략

① 스웨덴

스웨덴의 성평등 분야 개발원조는 이미 양적으로 상당한 수준에 도달한 상태이다. 스웨덴국제개발협력청(Swedish International Development Cooperation Agency, SIDA)의 경우 프로젝트의 80~90%가 성평등 요소를 포함하고 있다.

SIDA의 '젠더통합계획(Plan for Gender Integration)'은 2016년부터 2018년까지의 3개년간 SIDA의 성평등 관련 정책 비전을 제시하였다(SIDA, 2017: 1; Bjarnegård and Uggla, 2017: 22). 그 주요 내용은 다음과 같다(SIDA, 2017: 1; Bjarnegård and Uggla, 2017: 35). 첫째, 성평등이 주요 목적(principal objective)인 지원을 확대하는 것으로, 특히 환경, 기후변화, 인도적 지원 분야 사업 확대를 목표로 하고 있다. 둘째, 성평등이 전략적 우선순위가 되어, 개발협력사업과 전략 이행의 과정 전반에서 젠더분석을 실시하여 사업의 후속 조치 및 모니터링, 결과 보고에 이르기까지 젠더관점이 적용되도록 하는 것이다(김정수, 2018: 68).

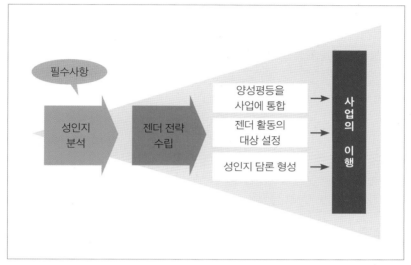

<그림 7-5> 스웨덴 성 주류화 모델

필수사항

성인지 분석

젠더 전략 수립

양성평등을 사업에 통합

젠더 활동의 대상 설정

성인지 담론 형성

사업의 이행

출처 : SIDA(2015: 1)

② 호주

　호주 성평등 및 여성의 역량 강화 전략의 우선순위 분야는 의사결
정, 리더십, 평화 구축에 있어 여성의 목소리 높이기, 여성의 경제적 역량
강화 촉진, 여성 및 여아에 대한 폭력 종식이다(Commonwealth of Australia,
2016: 6-11). 호주는 성평등에 대한 이중전략을 채택하였다. 구체적으로 살
펴보면 첫째, 성평등 및 여성의 역량 강화를 호주 외교정책, 경제 외교 및
개발 프로그램의 우선순위로 정한다. 성평등을 내부 조직 운영, 특히 여성
리더십 사업을 통해 촉진하는 것이다. 둘째, 부문에 상관없이 성평등을 사
업에 보다 효과적으로 통합하고자 한다. 젠더 프로그램에서 개발 성과 프
레임을 반영하고 목적에 상관없이 원조의 최소 80%가 성평등 이슈를 다
루는 것을 목표로 하고 있다(Commonwealth of Australia, 2016: 13).

호주는 매년 300만 달러 이상의 모든 사업에 대해 원조사업 품질관리(Aid Quality Check, AQC)를 작성하도록 하고 있다. 적절성, 효율성, 효과성, 모니터링 및 평가, 지속가능성의 5개 표준 평가 항목 외에 성평등을 추가하여 자가 평가를 실시한다. 사업 담당자가 스스로 부여한 점수는 호주 외교통상부(Department of Foreign Affairs and Trade, DFAT) 소속이지만 해당 사업과 관련 없는 제3자에 의해 검토되고, 이후 사업팀과 논의하여 최종 점수가 결정된다. 해당 사업이 성평등 및 여성·여아 역량 강화에 어떠한 영향을 미치는지 다음 질문에 대해 1~6점 중 선택하여 표기한다(김은경외, 2017: 40).[27]

<글상자 7-1> 호주 국제개발사업의 성평등 영향평가 기준

- 성평등 격차 및 기회에 대한 분석을 중요하게 고려함
- 성평등에 대한 위험요소를 파악하고 적절히 대응함
- 계획대로 성평등 및 여성의 역량 강화 촉진을 위한 전략을 효과적으로 이행함
- 모니터링과 평가(M&E) 체계가 성별 분리 통계 및 성평등 성과(outcome)를 측정하는 지표를 포함함
- 성평등 관련 산출물(output)을 달성하기 위한 충분한 전문성과 예산이 배정됨
- 사업을 통해 성평등을 정책 및 과정에 우선순위로 취급하는 파트너들이 늘어남

③ 아시아개발은행(ADB)

아시아개발은행(Asian Development Bank, ADB)은 사업에 성평등 요소가 포함된 정도에 따라 4개의 유형으로 나누어 구분하고 있다. OECD

---

27 매우 만족(5~6점)/ 만족(4점)/ 불만족(3점)/ 매우 불만족(1~2점) 중 선택한 후 각 질문에 대한 점수를 설명하는 증거를 300단어 이내로 제시해야 함

DAC의 젠더마커와 유사한 구분인데, 유형1은 성평등을 주제로 한 사업, 유형2는 효과적인 성평등 요소가 통합된 성 주류화 사업, 유형3은 젠더 요소가 포함된 사업, 유형4는 젠더 요소가 없는 사업이다.

<글상자 7-2> ADB의 성평등 사업 분류 기준

- Category I: Gender equity theme(GEN)
- Category II: effective Gender mainstreaming(EGM)
- Category III: some Gender elements(SGE)
- Category IV: no Gender elements(NGE)

출처 : ADB(2021: 1-5)

ADB는 전체 사업에 대해 성평등 요소로 유형을 구분하여 관리하는 동시에, 보다 나은 성평등 결과를 촉진하기 위해서는 여성과 여아에 특화된(targeted) 공공 정책과 투자가 필요하다고 주장한다(ADB, 2013: 20).

성평등 및 여성의 역량 강화에 있어 ADB의 중점 분야는 여아의 중등교육 완수, 생산적 자산에 접근, 노동 절약적 기술, 취업 및 소득 창출의 기회, 학교에서 직장으로의 전환 프로그램 및 고용을 위한(특히 젊은 여성을 위한) 연수, 여성 사업가를 위한 사업 개발 서비스, 금융서비스 및 신용 접근, 젠더기반폭력에 대응하기 위한 정책 및 법적 개혁 등이다. ADB는 이러한 상호 보완적이고 대상이 명확한 이니셔티브는 여성과 여아가 성 주류화를 통해 제공되는 기회를 더 잘 포착할 수 있도록 할 것이고 성평등 실현을 앞당길 것으로 기대하고 있다.

<그림 7-6> ADB 성평등 및 여성의 역량 강화 사업계획 프레임(2013~2020)

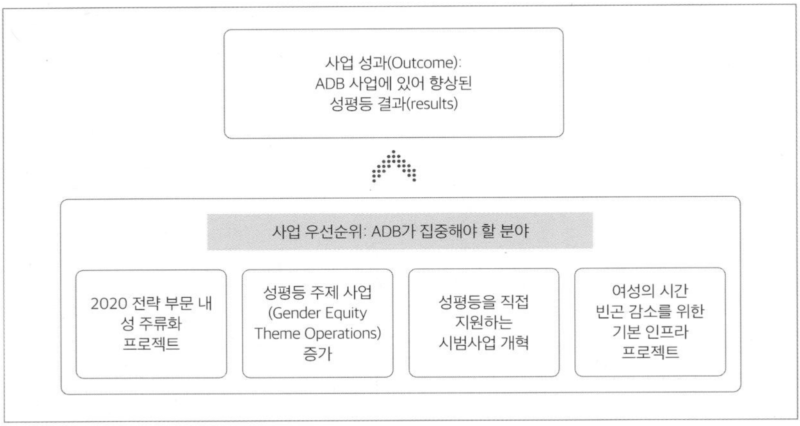

출처 : ADB(2013: 19); 김은경 외(2017: 34)

④ 세계은행(World Bank)

세계은행은 성평등을 단독 목표로 설정하는 동시에 개발 도구로서 성평등의 중요성을 인식한다. 성평등을 추구하는 것은 경제적 효율성을 높이는 동시에 기타 개발 결과를 나타내는 '스마트 경제'라고 지칭하고 (World Bank, 2011: 3), 성평등이 빈곤 감소 및 번영에 중요한 공헌을 할 수 있다고 본다(World Bank, 2015: 26).

세계은행의 2016~2023년 젠더 전략은 ① 인적자원 개선, ② 더 많고 보다 나은 직장을 위한 제약 조건 제거, ③ 여성의 자산 소유 및 통제에 대한 제약 조건 제거, ④ 여성의 주장과 실천의지 향상 및 남성과 남아 참여시키기 등 네 가지 목표를 세웠으며, 이는 2012년 처음으로 성평등과 개발을 주제로 한 세계발전보고서에서 다뤘던 개념들인 인적자원, 경제적 기회, 실천의지를 기반으로 한다(World Bank, 2015: 30). 세계은행은 젠더라는 용어가 흔히 여성의 문제를 뜻하는 말로 사용되는 것을 인식하고, 새로운 젠더 전략에서는 사회적 젠더 불평등에 대응하고자 한다. 새로운 전략은 경제적 기회, 자원, 실천의지의 개념들이 어떻게 서로 연결되어 있는지 상호 연결성을 인식하고, '정책'으로 표시된 다양한 프로그램 개입이 이 개념들 내 구체적인 이슈에 잠재적으로 대응할 것인지 파악하며, 끝으로 가정, 시장, 공식·비공식 제도 간의 교류가 어떻게 성평등의 발전과 회복력에 영향을 미칠 것인지 다룬다(김은경 외, 2017: 35).

제7장

4. 성평등 분야 KOICA 지원 전략과 현황

(1) KOICA 성평등 분야 중기전략

1) KOICA 성평등 전략: 제1기(2011~2015)와 제2기(2016~2020)

KOICA는 한국의 대표 개발협력기관으로서 젠더 이슈를 선도해 왔다. KOICA가 성평등 전략을 본격적으로 수립한 것은 2010년부터로, 제1기 성평등분야 중기전략(2011-2015)에 따르면 KOICA는 성 주류화를 추진하기 위한 전략으로 OECD DAC와 UN 등 다자기구들이 공통으로 적용하고 있는 섹터로서의 젠더와 범분야 이슈로서의 젠더를 추진하는 이중전략을 채택하였다(오은정·김진영, 2011: 16).

이 시기에 수행된 연구는 KOICA 사업의 성 주류화 방안(2010), KOICA 성 주류화 가이드라인(2011), KOICA 성평등 개발협력사업 방안(2013) 등이며, 젠더툴킷(2014)을 제작하여 실무자들이 사업개발 과정에서 성평등 이슈에 쉽게 접근하도록 하였다. 또한 이 같은 정책을 운용하기 위한 조직도 정비하였는데, 모든 개발협력 사업에 성 주류화를 실현하기 위해 2009년 성인지 담당관 직제를 신설했으며, 그에 따라 성인지 담당관 운영에 관한 기준(2010)을 제정하였다.

<글상자 7-3> KOICA 성평등 전략 추진 과정

- 2009년 성인지 담당관 직제 설립
- 2010년 'KOICA 선진화 계획: 2010~2015'에 범분야 이슈로 젠더 포함
- 2010년 'KOICA 사업의 성 주류화 방안' 연구
- 2010년 정책연구실에 젠더 전문관 고용하여 자문 기능 강화
- 2010년 '성인지 담당관 운영에 관한 기준' 제정
- 2010년 'KOICA 성평등 증진 및 여성 역량 강화에 관한 규정' 제정
- 2010년 연수 사업 성 주류화 추진 지침 수립(연수사업부)
- 2011년 'KOICA 성 주류화 가이드라인' 발간
- 2011년 'KOICA 성평등분야 중기전략(2011-2015)' 수립
- 2013년 'KOICA 성평등 개발협력사업 방안' 발간
- 2017년 '제2기 성평등분야 중기전략(2016-2020)' 수립

출처 : 김은경 외(2017: 45)

제1기 성평등분야 중기전략(2011-2015)이 KOICA 조직 및 사업에 성인지적 관점을 도입하기 위한 전반적인 제도 마련에 중점을 두었다면, 제2기 전략에서는 이를 토대로 성 주류화 추진 기반 내실화, 적극적인 성평등 사업의 발굴 및 모델 마련 등을 과제로 삼았다(한국국제협력단, 2017).

2) KOICA 성평등 중기전략: 제3기(2021~2025)

제3기 성평등 중기전략은 그간 사업 발굴이 다소 저조했던 공적·사

적 영역에서의 여성의 지위 향상, 젠더기반폭력 대응 및 예방 사업 등을 확대하고 기존의 여성의 경제적 역량 강화와 교육, 보건사업과 연계하여 해당 지역의 근본적인 성 불평등 해소를 지원하는 것을 목표로 한다(한국국제협력단, 2021a: 258).

2018년부터는 그동안 취약계층으로 간주한 '소외된 여성'들이 사업의 수동적인 수혜자에 그치지 않도록 SDG 5 이행을 기본 과제로 삼았다. 특히 여성이 가정, 마을, 사회, 국가 차원에서 '변혁의 주체(agent of change)'가 될 수 있도록 역량 강화 및 참여를 확대하기 위한 방향의 '성평등분야 중기전략(2021-2025)'을 수립하였다.

<글상자 7-4> KOICA 성평등분야 중기전략(2021-2025) 개정 방향

- 여성/여아가 취약그룹에서 벗어나 '변혁의 주체(agent of change)'를 목표로 하는 사업 이행을 위해 변혁적인 방법으로 역량강화 및 참여를 확대
- 성주류화 관점에서 전인적인 전략목표(경제, 사회, 기본권) 수립 및 범분야로서의 타분야 성과목표 연계 제시
- 기후변화 및 글로벌 위기에서의 여성의 역할 강화를 위한 신규 프로그램 구성
- 사회적 지위향상을 위한 일반인 젠더인식 확산 지원 신규 프로그램 구성
- 비대면 상황에서의 여성의 경제적 역량강화 방안(적정기술 전수, ICT 기반 훈련) 추가

출처 : 한국국제협력단(2021a: 258)

---

(2) 지원 현황

1) 한국의 성평등 ODA 지원 현황

한국 정부의 ODA 사업 중 성평등 사업 비중이 얼마나 되는지를 파

악해 보았다. 성평등 사업 수행 여부는 앞서 살펴본 OECD 젠더마커로 기록된 자료를 통해 알 수 있다. 먼저 2021년 기준으로 ODA 사업 시행 기관 중 성평등 사업을 수행하고 있는 기관은 KOICA, 한국수출입은행, 외교부, 교육부, 보건복지부, 과학기술정보통신부, 여성가족부, 해양수산 부, 문화체육관광부, 국무조정실이 있다.[28]

2021년 기준 젠더마커 1과 2 사업 수를 합한 비율을 살펴보면, 무 상원조의 대표 시행기관인 KOICA는 13.3%(2019년 9.7%, 2020년 10.6%), 유상원조의 대표 시행기관인 대외경제협력기금(Economic Development Cooperation Fund, EDCF)은 42.2%(2019년 4.7%, 2020년 46.2%)를 기록하고 있 다. KOICA는 매년 점진적으로 비율이 증가하는 추세에 있으며, EDCF 의 경우 2019년에 성 주류화 전략을 수립하고 젠더 담당관을 지정하면서 그 비율이 급격하게 증가한 것으로 보인다. 그다음으로는 외교부 4.4%, 교육부 3.6%, 보건복지부 22.2%, 과학기술정보통신부 5.4%, 여성가족부 80.0%[29]로 나타났다.

28 그 외 부처에서는 ODA 사업을 수행하고 있지만 젠더마커가 부여된 사업으로 표시되어 있지 않다. 해당 부처에 는 기획재정부, 농촌진흥청, 농림축산식품부, 산업통상자원부, 행정안전부, 환경부, 국토교통부, 국민권익위원회, 고용노동부, 산림청, 관세청, 기상청, 통계청, 법무부, 질병관리청이 있다.

29 여성가족부의 '분류 안 됨' 내역은 국제기구(유엔여성기구) 분담금에 해당한다.

<표 7-5> 2021년도 한국 성평등 기관별 ODA 현황

(단위 : 개, %)

기관	주요 목적(a) (Principal, 젠더마커 2점)	중요 목적(b) (Significant, 젠더마커 1점)	젠더마커 (a+b)	해당사항 없음(c)	분류 안 됨 (d)	총 사업 개수 (a+b+c+d)
KOICA	142 (6.00)	174 (7.35)	316 (13.34)	2,052 (86.66)	0 (0.00)	2,368 (100.0)
한국 수출입은행 (EDCF)	2 (0.42)	199 (41.81)	201 (42.23)	275 (57.77)	0 (0.00)	476 (100.0)
외교부	7 (2.80)	4 (1.60)	11 (4.40)	198 (79.20)	41 (16.40)	250 (100.0)
교육부	5 (3.60)	0 (0.00)	5 (3.60)	100 (71.94)	34 (24.46)	139 (100.0)
과학기술 정보통신부	0 (0.00)	3 (5.36)	3 (5.36)	41 (71.94)	12 (24.46)	56 (100.0)
보건 복지부	0 (0.00)	12 (22.22)	12 (22.22)	18 (33.33)	24 (44.44)	54 (100.0)
해양 수산부	0 (0.00)	2 (6.67)	2 (6.67)	28 (93.33)	0 (0.00)	30 (100.0)
문화체육 관광부	0 (0.00)	1 (7.14)	1 (7.14)	2 (14.29)	11 (78.57)	14 (100.0)
국무 조정실	0 (0.00)	1 (7.14)	1 (7.14)	13 (92.86)	0 (0.00)	14 (100.0)
여성 가족부	4 (80.00)	0 (0.00)	4 (80.00)	0 (0.00)	1 (20.00)	5 (100.0)

출처 : 대한민국 ODA 통합정보포털(2022.7.7. 검색)

다음으로는 한국 ODA의 분야별 성평등 사업의 현황을 살펴보았다. 2022년 기준 대한민국 ODA 통합정보포털에 게시되어 있는 ODA 사업 중 젠더마커로 체크되어 있는 사업의 비율은 12.12%이다. 전체 사업 대비 젠더마커 비율이 높은 순으로 살펴보면, 교육(3.07%), 기타(3.07%), 공공 행정 및 시민사회(1.98%), 농업·어업·임업(1.37%), 기타 사회 인프라 및 서비스(0.82%), 보건(0.78%), 인구정책 및 생식보건(0.44%), 식수 공급 및 위생 (0.38%), 금융 및 재무 서비스(0.14%), 다부문(0.07%)으로 나타났다.

분야별 사업 중 성평등 사업의 비율이 높은 분야를 보면, 인구정 책 및 생식보건(92.86%), 식수 공급 및 위생(32.35%), 교육(23.75%), 보건 (12.64%), 농업·어업·임업(12.12%), 기타 사회 인프라 및 서비스(5.33%), 공공 행정 및 시민사회(6.04%), 금융 및 재무 서비스(5.13%), 다부문(10.53%), 그 리고 기타(18.6%)로 나타난다.

인구 및 생식보건사업이 해당 분야 내 젠더마커 비중이 가장 높지만, 이 분야의 사업 수 자체가 전체 ODA에서 차지하는 비중이 0.5%에 불과 하다는 점을 감안하면, 전체 사업에서 성평등 비중이 높은 사업 분야는 교육(3.07%), 공공 행정 및 시민사회(1.98%), 농업·어업·임업(1.37%) 분야라 할 수 있다.

<표 7-6> 2021년 한국의 성평등 분야별 ODA 현황

(단위 : 개, %)

사업 분야	주요 목적(a) (Principal, 젠더마커 2점)		중요 목적(b) (Significant, 젠더마커 1점)		성평등 ODA (a+b)		전체 ODA 사업 (C)		분야별 성평등 ODA
	사업 수	비율 (%)	사업 수	비율 (%)	사업 수	비율 (%)*	사업 수	비율 (%)**	비율 (%)***
교육	28	7.39	62	16.36	90	23.75	379	12.94	3.07
보건	6	3.3	17	9.34	23	12.64	182	6.21	0.78
인구정책 및 생식보건	9	64.29	4	28.57	13	92.86	14	0.48	0.44
식수 공급 및 위생	1	2.94	10	29.41	11	32.35	34	1.16	0.38
공공행정 및 시민사회	31	3.23	27	2.81	58	6.04	960	32.76	1.98

사업 분야	주요 목적(a) (Principal, 젠더마커 2점)		중요 목적(b) (Significant, 젠더마커 1점)		성평등 ODA (a+b)		전체 ODA 사업 (C)		분야별 성평등 ODA
	사업 수	비율 (%)	사업 수	비율 (%)	사업 수	비율 (%)*	사업 수	비율 (%)**	비율 (%)***
농업·어업· 임업	7	2.12	33	10.00	40	12.12	330	11.26	1.37
금융 및 재무 서비스	3	3.85	1	1.28	4	5.13	78	2.66	0.14
기타 사회 인프라 및 서비스	6	1.33	18	4.00	24	5.33	450	15.36	0.82
다부문	1	5.26	1	5.26	2	10.53	19	0.65	0.07
그 외	66	13.64	24	4.96	90	18.60	484	16.52	3.07
합계	158	5.39	197	6.72	355	12.12	2,930	100	12.12

출처 : 대한민국 ODA 통합정보포털(2022.7.7.검색)

* 사업분야별 성평등 ODA 사업 수(a+b) / 사업분야별 ODA 사업 수 합계(c)
** 사업분야별 전체 ODA 사업 수(c) / 전체 ODA 사업 수(C)
*** 사업분야별 성평등 ODA 사업 수(a+b) / 사업분야별 전체 ODA 사업 수(c)

2) KOICA의 성평등 ODA

KOICA는 앞서 살펴본 대로 5년 주기로 성평등 중기 계획을 수립하고 지속적으로 성평등 사업을 발굴하고 있다. 과거 2014년 KOICA 성 평등 개발협력 추진 계획에 따르면, 당시 '성 주류화 시범사업'이라는 이름으로 8개년에 걸쳐 총 68건의 사업이 진행되었다. 반면 2019년부터 2022년까지 4개년 동안 88건의 사업이 수행되어 큰 진전이 있었는데, KOICA 사업 발굴이 2년 전(n-2)부터 준비된다는 점을 감안하면 2017년 이후 시점에서 의사결정구조에 변화가 있었던 것을 알 수 있다.

2019~2022년 성평등 ODA를 분야별로 살펴보면 교육 16건, 인구정책 및 생식보건 9건, 보건 8건, 공공 행정 및 시민사회 5건, 농업·어업·임업 5건, 기타 사회 인프라 및 서비스 3건, 다부문 및 기타 40건으로 교육

분야 사업이 가장 많다.

<표 7-7> KOICA 성평등 ODA(2011~2022)

(단위 : 건)

연도	국별사업	다자협력	민관협력	연수	합계
2011~2018	31	7	20	10	68
2019~2022	33[30]	14	23	18	88

출처 : 한국국제협력단(2014); 한국국제협력단(2022) 내부 자료

(3) 국내외 성평등 ODA 사례

이 절에서는 KOICA 사업과 해외기관의 성평등 사업 사례를 살펴본다. 일반적으로 ODA 실무자들은 성평등 사업에 대한 필요를 인식하지만 분야(sector)에 성평등을 어떻게 접목시켜야 하는지에 대해 어려움을 호소한다. 앞서 살펴본 프로젝트 사이클마다 성평등 관점을 각각 어떻게 통합시켜야 하는지 다시 한번 상기하면서, 분야별 성평등 사업의 사례를 살펴보도록 한다. 한국을 비롯한 해외 기관의 성평등 사업의 사례는 향후 분야별 성평등 사업을 발굴하기 위한 예시가 될 것이다.

---

30 2021년 국별 사업을 예로 들면, 케냐 카지아도주 보건 시스템 강화를 통한 모자보건 개선 사업(2021~2025년/605만 달러), 콜롬비아 농촌 여성의 경제 역량 강화를 위한 환경 조성 및 소득 개선사업(UN Women, UNFPA)(2021~2026년/680만 달러), 몽골 공공 의사결정에서의 양성평등 달성을 위한 여성 권한 강화 사업(UNDP)(2021~2024년/600만 달러), 이집트 젠더폭력 예방 및 대응 사업(UNFPA)(2021~2024년/400만 달러) 등이 있다.

1) 인프라 사업[31]

인프라 사업과 젠더의 관련성에 대한 인식은 높은 편이 아니었다. 젠더는 인프라에 통합할 수 있는 이슈가 아니라고 간주해 왔으며, 교육, 보건, 에너지, 식수 위생 등의 이슈라고만 생각해 왔다. 인프라 사업에서는 사회기반시설 자체의 건설에만 의미를 두어 왔던 것이다. 젠더는 사회문화적 이슈이지 교통이나 도로의 이슈가 아니라는 오해가 젠더와 인프라를 둘러싼 사회적 제약을 고착화시키는 데 한몫을 한 것이다(UNESC, 2008).

세계은행은 1995년부터 2009년까지 인프라 사업에 대한 젠더 관점의 평가를 하면서, 인프라 사업에서 젠더에 주목해야 하는 이유를 이렇게 설명하고 있다. 즉 인프라 개발은 단순한 기술적인 문제가 아니라, 누가 인프라를 어떤 목적으로 이용하고, 그것이 개인, 가구, 지역사회에 어떤 영향을 미치는가 하는 수요자 측면과 인프라 서비스의 제공에 대한 기술적 설계라는 공급자 측면이 결합된 것이고, 이런 차원에서 인프라 개발은 성 중립적인(Gender neutral) 것이 아니라는 것이다. 인프라는 남성과 여성에게 뚜렷이 차이가 나는 개발의 유형과 성과, 경제적 기회, 자원의 배분에 영향을 미친다고 본 것이다(World Bank, 2010: 2).

교통 분야를 보면, 여성들은 남성과 비교했을 때 상이한 이동 패턴을 보인다. 여성들의 다중적 역할과 그로 인해 늘 시간에 쫓기는 상황들은 이동하는 방식에 상당히 영향을 미친다. 여성들이 이동을 하는 데에 얼마나 많은 시간을 들이는가, 여성들이 누구와 무엇 때문에 이동을 하는가를

---

31 김은경(2016) 참고하여 저자 재구성

보면 남녀 간 차이를 알 수 있다. 남성들은 보통 한 가지 목적으로 이동을 하는 데 반해, 여성들은 여러 가지 목적으로 이동을 하고, 또 이동하는 시간도 두 가지 가사일 사이에 주로 이동하는 경우가 많기 때문에 이동시간이 얼마가 소요되는가 하는 것은 여성에게 매우 중요하다.[32]

교통 이동수단 사용에 따라 성별 차이가 있다는 유엔유럽경제위원회(UN Economic Commission for Europe, UNECE)와 세계은행이 공동으로 연구한 자료에 따르면, 리투아니아, 폴란드, 라트비아, 이탈리아를 대상으로 한 조사에서 남성은 주로 자가용이나 오토바이를 사용하는 데 반해, 여성들은 도보나 대중교통을 주로 이용하는 것으로 나타났다(UNECE, 2013). 게다가 여성들이 육아를 전담하는 사회문화 속에서 여성들은 아이들과 함께 이동한다는 점을 주목해야 한다. 이러한 점에서 도로의 갓길이나 인도의 안전성 등 대중교통을 설계할 때 이러한 젠더 차이를 주목할 필요가 있다.

---

32 출처: http://www.unece.org/stats/video/Genderandinfrastructure_eng.html(2022.9.15.검색)

<그림 7-7> 남성과 여성의 대중교통 서비스 이용

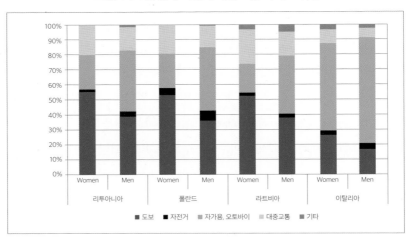

출처 : UNECE(2013) 참고하여 저자 재구성(2022.9.15.검색)

　　모로코 서안지구 지역 여성들의 문해율은 90%(중동과 북아프리카에서 가장 높음)가 넘는데도 불구하고 경제활동 참여는 15%가 되지 않는다. 여성들의 경제활동 참여가 낮은 이유 중 하나는 집과 일터로 연결되는 교통의 어려움 때문이었다. 주로 대중교통을 이용하는 여성들이 출퇴근하려면 여러 교통수단을 바꿔 타야 했고, 검문소에서 시간이 지연되는 것은 자녀를 둔 여성들에게는 힘든 일이었다. 그럼에도 불구하고 여성들의 노동시장 참여가 증가하자, 모로코 정부는 전국을 관통하는 도심 교통을 만들기 위한 새로운 계획을 수립하고 세계은행은 이 같은 프로젝트에 투자하였다. 서안지구 북쪽의 버스회사들이 통합된 버스요금을 받아들이고 환승 시 적은 비용을 내도록 하는 시범 사업을 제안했고, 그 시범 사업에서는 여성이나 남성뿐 아니라 교통 취약자들에게 혜택을 주기 위한 노선을 재조정하기 위해 각각의 버스노선을 대상으로 주 고객에 대한 성별 영향평가를 실시하였다.

또 다른 사례도 있다. 세계은행의 페루 지방도로 건설사업은 페루 정부, IDB, 세계은행으로 구성되어 있으면서, 1995년부터 2007년까지 1만 4,750㎞의 농촌 도로를 재건설하는 데 성인지적 관점을 적용하였다. 이 팀은 지역 여성단체들에게 자문을 구했고, 여성들은 주로 비공식적인 교통수단을 사용한다는 정보를 얻게 되었다. 261개의 도로위원회(Road Committees)가 결성되었을 때 약 24%의 여성위원이 참여하였다(World Bank, 2006; 김은경, 2016: 94-95).

이 여성들의 자문에 따라 프로젝트팀은 도로 이외에 차나 오토바이가 다니지 않는 길(non-motor track)을 포함하는 설계로 변경했고, 프로젝트는 지역에 기반한 중소기업 중 여성 기업의 10% 정도가 그 트랙을 유지·보수하는 데 투입되도록 하였다. 그 결과, 도로 유지보수 업체의 24%까지 여성 기업이 맡게 되었고, 도로 이용에 대한 만족도 조사 결과 65%의 여성들이 이동하기에 더 안전해졌다고 응답하였고, 원주민 여성들의 77%는 더 자주 도로를 이용하게 되었다. 여성들은 사업에 더 많이 참여하게 되었고 남성들보다 더 많은 신뢰를 얻게 되었으며 결국 가정과 지역 공동체에서 여성의 가치에 대한 남녀 모두의 인식은 상당한 수준으로 향상되었다(World Bank, 2010: 59-60). 여성의 이동권이 보장되면서 지방선거에 참여하는 여성의 투표율이 증가하였으며, 여학생의 학업 진학률도 향상되었다(Caballero and Alcahuasi, 2007). 이 사업은 여성들을 프로젝트의 디자인과 이행에 참여시켜 교통수단에 대한 여성들의 수요를 파악하고 사업에 적용한 사례로서, 이와 같은 성 주류화 전략의 이행은 페루 지방 발전에 여러 가지 사회문화적 혜택을 가져왔다.

2) 교육 사업

교육 분야 젠더 사업의 사례를 보면 여학생을 대상으로 여아 및 여성 청소년이 학업을 중도에 포기하지 않고 학업 이수율을 높이는 방향으로 설계되고 있다. 국제개발에서 교육 분야 사업은 역사가 오래되었는데, 교육과 젠더이슈를 연계한 사업은 학교 건축, 학교시설 및 교재 지원 등 단편적으로 이루어져 왔다. 그러나 2000년대 이후, 학교에서 남녀 분리 화장실이 여학생의 학업 지속에 매우 중요한 요소라는 사실이 알려지면서 학교의 학습 자료뿐 아니라 위생시설과 안전, 그리고 교사들에 대한 성평등 인식 교육 등 여학생의 학업을 지속할 수 있도록 하는 물리적·정서적 환경 조성에 초점을 두고 있다.

세이브더칠드런(Save the Children)의 '나도 학교 가자(school me)' 프로그램은 빈곤, 사회적 악습, 편견으로 인해 교육 기회를 빼앗긴 아프리카 여아들을 지원하기 위해 학교라는 공간 이외에 학교와 학생을 둘러싼 전방위적 교육환경에 변화를 주기 위해 계획되었다.[33] 여학생이 학업을 중단하지 않고 지속하기 위한 경제적 지원, 정서적 지원, 학교시설의 물리적 지원을 종합적으로 설계한 프로그램이라고 할 수 있다.

---

[33] 성별에 대한 교육 격차가 가장 큰 아프리카 4개국(코트디부아르, 라이베리아, 시에라리온, 우간다)을 중심으로 2019년까지 '나도 학교 가자' 캠페인을 진행하였다. 사업의 성과로 코트디부아르의 경우 여학생 비율이 국가 평균보다 약 3%포인트 증가했으며, 여아의 학업 중단율이 국가 평균의 절반으로 떨어졌다. 또한 졸업 시험 통과율이 14%포인트 증가했으며, 학교로 복귀한 여아가 83명이다. 라이베리아의 경우는 학교로 복귀한 여아가 225명이다. 3개의 거리여아지원센터에서 급식, 학용품, 생리대를 제공하고 있으며 에볼라 사태로 황폐화된 학교에 가구 및 기자재를 제공하였다. 시에라리온의 경우 등록 학생 수가 25% 상승했으며, 가계소득 창출 프로그램을 통해 부모를 지원하여 570명의 여아들을 학교로 복귀시켰다.

<글상자 7-5> '나도 학교 가자(school me)' 프로그램의 주요 내용

① 지역사회 주도적 활동 지원
  - 지역주민들이 여아들의 교육 문제에 공감하고 해결책을 제시한다.
② 지역 남성들의 인식 전환 활동
  - 지역 남성들이 여아 교육의 든든한 지지자로 변화한다.
③ 빈곤가정 생계 지원
  - 가난을 이유로 여아들이 배움을 포기하지 않도록 지원한다.
④ 안전한 환경 조성
  - 여아들에게 안전한 공간을 제공하기 위해 남녀가 분리된 화장실을 짓는다.
⑤ 집중 문해 및 수리 교육 프로그램
  - 배움이 어디서든 지속되도록 배우는 즐거움을 알게 한다.
⑥ 교사 지원
  - 여아를 보호해 주고 역할 모델도 될 수 있는 여교사를 양성한다.
⑦ 주체적 아동 클럽
  - 아동의 주체적 활동을 유도해 자립심을 키워 준다.
⑧ 필수 학용품 지원
  - 학교 수업에 필요한 학용품을 지원한다.

출처 : https://www.sc.or.kr/school.me/programProgress.do(2022.7.12.검색)

교육 분야 젠더 사업 중 양자기구의 사례로 캐나다 사례 두 가지를 살펴보았다. 먼저 '젠더기반폭력 철폐를 위한 교사 노조(Teachers Unions Take Action to Stop School Related Gender Based Violence)'[34] 사업은 캐나다가 2016년부터 2019년까지 유니세프(UNICEF)와 협력하여 진행한 사업이다. 이 사업은 학교에서 소년·소녀 청소년들의 안전을 향상시키고 폭력 없는 학교 환경을 만드는 것을 목표로 학교 내 젠더기반폭력을 막기 위해 교사

---

[34] 출처: https://w05.international.gc.ca/projectbrowser-banqueprojets/project-projet/details/D002487001 (2022.9.15.검색)

들의 역량을 강화하는 활동을 하였다. 해당 프로젝트의 주요 활동으로는 ① 젠더기반폭력을 다루는 방법에 대한 워크숍, 참여형 지식 공유 세션, 지도 및 멘토 활동, ② 회의, 심포지엄, 미디어 활동 개최가 있다.[35]

두 번째 사업은 학교에서 여학생들의 위생 프로그램을 지원하여 여학생들의 교육 기회를 높이는 것을 목표로 하는 사업이다(WinS for Girls-Water, Sanitation and Hygiene in Schools for Girls).[36] 이 사업은 생리 중인 여학생이 학교를 계속 다니고 학업을 중단하지 않도록 지원하는 데 초점을 두는 유니세프와 유엔여아교육이니셔티브(UN Girls' Education Initiative, UNGEI)가 주도한 사업으로서 캐나다는 2014년부터 2017년까지 참여하였다. 이 프로그램은 총 14개 국가[37]에서 시행되었다. 주요 활동은 여학생들의 생리위생관리 지식 및 실천에 관한 정성적 평가에 기반한 현장조사 실시, 국가별 연구 및 실천에 기초한 학교 내 위생(WASH: Water, Sanitation and Hygiene) 기본 패키지 개발, 각국 교육부가 주도하는 생리위생관리 워킹그룹 설립 등이며, 14개국의 교육부와 워킹그룹의 주도 아래 설립된 생리위생관리 작업그룹이 생리위생 문제와 관련한 포럼 개최(평균 6회), 14개국의 현지 생리위생관리 연구 파트너들을 위한 웹 기반 학습 프로그램 개

---

35 학교폭력 철폐라는 측면에서 유사한 사업의 다른 사례로 여학생들의 안전한 학습 지원 프로그램(Supporting Girls to be Safe to Learn)은 유니세프와 캐나다가 2019년 12월부터 2022년 3월까지 진행한 프로젝트이다. 해당 프로젝트는 취약하고 분쟁으로 피해를 입은 환경에서 지내는 여학생들의 학습성과를 향상하는 것과 학교 및 그 주변의 폭력을 종식하는 것을 목표로 하는 'Safe to Learn' 캠페인을 지원하였다. 또한 여학생들의 교육 장벽으로서의 폭력에 대처하고, 안전 학습 캠페인을 통해 양성평등의 통합을 강화하기 위한 자료 개발 지원 제공에 초점을 맞추고 있다.
출처: https://w05.international.gc.ca/projectbrowser-banqueprojets/project-projet/details/P007692001(2022.9.15.검색)

36 출처: https://w05.international.gc.ca/projectbrowser-banqueprojets/project-projet/details/D000211001 (2022.9.15.검색)

37 가나, 나이지리아, 니제르, 네팔, 몽골, 부르키나파소, 볼리비아, 아프가니스탄, 인도, 인도네시아, 에리트레아, 잠비아, 키르기스스탄, 파키스탄.
출처: http://www.wins4girls.org/countries/index.html(2022.9.15.검색)

발 및 80명 이상이 해당 e-코스에 참여하였다.

　이 프로그램은 여학생들이 생리로 인한 불편함과 남학생들의 낮은 성평등 인식 등으로 인해 학업 중단 현상이 발생하지 않도록, 생리위생관리뿐 아니라 성평등 인식 제고를 위해 다양한 방법으로 캠페인을 진행하였다.

3) 보건사업

　보건 분야 성평등 사업은 모자보건사업이 주를 이루어 왔는데, 사업의 대상자가 여성일 수밖에 없기 때문에 모자보건사업은 여성 대상 사업이라는 인식이 있어 왔다. 그러나 여성에 대한 사회적 불평등과 차별 및 국가가 제공하는 의료시설 및 의료 기자재, 숙련된 의료인의 부족 등이 여전히 수원국 산모와 신생아 건강에 부정적 영향을 끼치고 있으며, 이러한 의미에서 모자보건이라고 하는 사업은 오히려 성 주류화 사업을 통해서 모자보건 달성이라는 목표에 보다 근본적으로 다가갈 수 있다.

　보건 분야는 특히 의료 분야와 관련이 있다 보니 전문적 지식에 기반한 사업 발굴이 필수적이다. 모자보건이라는 프레임에서 산모사망률(Maternal Mortality Rate, MMR) 감소라는 개발목표에 관한 사업을 할 때도 시설분만을 높이기 위해 지역 보건의료 시스템을 구축하거나 의료기기를 확충하고, 병원 시설 확장 등에 치중하였다. 그러나 MMR을 감소하기 위한 방법으로 놓치고 있는 부분이 바로 사회문화적 요인이다. 가족 내에서 시설분만을 결정하는 사람이 산모 본인이 아니기 때문이다. 이러한 사회문화적 요인과 환경까지 파악하고 사업 요소에 포함해야 하는 것이다. 모자보건에 대한 산모, 남편 및 시부모의 인식 개선을 촉진하는 내용, 성 인지적인 관점에서의 성교육 제공, 의료 및 보건 인력에 여성 비율 제고 등이 포함되어 있다면 그 사업은 성평등 ODA 사업이라 할 수 있을 것이다.

교육이나 모자보건사업의 설계도 앞서 첫 번째 사례로 살펴본 인프라 사업과 병행할 필요가 있다. 인프라를 갖추고 있는 도심지역이 아닌 농촌지역에서 교육이나 보건사업이 시행될 경우, 이 사업들은 반드시 인프라 사업과 병행해서 시행되는 것이 바람직하기 때문이다. 대부분의 개발도상국 농촌지역은 모성사망률과 영유아사망률이 높은 것으로 나타나는데, 산모들이 시설분만을 위해 오토바이로 비포장도로를 한 시간 이상 달려야 시내 병원에 도착할 수 있다든지, 상하수도가 없어 많은 영아가 이질에 걸려 사망한다든지 하는 상황이라면, 이런 지역에서 모자보건사업이란 단순히 산모와 영유아만을 대상으로 해서 성과를 얻기 어렵다. 이런 지역에서의 모자보건사업은 도로 건설 및 대중교통 인프라 사업, 지역의 식수 및 위생사업, 통신수단 및 정보 접근 확대 사업과 함께 맞물릴 때 비로소 모자보건이 강화될 수 있기 때문이다.

한국의 보건사업이 주로 모자보건으로 시행되어 왔다면, 최근 시행된 KOICA의 코트디부아르 UNFPA 여성 누공 치료 및 예방 2차 사업 (2016~2019년/635만 달러)은 사회적·경제적으로 시설 분만율이 낮은 지역에서 여성의 출산 과정에서 생기는 누공 치료와 예방에 초점을 둔 사업으로 주목할 만하다(한국국제협력단 서아프리카실, 2020).[38]

---

38 산과적 누공이란 '출산 시 난산의 결과로 생기는 질환으로 장시간에 걸친 난산이나 제왕절개수술을 적시에 받지 못할 경우 자궁과 주변의 기관조직들이 허혈 상태가 되어 질과 방광, 직장 사이에 누공이 발생하여 소변이나 대변이 질을 통해 배출되는 질환'이다. 코트디부아르에서는 산전 진찰 및 시설에서의 분만율이 매우 낮고, 사회경제적 이유로 전통적 분만율이 높아 분만 과정에서 산과적 누공 발생이 매우 높다. 누공은 예방 및 치료가 가능한 질환임에도 불구하고, 대부분 개발도상국에서 누공을 가진 여성은 중세시대 마녀와 같이 '사회적으로 죽은 존재' 혹은 '신이 내린 질병을 가지게 된 존재'로 간주되면서, 누공이 단순한 질병이 아닌 사회적 배제로 인식·취급되고 있다.

이 사업은 코트디부아르 8개 사업 지역에서 여성 산과적 누공(obstetric fistula) 환자 치료 및 사회적 복귀, 여성 누공 예방 및 모자보건 향상을 목적으로 하며, 사업 투입 내용은 ① 누공 환자 치료 및 사회복귀(8개 지역의 거점 병원을 기반으로 취약계층 대상 누공 치료 서비스 지원), ② 양질의 모자보건 서비스 제공, ③ 지역사회 기반 가족계획사업(여성 누공에 노출될 가능성이 높은 사회환경적 특성을 감안한 가족계획사업), ④ 누공에 대한 지역주민 행동 변화 유도(여성 누공 환자의 사회적 오명(stigma) 해소와 자립적 경제생활을 위한 교육 및 지원), ⑤ 모니터링 홍보 및 정보 관리(누공 환자 교육, 홍보, 지역주민의 인식 개선 등 목적에 맞는 모니터링 및 홍보자료 구성) 등이다.

이 사업의 성과는 1,200명의 누공 환자 치료를 비롯하여, 산과적 누공 치료의 수술 전과 후의 지원이 가능한 98명의 의사 양성, 548명의 간호사 및 조산사, 외과 전문 간호사, 마취 전문 간호사를 양성한 것이다.

이 사업은 젠더마커 2사업으로서 산과적 누공을 가진 여성을 직접 수혜 대상자로 삼았으며, 이들은 대부분 농촌지역의 빈곤층이다. 이 사업은 또한 사회적으로 소외된 여성이 사회적 복귀를 할 수 있도록 소규모 소득 증대 활동을 지원하고, 남편학교 지원, 그리고 지역사회 주민, 마을 지도자, 종교적 지도자 등을 대상으로 누공 인식 개선 캠페인을 개최하기도 하였다.

4) 농촌개발사업

농촌개발 분야에서 성평등 사업의 핵심적 목적은 빈곤한 여성 농민의 소득 증대와 농촌지역에 만연한 성차별적 인식을 개선하여 여성의 의사결정 권한을 증진하는 것이다.

여성 농민의 역량을 강화하는 사업 요소로 가치사슬과 관련한 소득 증대 사업이 있다. 일본국제협력기구(Japan International Cooperation Agency, JICA)의 캄보디아 농촌 사업은 농촌지역의 가치사슬 사업으로 주목할 만하다(김은경 외, 2017). 농촌 가구의 특성상 여성들이 가정 밖의 농사일과 가정 내 가축 돌보기나 채소 재배 등의 일을 병행하는 것이 뚜렷이 구분되지 않기 때문에, 여성들이 현재 하는 일 가운데 소득 증진과 연결될 수 있는 부분을 공략하여 지원하는 방식을 통해 가정 내 여성들의 지위를 증진할 수 있었다. JICA는 농촌 여성의 역량 강화 사업으로 닭을 키우고 파는 사업을 15년째 하고 있으며, 여성들이 닭의 건강을 관리하고 수를 늘려가는 과정에서 가정 내에서뿐만 아니라 사회적 지위가 점차 향상되고 있음을 목격했다고 한다.[39] 주민들의 역량 강화와 관련해서는, 부녀회를 통한 문해, 회계, 부기 등의 교육 프로그램을 통해 농촌 여성들의 역량을 강화하였다. 농촌 여성에 대한 리더십 교육 같은 프로그램도 필요하지만, 마을 단위 현지 연수에서는 이 같은 기초교육을 통해 농촌 여성들이 스스로 판매하고 소득을 관리할 수 있도록 지원하는 사업이 필요할 것이다.

농촌개발사업은 사업의 단위가 농촌 가구라는 특성이 있어 여성 대상 사업이라는 것이 크게 두드러지기 어려운 구조이나, 농촌지역에 여성 가구주가 많다는 점, 농촌지역 거주자들 중에 여성이 절반 이상이라는 점 등을 감안하면, 여성 대상 사업이나 성 주류화 사업 대부분이 여성 농민들을 겨냥한 사업이 될 가능성이 크다. 이는 곧 사업의 수요 조사와 성과 지표에 여성 농민들의 수요가 반드시 포함되어야 한다는 것을 의미한다

---

[39] 남편들이 큰 가축을 돌보거나 밭에서 지내는 반면, 아내들이 주로 가정 내에서 쉽게 기를 수 있는 닭을 키웠던 것인데, 닭들에게 예방주사 놓는 방법을 아내들이 배우게 되고 이것이 닭을 관리하는 일종의 기술이 되면서 평범했던 아내들은 인근 마을 등에 닭 관리하는 방법을 알려주기도 하고 주사를 놓으러 방문하기도 하는 등 전문 기술자로서의 지위를 얻기도 하였다.

(김은경 외, 2017: 85).

　　개발도상국들일수록 가부장적 문화가 강하게 남아 있는 것을 감안하면, 단순히 여성의 역량 강화만을 목적으로 하는 것만으로는 실질적인 여성의 역량 강화가 이루어지기 어렵다. 따라서 여성들의 인식 개선을 비롯하여, 주류를 형성하고 있는 남성들의 인식 개선이 함께 진행될 때 성평등에 좀 더 다가갈 수 있을 것이다. 성평등 ODA는 여성들의 각종 경제활동 관련 자원 접근성 제고, 수입에서의 지분 증가, 여성을 향한 교육의 양적·질적 개선, 농업생산과정에서의 주도적인 참여 확대에 방점을 두고서 사업이 진행되어야 한다. 이를 통해 농업 생산성 제고와 경제적 소득 증가를 이루게 되면 농촌지역 여성들의 가정 내 발언권이 강화되는 효과로 나타나고, 소득에 대한 지출 권한이 증가하면서 딸의 교육 기회 증대에 관심을 두는 여성들이 많아지게 된다. 농촌지역에서 많은 여성 농민들은 그들이 교육받지 못하고 그에 따라 경제적·사회적 지위가 낮다는 데 공감하면서 자신들의 딸들에게는 자신들과 다른 삶을 살 수 있기를 희망하는 것이다.[40]

5) 젠더기반폭력: 여성폭력 예방 및 피해자 보호

　　성평등 사업의 대표적 주제인 여성폭력 예방 및 피해자 보호와 관련한 사업으로 KOICA의 '베트남 폭력피해 여성·여아 예방 및 지원 모델 구축 사업'(2016~2018)을 사례로 들 수 있다. 사업의 주요 내용이 젠더기반폭력 예방 및 대응 역량 강화와 피해자 지원 서비스인 만큼 SDG 5 중에 세

---

40 저자의 2016년 라오스, 2017년 캄보디아 연구 수행 중 현지 농촌사회를 방문하여 진행했던 현지 간담회에서 공통적으로 제기된 내용이다.

부지표 5.2에 해당한다. 이 사업은 한국의 성폭력 피해자를 위한 원스톱 서비스인 해바라기아동센터 모델을 ODA 사업화한 것이다. 해바라기아동센터의 노하우를 전수한다는 목적으로 의료·수사·법률·심리상담 통합센터를 개설하고 1년 만에 342건을 구제하는 성과를 이루었다.[41]

지난 2010년부터 베트남 노동보훈사회국 주관으로 베트남에는 전국 단위에서 신체적·성적 폭력 생존자 지원을 위한 33개의 복지센터를 지원하였다. 이 시설들은 기능적으로 흩어져 있고 각각 개별 영역에서 지원을 하면서 관련 당사자인 경찰, 사법, 의료, 수사기관 등 간의 관계가 제한적이었다. 다시 말하면 젠더기반폭력에 대한 포괄적인 서비스가 없는 상황이었다. 또한 가정폭력, 성폭력을 지극히 사적인 영역으로 치부하는 사회적 분위기도 큰 걸림돌이었다.

사업 요소는 ① 여성 대상 폭력 피해자 지원 모델 구축, ② 역량 강화 교육 및 훈련 지원, ③ 직장 내 성희롱 예방 활동으로 구분되며, 그 밖에 여성폭력 피해자 지원 모델 센터 구축, 관계 부처 조정 위원회 설치 등은 수원국에서 분담하는 것으로 구성하였다. 이 사업으로 ▲ 성폭력 피해 인지 제고 프로그램을 통해 피해자 인지 제고 향상 ▲ 사법·수사·의료·상담 원스톱 서비스 ▲ 공공 영역의 서비스 접근성 향상 ▲ 베트남 정부 부처 공조 체계 구축 등의 지원을 제공하는 프로그램을 추진하게 되었다.

---

41 한국도 성폭력, 가정폭력, 아동폭력, 학교폭력 등을 다루는 기관들이 분절적으로 운영되다가 '해바라기아동센터'가 설립(2004)되면서 통합적으로 운영되고 있다. 의료, 경찰 수사, 재판 지원 및 법률 상담, 심리상담 등 네 가지 서비스를 통합하고 외부에 피해자 쉼터를 운영해서 중장기 거주 및 재활을 지원하는 방식이 기본 모델이다. 이 같은 폭력피해 여성을 위한 한국형 원스톱 서비스센터인 해바라기센터 모델 그대로 베트남으로 전파하기로 했고, 그 결과 베트남 최초로 해바라기센터가 2020년 4월 꽝닌성에 설립되었다.
김아름. 파이낸셜뉴스. "'침묵하지 마세요' 가정폭력 고리 끊고 자립 돕는 베트남의 해바라기 [코이카, 지구촌 그늘을 밝히다(上)] 베트남 여성에 도움의 손길]"(2021.11.24.보도).
https://www.fnnews.com/news/202111241802432361

<표 7-8> KOICA 베트남 폭력피해 여성·여아 예방 및 지원 모델 구축 사업 내용

구분	세부 내용
여성 대상 폭력피해자 지원 모델 구축	• 폭력피해 여성·여아 지원을 위한 센터 설비 구축 　(수원 기관의 사회복지센터, 여성연맹 가정폭력피해자지원센터 등 　에 성폭력 피해자 의료 처치, 상담 등에 필요한 설비 지원) • 상담, 의료, 사법 서비스 제공을 위한 체계 구축 및 담당자 교육 　(노동부, 보건부, 사법부, 문화부 등 담당 부처 간 협력체계 구축 및 　관계자 역량 강화 교육) • 유선 핫라인 설치로 피해자 지원 서비스 증대 • 피해자 지원 센터를 홍보하며 피해자 접근성 강화
역량 강화 교육 및 훈련 지원	• 여성폭력 방지 정책 담당자, 서비스 제공 실무자들 대상 실무교육 　실시 • 여성폭력에 대한 이해 증진 교육 • 베트남 여성폭력 방지 관련 입법, 정책, 지원 서비스 교육 • 통합적 여성폭력 피해 지원 업무에 대한 이해 증진 교육 • 의료, 법률, 상담, 자활 지원 서비스에 대한 업무 이해 교육 • 성폭력 피해자 지원 가이드라인 제작 및 배포 • 통합적 지원 서비스 시스템 운영관리 및 기술 역량 강화 • 한국형 지원 모델 사례 연수 • 통합적 여성폭력 피해 지원 업무에 대한 이해 증진 및 원스톱 　서비스센터 현장 교육
직장 내 성희롱 예방 활동	• 실태조사, 예방 자료 제작 및 캠페인 홍보, 교육

출처 : 김은경 외(2021: 22)

　　국내 공공 행정 분야에는 젠더기반폭력 관련 사업 이외에 전자정부 구축이나 평화 관련 사업들이 주를 이루고 있다. 전자정부 사업에서는 의사결정과정, 수요자 대상 수요 조사, 사업에 대한 이용자 중 여성의 참여 비율이 보장되고 있는지 파악하는 것이 중요하며, 정보통신기술

(Information and Communication Technologies, ICT) 역량 강화 프로그램 수혜자에 여성이 소외되지 않도록 하는 장치가 필요하다. 수혜자 대상 수요 조사나 만족도 조사에서도 여성 및 취약계층의 접근성이 보장되는지, 만족도와 이용률에서 남녀 차이가 나타나는지 등을 고려해야 한다. 평화 사업에서는 육체적·심리적·성적 폭력 피해자 비율의 성별 분리 통계가 먼저 구축되어야 하며, 안전에 대한 체감도에 남녀의 차이가 있다는 점이 사업에 반영될 필요가 있다. 또한 분쟁 시 갈등 해결 과정에 여성의 참여가 보장될 수 있는 조치가 포함되도록 해야 한다.

5. 성평등 분야 성과와 과제

1) 성과

한국이 그동안 성평등 사업을 얼마나 많이 시행해 왔는가 하는 것은 젠더마커 기록으로 확인할 수 있다. 한국의 무상원조 대표 기관인 KOICA의 성평등 사업 비중은 2007년 이전까지는 10% 미만, 2008년 11.6%에 그쳤던 것이 2019년에는 22.5%까지 증가하였다. 다만 성 주류화 사업(젠더마커 1사업)의 경우 2016~2017년의 증가세 이후 다소 감소한 경향을 보이고 있지만 성평등이 주요 목적인 젠더마커 2사업의 경우 최근 4년 내 높은 증가세를 보이고 있다. 특히 OECD 공여국조차 젠더마커 2사업의 비율은 평균 4% 내외인데 KOICA는 최근 2년간 젠더마커 2사업의 비율이 8~9%로 성장하여 성평등을 목적으로 하는 변혁적 사업 모델이 증가하고 있음을 알 수 있다(한국국제협력단, 2021a: 255).[42]

---

[42] KOICA의 증가한 성평등 사업은 2018~2020년 사이에 발굴된 사업들이 대부분이다. 저자를 비롯한 연구자들은 ODA의 성 주류화를 이루기 위해 필요한 것들 중 하나가 최고의사결정권자의 정치적 의지라고 주장해 왔는데, 이 기간에 재직한 이미경 전 KOICA 이사장이 성평등 사업 증진에 매진했던 것으로 이해할 수 있다.

　　최근 4년간의 추이를 분석해 보면 성평등 달성을 위한 사업 분야는 여전히 교육과 보건의료 분야가 각각 36%로 1, 2위를 차지했으나 농림수산 분야(17.9%) 및 공공 행정(7.1%) 분야 역시 소폭 상승하였다. 성 주류화 측면에서는 교육 및 공공 행정 분야가 상승세를 보였는데 이는 SDG 체제에서 근본적인 성 불평등을 근절하기 위한 노력의 일환인 '젠더기반폭력 대응 및 근절 사업'의 증가[43]와 '여성의 경제적 역량 강화 사업'을 특화하여 발굴하는 등, KOICA 성평등 중기 이행 계획 등을 통한 노력의 결과로 보인다(한국국제협력단, 2021a: 257).

　　한국이 OECD DAC에 가입한 지 10년이 넘었다. 한국의 ODA는 성평등에 기여하기 위한 법체계를 정비하였고, 유무상 원조 대표 시행기관에 성평등 사업을 견인하는 담당관이 배치되었다. 정부의 ODA 연구기금으로 수행하는 연구과제 중 성평등에 대해서는 2011~2017년간 예산을 지원했고, 2015년 국무조정실에서는 사업 발굴 시 성 인지적 관점의 적용 지침을 제작하여 배포하기도 하였다. 또한 여성가족부에서는 유엔여성기구에 분담금을 지원하거나 자체 ODA 사업을 수행하기도 한다. 지난 10여 년 동안 많은 성과가 있었지만 주목할 만한 성과는 한국 정부가 성평등 ODA를 점차 늘려 가고 있고, 증가하는 성평등 사업에 투입된 실무자들이 성평등 사업의 필요성에 공감하고, 학계 및 NGO 분야에서 젠더 전문가가 증가하고 있다는 점이다.

---

43 외교부 '여성과 함께하는 평화 이니셔티브' 지원 사업 포함

2) 과제

성평등을 목적으로 하는 사업은 성평등이라는 가치의 특성상 단기간 성과를 거두기 어려운 것이 사실인데도 불구하고 정부의 예산 운영에 따라 단기간에 성과를 제시해야 하는 과제를 안고 있다. 한국에서 ODA 사업은 3~5년 기간 동안 실시되는데, 성평등에 대한 인식을 바꾸고 역량을 강화하는 일을 이렇게 단기간에 달성한다는 것이 쉬운 일이 아니다. 그럼에도 불구하고, 사업의 효과를 높이기 위해서는 사업 기획 단계에서부터 사업에 대한 젠더분석을 실시하고 시행 단계에서 성평등 역량 강화 프로그램을 운영하면서 사업이 종료되는 시점까지 성평등에 기여한다는 의지와 노력을 기울여야 할 것이다.

성평등 사업을 개발하고 기획할 때, 여성·여아를 단순히 수혜 대상으로만 포함하고 젠더 관점으로 접근하지 않는다면, 성 불평등의 원인을 제거하지 못한 채로 사업이 진행되어 성평등 달성이라는 목표는 이루기 어려워질 것이다.

국제개발에서 성평등 사업은 이중전략이라는 점을 또한 잊지 말아야 한다. 여성 대상 역량 강화와 병행하여 성 주류화를 추구해야 하는데, 성 주류화를 추구하고 있으니 여성을 대상으로 한 정책이나 사업은 지양한다는 입장을 보이거나, 여성의 역량 강화를 위한 접근방식을 취하면서 성 주류화는 고려하지 않는다는 식의 입장은 성평등 정책에 대한 개념을 이해하지 못하면서 오류를 범하는 것이다(Kim and Shim, 2018).

분야별 사업에 성평등을 통합하는 경우, 교육이나 보건 분야는 수월하다고 인지하는 편이지만, 교통 등 인프라 사업에서 성평등 관점을 통합한 사업보다는 그 수가 많되 교육이나 보건 분야에서 성평등 관점을 통합한 사례는 여전히 적은 비중을 차지하고 있다.

성평등 ODA 사업의 공통 요소는 사업의 기획 과정에 여성들의 요구가 반영되었는지, 여성들의 요구를 반영하기 위해 의사결정과정에 성인지적 관점을 가진 여성들이 참여하고 있는지, 사업의 수혜 대상자에 여성이 포함되어 있는지, 사업을 기획하거나 평가하는 단계에서 남녀 분리 통계가 수집되고 활용되었는지, 사업을 통한 결과물을 보고할 때 사업 수혜자에 대해 남녀 분리된 결과물이 생산되었는지 등이다. ODA 사업에 이러한 내용이 포함되어 있다면 그 사업은 젠더마커 1이든 2든 성평등 ODA 사업이라 할 수 있을 것이다.

성평등에 대해 큰 관심을 갖지 않는 실무자들이 가끔 이런 질문을 한다. 모든 사업이 다 성평등 사업일 필요가 있느냐고. 그러면 이렇게 생각해 볼 것을 제안한다. 그 사업의 실제 수혜자가 누구인지 따라가 본 적이 있는지, 사업의 대상은 언제나 사물이 아닌 사람이라는 것을 생각해 본 적이 있는지 말이다. 사람을 생각한다는 것은 그 사람이 위치한 사회문화적 배경을 이해한다는 것이고, 남녀를 둘러싼 관행적·구조적 차별과 선입견이 있다는 것을 인지하는 것이다. 성평등 사업은 남성과 여성 모두에게 영향을 미치고 사회에 고르게 흡수되어 사회의 균형적 발전을 가져온다. 국제개발에서 필수적인 가치인 성평등은 선택사항이 아닌 기본값이라는 것을 기억해야 할 것이다.

<표 7-9> K-SDGs 성과지표: 5 성평등

SDG 5	세부목표	지표 9	2030목표치	소관부처
5-1	여성과 소녀를 대상으로 하는 모든 형태의 차별을 철폐한다.	성별영향평가 정책개선 이행률(%)	• 41.7%(2019)→58.2% * 출처 및 근거: 성별 영향평가 시스템, 기존 사업 성별평가 결과 개선 의견에 대한 소관 부처 수용 비율 추이를 토대로 작성	여성가족부
5-2	모든 여성과 소녀에 대해 모든 영역에서의 인신매매, 성적착취 등의 폭력을 철폐한다.	가정폭력 실신고건수 및 대응률(%)	• 13.8%(2017)→지속 증가 * 출처: 부처 내부 계획 * 근거: 과거 추세치를 근거로 달성 가능한 최대 목표치를 설정	여성가족부
		성폭력 발생사건 및 미검거율(%)	• 3.6%(2018)→지속저감 * 출처: 부처 내부 계획 * 근거: 과거 추세치를 근거로 미검률의 임계치까지 고려한 달성가능 최저 목표치를 설정 2015년 이후 등락 반복, 3% 초반이 임계치로 판단	
		디지털 성폭력 범죄 발생 건수 및 미검거율	• 9.2%(2018)→지속 저감	
5-3	무보수 돌봄과 가사노동에 대해 인정하고 가치를 부여한다.	맞벌이가구 여성대비 남성의 가정 내 무보수 가사노동 및 돌봄 노동 시간 비율(%)	• 28.9%(2019)→35.0% 산출 방법 개발 (성별, 연령별, 지역별)	여성가족부 고용노동부

SDG 5	세부목표	지표 9	2030목표치	소관부처
5-4	정치·경제·공적생활의 모든 의사결정 수준에서 여성의 완전하고 효과적인 참여와 리더십을 위해 평등한 기회를 보장한다.	의회와 지방의회의 여성 비율	• 19.0%(2020)→지속 증가	여성가족부
		공공부문 여성대표성 제고계획 과제 목표 달성률(%)	• 국가공무원 (고위 공무원단)7.9%/ • 국가공무원 (4급 이상)20.8%/ • 지방공무원 (5급 이상)17.8%→100% * 출처 및 근거: '공공부문 여성대표성 제고계획'(2018~2022) (2017년 11월 17일 국무회의 결정) 및 양성평등기본법 제21조(정책결정과정 참여, 관리직 목표제 추진)	
		민간부문 여성 관리자 비율	• 19.76%(2019)→32.4%	
5-5	성·재생산 건강과 관리에 대한 보편적 접근을 보장한다.	성·재생산권과 건강 관련 정보제공 및 교육을 보장하는 제도마련 여부	• 현재 수치 없음→제도수립	여성가족부
		초·중·고등학교에서 성교육을 수행한 비율	• 수치 없음(통계 구축 필요)→ 100%	
		피임 실천율	• 82.3%(2018)→지속 증가	
5-6	여성권한 강화를 위해 핵심기술, 특히 정보통신 기술에 대한 접근을 확대하고 여성 인력을 양성한다.	성별 스마트폰 보유율	• 남 94.4%, 여 90.0%(2019) → 지속 확대	여성가족부 과학기술 정보통신부
		대학교 여성과학 기술인력 졸업 현황	• 19.3%(2018)→지속 확대	

SDG 5	세부목표	지표 9	2030목표치	소관부처
5-7	모든 수준에서 성평등 및 모든 여성과 소녀의 권한 강화를 위한 견실한 정책과 법을 채택하고 증진한다.	성별영향평가 정책개선의견 수용률(%)	• 85.2%(2019)→87.1% * 출처 및 근거: 성인지 결산서, 부처별 성과 목표 달성률을 집계한 종합실적 추이를 토대로 작성	여성가족부

출처 : 지속가능발전포털(2023.1.10. 검색); 관계부처 합동(2020: 81-100)

🗒️ **필수개념 정리**[44]

젠더(Gender): 젠더란 사회문화적으로 형성된 성(性)으로서, 생물학적으로 타고난 남성 또는 여성의 역할을 사회적으로 규정한 것을 의미한다. 생물학적 남성에게는 주로 공적영역인 경제활동의 역할을 기대하고, 생물학적 여성에게는 주로 사적영역인 가정 내에서 가사와 육아 활동의 역할을 기대하는데, 이러한 사회문화적 성(Gender)의 개념으로 인해 남성과 여성을 구분하고 차별하는 원인이 되고 있다.

성평등(Gender equality): 성평등은 성인 남녀와 소년·소녀들의 동등한 권리와 책임, 기회를 말한다. 여성과 남성의 권리와 책임, 기회가 그들이 남성 혹은 여성으로 태어났다는 사실(차이)에 따라 달라져서는(차별) 안 된다는 것이다.

성 형평성(Gender equity): 여성과 남성이 생물학적으로 차이가 있기 때문에 발생하는 상이한 경험과 관심 분야, 요구사항과 우선순위가 정책 수립 단계에서 고려되어야 한다는 개념이다. 성평등과 함께 성 형평성 개념은 정책의 성 주류화를 이루는 데 있어 남성과 여성의 삶의 경험에서 오는 차이점과 유사성이 모두 고려되어야 한다는 것을 의미한다.

젠더와 개발(GAD): 젠더와 개발은 국제개발협력 분야에서 젠더 이슈를 지칭하는 대표적인 문구이면서 동시에 국제개발협력 분야 이외에 각국의

---

[44] 김은경(2014) 참고하여 저자 재구성

국내 정책에서 정책의 성 주류화를 이루기 위한 여성 정책의 접근방법이다. 일반적 의미에서 젠더와 개발을 언급할 때는 정책의 모든 과정을 포함하고 있어 여성에 대한 역량 강화, 개발 과정에 여성의 동등한 참여, 개발 정책에 젠더 관점 반영 등을 포괄하는 용어로 사용된다.

성 주류화(Gender mainstreaming): 성 주류화는 정책의 성 주류화 또는 ODA의 성 주류화라는 식으로 사용된다. 여성 정책이 아닌 일반 정책에 젠더 관점을 통합하여 모든 정책에서 젠더를 고려한 정책이 형성되도록 하는 것으로서, 각 국가의 국내 정책뿐 아니라 국제개발협력 정책에도 해당한다. ODA의 성 주류화라고 할 때는 ODA 사업의 선정과 계획 단계에서부터 젠더를 고려하여 실제 사업이 진행되는 과정에서 젠더 이슈가 통합되도록 하는 것이다. 성 주류화는 성평등 정책을 만들기 위한 전략이며, 이러한 성 주류화를 위해 젠더분석, 성인지 예산, 성별 분리 통계가 구축되어야 한다.

여성의 권한 강화(Empowerment): 여성이 사회에 참여하여 국가사회의 발전에 기여할 수 있는 정치적·경제적·사회적 능력을 배양하고, 사회적 관계 안에서 개인의 존엄성과 권리를 보호하고, 자신의 삶을 주도하는 협상력을 행사할 수 있으며, 단체를 조직하여 사회를 정의로운 방향으로 변화시킬 수 있는 정치적 역량을 갖추어 가는 상태로 변해 가는 과정을 의미한다. 이를 여성의 역량 강화 또는 권한 부여, 세력화라고도 번역하는데 개발도상국 여성뿐 아니라 전 세계 여성에게 적용되는 표현이다. 특정 분야와 결합하여 여성의 정치적 세력화, 경제적 역량 강화 등으로 사용되기도 한다.

토론점

1. 성평등은 이중전략을 취하고 있는데, 성평등을 타깃으로 하는 여성 대상 사업과 사업의 주요 목적이 성평등은 아니지만 성평등 요소가 포함된 젠더 통합(성 주류화) 사업 중 어느 접근법이 성평등을 실현하는 데 더 효과적이라고 생각하는가?

2. 젠더를 통합하기 어려워하는 실무자도 있지만, 해당 사업이 성 중립적 (Gender neutral)인 사업이라 주장하는 실무자도 있을 것이다. 성 중립적이라는 것과 젠더블라인드(Gender blind)라는 것에는 차이가 있을까? 있다면 무엇일까? 예를 들어 농촌지역에서 한 시간 정도 걸어가야 하는 학교에 화장실 수마저 한 개밖에 없는 학교가 있다고 가정해 보자. 이러한 상황은 남녀 학생에게 똑같이 적용되는 것인데, 그렇다면 이와 같은 상황은 성평등한 상황 혹은 성 중립적인 상황이라 할 수 있는가? 그렇지 않다면 어떤 이유인가?

3. 성 불평등으로 인한 여성의 정치, 경제, 사회적 지위는 어떻게 진전되어 왔다고 생각하는가? 여성의 정치참여가 전 세계적으로 낮고, 임금 수준에 있어서도 OECD 통계 수치에 따르면 남녀 간 임금 격차는 심한 경우 7:3까지 벌어지고 있다. 남성과 여성의 임금 격차가 이렇게 나타나는 원인이 무엇이라고 생각하는가? 여성의 사회참여 수준이 남성과 비슷해지기 위해 필요한 것은 무엇일까?

헝거: 몸과 허기에 관한 고백

록산 게이 지음 | 노지양 옮김 | 사이행성 | 2018

이 책은 미국의 페미니스트 작가이자 교수인 저자의 경험에 기반한 이야기이다. 그녀는 10대 시절에 겪은 상처가 수치와 혐오를 불러오고 스스로가 자기혐오에 빠지는 고통의 순간을 생생하게 그려 내고, 결국은 자기 자신을 찾아가는 과정을 회고한다. 여성의 몸이 얼마나 안전하지 않은지, 여성의 몸이 주체성을 갖기까지 얼마나 힘든 노력이 필요한지에 대해 말해 주는 책이다.

알로하, 나의 엄마들

이금이 지음 | 창비 | 2020

조선의 1910년 말, 집안 형편이 어려운 상황에서 딸들에게는 공부할 기회가 없던 시절, 주인공은 황금의 땅 하와이에 가서 결혼하고 돈을 벌어 공부할 수 있다는 말에 집을 나선다. 100년 전 여성의 교육, 사회진출, 그리고 경제 역량 강화라는 측면에서 한국 어머니들의 삶이 어떠했는지 돌아볼 수 있게 하는 책이다.

돌봄 선언: 상호의존의 정치학

더 케어 컬렉티브 지음 | 정소영 옮김 | 니케북스 | 2021

이 책은 돌본다는 행위가 여성의 일로 취급되어 오면서 돌봄의 가치가 평가절하되어 온 데 주목한다. 코로나19 팬데믹 등 기후변화와 자연재해로 인해 인간에게 가장 필요한 가치가 돌봄이 된 아이러니한 상황에 인류는 직면하고 있다. 이 책은 오랜 역사를 통틀어 여성의 가치가 얼마나 평가 절하되어 왔는지를 비롯하여 기후위기에 대응하는 정치, 경제, 공동체의 나아갈 방향을 새롭게 제시하고 있다.

가난을 팝니다: 가난한 여성들을 착취하는 착한 자본주의의 맨얼굴

라미아 카림 지음 | 박소현 옮김 | 한형식 해제 | 오월의봄 | 2015

일반적으로 여성의 경제적 역량 강화를 위해 소액 대출 프로그램을 많이 활용하는데, 이 책은 그라민 뱅크로 잘 알려진 소액 금융 시스템의 진실과 허상에 대해 밝히고 있다. 또한 이 책은 개발도상국의 여성들이 처한 관습들과 이들이 얼마나 힘없는 존재이며, 여성을 대상으로 한 사업들이 왜 절실하게 필요한지 생각하게 한다.

보이지 않는 여자들: 편향된 데이터는 어떻게 세계의 절반을 지우는가

캐럴라인 크리아도 페레스 지음 | 황가한 옮김 | 웅진지식하우스 | 2020

이 책은 일상에서부터 재난에 이르기까지 대부분의 정책들이 여성을 배제한 상태에서 진행되고 있는 상황을 드러내고 있다. 어느 조직이든 정책 결정자의 대다수가 남성이라는 점에서 볼 때, 더 많은 여성이 정책 결정 과정에 참여해야 할 필요성과 당위성을 알려 주는 책이다.

성 인지(性 認知) 관점(Gender Perspective)에서의 ODA 사업 평가 연구

김은경, 이수연, 김둘순, 김동식, 김정수 지음 | 한국여성정책연구원 | 2014

이 연구에서는 해외 선진 양자·다자기구들의 젠더사업 원칙과 사례를 소개하며, 한국의 주요 ODA 사업이라 할 수 있는 교육(직업훈련), 농촌개발, 모자보건, 그리고 인프라(도로건설) 사업의 사례를 선정하여 젠더 관점에서 평가하고 개선점을 제안하였다. 국무조정실에서는 이 연구 이후, 'ODA 사업의 성 인지적 관점 적용 지침'(2015)을 만들어 관련 기관 종사자에게 배포한 바 있다.

- 학습목표 -

1. 인권과 국제개발협력과의 관계를 이해한다.

2. 인권과 개발을 통합하기 위한 국제사회의 노력 및 논의 흐름을 파악한다.

3. 주요 국제개발기구 및 단체, KOICA의 인권 주류화를 위한
전략 및 현황을 이해한다.

4. 소개한 사례들을 통해 인권에 기반한 개발의 특성을 설명할 수 있다.

제8장

1. 인권의 이해

(1) 인권의 정의 및 주요 개념

1) 인권이란

인권은 "인간이 인간으로서 누려야 할 권리"를 뜻한다(남승현 외, 2020: 16). 즉, "인종, 계급, 젠더, 성적 지향, 문화적 배경, 출신 민족, 또는 그 밖의 다른 정체성이나 사회적 지위와 무관하게 인류 공동체에 속한 모든 사람이 누릴 수 있는 일련의 보호 권리(protections)와 수급 권리(entitlements)"가 있다는 것이다(마크 프레초, 2020: 323-324). 여기에서 보호 권리란 국가나 다른 행위자들이 권리를 침해하지 못하도록 권력을 제한하는 것이고, 수급 권리란 국가나 다른 주체가 개인이나 집단에 제공하는 사회보장 프로그램이나 관련 법률, 정책, 서비스를 뜻한다.

2) 인권의 주요 특성[1]

인권은 보편적(universal)이다. 1948년 국제연합(United Nations, UN)이 채택한 세계인권선언(Universal Declaration of Human Rights) 제1조는 "모든 인간은 태어날 때부터 자유로우며 그 존엄과 권리에 있어 동등하다"라고 천명하였다. 이와 같이 인권의 보편성은 그 후 등장한 각종 인권 조약과 선언에 반영되어 있다.

인권은 양도 불가능(inalienable)하다. 이는 천부인권이라는 말처럼 태어나면서부터 자연스럽게 주어지는 권리로, 타인에게 양도하거나 포기할 수 없다는 뜻이다.

인권의 또 다른 특성으로는 불가분성(indivisibility)과 상호 의존성(interdependence)이 있다. 전자는 어떤 인권이 본질적으로 더 우월하거나 열등하다고 나눌 수 없음을 뜻하며, 후자는 모든 인권이 서로 긴밀하게 연결되어 있으므로 특정 인권만 분리해서 실현하기 어렵다는 것을 의미한다. 가령 최소한의 교육권을 보장하지 않고 노동권을 실현하기는 불가능하며, 집회결사의 권리가 제한되는 상태에서는 경제적 권리의 실현 또한 제약받을 수 있다. 이러한 인권의 불가분성과 상호 의존성은 모든 인권을 통합적으로 실현하기 위해 노력해야 함을 의미한다.

3) 인권 관련 주요 문헌

보편적 인권 규범을 성문화한 국제인권조약 및 인권선언 중 대표적인 것들을 정리하면 <표 8-1>과 같다.

---

1 OHCHR. "What are human rights?". 출처: https://www.ohchr.org/en/what-are-human-rights(2022.8.12.검색)

조약	채택 연도 / 효력 발생 연도	비준국 수[3]	한국 가입 or 비준 연도[4]
모든 형태의 인종차별 철폐에 관한 국제협약(ICERD)	1965 / 1976	182	1978
시민적 및 정치적 권리에 관한 국제규약(ICCPR)	1966 / 1976	173	1990
경제적, 사회적 및 문화적 권리에 관한 국제규약(ICESCR)	1966 / 1976	171	1990
여성에 대한 모든 형태의 차별 철폐에 관한 협약(CEDAW)	1979 / 1981	189	1984
고문 및 그 밖의 잔혹한, 비인도적인 또는 굴욕적 대우나 처벌의 방지에 관한 협약(CAT)	1984 / 1987	173	1995
아동의 권리에 관한 협약(CRC)	1989 / 1990	196	1991
모든 이주노동자와 그 가족의 권리보호에 관한 국제협약(ICMW)	1990 / 2003	57	비준 안 함
강제실종으로부터의 보호에 관한 국제협약(CPED)	2006 / 2010	98	2023
장애인의 권리에 관한 협약(CRPD)	2006 / 2008	185	2008

출처 : OHCHR; UN Treaty Collection; 국가인권위원회 인권도서관 자료를 참고하여 저자 재구성

---

2 OHCHR. "The Core International Human Rights Instruments and their monitoring bodies".
출처: https://www.ohchr.org/en/core-international-human-rights-instruments-and-their-monitoring-bodies
(2023.1.4.검색)

3 UN Treaty Collection. 출처: https://treaties.un.org(2022.6.1.검색)

4 국가인권위원회 인권도서관. "핵심인권조약: 핵심인권조약 당사국 현황(한국 등)".
출처: https://library.humanrights.go.kr/bbs/content/7_384(2022.6.1.검색)

모든 국가가 적어도 1개 이상의 인권 조약을 비준했으며, 4개 이상
비준한 국가도 80%에 달한다. <그림 8-1>은 인권 조약 및 선택 의정서
채택 수에 따른 국가 분포를 보여 준다. 참고로 한국은 <표 8-1>에서 확인
할 수 있듯이 9대 주요 조약 중 8개를 비준하고 4개 선택 의정서(시민적 및
정치적 권리에 관한 국제규약 선택의정서(1990), 아동의 무력충돌 참여에 관한 아동권리협
약 선택의정서(2004), 아동의 매매, 성매매 및 아동 음란물에 관한 아동권리협약 선택의정
서(2004), 여성에 대한 모든 형태의 차별철폐에 관한 협약 선택의정서(2007))를 채택하
였다.

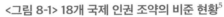

<그림 8-1> 18개 국제 인권 조약의 비준 현황[5]

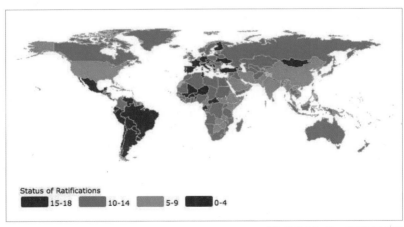

출처 : OHCHR Dashboard(2022.7.6. 검색)

---

5 OHCHR Dashboard. "Ratification of 18 International Human Rights Treaties".
출처: https://indicators.ohchr.org/(2022.7.6.검색)

국가뿐 아니라 개인과 단체도 인권에 대한 의무를 지지만, 국제법상 국제인권조약 이행의 의무는 일차적으로 국가에 있다. 국가는 인권을 존중(respect)하고, 보호(protect)하며, 충족(fulfil)시켜야 할 의무가 있다.

① 인권 존중의 의무: 국가가 인권을 침해하지 말아야 함을 의미한다. 인권을 누리는 데 방해가 되는 법안을 제정하거나 국가가 대안적 주거 없이 강제퇴거를 실시하는 것 등이 존중 의무 위반에 해당한다.

② 인권 보호의 의무: 제3자의 인권침해를 막기 위한 조치를 취해야 함을 의미한다. 예를 들어 가정에서 일어나는 아동학대나 기업의 부당 해고, 안전 미비에 대해 조치를 취하지 않는 것은 보호 의무를 위반하는 것이다.

③ 인권 충족의 의무: 권리 실현을 위해 적절한 조치를 취하는 것이다. 법률, 행정, 예산, 사법 조치 등의 행위를 취할 의무뿐 아니라 그 결과에 대해 책임져야 할 의무도 포함한다. 경제적·사회적·문화적 권리의 경우 즉각 보장이 현실적으로 어려울 수 있지만, 즉각 이루어져야 할 조치를 외면하거나 '점진적 실현'을 이유로 마냥 유보하는 것이 아니라 완전한 실현을 향해 측정 가능한 진보를 보여 주어야 한다.[6]

4) 인권의 분류

인권은 계속 발전하는 개념이기 때문에 새로운 인권이 계속 등장하고 있다. 인권을 분류하는 여러 방식 중에 전통적으로 많이 사용하는 세대

---

6 국가인권위원회. "유엔 인권조약기구 일반논평 및 일반권고: 사회권규약위원회 일반논평".
　출처: https://library.humanrights.go.kr/search/detail/CATTOT000000051282(2023.4.검색)

별 분류와 유엔인권최고대표사무소(Office of the UN High Commissioner for Human Rights, OHCHR)가 제시하는 내용별 분류로 소개하고자 한다.

① 인권 세대론: 세대라는 말이 내포하듯이 역사에서 등장한 시기에 따라 권리를 분류한 것으로, 프랑스 법학자 카렐 바작(Karel Vasak)이 제시한 3단계 인권론에 근거한 개념으로 널리 사용되고 있다. 개인의 자유를 증진하려는 1세대 시민적·정치적 권리와 개인의 평등을 확장하려는 2세대 경제적·사회적·문화적 권리, 그리고 국경을 초월한 단결과 국제사회의 의무에 관한 3세대 연대의 권리를 말한다.

<표 8-2> 인권의 3세대 개념

세대 구분	분류	내용	특성
1세대 권리	시민적·정치적 권리	인권선언 제3조~제21조: 신체의 자유, 사상의 자유	자유권: 국가로부터 보호받을 소극적 권리
2세대 권리	경제적·사회적·문화적 권리	인권선언 제22조~제27조: 일할 수 있는 권리, 사회보장에 대한 권리, 교육받을 권리 등	사회권: 국가에 요구할 적극적 권리
3세대 권리	연대의 권리	평화를 누릴 권리, 환경에 대한 권리, 민족자결권, 발전에 대한 권리 등	집단권: 생성 중인 권리

출처 : 국가인권위원회(2008)

② 권리 꾸러미(Rights Bundles): 앞의 인권 세대론을 넘어서서 유기적으로 연결된 권리를 묶는 것으로 권리를 침해당한 당사자와 정책결정자, 이와 연대하는 이들 등 인권 공동체에서 새롭게 만들어 가는 인권 범주를 일컫는다(마크 프레초, 2020). 인권 공동체마다 사명에 따라 다른 권리 꾸러미를 제시할 수 있다.

가령 '빈곤' 문제를 중심에 두고 활동하고 있는 옥스팜(Oxfam)은 빈곤의 다면적 원인과 결과를 고려해 '생계를 꾸릴 권리', '기본 서비스를 누릴 권리', '피해로부터 안전할 권리', '경청의 대상이 될 권리', '평등하게 대우받을 권리', 이렇게 다섯 가지를 제시한다. 마찬가지로 OHCHR에서는 인권과 인권에 영향을 미치는 요소를 관련성 있는 것끼리 묶어서 다음과 같이 분류하고 있다.[7]

▲ 정치와 민주주의: 사법절차상 보호, 참정권, 결사 집회의 자유, 표현과 사상의 자유, 디지털 공간에서의 인권 보호

▲ 발전과 존엄하게 살기: 영리활동과 인권, 기후변화와 환경, 교육과 문화에 대한 권리, 건강, 토지와 주거, 강압적 조치, 빈곤과 식량권, 사회보장권, 발전권, 물과 위생

▲ 평등과 비차별: 아동과 청년, 노인, 장애인, 성소수자(lesbian, gay, bisexual, transgender, intersex, LGBTI), 선주민(先住民), 백색증(albinism)에 대한 비차별, 종교에 대한 자유, 이민, 성평등, 인종주의, 비관용

▲ 정의와 법치주의: 사형제도, 구금, 실종, 고문, 테러리즘과 극단주의, 노예제와 인신매매

---

7 OHCHR. "Topics". 출처: https://www.ohchr.org/en/topics(2022.6.15.검색)

▲ 평화와 안보: 분쟁 방지 및 초기 경보, 인도주의적 긴급구호, 초국
　　가적 정의 및 분쟁 후 평화 구축

(2) 인권과 개발의 관계

1) 인권과 개발

인권과 개발은 별개의 영역으로 발전해 오다가 다음과 같은 역사적·
이론적·조직적 배경에 의해 접합점을 찾기 시작하였다.

① 역사적 배경: 인권은 소위 1세대 인권인 자유권 위주로 흘러왔고,
개발은 2세대 인권인 사회권의 영역이라 여겨져 왔다. 인권에서 경제적·
사회적·문화적 권리가 상대적으로 경시되어 온 이면에는 냉전시대의 이데
올로기 싸움이 있었다. 2세대 사회권의 근간이 되는 가치가 공산주의와 관
련이 있다고 여겼기 때문이다. 냉전체제가 붕괴하면서 인권에 대한 이분
법적 시각이 무너지기 시작하였다. 1986년 UN은 발전권 선언을 채택하여
발전을 인권의 언어로 정의하였다. 그리고 시민적·정치적 권리 활동으로
잘 알려진 국제앰네스티(Amnesty International)는 2000년 경제적·사회적·
문화적 권리까지 그 활동 범주를 넓히기로 하였다.

② 이론적 배경: 기존에는 빈곤을 경제적 결핍 상태로 보고 빈곤퇴치
를 개발로 보는 시각이 팽배하였다. 아마르티아 센(Amartya Sen)은 그런 시
각을 탈피해 빈곤을 기회와 권력의 박탈로 이해하고, 인권 실현이 개발의
목적이자 수단으로 중요하다고 강조하였다.

③ 조직적 배경: 인권과 개발의 통합에는 1990년대 말부터 진행된

UN의 인권 주류화가 큰 영향을 미쳤다. 코피 아난(Kofi Annan) 전 UN 사무총장이 1997년 연설에서 UN 개혁에 인권을 중심에 두겠다고 이야기한 데 이어, 2000년 유엔개발계획(UN Development Programme, UNDP)은 인간개발보고서에서 "인권과 인간개발(human development)은 효과적으로 상호 보완이 가능하다"라고 언급하였다(UNDP, 2000). 이후 UN 산하기관들은 인권기반 접근(Human Rights Based Approach, HRBA)을 채택해 각기 해석, 운용해 왔다. 그러다가 2003년 '인권에 기반한 개발에 대한 공통 이해(UN Common Understanding on a Human Rights-Based Approach to Development Cooperation)'를 통해 그 특성과 의의를 재확인하고 국제개발사회로의 확대를 촉진하였다. 또한 2009년부터 '인권 주류화 메커니즘(UN Development Group's Human Rights Mainstreaming Mechanism, UNDG-HRM)'을 설치해 UN이 추진하는 개발협력 등 주요 정책과 사업에 인권 관점을 반영하도록 하고 있다.

이와 같은 역사적·이론적·조직적 배경에 의해 개발과 인권은 통합되기 시작하였다. 국제개발협력에서 인권을 통합하는 양상은 다양하지만 인권에 기반한 개발, 인권 주류화, 인권 대화, 인권 사업, 간접적 방식의 인권 사업으로 분류할 수 있다(이주영 외, 2014).

① 인권에 기반한 개발: 인권 실현을 개발협력의 목적으로 설정하고 개발의 계획, 실행, 평가 전 과정에서 인권 기준과 원칙을 준거로 한다. 구조적이고 통합적인 접근을 추구한다.

② 인권 주류화: 교육, 보건, 농업 같은 기존 개발 사업에 인권적 관점을 반영한다. '해를 끼치지 않는다(Do no harm)'를 기본 원칙으로 한다.

③ 인권 대화: 협력 대상국과의 정책 대화를 통해 인권 이슈를 제기하고 해결을 도모한다.

④ 인권 사업: 구체적인 인권을 향상시키거나 인권침해를 겪는 특정 그룹을 지원하는 사업이다.

⑤ 간접적 방식의 인권 사업: 굿 거버넌스나 역량 강화 등의 개념 틀을 사용해 인권 이슈와 관련한 사업을 진행한다.

2) 인권기반 접근(HRBA)

HRBA는 개발과 인권을 통합하는 방법론으로 자리 잡았다. 1998년 코피 아난(Kofi Annan) 전 UN 사무총장은 인권에 기반한 개발이 기존의 접근법과 어떻게 다른가를 다음과 같이 제시한 바 있다.

인권에 기반한 개발은 빈곤의 상황을 단순히 인간 욕구의 문제나 개발의 필요로 인식하지 않고, 개개인의 양도 불가능한 인권에 대한 사회의 책임 문제로 본다. 또한 사람들은 자선이 아닌 권리로 정의를 요구할 수 있으며, 지역사회는 도움이 필요할 때 국제사회에 도덕적 책임을 다할 것을 요구할 수 있다.[8]

HRBA에 대한 다양한 정의와 해석에도 불구하고 본질적인 특징은 다음과 같다(UN, 2003[9]).

① 개발의 목적은 인권 실현의 증진이며, 개발 협력은 의무 부담자(Duty-bearer)들이 자신의 의무를 다하고 권리 보유자(Right-holder)들이 권리

---

8 UN General Assembly. "Agenda Item 10, Annual Report on the Work of the Organization" 참고하여 저자 재구성

9 UN. "The Human Rights Based Approach to Development Cooperation Towards a Common Understanding Among UN Agencies".
출처: https://unsdg.un.org/download/85/279(2022.6.10.검색)

를 요구할 수 있도록 각각의 역량 강화를 도모해야 한다.

② 국제인권규약의 기준, 원칙, 목적을 개발의 계획과 과정에 통합한다.

1972년 세계은행(World Bank)이 주창한 '욕구에 기반한 개발(Needs-Based Approach)'이 빈곤을 개인의 문제로 보고 기본 욕구 충족에 초점을 맞추었다면, '인권에 기반한 개발'은 빈곤을 양산하는 불평등한 구조적 문제에 초점을 맞춘다. 즉 "시민, 국가, 기업 간 상호작용이 어떻게 일어나고 사회에서 가장 소외된 이들에게 어떤 영향을 미치는가"에 주목하면서(Uvin, 2007), 이들이 동등한 권리를 누릴 수 있도록 의무 부담자의 의무 이행을 강조한다. 즉 인권에 기반한 개발은 "자선에서 권리로, 빈곤 현상 해소에서 근본 원인 해결로, 개인의 문제에서 구조의 문제로, 당장 보이는 결과에서 장기적으로 궁극적인 목적과 과정"으로 개발 담론을 변화시킨다(노재은, 2016).

이와 같은 특성을 지닌 인권에 기반한 개발은 빈곤의 기저 원인의 해결을 모색하고 원리에 입각한 과정을 중시함으로써 개발의 효과성과 지속성을 높일 것으로 기대된다(Uvin, 2004). 아울러 기존 접근법보다 정치, 권력, 과정을 강조하기 때문에 성평등과 사회정의를 실현하는 데 기여할 수 있다(Cornwall and Molyneux, 2006). 이 외에도 실제 경험적 연구들을 종합해 본 결과, 인권에 기반한 개발은 개인의 변화(개인의 지식, 인식, 행동 변화 등), 프로그램의 변화(기획 및 실행, 예산 배정, 직원 능력 등), 사회적 변화(정책 및 법, 사회 메커니즘의 변화 등), 구조적 변화(사회문화적 규범, 젠더 및 권력 관계, 자원의 지속가능한 사용 등) 같은 성과를 보여 주고 있다(Noh, 2021).

아울러 '참여(Participation), 책무성(Accountability), 비차별(Non-discrimination),

권한 강화(Empowerment), 국제인권기준과의 연결(Linkage to human rights instruments)'이라는 5대 원칙은 결과 못지않게 개발 과정의 중요성을 강조한다(Jonsson, 2003).

① 참여: 참여 보장은 수단이자 목적이다. 권리 보유자들이 개발의 전 과정인 상황 분석, 계획, 실행, 평가에 참여할 수 있어야 한다는 원칙이다. 그렇지만 비용을 절감하거나 비민주적 운영을 숨기기 위해 참여를 명목적으로 내세우는 경우도 있어(Ife, 2002), 실질적인 참여를 보장하는 것이 중요하다.

② 책무성: 주요 의무 부담자인 국가와 기타 의무 부담자인 국제기구, 공여기관, 비정부기구(Non-Governmental Organization, NGO), 기업, 지역사회, 나아가 모든 개인에게는 인권 준수의 책임이 있음을 강조하는 원칙이다. 책무성을 높이기 위한 법적·제도적·구조적 환경 조성이 필요하다.

③ 비차별: 인종, 피부색, 성별, 민족, 나이, 언어, 종교, 정치적 혹은 기타 견해, 장애 등 그 어떠한 이유로도 차별받지 않아야 한다는 원칙이다. 개발 프로그램에서 해당 원칙은 가장 취약하고 소외된 이들에 대한 우선순위를 의미하기도 한다.

④ 권한 강화: 각 주체가 권한을 가지는 상태가 되도록 하는 것으로, 참여의 조건이자 결과라고도 할 수 있다. 개발 담론에서 참여와 권한 강화의 중요성은 다양한 정도와 방식으로 강조됐으나, 인권에 기반한 개발은 기존 권력, 특히 배제와 박탈을 야기하는 불균형에 도전한다는 것이 주요한 특성이다(Cornwall and Nyamu-Musembi, 2004).

⑤ 국제인권기준과의 연계: 인권조약은 비준한 국가들에 대해 구속력을 지닌다. 따라서 해당 국가가 비준한 인권조약이나 권고사항을 찾아보고 이를 국내법과 제도로 실현하고 있는지를 검토하는 것은 인권 상황 분

석에 중요하다. 아울러 인권 기준은 프로그램의 성과 및 과정을 평가할 때 지침을 제공한다.

　인권에 기반한 개발의 주요 활동 전략은 아래와 같다(Gauri and Gloppen, 2012).

　① 글로벌 규약 준수 전략: 인권 기준을 비준하고 준수하도록 압력을 가하는 활동이다. 대표적인 예로 NGO들이 대안 보고서를 UN 인권 기구에 제출하는데, 해당 정부 보고서에서는 누락된 인권침해 상황에 대해 보고하는 것이다.

　② 프로그래밍 전략: 개발 프로젝트와 프로그램이 의무 부담자와 권리 보유자의 능력을 신장시키도록 하고, 인권 기준과 원칙에 비추어 프로젝트나 프로그램을 기획, 실행, 분석한다.

　③ 인식 제고 전략: 옹호 활동이나 교육을 통해 권리에 대한 인권 의식을 높인다.

　④ 법적 동원 전략: 국내 법제도를 이용한 소송을 통해 특정 권리 청구에 대한 법적 근거를 강화하고 정책 변화를 이끌어 내는 전략이다. 인도의 식량권 소송이나 남아프리카공화국의 후천성면역결핍증(Human Immunodeficiency Virus/Acquired Immune Deficiency Syndrome, HIV/AIDS) 치료제 관련 소송이 이에 해당된다.

2. 세계 인권 현황

(1) 인권 분야 불평등 현황

국가 간, 국가 내 불평등이 날로 심화하고 있어, 새천년개발목표 (Millennium Development Goals, MDGs)와 달리 지속가능발전목표(Sustainable Development Goals, SDGs)에서는 별도의 목표를 세워 불평등을 다루었다. 가령 MDGs 달성 정도로 봤을 때 가장 성공적이라고 평가되는 중국, 인도네시아, 인도, 베트남 같은 경우, 하위 40%가 소유하는 부는 오히려 줄어들어 불평등이 심화되었음을 보여 준다(Nelson, 2021). 게다가 코로나19 팬데믹은 기존에도 불평등을 겪던 그룹의 고통을 가중시키며 불평등을 심화하고 있다.

불평등 하면 우선 빈곤 문제를 빼놓을 수 없다. 빈곤은 소득과 생산수단, 자산과 같은 물질적 재화와 기회의 부족뿐 아니라, 건강, 안전, 공포와

폭력으로부터의 자유, 사회적 소속감, 문화적 정체성, 정치적 영향을 행사할 능력, 존엄 있는 삶을 영위할 능력 등이 부족한 상태이기도 하다.[10] 이처럼 빈곤은 인권침해의 원인이자 결과이다. <그림 8-2>는 소득 하위 50% 인구가 국가 총소득에서 차지하는 비율을 보여 주는데, 그 비율이 낮을수록 불평등도가 심하다는 뜻이다.

<그림 8-2> 소득 하위 50% 인구의 전체 소득 비율

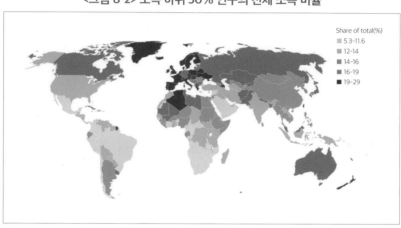

출처 : World Inequality Database. 참고(2022년 자료 기준)

이런 소득의 불평등은 인권 증진의 재정적 토대가 될 세금 징수에 영향을 미치고 정서적 토대가 될 사회적 신뢰 및 지지에 부정적인 영향을 미친다. 소득 불평등 외에도 다양한 인권 영역에서의 불평등이 있다. 성별,

---

10 Narayan, Patel, Schafft, Rademacher and Koch-Schulte. "Voices of the poor : can anyone hear us ? (English)".
출처 : https://documents.worldbank.org/en/publication/documents-reports/documentdetail/131441468779067441/voices-of-the-poor-can-anyone-hear-us

나이, 장애 여부, 성적 지향, 인종, 계급, 종교 등을 이유로 지속되는 차별은 소득불평등 외에도 사회적·정치적 배제라는 불평등을 낳는다. 예를 들어 여성과 남성 간 급여 차는 여전히 존재하고, 그 격차는 추후 여성의 경제적 활동 중단이나 노년기 빈곤으로 이어진다. 종교나 신념을 이유로 직업이나 주택 시장, 교육에 대한 접근성에 제약을 받기도 한다.[11] 선주민(先住民)이나 부족민(部族民)들의 언어가 공교육에서 배제되어 있어서 심각한 교육 격차를 만들어 내고 있다.[12] 특히 차별의 대상이 되는 정체성을 둘 이상 가진 경우 교차성(Intersectionality)에 의해 불평등이 더욱 심화하는 사회적 구조에 주목할 필요가 있다.

불평등을 모니터링하고 있는 UN 및 개발 NGO들의 보고서를 보면 어떤 불평등 이슈에 초점을 맞추고 있는지를 가늠할 수 있다. 세계은행은 매년 불평등 보고서에서 지니계수를 사용해 소득 불평등 정도를 모니터링하고 있다.[13] 액션에이드(ActionAid)는 사회보장제도와 공평한 급여가 일반적인 불평등과 젠더 불평등에 미치는 영향력에 대한 보고서를 발간했으며 (ActionAid, 2016), 옥스팜은 조세 정의, 사회 부문 지출, 노동 정책 등에 관한 '불평등 감소 지수'를 산정하고 있다(Oxfam, 2017). 세이브더칠드런(Save the Children)은 불평등 감소를 위한 중간 목표와 기준점을 제시하고, 연령과 인

---

11 OHCHR. "THEMATIC REPORTS: Report of the Special Rapporteur on freedom of religion or belief".
출처: https://www.ohchr.org/en/documents/thematic-reports/ahrc4944-rights-persons-belonging-religious-or-belief-minorities(2022.7.21.검색)

12 OHCHR. "Experts of the Committee on the Elimination of Racial Discrimination Commend Suriname on Efforts to Establish an Anti-Discrimination Law, Ask Questions on the Effects of Mercury Pollution and Access to Education for Indigenous and Tribal Persons".
출처: https://www.ohchr.org/en/news/2022/08/experts-committee-elimination-racial-discrimination-commend-suriname-efforts-establish(2022.8.24.검색)

13 World Bank. "World Bank DataBank".
출처: https://databank.worldbank.org/metadataglossary/gender-statistics/series/SI.POV.GINI(2022.6.15.검색)

종, 젠더, 지역, 장애 여부, 사회경제적 조건 등을 분화해 자료를 수집하고 있다(Save the Children, 2014).

1) 인권 관련 개발 과제와 개선 방향

앞서 불평등은 여러 쟁점이 복합적으로 연결된 인권의 문제임을 논하였다. 이 장에서는 해당 이슈들을 인권 측면에서 어떻게 정의, 분석하고 있으며, 개선을 위해 어떤 노력을 하고 있는가를 알아보도록 한다. 이 책 앞 장에서 다루었던 교육과 보건, 거버넌스를 비롯해, 지속가능한 생계나 기술 등의 인권 관련 이슈들도 추가로 살펴볼 것이다.

① 인권과 교육

교육에 대한 권리는 경제적·사회적 및 문화적 권리에 관한 국제 규약(ICESCR)에 명시적으로 보장되어 있으며, 아동과 여성, 장애인권리협약에도 포함된 중요한 권리 중 하나이다. 그 밖에 난민지위에 관한 협약, 교육 차별에 대한 유네스코 협약, 최저 고용 연령 및 아동 노동금지 철폐를 위한 국제노동기구(International Labour Organization, ILO) 협약에서도 교육권을 언급하고 있다. 1999년 ICESCR은 '일반 논평(General Comment) 13'에서 교육권의 요소로 아래와 같이 가용성(Availability), 접근성(Accessibility), 수용성(Acceptability), 적응성(Adaptability)을 제시하였다.[14]

---

14 German Federal Ministry for Economic Cooperation and Development. "Applying Human Rights in Practice: Fact Sheets on a Human Rights-Based Approach in Development Cooperation".
출처: https://www.aaas.org/sites/default/files/Energy_FactSheet.pdf

<표 8-3> 교육권의 핵심 특성

가용성 (Availability)	식수 및 위생시설을 갖춘 교육기관의 충분성, 교사 훈련을 받고 적정한 급여를 받는 교사, 알맞은 교구와 교육 자료, 무상 초등교육
접근성 (Accessibility)	모두에게 안전한 환경, 사회적 약자(장애인, 빈곤 가정 소녀, 난민 등)의 지리적·물리적 제약과 가격적 제약 없애기
수용성 (Acceptability)	학생 중심의 문화적으로 적절한 교육, 양질의 커리큘럼과 교수 방법, 교재 등
적응성 (Adaptability)	변화하는 사회적 요구에 부합하는 교육, 사회적·문화적으로 다양한 학생들의 필요 충족

출처 : German Federal Ministry for Economic Cooperation and Development(2008) 참고하여 저자 재구성

2000년 다카르 행동 기본 틀(Dakar Framework for Action)의 '모든 이를 위한 교육'이라는 모토가 보여 주듯, 교육권은 초등교육뿐 아니라 직업교육, 평생교육 등을 망라한다. 따라서 아동뿐 아니라 성인에게도 해당하며, 특히 이런 교육권에 제약받는 여성, 장애인, 빈곤층, 난민 등의 취약·소외계층에 대한 차별을 철폐하는 것이 중요하다. 인권에 기반한 개발은 이들 취약·소외계층이 교육 정책 및 프로그램에 의미 있는 방식으로 참여할 수 있도록 하는 것을 원칙으로 하며 교육권 실행에 대한 책무성은 기본적으로 국가에 있다. 따라서 인권에 기반한 국제개발협력은 중앙정부, 지방정부, 교육 당국이 교육권을 실행할 수 있도록 지원하는 데에 초점을 맞추고 있다. 또한 교사, 학부모, 지역 주민 역시 권리 보유자이자 의무 부담자라는 점을 주목해야 한다. 즉 이들의 권리 의식 및 책무성 향상은 교육권 보장에 중요하다고 할 수 있다.

그런 의미에서 인권과 교육은 '인권으로서의 교육'뿐 아니라, '인권 교육[15]'을 포함한다. 인권 교육은 '인권에 대한 교육(지식)', '인권을 통한 교육(교수학습 방법)', '인권을 위한 교육(자기 존중 및 타인 존중 태도)'을 망라한다 (양천수 외, 2011). 즉 교사뿐 아니라 학생, 지역사회가 인권 교육을 통해 비차별, 양성평등, 사회적 다양성과 같은 가치를 배우고, 이를 교육시설과 프로그램, 교육 환경과 교수 방법을 통해 구현할 수 있도록 해야 한다. SDGs도 교육에 대한 권리뿐 아니라 인권에 대한 교육도 강조하면서 SDG 4.7에서 별도의 세부목표를 제시하고 있다.

인권에 기반한 교육사업 사례 및 과제

　　호주 외교통상부(Department of Foreign Affairs and Trade, DFAT)는 2009년에 이어 2015년 '모두를 위한 개발: 장애 통합적 개발을 강화하기 위한 전략'을 발표하였다. 아동의 권리에 관한 협약(UN Convention on the Rights of the Child, UNCRC)과 장애인의 권리에 관한 협약(Convention on the Rights of Persons with Disabilities, CRPD)에 의거해 유엔아동기금(UN Children's Fund, UNICEF)과 함께 REAP(Rights, Education and Protection) 프로젝트[16]를 1차는 베트남과 부탄에서, 2차는 인도·태평양 도서국에서 진행하였다. 프로젝트의 주요 내용은 아동 친화적이고 장애아동 통합적인 교육 시스템 구축, 장애아동의 보호권과 교육권에 대한 지역사회의 인식 개선, 교사 훈련, 출생 등록 과정 리뷰, 사례 연구에 근거해 인권에 기반한 교육 정책 및 프로그램 개발 등이다. 해당 프로젝트는 장애 지표 개발 및 자료 수집, 지적장애 관련 참여 제한 요소를 개선할 것을 과제로 제시하였다.

---

15 UN은 '세계인권교육계획'을 발표하고 1단계(2005~2009)로 초등, 중등교육 제도에 인권 교육 통합, 2단계(2010 ~2014)로 고등교육 및 교사, 공무원, 군인 등에 대한 인권 훈련을 강조한 바 있다. 2012년에는 유엔인권이사회 (UN Human Rights Council, UNHRC)에서 '인권교육훈련선언'을 채택하였다.

16 Australian Government Department of Foreign Affairs and Trade. "UNICEF REAP Grant".
　출처: https://www.dfat.gov.au/about-us/publications/Pages/unicef-reap-grant(2022.9.6.검색)

② 인권과 건강

건강권은 경제적·사회적·문화적 권리에 관한 규약의 제12조에 '도달 가능한 최고 수준의 신체적, 정신적 건강을 향유할 권리'라고 규정되어 있다. 이는 건강한 상태에 대한 권리(right to be healthy)가 있다는 뜻은 아니며, 보건을 위한 시설, 물품, 서비스 및 건강을 결정하는 기저 요인인 안전한 노동환경, 깨끗한 식수 및 위생, 기본적인 영양 등에 대한 권리를 뜻한다. 경제적·사회적·문화적 권리 위원회는 AAAQ(가용성(Availability), 접근성(Accessibility), 수용성(Acceptability), 질(Quality))라고 부르는 기준을 제시한다.

<표 8-4> 건강권의 핵심 특성

가용성 **(Availability)**	충분한 수의 보건의료시설 및 필수 의약품, 제대로 기능하는 의료서비스, 안전한 식수, 적절한 위생시설
접근성 **(Accessibility)**	여성, 장애인 등 취약계층이 물리적 제약이나 안전에 대한 우려 없이 보건의료 시설 이용이 가능하며 적절한 비용으로 의료 정보에 대한 접근성이 용이함
수용성 **(Acceptability)**	의료윤리 및 기밀 유지 준수, 문화적으로 적절한 서비스, 젠더 및 연령에 따른 욕구 고려
질(Quality)	훈련받은 의료 인력, 안전 인증을 받은 의약품, 적절한 의료 장비 등 의료 서비스의 질 확보

출처 : German Federal Ministry for Economic Cooperation and Development(2008) 참고하여 저자 재구성

건강권은 다른 권리를 향유하고 발전 과정에 참여하기 위해 필요한 전제조건일 뿐 아니라, 다른 모든 권리와도 상관이 있다. 건강권 관련 이슈는 다양하지만, 대표적인 건강권 의제는 보건의료 시스템 개선, 기초 의료

보장, 필수 의약품에 대한 접근권, 성·재생산 건강 및 권리, 특정 질병에 대한 낙인 제거, 아동이나 성소수자·장애인·선주민·노인 등 취약계층의 건강 등이다.

인권에 기반한 개발을 적용한 경험적 연구들을 리뷰한 결과 건강권을 다루고 있는 경우가 가장 많았을 정도로(Noh, 2021), 건강권은 개발 정책 및 프로그램에 활발하게 적용되고 있다. 건강권 개념을 이용한 활동의 예로는 인도의 결핵 치료에 대한 법적 소송, 초국적 제약회사에 대항한 전 세계 시민단체가 연대해 벌였던 의약품 접근권 운동 등이 있다.

건강권 사업 사례 및 과제[17]

인도의 결핵 치료에 대한 법적 소송은 소송을 효과적으로 사용한 예이다. 뉴델리의 인권법 네트워크(Human Rights Law Network, HRLN)는 아동 영양부족, 산아제한의 일환으로 정부가 주도한 여성 불임 시술 등 건강 관련 인권침해 문제를 다루어 왔다. HRLN 연구자들은 기존 결핵 치료에 대한 공공기관의 자료를 분석해 비영리기관들이 결핵 치료 서비스 질에 대해 추적 조사할 수 있도록 하고 공적 책임을 다하지 못한 정부에 대한 소송을 건강권 옹호 전략으로 사용하였다. 공익소송법(Public Interest Litigation)과 정보청구권(Right to Information Act)을 활용해 고등법원에 정부를 제소하였고, 그 결과 정부는 치료 시설의 서비스를 시정하고 의료 부문에 대한 재정 지출을 늘리게 되었다. 그렇지만 다수를 대변하는 소송이다 보니 소외된 집단의 특수한 상황은 반영하지 못한 점, 법이나 정책의 개선을 이끌어 내지 못한 점은 한계로 지적되었다. 또한 시간과 비용 소모가 큰 전략이었다는 점과 정부가 해당 단체에 대해 악의적인 대응을 했다는 점을 들 수 있다.

---

17 McBroom, K.. "Litigation as TB Rights Advocacy: A New Delhi Case Study" Health and human rights. 18(1): 60-83, Nelson 2021 재인용

③ 인권과 거버넌스

거버넌스는 '공공의 목적을 달성하기 위해 다양한 정책 당사자가 추진하는 공적활동'으로, 단순히 정치뿐 아니라 군사, 행정, 경제 등 공공 행정의 모든 영역을 포함한다(김은주·권혁주, 2015). 국제개발에서 거버넌스의 투명성(transparency), 책무성을 강조하면서 인권이 더욱 중요해지기 시작하였다(Steiner et al., 2008). 굿 거버넌스(Good Governance)는 1980년대 후반부터 개발 정책의 실패를 개발도상국의 부패나 비효율적인 거버넌스를 문제 삼으면서 등장했지만(Uvin, 2007), 사실상 굿 거버넌스의 핵심은 참여와 투명성, 국가 책무성, 법치주의에 있기에 인권에 기반한 개발에서 빠질 수 없다(Gready and Ensor, 2005). 즉 굿 거버넌스가 없이는 인권이 지속적으로 존중되고 보호될 수 없으며, 인권적 목표와 과정은 굿 거버넌스 체계를 강화하는 데 필수적이다. SDGs는 거버넌스의 민주적 측면을 강조하는 기존 논의에서 더 나아가 SDG 16으로 평화, 정의 및 제도구축을 제시하고 있다. 또한 SDGs는 MDGs보다 시민의 정부 활동 참여를 강조하고 있다. 인권은 거버넌스를 구성하는 공식/비공식 부문 간 견제와 균형을 확립하고, 국민의 인식과 의지, 참여를 고취시키는 데에도 기여한다(OHCHR, 2006).

인권에 기반한 개발은 국가의 책무성 증진과 시민들의 권한 강화를 양 축으로 삼는다. 따라서 인권에 기반한 개발에서는 시민주권(Citizenship) 형성을 중요한 목표로 삼고, 그 과정에서 소외되는 소수자 그룹이 없도록 한다(Hickey and Mitlin, 2009). 시민주권 개념은 국가가 제공하는 공공서비스의 소비자가 아니라 권리주체로서의 의식과 참여를 강조한다. 따라서 권리의식 교육을 한다든지 시민의 참여를 제도화하는 프로그램을 진행한다. 특히 장애인권리협약이나 선주민 권리에 대한 권고 사항은 이들에게 영향을 미치는 법과 제도를 제정할 때 이들의 참여를 보장하고 권리를 현실화할 근거를 제공하고 있다.

인권과 거버넌스 관련 사례 및 과제[18]

　카메룬에서 민주적인 거버넌스를 형성하는 것은 계속되는 부정선거와 자의적 구금 및 체포 등 만연한 인권침해로 인해 쉽지 않았다. 게다가 식민지 시절 잔재로 인해 프랑스령과 영국령이었던 지역 간 상이한 법제도는 법치를 어렵게 하였다. 이런 상황은 소수자들의 시민권 문제를 야기하였다. 카메룬 북서쪽 지역에서 목축을 하며 살아가던 음보로로족(Mbororo) 사람들은 그 수가 인구의 총 12%에 달하지만 정부 시스템에서 배제되어 있다. 다수의 음보로로족 사람들이 출생신고 및 국가 등록 증명 누락으로 인해 무국적자로 살고 있는 상황이다. 이런 문제를 해결하기 위해 음보로로 사회문화발전협회(Mbororo Social and Cultural Development Association, MBOSCUDA)라는 시민단체가 1992년부터 활동해 왔다. 이후 영국의 빌리지 에이드(Village Aid)라는 개발 NGO와 파트너십을 형성해 법적 문해력 향상과 법률 보조인 양성을 통해 권리 보호를 확대하였다. 특히 'REFLECT[19]'라는 비판적 인식 제고 접근법을 통해 음보로로족 사람들의 권리 의식이 향상되고 정부와의 관계가 개선된 것으로 나타났다. 이런 인권적 접근의 향후 과제는 소수자 권리 이슈 및 후견주의(Clientelism)에서 더 나아가 보편적인 시민주권 및 사회정의에 이바지하는 것이다.

④ 인권과 물

　물은 식량권이나 건강권과 밀접한 관계가 있지만, 2002년 경제적·사회적·문화적 권리위원회의 일반 논평 15호 및 2010년 UN 총회 결의 이전

---

18 Sam Hickey and Diana Mitlin, "Rights-based approaches to development: Exploring the potential and pitfalls",(2009)

19 REFLECT(Regenerated Freirean Literacy through Empowering Community Techniques): 브라질 민중 교육학자인 파울로 프레이리의 이론과 참여적인 기법을 결합시킨 문해 교육 방법으로, 점차 지역사회의 권한 강화와 사회변화를 이끌어 내기 위한 참여적인 접근법으로 그 의미가 확대되었음(노재은, 2016)

에는 물 자체가 하나의 권리로 공식화되지는 않았다.[20] 물에 대한 권리는 "개인과 가정이 쓰기에 충분하고, 안전하고, 수용 가능하고, 물리적 접근이 가능하고, 부담 없이 누릴 권리"로 정의한다.[21] 세계보건기구(World Health Organization, WHO)의 권고에 따르면 물의 양은 하루 20리터 이상이어야 하고, 1km 이내 반경에서 구할 수 있어야 하고, 그 시간이 30분 이상 걸리지 않아야 한다(OHCHR, 2010). 일부 아시아와 아프리카 지역에서는 여성과 소녀들이 매일 먼 거리를 걸어서 물을 길어 와야 하는데, 약 10리터 정도의 물을 가져오기 위해 평균 6km 정도의 거리를 걸어갔다 와야 하는 실정이다. 또한 물이 무상이어야 한다는 것은 아니지만 비용 때문에 접근성에 제약이 있어서는 안 된다고 규정하고 있다. 활동가들은 이런 물에 관한 권리를 이용해 볼리비아에서 도시 상수도의 민영화를 저지한 바 있으며, 남아프리카공화국에서는 최소량의 물을 무상 공급하고 그 이상에 대해서만 비용을 청구하도록 하는 성과를 거두기도 하였다(Nelson, 2021).

경제협력개발기구(Organization for Economic Cooperation and Development, OECD)는 2030년이 되면 전 세계 인구의 절반가량이 심각한 물 부족 문제를 겪을 것으로 예상하고 있다(마우로 기옌, 2020). 특히 도시가 빠르게 성장 중인 남아시아, 중동 지방이 가장 큰 타격을 받을 것으로 예상했다. 물 부족 문제는 재난으로 이어질 수 있고, 내전이나 난민과의 갈등을 일으키기도 한다. 가정용 용수보다 농업용수, 공업용수의 사용량이 월등히 높으며, 에너지 생산에도 엄청난 양의 물을 사용하고 있음을 감안하면 물과 산업,

---

20 UN. "International Decade for Action 'Water for Life' 2005-2015".
출처: https://www.un.org/waterforlifedecade/human_right_to_water.shtml(2022.8.24.검색)

21 UN Water. "Human Rights to Water and Sanitation".
출처: https://www.unwater.org/water-facts/human-rights/(2022.8.15.검색)

물과 에너지를 어떻게 연계 관리할 것인가가 중요하다.

물에 대한 인권적 접근 사례 및 과제[22]

방글라데시 수도 다카는 인구 과밀지역으로 물 공급에 어려움을 겪고 있다. 로컬 NGO 인 Dushtha Shasthya Kendra(DSK)는 지역 커뮤니티 단체와 유관 부서와의 대화 및 협 상을 촉진해 상하수도 서비스에서 소외되던 지역에 물 공급을 가능하게 하였다. DSK 의 'water point' 모델은 8명의 여성으로 구성된 지역위원회가 500가구를 위한 수동 펌 프와 저수지 관리, 물 가격 및 비용 상환 방법 등을 결정하도록 하였다. 이후 DSK의 개 입 없이도 지역사회 중심으로 물 관리가 가능해졌고, 2017년 아시아개발은행(Asian Development Bank, ADB)은 해당 사례가 열악한 지역의 물 공급 및 관리를 크게 개선했 다고 평가하였다. 그렇지만 이 사례를 다룬 연구 보고서는 지역사회 모델에 참여하지 않 고 물을 훔치는 이들로 인한 지역사회의 분열, 지역 정치인들과 지역위원회 간 연결고리 등을 보고하기도 하였다.

---

⑤ 인권과 지속가능한 생계

1990년대 초부터 개발 섹터에서는 지속가능한 생계(Sustainable Livelihoods)의 중요성을 강조해 왔다. 이때 생계는 "생계를 유지하는 데 필 요한 수단인 능력, 유형자산과 무형자산"이라고 정의된다(Chambers and Conway, 1992: 9). 지속가능한 생계 접근(Sustainable Livelihoods Approach) 은 빈곤한 지역사회가 소유하거나 소유하지 않은 생계 수단(인적 자원, 천 연자원, 재정 자원, 사회적 자원, 물리적 자원)에 초점을 맞추고 계절에 따른 차이 (seasonality-가격이나 생산의 변화), 위기 상황(질환, 자연재해 등), 경향(경제적·정치 적 환경, 사용 가능한 기술의 변화 등)이 생계 수단에 미치는 영향에 초점을 맞춘

---

22 Nelson Paul, "Global Development and Human Rights: The Sustainable Development Goals and Beyond", 2021에서 재인용

다. 이러한 지속가능한 생계 접근은 앞에서 설명한 인권기반 접근과 공통점이 있다. 두 접근 다 가장 소외된 이들의 권한 강화를 강조하고, 이를 위해 다분야적 접근을 취하고 정책과 제도의 중요성에 주목한다(Farrington, 2001). 물론 두 접근 간 여러 상이점 또한 존재하지만, 인권적 시각은 생계에 영향을 미치는 힘의 불균형 및 구조적 변화에 대한 통찰을 제공할 수 있다(Noh, 2022).

인권에 기반한 개발 단체들은 생계 수단인 토지나 노동에 대한 불평등에 주목하고 이를 권리의 문제로 이야기하고 있다. 공평한 토지 분배는 농촌지역에 거주하는 이들의 생계 수단 확보와 농촌의 빈곤 감소에 절대적으로 중요하다(IFAD, 2008). 토지에 대한 공평한 접근은 농업, 축산업, 임업을 가능하게 해서 생산성 및 소득을 높일 뿐 아니라, 식량안보 및 양성평등에도 긍정적인 영향을 미친다. 실제 여성이 농축산업 생산에 기여하는 정도가 상당한데도 여러 사회에서 아직 여성의 토지 소유나 이용, 상속에 대해 제한을 두고 있어 불평등을 초래하고 있다. 이러한 현실이 반영되어 SDGs에서는 토지권과 관련한 세부목표(SDG 1.4 '2030년까지 모든 남성과 여성, 특히 빈곤층과 취약계층이 경제적 자원과 더불어 기초 서비스, 토지 및 기타 유형의 자산·유산·천연자원·적정 신기술, 소액금융을 포함한 금융서비스에 대한 소유권과 통제권의 접근에 동등한 권리 보장', SDG 2.3 '2030년까지 토지 및 기타 생산 자원과 투입요소, 지식, 금융서비스, 시장 및 부가 가치 창출과 비농업부문 고용 기회에 대한 안전하고 평등한 접근 등을 통하여 소규모 농업인(소농), 특히 여성, 원주민, 가족농, 목축민, 어민의 생산성과 소득을 두 배로 증대', SDG 5.a '국내법에 따라 여성에게 경제적 자원에 대한 평등한 권리 및 토지와 기타 형태의 자산 소유와 통제, 금융서비스, 유산 및 천연자원에 대한 접근을 부여하기 위한 개혁을 단행')에서 토지 소유 및 이용, 상속에 있어 동등한 권리, 특히 여성의 권리를 강조하고 있으며, 토지권이 빈곤 및 기아에 미치는 영향력에 주목하고 있다.

　노동 조건이나 좋은 일자리는 도시지역 주민들이 생계를 이어 가는데 중요한데, 전 세계적으로 도시화가 빠르게 진행되고 있고 도시지역 빈부격차 또한 증가하고 있어 일자리 문제는 빈곤과 직결되어 있다고 말할수 있다. 코로나19 팬데믹 이후 취업률은 감소 추세이며, 최근 통계에 따르면 전 세계 취업률은 55.8% 정도이고, 일은 하지만 극심한 빈곤 상태로 분류되는 인구가 2억 2,000만 명에 달한다.[23] 빈곤한 이들의 일자리는 대부분 비공식 경제 부문에 해당하여 가정부, 막노동, 거리 행상, 삼륜차 기사등 임시직이거나 자영업 형태로 사회적 보호를 받지 못한다. 이들 대부분은 취업의 기회가 제한되어서 어쩔 수 없이 창업하는 경우이며, 개발도상국에서는 창업에 필요한 여러 기회나 제도적 지원이 제한되어 있다. 오히려 거리 행상 같은 이들의 경제활동이 불법이나 미등록 상행위라며 단속대상이 되기도 한다. 그렇지만 콜롬비아에서 쓰레기 수집상들이 네트워크를 결성해 해당 시의 쓰레기 수거 작업 계약을 따낸 사례도 있고, 태국에서는 대부분이 여성인 가내수공업자들이 주축이 되어 2010년 의회에서 재택근무자 보호법을 통과시켜 법적 권리를 보장받기도 하였다.[24]

　토지권과 마찬가지로 SDGs는 노동권과 관련한 조항을 포함하고 있다. SDG 8에서 '양질의 일자리와 경제 성장'에서 좋은 일자리와 안전한 환경에서 일할 권리 등을 제시하고 있을 뿐 아니라, SDG 4.4 '2030년까지 취업, 양질의 일자리, 창업활동에 필요한 전문기술 및 직업기술을 포함하는 적절한 기술을 보유한 청소년과 성인의 수 대폭 증대', SDG 10.4 '재정,

---

23 ILO. "World Employment and Social Outlook". 출처: https://www.ilo.org/wesodata/(2022.6.9.검색)
24 WIEGO. 출처: https://www.wiego.org/(2022.6.9.검색)

임금, 사회보호 정책 등 정책 도입 후 점진적으로 더 높은 평등 수준 달성'의 조항이 이에 해당한다. 이들 목표는 코로나19 팬데믹으로 타격을 더 크게 받은 비경제 부문 종사자, 돌봄 노동이 가중된 여성 노동자들에 대한 사회적 지원과 실직자들에 대한 사회안전망 구축의 필요성을 시사한다.

지속가능한 생계를 위한 인권적 사업 사례 및 과제[25]

인권기반 접근을 채택한 개발 NGO 중 하나인 액션에이드는 '지속가능한 생계를 위한 여성 권리 프로젝트'를 시행한 바 있다. 가나와 르완다에서 기후변화에 강한 농작물 및 지속가능한 농법을 보급해 식량 위기에 대응하는 것이 프로젝트의 골자였다. 여성들이 식량 생산에 큰 몫을 담당하지만 식량 위기 시 더 취약하다는 점에 착안해 여성 농부들을 대상 그룹으로 정하였다. 또한 여성 농부들의 인식 제고 및 권리 청구에 주력해 지역사회 지도자 및 토지 소유자들의 책무성을 높일 수 있었다. 이 프로젝트는 토지 및 물에 대한 권리 보장이 이루어질 때 효과적으로 지속가능한 생계를 모색할 수 있음을 보여 준다. 나아가 지속가능한 농법 및 여성 참여 보장이 국가정책 및 아프리카연합(African Union, AU)의 주요 안건에 반영되도록 옹호 활동을 진행하였다. 외부 평가보고서는 본 프로젝트가 소득 및 영양, 기술 문해력의 성별 차에도 주목할 필요성을 제시했고, 가정, 마을, 국가, 아프리카 지역이라는 다층적 특성을 바탕으로 취약성을 분석하고 해결해야 함을 강조하였다.

---

⑥ 인권과 도시

도시의 면적은 전 세계 토지의 1%에 불과하지만, 전체 인구 반 이상이 도시에 거주하고 있다. 도시는 물과 에너지 소비량이 높고, 탄소가스 배출량도 높다. 교통혼잡과 대기오염, 쓰레기 문제도 풀어야 할 난제이다. 도

---

25 Noh(2022)에서 소개한 사례 참고하여 저자 재구성

시들이 해수면을 따라 발달한 경향이 있음을 감안하면, 대부분의 바닷가 도시들은 기후변화와 해수면 상승의 위험에 노출될 것이다. 도시화는 계속될 것이며 2030년이면 인구 1,000만 명 이상인 도시의 수가 더욱 증가할 것이다. 2030년이 되면 전체 인구의 60% 이상이 도시에 거주하게 될 것이며, 인구 증가의 90%가 이런 도시들에서 일어날 것이다.[26]

도시화는 빈부격차를 심화시키는 경향이 있다. 도시화로 많은 이들이 슬럼을 형성하며 상하수도나 화장실이 제대로 갖춰져 있지 않은 환경 속에서 살고 있고, 강제 철거와 이주, 치안의 위협 같은 문제들을 겪고 있다. 이와 같은 도시 문제의 심각성은 SDG 11에 '포용적이고 안전하며 회복력 있고 지속가능한 도시와 거주지 조성'이라는 목표에 반영되어 있다. UN은 2016년 '주택과 지속가능한 도시개발'이라는 주제로 도시화와 관련한 정상회담을 개최하였고, SDG 11 달성을 위해서는 인권이 목표 달성 과정의 기준이 되어야 함을 재차 확인하였다. 또한 정부뿐 아니라 지방 도시의 역할 또한 중요함을 강조하였다.

⑦ 인권과 기술

최근 인공지능(Artificial Intelligence, AI), 빅데이터 등 신기술과 그 파급효과에 대한 국제적 관심이 증대하고 있다. 이에 UN은 2019년 제41차 유엔인권이사회에서 '신기술과 인권(New and emerging digital technologies and human rights)'(OHCHR, 2019)을 채택하였다. 한국이 주도해 상정한 이 결의안에는 총 78개국이 공동 제안국으로 참여하여 국제사회의 광범위한 지지

---

26 OHCHR. "Urbanization and human rights: OHCHR and land and human rights".
  출처: https://www.ohchr.org/en/land/urbanization-and-human-rights(2022.8.12.검색)

를 얻어 냈고, 자문위원회를 구성해 2021년 신기술 전반이 인권에 미치는 광범위한 영향에 관한 보고서를 냈다. 이 보고서에 따르면 신기술은 개인의 인권과 자유를 신장시키는 데 기여할 수 있다. 코로나19 팬데믹 기간 동안 디지털 기술 덕분에 물리적 고립 중에도 사회적·경제적 참여가 가능했던 것이 그 예이다. 디지털 공간이 시민들의 네트워크 강화, 정보 공유, 인권침해, 모니터링과 평가 등을 가능하게 할 수 있고, 거버넌스나 양성평등, 건강권 향상에도 긍정적으로 기여할 수 있다. 그렇지만 사이버폭력과 성범죄, 온라인 혐오 발언 같은 명백한 인권침해를 비롯하여 사생활 침해, 개인정보보호, 정보 규제와 정보 불평등이라는 측면에서 여러 문제가 발생하고 있는 것도 사실이다.

이에 대해 여러 국가는 정보 수집, 활용 및 관리 등에서의 인권침해를 막기 위한 여러 법적·정책적 보호책을 강구하고 있다. 독일 정부는 정보윤리위원회를 설립하였고, 유럽연합(European Union, EU)은 정보 및 사생활 보호를 위해 '일반 데이터 보호 규칙(General Data Protection Regulation)'을 수립해 규제를 강화하고 유럽 내 제도를 통합시켰다. 이런 보호책과 함께 이스라엘, 불가리아, 인도 등 여러 국가에서는 시민들이 올바른 디지털 매체 사용을 통해 자신의 권리를 증진할 수 있도록 디지털 문해력(Digital literacy) 향상을 장려하고 있다. 디지털 기술을 통한 인권 증진을 위해 이탈리아는 국가기관에 대한 정보 공개를 강화했고, 덴마크는 시민사회와 민간기업의 참여를 통해 기술 관련 인권 인식 제고에 힘쓰고 있다.

3. 인권 분야 국제개발협력 동향

(1) 인권 분야 주요 이슈

1) 지속가능발전목표(SDGs)

SDGs는 기존 MDGs와 비교해 인권 측면에서 더 진일보했다는 평가를 받는다. 우선 SDGs를 제정하는 과정에서 다양한 개인 및 그룹의 참여를 보장하였다. 인권 그룹도 중요한 역할을 했는데 2014년 경제사회권센터(Center for Economic and Social Rights), 국제앰네스티(Amnesty International), 여성개발협회(Association for Women in Development) 등 인권, 개발, 환경, 성평등 분야의 80여 개 기관이 포스트 MDGs 인권 회의(Post-2015 Human Rights Caucus)를 구성해 관련 어젠다 및 참여적 과정 형성에 기여하였다.

내용 측면에서도 SDGs가 MDGs보다 인권 기준과 원칙을 더 담고 있다. SDGs 슬로건인 "Leave No One Behind and Reaching the Furthest

Behind First(아무도 발전에서 뒤처지는 사람 없이 가장 뒤처져 있는 사람부터 먼저)"는 인권의 기본 원칙인 평등과 비차별을 잘 보여 주고 있다. SDGs의 상당수가 MDGs를 계승하기도 하지만, MDGs에는 없었던 '국가 및 국가 간 불평등 해소'를 강조하고 있고, 시민·정치적 권리(가령 SDG 5.5 '정치·경제·공적 생활의 모든 의사결정 수준에서 리더십에 대한 여성의 완전하고 효과적인 참여와 동등한 기회를 보장', SDG 8.7 '강제노동 퇴치, 현대판 노예제도와 인신매매 종식 및 소년병 징집·이용을 포함한 최악의 형태의 아동노동의 금지·근절을 확보하기 위한 즉각적이고 효과적인 조치를 취하고, 2025년까지 모든 형태의 아동노동을 종식', SDG 16에서 SDG 16.2 '아동에 대한 학대, 착취, 인신매매 및 모든 형태의 폭력과 고문 종식', SDG 16.3 '국가적인 그리고 국제적 수준의 법치를 증진하고, 모두에게 정의에 대한 평등한 접근 보장', SDG 16.9 '2030년까지 출생등록을 포함하여 모두에게 법적 신원 제공', SDG 16.10 '국내법 및 국제협정에 따라 정보에 대한 대중의 접근을 보장하고 기본적 자유 보호')를 포함하고 있다. 덴마크의 인권위원회는 SDGs의 169개 세부목표 중 156개가 인권과 노동 기준에 부합한다고 평가[27]하기도 하였다. 이처럼 인권과 SDGs는 서로 긴밀히 연결되어 있고 상보적으로 서로를 강화할 수 있다(Nelson, 2021). UN 인권이사회는 2018년 이사회 결의안(OHCHR, 2018)을 채택해 SDGs와 인권 간 연계를 강화하기로 하였으며, 위원회의 '특별절차(Special Procedures)'나 OHCHR의 '국가별 인권상황 정례인권검토(Universal Periodic Review, UPR)'와 같은 인권 메커니즘을 통해 SDGs 달성을 도모하고 있다. 실제 UPR의 인권 권고 사항 중 약 50%가 SDGs 세부목표와 관련이 있었는데, 아래 그림은 세부목표별 숫자를 보여 준다.

---

[27] The Danish Institute for Human Rights. "The Human Rights Guide to the Sustainable Development Goals". 출처: https://sdg.humanrights.dk(2022.6.10.검색)

<그림 8-3> SDGs 세부목표별 인권 개선 권고안 수

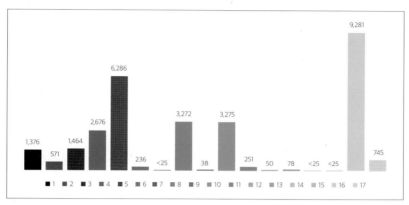

출처 : SDG Accountability Handbook

<그림 8-3>은 SDG 16 '지속가능발전을 위한 평화롭고 포용적인 사회 증진, 모두에게 정의에 대한 접근 제공 및 모든 수준에서 효과적이고 책임 있으며 포용적인 제도의 구축'과 SDG 5 '성평등 달성 그리고 모든 여성과 여아의 권한 강화' 부문에서 가장 많은 인권 권고가 이루어지고 있음을 보여 준다.

2) UN의 인권을 위한 행동 요청(Call to Action for Human Rights)[28]

최근 혐오 표현의 증가, 사회 양극화, 배제와 차별 등 인권침해가 더욱 증가하고 있다. 2020년 안토니우 구테흐스(Antonio Guterres) UN 사무총장은 시급한 여러 문제를 해결하고, 보다 지속가능하고 안전하고 평화로운 사회를 건설하는 데 있어 인권이 필수적임을 강조하면서 아래의 일곱

---

28 UN. "Security-General's Call to Action for Human Rights".
　출처: https://www.un.org/en/content/action-for-human-rights/index.shtml(2022.7.21.검색)

가지 행동 영역을 제시하였다.

① 지속가능발전의 핵심이 되는 인권

개발이 인권에 기반해야만 개발의 지속가능성과 효과성을 담보할 수 있다. SDGs의 모든 세부목표는 발전권뿐 아니라 경제적·시민적·문화적·정치적·사회적 권리에 기반하고 있다.

② 위기 시기의 권리

UN은 전쟁과 평화 그 어느 상황에서도 가능한 여러 위협으로부터 인류를 보호하기 위해 설립되었다. 최고의 보호책은 위기 상황으로 인한 피해 자체가 없도록 미리 예방하는 것이다. 인권을 중심으로 보다 강력하고 일관적인 접근법을 취하는 것이 이런 위기 예방에 바람직하다.

③ 성평등과 여성을 위한 동등한 권리

인류의 반인 여성이 폭력, 여성혐오, 배제, 불평등 등 다양한 형태의 차별에 시달리는 한, 모든 이를 위한 인권은 요원한 구호이다. 역사적·구조적으로 이어져 온 차별을 시정하기 위해서는 사회 각 부문에, 그리고 공적공간뿐 아니라 사적공간에서도 여성이 동등하게 참여할 수 있어야 한다.

④ 시민의 참여와 시민활동을 위한 공간

모든 시민이 정치적·경제적·사회적 활동에 의미 있는 방식으로 참여할 수 있어야 한다. 시민들의 유의미한 사회 참여를 위해서는 사상의 자유, 양심의 자유, 종교의 자유뿐 아니라 정보에 대한 접근권이 중요하다.

⑤ 미래세대를 위한 권리, 특히 기후 정의

기후변화, 환경 악화, 생물다양성 감소, 오염 등의 문제는 현재 도서 국가나 개발도상국에 살고 있는 수백만의 삶을 위협할 뿐 아니라, 미래세대의 삶 또한 위협하고 있다. 정부뿐 아니라 기업, 개인 모두가 환경권 보호를 위한 책무를 다해야 한다.

⑥ 집단행동에서 핵심적인 권리

현재 우리가 사는 세상은 더욱 긴밀히 연결되고 있지만, 많은 나라가 다자주의나 글로벌 연대가 아닌 파편적인 방식으로 해결책을 모색하고 있다. 글로벌 이슈를 해결하기 위해서는 인권법과 시스템을 총동원해야 하며, 국가 및 기업, 시민사회, 시민들이 인권적 가치를 지지하는 것이 중요하다.

⑦ 새로운 인권

디지털 기술은 인권을 수호하고 옹호 활동을 벌일 수 있는 새로운 수단을 제공한다. 그렇지만 한편으로는 감시와 검열, 온라인 성폭력 등을 가능하게 함으로써 인권 침해의 수단이 될 수도 있다. 새로운 기술 이용에 따른 새로운 인권 이슈들에 대해 대응할 수 있어야 한다.

3) 지속가능한 회복 서약(Sustainable Recovery Pledge)

코로나19 팬데믹은 전 세계 경제 및 사회발전에 악영향을 미쳤다. 이로 인해 인권을 온전히 누리기 어렵게 되었고 SDGs 달성에도 차질을 빚고 있다.

<그림 8-4> 지속가능한 회복 서약 로고

출처 : The Danish Institute for Human Rights(2021)

이에 한국을 포함한 48개 국가 및 28개 NGO가 2021년 6월 30일, 제 47차 유엔인권이사회에서 지속가능한 회복 서약에 서명하며 포스트 코로나19 시대의 새로운 국제 질서의 중심이 인권이 되어야 함을 선언한 바 있다(Ministry of Foreign Affairs of Denmark, 2021). 이는 재난 상황에 대비하고 대응하는 단계뿐 아니라 재난으로부터 회복할 때에도 인권에 기반한 접근이 더 효과적이고, 정의롭고 지속가능한 결과로 이어질 수 있음을 재확인한 것이다.

네 가지 핵심 사항은 다음과 같다.

① 위기 상황을 책무성과 투명성을 갖춘 굿 거버넌스로 대체한다.

② 대량 감시 동안 법적 보호와 투명성을 확보한다.

③ 인권을 보호하면서 지속가능한 성장과 고용을 창출한다.

④ 심화되는 차별을 해소하기 위해 비차별에 대한 인식을 제고하고 보호 정책을 강화하도록 한다. 경제적·사회적 권리와 여성 및 선주민에 대해 우선순위를 둔다.

(2) 인권 분야 주요 주체의 전략 및 지원 현황

1) UN 산하 기구

UN은 분석과 프로그램의 기본이 인권임을 분명히 하면서 국가공통평가(Common Country Assessment, CCA)와 유엔개발원조프레임워크(UN Development Assistance Framework, UNDAF)를 도입하였다. CCA를 통해 분석한 결과에 기초해 UN 산하 국가별 사무소들은 UNDAF를 공유하며 통합적으로 대응하게 되었다. 2007년에는 '인권에 기반한 개발'을 CCA와 UNDAF에 통합하는 가이드라인에서 빈곤의 근본적인 원인에 대한 철저한 분석과 옹호 활동에 대한 정교한 접근, 그리고 차별과 불평등을 식별할 수 있도록 하는 데이터의 중요성을 강조하였다.

① 유엔인권최고대표사무소(OHCHR)

SDGs에 인권이 통합되도록 기여하고 있는 대표적인 UN 기구이다. 데이터 수집 및 사용에 있어 인권기반 접근을 강조하는데, 여섯 가지 기본 원리로 ① 데이터 수집 및 생산과정에서 소외되어 온 이들의 참여(participation), ② 차별을 모니터링하기 위한 데이터 세분화(data disaggregation), ③ 이들 그룹에 대한 차별을 강화하지 않도록 하는 자기 식별(self-identification), ④ 정보에 대한 권리를 보장하는 투명성, ⑤ 기밀 유지 및 개인 정보 보호, ⑥ 데이터 수집 및 사용에 대한 책무성을 제시한 결과 2018년 SDGs와 연계해 인권 지표(Human Rights Indicators Tables-Updated with SDG indicators)[29]를 개발하였다. 다루고 있는 인권은 16개 분야이고, 특

---

29 OHCHR. "Human Rights Indicators: A Guide for Measurement and Implementation".
  출처: https://www.ohchr.org/sites/default/files/Documents/Issues/HRIndicators/Summary_en.pdf(2022.8.24.
  검색)

기할 사항은 구조 지표(structural indicators), 과정 지표(process indicators), 성과 지표(outcome indicators)로 나누어 법과 정책 같은 구조의 문제와 개발의 과정에 대해서도 강조하고 있다는 점이다. 가령 건강권을 증진하기 위한 법과 정책 유무 및 시행 여부가 구조 지표라면, 산전 진찰과 출산 관련 의료인 비율이나 백신 접종률은 과정 지표이고, 그 결과로 영향을 받는 모성 사망률이나 아동사망률은 성과 지표가 된다. 또한 SDGs 중에서도 앞서 강조했던 SDG 10(불평등 완화) 및 SDG 16(평화, 정의 및 제도 구축)과 연계해 인권 지표를 정교화하고 있다는 의의가 있다.

② 유엔개발계획(UNDP)

UNDP는 개발로 특화된 전문 기관으로 일찍이 인권에 기반한 개발을 받아들여 인권 주류화(UNDP, 2015)에 힘써 왔다. 인권 주류화는 인권 원칙(참여, 비차별, 책무성)을 개발의 전 과정에 도입하고 인권 기준(가용성, 접근성, 질)을 개발의 성과로 삼는 것을 말한다. 문제를 분석할 때는 원인 분석(직접적인 원인과 근본적인 원인), 역할 분석(권리 보유자와 의무 부담자의 역할), 역량 분석(역할 수행에 필요한 자원이나 능력의 간극)의 3단계를 실시한다. 2022년 3개년 전략 계획에서는 3대 변화 방향(구조적 변혁, 어느 누구도 소외되지 않게 하기, 복원력(Resilience) 키우기), 6개 주요 해결책(빈곤과 불평등, 거버넌스, 회복력, 환경, 에너지, 성평등), 3개 촉진 요소(전략적 혁신, 디지털화, 개발을 위한 재정)를 제시하고 있다(UNDP, 2021).

2) 양자 원조 기관

OECD 내 공적개발원조(Official Development Assistance, ODA)를 논의하는 기구인 개발원조위원회(Development Assistance Committee, DAC)는 2007

년 인권에 관한 정책 문서(OECD DAC Action Oriented Policy Paper on Human Rights and Development, AOPP)를 발간하였다. 이 정책 문서는 빈곤, 배제, 취약성, 갈등은 모두 인권 침해와 관련이 깊다는 것을 강조하며, 인권이 원조와 개발협력에서 빠질 수 없는 의제임을 확인하였다. 그렇지만 각 국가마다 인권과 개발을 아우르는 방식에는 차이가 있다. 인권정책과 전략을 명시적으로 개발에 통합하면서 '인권에 기반한 개발'을 주류화·제도화하는 국가가 있는가 하면, 빈곤 감소나 거버넌스같이 특정 분야에 인권 관점을 도입하는 국가들도 있다. 전자에 해당하는 스웨덴, 스위스, 핀란드 같은 북유럽 국가들은 특히 비차별, 참여, 책무성의 원칙을 강조하며 '인권에 기반한 개발'을 추진하고 있으며, 최근에는 SDGs와의 연계성을 강화하고 있다. 여기에서는 이들 북유럽 국가 중 하나인 스웨덴과 가장 먼저 인권을 개발에 통합하기 시작한 국가 중 하나인 독일에 대해 더 알아볼 것이다.

① 스웨덴

스웨덴은 인권기반 접근을 채택하고 실행해 온 대표적인 국가로 국제개발의 목표를 "가난하고 억압받는 사람들을 위한 보다 나은 삶의 전제조건을 만드는 것"이라고 명시하고 있다. 이를 위해서는 빈곤층의 관점과 권리 관점, 환경과 기후 관점에서 개발에 접근해야 한다고 강조하고 있다. 2010년 '스웨덴 국제개발협력에서의 민주적 발전과 인권을 위한 정책 2010~2014'을 수립하였고, 2014년 '원조 정책 프레임워크'에서 인권 기준과 원칙이 원조의 모든 분야와 단계에서 적용되어야 함을 재확인하였다. 2020년에는 지난 10년간 인권에 기반한 개발을 시행해 온 결과에 대한 평가 보고서를 발간하였는데, 인권에 기반한 개발을 적용함으로써 원칙에 부합하는 프로그램을 장기 지원할 수 있었다고 그 효과를 밝히고 있고, 권력 불균형의 문제를 과제로 제시하였다(SIDA, 2020).

사업 사례 소개(스웨덴)

　스웨덴국제개발협력청(Swedish International Development Cooperation Agency, SIDA)은 케냐의 기획 및 국가발전부(Ministry for Planning and National Development)와 함께 성별, 지역, 소득에 따른 불평등을 해소하기 위한 '성장을 위한 평등' 프로젝트를 진행하였다. 인권과 민주적 가치를 통합하기 위해 케냐 정부 공무원 및 시민 활동가들의 역량 강화, 인권 주류화를 위한 지표 및 평가 시스템 개발, 지역 이해관계자들 간 네트워크 형성을 지원하였다. 추후 해당 프로젝트는 UNDP, 유엔여성기구(UN Women), UNICEF 등 UN 산하기구와 액션에이드 등의 NGO들과 파트너십을 통해 더욱 확대되었다.

출처 : World Bank(2013)

---

② 독일

　　독일은 2000년대 초반부터 인권에 기반한 개발을 정책화하기 시작했는데, 한 예가 2004년에 추진한 '인권에 관한 개발 정책 시행 계획 2004~2007'이다. 2008년에는 개발 실무자들을 위한 가이드라인을 보급했고, 2011년 '독일 개발 정책에서의 인권 전략'을 채택하였다. 이 인권 전략은 9대 국제인권조약이나 국제법에 의거해 독일 정부 산하의 개발 기구들이 법적 구속력이 있는 책무성을 진다는 점을 확인하고 있으며, 인권적 위험 요소나 영향에 대한 사전평가를 의무화하고 있다. 지역 특성을 감안한 인권 분석을 위해서는 지역별 인권 시스템을 참고하도록 가이드라인(아프리카(2015), 아랍(2017), 아시아(2017), 중남미(2014))을 제공하고 있다(GIZ, 2019). 또한 아동, 여성, 장애인, 성소수자를 위한 인권적 개발에 대한 정책과 가이드라인을 지속적으로 제시하고 있다. 그 예로 2014년에 성평등 추진 정책(GIZ, 2014), 2021년에 EU와 함께 성소수자 통합 전략(GIZ, 2021)을 제시하였다. 2020년도에 발표한 '2030 개혁 전략: 새로운 사고, 새로운 방향'은 성평등, 장애 통합과 더불어 인권을 주요 전략으로 내세우고 있다. 2021년 '인권정책'에서는 인권이 독일 개발협력 책무성의 근간을 이루는 가치임을 재확인하고, 목표 설정 및 정책 집행, 프로젝트 관리, 고충 처리 제도가 인권 기준 및 원칙에 부합하는가를 매 3년마다 평가하도록 하고 있다(GIZ, 2021).

사업 사례 소개(독일)

독일국제협력기구(Gesellschaft für Internationale Zusammenarbeit, GIZ)는 2008년부터 방글라데시 사법 개혁을 지원해 오고 있다. 방글라데시에는 적법한 절차 없이 구금된 사람들이 많았다. 이에 해당 프로젝트는 법률가를 훈련하고 수감자 및 그 가족들에게 무료 법률 자문 서비스를 제공하도록 하였다. 2008년부터 2015년까지 법정과 경찰서, 감옥에서 15만 3,000건에 달하는 법률 서비스를 제공했으며, 그 결과 9,500명이 감옥에서 풀려나올 수 있었다. 사업 초기에는 인권을 논하는 것을 꺼리던 방글라데시 정부도 이제는 남아시아 지역에서 사법 개혁을 선도한다는 자부심을 가지고 프로젝트에 협조하고 있다.

출처 : World Bank(2013)

---

3) NGO

UN, 양자원조 기관뿐 아니라 개발 NGO들도 '인권에 기반한 개발'을 적극 도입하기 시작하였다. 아래에서 소개하는 액션에이드와 세이브더칠드런뿐 아니라, 케어(CARE), 옥스팜, 플랜(PLAN)이 그 예이다. 그 외에도 인권을 이야기하는 단체들이 많고 실행 방식도 다양하다. 그렇지만 '인권에 기반한 개발'을 통합적으로 적용하기보다는 특정 요소, 가령 캠페인이나 옹호 활동의 강화를 의미하거나, 단체의 활동이 인권신장에 도움이 된다는 명목적인 수준의 주장에 그칠 때도 있다(노재은, 2016). '인권에 기반한 개발'을 충실히 수행하고 있다고 평가받는 단체들도 활동 양상에 차이가 있다. 한 비교 연구 결과에 따르면, 액션에이드는 현지 주민들이 주도하는 사회 운동을, 세이브더칠드런은 UN 협약의 이행을 강조하는 경향이 있음을 알 수 있다(Plipat, 2006).

① 액션에이드

1972년 영국에서 아동 결연 단체로 시작했던 액션에이드는 1998년 인권에 기반한 개발을 도입하면서 '빈곤퇴치, 사회정의와 성평등'을 내걸고 '여성의 권리', '토지와 기후', '정치와 경제', '긴급구호' 분야에서 활발히 활동하고 있다.[30] 2003년 본부를 남아프리카공화국으로 옮기면서 아프리카에 본부를 둔 국제 NGO가 되었다. '권한 강화(Empowerment), 연대(Solidarity), 캠페인(Campaigning)'을 3대 축으로 하면서 현지 주민이 주도하는 사회운동에 주력하고 있다. 기관의 내부 문화 및 프로그램을 인권에 기반한 접근으로 바꾸기 위한 가이드라인 및 핸드북[31]을 지속적으로 업데이트하고 있는데, 최근 문서들은 3R(Rights(권리), Redistribution(부와 권력의 재분배), Resilience(재해와 분쟁 상황에서의 회복력))과 교차성(Intersectionality) 및 페미니스트 접근을 강조하고 있다.

---

30 ActionAid. "Who we are". 출처: https://actionaid.org/who-we-are(2022.6.15.검색)

31 Action on Rights(2010), People's action in practice(2012), Action for Global Justice in Practice(2020)가 대표적인 예이다.

② 세이브더칠드런

　세이브더칠드런은 제1차 세계대전 종식 후 1919년 영국에서 창립되었다. 1977년에는 국제 세이브더칠드런연맹(Save the Children Alliance)을 설립해 스위스 제네바에 본부를 두고 활동하다가 1997년 런던으로 본부를 옮겼으며, 2022년 6월 기준 118개국에서 '아동의 생존, 보호, 발달, 참여에 대한 권리 보장'을 비전으로 내걸고 활동하고 있다. 단체명이 보여 주듯이 아동 권리 보장을 최우선으로 하며, 특히 2030 전략[32]에서는 아동의 '생존, 교육, 보호'에 대한 권리를 강조하고 있다. 2006년에는 『아동 권리 프로그래밍』(Save the Children, 2006)이라는 핸드북을 출판하여, 인권에 기반한 개발을 실제 프로그램에 어떻게 접목할 수 있는가를 자세히 소개하였고, 2007년에는 사례연구 결과(Save the Children, 2007)를 공유하였다. 아동 권리 교육 및 예방 사업도 활발히 벌이고 있으며, 소녀 및 모성 보호를 위한 실태 보고서[33]를 매년 내고 있다.

---

[32] Save the Children. "Closing the Gap: Our 2030 ambition and 2019~2021 global work plan".
　출처: https://resourcecentre.savethechildren.net/pdf/closing_the_gap_-_global_ambition_and_2019~21_global_work_plan.pdf/(2022.6.15.검색)

[33] Heimsoth and Szabo. "Global Girlhood Report 2022: Girls on the frontline"; Save the Children. "State of the World's Mothers 2015: The Urban Disadvantage"가 대표적인 예이다.

제8장

4. 인권 분야 KOICA 지원 전략과 현황

(1) 인권 관련 KOICA 전략

국제개발협력기본법은 제3조 제1항에서 국제개발의 기본 정신으로 '빈곤 감소와 성평등, 지속가능한 발전, 평화와 번영'과 함께 '여성, 아동, 장애인, 청소년의 인권 향상'을 명시하여 개발협력을 통한 인권 증진의 필요성을 강조하였다. 한국국제협력단(Korea International Cooperation Agency, KOICA)은 2018년 인권 경영을 공표한 이후, 경영과 사업 활동에서 국제사회의 인권 향상을 위해 노력해 왔다. '2기 인권 경영 이행계획(2021-2023)', '인권기반 개발협력 이행계획(2020-2023)', 'KOICA 인권 분야 중기전략(2021-2025)'을 연달아 채택하면서 관련 정책 과제들을 이행하고 있는 중이다. 아울러 인권 상황 분석 팩트시트, 인권 분야 사업 발굴 가이드라인을 제작하고, 사업 인권 영향평가를 시행하는 등 인권 분야 사업 확대에 박차를 가하고 있다. 이 가운데, 인권 분야 중기전략(2021-2025)에서는 '상황 분석, 위험 예방, 성과 및 평가 관리, 책임 구제, 취약계층의 인권적 접근'의 원칙에 근거하여 ▲ 인권기반 개발협력 프로그램, ▲ 인권 보호 프로그램, ▲ 취약계층 권리증진 프로그램 사업 확대 방침을 밝히고 있다. 이 장에서는 인권 분야 중기전략을 중심으로 KOICA의 인권 분야 지원 전략과 현황에 대해 파악해 보고자 한다. 이 전략의 목표별 프로그램의 주요 내용은 다음과 같다.

<그림 8-5> KOICA 인권분야 중기전략 미션 및 전략목표

출처 : 한국국제협력단(2021a) 참고하여 저자 재구성

1) 전략목표 1: 사업 HRBA 실행-인권기반 개발협력 프로그램

이 프로그램은 엄밀히 말해 접근 방식(approach)으로 범분야(cross-cutting) 이슈 특성을 고려하여 교육, 보건, 공공 행정 등 중점 분야 사업에 인권을 주류화하는 것을 목표로 한다. 이를 위해 인권에 기반한 개발에 충실한 사업을 발굴·기획하고, 인권 원칙 및 기준에 부합한 사업을 실행하며, 그 결과로 나타난 인권적 효과를 평가하기까지 HRBA의 체계적 이행에 중점을 두고 있다. 요약하자면 개발협력 수행의 전 단계에 인권의 원칙과 기준을 적용하여 인권 주류화를 도모하는 것으로, KOICA는 인권 영향평가, 범분야 품질 검토 활동 등을 통해 이러한 기준에 충족한 사업을 별도 관리 중이다. 이러한 인권 주류화에 관한 전략 틀(framework)은 다음 그림과 같이 이해할 수 있다.

<그림 8-6> KOICA 인권기반 개발협력 이행계획(2020-2023) 주요 전략 틀

출처 : 한국국제협력단(2021a) 참고하여 저자 재구성

각 과정을 살펴보면, 상황분석 단계에서는 UN 인권 메커니즘을 활용해 협력국 인권 상황과 관련된 문제와 원인, 권리 주체별 역할 및 역량과 관련한 정보를 수집하고 분석한다. 이러한 인권 상황분석에 기초해 사업에서 발생할 수 있는 인권 위험을 파악하고, 권리 보유자의 인권 증진 여부와 의무 부담자의 의무 강화 여부를 사업의 명시적인 목표로 설정한다. 이러한 내용을 세부 사업 구성요소와 성과지표로 설정하여 사업 집행 계

획을 수립하며, 범분야 평가 기준에 따른 사업 수행 결과 여부를 평가한다. 한편 예기치 않게 인권 위험이 발생한 경우 구제 책임을 강화하기 위한 조치를 함께 취한다.

이러한 단계별 접근을 강화하기 위해 KOICA는 협력 대상국의 인권 상황을 종합적으로 이해할 수 있는 『협력대상국 인권상황분석 팩트시트』를 발간하였다. 위험 예방과 관련해서는 '인권영향평가', '환경·사회 세이프가드' 제도 등이 활용된다. 아울러 각 단계마다 인권 분야 전문가들의 참여를 강화해 사업의 품질 고도화와 인권 책무성 향상에 힘쓰고 있다.

2) 전략목표 2: 국제인권규범 이행과 인권 증진-인권 보호 프로그램

이 프로그램은 협력국의 국제인권규범 이행과 인권 증진을 위한 정책과 제도를 개발하고 글로벌 파트너십의 강화를 목표로 한다. 인권 주류화 사업과 달리 일명 '고유인권사업'으로 시민권, 법치, 모든 형태의 폭력 및 혐오 근절 이슈 등에서 인권정책 역량을 강화하고, 인권 옹호자(Human Rights Defender) 등 이해관계자의 인권 인식 증진을 목표로 하는 사업을 추진한다. 세부적으로 '인권정책 역량 강화' 사업은 국가인권기구(National Human Rights Institutions, NHRI), 관계 정부 부처의 인권제도 및 인권정책 개발 역량을 강화하고, 모니터링 활동을 지원한다. '인권 인식 증진' 사업은 시민 인권 교육, 인권 캠페인, 인권 옹호자 및 공익 법률가 역량 강화, 인권 사료 보존 등을 지원하는 활동을 들 수 있다. 이러한 사업 내용은 OECD 공통보고기준(Common Reporting Standard, CRS) 15160 코드의 정의와도 부합한다.

3) 전략목표 3: 취약계층 권리 중심의 개발협력 확대-취약계층 권리 증진 프로그램

이 프로그램은 SDGs의 구호인 '누구도 소외되지 않는다(Leaving No One Behind)' 발전의 취지대로 취약계층을 포용하는 개발의 중요성을 강조한다. 취약계층의 권리 강화를 위해 배제와 불평등을 개선하고, 취약한 상황에 놓인 이들을 위한 사회적 보호 강화에 힘쓴다. 여성은 KOICA 성평등 분야에서 독자로 관리되기에 장애인, 아동·청소년, 청년, 난민, 노인 등 취약계층의 사회 보호와 권리 증진에 중점을 둔다. 이때 중요한 것은 사업의 모든 과정에 취약계층의 참여를 보장해 그들의 인권 관점이 반영되도록 하고, 타 분야 사업과의 연계를 강화해 실질적인 인권 실현을 촉진하도록 사업 구성요소로 '역량 강화 활동'을 포함하는 것이다. 이를 위해 취약 계층 분리 통계 데이터 구축, 취약계층 권리 보호 체크리스트 시행, 장애마커(OECD DAC Disability Marker)[34] 제도를 병행 추진한다.

(2) 지원 현황

인권 분야 중기전략(2021-2025)이 수립된 2021년을 기점으로 이러한 변화 흐름들이 추진되었기에 2022년 기준, 그동안 축적된 인권 분야 지원에 대한 공식 통계는 부재한 상황이었다. KOICA는 전략 수립 과정에서

---

34 정식 명칭은 OECD DAC Policy Marker on the Inclusion and Empowerment of Persons with Disabilities로 장애 포괄적 개발협력을 위해 OECD DAC에서 2018년에 도입하였다. 원조 프로젝트가 장애인들의 역량 강화 및 포용성 강화에 직간접적으로 연계되어 있는가를 점수화한 것이다.

OECD CRS 15160 코드에 부합하는 사업과 특정 취약계층 대상 사업을 중심으로 지원 규모를 잠정 파악한 바 있다. 이 장에서는 전략 수립을 위해 잠정적으로 파악한 지원 규모를 중심으로 소개하되, 향후 세부 인권 프로그램별 지원 규모 통계가 개정 발표될 것으로 보인다.

1) OECD CRS 15160 코드 사업 지원 현황

OECD CRS 15160 코드는 국제인권에서 정의하는 시민·정치적 권리, 경제·사회·문화적 권리의 증진을 위해 국제, 지역, 국가, 지역정부 차원의 인권제도 및 정책과 관련한 활동을 지원하는 사업을 일컫는다. OECD CRS 15160 코드에 해당하는 사업은 KOICA 전체 사업 지원 규모 대비 0.04%로 미미한데, 이는 인권제도 및 정책 지원 사업 확대의 필요성을 알려 준다. 2016~2019년 동안 지원 규모는 <그림 8-7>과 같다.

<그림 8-7> CRS 15160 코드(인권) 해당 사업 지원 규모

(단위 : 달러)

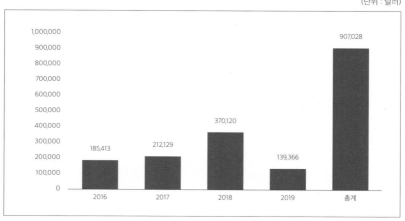

출처 : 한국국제협력단(2021a: 280)

2) 취약계층 지원사업 현황

아동, 장애인, 청소년, 난민을 직접 지원한 사업의 규모는 전체 지원 규모 대비 10.42%를 차지한다. 연도별로는 2016년(8.58%), 2017년(9.38%), 2018년(12.02%), 2019년(11.34%)의 규모로 나타난다.

<그림 8-8> 취약계층 대상 사업 지원 규모

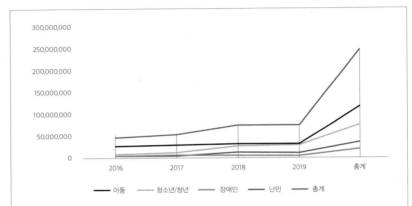

대상	2016	2017	2018	2019	총계
아동	26,837,727	30,072,896	30,929,553	31,238,994	119,079,170
청소년/청년	8,492,399	12,680,835	26,460,326	28,987,286	76,620,846
장애인	6,368,943	5,470,314	4,915,018	2,537,364	19,291,639
난민	5,649,957	4,524,056	12,414,461	10,806,603	33,395,077
총계	47,349,026	52,748,101	74,719,358	73,570,247	248,386,732

출처 : 한국국제협력단(2021a: 280-281)

3) 지원 사례

앞에서 설명한 KOICA 인권 분야 중기전략(2021-2025)의 체계도에 따르면, 전략에 따른 중점 사업들은 '인권기반 개발협력 프로그램', '인권 보호 프로그램', '취약계층 권리 증진 프로그램'의 세 가지 형태로 분류된다. 이 장에서는 각 프로그램별 사업 사례를 다뤄 보고자 한다.

<표 8-5> KOICA 인권 분야 중기전략(2021-2025) 체계도

VISION | 사람 중심의 개발협력을 통한 협력국 현지 주민의 인권 증진
MISSION 국제개발협력 기획·실행·평가 과정에서의 인권 주류화 및 권리 보유자의 권한 강화

전략 목표	중점분야 사업 HRBA 실행	국제인권규범 이행과 인권 증진	취약계층 권리중심의 개발협력 확대
프로 그램	인권기반 개발협력 프로그램	인권 보호 프로그램	취약계층 권리증진 프로그램
중점 사업	(HRBA에 따른 사업 형성) 가. 협력국 인권상황 　　분석에 기초한 사업 　　발굴·기획 나. HRBA에 기초한 　　사업 실행 및 평가 　　관리	가. 인권정책 역량 강화 나. 인권인식 증진 다. 글로벌 파트너십 　　강화	가. 장애인의 사회적 　　보호 강화 나. 아동·청소년의 　　사회적 보호 강화 다. 노인의 사회적 　　보호 강화

접근방식
① 협력국 인권상황 분석에 기초한 사업 발굴·기획 ② HRBA에 기초한 사업 실행 및 평가 관리 ③ 취약계층의 인권적 접근 강화 ④ 사업에서 발생가능한 인권위험 관리체계 구축 ⑤ 사업에서의 인권위험에 대한 구제책임 강화

출처 : 한국국제협력단(2021a: 284)

① 인권기반 개발협력 프로그램: '가나 여성 청소년 권익 및 교육 보건 증진 사업'(2017~2019)

▲ 주요 이슈

가나는 체계적인 아동보호 시스템의 부재로 인해 가정폭력, 조혼, 10대 임신, 학업 중퇴 등이 주요 사회문제로 대두되었다. 이러한 문제를 해결하기 위해 관계 부처는 안전한 학교 환경 조성과 관련 정책 및 가이드라인 개발 등의 노력을 기울였으나, 청소년 관련 실태를 파악할 기초 데이터가 부재하여 정책의 실제 성과는 미미한 것으로 알려졌다.

이러한 상황에서 이 사업은 UNICEF와 협력하여 사회적 이슈에 대한 공감대 및 목소리 형성을 토대로 대중의 참여를 일으키는 옹호 활동을 연계함으로써 청소년들의 권리 증진을 도모하는 방향성을 갖고 기획되었다. 주요 활동으로 아동보호, 평등한 성역할, 청소년 발달의 중요성, 조혼의 해악 등의 이슈를 지역사회에서 논의하고 변화의 주체가 될 수 있도록 지원 활동을 수행하며 세대 간 대화 활동을 촉진한다. 아울러 성별·지역별·연령별 세분화 데이터에 기반해 문제를 분석하고 여성 청소년 및 지역사회의 참여와 역량 강화라는 원칙 아래 이해관계자들이 역할을 다할 수 있도록 모델 및 지침 개발, 인식 개선 등의 프로그램을 진행하였다.

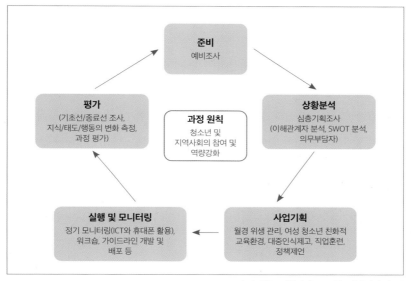

출처 : 한국국제협력단(2016) 참고하여 저자 재구성

▲ 결과

사업 기획 당시 해당 사업은 명시적으로 HRBA를 표방하지는 않았으나, <그림 8-9>에서처럼 사업 기획, 실행, 평가 과정에서 HRBA 요소를 적절히 적용한 사업으로 평가된다. 아동 교육 및 보건 관련 전문성을 확보하고 있는 UNICEF와 협력하면서 월경 위생 관리 모델을 확립, 보급할 수 있었다. 여성 청소년의 참여 강화에 중점을 두면서, 동시에 직업교육 및 생활 기술교육 기회 제공 강화와 연계함으로써 이들의 욕구와 우선순위에 적합한 프로그램 개발을 도모하였다. 아울러 여성 청소년이 교육 및 조혼 관련 정보에 대해 접근하기 용이해졌고, 관련 담론 생성에 참여하게 되었다.

② 인권 보호 프로그램: '시민권 확보를 통한 케냐의 취약성 감소 및 법치 강화 사업'(2021~2024)

▲ 주요 이슈

케냐는 2010년 헌법을 개정하여 모든 케냐인의 평등권 수호 및 취약 공동체의 권리 존중을 명시하고, 관련 국가 발전전략을 통해서도 이러한 문제해결 의지를 강조하였다. 그럼에도 케냐 사회 내 소수 부족들에 대한 시민권 및 국적 보장에 있어 차별과 배제 문제는 꾸준히 제기되어 왔다. 이러한 주요 원인으로는 특정 부족을 중심으로 한 정치적 갈등과 이에 따른 차별과 배제 문제, 사회 전체의 통합과 인권에 관한 인식 부족 등을 들 수 있다. 2020년 유엔인권이사회(UNHRC)의 국가별 인권상황 정례인권검토(Universal Periodic Review, UPR)에서도 무국적 소수 부족민 및 취약 집단이 공공영역에서 겪는 차별에 대한 우려가 제기되었다.

이러한 상황에서 이 사업은 공익 법률가 등 인권 옹호자의 전문성 향상 및 역량 강화를 도모하고, 인권 옹호자가 주민의 인권 의식 향상 및 정부 공공서비스에 대한 요구 역량을 강화하는 활동을 전개하도록 하는 사업을 수행하고 있다. 아울러 지역사회 내 인식 향상을 위한 다양한 옹호 활동, 시민권 관련 국내외 정책 논의 및 참여 활성화 등의 활동을 통해 취약 계층의 시민권 확보(등록률 향상)와 관련된 정책 개선을 목표로 한다.

<그림 8-10> 인권 보호 프로그램 예

출처 : 한국국제협력단(2021b) 참고하여 저자 재구성

▲ 결과

　　해당 사업은 2021년부터 시행 중인 사업으로 사업 결과를 판단하기에는 이르다. 여타 사업과 달리, 케냐를 비롯하여 6개 국가에서 권리기반 역량 강화 및 인권 옹호 활동가 양성을 진행해 온 인권 단체가 사업 수행을 담당함으로써 현지 상황에 걸맞은 사업을 효과적으로 수행할 수 있으리라 기대된다. 아울러 케냐의 장기 국가 발전전략(Vision 2030) 및 2024년 시한인 '모두를 위한 시민권 보장 계획(Ending Statelessness)'과도 부합해 국가정책의 효과적 달성에도 기여할 것으로 보인다.

③ 취약계층 권리 증진 프로그램: '베트남 꽝찌성 장애인 종합재활센터 설립 사업'(2022~2026)

▲ 주요 이슈

꽝찌성은 베트남전쟁의 최대 피해 지역으로 지뢰와 불발탄, 고엽제 피해로 인한 장애 후유증을 겪는 피해자가 많은 지역이다. 2021년 기준 꽝찌성 내 거주 장애인은 총 2만 8,000여 명으로, 가구당 평균 1.59명에 달한다. 장애인 가정 대부분은 농촌지역에 거주하여 사회복지서비스의 접근성이 전체적으로 열악하고, 특히 직업교육훈련 및 고용 기회가 부족한 것으로 알려졌다.

이러한 상황에서 이 사업은 지역사회 기반 장애재활(Community Based Rehabilitation, CBR) 모델에 입각한 종합재활센터 설립을 통해 장애인의 생활환경 개선과 인권 증진을 목표로 한다. 이 사업은 기획 단계에서부터 장애인의 이용 적절성과 접근성, 편의를 도모하는 유니버설 디자인(universal design)을 표방한 센터 건립을 추진한다. 재활치료사 양성 등 전문 인력의 직무 역량을 강화하는 한편, 성비위 예방, 인권교육 훈련도 함께 지원한다. 아울러 다양한 재활 프로그램을 운영하면서, 장애인 부모, 기업 대상 장애인 인식 개선 캠페인, 권리증진 자조 모임 활동 등 지역사회 네트워크 구축에도 중점을 두고 있다.

<그림 8-11> 취약계층권리 증진 프로그램 예

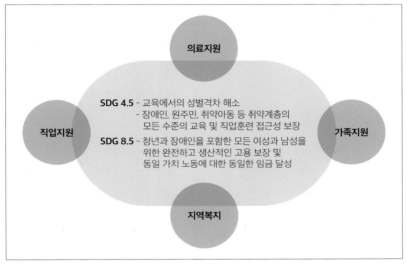

의료지원

SDG 4.5 - 교육에서의 성별격차 해소
        - 장애인, 원주민, 취약아동 등 취약계층의
          모든 수준의 교육 및 직업훈련 접근성 보장
SDG 8.5 - 청년과 장애인을 포함한 모든 여성과 남성을
          위한 완전하고 생산적인 고용 보장 및
          동일 가치 노동에 대한 동일한 임금 달성

직업지원   가족지원

지역복지

출처 : 한국국제협력단(2022) 참고하여 저자 재구성

▲ 결과

해당 사업은 2022년도부터 추진 중인 점을 감안해 주요 결과보다 기대 효과를 중심으로 파악해 보고자 한다. 이 사업은 기존의 의료서비스 중심 모델에서 나아가 지역사회 기반 모델을 채택해 장애인의 사회 통합, 존엄성 보호, 권리 촉진을 도모하고 있어 기대되는 사업이라 할 수 있다. 아울러 KOICA의 인권 분야 중기전략(2021-2025)에 의거한 취약계층 권리 증진 프로그램에 해당하는 사업으로 계획되었다. 그간 민관협력사업이 주를 이룬 장애 포괄 개발협력사업에서 대표적인 국별 협력사업이 될 것으로 기대된다. 이러한 사업의 성공을 위해 향후 센터 설립 및 운영 과정에 장애인들의 의미 있는 참여 보장과 역량 강화를 성과로 구현하는 것이 관건이다.

제8장

5. 인권 분야 성과와 과제

(1) 2021년까지의 성과

개발협력사업 수행의 성과와 영향을 파악하는 데 있어 인권의 중요성이 점점 높아지고 있다. 본 장에서 인권과 SDGs의 관계를 살펴보았듯이, 인권은 개발의 지속가능성을 담보하는 데 있어 필수적일 뿐 아니라, 범분야 이슈(cross-cutting issue)로서 정의롭고 평등한 발전을 위해 개발의 전 과정에 통합되어야 한다. 그러나 실제 과정은 인권에 기반한 개발에 대한 다양한 해석 및 선택적 적용, 그리고 각기 상이한 협력국 상황으로 인해 훨씬 복잡한 것이 사실이다.

그럼에도 불구하고 인권과 개발에 대해 이론적·실천적으로 발전해 온 결과를 종합해 보면 다음과 같은 의의가 있다(Hickey and Mitlin, 2009).

① 개발을 비정치적이고 기술적인 개입으로 보는 협소한 시각에서 벗

어나, 글로벌 정의라는 광의의 관점에서 이해하게 된다.

② 개발 문제를 야기하는 현상을 분석하고 해결을 모색하는 데 있어 인권이라는 기준을 제시함으로써 명료성과 엄밀성을 높인다.

③ 의무 부담자들에게 명확히 의무를 지울 수 있고, 권리 보유자들은 수동적인 원조의 수혜자가 아니라 적극적인 권리 주장의 주체가 될 수 있다.

④ 인권의 불가분성과 상호의존성은 개발 행위자들로 하여금 보다 통합적인 접근을 취하도록 한다.

⑤ 인권 실현이라는 공동의 목표 아래 여러 개발 행위자들은 서로 연대, 협력할 수 있다.

이와 같은 인권과 개발 간 긴밀한 관계 및 의의에 대한 합의에 힘입어 UN, 공여국, NGO 등 여러 국제 행위자들은 인권과 개발을 통합해 왔다. 그렇지만 기관마다 법적·정치적 근거 및 기관의 역할, 우선순위에 따라 다양한 형태로 인권에 기반한 개발을 정책과 프로그램을 통해 구현하고 있다(World Bank and OECD, 2016). KOICA도 기존 분류에 따른 개발 프로그램 전 단계(상황 분석, 기획, 모니터링 및 평가, 원칙적인 과정)에 인권을 통합하는 '인권에 기반한 개발을 추구하면서, 동시에 시민권 증진, 인권정책 개발 등 일명 고유 인권 사업 개발에 중점을 두는 이중트랙 전략(Two-Track Strategy)을 통해 한국 개발협력에 인권의 중요성을 더하고 있다. 인권적인 접근이 체계적으로 자리 잡을 수 있도록 KOICA의 '인권기반 개발협력 이행계획(2020~2023)' 등 여러 정책적 노력을 다하고 있다.

인권을 내건 개발기관들이 공통적으로 강조하는 것은 수행 과정에서의 원칙과 성과관리 데이터의 중요성이다. '참여(participation), 책무성(accountability), 비차별(non-discrimination), 권한 강화(empowerment), 국제인권 기준과의 연결(linkage to human rights instruments)'이라는 5대 원칙에 입각한 과정은 개발의 결과만큼이나 중요하다. 이에 여러 개발 기관들은 인권에 입각한 과정 원칙을 프로그램 모니터링 및 평가에 접목하고 있다. 또한 인권에 기반한 개발이 궁극적으로 추구하는 인권의 실현을 위해서는 현 상황 및 향상 정도에 대해 측정하는 것이 중요하다. 유엔평가그룹(UN Evaluation Group, UNEG)은 2011년 평가 부문에서 인권 기준과 원칙을 이야기했던 데 이어, 2016년 '평가 규범과 기준(Norms and Standards for Evaluation)'에서 인권과 성평등을 평가의 전 과정에 통합해야 한다고 강조하였다. 앞서 OHCHR의 SDGs와 연계한 구조, 과정, 성과에 대한 인권 지표를 소개한 바 있다. 이 외에도 '인권 측정 이니셔티브(Human Rights Measurement Initiative)'[35]와 같이 인권 활동가와 연구자들이 주축이 되어 국가별 인권 개선 상황을 모니터링하는 움직임도 있다.

(2) 이후 과제

현재의 국제개발협력은 SDGs를 중심으로 국제사회의 노력이 재편되고 있다고 해도 과언이 아니다. 그런 의미에서 인권적 접근을 많이 채택하고 있는 SDGs는 인권 증진과 실현을 촉구하는 기회로 작용하고 있다. 그 예로 SDGs는 토지권, 노동권, 불평등, 보편적 건강권 등 기존 MDGs에 포함하지 않았던 개발 이슈를 포함하고 있고, 장애인, 선주민, 농촌 거주자

---

35 HRMI. 출처: https://humanrightsmeasurement.org/(2022.7.25.검색)

등 경제적·사회적 개발의 혜택에서 소외되어 왔던 이들의 이슈를 아우르고 있다. 이와 같이 SDGs를 이행하는 과정에서 인권 의제가 점차 더 확장될 것으로 기대된다.

　개별 이슈별로 적절한 대응을 개념화하고 제도화하는 것도 필요하지만, 그에 앞서 국가기관, 기업, NGO 등 전 개발 행위자와 국민들의 인권 의식 및 감수성을 제고할 필요가 있다. 인권의 근간을 이루는 존엄성, 평등과 정의, 연대 의식에 대한 공감대를 형성한다면, 기존의 개발 프로그램뿐 아니라 앞으로 등장할 이슈에 대해 문제의식을 가지고 해결을 모색하기 위한 힘을 모을 수 있을 것이다.

 **필수개념 정리**

세계인권선언(Universal Declaration of Human Rights): 1948년 12월 10일 UN 총회에서 채택된 선언문으로 세계에서 가장 많이 인용되는 인권 문서이다. 1950년 UN 총회 결의안에 따라 매년 12월 10일을 '인권의 날'로 정해 기념하고 있다. 자체 법적 구속력은 없지만 국제인권법의 토대를 이루며, 그 이후에 나온 다른 조약, 협약, 여러 나라의 헌법과 법률에 반영되어 왔다. 전문 및 본문 30개 조항으로 구성되어 있는데, 인간의 동등한 존엄성, 인권과 기본적 자유의 실현을 위한 사회적·국제적 질서의 필요성과 개인에게 주어진 의무를 인정하고 있다.

발전권(Right to Development): 국제경제와 정치적 질서가 개발도상국의 공정한 발전을 가로막아, 개발도상국 시민들의 인권 실현에 저해 요소로 작용하고 있다는 점이 발전권 개념이 등장한 주요 배경이었다. 한편 발전권 개념이 국가가 발전과정에서 개인들의 권리를 억압하는 데 오용되지 않도록 하기 위해 발전권 선언에서는 발전을 '포괄적인 경제적·사회적·문화적·정치적 과정'으로 정의하며, 개개인이 그러한 발전에 의미 있게 참여하고, 기여하고, 그 이익을 향유할 수 있어야 한다고 강조한다. 발전권은 1986년 12월 4일 UN 총회에서 채택된 10개 조항의 발전권 선언(Declaration on the Right to Development)을 통해 구체적인 권리로 인정되었다.

인권에 기반한 개발(Human Rights Based Approach to Development): 개발사업의 기획, 실행, 평가 등 전 단계에 인권의 기준과 원칙을 적용하는 방식으로, 규범적으로는 국제인권기준에 근거를 두고, 실행 차원에서는 인권의 보호와 증진에 초점을 맞춘다. 기존의 자선(charity)이나 필요(needs)에 기반한 방식과 달리, 권리 보유자(right-holder)와 의무 부담자(duty-bearer)를 구분하고 양측의 역량 강화를 통해 인권의 실현을 목적으로 한다. 이는 호의에 의존하고 불평등한 관계에 기초하는 후견주의(clientelism)에서 시민주권(citizenship)으로의 변화라는 의미를 가진다.

인간개발(Human Development): 인권에 기반한 개발은 인간개발의 과정에 대한 개념적 체계이기도 하다(OHCHR, 2016). 인간개발은 국가 총소득, 1인당 평균소득의 문제를 넘어 사람들이 온전한 잠재력을 실현하고 스스로가 가치 있게 여기는 삶을 영위할 수 있도록 선택권을 확장하는 것을 의미한다. 선택권의 확장은 역량 강화(capacity building)를 통해 이루어질 수 있다. 건강한 삶을 살고 지식을 쌓고 양호한 수준의 삶에 필요한 자원에 대한 접근권을 갖고, 소속 커뮤니티에 참여할 수 있는 것 등이 인간개발을 위한 기본 역량에 해당한다.

권한 강화(Empowerment): 개인 또는 집단이 역량의 증대를 통해 자발적인 선택을 하고, 그 선택을 자신들이 원하는 행동이나 결과물로 변화시킬 수 있도록 권한을 갖게 되는 과정을 일컫는다. 앞서 언급한 역량 강화가 개인이나 조직의 지식적·기술적·운영적 경험과 능력을 의미하는 것에 반해, 권한 강화(자력화 또는 영어 단어 그대로 임파워먼트라고도 쓰임)는 말 그대로 권한(power)을 갖게 되는 것을 의미한다. 권한에도 네 가지 종류가 있다. ① Power over: 부정적인 의미로도 쓰일 때도 있지만 개발에서는 토지나 자산, 직업 같은 자원에 대한 접근성(access)과 통제력(control)을 가지는 것을 의미한다. ② Power with: 공통의 이해관계를 바탕으로 연대와 협력을 통해 집단적인 권한을 획득하는 것으로 옹호(advocacy) 활동에 참여하는 것이 대표적인 예이다. ③ Power to: 모든 사람이 잠재력과 자기 결정권을 발휘해 자신의 삶과 세상을 만들어 가는 과정을 말한다. 변화를 만들어 갈 힘이 모두에게 있다는 믿음을 토대로 시민교육, 리더십 개발 등을 실시하는 것이 그 예이다. ④ Power within: 인류의 존엄성과 자기실현에 대한 믿음을 바탕으로 스스로의 고유한 가치와 다름에 대한 존중을 인정하는 내적인 힘을 일컫는다. Power to와 함께 변화를 위해 행동하는 주체성(agency)을 이루게 된다.

책무성(Accountability): 책임과 의무의 복합어로, 자발성이 기반이 되는 책임성(Responsibility)과 비교해 공식적인 의무를 보다 강조하는 용어이다. 공공기관뿐 아니라 기업, NGO는 그들의 공공성과 윤리에 기반해 이해관계자들에게 설명을 제공하고 행위에 대한 책임을 져야 함을 의미한다. 책무성의 이행을 위해서는 정보에 대한 접근권, 이해관계자들의 조직화, 법치주의 등 제반 여건이 조성되는 것이 중요하다.

 토론점

본 장은 인권과 개발을 다루었다. 그렇지만 급속한 성장이라는 미명 아래 인권 유린이 만연했던 우리나라 역사에서 보듯, 인권과 개발이 서로 다른 목표를 추구하며 긴장 관계에 있을 때도 있다. 인권은 다 똑같이 중요하다지만 인권 간 경쟁이 일어나기도 하고, 특정 인권을 두고 이해관계자들 간 입장이 다를 때도 있다. 다음의 두 예를 살펴보자.

① 친환경 에너지 개발과 선주민 생존권[36]

친환경 에너지 개발은 기후 위기 극복을 위한 필수 과제가 되었다. 친환경 전기차 산업도 한창인데, 리튬은 전기차 개발에 있어 매우 중요한 자원이다. 전 세계 리튬 매장량의 68%가 남아메리카의 볼리비아, 아르헨티나, 칠레에 집중되어 있다. 특히 볼리비아의 우유니 사막이나 칠레의 아타카마 소금 사막이 대표적인 리튬 매장지로, 채굴이 진행되고 있다. 리튬을 생산하는 방식은 사막 호수의 물을 염전에 옮긴 뒤 태양열로 증발시키는 것이다. 혼합된 광물질에서 리튬을 분리하는 데에도 엄청난 물이 소요된다.

이러한 리튬 생산 방식은 주변 환경을 변화시켜 가뭄이 심해지고 토양 수분과 초목이 감소했으며 주간 기온이 상승했고 그로 인해 주변 수자원 또한 감소하였다. 따라서 인근 사막에 거주하는 선주민들은 물 부족과 생계 수단의 부족 문제를 겪고 있다. 해당 사막 지역은 해발 3,600~4,800m에 자리 잡고 있는데, 백인들의 탄압을 피해 선주민들이 척박한 환경에서 터를 잡고 살아오던 곳이다. 미국의 다국적기업 앨버말(Albermal)과 칠레 기업 에스큐엠(SQM)이 리튬 개발에 주로 참여하고 있는데, 선주민 활동가들과 과학 전문가들의 경고에도 불구하고 칠레 정부는 2030년까지 이들의 채굴권을 인정하였다.

36 안준호. 오마이뉴스. "친환경 때문에 환경이 파괴된다-칠레의 비극: 물이냐 리튬이냐, 원주민 생존권이냐 친환경 자동차냐"(2020.12.24.보도); Ezequiel Fernandez Global Campus of Human Rights. "Lithium: Mining Key Fossil Fuel Alternative Threatens Indigenous Rights in Latin America"(2021.12.16.보도).

<생각해 볼 문제>

친환경 에너지도 분명 추구해야 하는 가치이고, 선주민 생존권도 추구해야 할 가치이다. 두 가치를 둘러싼 갈등을 인권 측면에서 어떻게 이해할 수 있을까?

참고의견 1: 인권은 그간 미래세대보다는 현세대 인간들이 누려야 할 인권 보장에 우선순위를 두어 왔기 때문에 지속가능한 환경에 대한 관점은 부족하다는 지적을 받아 왔다(Conway et, al., 2022).

그렇지만 2020년 9월부터 75개국 1,350개 시민단체들이 유엔인권이사회에 '안전하고 깨끗하고 지속가능한 환경에 대한 권리'를 정식으로 인정하도록 요구해 온 결과, 2022년 7월 UN은 깨끗한 환경을 인권으로 규정하는 총회 결의문[37]을 발표하였다. 즉 두 가치 다 중요한 인권의 문제로 볼 수 있다.

참고의견 2: 모든 인권은 중요하며 통합적으로 실현되어야 한다. 앞서 인권의 특성에서 논의했던 원칙들을 다시 생각해 보자. 선주민들의 물과 생계 수단에 대한 최소한의 권리가 보장되고 있는가? 선주민들에 대한 차별적 요소가 있는가? 정책 분석 및 의사결정, 시행, 모니터링, 평가 전 과정에서 이들의 목소리를 반영하고 있는가?

위 예시에서 의무 부담자는 누구이며, 이들의 책무성을 규정하는 인권 규

---

[37] UN Environment Programme. "Landmark UN resolution confirms healthy environment is a human right"(2021.12.6.보도.).

범으로는 어떤 것들이 있을까?

참고의견 1: 칠레 정부는 인권 존중, 인권 보호, 인권 충족 중 어떤 의무를 다하고 있지 않은지 생각해 보자. 이 맥락에서, 칠레 기업과 미국의 다국적기업이 충족해야 할 인권 실사 의무는 무엇인가? 2007년에 채택된 '선주민 권리에 관한 선언'과 함께 2011년 인권이사회의 '기업 활동과 인권에 관한 원칙'(UN Guiding Principles on Business and Human Rights) 등 관련 규범 및 정책들을 참고하도록 한다.

② 코로나19 백신을 둘러싼 건강권과 지식재산권[38]

앞서 건강권에서 언급했듯이 필수 의약품에 대한 접근성 운동은 인권의 이름으로 활발하게 진행되어 왔다. 코로나19 팬데믹을 맞아 백신과 의약품, 의료기술의 공평한 접근성 논의가 다시 불거지게 되었다. 공공자금이 투입되어 개발된 백신은 거대 제약기업들에 막대한 이익을 안겨 주고 있는 가운데, 코백스(COVAX)를 통해 백신을 공급, 분배하겠다던 국제사회의 계획은 실패로 돌아갔다. 그 결과 백신 불평등 문제는 다음 <그림 8-12>와 같이 심각한 상태이다.

---

38 슬로우뉴스. "모두를 위한 백신: '트립스 유예안'을 주장하는 이유"(2021.4.28.보도); Andrew Green. decex. "WTO finally agrees on a TRIPS deal. But not everyone is happy"(2022.6.17.보도).

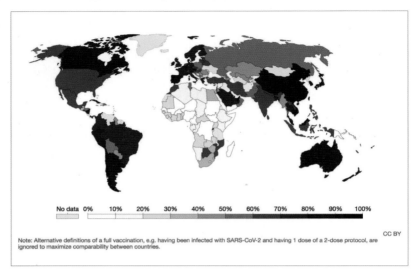

< 그림 8-12> 코로나19 백신 세계 접종률(2022.6.25. 기준)

Note: Alternative definitions of a full vaccination, e.g. having been infected with SARS-CoV-2 and having 1 dose of a 2-dose protocol, are ignored to maximize comparability between countries.

CC BY

출처 : Our World in Data(2022)

백신 정의를 내세우며 글로벌 시민사회가 제시한 어젠다 중 하나는 트립스 유예안(TRIPs Wavier)이다. 트립스는 '무역관련 지식재산권에 관한 협정(Agreement on Trade-Related Aspects of Intellectual Property Rights)'으로 세계무역기구(World Trade Organization, WTO) 가입국에 대해 구속력을 가진다. 각종 특허, 디자인, 상표, 저작물 등 지식재산권을 보호하기 위한 규정이지만, 제약회사들의 독점을 강화하는 장치 역할도 해 왔기에, 2001년 도하선언을 통해 공공 보건을 위해서는 해당 조항을 유보적으로 적용할 수 있음을 확인한 바 있다. 예를 들어 중저소득국가에서 복제약을 제조, 공급할 수 있게 되면 빈곤층도 필요한 의약품을 구입할 수 있게 된다(Pogge, 2008).

코로나19 팬데믹이 장기화 조짐을 보이면서 2020년 10월에 남아프리카공화국과 인도 정부의 주도하에 글로벌 시민사회는 코로나19 백신 및 치료제, 의료기술에 대해 트립스 일부 규정을 일시적으로 유예하자는 주장을 제기하였다. 백신 생산량과 공급량이 제한되는 이유 중 하나는 지식재산권을 악용하여 지식과 기술을 독점하는 구조 때문이다. 그런 움직임의 한 예가 People's Vaccine Alliance[39]이다. '모두를 위한 백신', '이윤보다 사람 먼저'라는 구호를 내걸고 적절한 가격과 적절한 시기에, 백신을 평등하게 보급하는 것을 목표로 한다. 전 세계 수많은 시민단체가 목소리를 높이는 가운데, 국제앰네스티(Amnesty International), 휴먼 라이츠 워치(Human Rights Watch) 같은 인권 단체뿐 아니라 액션에이드, 옥스팜, 세이브더칠드런처럼 인권에 기반한 개발을 도입한 개발 NGO들도 동참하였다. 그러나 트립스 유예안이 제안된 지 1년 8개월 만인 2022년 6월 12차 WTO 각료회의에서 통과된 결과문은 유예안에 대한 기대에 못 미치게 퇴보한 내용을 담았다. 백신 및 진단 장비, 치료제, 의료기술 등을 포함하는 원안과 달리 백신으로만 범주를 한정하고 있기 때문이다.

 토론점

지식재산권과 건강권은 둘 다 인권일까? 인권의 주요 특성 및 분류에 비추어 생각해 보자.

---

39 The People Vaccine. 출처: https://peoplesvaccine.org(2022.6.15.검색)

참고의견 1: 인권(Human rights)과 권리(Right)의 차이라고 볼 수 있다. '인권'은 '권리'와 달리 도덕적 가치에 기반하기 때문에 재산권을 비롯해 모든 권리를 일컫는 '권리'가 '인권'보다 광의의 개념이다(Forst, 2010). 이런 입장에서 보면 지식재산권은 인권이라 보기 힘들다.

참고의견 2: 세계인권선언에서 지식재산권을 직접적으로 언급하고 있지는 않지만, 제27조 제2항 "모든 사람은 자신이 창작한 과학적·문학적 또는 예술적 산물로부터 발생하는 정신적·물질적 이익을 보호받을 권리를 가진다"라는 조항에 따르면 보호받아야 할 인권이라고 볼 수 있다.

인권에 기반한 개발은 의약품 접근성과 공공성 강화에 어떻게 기여할 수 있을까?

참고의견 1: 건강을 인권으로 보고 이의 실현을 목표로 하는 경우 '인권과 건강'에서 다루었듯이 가용성, 접근성, 수용성, 질이라는 기준에 부합해야 한다. 경제적 접근성뿐 아니라 다른 기준 또한 갖춰질 때 유의미한 의약품 접근성 향상을 기대할 수 있다. 백신의 경우 백신을 적절한 가격에, 적절한 시기에 보급하기 위해서는 백신 운송 및 보관에 필요한 시스템 및 의료진과 시설 확충이 중요한 것처럼 말이다. 또한 인권에 기반한 개발의 원칙은 소외되기 쉬운 약자에 대한 비차별과 이들의 참여를 강조한다. 아울러 건강권 논의는 건강을 개인의 소관으로 보는 것이 아니라, 국가 및 기업의 책무성을 규명함으로써 의약품을 비롯한 의료시설과 서비스의 공공성에 대한 의식을 높이고 실질적인 청구권 보장으로 이어질 수 있다.

 읽을거리

인권 사회학의 도전: 인권의 통합적 비전을 향하여

마크 프레초 지음 | 조효제 옮김 | 교양인 | 2020

인권 관련 담론이 그간 주로 법학, 국제관계학에서 다루어져 왔다면, 이 책은 사회학적 이론과 방법론을 소개한다. 책에서 제시하는 권리 조건, 권리 주장, 권리 효과라는 개념은 다양한 인권 쟁점의 분석뿐 아니라 실질적인 활동의 전개를 도울 수 있다.

거대한 역설: 왜 개발할수록 불평등해지는가

필립 맥마이클 지음 | 조효제 옮김 | 교양인 | 2013

필립 맥마이클(Philip McMichael)은 국제 개발 분야의 석학으로 이 책은 식민 역사와 현 자본주의가 개발 프로젝트와 맺어 온 관계를 비판적으로 고찰하고 있다. 이 책이 보여 주는 개발과 불평등 간의 관계는 대안적 개발에 대한 고민으로 초대한다.

들리지 않는 진실: 빈곤과 인권

아이린 칸 지음 | 우진하 옮김 | 바오밥 | 2009

국제앰네스티(Amnesty International) 사무총장으로 활동했던 아이린 칸(Irene Khan)은 전 세계에서 벌어지고 있는 사례들을 통해 빈곤과 인권의 관계를 조명한다. 빈곤을 인권 문제로 규정하면서, 빈곤한 이들의 참여의 자력화 없이 빈곤 퇴치는 요원하다고 강조하고 있다.

세계의 빈곤, 누구의 책임인가?

제레미 시브룩 지음 | 황성원 옮김 | 이후 | 2007

『아주 특별한 상식 No-Nonsense』시리즈의 두 번째 책으로, 10년 동안
의 취재를 바탕으로 빈곤의 현실과 횡포를 다양한 사례를 통해 보여 주고
있다. 특히 빈곤의 측정 방식과 정의에 대해 질문하게끔 우리를 이끈다.

| 약어집 |

AAA	Accra Agenda for Action	아크라 행동계획
AAAA	Addis Ababa Action Agenda	아디스아바바 행동계획
ABC	Agenda for Building resilience against COVID-19 through development cooperation	개발협력을 통한 코로나19 회복력 강화 프로그램
ADB	Asian Development Bank	아시아개발은행
AFD	Agence Française de Développement	프랑스 개발청
AfDB	African Development Bank	아프리카개발은행
AfDF	African Development Fund	아프리카개발기금
AIDS	Acquired Immune Deficiency Syndrome	후천성 면역 결핍증
AIIB	Asian Infrastructure Investment Bank	아시아인프라투자은행
APEC	Asia Pacific Economic Cooperation	아시아태평양경제협력체
ASEAN	Association of South East Asian Nations	동남아시아국가연합
AU	African Union	아프리카연합
AusAID	Australian Agency for International Development	호주 국제개발청
BHN	Basic Human Needs	인간의 기본적 욕구
BMZ	Bundesministerium für wirtschaftliche Zusammenarbeit und Entwicklung	독일연방경제협력개발부
BOP	Bottom of Pyramid	취약계층(연간소득 $3000 미만)
BPfA	Beijing Platform for Action	베이징 행동강령
BRICS	Brazil, Russia, India, China, Republic of South Africa	브릭스
CABEI	Central American Bank for Economic Integration	중미경제통합은행
CAF	Corporación Andina de Fomento	중남미개발은행
CAS	Country Assistance Strategy	국가지원전략
CBDR	Common But Differentiated Responsibilities	공동의 그러나 차별화된 책임
CCS	Carbon Capture and Storage	온실가스 포집 및 저장
CDB	Caribbean Development Bank	카리브개발은행
CDC	Commonwealth Development Corporation	영연방개발공사
CDF	WB Comprehensive Development Framework	세계은행 포괄적 개발 프레임워크
CDM	Clean Development Mechanism	청정개발체제
CEDAW	Convention on the Elimination of All Forms of Discrimination Against Women	여성차별철폐협약
CER	Certified Emission Reduction	배출감축량
CGD	Center for Global Development	글로벌개발센터
CIDA	Canadian International Development Agency	캐나다 국제개발처
CIDCA	China International Development Cooperation Agency	중국 국제개발협력청
CIS	Commonwealth of Independent States	독립국가연합
COVAX	COVID-19 Vaccines Global Access	코로나19 백신에 대한 全지구적 접근
CPI	Corruption Perception index	부패 인식 지수
CPS	Country Partnership Strategy	국가협력전략

CRI	Climate Risk Index	기후위험지표
CRPD	Convention on the Rights of Persons with Disabilities	장애인의 권리에 관한 협약
CRS	Common Reporting Standard	공통보고기준
CSO	Civil Society Organization	시민사회단체
CSR	Corporate Social Responsibility	기업의 사회적 책임
CSV	Creating Shared Value	공유가치창출
CTS	Creative Technology Solution	혁신적 기술 프로그램
DAC	Development Assistance Committee	개발원조위원회
DAG	Development Assistance Group	개발원조그룹
DAK	Development Alliance Korea	개발협력연대
DCF	Development Cooperation Forum	개발협력포럼
DEEP	Development Experience Exchange Partnership	개발컨설팅사업
DEVAW	Declaration on the Elimination of Violence against Women	여성폭력철폐선언
DFI	Development Finance Institutions	개발금융기관
DFID	Department for International Development	영국 국제개발부
DIP	Development Innovation Program	혁신적 개발협력 프로그램
EACP	East Asia Climate Partnership	동아시아기후파트너십
EBRD	European Bank for Reconstruction and Development	유럽부흥개발은행
EC	European Community	유럽연합집행위원회
ECA	Economic Commission for Africa	아프리카경제위원회
ECOSOC	Economic and Social Council	경제사회이사회
EDCF	Economic Development Cooperation Fund	대외경제협력기금
EEAS	European External Action Service	유럽대외관계청
EFA	Education for all	모두를 위한 교육
EIA	Environmental Impact Assessment	환경영향평가
EIB	European Investment Bank	유럽투자은행
ENVIRONET	Network on Environment and Development Cooperation	환경과 개발협력 네트워크
EPB	Economic Planning Board	경제기획원
ESG	Environmental, Social and Corporate Governance	(기업의 비재무적 요소인) 환경, 사회, 지배구조
ESSD	Environmentally Sound and Sustained Development	지속가능한 개발
EVI	Economic Vulnerability Index	경제적 취약성지표
FAO	Food and Agriculture Organization of the UN	식량농업기구
FCDO	Foreign, Commonwealth & Development Office	외교영연방개발부
FDI	Foreign Direct Investment	해외직접투자
FIES	Food Insecurity Experience Scale	식량불안정지표
FSDR	Financing for Sustainable Development Report	지속가능 개발재원 보고서
GAD	Gender and Development	젠더와 개발
GATT	General Agreement on Tariffs and Trade	관세와 무역에 관한 일반협정체제
GAVI	Global Alliance for Vaccines and Immunization	세계백신면역연합
GBV	Gender-Based Violence	젠더기반폭력
GCED	Global Citizenship Education	세계시민교육
GCF	The Green Climate Fund	녹색기후기금
GDF	Global Drug Facility	국제의약품특수기구
GDP	Gross Domestic Product	국내총생산

GEF	Global Environment Facility	지구환경기금
GEFI	Global Education First Initiative	글로벌 교육우선구상
GEM	Global Education Monitoring Report	세계 교육 현황 보고서
GENDERNET	Network on Gender Equality	성평등 네트워크
GFATM	Global Fund to Fight AIDS, Tuberculosis and Malaria	에이즈, 결핵, 말라리아 퇴치 세계기금
GGGI	Global Green Growth Institute	글로벌녹색성장기구
GGI	Gender Gap Index	성격차지수
GHI	Global Health Initiatives	국제보건 이니셔티브
GHSA	Global Health Security Agenda	국제보건안보구상
GII	Gender Inequality Index	성불평등지수
GIZ	Deutsche Gesellschaft für Internationale Zusammenarbeit	독일국제협력기구
GNI	Gross National Income	국민총소득
GNP	Gross National Product	국민총생산
GWP	Global Warming Potential	지구온난화지수
HAI	Human Assets Index	인적자원지표
HDI	Human Development Index	인간개발지수
HDR	Human Development Report	인간개발보고서
HIC	High Income Countries	고소득국
HIV	Human Immunodeficiency Virus	인체면역결핍바이러스
HPI	Human Poverty Index	인간빈곤지수
HRBA	Human Rights Based Approach	인권기반접근
HRD	Human Resource Development	인적자원개발
IAEA	International Atomic Energy Agency	국제원자력기구
IATI	International Aid Transparency Initiative	국제원조투명성기구
IATT	UN Interagency Task Team on STI for the SDGs	UN SDGs를 위한 과학기술혁신 기관 간 특별팀
IBRD	International Bank for Reconstruction and Development	국제부흥개발은행
IBS	Inclusive Business Solution	포용적 비즈니스 프로그램
ICAI	Independent Commission for Aid Impact	원조영향평가독립위원회
ICPD	International Conference on Population and Development	세계인구개발회의
ICT	Information and Communication Technology	정보통신기술
IDA	International Development Association	국제개발협회
IDB	Inter-American Development Bank	미주개발은행
IFAD	International Fund for Agricultural Development	국제농업개발기금
IFC	International Finance Corporation	국제금융공사
IFI	International Financial Institutions	국제금융기구
IHR	International Health Regulation	국제보건규약
ILO	International Labour Organization	국제노동기구
IMF	International Monetary Fund	국제통화기금
INCAF	International Network on Conflict and Fragility	분쟁 및 취약성 국제네트워크
IPCC	Intergovernmental Panel on Climate Change	기후변화에 관한 정부 간 협의체
IPS	Innovative Partnership Solution	혁신적 파트너십 프로그램
IRC RCM	International Red Cross and Red Crescent Movement	국제적십자사
IRO	International Refugee Organization	국제난민기구
IWRM	Integrated Water Resources Management	통합물관리

JBIC	Japan Bank of International Cooperation	일본국제협력은행
JICA	Japan International Cooperation Agency	일본국제협력기구
KCOC	Korea NGO Council for Overseas Development Cooperation	국제개발협력민간협의회
KDI	Korea Development Institute	한국개발연구원
KIEP	Korea Institute for International Economic Policy	대외경제정책연구원
KOFIH	Korea Foundation for International Healthcare	한국국제보건의료재단
KOICA	Korea International Cooperation Agency	한국국제협력단
LDC	Least Developed Countries	최빈개발도상국
LIC	Low Income Countries	저소득국
LMIC	Lower Middle Income Countries	저중소득국
Logframe	Logical Framework	논리모형모델
M&E	Monitoring and Evaluation	모니터링과 평가
MDB	Multilateral Development Bank	다자개발은행
MDGs	Millennium Development Goals	새천년개발목표
MDI	Multilateral Development Institutions	다자개발기구
MIF	Multilateral Investment Fund	다자간투자기금
MIGA	Multilateral Investment Guarantee Agency	국제투자보증기구
NCDs	Non Communicable Diseases	비전염성 질병
NDB	New Development Bank BRICS	브릭스신개발은행
NDC	Nationally Determined Contribution	온실가스감축목표
NDP	National Development Plan	국가개발계획
NGO	Non-Governmental Organization	비정부기구
NIS	National Innovation System	국가혁신체계
NTDs	Neglected Tropical Diseases	소외열대성질환
ODA	Official Development Assistance	공적개발원조
OECD	Organization for Economic Cooperation and Development	경제협력개발기구
OHCHR	Office of the UN High Commissioner for Human Rights	유엔인권최고대표사무소
OOF	Other Official Flows	기타공적자금
PAO	Project Action Officer	프로젝트실무전문가
PBA	Programme Based Approach	프로그램 기반접근법
PCM	Project Cycle Management	프로젝트 사이클 관리
PDM	Project Design Matrix	프로젝트 설계 매트릭스
PF	Private Flows at market terms	민간자금의 흐름
PHEIC	Public Health Emergency of International Concern	국제공중보건위기사태
PMC	Project Management Consulting	사업관리기관
PMU	Project Management Unit	사업관리단
PPP	Public-Private Partnership	민관협력 파트너십
PSD	Private Sector Development	민간부문지원
PSI	Private Sector Instruments	민간금융수단
RD	Record of Discussion	협의의사록
SAL	Structured Adjustment Lending	구조조정차관
SAP	Structural Adjustment Program	구조조정정책
SDGs	Sustainable Development Goals	지속가능발전목표
SDP	Sector Development Program	분야별 개발 프로그램

SDR	Special Drawing Right	특별인출권
SDSN	Stainable Development Solution Network	지속가능발전 솔루션네트워크
SEA	Strategic Environmental Assessment	전략적 환경평가
SIDA	Swedish International Development Cooperation Agency	스웨덴 국제개발협력청
SIGI	Social Institutions & Gender Index	사회제도와 젠더 지수
STI	Science, Technology, Innovation	과학·기술·혁신
TOSSD	Total Official Support for Sustainable Development	지속가능한 발전을 위한 총공적지원
TRIPs	agreement on Trade-Related aspects of Intellectual Property rights	무역관련 지적재산권 협정
TVET	Technical and Vocational Education and Training	직업기술교육훈련
UHC	Universal Health Coverage	보편적 의료보장
UIS	UNESCO Institute for Statistics	UNESCO 통계연구소
UMIC	Upper Middle Income Countries	고중소득국
UN	United Nations	국제연합
UNAIDS	Joint UN Programme on HIV/AIDS	유엔에이즈계획
UNCDF	UN Capital Development Fund	유엔자본개발기금
UNCED	UN Conference on Environment and Development	유엔환경개발회의
UNCHE	UN Conference on the Human Environment	유엔인간환경회의
UNCRC	UN Convention on the Rights of the Child	아동의 권리에 관한 협약
UNCTAD	UN Conference on Trade and Development	유엔무역개발회의
UNDG	UN Development Group	유엔개발그룹
UNDP	UN Development Programme	유엔개발계획
UNEG	UN Evaluation Group	유엔평가그룹
UNEP	UN Environment Programme	유엔환경계획
UNESCAP	UN Economic and Social Commission for Asia and the Pacific	유엔아시아태평양경제사회위원회
UNESCO	UN Educational, Scientific and Cultural Organization	유엔교육과학문화기구
UNFCCC	UN Framework Convention on Climate Change	유엔기후변화협약
UNFPA	UN Population Fund	유엔인구기금
UNHCR	UN High Commissioner for Refugees	유엔난민기구
UNICEF	UN Children's Fund	유엔아동기금
UNIFEM	UN Development Fund for Women	유엔여성개발기금
UNOPS	UN Office for Project Services	유엔사업기구
UPR	Universal Periodic Review	국가별 정례인권 검토
USAID	United States Agency for International Development	미국 국제개발처
WEF	World Education Forum	세계교육포럼
WEF	World Economic Forum	세계경제포럼
WFK	World Friends Korea	월드프렌즈코리아
WFP	World Food Programme	세계식량계획
WHO	World Health Organization	세계보건기구
WID	Women in Development	개발과 여성
WIS	Welfare Improvement Strategy	국민후생개발전략
WMO	World Meteorological Organization	세계기상기구
WTO	World Trade Organization	세계무역기구

※ 일러두기

『국제개발협력 심화편』(개정판) 1쇄본의 「약어집」 수정 사항을 다음과 같이 안내드립니다.

페이지	약어	수정 전	수정 후
655	FAO	Food and Agricultural Organization of the UN	Food and Agriculture Organization of the UN
658	UNHCR	Office of the UN High Commissioner for Refugees	UN High Commissioner for Refugees

ㅣ 참고문헌 ㅣ

제1장

국내

- 박상백, 2022. "탄자니아 교육분야 결과기반 재정지원 프로그램 연구보고서: 탄자니아 EPforR 사업분석 및 학업잔존개선을 위한 방안 모색". 한국국제협력단.
- 박영실·홍현정·진유강·윤민희·이은경, 2021. 『한국의 SDGs 이행보고서 2021』. 통계청 통계개발원.
- 박은하, 2011. "부산 세계개발원조총회 주요 성과 및 향후 과제" 『국제개발협력』 4호. 한국국제협력단.
- 새뮤얼 헌팅턴(Samuel P. Huntington)·로렌스 해리슨(Lawrence E. Harrison), 2015. 『문화가 중요하다. 문화적 가치와 인류 발전 프로젝트』 이종인 역. 책과함께.
- 유네스코 아시아태평양 국제이해교육원, 2015. "세계시민교육: 학습 주제 및 학습 목표". 유네스코 아시아태평양 국제이해교육원.
- 유네스코한국위원회, 2019. "이주, 강제이주와 교육: 장벽이 아닌 가교 만들기" 『세계 교육 현황 보고서 요약본(2019)』. 유네스코한국위원회.
- 정범모, 1997. 『교육과 교육학』. 배영사.
- 한국국제협력단, 2019. "탄자니아 전역 교육 분야 결과기반 재정지원 프로그램(2020~2023/700만 달러) 예비조사 결과보고서". 한국국제협력단.
- 한국국제협력단, 2021a. 『KOICA 분야별 중기전략 2021-2025』. 한국국제협력단.
- 한국국제협력단, 2021b. UN SDGs 번역본. 한국국제협력단.
- 한국국제협력단 우즈베키스탄사무소 페이스북. https://www.facebook.com/uzkoica
- 한국국제협력단 중동중앙아실, 2019. "우즈베키스탄 사마르칸트 직업훈련교육 역량강화 사업(2011-2016/800만 달러) 종료평가 결과보고서(프로젝트)". 한국국제협력단.
- 한국은행 경제통계시스템. https://ecos.bok.or.kr(검색일자2022.8.).
- SDG 4-교육2030협의체, 2022. 『2021 대한민국 SDG 4 이행현황 보고서』. 유네스코한국위원회.
- UNESCO, UNDP, UNPF, UNHCR, UNICEF, UNWOMEN and World Bank, 2015. "교

육 2030 인천선언과 실행계획: 포용적이고 공평한 양질의 교육과 모두를 위한 평생학습을 향해". UNESCO.

국외

- Amparo Castelló-Climent. 2010. "Channels through which human capital inequality influences economic growth" 『Journal of Human Capital』 4: 394-450.
- Anna N. Chard, Joshua V. Garn, Howard H. Chang, Thomas Clasen and Matthew C. Freeman. 2019. "Impact of a school-based water, sanitation, and hygiene intervention on school absence, diarrhea, respiratory infection, and soil-transmitted helminths: results from the WASH HELPS cluster-randomized trial" 『Journal of Global Health』 9(2).
- Azevedo, Joao Pedro Wagner De, Rogers, F. Halsey, Ahlgren, Sanna Ellinore, Cloutier, Marie-Helene, Chakroun,Borhene, Chang, Gwang-Chol, Mizunoya, Suguru, Reuge, Nicolas Jean, Brossard, Matt and Bergmann, Jessica Lynn. 2021. "The State of the Global Education Crisis: A PATH TO RECOVERY". UNESCO, UNICEF and World Bank.
- CNN Business. "How much house can I afford?".
  http://money.cnn.com/ calculator/pf/home-rate-of-return/(검색일자2023.1.1.).
- Damien de Walque. 2007. "Does education affect smoking behavior? Evidence using the Vietnam draft as an instrument for college education" 『Journal of Health Economics』 26(5): 877-895.
- Eric A. Hanushek and Ludger Woessmann. 2012. "Do better schools lead to more growth? Cognitive skills, economic outcomes, and causation" 『Journal of Economic Growth』 17(4): 267-321.
- George Psacharopoulos and Harry Anthony Patrinos. 2018. "Returns to investment in education: A decennial review of the global literature" 『Education Economics』 26(5): 445-458.
- George Psacharopoulos, Claudio E. Montenegro and Harry Anthony Patrinos. 2016. "Education Financing Priorities" 『Report to the Education Commission』.
- Greg Moran, Criana Connal, Stephen Kirama and Yvonne Leung. 2020. 『Evaluation of the SIDA-supported Education Program for Results(EPforR) 2014-2021, Tanzania』. Swedish International Development Cooperation Agency.
- Harry Anthony Patrinos. 2016. "Estimating the return to schooling using the Mincer equation". IZA World of Labor.

https://wol.iza.org/articles/estimating-return-to-schooling-using-mincer-equation/long

- Jesse, Cornelia. 2016. "Tanzania-TZ Big Results Now in Education Program: P147486-Implementation Status Results Report: Sequence 05". World Bank. https://documents1.worldbank.org/curated/en/267111481912693598/pdf/1481912691830-0000A8056-ISR-Disclosable-P147486-12-16-2016-1481912679228.pdf
- JICA. 2015. "JICA Position Paper in Education Cooperation". https://www.jica.go.jp/activities/issues/education/ku57pq00002cy6fc-att/position_paper_education_en.pdf
- Kate Moriarty. 2017. "Achieving SDG4 through a Human Rights Based Approach to Education". Background Paper for World Development Report.
- M. Najeeb Shafiq and Karen Ross. 2010. "Educational Attainment and Attitudes Towards War in Muslim Countries Contemplating War: The Cases of Jordan, Lebanon, Pakistan, and Turkey" 『The Journal of Development Studies』 46(8): 1424-1441.
- MoEST and PO-RALG. 2020. "Education Program for Results(EPforR) Annual Report 2019-2020".
- MoEST and PO-RALG. 2021. "Tanzania Education Program for Results(EPforR) Program Operation Manual".
- National Statistics, R.O.C.(Taiwan). https://www.stat.gov.tw(검색일자2022.8.).
- OECD Statistics. "Aid (ODA) by sector and donor [DAC5]". https://stats.oecd.org/Index.aspx?datasetcode=TABLE5(검색일자2022.6.19.).
- Paul Gertler, Harry Anthony Patrinos and Eduardo Rodriguez-Oreggia. 2012. 『Parental Empowerment in Mexico: Randomized Experiment of the Apoyos a La Gestinon Escolar(Age) Program in Rural Primary Schools in Mexico』. Society for Research on Educational Effectiveness.
- Ronak Paul, Rashmi Rashmi and Shobhit Srivastava. 2021. "Does lack of parental involvement affect school dropout among Indian adolescents? evidence from a panel study". https://journals.plos.org/plosone/article?id=10.1371/journal.pone.0251520
- Samuel P. Huntington. 1996. 『The Clash of Civilizations and the Remaking of World Order』. Simon & Schuster.

- Steve Bradley and Colin Green. 2020. 『The Economics of Education: A Comprehensive Overview 2nd Edition』. ACAEMIC PRESS.
- The International Bank for Reconstruction and Development/The World Bank. 2011. "Learning for All: Investing in People's Knowledge and Skills to Promote Development". World Bank Group Education Strategy 2020.
- UNESCO. 2013. "Global Education Monitoring Report: Education transforms lives". UNESCO.
- UNESCO. 2014. "Global Education Monitoring Report 2013/4: Teaching and Learning: achieving quality for all". UNESCO.
- UNESCO. 2015a. "Education for ALL 2000-2015: Achievements and Challenges" 『Global Education Monitoring Report』. UNESCO.
- UNESCO. 2015b. "Recommendation concerning Technical and Vocational Education and Training(TVET) 2015". UNESCO.
  https://unesdoc.unesco.org/ark:/48223/pf0000245178
- UNESCO. 2015c. "Technical background note for the Framework for Action on the post-2015 education agenda: How long will it take to achieve universal primary and secondary education?". UNESCO.
- UNESCO. 2016. "Place: inclusive and sustainable cities" 『Global Education Monitoring Report 2016』. UNESCO.
- UNESCO. 2018. "Migration, displacement and education: Building Bridges, Not Walls" 『Global Education Monitoring Report 2019』. UNESCO.
- UNESCO. 2019. "UNESCO Priority Gender Equality Action Plan 2019 Revision. 2014-2021". UNESCO.
- UNESCO. 2020. "Inclusion and education: All Means All" 『Global Education Monitoring Report』. UNESCO.
- UNESCO. 2021. "Non-state actors in education: Who Choose? Who Loses?" 『Global Education Monitoring Report 2021/2』. UNESCO.
- UNESCO. 2022. "GENDER REPORT, Deepening the debate on those still left behind" 『Global Education Monitoring Report』. UNESCO.
- UNESCO UIS. "Official List of SDG 4 Indicators".
  http://tcg.uis.unesco.org/wp-content/uploads/sites/4/2020/09/SDG4_ indicator_list.pdf(검색일자2022.6.15.).
- UNICEF. 2020. "Child marriage around the world".
  https://www.unicef.org/stories/child-marriage-around-world

- US Government. 2018. "US Government Strategy on International Education". USAID.
  https://www.usaid.gov/sites/default/files/documents/1865/USG-Education-Strategy_FY2019-2023_Final_Web.pdf
- USAID. "School Dropouy Prevention Pilot Program".
  http://schooldropoutprevention.com/individual-country-finding
- World Bank. "Data".
  http://data.worldbank.org/indicator/FR.INR.DPST(검색일자2023.1.1.).
- World Bank. 2014. "International development association program appraisal document on a proposed IDA credit in the amount SDR 78.8million to the United Republic of Tanzania for the Big Results Now in Education(BRNEd) Program".
  https://documents1.worldbank.org/curated/en/147121468312011600/pdf/845450PJPR0P14010Box385244B00OUO090.pdf
- World Bank 홈페이지.
  https://www.worldbank.org(검색일자2021.7.).
- UN. "World Population Prospects 2019".
  https://population.un.org/wpp

제2장

국내

- 김창엽, 2013. "한국의 국제개발협력과 '국제' 보건"『한국정책학회 추계학술발표논문집』. 한국정책학회.
- 오충현, 2017. "지금 여기에서 대한민국의 국제보건을 비판한다"『시민건강이슈 2017-06』. 시민건강연구소.
- 조성일, 2015. "건강형평성"『Journal of the Korean Medical Association』. 58(12): 1104-1107.
- 한국국제협력단, 2011. 『KOICA 분야별 중기전략 2011-2015』. 한국국제협력단.
- 한국국제협력단, 2017. 『KOICA 분야별 중기전략 2016-2020』. 한국국제협력단.
- 한국국제협력단, 2021a. 『KOICA 분야별 중기전략 2021-2025』. 한국국제협력단.
- 한국국제협력단, 2021b. UN SDGs 번역본. 한국국제협력단.

국외

- Charles-Edward Amory Winslow. 1923. 『The Evolution and Significance of the Modern Public Health Campaign』. Yale University Press.
- International Monetary Fund. 2004. "Health Development: Why investing in health is critical for achieving economic development goals". IMF.
- Jeffrey P. Koplan, T. Christopher Bond, Michael H. Merson, K. Srinath Reddy, Mario Henry Rodriguez, Nelson K. Sewankambo and Judith N. Wasserheit. 2009. "Toward common definition of global health" 『The Lancet』 373: 1993-1995.
- Jeremy Shiffman. 2015. "Global health as a field of power relations: a response to recent commentaries" 『International Journal of Health Policy and Management』 4(7): 497-499.
- John M. Last. 2001. 『A dictionary of epidemiology(4th deition)』. Oxford.
- John Rawls. 1971. 『A theory of justice』. Cambridge(mass): Belknap Press.
- Nadia Akseer, Zaid Bhatti, Arjumand Rizvi, Ahmad S. Salehi, Taufiq Mashal and Zulfiqar A. Bhutta. 2016. "Coverage and inequalities in maternal and child health interventions in Afghanistan" 『BMC Public Health』 16(Suppl 2): Article No. 797.
- Nicholas B. King and Alissa Koski. 2020. "Defining global health as public health somewhere else" 『BMJ Global Health』.
- Richard G. Wilkinson. 2006. "The impact of inequality" 『Social Research: An International Quarterly』. The Johns Hopkins University Press. 73(2): 711-732.
- Robert Beaglehole and Ruth Bonita. 2010. "What is global health?" 『Global Health Action』. The Johns Hopkins University Press.
- Theodore M. Brown, Marcos Cueto and Elizabeth Fee. 2006. "The World Health Organization and the Transition From 'International' to 'Global' Public Health" 『American Journal of Public Health』 96(1): 62-72.
- UN. 2021. "The Sustainable Development Goals Report 2021". UN.
- UN. 2022. "The Sustainable Development Goals Report 2022". UN.
- World Bank. 2022. "Mortality rate, Neonatal(per 1,000 live births)". https://data.worldbank.org/indicator/SH.DYN.NMRT
- WHO. 2015. "Social determinants of health". World Health Organization. https://www.who.int/health-topics/social-determinants-of-health#tab=tab_1
- WHO. 2022. "Noncommunicable disease progress monitor 2022".
- WHO, UNICEF, UNFPA, World Bank Group and the United Nations Population Division. 2019. "Trends in maternal mortality 2000 to 2017". WHO.

제3장

국내

- 관계부처합동, 2021. "제3차 국제개발협력 종합기본계획(2021-2025)"『제36차 국제개발협력 위원회 의결안건(제36-1호)』. 국무조정실.
- 관계부처합동, 2022. "22년 국제개발협력 종합시행계획: 확정액 기준"『제40차 국제개발 협력위원회 의결안건(제40-1호)』. 국무조정실.
- 국가농작물병해충관리시스템. "감자 역병(마름병)".
  https://ncpms.rda.go.kr/npms/ImageSearchInfoR1.np?detailKey=D00000080&m oveKey=&queryFlag=R&upperNm=%EC%8B%9D%EB%9F%89%EC%9E%91%EB %AC%BC&kncrCode=FC050501&kncrNm=%EA%B0%90%EC%9E%90&nextActi on=%2Fnpms%2FImageSearchDtlR1.np&finalAction=&flagCode=S&sPriyClCode=(검 색일자2022.7.10.).
- 국가농작물병해충관리시스템. "식량작물".
  https://ncpms.rda.go.kr/npms/FoodImageListR.np(검색일자2022.7.10.).
- 국가통계포털.
  http://kosis.kr/statisticsList/statisticsList_01List.jsp?vwcd=MT_ZTITLE&parentId=F
- 김수진·이효정·오수현, 2016. "KOICA 농업분야 CSV 사업기획을 위한 가치사슬분석법 (Value Chain Analysis) 적용 방안"『연구자료 연구개발 2016-21-204』. 한국국제협력단. 1-139.
- 농림축산식품부. "정책홍보".
  https://www.mafra.go.kr/home/5280/subview.do(검색일자2022.7.10.).
- 문한필·정대희, 2011. "호주의 농업 및 농식품 교역현황"『세계농업』133: 31-55.
- 산림청. "산림임업용어사전".
  https://www.forest.go.kr/kfsweb/kfi/kfs/mwd/selectMtstWordDictionaryList. do?mn=NKFS_04_07_01(검색일자2022.7.10.).
- 서진교·이준원·김한호, 2011. 『국제곡물가격의 변동성 요인분석과 한국의 정책적 대응』. 대외경제정책연구원. pp. 20-22.
- 이효정·윤자영, 2021. "미국의 농업분야 국제개발협력 전략과 시사점"『세계농업』244: 39-60.
- 최지현, 2011. "애그플레이션과 국내 식품가격 변동 현황"『식품과학과 산업』9월호. 44(3): 11-19.
- 한국국제협력단. "통계조회서비스".
  https://stat.koica.go.kr/ipm/os/acms/smrizeAreaList.do?lang=ko(검색일자2022.7.6.).
- 한국국제협력단, 2021a. 『KOICA 분야별 중기전략 2021-2025』. 한국국제협력단.

- 한국국제협력단, 2021b. UN SDGs 번역본. 한국국제협력단.
- 한국국제협력단 사업 자료(베트남 농촌 가치사슬 강화를 위한 새마을 사업, 키르기즈공화국 통합적 농촌개발사업).
- 한국농촌경제연구원(KREI). "해외곡물시장정보".
  http://grains.krei.re.kr
- e-나라지표. "농가 및 농가 인구".
  https://www.index.go.kr/unity/potal/main/EachDtlPageDetail.do?idx_cd=2745(검색일자2022.11.19.).
- e-나라지표. "농림업 생산액 및 GDP대비 부가가치 비중".
  https://www.index.go.kr/unity/potal/main/EachDtlPageDetail.do?idx_cd=2744(검색일자2022.7.10.).

국외

- Andes Castañeda, Dung Doan, David Newhouse, Minh Cong Nguyen, Hiroki Uematsu and João Pedro Azevedo. 2016. "Who Are the Poor in the Developing World?" 『Poverty and Shared Prosperity Report 2016: Taking on Inequality, Policy Research Working Paper 7844』. World Bank.
- AP News. Ukraine bans exports of wheat, oats and other food staples(2022.3.9.보도).
  https://apnews.com/article/russia-ukraine-business-europe-global-trade-38159046f7744b8c660ee7582dd392bf
- Economist. "Global Food Security Index 2022: Exploring challenges and developing solutions for food security across 113 countries".
  https://impact.economist.com/sustainability/project/food-security-index(검색일자2022.8.20.).
- FAO. "Sustainable Food Value Chains Knowledge Platform".
  https://www.fao.org/sustainable-food-value-chains/home/en/
- FAO. "World Food Situation".
  https://www.fao.org/worldfoodsituation/foodpricesindex/en(검색일자2022.7.10.).
- FAO. 2006. "Food Security" 『Policy Brief Issue 2』. FAO.
  https://www.fao.org/fileadmin/templates/faoitaly/documents/pdf/pdf_Food_Security_Cocept_Note.pdf(검색일자2022.7.).
- FAO. 2014. "Water withdrawal".
  http://www.fao.org/nr/water/aquastat/infographics/Withdrawal_eng.pdf
- FAO. 2021. "FAO Strategic Framework 2022-31". FAO.
  https://www.fao.org/3/cb7099en/cb7099en.pdf(검색일자2022.7.10.).

- FAO, IFAD, UNICEF, WFP and WHO. 2018. 『The State of Food Security and Nutrition in the World: Bulding Climate Resilience For Food Security And Nutrition』. FAO.
- FAO, IFAD, UNICEF, WFP and WHO. 2020. 『The State of Food Security and Nutrition in the World 2020: Transforming food systems for affordable healthy diets』. FAO.
- FAO, IFAD, UNICEF, WFP and WHO. 2021. 『The State of Food Security and Nutrition in the World 2021. Transforming food systems for food security, improved nutrition and affordable healthy diets for all』. FAO.
- FAO, IFAD, UNICEF, WFP and WHO. 2022. 『The State of Food Security and Nutrition in the World 2022: Repurposing food and agricultural policies to make healthy diets more affordable』. FAO.
- Feed the Future 홈페이지.
  http://www.feedthefuture.gov
- H. Renting, W. A. H. Rossing, J. C. J. Groot, J. D. Van der Ploeg, C. Laurent, D. Perraud, D. J. Stobbelaar and M. K. Van Ittersum. 2009. "Exploring multifunctional agriculture. A review of conceptual approaches and prospects for an integrative transitional framework" 『Journal of Environmental Management』 90(2): 112-123.
- Hannah Ritchie and Max Roser. 2019. "Urbanization".
  https://ourworldindata.org/urbanization?source=content_type%3Areact%7Cfirst_level_url%3Aarticle%7Csection%3Amain_content%7Cbutton%3Abody_link(검색일자 2022.7.22.).
- IFAD. 2011. "IFAD Strategic Framework 2011-2015". IFAD.
- IFAD. 2018. "How inclusive rural transformation can promote sustainable and resilient societies". IFAD.
- IFAD and UNEP. 2013. "Smallholders, food security, and the environment". IFAD.
- JICA. 2011. "Thematic Guidelines on Agricultural and Rural Development". JICA.
- Michael E. Porter and Bishop William Lawrence University Professor and coauthor of the HBR article 'Creating Shared Value'. 2011. "How to Fix Capitalism". Harvard Business Review.
  https://hbr.org/podcast/2011/01/how-to-fix-capitalism
- OECD and FAO. 2022. "OECD-FAO Agricultural Outlook 2022-2031". OECD.
- OECD DAC. 2010. "Measuring Aid to Agriculture". OECD.
- OECD DAC. 2015. "Aid to Agriculture and Rural Development". OECD.

chrome-extension://efaidnbmnnnibpcajpcglclefindmkaj/https://www.oecd.org/dac/financinghttps://www.oecd.org/dac/financing-sustainable-development/development-finance-topics/Aid-to-agriculture-and-rural-development-data.pdf

- OECD Statistics. "Creditor Reporting System".
https://stats.oecd.org/Index.aspx?DataSetCode=crs1
- Olivier De Schutter. 2011. 『Report submitted by the Special Rapporteur on the Right to Food』. UN General Assembly.
- Our World in Data.
https://ourworldindata.org(검색일자2022.7.10.).
- SDG Tracker.
https://sdg-tracker.org/zero-hunger
- UNCED. 1992. "Agenda 21—An Action Plan for the Next Century. United Nations Conference on Environment and Development". UNCED.
- UNIDO. 2009. "Agro-Value Chain Analysis and Development: The UNIDO Approach". UNIDO.
- World Bank. "Agriculture and Food".
https://www.worldbank.org/en/topic/agriculture/overview#1(2022.7.10.검색).
- World Bank. "Indicators".
http://data.worldbank.org/Indicator
- World Bank. 2007. 『World Development Report 2008: Agriculture for Development』. World Bank.
- World Bank. 2013. 『Agriculture Action Plan 2013-2015』. World Bank.
- World Bank. 2020. 『Trading for Development: In the Age of Global Value Chains. World Development Report』. World Bank.
- World Economic Forum. 2018. 『Innovation with a Purpose: The role of technology innovation in accelerating food systems transformation』. World Economic Forum.

제4장

국내

- 고형권, 2021. "OECD DAC에서의 개발협력 논의 현황" 『외교』 138: 24-36.
- 권혁주·배재현·노우영·동그라미·이유주, 2010. "분쟁과 갈등으로 인한 취약국가의 개발협력: 취약국가 모형과 정책대안 모색을 중심으로" 『행정논총』. 서울대학교 한국행정연

구소. 48(4): 171-199.

- 김수진, 2018. "'인도적 지원-개발-평화' 연계(triple nexus) 논의 현황 및 한국 ODA 시사점" 『개발과 이슈』 44: 1-52.
- 김은주, 2013. "빈곤 감소에 미치는 영향에 관한 비판적 연구: 국가발전 수준에 따른 거버넌스의 역설을 중심으로". 서울대학교 행정대학원.
- 문경연·홍석훈·조욱래, 2021. "발전이 인권과 평화에 미치는 상관관계에 대한 이론적 탐구" 22(1): 101-127.
- 박종남·김수진, 2019. "사하라 이남 아프리카에서 민주주의 ODA와 평화의 관계: 패널 2SLS 분석을 이용하여" 『국제개발협력연구』 11(3): 61-78.
- 한국국제협력단. "통계조회서비스".
  https://stat.koica.go.kr(검색일자2022.6.17.).
- 한국국제협력단, 2021a. 『KOICA 분야별 중기전략 2021-2025』. 한국국제협력단.
- 한국국제협력단, 2021b. UN SDGs 번역본. 한국국제협력단.
- 한국국제협력단, 2022. "분야별 지원현황: 거버넌스·평화".
  https://www.koica.go.kr/koica_kr/910/subview.do
- 한국국제협력단 베트남사무소, 2021. 지뢰 및 불발탄 통합 대응 역량 강화 사업 소개 자료.
- 한국국제협력단 사업자료(키르기즈공화국 선거역량 강화사업 사업).

국외

- Aart Kraay, Daniel Kaufmann and Massimo Mastruzzi. 2010(업데이트 2013). "The worldwide governance indicators : methodology and analytical issues". World Bank Group.
- Adel M. Abdellatif. 2003. "Good Governance and Its Relationship to Democracy and Economic Development". Global Forum III on Fighting Corruption and Safeguarding Integrity.
- Amartya Sen. 2000. "Democracy: The Only Way Out of Poverty" 『New Perspectives Quarterly』 17(1): 28-30.
- Craig Burnside and David Dollar. 2000. "Aid, Policies, and Growth" 『The American Economic Review』 90(4): 847-868.
- Cynthia Hewitt de Alcántara. 1998. "Uses and abuses of the concept of governance" 『International Social Science Journal』 50(155): 105-113.
- Daniel Kaufmann and Aart Kraay. 2002. "Growth without Governance" 『Economia』 3(1): 169-229.
- Daniel Strandow, Michael G. Findley and Joseph K. Young. 2016. "Foreign aid and

the intensity of violent armed conflict". Aid DATA working paper.

- David Steven. 2017. "The Roadmap for Peaceful, Just and Inclusive Societies: A Call to Action to Change our World". Pathfinders for Peaceful, Just and Inclusive Societies.

- DFID. 2011. "Governance Portfolio Review Summary: Summary Review of DFID's Governance Portfolio 2004-2009". Department for International Development.

- DFID. 2014. "Operational Plan 2011-2016: Governance, Open Societies and Anti-Corruption Department". Department for International Development.

- Dollar, David and Pritchett, Lant. 1998. "Assessing Aid: What works, What doesn't and Why". World Bank.

- Donor Tracker. "Donor Profile: UK".
  https://donortracker.org/country/united-kingdom(검색일자2022.8.24.).

- Douglass C. North. 1990. 『Institutions, institutional change, and economic performance』. Cambridge University Press.

- FCDO. 2022. "The UK Government's Strategy for International Development".

- Foreign, Commonwealth & Development Office and The Rt Hon James Cleverly MP. "Press release: UK boost for UN peacebuilding will help prevent conflicts and humanitarian crises".
  https://www.gov.uk/government/news/uk-boost-for-un-peacebuilding-will-help-prevent-conflicts-and-humanitarian-crises(검색일자2022.8.27.).

- Freedom House.
  https://freedomhouse.org/issues

- Fund For Peace. 2022. "Fragile States Index Annual Report 2022" 『FRAGILE STATES INDEX』.
  https://fragilestatesindex.org/indicators/(검색일자2022.7.15.).

- Gideon Rabinowitz, Andrew Rogerson, Dirk Willem te Velde, Sara Pantuliano, Joanna Rea and Nilima Gulrajani. "ODI on the new UK aid strategy".
  https://odi.org/en/insights/odi-on-the-new-uk-aid-strategy/(검색일자2022.8.27.).

- HM Government. 2021. "Global Britain in a competitive age: The Integrated Review of Security, Defence, Development and Foreign Policy".

- HM Treasury. 2015. "UK aid: tackling global challenges in the national interest".

- Hristos Doucouliagos and Martin Paldam. 2008. "Aid effectiveness on growth: A meta study" 『European Journal of Political Economy』 24(1): 1-24.

- Huck-ju Kwon and Eunju Kim. 2014. "Poverty Reduction and Good Governance:

Examining the Rationale of the Millennium Development Goals" 『Development and Change』 45(2): 353-375.

- Hyun H. Son and Nanak Kakwani. 2008. "Global Estimates of Pro-Poor Growth" 『World Development』 36(6): 1048-1066.

- Institute for Economics and Peace. 2022. "2022 Global Peace Index". https://www.visionofhumanity.org/maps/#(검색일자2022.7.15.).

- Jon Barnett. 2008. "Peace and Development: Towards a New Synthesis" 『Journal of Peace Research』 45(1): 75-89.

- Joppe De Ree and Eleonora Nillesen. 2009. "Aiding violence or peace? The impact of foreign aid on the risk of civil conflict in sub-Saharan Africa" 『Journal of Development Economics』 88(2): 301-313.

- Keith Griffin. 1970. "Foreign Capital, Domestic Savings and Economic Development" 『Bulletin of the Oxford University Institute of Economics & Statistics』 32(2): 99-112.

- Klugman, J.. 2002. 『A Sourcebook for Poverty Reduction Strategies, Volume One: Core Techniques and Cross-Cutting Issues』. World Bank.

- Marcus J. Kurtz and Andrew Schrank. 2007. "Growth and Governance: Models, Measures, and Mechanisms" 『Journal of Politics』 69(2): 538-554.

- Martin Knoll and Petra Zloczysti. 2012. "The Good Governance Indicators of the Millennium Challenge Account: How Many Dimensions are Really Being Measured?" 『World Development』 40(5): 900-915.

- Merilee S. Grindle. 2004. "Good Enough Governance: Poverty Reduction and Reform in Developing Countries" 『Governance』 17(4): 525-548.

- Merilee S. Grindle. 2007 "Good Enough Governance Revisited" 『Development Policy Review』 25(5): 533-574.

- Morton Halperin, Joe Siegle and Michael Weinstein. 2005. 『The democracy advantage: How democracies promote prosperity and peace』. Routledge.

- Nada Hamadeh, Catherine Van Rompaey, Eric Metreau and Shwetha Grace Eapen. 2022. "New World Bank country classifications by income level: 2022-2023". World Bank Blogs. https://blogs.worldbank.org/opendata/new-world-bank-country-classifications-income-level-2022-2023(검색일자2022.8.24.).

- OECD. 2006. 『Applying Strategic Environmental Assessment: Good Practice Guidance for Development Co-operation(DAC Guidelines and Reference Series)』. OECD.

- OECD. 2019. "Financing for refugee situations" 『OECD Development Policy

Papers』 OECD.

https://doi.org/10.1787/02d6b022-en
- OECD. 2021a. 『Development Co-operation Report 2021: Shaping a Just Digital Transformation』. OECD.

https://doi.org/10.1787/ce08832f-en
- OECD. 2021b. "Official Development Assistance to Governance(2010-19): A snapshot". OECD.
- OECD DAC. "Governance Support".

https://www.oecd.org/development/accountable-effective-institutions/mrh.htm(검색 일자2022.8.24.).
- OECD DAC. 2014. "Development Assistance Flows for Governance and Peace". OECD.
- OECD DAC. 2019. "DAC Recommendation on the Humanitarian-Development-Peace Nexus". OECD/LEGAL/5019.
- Paolo Mauro. 1998. "Corruption: Causes, consequences, and agenda for further research".

https://www.imf.org/external/pubs/ft/fandd/1998/03/pdf/mauro.pdf
- Paul Collier. 2008. 『The bottom billion: Why the poorest countries are failing and what can be done about it』. Oxford University Press.
- Paul Collier and Anke Hoeffler. 1998. "On Economic Causes of Civil War" 『Oxford Economic Papers』. Pathfinders for Peaceful, Just and Inclusive Societies. 50(4): 563-573.
- Paul Collier and David Dollar. 2002. "Aid allocation and poverty reduction" 『European Economic Review』 46(8): 1475-1500.
- Paul Mosley, John Hudson and Sara Horrell. 1987. "Aid, the Public Sector and the Market in Less Developed Countries" 『The Economic Journal』 97(387): 616-641.
- Peter Boone. 1994. "The impact of foreign aid on savings and growth". London School of Economics and Political Science, Centre for Economic Performance London.
- Peter Boone. 1996. "Politics and the effectiveness of foreign aid" 『European Economic Review』 40(2): 289-329.
- Peter Evans and James E. Rauch. 1999. "Bureaucracy and Growth: A Cross-National Analysis of the Effects of 'Weberian' State Structures on Economic Growth" 『American Sociological Review』 64(5): 748-765.

- Raghuram G. Rajan and Arvind Subramanian. 2008 "Aid and Growth: What Does the Cross-Country Evidence Really Show?" 『Review of Economics and Statistics』 90(4): 643-665.
- Richard A. Nielsen, Michael G. Findley, Zachary S. Davis, Tara Candland and Daniel L. Nielson. 2011. "Foreign aid shocks as a cause of violent armed conflict" 『American Journal of Political Science』 55(2): 219-232.
- Sanjeev Gupta, Hamid Davoodi and Rosa Alonso-Terme. 2002. "Does Corruption Affect Income Inequality and Poverty?" 『Economics of Governance』 3: 23-45.
- The QoG Institute.
  https://www.gu.se/en/quality-government/qog-data
- Transparency International. "CORRUPTION PERCEPTIONS INDEX 2021".
  https://www.transparency.org/en/cpi/2021
- UNDP. 1995. "Public Sector Management, Governance, and Sustainable Human Development" 119-130.
- UNDP. 1997. "Governance for sustainable human development: A UNDP policy document".
- UN Secretaty-General. 2016. "One Humanity: Shared Responsibility. Report of the Secretary General for the World Humanitarian Summit(A/70/709)". UN.
- USAID. 2013. "Democracy, Human Rights and Governance". USAID.
  https://www.usaid.gov/democracy(검색일자2022.7.19.).
- Vasudha Chhotray and Gerry Stoker. 2009. 『Governance Theory and Ppractice: A Cross-Disciplinary Approach』. Palgrave Macmillan London.
- World Bank. "Data Catalog".
  https://datacatalog.worldbank.org/search/dataset/0038988
- World Bank. 1989. "Sub-Saharan Africa; from crisis to sustainable growth: a long-term perspective study". World Bank.
- World Bank. 1992. "Governance and development". World Bank.
- World Bank. 2001. 『PRSP Source Book』. World Bank.
- World Bank. 2012. "Strengthening Governance: Tackling Corruption the World Bank Group's Updated Strategy and Implementation Plan". World Bank.
- Worldwide Governance Indicators.
  http://info.worldbank.org/governance/wgi/

제5장

국내

- 고재경, 2011. 『기후변화 완화와 적응정책 통합방안 연구』. 경기개발연구원.
- 기상청, 2008. 『기후변화 2007: 과학적 근거』. 기상청.
- 기후변화행동연구소. [나침반-토막 설명] "교토의정서 규제 대상 온실가스 6+1"(2018.3.28.). https://climateaction.re.kr/index.php?mid=news04&document_srl=174477(검색일자 2021.10.21.).
- 기후변화행동연구소. [나침반-토막 설명] "복사강제력과 지구온난화지수"(2018.3.28.). https://climateaction.re.kr/index.php?mid=news04&document_srl=174515(검색일자 2022.6.1.).
- 기후변화행동연구소. [카드뉴스] 기후급변점 대 사회급변행동(2021.8.27.). https://climateaction.re.kr/index.php?document_srl=810718&mid=news04(검색일자 2022.6.20.).
- 기후변화행동연구소. [카드뉴스] 전 세계 '부문별 온실가스 감축 수단'의 잠재량·비용 범위(검색일자2022.4.9.). https://climateaction.re.kr/index.php?document_srl=1691457&mid=news04(검색일자 2022.7.3.).
- 기후변화행동연구소. [ODA 녹색으로 가다] "한국 녹색 ODA가 생각해야 할 두 가지 과제"(2022.4.30.). https://climateaction.re.kr/index.php?mid=news01&document_srl=1691508(검색일자 2022.8.25.).
- 기후위기 대응을 위한 탄소중립·녹색성장 기본법(2021.9.24.제정).
- 기후변화홍보포털. "지구온난화". https://www.gihoo.or.kr/portal/kr/change/globalWarming.do(검색일자2022.5.25.).
- 기후위기적응정보포털. "기후위기 이해". https://www.ccaipath.kaccc.kei.re.kr/understanding(검색일자2022.5.15.).
- 김민철·김지환·김현민, 2020. 『기후변화적응 정책과 기술』. 한국환경정책평가연구원.
- 박훈, 2021. 『지속가능한 미래를 위한 기후변화 데이터북』. 사회평론아카데미.
- 손경희. KOICA. 베트남과 기후변화 대응·탄소중립 분야 협력 확대(2021.12.14.보도). https://www.koica.go.kr/koica_kr/990/subview.do?enc=Zm5jdDF8QEB8JTJGYmJzJTJGa29pY2Ffa3IlMkYxNTElMkYzNzk2MTIlMkZhcnRjbFZpZXcuZG8lM0ZwYWdlJTNEMSUyNnNyY2hDb2x1bW4lM0QlMjZzcmNoV3JkJTNEJTI2Ymj zQ2xTZXElM0QlMjZiYnNPcGVuV3JkU2VxJTNEJTI2cmdzQmduZGVTdHIlM0QlMjZyZ3NFbmRkZVN0c

iUzRCUyNmlzVmlld01pbmUlM0RmYWxzZSUyNnBhc3N3b3JkJTNEJTI2#none

• 송지혜, 2021. 『OECD 개발원조위원회 기후변화 지침의 주요 내용과 시사점』. 대외경제정책연구원.

• 워터저널. [코이카] 엘살바도르에 기후변화대응 지원한다(2021.11.8.보도).
  http://www.waterjournal.co.kr/news/articleView.html?idxno=57633(검색일자2022.8.25.).

• 임소영·강지현, 2013. 『녹색기후기금(GCF)의 모니터링 방법론 연구: 결과프레임워크를 중심으로』. 산업연구원.

• 임소영·김지혜·정선인, 2014. 『생물다양성 보전을 위한 ODA 동향과 시사점』. 산업연구원.

• 한국국제협력단, 2019. "KOICA 기후행동 이니셔티브". 한국국제협력단.

• 한국국제협력단, 2021a. 『KOICA 분야별 중기전략 2021-2025』. 한국국제협력단.

• 한국국제협력단, 2021b. "KOICA 그린뉴딜 ODA 추진계획". DAK 기후변화대응분과 세미나 발표 자료(2021.11.3.). 한국국제협력단.

• 한국국제협력단, 2021c. UN SDGs 번역본. 한국국제협력단.

• 한국국제협력단 ODA교육원, 2016. 『국제개발협력: 심화편』. 한국국제협력단.

• 한국에너지공단, "CDM사업 방법론 맵 업데이트 게시"(2020년 말 기준)(2021.2.16.).
  http://www.koreacdm.com/boards/notice/1362(검색일자2022.8.12.).

• 호주국립기후복원센터(The National Centre for Climate Restoration), 2019. "실존적인 기후 관련 안보 위기: 시나리오적 접근" 이승준 역. 생태적지혜.

• 환경부, 2022a. 『2050 탄소중립 교육 참고자료집』. 환경부.

• 환경부, 2022b. 『파리협정 함께 보기』. 환경부.

• 홍은경, 2016. "개도국의 기후변화 취약계층에 대한 논의" 『국제개발협력』 2016(4): 73-96.

국외

• Adaptation Fund 홈페이지.
  https://www.adaptation-fund.org/about(검색일자2022.8.24.).

• Adaptation Fund. "Mongolia flood defence project shows the way for urban adaptation".
  https://www.adaptation-fund.org/mongolia-flood-defence-project-shows-the-way-for-urban-adaptation(검색일자2022.6.15.).

• David Eckstein, Vera Künzel and Laura Schäfer. 2021. "GLOBAL CLIMATE RISK INDEX 2021: Who Suffers Most from Extreme Weather Events? Weather-Related Loss Events in 2019 and 2000-2019". Germanwatch.

• Gabrielle Swaby. "2020 in review: climate impacts in the least developed countries".

iied blog(2021.4.8.).

https://www.iied.org/2020-review-climate-impacts-least-developed-countries(검색일자 2022.7.1.).

· GCF. "Project portfolio".

https://www.greenclimate.fund/projects/dashboard(검색일자2022.7.30).

· GEF. 2022. "GEF Corporate Scorecard".

https://www.thegef.org/sites/default/files/documents/2022-06/GEF_Corporate_ Scorecard_June_2022.pdf(검색일자2022.9.30).

· GIZ GmbH. 2002. "TASK 9 – CASE STUDY: Drinking Water Supply with Photovoltaic Water Pumps (PVP)".

http://www.martinot.info/GTZ_drinking_PVPS.pdf

· IMF. 2019. "Fiscal Monitor: How to Mitigate Climate Change".

· IPCC. 2018. "지구온난화 1.5℃ 특별보고서".

· IPCC. 2021. "제6차 평가보고서(제1실무그룹 보고서)".

· IPCC. 2022a. "제6차 평가보고서(제2실무그룹 보고서)".

· IPCC. 2022b. "제6차 평가보고서(제3실무그룹 보고서)".

· KPMG. 2021. "Net Zero Readiness Index 2021".

· Luca Lo Re and Manasvini Vaidyula. 2019. "Markets negotiations under the Paris Agreement:a technical analysis of two unresolved issues". OECD/IEA.

· Marco Lagiet, Karla Z. Bertrand and Yaneer Bar-Yam. 2011. "The Food Crises and Political Instability in North Africa and the Middle East". Cornell University.

· Net Zero Tracker.

https://zerotracker.net(검색일자2022.7.31.).

· New Climate Institute. 2018. "SCAN(SDG & CLIMATE ACTION NEXUS) TOOL: LINKING CLIMATE ACTION AND THE SUSTAINABLE DEVELOPMENT GOALS".

https://newclimate.org/resources/publications/scan-sdg-climate-action-nexus-tool-linking-climate-action-and-the(검색일자2022.7.11.).

· OECD. 2019. "OECD work on Green Growth".

· OECD. 2021a. "Climate Finance Provided and Mobilised by Developed Countries: Aggregate Trends Updated with 2019 Data".

https://www.oecd.org/env/climate-finance-provided-and-mobilised-by-developed-countries-aggregate-trends-updated-with-2019-data-03590fb7-en.htm

· OECD. 2021b. "OECD DAC Declaration on a new approach to align development cooperation with the goals of the Paris Agreement on Climate Change".

https://www.oecd.org/dac/development-assistance-committee/dac-declaration-climate-cop26.htm(검색일자2022.6.8.).
- OECD. 2022. "Development Co-operation Profiles".
https://www.oecd-ilibrary.org/sites/2dcf1367-en/1/3/2/26/index.html?itemId=/content/publication/2dcf1367-en&_csp_=177392f5df53d89c9678d0628e39a2c2&itemIGO=oecd&itemContentType=book(검색일자2022.9.23.).
- OECD DAC. "About the DAC ENVIRONET".
https://www.oecd.org/dac/environment-development/aboutdacenvironet.htm(검색일자2022.8.6.).
- OECD DAC External Development Fiance Statistics. "Climate-related Official Development Assistance (ODA): A snapshot".
https://www.oecd.org/dac/financing-sustainable-development/development-finance-data/climate-related-official-development-assistance-2019.pdf(검색일자2022.6.2.).
- Sébastien Postic and Marion Fetet. 2021. "Global Carbon Accounts in 2021".
https://www.i4ce.org/wp-content/uploads/Global-carbon-accounts-2021-EN.pdf
- Simeran Bachra, Dr. Arminel Lovell, Prof. Carly McLachlan and Dr. Angela Mae Minas. 2020. "THE CO-BENEFITS OF CLIMATE ACTION: Accelerating City-level Ambition". CDP.
- Sivan Kartha, Eric Kemp-Benedict, Emily Ghosh and Anisha Nazareth. 2020. "The Carbon Inequality Era". Oxfam and Stockholm Environment Institute.
- Sofia Gonzales-Zuñiga, Frauke Roeser, James Rawlins, Jonna Luijten and Jessie Granadillos. 2018. "SCAN(SDG & Climate Action Nexus) tool: Linking CLimate Action and the Sustainable Development Goals(Key findings note)".
- UNCTAD. "Smallest footprints, largest impacts: Least developed countries need a just sustainable transition"(2021.10.1.).
https://unctad.org/topic/least-developed-countries/chart-october-2021(검색일자2022.6.14.).
- UNDRR. 2020. "Human cost of disasters: an overview of the last 20 years(2000-2019)".
- UNEP. "Climate Initiatives Platform".
https://climateinitiativesplatform.org/index.php/Welcome(검색일자2022.7.31.).
- UNEP. 2021. "Emissions Gap Report 2021: The Heat Is On -A World of Climate Promises Not Yet Delivered". United Nations Environment Programme.
- UNFCCC. "JI Projects".
https://ji.unfccc.int/JI_Projects/ProjectInfo.html(검색일자2022.6.30.).

- UNFCCC. 2018. "ACHIEVEMENTS OF THE CLEAN DEVELOPMENT MECHANISM :Harnessing Incentive for Climate Action".
- UNFCCC. 2021a. "CDM Methodology Booklet".
  https://cdm.unfccc.int/methodologies/documentation/index.html(검색일자2022.6.22.).
- UNFCCC. 2021b. "UNSecretary-General: COP26 Must Keep 1.5 Degrees Celsius Goal Alive"(2021.11.1.).
  https://unfccc.int/news/un-secretary-general-cop26-must-keep-15-degrees-celsius-goal-alive(검색일자2022.5.16.).
- UNFCCC. 2022. "Article 6.4 Supervisory Body Kickstarts Work Anchoring Markets in Broader Paris Context"(2022.7.29.).
  https://unfccc.int/news/article-64-supervisory-body-kickstarts-work-anchoring-markets-in-broader-paris-context(검색일자2022.8.24.).
  https://ji.unfccc.int/JI_Projects/ProjectInfo.html(검색일자2022.6.30.).
- UNICEF. 2021. "The Climate Crisis is a Child Rights Crisis".
- WEF. 2021. "Global Risks Report 2021".
- World Bank. "Carbon Pricing Dashboard".
  https://carbonpricingdashboard.worldbank.org(검색일자2022.6.30.).
- World Bank. "World Bank Climate Finance 2020".
  https://thedocs.worldbank.org/en/doc/9234bfc633439d0172f6a6eb8df1b881-0020012021/related/WorldBankFY20-CCBdata.pdf(검색일자2022.8.12.).
- World Bank. 2020. "Climate Change: 3 things you need to know about Adaptation and Resilience"(2020.6.1.).
  https://www.worldbank.org/en/topic/climatechange/brief/3-things-you-need-to-know-about-adaptation-and-resilience(검색일자2022.8.12.).
- World Bank. 2021. "Climate Change Action Plan 2021-2025: supporting Green, Resilient, and Inclusive Development".

제6장

국내

- 국립국어원 표준국어대사전. "과학 기술".
  https://stdict.korean.go.kr/search/searchView.do?word_no=518396&searchKeywordTo=3(검색일자2022.7.30.).

- 김승현·이제영·김만진·김단비, 2018. 『디지털 전환에 따른 혁신생태계 변화 전망』. 과학기술정책연구원.
- 김인수, 1979. "산업기술의 변화형태와 대응책", 『KDI Journal of Economic Policy』 88-105.
- 김지현·권소현·유지영·임소영, 2021. 『개발재원 행동분야로서 과학기술혁신의 부상과 국내 대응전략』. 과학기술정책연구원.
- 네이버 지식백과의 ICT 시사상식 (검색일자2022.7.30.).
- 박우희, 2001. 『기술경제학개론』. 서울대학교출판부.
- 박우희·배용호, 1996. 『한국의 기술발전』. 경문사.
- 선인경·유지영·안지용·김태경·김현옥, 2020. 『SDGs시대 글로벌 STI 개발협력의 변화추세 분석』. 과학기술정책연구원.
- 송성수, 2014. 『기술혁신이란 무엇인가』. 생각의힘.
- 양현채·장훈, 2017. "디지털 혁명의 명과 암" 『과학기술정책』 226: 20-23.
- 이근·임채성, 2001. "제11편 개발도상국과 한국의 기술발전" 『기술경제학개론』. 서울대학교출판부.
- 조지프 슘페터(Joseph Alois Schumpeter). 2020. 『경제발전의 이론: 1911년 독일어 초판 번역』 정선양 역. 시대가치.
- 한국국제협력단, 2020. 『2021 KOICA CTS 프로그램 안내서』. 한국국제협력단.
- 한국국제협력단, 2021a . 『2022 KOICA CTS 프로그램 안내서』. 한국국제협력단.
- 한국국제협력단, 2021b. 『KOICA 분야별 중기전략 2021-2025』. 한국국제협력단.
- 한국국제협력단, 2021c. "KOICA 디지털 ODA 사업 추진전략(2021~2025)". 한국국제협력단.
- 한국국제협력단, 2021d. UN SDGs 번역본. 한국국제협력단.
- 홍사균·황용수·배용호·홍성범·정승일·이세준·정기철·이종일·허현회, 2010. 『한국의 경제발전을 선도한 과학기술의 역량과 개도국에의 시사점』. 과학기술정책연구원.

국외
- Adam Smith. 1776. 『An Inquiry into the Nature and Causes of the Wealth of Nations』. Random House.
- Bahattin Karagözoğlu. 2017. 『Science and Technology from Global and Historical Perspectives』. Springer International Publishing.
- Christopher Freeman. 1987. 『Technology Policy and Economic Performance: Lessons from Japan』. Pinter Publishers.
  https://www.scirp.org/(S(czeh2tfqyw2orz553k1w0r45))/reference/ReferencesPapers.aspx?ReferenceID=450206

- Division for digital technologies in development cooperation. 2019. "Digital technologies for development". BMZ.
  https://www.bmz-digital.global/wp-content/uploads/2022/08/BMZ-Strategy-Digital-Technologies-for-Development-1.pdf(검색일자2022.8.30.).
- Fredrik Ericsson and Sam Mealy. 2019. 『Connecting ODA and STI for inclusive development: measurement challenges from a DAC perspective』. pp. 40-45.
- Gabriella Engström, Per Hilletofth, David Eriksson and Kristina Sollander. 2018. "Drivers and barriers of reshoring in the Swedish manufacturing industry" 『World Review of Intermodal Transportation Research』 7(3): 195-220.
- ITU. 2020. 『Global Cybersecurity index 2020』. ITU.
  https://www.itu.int/en/ITU-D/Cybersecurity/Pages/global-cybersecurity-index.aspx
- Jacqueline Hicks. 2021. "Environmental Challenges of Digital Transformation in Developing Countries" 『K4D Helpdesk Report』. UK FCDO.
- Joseph A. Schumpeter. 1950. 『Capitalism, Socialism, and Democracy』(Third Edition). Harper and Brothers(Harpers).
- Mary M. Crossan and Marina Apaydin. 2010. "A Multi-Dimensional Framework of Organizational Innovation: A Systematic Review of the Literature." 『Journal of Management Studies』 47(6): 1154-1191.
- OECD. "OECD DAC CRS data".
  https://stats.oecd.org/Index.aspx?DataSetCode=crs1
- OECD. 1999. 『Managing National Innovation Systems』. OECD.
- OECD. 2005. 『The Measurement of Scientific and Technological Activities Oslo Manual. Guidelines for Collecting and Interpreting Innovation Data』(Third Edition). OECD and Eurostat.
- OECD. 2017. 『OECD Digital Economy Outlook 2017』. OECD.
- OECD. 2019a. 『Going Digital: Shaping Policies, Improving Lives』. OECD.
- OECD. 2019b. 『Vectors of Digital Transformation』. OECD.
- OECD and Eurostat. 2018. "The Measurement of Scientific. Technological and Innovation Activities" 『Oslo Manual 2018: Guidelines for Collecting, Reporting and Using Data on Innovation』(4th Edition). OECD.
- Our World in Data. "Share of the population using the Internet".
  https://ourworldindata.org/grapher/share-of-individuals-using-the-internet(검색일자 2022.11.).

- Paul M. Romer. 1986. "Increasing Returns and Long-Run Growth" 『Journal of Political Economy』. The University of Chicago Press. 94(5): 1002-1037.
- Paul M. Romer. 1990. "Endogenous Technological Change" 『Journal of Political Economy』. The University of Chicago Press. 98(5): 71-102.
- Robert M. Solow. 1956. "A Contribution to the Theory of Economic Growth" 『The Quarterly Journal of Economics』. Oxford University Press. 70(1): 65-94.
- Richard R. Nelson. 1993. "Technical innovation and national systems" 『National Innovation Systems: A Comparative Analysis 1st Edition』. Oxford University Press.
- UN. 2015a. "Transforming Our World: The 2030 Agenda for Sustainable Development". UN.
  https://www.un.org/en/development/desa/population/migration/generalassembly/docs/globalcompact/A_RES_70_1_E.pdf
- UN. 2015b. "Addis Ababa Action Agenda of the Third International Conference on Financing for Development(Addis Ababa Action Agenda)". UN.
  https://unctad.org/system/files/official-document/ares69d313_en.pdf
- UN. 2017. 『Financing for SustAInable Development Report』. UN.
- UN. 2020. 『Financing for SustAInable Development Report』. UN.
- UNCTAD. 2018. 『Trade and Development Report 2018: Power, Platforms and the Free Trade Delusion』. UNCTAD.
- UNCTAD. 2019. 『Digital Economy Report 2019: Value Creation and Capture: Implications for Developing Countries』. UNCTAD.
- UNCTAD. 2021. 『Technology and Innovation Report 2021: Catching technological waves: Innovation with equity』. UNCTAD.
- UNESCO Institute for Statistics.
  http://uis.unesco.org(검색일자2022.6.2.).
- USAID. "Innovation, Technology, and Research".
  https://www.usAId.gov/innovation-technology-research(검색일자2022.9.).
- USAID. 2021. "The U.S. Global Development Lab Fact Sheet".
  https://www.congress.gov/117/meeting/house/111454/witnesses/HHRG-117-FA17-Wstate-ChangA-20210416-SD001.pdf(검색일자2022.7.30.).

제7장

국내

- 김아름. 파이낸셜뉴스. '침묵하지 마세요' 가정폭력 고리 끊고 자립 돕는 베트남의 해바라기 [코이카, 지구촌 그늘을 밝히다(上) 베트남 여성에 도움의 손길](2021.11.24.보고).
  https://www.fnnews.com/news/202111241802432361
- 관계부처 합동, 2020. "제4차 지속가능발전기본계획(2021-2040)".
- 김양희, 2017. "성 주류화 관점에서 본 한국 ODA 사업의 실행"『한국정책학회보』한국정책학회. 26(1): 95-120.
- 김양희·장미혜·김경희·장윤선·김순영·박기남·장미경, 2007.『국가균형발전모델의 성 주류화 전략 개발: 성 평등한 지역발전을 위한 사례분석과 가이드라인 개발』. 한국여성정책연구원.
- 김은경, 2014. "젠더와 개발(Gender and Development)"『국제개발협력 해설서』. 국제개발협력학회.
- 김은경, 2016. "인프라 사업의 젠더 관점 통합과 개발효과성 제고: 세계은행 사례를 중심으로"『한국의 개발협력』. 한국수출입은행. 2016(2): 75-106.
- 김은경, 2019. "국제개발 규범에서 '젠더'는 '여성'을 의미하는가: 젠더 담론의 발전과정과 기술관료제화를 중심으로"『국제개발협력연구』. 국제개발협력학회. 11(1): 1-19.
- 김은경·오은진·김영택·김복태·김혜영·조영숙·심예리, 2017.『캄보디아 성평등을 위한 개발협력 방안 연구』. 대외경제정책연구원.
- 김은경·이수연·김둘순·김동식·김정수, 2014.『성 인지(性認知) 관점(Gender Perspective)에서의 ODA 사업 평가 연구』. 한국여성정책연구원.
- 김은경·전기택·김정수·임연규·조영숙·심예리, 2021.『KOICA SDG 5·16 대표 성과지표 측정 방법론 개발 컨설팅 용역 최종보고서』. 한국국제협력단.
- 김정수, 2018. "[국제리뷰] 성평등 분야 개발원조의 발전을 위한 정책 및 연구 사례와 시사점 영국, 스웨덴"『젠더리뷰』. 한국여성정책연구원. 51: 64-74.
- 대한민국 ODA 통합정보포털.
  https://stats.odakorea.go.kr/portal/odakorea/main(검색일자2022.7.7.).
- 라미아 카림(Lamia Karim), 2015.『가난을 팝니다: 가난한 여성들을 착취하는 착한 자본주의의 맨얼굴』박소현 역. 오월의봄.
- 라셀 살라자르 파레냐스(Rhacel Salazar Parrenas), 2009.『세계화의 하인들: 여성, 이주, 가사노동』문현아 역. 여이연(여성문화이론연구소).
- 록산 게이(Roxane Gay), 2018.『헝거: 몸과 허기에 관한 고백』노지양 역. 사이행성.
- 세이브더칠드런. "school me-나라별 진행상황".
  https://www.sc.or.kr/school.me/programProgress.do(검색일자2022.7.12.).

- 여성가족부, 2015. "제8차 유엔 여성차별철폐협약 국가이행보고서".
- 왕선애, 2016. "모잠비크 여성빈곤의 특성과 성 주류화 정책" 『아시아여성연구』. 숙명여자대학교 아시아여성연구원. 55(2): 185-225.
- 오은정, 2013. 『KOICA 성평등 개발협력사업 방안』. 한국국제협력단.
- 오은정·김진영, 2011. 『성 주류화 가이드라인』. 한국국제협력단.
- 와리스 디리(Waris dirie), 2015. 『사막의 꽃』 이다희 역. 섬앤섬.
- 이금이, 2020. 『유진과 유진』. 밤티.
- 지속가능발전포털 홈페이지.
  http://ncsd.go.kr(검색일자2023.1.10.).
- 허라금·강선미·정진주·정미숙·이은주, 2010. 『KOICA 사업의 성 주류화 방안』. 한국국제협력단.
- 한국국제협력단, 2014. "2014년 KOICA 성평등 개발협력 추진계획". 한국국제협력단.
- 한국국제협력단, 2017. 『KOICA 분야별 중기전략 2016-2020』. 한국국제협력단.
- 한국국제협력단, 2021a. 『KOICA 분야별 중기전략 2021-2025』. 한국국제협력단.
- 한국국제협력단, 2021b. UN SDGs 번역본. 한국국제협력단.
- 한국국제협력단 서아프리카실, 2020. "코트디부아르 UNFPA 여성누공 치료 및 예방 2차 사업(2016-2019/635만 달러) 종료평가 참여 결과보고서(2019.11)". 한국국제협력단.
- 한국여성정책연구원 성인지통계. "성평등지수란".
  https://gsis.kwdi.re.kr/kr/stat2/NewStatList.html?stat_type_cd=STAT002(검색일자2022.9.15.).

국외

- ADB. 2013. "Gender Equality and Women's Empowerment Operational Plan, 2013-2020".
  https://www.adb.org/documents/gender-equality-and-womens-empowerment-operational-plan-2013-2020
- ADB. 2021. "GUIDELINES FOR Gender MAINSTREAMING CATEGORIES OF ADB PROJECTS".
  https://www.adb.org/documents/guidelines-gender-mainstreaming-categories-adb-projects
- Alison Symington. 2004. "Intersectionality: A tool for Gender and economic justice" 『Women's Rights and Economic Change』. Association for Women's Rights in Development. 9: 1-8.
- Caroline Moser and Annalise Moser. 2005. "Gender mainstreaming since Beijing:

a review of success and limitations in international institutions" 『Gender & Development』 13⑵: 11-22.

• Commonwealth of Australia. 2016. "Gender Equality and Women's Empowerment Strategy".

• ECOSOC Agreed Conclusions. 1997.
https://www.un.org/womenwatch/osagi/pdf/ECOSOCAC1997.2.PDF

• Elin Bjarnegård and Fredrik Uggla. 2017. "On-going evaluation of Gender Mainstreaming at Sida-First report". EBA Working Papper April.

• Eun Kyung Kim and Yehrhee Shim. 2018. "A Critical Analysis of South Korea's ODA Projects for Gender Equality" 『Asian Women』 34⑶: 119-147.

• GenderNET and OECD. 2016. "Handbook on the OECD-DAC Gender Equality Policy Marker".

• Gillian Fletcher. 2015. 『Addressing Gender in impact evaluation』. Overseas Development Institute.

• Gita Sen and Caren Grown. 1987. 『Development crises and alternative visions: Third world women's perspectives』(First Edition). Routledge.

• Government of Canada. "Project profile—Supporting Girls to be Safe to Learn".
https://w05.international.gc.ca/projectbrowser-banqueprojets/project-projet/details/P007692001(검색일자2022.9.15.).

• Government of Canada. "Project profile—Teachers Unions Take Action to Stop School Related Gender Based Violence".
http://www.wins4girls.org/countries/index.html

• Government of Canada. "Project profile—WinS for Girls-Water, Sanitation, and Hygiene In Schools for Girls".
https://w05.international.gc.ca/projectbrowser-banqueprojets/project-projet/details/D000211001(검색일자2022.9.15.).

• ILO. 2007. "Good practices in promoting Gender equality in ILO technical cooperation projects".

• Inter-Parliamentary Union.
https://www.ipu.org/impact/gender-equality/women-in-parliament(검색일자2022.9.15.).

• Jane L. Parpart. 2014. "Exploring the transformative potential of Gender mainstreaming in international development institutions" 『Journal of International Development』 26⑶: 382-395.

• Kate Young. 1993. 『Planning development with women: making a world of difference』. St. Martin's Press.

• Katrin Schneider. 2006. 『Manual for Training on Gender Responsive Budgeting』. Deutsche Gesellschaft für Technische Zusammenarbeit(GTZ).

• Lorraine Corner. 1999. "Capacity building for Gender mainstreaming". A paper presented at the ESCAP High-level Intergovernmental Meeting to Review regional Implementation of the Beijing Platform for Action.

• Luz Caballero and Nerida Alcahuasi. 2007. "Gender in Peru: Can women be integrated into transport projects?" 『en breve』. World Bank. No.112.
http://web.worldbank.org/archive/website01404/WEB/IMAGES/PERU_ENB.PDF

• M. Patricia Connelly, Tania Murray Li, Martha MacDonald and Jane L. Parpart. 2000. "Feminism and development: Theoretical perspectives" 『Theoretical perspectives on Gender and development』 51-159.

• Naila Kabeer. 1992. 『Triple roles, Gender roles, social relations: The political sub-text of Gender training』. Institute of Development Studies.

• Nicolas Peltier. 2008. "Mainstreaming Gender Equality in Infrastructure Pojects: Asia and Pacific Regional Meeting". ADB Headquarters.

• OECD. 2012. "Aid in Support of Gender Equality and Women's Empowerment: Statistical Overview". OECD.

• OECD. 2016. "Handbook on the OECD-DAC Gender Equality Policy Marker".

• OECD. 2020. "Donor Charts: Aid in Support of Gender Equality and Women's Empowerment(2017-2018)". KOICA internal data.

• OECD. 2021. 『Applying Evaluation Criteria Thoughtfully』. OECD.

• OECD. 2022. "Aid in Support of Gender Equality and Women's Empowerment". DONOR CHARTS.

• OECD DAC. 2013. "Converged Statistical Reporting Directives for the Creditor Reporting System(CRS) and the Annual DAC". OECD.

• OECD iLibrary. "Applying Evaluation Criteria Thoughtfully".
https://doi.org/10.1787/543e84ed-en

• Plan International Canada. "Project profile—Increasing Women's Participation in the Dairy Sector in Southern Punjab". CanWaCH.
https://w05.international.gc.ca/projectbrowser-banqueprojets/project-projet/details/D002487001(검색일자2022.9.15.).

• Raewyn Connell. 2012. "Gender, health and theory: conceptualizing the issue, in local and world perspective" 『Social science & medicine』 74(11): 1675-1683.

- Sakiko Fukuda-Parr. 1999. "What does feminization of poverty mean? It isn't just lack of income" 『Feminist economics』 5(2): 99-103.
- Sakiko Fukuda-Parr. 2016. "From the Millennium Development Goals to the Sustainable Development Goals: shifts in purpose, concept, and politics of global goal setting for development" 『Gender & Development』 24(1): 43-52.
- Shahra Razavi. 2016. "The 2030 Agenda: challenges of implementation to attain Gender equality and women's rights" 『Gender & Development』 24(1): 25-41.
- Shahra Razavi and Carol Miller. 1995. "From WID to GAD: Conceptual shifts in the women and development discourse". UNRISD Occasional Paper. No.1.
- Sharon Smee and Jessica Woodroffe. 2013. "Achieving Gender Equality and Women's Empowerment in the Post-2015 Framework". Gender and Development Network.
  https://static1.squarespace.com/static/536c4ee8e4b0b60bc6ca7c74/t/54b54681e4b0177640af55c7/1421166209765/Achieving+Gender+equality+and+women%27s+empowerment+in+the+post+2015+framework.pdf
- SIDA. 2015. "Gender Tool Box [Tool]: Gender mainstreaming. MARCH 2015".
- SIDA. 2017. "Gender Tool Box: How SIDA Works with Gender Equality May 2017".
  chrome-extension://efaidnbmnnnibpcajpcglclefindmkaj/https://cdn.sida.se/publications/files/sida62006en-how-sida-works-with-gender-equality.pdf(검색일자2022.9.15.).
- Social Institutions & Global Index.
  https://www.Genderindex.org(검색일자2022.9.15.).
- Sylvia Chant. 2006. "Re-thinking the 'feminization of poverty' in relation to aggregate Gender indices" 『Journal of human development』 7(2): 201-220.
- The World Bank Group. 2010. "Publication: Mainstreaming Gender in Road Transport: Operational Guidance for World Bank Staff"
  https://openknowledge.worldbank.org/handle/10986/17455
- UN. "Convention on the Elimination of All Forms of Discrimination Against Women, CEDAW".
  https://www.ohchr.org/en/treaty-bodies/cedaw(검색일자2022.9.13.).
- UN Department of Economic and Social Affairs. "TARGETS AND INDICATORS".
  https://sdgs.un.org/goals/goal5(검색일자2022.9.15.).
- UN Digital Library. 1994. "Declaration on the Elimination of Violence against Women: resolution / adopted by the General Assembly".

https://digitallibrary.un.org/record/179739(검색일자2023.1.9.).

• UNECE. 2013. "Gender and Infrastructure".
http://www.unece.org/stats/video/Genderandinfrastructure_eng.html(검색일자2022.9.15.).

• UNESC. 2008. "The Inland Transport Committee and Gender issues in transport". ECONOMIC COMMISSION FOR EUROPE, INLAND TRANSPORT COMMITTEE, UNESC.

• UNIFEM. 2010. "Women's Participation in Peace Negotiations: Connections between Presence and Influence". UNIFEM.

• UN Sustainable Development Goals.
https://www.un.org/sustainabledevelopment

• UN System Task Team on the Post-2015 UN Development Agenda. 2012. "Addressing Inequalities: The Heart of the Post-2015 Agenda and the Future We Want for All". Thematic Think Piece: ECE, ESCAP, UNDESA, UNICEF, UNRISD and UN Women.
http://www.un.org/millenniumgoals/pdf/Think%20Pieces/10_inequalities.pdf

• UN Women. "Fact and Figures: Economic Empowerment".
https://www.unwomen.org/en/what-we-do/economic-empowerment/facts-and-figures(검색일자2023.1.4.).

• UN Women. "Facts and figures: HIV and AIDS".
https://www.unwomen.org/en/what-we-do/hiv-and-aids/facts-and-figures#notes (검색일자2023.1.4.).

• UN Women. "Women's leadership and political participation".
https://www.unwomen.org/en/what-we-do/leadership-and-political-participation/facts-and-figures(검색일자2022.9.15.).

• UN Women. 2014. "Economic empowerment".

• UN Women. 2015. "Gender Mainstreaming in Development Programming: Guidance note".

• UN Women. 2019. "International Women's Day 2020 theme—'I am Generation Equality: Realizing Women's Rights'"(2019.12.11.).
https://www.unwomen.org/en/news/stories/2019/12/announcer-international-womens-day-2020-theme(검색일자2023.1.6.).

• World Bank. 2006. "Peru-Decentralized Rural Transport Project: Project Appraisal Document". World Bank.

• World Bank. 2010. "Making Infrastructure Work for Women and Men: A REVIEW

OF WORLD BANK INFRASTRUCTURE PROJECTS(1995-2009)". World Bank.
- World Bank. 2011. "World Bank Report 2012: Gender Equality and Development".
- World Bank. 2015. "World Bank Group Gender Strategy(FY16-23): Gender Equality, Poverty Reduction and Inclusive Growth". World Bank.

제8장

국내

- 국가인권위원회, 2008. "인권 II" 『휴먼레터』.
  https://www.humanrights.go.kr/base/board/list?boardManagementNo=1038&menuLevel=3&menuNo=95(검색일자2022.6.5.).
- 국가인권위원회, 2020. "유엔 인권조약기구 일반논평 및 일반권고: 사회권규약위원회 일반논평". 한국인권위원회.
  https://library.humanrights.go.kr/search/detail/CATTOT000000051282(검색일자2023.4.).
- 국가인권위원회 인권도서관, 2017. "핵심인권조약: 핵심인권조약 당사국 현황(한국 등)".
  https://library.humanrights.go.kr/bbs/content/7_384?pn=1&(검색일자2022.6.1.).
- 김은주·권혁주, 2015. "KOICA 공공행정 분야 SDGs 대응전략의 방향성에 대한 제언" 『국제개발협력』 2015(4): 37-52.
- 남승현·유영수·이주영·이진원·주윤정·홍성수, 2020. 『인권교육 기본용어』. 국가인권위원회.
- 노재은, 2016. 『인권으로 다시 쓰는 개발 이야기』. 열린길.
- 마우로 기엔(Mauro F. Guillen), 2020. 『2030 축의 전환』 우진하 역. 리더스북.
- 마크 프레초(Mark Frezzo), 2020. 『인권사회학의 도전(The Sociology of Human Rights)』 조효제 역. 교양인.
- 슬로우뉴스. 모두를 위한 백신: '트립스 유예안'을 주장하는 이유(2021.4.28.보도).
  https://slownews.kr/80552
- 안준호. 오마이뉴스. 친환경 때문에 환경이 파괴된다… 칠레의 비극(2020.12.24.보도).
  https://omn.kr/1r4e8
- 이주영·이성훈·임유경·전지은·정은주, 2014. 『공적개발원조 정책의 현황 및 인권적 개선방안 GIZ 연구』. 국가인권위원회.
- 양천수·배병일·이부하·오완호·박정원·이윤주·김홍태·이명주, 2011. "인권교육 10개년 행동계획안 관련 연구: 2011년도 국가인권위원회 연구용역보고서".
  https://www.humanrights.go.kr/base/board/read?boardManagementNo=17&board

No=605254&menuLevel=3&menuNo=115(검색일자2022.7.10.).

• 한국국제협력단, 2016. "가나 UNICEF 여성청소년 권익과 교육 및 보건 증진사업 (2017-2019/550만 달러): 심층기획조사 결과보고서".

• 한국국제협력단, 2021a. 『KOICA 분야별 중기전략 2021-2025』. 한국국제협력단.

• 한국국제협력단, 2021b. "시민권 확보를 통한 케냐의 취약성 감소 및 법치강화사업 (2021-2024/300만 달러): 예비조사 결과보고서".

• 한국국제협력단, 2021c. UN SDGs 번역본. 한국국제협력단.

• 한국국제협력단, 2022. "베트남 꽝찌성 장애인 종합재활센터 설립사업(2022-2026/1200만 달러): 집행계획안".

국외

• ActionAid. 2016. "Inequality SDGs: Countries Still Not Ready".
https://actionaid.org/sites/default/files/us_not_ready_still_waiting_4_pager_final.
pdf(검색일자2022.6.20.).

• ActionAid. "Who we are".
https://actionaid.org/who-we-are(검색일자2022.6.15.).

• Amartya Sen. 1999. 『Development as freedom』. Oxford University Press.

• Andrea Cornwall and Celestine Nyamu-Musembi. 2004. "Putting the 'rights-based approach' to development into perspective" 『Third World Quarterly』 25(8): 1415-1437.

• Andrea Cornwall and Maxine Molyneux. 2006. "The Politics of Rights—Dilemmas for Feminist Praxis: An Introduction" 『Third World Quarterly』 27(7): 1175-1191.

• Andrew Green. devex. WTO finally agrees on a TRIPS deal. But not everyone is happy(2022.6.17.보도).
https://www.devex.com/news/wto-finally-agrees-on-a-trips-deal-but-not-everyone-is-happy-103476

• Australian Department of Foreign Affairs and Trade. 2011. "UNICEF REAP grant".
https://www.dfat.gov.au/about-us/publications/Pages/unicef-reap-grant(검색일자 2022.9.6.).

• Deepa Narayan, Raj Patel, Kai Schafft, Anne Rademacher and Sarah Koch-Schulte. 2000. 『Voices of the poor: Can anyone hear us?』. Oxford University Press for the World Bank. Vol. 1.
https://documents.worldbank.org/en/publication/documents-reports/documentde tail/131441468779067441/voices-of-the-poor-can-anyone-hear-us

• Emily Heimsoth and Gavrielle Szabo. 2022. "Global Girlhood Report 2022: Girls on the frontline". Save the Children International/ Save the Children US.
https://resourcecentre.savethechildren.net/document/global-girlhood-report-2022-girls-on-the-frontline/

• Ezequiel Fernandez. Global Campus of Human Rights. Lithium: Mining Key Fossil Fuel Alternative Threatens Indigenous Rights in Latin America(2021.12.16.보도).
https://gchumanrights. org/gc-preparedness/preparedness-environment/article-detail/lithium-mining-key-fossil-fuel-alternative-threatens-indigenous-rights-in-latin-america-4934.html

• German Federal Ministry for Economic Cooperation and Development. 2008. "Applying Human Rights in Practice-Fact Sheets on a Human Rights-Based Approach in Development Cooperation". Federal Ministry for Economic coperation and Development.
https://www.aaas.org/sites/default/files/Energy_FactSheet.pdf

• GIZ. 2014. "Gender equality in German development policy, Cross-sectoral strategy" 『BMZ Strategy Paper』 No.2.

• GIZ. 2019. "The ABC of Human Rights for Development Cooperation".
https://www.institut-fuer-menschenrechte.de/fileadmin/user_upload/Publikationen/E-Info-Tool/e-info-tool_abc_of_human_rights_for_development_cooperation.pdf

• GIZ. 2021. "GIZ Human Rights Policy".
https://www.giz.de/en/downloads/giz2021-en-human-rights-policy.pdf

• Henry J. Steiner, Philip Alston and Ryan Goodman. 2008. 『International Human Rights in Context: Law, Politics, Morals: Text and Materials』. Oxford University Press.

• HRMI 홈페이지.
https://humanrightsmeasurement.org(검색일자2022.7.25.).

• IFAD. 2008. "IFAD Policy on Improving Access to Land and Tenure Security".
https://www.ifad.org/en/-/document/ifad-policy-on-improving-access-to-land-and-tenure-security(검색일자2022.9.6.).

• ILO. "World Employment and Social Outlook".
https://www.ilo.org/wesodata(검색일자2022.6.9.).

• Jae-Eun Noh. 2021. "Review of Human Rights-Based Approaches to Development: Empirical Evidence from Developing Countries" 『International Journal of Human

Rights』 26⑸: 883-901.

· Jae-Eun Noh. 2022. "A rights-based approach for sustainable livelihoods" 『The Routledge Handbook on Livelihoods in the Global South』. Routledge. 68-77.

· Jim Ife. 2002. 『Community development』. Frenchs Forest: Pearson Education Australia.

· John Farrington. 2001. 『Sustainable livelihoods, rights and the new architecture of aid』. Overseas Development Institute.

· Ministry of Foreign Affairs of Denmark. 2021. "Sustainable Recovery Pledge". https://fngeneve.um.dk/en/copy-of-human-rights/sustainable-recovery-pledge(검색 일자2022.6.20.).

· Deepa Narayan, Raj Patel, Kai Schafft, Anne Rademacher, Sarah Koch-Schulte. 2000. "Voices of the poor : can anyone hear us?(English)". https://documents.worldbank.org/en/publication/documents-reports/documentde tail/131441468779067441/voices-of-the-poor-can-anyone-hear-us

· OHCHR. "The Core International Human Rights Instruments and their monitoring bodies" https://www.ohchr.org/en/core-international-human-rights-instruments-and-their-monitoring-bodies.(검색일자2023.1.4.).

· OHCHR. "Topics". https://www.ohchr.org/en/topics(검색일자2022.6.15.).

· OHCHR. "Urbanization and human rights: OHCHR and land and human rights". https://www.ohchr.org/en/land/urbanization-and-human-rights(검색일자2022.8.12.).

· OHCHR. "What are human rights?". https://www.ohchr.org/en/what-are-human-rights(검색일자2022.8.12.).

· OHCHR. 2006. 『Frequently Asked Questions on a Human Rights-Based Approach to Development Cooperation』. UNITED NATIONS.

· OHCHR. 2010. "Fact Sheet No.35: The Rights to Water". https://www.ohchr.org/en/publications/fact-sheets/fact-sheet-no-35-right-water(검 색일자2022.8.24.).

· OHCHR. 2012. "Human Rights Indicators: A Guide for Measurement and Implementation". https://www.ohchr.org/sites/default/files/Documents/Issues/HRIndicators/ Summary_en.pdf(검색일자2022.8.24.).

· OHCHR. 2018. "Promotion and protection of human rights and the implementation of the 2030 Agenda for Sustainable Development".

https://ap.ohchr.org/documents/dpage_e.aspx?si=A/HRC/RES/37/24(검색일자2022.6.10.).

• OHCHR. 2019. "New and emerging digital technologies and human rights".

https://www.ohchr.org/en/hr-bodies/hrc/advisory-committee/digital-technologiesand-hr(검색일자2022.7.21.).

• OHCHR. 2022a. "Experts of the Committee on the Elimination of Racial Discrimination Commend Suriname on Efforts to Establish an Anti-Discrimination Law, Ask Questions on the Effects of Mercury Pollution and Access to Education for Indigenous and Tribal Persons".

https://www.ohchr.org/en/news/2022/08/experts-committee-elimination-racial-discrimination-commend-suriname-efforts-establish(검색일자2022.8.24.).

• OHCHR. 2022b. "THEMATIC REPORTS: Report of the Special Rapporteur on freedom of religion or belief".

https://www.ohchr.org/en/documents/thematic-reports/ahrc4944-rights-persons-belonging-religious-or-belief-minorities(검색일자2022.7.21.).

• OHCHR Dashboard. "Ratification of 18 International Human Rights Treaties".
https://indicators.ohchr.org/(검색일자2022.7.6.).

• Our World in Data. "Share of people who completed the initial COVID-19 vaccination protocol, Jun 25, 2022".

• Oxfam. 2017. "The Commitment to Reducing Inequality Index".

https://www.oxfam.org/en/research/fighting-inequality-time-covid-19-commitment-reducing-inequality-index-2020(검색일자2022.8.20.).

• Paul Gready and Jonathan Ensor. 2005. 『Reinventing Development?: Translating Rights-Based Approaches from Theory into Practice』. Zed Books.

• Paul Nelson. 2021. 『Global Development and Human Rights: The Sustainable Development Goals and Beyond』. University of Toronto Press.

• Peter Uvin. 2004. 『Human Rights and Development』. Bloomfield: Kumarian Press.

• Peter Uvin. 2007. "From the Right to Development to the Rights-Based Approach: 'How Human Rights' Entered Development" 『Development in practice』 17(4/5): 597-606.

• Rainer Forst. 2010. "The justification of human rights and the basic right to justification: A reflexive approach" 『Ethics』 120(4): 711-740.

• Robert Chambers and Gordon R. Conway. 1992. 『Sustainable Rural livelihoods: Practical concepts for the 21st century』. Institute of Development Studies.

- Sam Hickey and Diana Mitlin. 2009. 『Rights-based approaches to development: Exploring the potential and pitfalls』. Stylus Publishing.
- Save the Children. "Closing the Gap: Our 2030 ambition and 2019-2021 global work plan". https://resourcecentre.savethechildren.net/pdf/closing_the_gap_-_global_ambition_and_2019-21_global_work_plan.pdf/(검색일자2022.6.15.).
- Save the Children. 2006. "Child rights programming handbook. How to Apply Rights-Based Approaches to Programming". https://resourcecentre.savethechildren.net/document/child-rights-programming-handbook-how-apply-rights-based-approaches-programming
- Save the Children. 2007. "The Impact of Rights-based Approaches to Development". https://resourcecentre.savethechildren.net/document/impact-rights-based-approaches-development
- Save the Children. 2014. "Leaving No One Behind: Embedding equity in the post-2015 framework through stepping stone targets".
- Save the Children. 2015. "State of the World's Mothers 2015: The Urban Disadvantage". https://resourcecentre.savethechildren.net/document/state-worlds-mothers-2015-urban-disadvantage/
- SDG Accountability Handbook. https://sdgaccountability.org/wp-content/uploads/2019/05/Utilizing-International-Human-Rights-Mechanisms.pdf
- SIDA. 2020. "Evaluation of the application and effects of a humn arights based approach to development: Lessons learnt from Swedish development cooperation. What works well, less well and why?". https://www.sida.se/en/publications/evaluation-of-the-application-and-effects-of-a-human-rights-based-approach-to-development-lessons-learnt-from-swedish-development-cooperation-what-works-well-less-well-and-why(검색일자2022.9.16.).
- Srirak Plipat. 2006. "Developmentizing human rights: How development NGOs interpret and implement a human rights-based approach to development policy". Doctoral dissertation, University of Pittsburgh, Pittsburgh, USA.
- Stephene P. Marks. 2018. "Integrating a Human Rights-Based Approach to Development and the Right to Development into Global Governance for Health" 『Human Rights in Global Health: Rights-Based Governance for a Globalizing World』. Oxford University Press.

- The Danish Institute for Human Rights.(n.d.). "The Human Rights Guide to the Sustainable Development Goals".
  https://sdg.humanrights.dk(검색일자2022.6.10.).
- The Danish Institute for Human Rights. 2021. "Launch of pledge: Building a better future for all, with human rights at its heart".
  https://www.humanrights.dk/publications/launch-pledge-building-better-future-all-human-rights-its-heart
- The People's Vaccine.
  https://peoplesvaccine.org(검색일자2022.6.15.).
- Thomas Pogge. 2008. 『World Poverty and Human Rights』(Second Edition). Polity.
- Tim Conway, Caroline Moser, Andy Norton and John Farrington. 2002. "Rights and livelihoods approaches: Exploring policy dimensions" 『Natural Resource Perspectives』. Overseas Development Institute(ODI) 78: 1-6.
- UN. "Security-General's Call to Action for Human Rights".
  https://www.un.org/en/content/action-for-human-rights/index.shtml(검색일자2022.7.21.).
- UN. 2003. "The Human Rights Based Approach to Development Cooperation Toward a Common Understanding among the UN Agencies".
  https://unsdg.un.org/download/85/279(검색일자2022.6.10.).
- UN. 2010. "International Decade for Action 'Water for Life' 2005-2015".
  https://www.un.org/waterforlifedecade/human_right_to_water.shtml(검색일자2022.8.24.).
- UN Environment Programme. Landmark UN resolution confirms healthy environment is a human right(2021.12.6.보도.).
  https://www.unep.org/news-and-stories/story/landmark-un-resolution-confirms-healthy-environment-human-right
- UN General Assembly. 1998. "Agenda Item 10, Annual Report on the Work of the Organization".
- UN OHCHR. 2019. "New and emerging digital technologies and human rights".
  https://www.ohchr.org/en/hr-bodies/hrc/advisory-committee/digital-technologiesand-hr
- UN Treaty Collection 홈페이지.
  https://treaties.un.org(검색일자2022.6.1.).
- UN Water. "Human Rights to Water and Sanitation".
  https://www.unwater.org/water-facts/human-rights(검색일자2022.8.15.).
- UNDP. 2000. "Human Rights and Human Development 2000".

http://www.hdr.undp.org/en/content/human-development-report-2000(검색일자 2022.8.24.).

• UNDP. 2015. "Mainstreaming Human Rights in Development Policies and Programming".
https://www.undp.org/publications/mainstreaming-human-rights-development-policies-and-programming-undp-experiences(검색일자2022.7.21.).

• UNDP. 2021. "UNDP Strategic Plan 2022-2025".
https://www.undp.org/publications/undp-strategic-plan-2022-2025(검색일자2022.7.21.).

• Urban Jonsson. 2003. 『Human rights approach to development programming』. UNICEF ESARO.

• Varun Gauri and Siri Gloppen. 2012. "Human rights-based approaches to development: Concepts, evidence, and policy" 『Polity』 44(4): 485-503.

• WIEGO 홈페이지.
https://www.wiego.org(검색일자2022.6.9.).

• World Bank(n.d.). "World Bank DataBank".
https://databank.worldbank.org/metadataglossary/gender-statistics/series/SI.POV.GINI(검색일자2022.6.15.).

• World Bank and OECD. 2016. 『Integrating Human Rights into Development: Donor Approaches, Experiences and Challenges』(Third Edition). World Bank.

• World Bank. 2013. "Integrating Human Rights into Development".
https://elibrary.worldbank.org/doi/abs/10.1596/978-0-8213-9621-6(검색일자2022.9.16.).

• World Equality Database. "Bottom 50% national income share".
https://wid.world(검색일자2022.6.15.).

『국제개발협력 심화편』 발간에 참여해 주신 분들

◇ **기획 총괄**

홍석화 KOICA 사업전략·파트너십본부 이사
박수영 KOICA ODA연구센터 센터장

◇ **기획**

전영은 KOICA ODA교육팀 팀장
유지영 KOICA 필리핀사무소 부소장(前 ODA교육팀 팀장)
송보영 KOICA ODA교육팀 과장
김혜진 KOWORKS ODA교육1팀 과장

◇ **집필**

제1장 어규철 前 KOICA 탄자니아사무소 소장
제2장 오충현 KOICA 글로벌협력의사(피지 국립의과대학 교수)
       차승만 한동대학교 국제개발협력대학원 교수, 런던위생열대의학대학원 연구원
제3장 이효정 E&S컨설팅 대표
제4장 김은주 한성대학교 교수
제5장 박현정 기후변화행동연구소 부소장
제6장 김지현 과학기술정책연구원 연구위원
제7장 김은경 한국여성정책연구원 연구위원
제8장 노재은 호주 가톨릭대학교 연구교수, 커틴대학교 연구원

◇ **감수**

제1장 이지향 숙명여자대학교 글로벌거버넌스연구소 선임연구원
       장은정 KOICA SDG프로그램팀 과장
제2장 송진수 국제보건개발파트너스 대표, 한동대학교 겸임교수
       조정현 KOICA SDG프로그램팀 과장

제3장 최진용 서울대학교 교수

　　　최용욱 KOICA SDG프로그램팀 과장

　　　강지운 KOICA SDG프로그램팀 과장

제4장 최진욱 고려대학교 교수

　　　송수전 KOICA 사업전략기획실 과장

제5장 전의찬 세종대학교 책임교수

　　　박도현 KOICA 기후·감염병대응팀 과장

제6장 김상훈 산업연구원 선임연구위원

　　　원종준 KOICA SDG프로그램팀 과장

　　　박나민 KOICA SDG프로그램팀 전문관

제7장 전유나 지디씨컨설팅(주) 차장

　　　남청수 KOICA 사업전략기획실 과장

제8장 이주영 서울대학교 인권센터 연구부교수

　　　정은주 KOICA 사업전략기획실 과장

◇ 그 외 도움을 주신 분들

오기윤 KOICA 이사장 보좌관실 실장

김유겸 KOICA 이사장 보좌관실 과장

이소영 KOICA 기업협력실 과장(前 ODA교육팀 과장)

염정현 KOWORKS ODA교육1팀 사원